U0923740

构设计、内容安排和写作方法等方面肯定存在许多不足之处，错误或疏漏也在所难免，恳请各位识者提出宝贵意见，以便我们在今后的年度报告卷中不断修改完善。

张保生　常林

2010 年 12 月 10 日

全　　称	简　　称
《中华人民共和国宪法》	《宪法》
《中华人民共和国刑法》	《刑法》
《中华人民共和国民法通则》	《民法通则》
《中华人民共和国刑事诉讼法》	《刑事诉讼法》
《中华人民共和国民事诉讼法》	《民事诉讼法》
《中华人民共和国行政诉讼法》	《行政诉讼法》
《中华人民共和国行政复议法》	《行政复议法》
《中华人民共和国专利法》	《专利法》
《中华人民共和国人民法院组织法》	《人民法院组织法》
《中华人民共和国执业医师法》	《执业医师法》
《中华人民共和国保守国家秘密法》	《保守国家秘密法》
《中华人民共和国治安管理处罚法》	《治安管理处罚法》
《中华人民共和国企业劳动争议处理条例》	《企业劳动争议处理条例》
《中华人民共和国反倾销条例》	《反倾销条例》
《中华人民共和国海关行政处罚实施条例》	《海关行政处罚实施条例》
《中华人民共和国行政复议法实施条例》	《行政复议法实施条例》

续表

全　称	简　称
最高人民法院、最高人民检察院、公安部、国家安全部、司法部、全国人大常委会法制工作委员会《关于刑事诉讼法实施中若干问题的规定》	六机关《刑诉法规定》
最高人民法院、最高人民检察院、司法部《关于适用普通程序审理"被告人认罪案件"的若干意见（试行）》	三机《关适用普通程序审理"被告人认罪案件"意见》
最高人民法院、最高人民检察院和司法部《关于刑事公诉案件试行证据交换的若干意见稿》	最高人民法院、最高人民检察院和司法部《刑事公诉案件证据交换意见稿》
最高人民法院《关于执行〈中华人民共和国刑事诉讼法〉若干问题的解释（试行）》	最高人民法院《刑诉法解释（试行）》
最高人民法院《关于执行〈中华人民共和国刑事诉讼法〉若干问题的解释》	最高人民法院《刑诉法解释》
最高人民法院《关于贯彻执行〈中华人民共和国民法通则〉若干问题的意见（试行）》	最高人民法院《民法通则意见（试行）》
最高人民法院《关于贯彻执行〈民事诉讼法（试行）〉若干问题的意见》	最高人民法院《执行民诉法（试行）意见》
最高人民法院《关于适用〈中华人民共和国民事诉讼法〉若干问题的意见》	最高人民法院《适用民诉法意见》
最高人民法院《关于适用〈中华人民共和国民事诉讼法〉执行程序若干问题的解释》	最高人民法院《民事诉讼法执行程序解释》
最高人民法院《关于适用〈中华人民共和国民事诉讼法〉审判监督程序若干问题的解释》	最高人民法院《民事审判监督程序解释》
最高人民法院《关于贯彻执行〈中华人民共和国行政诉讼法〉若干问题的意见（试行）》	最高人民法院《行政诉讼法意见（试行）》
最高人民法院《关于执行〈中华人民共和国行政诉讼法〉若干问题的解释》	最高人民法院《行政诉讼法解释》

续表

全　　称	简　　称
最高人民法院《关于审理第一审经济纠纷案件适用普通程序开庭审理的若干规定》	最高人民法院《一审经济纠纷案件适用普通程序规定》
最高人民法院《关于审理反补贴行政案件应用法律若干问题的规定》	最高人民法院《反补贴行政案件规定》
最高人民法院《关于民事诉讼证据的若干规定》	最高人民法院《民事诉讼证据规定》
最高人民法院《关于行政诉讼证据若干问题的规定》	最高人民法院《行政诉讼证据规定》
最高人民法院《关于审理人身损害赔偿案件适用法律若干问题的解释》	最高人民法院《人身损害赔偿案件适用法律解释》
最高人民法院《关于人民法院民事调解工作若干问题的规定》	最高人民法院《民事调解规定》
最高人民法院《关于民事经济审判方式改革问题的若干规定》	最高人民法院《民事经济审判方式改革规定》
最高人民法院《关于审理船舶碰撞纠纷案件若干问题的规定》	最高人民法院《船舶碰撞案件规定》
最高人民法院《关于适用〈中华人民共和国公司法〉若干问题的规定（二）》	最高人民法院《公司法规定（二）》
最高人民法院《关于内地与香港特别行政区法院相互认可和执行当事人协议管辖的民商事案件判决的安排》	最高人民法院《内地与香港民商事案件判决的安排》
最高人民检察院《人民检察院实施〈中华人民共和国刑事诉讼法〉规则（试行）》	最高人民检察院《刑诉法规则（试行）》
最高人民检察院《人民检察院刑事诉讼规则》	最高人民检察院《刑事诉讼规则》
最高人民检察院《关于严禁将刑讯逼供获取的犯罪嫌疑人供述作为定案依据的通知》	最高人民检察院《严禁刑讯逼供通知》
最高人民检察院《关于检察机关办案中相互函调取证的通知》	最高人民检察院《检察机关办案中相互函调取证的通知》

续表

全称	简称
最高人民检察院《关于要案线索备案、初查的规定》	最高人民检察院《要案线索备案、初查的规定》
公安部《关于执行刑事诉讼法若干问题的规定》	公安部《刑事诉讼规定》
公安部《关于贯彻落实〈全国人大常委会关于司法鉴定管理问题的决定〉进一步加强公安机关刑事科学技术工作的通知》	公安部《贯彻〈全国人大常委会关于司法鉴定管理问题的决定〉的通知》
海关总署《中华人民共和国海关保税核查办法》	海关总署《海关保税核查办法》
联合国《禁止酷刑和其他残忍、不人道或有辱人格的待遇或处罚公约》	联合国《禁止酷刑公约》
联合国《公民权利和政治权利国际公约》	联合国《公民权利公约》
第X届全国人民代表大会（常务委员会）第X次会议	X届全国人大（常委会）X次会议

目 录
Contents

改革开放30年中国证据法治发展进程

一、30年证据法治发展综述

在党的十一届三中全会确立的“解放思想，实事求是”思想路线的指引下，改革开放30年来，我国证据法律制度初步形成，证据法学也呈现出繁荣发展的局面。中国证据法治30年的发展历程，大致可以分为以下三个阶段：

（一）加强法制，证据法恢复重建（1978～1995年）

党的十一届三中全会提出了建设社会主义民主和加强社会主义法制的任务。邓小平指出：“为了保障人民民主，必须加强法制。……应该集中力量制定刑法、民法、诉讼法和其他各种必要的法律……”[1] 1979年9月9日，中共中央发出《关于坚决保证刑法、刑事诉讼法切实实施的指示》[2]，批评了过去有政策就不要法律、以言代法、以权压法等现象，明确宣布取消各级党委审批案件的制度。在加强法制的大背景下，证据法伴随诉讼法的发展，在立法、司法和法学教育等方面开始恢复重建。

1. 证据法在我国社会主义法律体系中的地位初步确立

1979年《刑事诉讼法》，确立了“以事实为根据，以法律为准绳”的原则，并设“证据”一章，第一次明文规定了证据在刑事诉讼中的意义和地位，其意义在于：“……规定了侦查、检察、审判人员收集、判断、使用证据必须‘忠实于事实真相’，这就把我国社会主义的重证据、重调查研究、实事求是的证据制度进一步具体化、法律化，从而使这一证据制度成为我国社会主义

---

〔1〕《邓小平文选》（第2卷），人民出版社1994年版，第146页。

〔2〕中发［1979］64号文件。

法律体系的有机组成部分。”[1]

1982年《民事诉讼法（试行）》，也设“证据”专章对证据种类、人民法院调取证据的权力、书证和物证的提交方式及例外、指派鉴定人及证据保全等作出了规定。与《刑事诉讼法》相比，在总结司法实践经验的基础上，又新增加了“视听资料”等证据种类，并对书证、物证提交原件、原物与复制件等问题作出了规定。1984年最高人民法院《执行民诉法（试行）意见》强调：“证据是查明和确定案件真实情况的根据。掌握充分、确凿的证据，是正确处理案件的基础。全面、客观地收集和调查证据，认真地审查证据，准确地判断证据，对于提高办案质量，具有特别重要的意义。”

1991年《民事诉讼法》，在沿用上述证据规定的基础上，对原来关于人民法院应当“全面地、客观地收集和调查证据”的规定作了修改，强调了人民法院“审查核实证据”的主要职能，增设了“当事人及其诉讼代理人因客观原因不能自行收集的证据，或者法院认为审理案件需要的证据，法院应当调查收集”的限制条件。有论者评价：“这一规定为我国的举证责任理论指引了方向，增添了新的研究内容。”[2] 最高人民法院1992年《适用民诉法意见》，1993年《一审经济纠纷案件适用普通程序规定》，对于审查证据、交换证据、法庭鉴定、证人作证以及举证责任、质证等民事证据问题作了细致的解释性规定。司法解释与民事诉讼法相配套，构成了我国民事证据制度的基本框架。

1986年《治安管理处罚条例》，对行政诉讼证据最先作出一些简单规定。1989年《行政诉讼法》，对行政诉讼证据作了具体规定，包括被告在行政诉讼中承担举证责任；在诉讼程序中被告不得自行向原告和证人收集证据；人民法院在证据收集、审查和认定程序中居于主导地位，有权要求当事人提供或补充证据，有权向有关行政机关以及其他组织、公民调取证据等。1991年、1999年最高人民法院《行政诉讼法解释》，对行政诉讼证据规则作了细化和补充。

三大诉讼法中的证据规定具有里程碑意义。有论者指出：“……三部诉讼法典，通过各自所设‘证据’专章及其他规范，对于在刑事、民事、行政诉

---

[1] 雪竹：“浅谈我国证据制度的演变”，载《青海社会科学》1980年第3期。

[2] 江伟：“新民事诉讼法的重大突破”，载《法学评论》1991年第3期。

讼中，什么可以作为证据，对于案件事实的证明应达到什么程度，哪些人有责任向司法机关提供证据，收集和审查判断证据应该遵循哪些原则、依照什么程序等作了明确规定，标志着新中国证据制度已正式确立。"[1]

我们认为，三大诉讼法对证据设专章规定的意义，标志着证据法在我国社会主义法律体系中的地位初步确立。但从这些证据规定残缺不全、不成体系的情况来看，若得出"新中国证据制度已正式确立"的判断未免言过其实。有论者指出："在各诉讼法内均以专章对证据问题作出规定，并应司法实践之需颁布了少量涉及证据内容的司法解释，但显然不存在系统完备的证据规则体系。立法上关于证据的规定既失之粗疏、抽象，难以操作，实践中基于职权主义和客观真实的要求，一般对司法人员调查证据的权力和范围又不予太多的限制。因此，关于证据的可采性，关于证据的证明能力与证明力，关于证据的出示、质证、认证，均缺乏明确的证据规则指南。"[2] 还有论者从刑事诉讼证据的角度评价说："我国1980年1月1日施行的《刑事诉讼法》并没有充分体现出刑事诉讼证据应有的分量，……很多重要的证据内容、规则都没有明确规定，一定程度上影响了刑事诉讼工作的顺利进行。"[3] 同样，"学界和实务界均认为《民事诉讼法》中关于证据制度的规定简陋和不完善，已经不能适应民事诉讼的需要。"[4] 行政诉讼证据规定也存在类似的问题。

2. 司法解释和其他法规对证据制度发挥了补充作用

证据法在我国法律体系中的地位虽已确立，但"在我国，并没有对证据制度进行专门立法。有关证据制度的规范散见于刑事、民事、行政诉讼法典，有关司法解释以及个案批复中"[5]。相对于三大诉讼法而言，其他法律法规、司法解释和批复对证据规则有一些更为具体的规定。例如，卫生部1979年《关于重新发布施行〈解剖尸体规则〉的通知》；公安部1980年《刑事技术鉴定规则》、《关于犯罪分子和违法人员十指指纹管理工作的若干规定》；最高

---

〔1〕 刘金友主编：《证据法学》，中国政法大学出版社2001年版，第100页。

〔2〕 卞建林、姚莉："关于建立和完善我国证据规则的思考"，载《法商研究》1999年第5期。

〔3〕 叶青、王培德："完善我国刑事诉讼证据制度的几点构想"，载《法治论丛》1992年第2期。

〔4〕 张卫平："民事证据法必要性之考量"，载《法商研究》2001年第3期。

〔5〕 徐治国："论我国证据制度存在的问题及完善"，载北大法律信息网，http：//article. chinalawinfo. com/article/user/article_ display. asp? ArticleID＝631.

人民法院、最高人民检察院、公安部、司法部、卫生部1989年《精神疾病司法鉴定暂行规定》；国务院1982年《公证暂行条例》；司法部1990年《公证程序规则（试行）》，1993年《房屋拆迁证据保全公证细则》，1994年《关于我国公证制度和公证书效力的复函》，1995年《提存公证规则》；司法部、最高人民法院、最高人民检察院、公安部1990年《人体重伤鉴定标准》、《人体轻伤鉴定标准（试行）》；最高人民法院1995年《关于未经对方当事人同意私自录音取得的资料能否作为证据使用问题的批复》等规定，对于诉讼证据中的具体问题提供了依据，并起到了规范作用。

3. 证据法教学科研开始起步

伴随1979年《刑事诉讼法》的实施，"证据制度是这一时期研究的重中之重，有关证据的论著，几乎占（诉讼法学）发表论文总数的1/3"[1]。到1995年底，有关"证据"的刑事诉讼法专著出版18部，教材9部，论文集5部，案例与资料汇编2部。[2]

为配合证据法学教学的深入开展，1983年法学教材编辑部编的《证据学》，巫宇甦主编的《证据学》，1984年西南政法学院整理编印的《证据学讲座》相继出版。1989年裴苍龄的《证据法学新论》和1990年赵炳寿主编的《证据法学》尝试对"证据法学"与"证据学"进行区分。张子培、陈光中等著的《刑事证据理论》、陈光中主编的《外国刑事诉讼程序比较研究》和崔敏主编的《刑事证据理论与实践》等教材在证据法教学中发挥了重要作用。[3] 1982年李学灯译的《证据法之基本问题》，1993年何家弘等译的《刑事证据大全》成为这一时期外国刑事证据法学的代表性译作。此外，1983年西北政法学院编的《证据学资料汇编》，1985年山东司法管理干部学院编的《刑事证据案例选编》，也在证据法教学科研工作中发挥了重要作用。在证据法教学上，根据教育部1984年"法学专业学时制教学方案"修订方案，"刑事诉讼法学"被确立为本科法学专业的必修课，"证据学"、"外国刑诉法"作为选修课开设。[4]

---

〔1〕 陈光中主编：《刑事诉讼法学五十年》，警官教育出版社1999年版，第21页。

〔2〕 陈光中主编：《刑事诉讼法学五十年》，警官教育出版社1999年版，第723页以下。

〔3〕 陈光中主编：《刑事诉讼法学五十年》，警官教育出版社1999年版，第16页。

〔4〕 汤能松等：《探索的轨迹——中国法学教育发展史略》，法律出版社1995年版，第392、509页。

这一时期证据法研究的热点问题包括：

（1）无罪推定。1979年2月《人民日报》署名“田采”的《一个值得研究的问题》，是“文革”后理论界最早探讨无罪推定的文章。同月，王秉新发表《关于“无罪推定”原则的探讨》[1]。此后两年，《法学研究》刊载6篇关于无罪推定的文章，其中陈光中的《应当批判地继承无罪推定原则》（1980年）和宁汉林1982年在《中国社会科学》第4期发表的《论无罪推定》，具有代表性。1995年11月全国诉讼法学年会在厦门召开，会议对如何吸收无罪推定合理成分进行了热烈讨论。1996年新修订的《刑事诉讼法》吸收了无罪推定原则的合理成分，是这一时期无罪推定研究的直接成果。

（2）证据属性。[2] 自1979年7月《光明日报》发表樊凤林的《略论证据》到1989年崔敏主编的《刑事证据理论研究综述》问世，十年间讨论刑事证据属性的文章达七十余篇，先后出版的近二十部证据理论书籍均对刑事证据属性有所论述。关于证据属性，在当时有“法律说”和“事实说”两种观点。[3] 自1981年有学者对刑事证据的阶级属性进行了清算后，[4] 学术界开始围绕证据有无法律性（或合法性）的讨论形成了“三性说”（客观性、关联性和法律性）和“两性说”（只承认刑事证据的客观性和关联性）；[5] 此外，在论述刑事证据客观性的同时，有学者主张刑事证据也具有主观性。[6]

（3）刑事证据制度。从1991年银川会议起，五届诉讼法学年会都把“刑事诉讼法的修改与完善”作为中心议题，其中，关于证据制度的完善主要提出三个问题：一是原《刑事诉讼法》第31条各款规定不能衔接、甚至自相矛盾，建议妥善解决；二是如何实施“严禁刑讯逼供和以引诱、欺骗以及其他非法方法收集证据”的规定，应明文规定非法收集的证据不能作为证据的建

---

〔1〕 王秉新：“关于‘无罪推定’原则的探讨”，载《现代法学》1979年第1期。

〔2〕 20世纪50～60年代中国刑事诉讼法学界曾就刑事证据是否具有阶级性的问题展开过大讨论，有相当多的学者明确指出刑事证据是统治阶级用以实现其阶级利益和意志的工具，因而具有强烈的阶级性。参见徐益初：《刑事诉讼法学研究概述》，天津教育出版社1989年版；崔敏：《刑事证据理论研究综述》，中国人民公安大学出版社1989年版。

〔3〕 参见第六期全国法律专业《刑事诉讼法》师资进修班：《刑事诉讼法讲座》（中），1985年9月重庆，第193页。

〔4〕 参见戴福康：“刑事诉讼证据有没有阶级性？”，载《群众论丛》1981年第4期。

〔5〕 崔敏主编：《刑事证据理论研究综述》，中国人民公安大学出版社1989年版，第8页。

〔6〕 吴家麟：“论证据的主观性与客观性”，载《法学研究》1981年第6期。

议；三是对证人不愿出庭作证的问题应设法解决。[1] 到90年代初，“刑事证据的性质、刑事证明理论、刑事证据的理论分类和种类等问题都得到了较为系统的研究和阐述。”[2]

（4）民事证据理论。“在我国，长期以来证据法理论主要依附于刑事法律制度的发展。证据理论研究更多的是以刑事证据制度为中心进行的。关于证据法的普适性书籍主要是关于刑事诉讼中的证据理论，关于民事证据制度及理论很少。……在一般的民事诉讼法学的教科书中，虽然也有关于民事证据制度的论述，但限于篇幅，其论述仍然比较粗浅。”1993年李浩著的《民事举证责任研究》“是第一本关于民事证据制度的论著”[3]。与刑事证据研究相似，民事证据研究的重心也集中于基础理论问题。关于证据制度的名称，曾提出“实事求是”、“依法确信”、“内心确信”等不同主张；关于民事举证责任，讨论集中在其属于当事人的义务还是权利、行为责任与后果责任的区分、法院是否负举证责任等问题；对民事诉讼证据的认定，主要讨论了认证、质证的过程及意义。关于这一时期民事证据研究存在的问题，张卫平教授指出：“尚有很多问题没有厘清，例如，证明责任的性质、证明责任分担的一般原则、证明责任的减轻、间接反证、表见证明、证据交换、证人的性质、证据判断的原则、证据排除规则等理论和制度问题，还有待于研究和探讨。”[4]

（二）依法治国，证据制度初步形成（1996 ~ 2000年）

1997年党的十五大提出“依法治国，是党领导人民治理国家的基本方略”。证据作为法治的基石，在实施“依法治国”方略的过程中开始发挥更大作用。然而，由于“我国没有专门以证据问题为调整对象的独立的证据立法，有关证据制度的法律规范散置于刑事、民事、行政诉讼法典及其相关的司法解释之中。……诉讼法典更多关注的是程序的合理建构，有关证据制度的规定显得十分粗糙”。“整体上，我国证据制度远远落后于其他法律制度的发展，明显缺乏一个科学制度所应具备的完整性和系统性。”[5]

---

〔1〕 参见陈光中主编：《刑事诉讼法学五十年》，警官教育出版社1999年版，第37页。
〔2〕 樊崇义、吴宏耀：“刑事诉讼法学五十年回顾与前瞻”，载《人民检察》1999年第12期。
〔3〕 张卫平：“民事证据法必要性之考量”，载《法商研究》2001年第3期。
〔4〕 张卫平：“民事证据法必要性之考量”，载《法商研究》2001年第3期。
〔5〕 吴宏耀：“我国证据立法势在必行”，载《人民法院报》2000年12月11日，第3版。

1. 庭审制度改革拓展证据法发展空间

1996年修订的《刑事诉讼法》对证据法的发展具有深远意义。为配合其实施，1996年7月，最高人民法院决定全面推广前几年积累的经验，审判方式改革全面铺开。[1] 在保留职权主义的同时，大力吸收当事人主义对抗制因素，探索控辩式庭审方式改革，这为证据法的发展提供了更为广阔的空间。

《刑事诉讼法》对证据制度的形成有以下贡献：一是增加视听资料作为新证据种类；二是强调证据收集程序的合法性，严禁非法收集证据；三是增加证人保护；四是明确控方负举证责任；五是改变以往法官包揽法庭调查的方式，控辩双方在庭审中发挥更大作用；六是规定交叉询问规则；七是增加直接言词原则的成分；八是设立“疑罪从无”判决形式；九是平衡控辩力量，规定律师收集证据、阅卷的权利。1996年《刑事诉讼法》的修订，“其中关于证据制度的变化和发展，修改和新增的条文虽然不多，但是就已经修改的内容而言，应该说在我国诉讼发展的历史上是具有深刻意义的。”[2]

关于新《刑事诉讼法》中证据规定存在的问题，有学者就提出：“对证据的运用过程如采证、举证、质证、认证中涉及的具体证据规则未确定，于司法实务中容易导致证明责任分配及证明标准界限模糊而不易操作；同时，新刑诉法未为实施细则及司法实践提供一个具内在逻辑、层次分明的基本原则体系。”[3] “《刑事诉讼法》中‘证据’一章关于证据规则的设置也存在诸多缺陷，不仅缺乏对防止误判理念的体现，更缺乏对价值权衡理念的体现。一方面，诸如特免权证据规则、非法证据排除规则等一系列体现刑事证据法价值理性维度的、体现现代法治精神的证据规则均未能获得确立或尚未臻于完善。另一方面，即使是那些体现证据法工具理性维度的、有利于防止误判发生的证据规则，如传闻证据排除规则、自白任意性规则等也未能获得确立。”[4]

---

〔1〕 齐树洁、钟胜荣：“论民事审判方式改革对我国证据制度的影响”，载《法学评论》1998年第4期。

〔2〕 樊崇义、罗国良：“《刑事诉讼法》修改后证据制度的变化和发展”，载《中国刑事法杂志》1999年第4期。

〔3〕 李颖：“试论现行刑事证据制度的立法缺陷及完善”，载《法律科学》1999年第1期。

〔4〕 万毅等：“刑事证据法的制度转型与研究转向——以非法证据排除规则为线索的分析”，载《现代法学》2008年第4期。

辩护律师调查取证的权利在证据制度中占有重要地位，也是控辩式庭审方式改革的关键。为此，1998年最高人民法院《刑诉法解释》，就改变辩护律师没有实质性取证权利的状况予以补救，第44条规定："辩护律师向证人或者其他有关单位和个人收集、调取与本案有关的材料，因证人、有关单位和个人不同意，申请人民法院收集、调取，人民法院认为有必要的，应当同意。"第45条规定："辩护律师直接申请人民法院收集、调取证据，人民法院认为辩护律师不宜或者不能向证人或者其他有关单位和个人收集、调取，并确有必要的，应当同意。"

随着新《刑事诉讼法》的出台，公安与检察机关也分别颁布了相应的规定以约束自身行为。1998年公安部《公安机关办理刑事案件程序规定》对公安机关收集、调取证据的行为、范围以及证据保存等问题进行了规范。1997年最高人民检察院发布了《刑事诉讼规则》，对检察机关证据收集、运用等问题作了明文规定。

1999～2000年，迫于司法实践的需要，我国一些地方性刑事证据规则开始出现。例如，《广东省法院民事、经济纠纷案件庭前交换证据暂行规则》；江苏省高级人民法院、省人民检察院、省公安厅、省司法厅《关于刑事诉讼证据方面若干问题的会议纪要》；浙江省建德市人民检察院、市司法局《关于公诉人与辩护律师庭前证据材料开示的若干规定》等。这些规定既反映出地方司法机关对证据规则的迫切需求，也影响了实体法在我国的统一适用。

2. 加入国际公约对证据制度建设具有深远影响

1988年10月中国政府批准加入联合国《禁止酷刑公约》，1998年10月签署《公民权利公约》。中国加入这两大公约，意味着承诺遵循国际通行的证据准则，确立无罪推定、不得强迫自证其罪等现代诉讼证据原则[1]作为中国证据制度的基础。

3. 证据制度的完善成为民事审判方式改革的中心议题

证据制度的完善成为1997年后"民事审判方式改革的中心议题，……探

---

〔1〕 参见《禁止酷刑公约》第15条："在任何诉讼程序中，不得援引任何业经确定系以酷刑取得的口供为证据，但这类口供可用作被控施用酷刑者刑讯逼供的证据。"《公民权利公约》第7条："任何人均不得加以酷刑或施以残忍的、不人道的或侮辱性的待遇或刑罚。"第14条："凡受刑事控告者，在未依法证实有罪之前，应有权被视为无罪。""不被强迫作不利于他自己的证言或强迫承认犯罪。"

讨中的一致认识是证据制度的三个部分即举证、质证、认证都应当得到加强，其中又以举证问题最受瞩目。就举证而言，学者们一般都认为，应突出当事人举证责任和同时完善法院调查、收集证据的责任，并建立举证时限制度。"〔1〕

1998年最高人民法院《民事经济审判方式改革规定》对于"当事人举证和法院调查收集证据问题"、"改进庭审方式问题"、"对证据的审核和认定问题"、"加强合议庭和独任审判员职责问题"等作了详细规定。有论者指出："该规定中有80%是关于证据制度改革的内容。"〔2〕

1999年《人民法院五年改革纲要》提出："民事、经济审判方式改革要进一步完善举证制度，除继续坚持主张权利的当事人承担举证责任的原则外，建立举证时限制度，重大、复杂、疑难案件庭前交换证据制度，完善人民法院收集证据制度，进一步规范当事人举证、质证活动。"通过司法实践确立新的证据规则，在一定程度上弥补了《民事诉讼法》中证据规则过少的缺陷。

4. 司法鉴定制度不断完善

我国司法鉴定管理多以部门规定、司法解释或批复的形式进行规范，如1996年国家技术监督局《职工工伤与职业病致残程度鉴定》、1997年国家工商行政管理局《合同鉴证办法》、1998年国家发展计划委员会《涉案物品价格鉴定复核裁定管理办法》、1998年公安部《关于鉴定淫秽物品有关问题的请示》的批复。另外，1999年最高人民检察院《关于CPS多道心理测试鉴定结论能否作为诉讼证据使用问题的批复》、《关于检察机关的法医能否根据省级人民政府指定医院作出的医学鉴定作出伤情程度结论问题的批复》以及2000年《关于"骨龄鉴定"能否作为确定刑事责任年龄证据使用的批复》，2000年司法部《司法鉴定人管理办法》和《司法鉴定机构登记管理办法》，标志着对司法鉴定的管理走向统一。

关于专家证人。1998年有学者撰文指出，无论是英美法中的专家证人制度，还是法国的专家咨询、专家验证和专家鉴定制度，都扩大了诉讼证据的资源，并对其他证据的内容、含义起到了发现、挖掘和延伸的重要作用。我国只规定鉴定结论而不采专家证人制度，既不符合诉讼的科学规律，也不利

---

〔1〕 江伟等："1997年民事诉讼法学研究的回顾与展望"，载《法学家》1998年第1期。

〔2〕 张卫平："民事证据制度改革走向探知"，载《法商研究》1999年第5期。

于对专门性问题诉讼的正确审查与准确判断。[1]

5. 证据法研究呈现“百家争鸣”局面

这一时期证据法学研究在各个领域逐步深入，其中，外国证据法译介有沈达明编著的《英美证据法》，吴越译、德国汉斯·普维庭著的《现代证明责任问题》，白绿铉、卞建林译的《美国联邦民事诉讼规则》，何家弘、张卫平主编的《外国证据法选译》。

证据法学代表性专著、教材出版包括：宋世杰著的《举证责任论》和《诉讼证据法学》，崔敏主编的《刑事证据学》，何家弘著的《刑事证据法论》和《证据调查实用教程》，毕玉谦著的《民事证据法及其程序功能》，江伟主编的《证据法学》，叶自强著的《民事证据研究》，周水清著的《审讯与取证》，纪敏主编的《证据全书》，陈刚著的《证明责任法研究》，王利明、江伟、黄松有主编的《中国民事证据的立法研究与应用》，刘善春等著的《诉讼证据规则研究》，等等。

这一时期，《法学研究》发表了一系列证据法论文，如李浩的《差别证明要求与优势证据证明要求》、叶自强的《司法认知论》、龙宗智的《我国刑事诉讼的证明标准》、陈永革的《论主要证据》、何家弘的《让证据走下人造的神坛——试析证据概念的误区》。此外，樊崇义的《客观真实管见——兼论刑事诉讼证明标准》、王利明的《审判方式改革中的民事证据立法问题探讨》等论文具有一定代表性。特别值得一提的是，何家弘主编的《证据学论坛》2000年创刊后，发表了大量证据法研究优秀论文。

这一时期证据法研究的热点问题包括：

（1）无罪推定原则。学者们对《刑事诉讼法》第12条是否确立了无罪推定原则进行了争论。“否定说”认为，该条是在坚持“以事实为根据、以法律为准绳”这一刑事诉讼基本原则的基础上，吸收了无罪推定原则合理成分而制定的一项原则，它同西方的无罪推定原则有明显区别；[2]“肯定说”认为，

---

〔1〕邵俊武：“论在我国诉讼证据引入专家证言的必要性”，1998年全国诉讼法学研究会年会论文。

〔2〕郎胜主编：《关于修改刑事诉讼法的决定释义》，中国法制出版社1996年版，第25～26页。陈光中、严端主编：《中华人民共和国刑事诉讼法释义与应用》，吉林人民出版社1996年版，第19～20页。

该条确立了无罪推定原则。[1]

（2）证人出庭作证。有学者概括了我国证人作证制度的三大怪现状：一是证人向警察和检察官作证，却不向法庭作证；二是证人不出庭，书面证言在庭审中通行无忌；三是警察不出庭作证。这反映了审判公正、人权保护和法治权威等观念的缺失。公检法的线型结构，不仅使“审判中心”难以确立，而且在一定程度上掩盖了法院作为客观中立裁判机关保障司法公正的功能。[2] 有学者提出，应出庭证人如不出庭作证，举证一方应承担不利法律后果；[3] 应当完善中国证人权利保障制度，制定专门的证人保护法，建立证人保护机构，设立有力的证人权利救助社会体系。[4] 有学者通过比较研究，对证人资格、证言提供和询问证人的程序、质疑证人、证人权利及其保障等问题进行了研究探讨。[5]

（3）禁止刑讯逼供。学者们分析了“刑讯逼供致成的原因有多种：如主观唯心主义、侦查技术不够完善、证据立法不健全、有罪推定思想作怪等等”[6]。“禁止刑讯逼供应该健全立法保障：一是确立无罪推定原则；二是明确非法口供的排除规则；三是赋予被追诉者以沉默权。”[7]

（4）设立沉默权。学者们认为，任何人不受强迫自证其罪是现代刑事司法制度的一项重要原则，是犯罪嫌疑人、被告人真正享有辩护权的基础；[8] 沉默权制度的价值是体现程序正义，实现人权保障和惩治犯罪的统一。[9] 有学者分析了我国刑事诉讼法确立沉默权的必要性，并提出了设立有限沉默权

---

〔1〕 于绍元：“试论我国刑事诉讼法中的无罪推定原则”，1996年全国诉讼法学研究会年会论文。赵汝琨主编：《新刑事诉讼法通论》，警官教育出版社1996年版，第68页。杨凯：《论我国刑事诉讼法中的无罪推定原则》，1996年全国诉讼法学研究会年会论文。

〔2〕 龙宗智：“中国作证制度之三大怪现状评析”，2000年全国诉讼法学研究会年会论文。

〔3〕 顾永忠：“关于证人出庭作证问题的思考”，1999年全国诉讼法学研究会年会论文。

〔4〕 武鼎之：“证人拒证，良策何在——完善中国证人权利保障制度构想”，载《人民检察》1999年第3期。

〔5〕 陈建军：“中美刑事诉讼有关证人问题的比较研究”，载《求索》1999年第2期。

〔6〕 傅宽芝：“刑讯逼供存在的原因及对策”，1999年全国诉讼法学研究会年会论文。

〔7〕 徐丹彤：“严禁刑讯逼供的立法保障”，1999年全国诉讼法学研究会年会论文。

〔8〕 宋英辉、吴宏耀：“任何人不受自证其罪原则及其程序保障”，载《中国法学》1999年第2期。

〔9〕 金泽刚：“沉默权的限制和限制的沉默权——刑事诉讼法规定沉默权的理性思考”，1999年全国诉讼法学研究会年会论文。

的原则。[1] 但也有学者持不同观点，认为应当从我国司法实践的现状和需要出发，对沉默权“慎重对待，从长计议”。[2]

（5）证明责任。李浩的《民事举证责任分配的法哲学思考》一文，对举证责任分配提出四个价值标准：实现实体法的宗旨、概率分析方法、程序公正、诉讼经济。有学者对劳动争议案件的举证责任进行了研究。[3] 关于当事人“私录”资料是否可以作为证据在庭审中质证，学者们的观点颇有分歧。[4] 在法院是否应当调查收集证据的问题上仍存在分歧；[5] 比较一致的观点是，如果法院保留收集、调查证据的权限和职责，就理所当然地应成为质证和被质证的主体。[6]

（6）证明标准。有学者认为，我国现存的一元制诉讼证明标准不仅在理论上值得质疑，亦不利于司法实践。[7] 有学者提出将“法律真实”作为刑事诉讼的证明任务和要求，而把排他性作为证明标准。[8] 也有学者提出，确立刑事证明标准的原则应当是：①证明标准应坚持主观和客观相结合的原则；②证明标准应具有可操作性以及实际价值。[9]

（7）证据规则。有学者认为，同一层次的刑事证据规则应有四个，即相关性规则、非法人证排除规则、口供补强规则和质证规则。[10] 有学者认为，证据规则应着重考虑：证据标准、证人出庭制度、证据开示制度、鉴定的管

---

〔1〕 刘根菊：“在我国确定沉默权原则几个问题之研讨（上、下）”，载《中国法学》2000 年第 2～3 期。

〔2〕 崔敏：“关于‘沉默权’问题的理性思考”，2000 年全国诉讼法学研究会年会论文。

〔3〕 但绍文、苏民益：“劳动争议案件举证责任探讨”，载《法学评论》1996 年第 1 期。

〔4〕 参见金友成、傅雪峰：“视听资料证据合法性界定理论研讨综述”，载《法学》1998 年第 4 期；齐树洁、钟胜荣：“论民事审判方式改革对我国证据制度的影响”，载《法学评论》1998 年第 4 期；齐树洁、吴旭莉：“民事审判方式改革与证据制度的完善”，载陈光中、江伟主编：《诉讼法论丛》（第 2 卷），法律出版社 1998 年版。

〔5〕 黄进才：“对我国民事举证责任分担规则的再认识”，载《法学》1997 年第 11 期；翁晓斌：“民事诉讼法中庭审形式化现象探析”，载《法学》1998 年第 1 期。

〔6〕 参见林义全：“民事诉讼证据质证的探讨”，载《现代法学》1998 年第 1 期；景汉朝、卢子娟：“经济审判方式改革若干问题研究”，载《法学研究》1997 年第 4 期；翁晓斌：“民事诉讼法中庭审形式化现象探析”，载《法学》1998 年第 1 期。

〔7〕 王圣扬：“论诉讼证明标准的二元制”，载《中国法学》1999 年第 3 期。

〔8〕 樊崇义：“客观真实管见——兼论刑事诉讼证明标准”，载《中国法学》2000 年第 1 期。

〔9〕 陈卫东、刘计划：“关于完善我国刑事证明标准体系的若干思考”，2000 年全国诉讼法学研究会年会论文。

〔10〕 杨健广：“中国刑事证据规则中的质证规则”，1999 年全国诉讼法学研究会年会论文。

理和审查规则、法庭认证规则。[1] 有学者则认为，当务之急是完善交叉询问、举证责任等有关证据运用的程序规则，应主要增补排除传闻证据规则。[2] 2000年8月，中国人民大学法学院、最高人民法院和最高人民检察院及北京大学、清华大学、中国政法大学、中国社会科学院法学研究所等单位的专家学者47人在北京聚会，对中国人民大学起草的《中华人民共和国民事证据法（草案·专家建议稿）》进行了深入讨论。[3]

（8）认识论与证据法的关系。有学者从三个方面讨论刑事证据与认识论的关系：认识论是刑事证据制度的理论基础；诉讼客观真实与认识论；证明标准与认识论。[4] 对此持反对意见的学者提出确立我国证据法的两个理论基础：一为形式理性观念；二为程序正义理论。[5]

（9）证据开示。1999年诉讼法年会对“证据开示的必要性、证据开示的原则、证据开示的程序”进行了热烈讨论。[6]

（10）测谎。有学者提出，在刑事诉讼中应确立测谎的法律地位，规定使用主体与适用对象，明确测试结果是侦查的辅助手段，不应作为独立的诉讼证据。[7] 有学者则认为，测谎结果具有证据的客观性和关联性以及合法性，因此具有证据能力；并提出对测试主体、测试方法以及测试结果与其他证据间的矛盾来审查判断测谎结果。[8]

尽管此阶段我国证据法学取得大量研究成果，但也有学者一针见血地指出其中的不足：“在理论研究上，我国证据法学还未摆脱作为诉讼法学、程序

---

〔1〕 宋世杰：“刑事证据规则的理论基础与立法观点之我见”，2000年全国诉讼法学研究会年会论文。

〔2〕 马贵翔、倪泽仁：“诉讼结构与证据规则”，2000年全国诉讼法学研究会年会论文。

〔3〕 杨立新：“中国民事证据法研讨会讨论意见综述”，载《河南省政法管理干部学院学报》2000年第6期。

〔4〕 陈光中：“刑事证据制度与认识论”，2000年全国诉讼法学研究会年会论文。

〔5〕 陈瑞华、蒋炳仁：“走出认识论的误区——为证据立法重新确立理论基础”，2000年全国诉讼法学研究会年会论文。

〔6〕 参见张品泽：“关于我国刑事诉讼证据展示的法律思考”；夏有柱：“证据开示与司法实践”；胡锡庆等：“刑事诉讼证据展示制度探析”；等等论文（以上皆选自1999年全国诉讼法学研究会年会论文）。

〔7〕 樊凤林：“论我国刑事证人出庭作证和测谎仪介入刑事诉讼立法的再完善”，2000年全国诉讼法学研究会年会论文。

〔8〕 叶青、王戬：“论测谎技术与测谎证据价值”，2000年全国诉讼法学研究会年会论文。

法学附庸的尴尬境地……证据理论的匮乏、滞后不仅致使对证据制度理论认识的肤浅和司法操作中的漠视，而且，由于理论研究对证据问题的忽视，现行证据制度运作中存在的问题也往往需要间接地表现为程序问题时才能够引起人们的注意，致使证据制度缺少发展的必要契机和内在动力。"〔1〕

（三）司法公正呼唤证据法治快速发展（2001 ~2008 年）

进入 21 世纪后，证据法在中国逐渐成为显学。这有四个标志：一是近年来有大量证据理论研究著作和论文出版发表〔2〕；二是研究机构和学科建设取得重要进展〔3〕；三是最高人民法院颁行了两个证据规定〔4〕，一些省市高院也颁行了地方性证据法规；四是一批推动证据立法的学者建议稿问世〔5〕。证据法在中国迅速发展有两个主要动力：一是法治国家与和谐社会建设的需要，二是本土司法实践发展的需要。"证据是法治的基石。证据对于任何创造了权利和义务的法律制度来说都是基础性的。"〔6〕 证据制度是法治国的一项基本制度，它处于诉讼制度中的核心地位〔7〕。

1. 证据立法及立法研究一波三折

早在九届全国人大一次会议期间，陈华姣等 32 名代表就联名提出建议制定证据法的议案。其后，在九届人大第二、三、四次会议上，仍有制定证据法或尽快制定证据法的议案提出。〔8〕 但是，证据法始终没有列入国家立法计划。

为满足司法实践急需，司法机关和司法行政机关分门别类地制定有关证

---

〔1〕 吴宏耀："我国证据立法势在必行"，载《人民法院报》2002 年 12 月 11 日，第 3 版。

〔2〕 2000 年以来，有关证据的各类著作已达几十种，论文每年数百篇。

〔3〕 中国人民大学证据学研究所于 2005 年 4 月成立；证据科学教育部重点实验室（中国政法大学）2005 年底被批准立项建设；中国政法大学证据法学研究院于 2006 年 5 月成立，7 月全国第一个证据法学博士学位点在国务院学位办新增备案，该博士点下设证据法学和法庭科学两个研究方向。

〔4〕 最高人民法院《民事诉讼证据规定》（2002 年 4 月 1 日起施行）和《行政诉讼证据规定》（2002 年 10 月 1 日起施行）。

〔5〕 例如，毕玉谦等：《中国证据法草案建议稿及论证》（法律出版社 2003 年版）；陈光中主编：《中华人民共和国刑事证据法专家拟制稿（条文、释义与论证）》（中国法制出版社 2004 年版）；江伟主编：《中国证据法草案（建议稿）及立法理由书》（中国人民大学出版社 2004 年版）。

〔6〕 ［美］罗纳德·J. 艾伦："刑事诉讼的法理和政治基础"，2005 年在中国政法大学的演讲。

〔7〕 参见江伟："证据法若干基本问题的法哲学分析"，载《中国法学》2002 年第 1 期。他提出了"证据制度在民事诉讼制度中的核心地位"。

〔8〕 参见李浩："民事证据立法与证据制度的选择"，载《法学研究》2001 年第 5 期。

据规定。2001年8月，司法部颁布《司法鉴定程序通则（试行）》。2001年，最高人民法院《民事诉讼证据规定》颁布。2002年，最高人民法院《行政诉讼证据规定》颁布。2004年，全国人大常委会通过《中华人民共和国电子签名法》，对电子取证、电子证据的审查判断有着重要影响。

2001年以来，学术界围绕证据立法模式，即三大诉讼统一立法，还是各自立法；是建立一个从原则到收集证据、审查判断、运用证据等系统的证据法，还是在现有条件下补充完善、解决急需的问题进行了热烈讨论，学者们提出了诸多证据法建议稿，如肖建国、章武生的《民事证据法（建议稿）》，汤维建等的《民事证据法学者建议稿》，毕玉谦等的《中国证据法草案建议稿及论证》，陈界融的《统一证据法》，陈光中的《中华人民共和国刑事证据法专家拟制稿（条文、释义与论证）》，江伟的《中国证据法草案（建议稿）及立法理由书》。“2005年以后，曾经一度此起彼伏的立法呼声不知何时趋于沉寂了，证据立法的呼声也不知何时从高峰跌到了谷底。”[1]

随着我国司法改革的深入，“打官司，就是打人情”的陈腐观念正逐渐为人们所摈弃，“打官司，就是打证据”的司法理念日益深入人心。从佘祥林案、杜培武案、黄静案、邱兴华案、马加爵案到高莺莺案，司法审判中暴露出来的各种问题全都指向证据，因此，司法公正呼唤着我国证据法的发展。证据立法缺失造成司法实践中无法可依的现实，促使证据立法研究在短暂的停顿之后又重新活跃起来，而且更加趋于深入和理性，例如，陈瑞华的《从“证据学”走向“证据法学”——兼论刑事证据法的体系和功能》[2]，房保国的《现实已经发生——论我国地方性刑事证据规则》[3]，张保生的《证据规则的价值基础和理论体系》[4]、张保生主编的《〈人民法院统一证据规定〉司法解释建议稿及论证》等。关于证据立法的模式，最高人民法院副院长、大法官沈德咏认为：“众多法律法规中的条文以及司法解释条文之间存在不够协调、不够有序等问题，这种状况已在一定程度上造成了司法实践中运用诉讼

---

〔1〕 吴丹红：“证据立法呼声缘何归于沉寂”，载《检察日报》2006年2月13日，第3版。

〔2〕 陈瑞华：“从‘证据学’走向‘证据法学’——兼论刑事证据法的体系和功能”，载《法商研究》2006年第3期。

〔3〕 房保国：“现实已经发生——论我国地方性刑事证据规则”，载《政法论坛》2007年第3期。

〔4〕 张保生：“证据规则的价值基础和理论体系”，载《法学研究》2008年第2期。

证据规则的混乱，比如证人不出庭现象比较普遍，重复鉴定问题突出，电子证据的运用无法可依等，诉讼证据制度的改革与完善已成为当前中国司法改革的一项重要而迫切的任务。”他认为，在加强证据立法方面有两条路可以选择：一是在三大诉讼法中修改有关诉讼证据制度的规定；二是制定一部独立的、综合的诉讼证据法典。〔1〕

与司法实践的需要相比，我国现行证据制度存在两大问题：一是规则少，二是无体系。前者表现在，三大诉讼法中的证据规则条文太少，过于原则，缺乏可操作性，不能满足审判实践的需要；后者表现在，证据立法缺乏价值基础和理论体系方面的设计，数量有限的证据规则处于一种彼此缺乏逻辑联系的离散状态，这不仅不利于司法人员从整体上掌握证据法的宗旨和基本要求，而且也影响了证据法的学科建设和理论发展。目前我国有接近四分之一的省高级人民法院制定了地方性证据规则〔2〕，这一方面促使司法机关和诉讼各方证据意识的提高，同时也激励证据法学者深刻反思中国证据法治建设存在的问题。地方性证据规则纷纷出台，虽然回应了司法实践的急需，但又存在逻辑混乱、用语不准确、科学性较差的问题，造成了不同地方分别“立法”的局面，影响了证据法在我国的统一适用。因此，有必要站在全国统一证据立法的高度，消除这种各地省市对司法解释的“再解释”现象。〔3〕

针对我国证据法分散在三大诉讼法中的弊端，一些学者论证了制定统一证据法的理由。有学者认为，三大诉讼法的证据问题尽管有一些差异，但总体上看还是共性大于个性。证据法应当是统一的，规定的内容应当是三大诉讼中共有的证据制度和问题。至于因诉讼性质不同而产生的具体问题，则可以根据具体情况，在相应的诉讼法中予以规定，或者在证据法典分则部分予

---

〔1〕 参见“首席大法官肖扬：中国不断加大证据制度改革力度”，载新华网，http：//big5. gov. cn/gate/big5/www. gov. cn/jrzg/2006－05/30/content_ 295901. htm，访问日期：2006年5月30日。

〔2〕 参见房保国：“现实已经发生——论我国地方性刑事证据规则”，载《政法论坛》2007年第3期。文中谈到北京、江苏、湖北、四川、山东、广东等省市高级人民法院颁行地方性证据规则的情况，认为产生这种情况的原因归根结底还是与全国性证据立法的不完善有关。另据统计，在最高人民法院颁布两个证据规定之前有9个省市颁布了自己的证据规定，之后有5个省市颁布了自己的证据规定，其中主要为刑事证据规定。

〔3〕 房保国：“现实已经发生——论我国地方性刑事证据规则”，载《政法论坛》2007年第3期。

以规定。[1] 有学者分析了诉讼法和证据法的区别，区别之一就是诉讼具有不可回转性，而证据却不具有这一特性，可以随时进行证据调查与收集。闭合性（非公开性）、不可回转性这一特质可以区分诉讼法和证据法，成为制定独立证据法的理论基础。[2] 有学者通过质疑统一证据立法的两大理论障碍来论证制定统一证据法的可行性。障碍之一是所谓大陆法系传统，但传统只能说明以往的状态，对以后的实践并没有强制约束力。案件事实认定的一般法则或证据规则在两大法系之间没有本质差别，两大法系证据规则不仅在主要内容上具有共性，而且其首要目的都是为了准确认定事实。正是在这个意义上，美国艾伦教授强调了证据法具有跨法系、跨国家的普适性一面。障碍之二是三大诉讼法的特殊性，但司法实践证明按三大诉讼领域分别制定刑事、民事和行政证据规则有内容重复和不利于法官把握证据规则的一般原理的弊端，这些弊端也反证了制定统一证据规则的必要性和可行性。[3]

2. 重大错案证据问题成为社会关注焦点

一些重大错案折射出我国证据制度的不健全。2000年7月，蒙冤26个月的杜培武被无罪释放，该案反映出刑讯逼供的严重问题。[4] 刑讯逼供的举证责任、测谎结论的可靠性和证明力、刑事证明标准、警察出庭作证等证据问题都引起了学界的反思。随后，2002年辽宁李化伟杀妻案，2003年海南黄亚全、黄圣育抢劫案，2004年河北李久明杀人案、云南孙万刚“杀女友”等错案的逐个平反，刑事证据问题以这种特殊的方式更加现实地呈现在整个社会面前，而2005年披露的佘祥林杀妻错案则使人们对刑讯逼供问题的关注达到一个峰值。有学者总结到，该冤案是刑事诉讼程序被破坏乃至践踏而必然结出的“孽果”[5]。为了避免冤案的发生必须正确对待口供、严格依照法定程序收集证据、全面收集证据。[6] 佘祥林案在中国的刑事司法改革中具有标本

〔1〕 此种模式已经为某些地方性证据规则所采用，具体参见房保国：“现实已经发生——论我国地方性刑事证据规则”，载《政法论坛》2007年第3期。

〔2〕 转引自宋英辉、汤维建主编：《证据法学研究述评》，中国人民公安大学出版社2006年版，第136页。

〔3〕 张保生：“制定统一证据规则的必要性和可行性”，载《人民法院报》2007年11月20日。

〔4〕 张桂勇、李新天：“对杜培武一案的分析”，载陈光中、江伟主编：《诉讼法论丛》（第7卷），法律出版社2002年版。

〔5〕 谢佑平：“防止冤假错案，有赖于健全的刑事程序法”，载《法学》2005年第5期。

〔6〕 陈卫东：“强化证据意识是避免错案的关键”，载《法学》2005年第5期。

意义。[1]

2006 年披露的黄静案、高莺莺案、邱兴华案则直接指向司法鉴定制度，反映出我国司法鉴定制度中存在重复鉴定、多次鉴定以及鉴定人回避、鉴定结论的明确性、鉴定过程的公正性等一系列问题，[2] 也涉及司法鉴定机构的中立性、鉴定程序的完备、勘验检查笔录的完整、证人证言的可信性等问题。[3] 一些法学家针对邱兴华案，以公开信的形式，吁请司法机关对邱兴华进行司法精神病鉴定，并对我国法律将司法鉴定启动权绝对地赋予检察官、法官提出质疑，对控辩双方的鉴定专家在我国法庭上对抗性地辩论起来提出建议，并呼吁对司法精神病的鉴定标准等加以规定和完善。[4]

通过对佘祥林等错案的反思，法学界对于刑事诉讼中非法证据排除规则给予更多关注，连续成为诉讼法学会 2005 年、2006 年年会的热点问题。学者们对非法证据排除规则的基本理论、我国应该规定怎样的非法证据排除规则等问题进行了深入研究讨论。其中，陈光中等的《论非法证据排除规则在我国的适用》[5]，陈瑞华的《非法证据排除规则的理论反思》[6]，汪建成的《中国需要什么样的非法证据排除规则》[7]，秦策的《刑事非法证据排除的宪政之维——以中国宪法文本为基点的思考》[8] 等文，对刑事诉讼非法证据排除规则作了系统论述；在民事诉讼非法证据排除规则研究方面，李浩的《民事诉讼非法证据排除》[9]、李祖军的《论民事诉讼非法证据排除规则》[10] 等文具有一定代表性。

---

〔1〕 陈兴良：“中国刑事司法改革的考察：以刘涌案和佘祥林案为标本”，载《浙江社会科学》2006 年第 6 期。

〔2〕 参见吴少军、李永良：“黄静裸死案鉴定之谜”，载《中国审判》2006 年第 9 期。

〔3〕 参见黎伟华：“法学专家质疑高莺莺之死”，载《民主与法制》2006 年第 15 期；晏向华：“从高莺莺案看勘验检查笔录的困惑”，载《检察日报》2006 年 9 月 19 日，第 3 版。

〔4〕 陈学权：“刑事司法鉴定中的程序正义——邱兴华案对中国刑事司法鉴定制度的启示”，载《中国司法鉴定》2007 年第 4 期。

〔5〕 陈光中、张小玲：“论非法证据排除规则在我国的适用”，载《政治与法律》2005 年第 1 期。

〔6〕 陈瑞华：“非法证据排除规则的理论反思”，载《法律适用》2006 年第 6 期。

〔7〕 汪建成：“中国需要什么样的非法证据排除规则”，载《环球法律评论》2006 年第 5 期。

〔8〕 秦策：“刑事非法证据排除的宪政之维——以中国宪法文本为基点的思考”，载《法学》2007 年第 8 期。

〔9〕 李浩：“民事诉讼非法证据排除”，载《法学研究》2006 年第 3 期。

〔10〕 李祖军：“论民事诉讼非法证据排除规则”，载《中国法学》2006 年第 3 期。

3. 证据法学教学、科研和学科建设迅速发展

在证据法学教育方面，2001年以后，各法学院校大都把证据法学作为独立课程开设。在本科教学中，中国人民大学、国家法官学院将其列为必修课，北京大学法学院、中国政法大学则将其列为单独选修课。中国政法大学开设有证据法学、刑事证据法学、民事证据法学等选修课，36学时的证据法学为全校通选课。2007年4月教育部“长江学者”特聘教授美国西北大学法学院罗纳德·J. 艾伦（Ronald J. Allen）教授在中国政法大学为本科生讲授36学时的《美国证据法》课程，采用全英文讲授、案例研讨的教学模式。

在研究生教学中，一些学校将证据法学列为诉讼法专业研究生必修课，如清华大学深圳研究生院。中国政法大学将证据法学列为诉讼法学研究生54个课时学位课程，自2008年起开设“外国证据法专题”为证据法学研究生限选课，其他方向研究生通选课，共36学时。

自2003年12月起，中国人民大学法学院与德恒律师事务所合作举办“德恒证据学论坛”，至今已成功举办了48期。自2006年起，中国政法大学证据科学研究院每年春秋举办“证据科学论坛月”，至2007年已成功举办了16讲。

在学科建设方面，中国政法大学起初将证据法学作为诉讼法学的一个研究方向招生，2006年7月在国务院学位办备案增设证据法学为与诉讼法学并列的二级学科硕士和博士点，其中，硕士点下设证据法学、物证技术学、法医学三个研究方向，博士点下设证据法学和法庭科学两个研究方向；2007年招收第一届证据法学硕士、博士研究生；经全国法律硕士教学指导委员会和国务院学位办批准，自2009年起开始从理工农医专业本科毕业生中招收法律硕士（法庭科学方向）研究生。

在科研机构建设方面，2005年成立的中国人民大学证据学研究所，是专门从事证据学（含证据法学、证据调查学、物证技术学）研究的学术机构。2005年国内惟一的证据科学教育部重点实验室（中国政法大学）被批准立项建设；2006年中国政法大学证据科学研究院正式成立，下设证据法学和法庭科学两个研究所，在证据科学交叉研究方面形成一定特色。

在教材建设方面，有何家弘主编的《新编证据法学》、樊崇义主编的《证据法学》、卞建林主编的《证据法学》等教材，不仅体系完整，而且对证据法学前沿问题有独到见解。证据法学系列丛书相继出版，有2002年王利明主编

的《诉讼证据丛书》（后改名为：《证据运用指导丛书》），2003 年江伟等的《中国证据立法前瞻性问题研究丛书》，2005 年崔敏主编的《刑事诉讼与证据运用》系列丛书，万鄂湘总主编的《用证据说话》丛书，2007 年何家弘主编的《证据学文库》，卞建林主编的《诉讼与证据前沿丛书》，2008 年中国政法大学证据科学研究院开始编辑的《证据科学文库》、《证据科学资料案例丛书》。

证据法学术会议频繁召开，继 2000 年中国政法大学举办中美证据法研讨会后，2002 年该校刑事法律研究中心和诉讼法学研究中心共同主办刑事证据法国际研讨会；2004 年首届 DNA 证据国际研讨会在北京人民警察学院举行；2006 年召开了中国—加拿大诉讼证据问题研讨会暨中加最高法院第一次高层圆桌会议，司法部中国司法鉴定杂志社主办中国首届司法鉴定高峰论坛，司法部司法鉴定科学技术研究所等单位联合主办第二届国际 DNA 证据研讨会；2007 年中国政法大学与郑州市中级人民法院联合主办首届全国言词证据的分析认证与司法应用研讨会，2007 年中国政法大学证据科学研究院和中国政法大学出版社主办了首届证据理论与科学国际研讨会。

中国政法大学证据科学研究院主办的《证据科学》杂志于 2007 年创刊，2004 年中国人民大学法学院主办的“中国证据法网”开通，2006 年中国政法大学证据科学研究院主办的“中国证据科学网”开通，2005 年司法部主办的“中国司法鉴定网”正式开通，2006 年中国人民大学物证技术鉴定中心主办的“中国物证技术学网”开通，2006 年中国政法大学证据科学院主办的“中国司法鉴定信息中心网”开通。这些网站的开通和运行都对广义的证据法的知识的传播和证据法研究的深入起到了重要的作用。

在证据法译著方面，自 2001 年以来，美国学者波斯纳著的《证据法的经济分析》（徐昕、徐昀译，中国法制出版社 2004 年版），米尔健·R. 达马斯卡著的《漂移的证据法》（李学军等译，中国政法大学出版社 2003 年版）、《比较法视野中的证据制度》（吴宏耀等译，中国人民公安大学出版社 2003 年版），约翰·W. 斯特龙主编的《麦考密克论证据》（汤维建等译，中国政法大学出版社 2004 年版），罗纳德·J. 艾伦等著的《证据法：文本、问题与案例》（张保生等译，高等教育出版社 2006 年版）；德国学者罗森贝克著的《证明责任论》（庄敬华译，中国法制出版社 2002 年版）；英国学者詹妮·麦克埃文著的《现代证据法与对抗式程序》（蔡巍译，法律出版社 2006 年版），理查德·梅著的《刑事证据》（王丽等译，法律出版社 2007 年版），《英国成文证据法》（熊志海等编译，中国法制出版社2007年版）等著作相继在国内翻译出版。

4．证据法学基础理论研究取得进展

除了对证据立法的关注外，关于证据概念、证据法学的理论基础、刑事诉讼证明标准也是这一时期学界讨论的热点。

（1）证据概念。自1999年何家弘教授的《让证据走下人造的神坛——试析证据概念的误区》一文发表后，学界对证据概念展开了热烈讨论，在普遍否定“事实说”的同时，“根据说”、“材料说”、“内容与形式的统一说”、“信息说”、“载体说”等学说纷纷出现。[1]

（2）证据法的理论基础。一种观点赞同继续坚持“我国刑事证据制度的理论基础主要是辩证唯物主义认识论和司法公正论”[2]；否定者则主张，以程序正义和形式理性作为证据法的理论基础，持这种观点的学者又有一元论、二元论、三元论、多元论等不同的主张。[3] 陈瑞华的《证据法学研究的方法论问题》、宋英辉等的《证据法学基本问题之反思》、张保生的《证据规则的价值基础和理论体系》等论文都对证据法的理论基础作了探讨。

（3）刑事诉讼证明标准。自2000年樊崇义教授的《客观真实管见——兼论刑事诉讼证明标准》一文发表后，学界对刑事诉讼证明标准问题展开了论战，内容涉及证明标准的语词之争、“客观真实”与“法律真实”之争、具体应用与司法实践的证明标准之争等问题。其中，“客观真实”与“法律真实”之争影响较大，双方彼此进行了批驳，各自捍卫了自己的主张。[4] 尽管有学者对客观真实与法律真实之争的意义提出质疑，但从学术繁荣的角度来说，“这一时期论战的参与学者之多，观点分歧之大，均属前所未有。”[5]

5．证据科学研究的跨学科发展趋势

随着司法实践中科学证据的大量使用，越来越多的科技手段特别是高科

---

〔1〕 李忠诚等：“中国法学会诉讼法学研究会年会综述”，载《中国法学》2004年第6期。

〔2〕 陈光中等：“刑事证据制度与认识论——兼与误区论、法律真实论、相对真实论商榷”，载《中国法学》2001年第1期。

〔3〕 参见宋英辉主编：《证据法学研究述评》，中国人民公安大学出版社2006年版，第76页以下。

〔4〕 参见宋英辉主编：《证据法学研究述评》，中国人民公安大学出版社2006年版，第359～376页。

〔5〕 宋英辉主编：《证据法学研究述评》，中国人民公安大学出版社2006年版，第350页。

技手段运用到事实认定过程中，对传统的事实认定方法提出了挑战。按照拉德布鲁赫的观点，法定证据理论已被科学证据理论取代。科学证据理论的现状是：一方面从心理学上对各式各样轻信误解进行深入分析，从而降低了人证的证明价值；另一方面对例如指纹、血迹等勘查对象用改进的技术进行分析，相应提高了物证的证明价值。[1] 达马斯卡则提出，证据法的未来就是探讨事实认定的科学化问题。[2] 在上述思想基础上，何家弘教授提出了“神证—人证—物证”的发展进路，认为这预示了证明方法和手段从以“人证”为主的证明向以“物证”或“科学证据”为主的证明的转变。[3]

2006年前后，我国法学界围绕“证据”学科的性质和范围展开了证据法学与证据学的争论。陈瑞华教授认为：“未来以证据作为研究对象的学科，应当逐渐走向多元化并具有相当程度的开放性和包容性。研究证据问题的学者应当从哲学、心理学、逻辑学、概率统计学、法医学、司法精神病学、物证技术学、侦查学等多门社会科学和自然科学中寻找灵感和资源，将其逐渐培育成一种由多个学科组成的‘学科群’。”[4] 龙宗智教授在《“大证据学”的建构及其学理》一文中提出，法证据学是证据学在法学领域的分支，是在一般证据学的基础上，在法的空间中通过法律规制来运行的，实现特定的法的任务的证据学。而一般意义上的证据学，即研究关于证据与证明的系统性知识，对于证据法学具有基础性意义。[5] 在对证据学的性质、学科特征、内容与方法等基本内容和结构分析的基础上，他把适用于法证据学以及其他任何使用证据判定事实的学科领域的一种新的学科及知识体系称作“大证据学”。[6] “证据学作为对事实进行证明的学科，其基本原理属于哲学以及科学哲学的认识论和方法论范畴，而这些学理具有广泛的适用领域。因为在自然科学与社会科学的各个分支以及人们的日常生活中，为了作出一定的结论并

---

〔1〕［德］拉德布鲁赫：《法学导论》，米健、朱林译，中国大百科全书出版社1997年版，第124页。

〔2〕［美］米尔建·R. 达马斯卡：《漂移的证据法》，李学军等译，中国政法大学出版社2003年版，第200页。

〔3〕参见何家弘：“神证·人证·物证——试论司法证明方法的进化”，载《中国刑事法杂志》1999年第4期。另参见何家弘：“中国证据法学前瞻”，载《检察日报》1999年9月2日。

〔4〕陈瑞华：“从‘证据学’走向‘证据法学’”，载《法商研究》2006年第3期。

〔5〕参见龙宗智：“‘大证据学’的建构及其学理”，载《法学研究》2006年第5期。

〔6〕参见龙宗智：“‘大证据学’的建构及其学理”，载《法学研究》2006年第5期。

采取一定的行动，常常需要对已发生的事实进行判定，都面临着对事实进行证明的任务。”“大证据学”包括：在科学技术领域探求已发生的事实状况的科技证据学；在军事领域根据证据（情报）判断敌方行动的军事证据学；在历史与考古领域，根据遗留文字乃至残垣断简等历史文物考究史实的历史证据学；在日常生活中，根据人的行为举止以及其他各种征候判断与人相关的事实和各种社会事实的社会证据学及生活证据学；以及在法律活动中，为适用法律而依靠证据判定案件事实的法证据学；等等。〔1〕

在证据法学还是证据学的争论中，张保生、常林和王进喜教授等提出了“证据科学”（Evidence Science）的概念。2005 年 6 月，中国政法大学在向教育部提交的《证据科学教育部重点实验室申请书》中，为“证据科学”下了一个定义：“证据科学是综合运用自然科学和社会科学方法，研究证据采集、鉴定技术以及案件事实认定和法律适用之一般规律的科学理论和方法体系。”该申请报告弃用“证据学”概念的原因在于，它已不能完整地表达证据法跨学科发展的趋势是自然科学的成分越来越多。美国西北大学法学院艾伦教授、加州大学戴维斯分校法庭科学家伊姆温克里德教授和美国麦肯思律师事务所合伙人满运龙博士等，均对这个概念及定义予以了充分肯定。2006 年 5 月 20 日，中国政法大学证据科学研究院正式成立，鉴于该研究院设证据法学和法庭科学两个研究所，又采纳了艾伦教授关于证据科学研究院英文名称使用“Institute of Evidence Law and Forensic Science”的建议，这进一步强调了证据科学的“内核”是证据法学和法庭科学及其交叉研究，而且也成为“证据科学”这一中文概念的另一英文规范表述。〔2〕

从证据法学迈向证据科学，这是证据法学和法庭科学跨学科发展的一个必然趋势。中国政法大学证据科学研究院以张保生、常林和王进喜教授为代表的研究团队，顺应了这一发展趋势，对证据科学的交叉学科研究进行了深入探索。他们认为，证据科学之所以应运而生，有两个深刻原因，一是传统的事实认定方法，即以人证为中心的证明方法不能完全适应当代司法实践发展的需要；二是当代科学技术的迅猛发展为事实认定提供了新的技术手段。

---

〔1〕 参见龙宗智：“‘大证据学’的建构及其学理”，载《法学研究》2006 年第 5 期。

〔2〕 参见张保生等：“证据科学及其理论体系——证据法的跨学科发展趋势”，2006 年 12 月 4 日中国政法大学“证据科学论坛月”第一讲。

张保生教授认为，尽管世界上存在着比较完善和不够完善的证据制度，然而，即使在比较完善的证据制度下，冤假错案依然层出不穷。[1] 这说明，司法公正不仅需要完善的证据制度，还需要新的科技手段。这种转变喻示了一种可能性，即科技手段的运用与证据制度的不断完善，二者结合起来，可能最大限度地减少冤假错案、促进司法公正，这正是证据科学的使命。[2]

关于证据科学的研究范围，张保生教授认为，它不仅涉及事实认定问题，也涉及法律即证据规则的适用问题。证据科学的研究领域尽管十分宽泛，但却可以将其划分为广义和狭义两个领域。广义的证据科学研究领域，可以包括概率论和统计学、法学、医学、地理学、教育学、哲学、古代史学、经济学、心理学和计算机科学等学科领域；也可涉及如运动员兴奋剂检测、文物鉴定、恐怖事件调查、武器核查、新科技手段对考古学、艺术史、天文学等领域证据方法的影响；等等。在这个范围内，一切指向证据问题的人文社会科学和自然科学研究都属于证据科学的范围。因此，这个领域至少包括四个方面的研究内容：①证据本体论或事实论的研究，例如，自然事实与社会事实，事实的共时性与历时性，事实的信息属性，事实与证据等问题；②证据认识论或证明论的研究，例如，经验推理，事实认定的性质、过程和规律，事实认定的主体与主体际，事实认定的准确性、客观性、可靠性、可信性、真实性等问题；③证据科学相关学科的基础理论研究，如心理学、逻辑学、概率论、决策理论等；④证据科学的应用研究，如第 17 届国际法庭科学大会（2005 年）涉及的议题：法庭电脑学、DNA 统计学、药后驾驶、滥用药物、灾难受害人识别、犯罪现场模式分析等，以及涉及运动员兴奋剂检测、文物鉴定、恐怖事件调查等。[3]

关于狭义证据科学的研究领域，张保生教授认为，主要是指证据法学和法庭科学的分别研究与交叉研究。在这个范围内，证据科学不是一个对任何

---

〔1〕 参见孙玲玲："从《美国错案报告》论司法实践中证据观念的强化"，载美国政治与法律网，www. ciapl. com，访问日期：2004 年 4 月 19 日。文中谈到，由美国开放社会协会（OSI）的 GIDEON项目资助，密歇根大学法学院刑事诉讼法学和死刑研究专家 Samuel R. Gross 教授及该校四个博士生共同发表了《美国自 1989 年至 2003 年间的错案报告》，披露了从 1989 年至 2003 年间美国的 328 例错案。

〔2〕 张保生："发刊词：研究证据科学　促进司法公正"，载《证据科学》2007 年第 1、2 期。

〔3〕 张保生："发刊词：研究证据科学　促进司法公正"，载《证据科学》2007 年第 1、2 期。

事实或证据问题都进行研究的包罗万象的学科群，而是一个研究证据采集、鉴定技术以及案件事实认定一般规律的科学理论和方法体系。因此，这个领域大致包括三个方面的研究内容：①证据法学研究，包括：证据制度研究，如证据法与诉讼法或证据制度与诉讼制度的关系研究，大陆法系、普通法系和混合法系证据制度的比较研究，国别证据制度及其比较研究；证据法学的基本概念和范畴研究；证据规则研究，如各种排除规则、特免权规则、证据开示规则、举证规则、质证规则、认证规则、证明责任和证明标准、法庭运用证据问题、科学证据等。②法庭科学研究，例如，法庭科学基本理论、司法鉴定程序通则、法庭科学技术标准化、证人证言的心理学实验等。③证据法学和法庭科学的交叉研究，这也可以称为证据科学的狭义研究。[1]

从狭义角度看，证据科学是证据法学和法庭科学的统一。在这一领域，古今中外许多学者已经就这两个学科的分别研究积累了许多成果，甚至形成了一些学说和流派，但目前还没有把二者紧密结合起来专门研究证据科学的理论著作。在法庭科学领域，尚无具有重大统摄性意义的理论著作。

证据科学作为一门正在成长的新兴学科，其研究工作得到了教育部和国家自然科学基金的积极资助。2006 年教育部批准了由张保生教授为首席专家的“证据科学的理论体系与应用研究”作为哲学社会科学研究重大课题攻关项目正式立项。该项目的总体框架蕴含了以下几点考虑：①证据科学是法学和自然科学的交叉学科，它包括证据法学和法庭科学两大研究领域，二者之间具有内在逻辑联系，构成一个完整的理论体系。②证据科学的理论体系和实践应用，在逻辑上的依次展开，构成四组层次分明的研究内容：一是证据科学的基础理论与应用研究；二是证据法学和法庭科学的基础理论研究；三是证据法学和法庭科学的应用研究；四是证据法学的咨询服务和法庭科学的技术开发研究。③证据科学研究领域的交叉学科性质，决定了其研究内容的复杂性和研究方法的多样性。④证据科学研究对象的层次性，决定了其研究成果具有多种形式和不同用途：包括理论性论著、立法建议和规则规范、对策建议、专利与新产品开发等。该课题研究的基本内容包括四组 15 个子课题。这些课题的研究在国内外都具有创新性。

2006 年 5 月 20 日正式成立的中国政法大学证据科学研究院，是我国第一

---

〔1〕 张保生：“发刊词：研究证据科学　促进司法公正”，载《证据科学》2007 年第 1、2 期。

所专门的证据科学研究机构。它的成立是天时、地利与人和的集中反映。所谓天时，是全国人大常委会《关于司法鉴定管理问题的决定》于2005年10月1日起开始施行。该决定确定了我国司法鉴定的统一管理体制，指明了我国司法鉴定工作改革发展的方向，给建设证据科学研究院带来了千载难逢的机遇。所谓地利，是教育部首次在文科高校试点进行跨学科重点实验室建设。2005年12月，教育部正式批准证据科学教育部重点实验室立项建设，这对推动证据法学和法庭科学技术的交叉融合与跨学科研究，具有重要意义。所谓人和，是中国政法大学与北京市高级人民法院乘司法鉴定体制改革的东风，抓住机遇进行了一次成功合作。合作双方本着真诚的愿望实现了强强联合、优势互补。这种合作是一个多赢之举：对中国政法大学而言，这种合作有助于提升学校的整体科研水平特别是实证研究能力，弥补法学教育试验环节的不足，促进科研成果的社会转化，拓展大学的社会服务功能。对北京市法庭科学技术鉴定研究所而言，这种合作有助于把法庭科学技术研究置于高水平大学的法学教育科研平台之上，可以获得更加广阔的发展空间，也解决了原来鉴定工作与教学、科研相脱节的问题。对北京市法院而言，这种合作既保存了研究所继续为北京市提供司法鉴定服务的原有功能，又创造性地贯彻了司法鉴定体制改革的精神，减少了改革带来的阵痛和损耗。[1]

2006年5月由中国政法大学证据科学研究院主办的中国证据科学网（http：//www. evidencescience. com/）正式开通。2007年底，《证据科学》杂志创刊（双月刊），该杂志更名于《法律与医学杂志》。2007年9月15～16日，由中国政法大学证据科学研究院主办的“首届证据理论与科学国际研讨会”在北京举行。时任最高人民法院院长、首席大法官的肖扬给会议发来的贺信说，证据是实现司法公正的基石，建立完善的证据制度，对于促进社会主义法治建设，构建社会主义和谐社会，具有极其重要的意义。深入开展证据科学研究，促进证据法学和法庭科学的紧密结合，将对证据理论的发展和证据制度的改革做出贡献。来自美国、澳大利亚、英国以及北京大学、清华大学、中国人民大学、中国政法大学、中国人民公安大学等十余所高校的学者和来自司法部、公安部、教育部的专家共一百余名代表参加了本次研讨会。

---

〔1〕参见张保生：“教学、科研和鉴定一体化创新发展道路的探索”，2006年7月22～23日在中国司法杂志社主办的“中国首届司法鉴定高峰论坛”上的发言。

二、30年证据立法进展综述

改革开放30年，中国证据立法从无到有、从简单粗疏到不断完善，并逐渐呈现出蓬勃发展的局面。

（一）法律

1. 刑事证据立法

30年刑事证据立法，以1996年《刑事诉讼法》修订为分界点，大致可分为起步阶段和修改完善两个阶段。

(1) 刑事证据立法的起步阶段（1978～1995年）。1979年《刑事诉讼法》，作为新中国第一部刑事诉讼法，其历史地位不言而喻，它不仅结束了中国长期处于“无法司法”的局面，同时也开启了中国刑事诉讼法治现代化的进程。在这部法律中，不仅第一次较为系统地规定了刑事诉讼的基本制度和程序，也确立了我国“实事求是”、“依法求实”或者“以证求实”的刑事证据制度的基本内容；[1] 确立了“以事实为根据、以法律为准绳”的诉讼原则，同时，设专章对证据作出规定，并在程序部分规定了证据的收集、出示、审查和判断等规则和要求。尽管条文不多，内容也略显粗疏，却奠定了我国刑事证据制度的基本框架。

1979年《刑事诉讼法》，分4编，共164条，其中第一编第五章证据共7条。该法确立的证据原则、制度和规则，包括：

第一，依法求实原则。主要体现在以下几个方面：①以事实为根据，以法律为准绳。第4条规定：“人民法院、人民检察院和公安机关进行刑事诉讼，必须依靠群众，必须以事实为根据，以法律为准绳。”第33条规定：“公安机关提请批准逮捕书、人民检察院起诉书、人民法院判决书，必须忠实于事实真相。故意隐瞒事实真相的，应当追究责任。”以事实为根据，就是要求人民法院、人民检察院和公安机关进行刑事诉讼必须忠于案件事实真相，查明案件真实，以案件事实作为处理问题的根据；以法律为准绳，就是要求在查明案件事实的基础上，严格按照法律的规定作出处理。②严格遵守法定程序。第3条第2款规定：“人民法院、人民检察院和公安机关进行刑事诉讼，

---

[1] 崔敏主编：《刑事证据理论研究综述》，中国人民公安大学出版社1990年版，第52～68页。

必须严格遵守本法和其他法律的有关规定。”一方面，刑事诉讼程序包括证据的收集、审查和判断应当由法律事先明确规定。这里的法律是广义的，既包括刑事诉讼法，也包括其他规范诉讼程序的法律、法规和司法解释。另一方面，人民法院、人民检察院和公安机关进行刑事诉讼，收集、审查和判断证据，应当严格按照法律规定的程序进行。③客观全面收集证据。第32条规定：“审判人员、检察人员、侦查人员必须依照法定程序，收集能够证实被告人有罪或者无罪、犯罪情节轻重的各种证据。”根据这一规定，在坚持遵守法定程序的基础上，要求办案人员注意收集正反两方面的证据。

第二，证据定义。第31条规定：“证明案件真实情况的一切事实，都是证据。”这一规定通常被认为是证据的立法定义，它反映了刑事诉讼法对证据的要求：一是证据必须对案件事实具有证明作用，这是对证据相关性的要求；二是证据必须能够证明案件事实的真实情况，这是对证据证明力的要求。

第三，证据形式。第31条规定：“证据有下列六种：①物证、书证；②证人证言；③被害人陈述；④被告人供述和辩解；⑤鉴定结论；⑥勘验、检查笔录。”一般来说，只有符合这六种形式的证据材料才允许作为证据使用，才允许向法庭提供，才有可能作为定案的根据。这个规定的局限性在于，首先是与“证明案件真实情况的一切事实，都是证据”的规定相互矛盾；其次，也不适应社会生活日益复杂和科学技术飞速发展而出现众多新型证据的实际。因此法定证据形式具有封闭性的固有缺陷。

第四，口供规则。①严禁刑讯逼供和非法取证。第32条规定：“严禁刑讯逼供和以威胁、引诱、欺骗以及其他非法的方法收集证据。”收集证据必须依法定程序进行。刑讯逼供等非法取证方法既侵犯了犯罪嫌疑人、被告人的人权，也有违法治原则。②被告人如实供述义务。第64条规定：“被告人对侦查人员的提问，应当如实回答。”这是本着实事求是的精神和原则提出来的，要求被告人在接受讯问时，实事求是地回答问题，有罪就是有罪。这条规定与不得被迫自证其罪的原则不符。③不轻信口供。第35条规定：“对一切案件的判处都要重证据，重调查研究，不轻信口供。”被告人对自己是否犯罪以及犯罪的具体情况最清楚，因此，口供曾被誉为“证据之王”。但被告人的地位决定了口供虚假的可能性很大，这就要求既不能不信也不能轻信口供，而是要注意调查收集案内其他证据。④口供补强规则。第35条规定：“只有被告人供述，没有其他证据的，不能认定被告人有罪和处以刑罚。”仅凭被告人供述不能定案，即当供述是被告人不利的唯一证据时，不得判定被告人有罪。其法理根据是防止误判和偏重口供。

第五，公安司法机关收集调取证据。第34条规定："人民法院、人民检察院和公安机关有权向有关的国家机关、企业、事业单位、人民公社、人民团体和公民收集、调取证据。"在刑事诉讼中，公安机关和人民检察院作为国家追诉机关，要证明被告人有罪，当然享有取证权，但对于作为中立第三方的人民法院，我国刑事诉讼法仍然赋予其调查取证权，这是由传统的职权主义诉讼模式决定的。

第六，证人作证。①证人作证义务。第37条第1款规定："凡是知道案件情况的人，都有作证的义务。"证人具有不可替代性，一般来说，所有了解案件情况即对案件事实具有亲身感知的人，都有作证义务。②证人作证资格。第37条规定："凡是知道案件情况的人，都有作证的义务。生理上、精神上有缺陷或者年幼，不能辨别是非、不能正确表达的人，不能作证人。"首先，证人应当是知道案件情况的人。这里的"知道案件情况"，应当是直接感知的案件情况。这里的"人"，指的是自然人，不包括单位，而且是指除当事人、辩护人、鉴定人和公安司法人员以外的人。其次，证人是应当能够辨别是非、能够正确表达的人。本条规定的"生理上、精神上有缺陷或者年幼"，并不是不能作为证人的必要条件，只有当这种生理上、精神上有缺陷或者年幼足以导致其不能辨别是非、不能正确表达时，才不能作为证人。③证人出庭作证。第36条规定："证人证言必须在法庭上经过公诉人、被害人和被告人、辩护人双方讯问、质证，听取各方证人的证言并经过查实以后，才能作为定案的根据。"这一条通常被认为是证人应当出庭作证的法律依据，因为证人只有出庭作证，接受控辩双方的询问并查证属实之后，其证言才能作为定案的根据。第117条还规定"法庭审理过程中，当事人和辩护人有权申请通知新的证人到庭"。第115条则规定了证人如实作证的告知义务，即"审判人员、公诉人询问证人，应当告知他要如实地提供证言和有意作伪证或者隐匿罪证要负的法律责任。"④交叉询问规则。第36条规定："证人证言必须在法庭上经过公诉人、被害人和被告人、辩护人双方讯问、质证。"按照第115条的规定，对证人的询问，应坚持相关性原则，即"审判长认为发问的内容与案件无关的时候，应当制止"。在明确了控辩双方对证人的交叉询问后，第115条保留了审判人员对证人进行询问的职权，即"当事人和辩护人可以申请审判长对证人、鉴定人发问，或者请求审判长许可直接发问”。

第七，证据出示。第116条规定：“审判人员应当向被告人出示物证，让他辨认；对未到庭的证人的证言笔录、鉴定人的鉴定结论、勘验笔录和其他作为证据的文书，应当当庭宣读，并且听取当事人和辩护人的意见。”

第八，证明标准。第35条规定：“没有被告人供述，证据充分确实的，可以认定被告人有罪和处以刑罚。”第100条规定：“人民检察院认为被告人的犯罪事实已经查清，证据确实、充分，依法应当追究刑事责任的，应当作出起诉决定，按照审判管辖的规定，向人民法院提起公诉。”第108条规定：“人民法院对提起公诉的案件进行审查后，对于犯罪事实清楚、证据充分的，应当决定开庭审判；对于主要事实不清、证据不足的，可以退回人民检察院补充侦查。”据此，刑事诉讼法确立了“证据确实、充分”的证明标准，这与英美法系“确信无疑”的刑事证明标准基本上是一致的。

（2）刑事证据立法的修改完善阶段（1996～2008年）。刑事证据立法自1996年后的修改、完善，既体现在程序法即刑事诉讼法中，也体现在实体法如刑法中。1996年修订的《刑事诉讼法》，在沿袭1979年《刑事诉讼法》立法架构的基础上，在诉讼理念上有了很大进步，明确了保障人权的宗旨；在诉讼结构上，增强了对抗制因素，强化了控辩双方的举证和辩论，规定公诉人在宣读起诉书后要直接讯问被告人，并在法庭上出示物证，询问证人和鉴定人，对未到庭的各种证据笔录、文书进行质证；规定证人应当出庭作证，并经控辩双方询问查证属实后其证言才能作为定案的根据；同时还规定被告人、辩护人可以出示各种证据，提出新的证据，申请通知新的证人到庭，调取新的物证，申请重新鉴定或者勘验；等等。学术界和司法实务部门对此给予了高度评价，认为这次修订是我国刑事诉讼立法新的里程碑。但就证据制度而言，则基本沿袭了1979年《刑事诉讼法》的全部内容，仍在第一编第五章对证据作出专章规定，变化不大，只是增加了对证人保护的规定。不过，以《刑事诉讼法》的修改为契机，相关司法解释的相继出台，大大丰富和推动了我国刑事证据立法的发展。

1996年《刑事诉讼法》由4编和附则构成，共225条，其中第一编第五章证据共8条。与1979年《刑事诉讼法》相比，增加了对证人保护的规定，同时，在其他章节中加强控方的举证责任，规范了证人询问规则。其变动的内容主要有：

第一，在证据形式上，第42条在原来六种证据种类的基础上新增了第七种即“视听资料”。原《刑事诉讼法》未将其单列为一种证据，而将其视为物证或书证。鉴于视听资料的性质以及对它的收集、审查判断均有不同于其他证据的特点，而且《民事诉讼法》和《行政诉讼法》均将其单列为一种证据。随着高新技术的迅速发展，视听资料在刑事司法实践中越来越多地使用，修改后的《刑事诉讼法》也将其作为一种独立的证据予以规定。[1]

第二，证人保护。第49条规定：“人民法院、人民检察院和公安机关应当保障证人及其近亲属的安全。对证人及其近亲属进行威胁、侮辱、殴打或者打击报复，构成犯罪的，依法追究刑事责任；尚不够刑事处罚的，依法给予治安管理处罚。”在司法实践中，证人不作证尤其是不出庭作证的重要原因之一是害怕遭受打击报复。为保障证人正常履行作证义务，帮助法院准确查明案件事实，修改后的《刑事诉讼法》增加规定了本条，加强了对证人及其近亲属的安全保护。

第三，在吸收对抗制因素的同时，仍赋予了人民法院调查收集证据的职权。第158条进一步规定：“法庭审理过程中，合议庭对证据有疑问的，可以宣布休庭，对证据进行调查核实。人民法院调查核实证据，可以进行勘验、检查、扣押、鉴定和查询、冻结。”修改后的《刑事诉讼法》强化了庭审控辩双方的对抗性，加强了控方提出证据证明被告人有罪的责任，但仍保留了法院取证的职权，包括讯问被告人、询问证人以及对各种证据的审查核实和证据调查；如有必要，还可以宣布休庭，进行庭外调查核实。

第四，证明责任。在公诉案件中，证明被告人有罪的证明责任由公诉人承担，主要体现在以下几个方面：①主张责任。按照第150条的规定，公诉人在起诉书中，必须有“明确的指控犯罪事实”，即提出自己的诉讼主张事实。②提出证据的责任。按照第150条的规定，人民检察院提起公诉时，除了起诉书外，还需提交“证据目录、证人名单和主要证据复印件或者照片”。按照第157条的规定，公诉人应当向法庭出示物证，让当事人辨认，对未到庭的证人的证言笔录、鉴定人的鉴定结论、勘验笔录和其他作为证据的文书，应当当庭宣读。③阐明责任。一方面，公诉人要在起诉书中论证被告人行为

---

〔1〕 陈光中、严端主编：《中华人民共和国刑事诉讼法释义与应用》，吉林人民出版社1996年版，第67页。

构成什么罪，需要追究什么样的刑事责任；另一方面，在法庭调查和法庭辩论中，公诉人通过对证据的质证和辩论，来阐明其诉讼主张成立。为此，第157条规定，对于辩护人向法庭出示的物证，宣读未到庭的证人的证言笔录、鉴定人的鉴定结论和其他作为证据的文书，审判人员应当听取公诉人的意见。第160条则规定“公诉人、当事人和辩护人、诉讼代理人可以对证据和案件情况发表意见并且可以互相辩论”。④结果责任。《刑事诉讼法》第162条规定：“案件事实清楚，证据确实、充分，依据法律认定被告人有罪的，应当作出有罪判决。”“证据不足，不能认定被告人有罪的，应当作出证据不足、指控的犯罪不能成立的无罪判决。”⑤在自诉案件中，自诉人承担证明责任。按照第171条的规定，自诉人起诉必须达到“犯罪事实清楚，有足够证据”的标准。否则，“缺乏罪证的自诉案件，如果自诉人提不出补充证据，应当说服自诉人撤回自诉，或者裁定驳回”。

第五，证明标准。第129条规定：“公安机关侦查终结的案件，应当做到犯罪事实清楚，证据确实、充分。”第141条规定：“人民检察院认为犯罪嫌疑人的犯罪事实已经查清，证据确实、充分，依法应当追究刑事责任的，应当作出起诉决定，按照审判管辖的规定，向人民法院提起公诉。”第162条规定：“案件事实清楚，证据确实、充分，依据法律认定被告人有罪的，应当作出有罪判决。”“证据不足，不能认定被告人有罪的，应当作出证据不足、指控的犯罪不能成立的无罪判决。”据此，修改后的《刑事诉讼法》仍然坚持了“事实清楚，证据确实、充分”的证明标准。

在刑事实体法中，有关证据规定也逐步建立、完善。1997年修订的《刑法》[1] 第395条规定：“国家工作人员的财产或者支出明显超过合法收入，差额巨大的，可以责令说明来源。本人不能说明其来源是合法的，差额部分以非法所得论。”对于本条规定的“巨额财产来源不明罪”，学界通常把它当做犯罪嫌疑人、被告人不负举证责任的例外，[2] 在证据法理论上被视为举证责任的转移。按照上述规定，在这类案件中，首先承担举证责任的是公诉人，即公诉人要提供足够的证据证明国家工作人员的财产或者支出明显超过合法

---

〔1〕 1997年3月14日公布，自1997年10月1日起施行。

〔2〕 陈光中、徐静村主编：《刑事诉讼法学》（修订版），中国政法大学出版社2000年版，第176页。

收入，且差额巨大。证明到这种程度后，证明责任就转移到了被告人身上，此时他必须“说明”其巨额财产来源的合法性，如果他不能、不愿或者不敢说明，差额部分就按非法所得论。这一规定实质上减轻了公诉人在办理国家机关工作人员贪腐案件中的证明责任，目的在于加强打击这类案件的力度。

《刑法》第282条第2款规定：“非法持有属于国家绝密、机密的文件、资料或者其他物品，拒不说明来源与用途的，处3年以下有期徒刑、拘役或者管制。”对于本罪的证明责任，仍然是由公诉人先承担举证责任，即提供证据证明被告人持有了不该持有的属于国家绝密、机密的文件、资料或者其他物品。当公诉人完成这一证明责任后，举证责任就转移到被告人身上，由其来承担说明其来源与用途合法的举证责任。如果他不能提供证据证明其持有的文件、资料或者其他物品的来源与用途是合法的，就被认定构成本罪。

此外，《刑法》第348条规定的“非法持有毒品罪”，也具有举证责任转移的性质。按照通常的理解，如果在被告人身上、住处或者其他寄存处查获了毒品，但根据现有证据不能认定非法持有数量较大的毒品是为了进行走私、贩卖、运输或者窝藏毒品犯罪的，才构成本罪。如果有证据能够证明非法持有毒品是为了进行走私、贩卖、运输或者窝藏毒品犯罪的，则应当定走私、贩卖、运输或者窝藏毒品罪。[1] 这一罪名的确立主要出于打击毒品犯罪的需要。之所以认定构成本罪，是因为控方的现有证据不能证明被告人所持有的毒品的来源、用途或者去处，而仅仅是根据其“持有”毒品的这一状态。如果被告人有证据证明其持有毒品是合法的，也就不构成犯罪。

2. 民事证据立法

改革开放30年，我国民事证据立法大致经历了起步和修改完善两个阶段：

（1）民事证据立法的起步阶段（1978～1990年）。改革开放初期，由于我国法制不健全，民事证据立法经历了一个首先从法院恢复、推动的过程。1979年2月，最高人民法院《人民法院审判民事案件程序制度的规定（试行）》，秉承我国民事诉讼中“依靠群众、调查研究、调解为主、就地解决”的历史经验，规定了人民法院在民事诉讼中全面主导诉讼程序的职权，反映了当时人民法院在我国民事诉讼中的强烈职权因素，以及当事人诉讼权利极

〔1〕参见何秉松主编：《刑法教科书》，中国法制出版社1997年版，第982页。

为弱化的现实。[1] 该《规定》第三部分对“调查案情和采取保全措施”作出了详细的规定。1979 年，全国人大法制委员会筹建了《民事诉讼法》起草小组，1982 年 3 月 8 日，五届全国人大常委会第二十二次会议通过了《中华人民共和国民事诉讼法（试行）》[2]。该法重申了我国诉讼法“以事实为根据，以法律为准绳”的基本原则，尤其是设专章对证据作出规定，明确了民事证据的种类，确立了“谁主张、谁举证”的举证责任分配原则，同时还规定了法院依职权调查取证、证人作证、鉴定、现场勘验、证据保全等。尽管这部法律中关于证据的规定只有 11 条，却具有重要的里程碑意义，它标志着我国民事证据制度的初步建立。

1982 年《民事诉讼法（试行）》，分 5 编，23 章，共 205 条，其中第一编第六章证据共有 11 条。其所确立的证据原则、制度和规则主要包括：

第一，以事实为根据，以法律为准绳原则。第 5 条规定：“人民法院审理民事案件，必须以事实为根据，以法律为准绳。”

第二，证据形式。第 55 条规定：“证据有下列几种：①书证；②物证；③视听资料；④证人证言；⑤当事人的陈述；⑥鉴定结论；⑦勘验笔录。”

第三，举证责任。第 56 条规定了“谁主张，谁举证”的原则，即“当事人对自己提出的主张，有责任提供证据”。据此，在民事诉讼中，双方当事人对自己的诉讼主张，均有提出证据予以证明的责任。

第四，法院调查取证。①法院调查取证须坚持两项原则，即程序法定原则和客观全面原则。第 56 条规定：“人民法院应当按照法定程序，全面地、客观地收集和调查证据。”②公民协助司法义务。第 57 条规定：“人民法院有权向有关单位和个人调取证据，有关单位和个人不得拒绝。”第 61 条第 1 款规定：“有关单位的负责人应当支持证人作证。”③法院调取证据的方式。第 64 条规定：“勘验物证或者现场，勘验人必须出示人民法院的证件，邀请当地基层组织或者有关单位派人参加。当事人或者他的成年家属应当到场；拒不到场的，不影响勘验的进行。有关单位和个人根据人民法院的通知，有义务保护现场，协助勘验工作。勘验人勘验时，可以对物证或者现场进行拍照

---

〔1〕 参见宋朝武：“中国法治 30 年——民事诉讼法篇”，载中国法治 30 年课题组编：《中国法治 30 年：回顾与展望（1978 ~2008）》，厦门大学出版社 2009 年版。

〔2〕 自 1982 年 10 月 1 日起试行。

和测量，对勘验情况和结果应当制作笔录，由勘验人、当事人和被邀参加人签名或者盖章。”④证据的保密问题。第58条规定：“人民法院对于涉及国家机密或者个人隐私的证据应当保密。需要向当事人出示的，不得在公开开庭时进行。”

第五，公证文书的证明效力。第59条规定：“人民法院对经过公证证明的法律行为、法律事实和文书，应当确认其效力。但是，有相反证据足以推翻公证证明的除外。”

第六，最佳证据规则，又称原始证据优先规则。第60条规定：“书证应当提交原件。物证应当提交原物。提交原件或者原物确有困难的，可以提交复制品、照片、副本、节录本。”按照这一规定，当事人在举证时，应当提供原始证据，但如果提供原始证据存在困难，如非因该当事人的不良动机而遗失或者毁灭，原始证据体积较大或者过于笨重而不便向法庭出示，原始证据被对方当事人或者第三人占有而拒不提供，也可以提交复制件、照片等第二手证据。

第七，证人出庭作证。一是证人作证资格。证人应当知道案件情况，并能正确表达意志。第61条规定：“凡是知道案件情况的人，都有义务出庭作证。”“不能正确表达意志的人，不能作证。”二是证人出庭作证义务及其例外。如上述第61条规定的，凡是知道案件情况的人，都有出庭作证的义务。同时该条还规定：“证人确有困难不能出庭的，经人民法院许可，可以提交书面证言。”

第八，鉴定。第63条规定：“人民法院需要解决专门性问题时，有关部门有义务按照人民法院的通知，指派有专业知识的人进行鉴定。鉴定人有权了解进行鉴定所需要的案件材料，询问当事人、证人。鉴定人应当提出书面鉴定结论，在鉴定书上签名或者盖章，并由鉴定人所在单位加盖公章，证明鉴定人身份。”

第九，证据保全。第65条规定：“在证据可能灭失或者以后难以取得的情况下，诉讼参加人可以申请证据保全，人民法院也可以主动采取保全措施。”据此，证据保全有两种形式：一是根据诉讼参加人申请的证据保全；二是人民法院依职权主动进行的证据保全。

第十，新证据的效力。第108条规定：“当事人在法庭上可以提出新的证据。”“当事人可以要求重新进行鉴定、调查或者勘验，是否准许，由人民法院决定。"

（2）民事证据立法的修改完善阶段（1991～2008年）。为适应改革开放后社会主义商品经济的发展，适应新颁布的民事实体法的需要，在总结民事审判实践经验的基础上，1991年4月，七届全国人大四次会议通过了《中华人民共和国民事诉讼法》[1]。修改后的《民事诉讼法》在沿用原有证据规定的基础上，加重了当事人的举证责任，规定"当事人及其诉讼代理人因客观原因不能自行收集的证据，或者人民法院认为审理案件需要的证据，人民法院应当调查收集"。把人民法院调查收集证据限制在一定的范围之内，弱化了人民法院的调查取证权，人民法院的证据职能主要在于"审查核实证据"。

1991年《民事诉讼法》，分为4编，29章，共270条，其中第一编第六章证据共有12条。与1982年《民事诉讼法（试行）》规定的证据原则、制度和规则相比，总体上变化不大，但在法院取证、证据出示、证人资格、鉴定主体等问题上作了修改和完善，其内容主要变动之处有：

第一，限制了人民法院调查取证的种类。第64条第2款规定："当事人及其诉讼代理人因客观原因不能自行收集的证据，或者人民法院认为审理案件需要的证据，人民法院应当调查收集。"据此，人民法院调查取证有两类，其一是依当事人的申请进行，主要是当事人及其诉讼代理人因客观原因不能自行收集的证据；其二是依职权主动进行，主要是人民法院认为审理案件需要的证据。

第二，强调了证据的质证。第66条规定："证据应当在法庭上出示，并由当事人互相质证。对于涉及国家秘密、商业秘密和个人隐私的证据应当保密，需要在法庭出示的，不得在公开开庭时出示。"按照这一规定，并结合第63条第2款的规定，即"以上证据必须查证属实，才能作为认定事实的根据"，所有的证据都必须向法庭出示，并经过质证查证属实后，才能作为定案的根据。

第三，规范了视听资料的使用。视听资料具有主观性和动态连续性，可以形象地展示案件事实，因而具有较强的证明力，但由于容易被删改或者伪造，从而容易失真。对此，第69条规定："人民法院对视听资料，应当辨别真伪，并结合本案的其他证据，审查确定能否作为认定事实的根据。"

---

〔1〕1991年4月9日公布并施行。

第四，证人出庭作证。第70条规定："凡是知道案件情况的单位和个人，都有义务出庭作证。"根据这一规定，在民事诉讼中，证人可以是自然人，也可以是单位。换句话说，单位具有证人资格。

第五，进一步明确了法定鉴定部门的鉴定职能。第72条规定："人民法院对专门性问题认为需要鉴定的，应当交由法定鉴定部门鉴定；没有法定鉴定部门的，由人民法院指定的鉴定部门鉴定。"

第六，对新证据的调查作出了规定。根据第132条的规定，需要通知新的证人到庭，调取新的证据，重新鉴定、勘验，或者需要补充调查的，人民法院可以决定延期审理。根据第179条的规定，有新的证据，足以推翻原判决、裁定的，人民法院应当再审。

第七，证明标准。第138条规定：判决书应当写明"判决认定的事实、理由和适用的法律依据"。第153条规定：第二审人民法院经过审理认为"原判决认定事实清楚，适用法律正确的，判决驳回上诉，维持原判决"，"原判决认定事实错误，或者原判决认定事实不清，证据不足，裁定撤销原判决，发回原审人民法院重审，或者查清事实后改判"。由此通常认为，民事诉讼的证明标准是"事实清楚、证据充分"。

2007年10月，十届全国人大常委会第三十次会议通过了《关于修改〈中华人民共和国民事诉讼法〉的决定》。[1] 就证据而言，这次修改对原来民事诉讼法确立的证据原则、制度和规则没有作任何变动，只是在第十六章审判监督程序中把原来的第179条第1款改为第179条，该条第1款规定了13种再审的情形，其中涉及证据问题的是前五项，即"①有新的证据，足以推翻原判决、裁定的；②原判决、裁定认定的基本事实缺乏证据证明的；③原判决、裁定认定事实的主要证据是伪造的；④原判决、裁定认定事实的主要证据未经质证的；⑤对审理案件需要的证据，当事人因客观原因不能自行收集，书面申请人民法院调查收集，人民法院未调查收集的"。

3. 行政诉讼证据立法

相对于刑事和民事证据立法而言，我国行政诉讼证据立法起步较晚，主要原因在于行政诉讼立法起步较晚。作为一项"民告官"的诉讼制度，我国行政诉讼最初是由《民事诉讼法》规范的。1982年《民事诉讼法（试行）》

〔1〕 2007年10月28日中华人民共和国主席令第75号公布，自2008年4月1日起施行。

第3条第2款规定："法律规定由人民法院审理的行政案件，适用本法规定。"据此，1982年《民事诉讼法（试行）》可被认为是我国早期行政诉讼制度的直接法律渊源；从而也可以认为，我国的行政诉讼证据立法始于1982年。

1986年9月5日，六届全国人大常委会第十七次会议通过的《中华人民共和国治安管理处罚条例》,[1] 对行政诉讼证据作了一些简单规定，如第34条中关于"取证"的规定："公安机关收集证据材料时，有关单位和公民应当积极予以支持和协助。询问证人时，证人应当如实反映情况，询问应当作出笔录。证人经核对认为无误后，应当在笔录上签名或者盖章。"

对行政诉讼证据立法具有里程碑意义的是1989年4月七届全国人大二次会议通过的《中华人民共和国行政诉讼法》[2]。虽然本法直接规定证据的条文并不多，却奠定了我国行政诉讼证据制度的基础。1989年《行政诉讼法》，分为11章，共75条，其中第五章证据共有6条。该法重申了1979年《刑事诉讼法》和1982年《民事诉讼法（试行）》所确立的证据原则、制度和规则，例如，第4条规定："人民法院审理行政案件，以事实为根据，以法律为准绳。"第31条规定了证据的七种形式等，同时，对行政诉讼中的证据规则作了如下规定：

第一，举证责任。第32条规定："被告对作出的具体行政行为负有举证责任，应当提供作出该具体行政行为的证据和所依据的规范性文件。"据此，在行政诉讼中，被告对被诉具体行政行为的合法性和合理性承担举证责任，并且举证的范围不但包括具体行政行为的证据，还包括作出具体行政行为的规范性文件。此外，被告提交的证据必须是在具体行政行为作出以前收集到的证据。对此，第33条规定："在诉讼过程中，被告不得自行向原告和证人收集证据。"

第二，人民法院调取证据。第34条规定："人民法院有权向有关行政机关以及其他组织、公民调取证据。"

第三，证明标准。第54条规定，"具体行政行为证据确凿，适用法律、法规正确，符合法定程序的，判决维持。"第61条则规定：人民法院审理上诉案件，"原判决认定事实清楚，适用法律、法规正确的，判决驳回上诉，维

---

〔1〕 1987年1月1日起施行。

〔2〕 1989年4月4日公布，1990年10月1日起施行。

持原判”、“原判决认定事实不清，证据不足，或者由于违反法定程序可能影响案件正确判决的，裁定撤销原判，发回原审人民法院重审，也可以查清事实后改判”。据此，人民法院审理行政案件，必须达到“事实清楚、证据确凿”的证明标准。

1999年4月，九届全国人大常委会第九次会议通过的《行政复议法》，[1]对证据问题作了如下规定：

第一，行政复议机关调查取证。第22条规定：“行政复议原则上采取书面审查的办法，但是申请人提出要求或者行政复议机关负责法制工作的机构认为有必要时，可以向有关组织和人员调查情况，听取申请人、被申请人和第三人的意见。”据此，行政复议机关调查取证有两种情形：一是依申请人的要求，二是依职权主动进行。调查取证的内容包括向有关组织和人员调查情况，以及听取申请人、被申请人和第三人的意见。

第二，被申请人的举证责任。第23条规定：“被申请人应当自收到申请书副本或者申请笔录复印件之日起10日内，提出书面答复，并提交当初作出具体行政行为的证据、依据和其他有关材料。”本条规定了被人申请人的举证责任和举证时限，一方面，被申请人须向复议机关提交证明当初作出具体行政行为合法性和合理性的证据、依据和其他有关材料；另一方面，被申请人需在法定期限内即自收到申请书副本或者申请笔录复印件之日起10日内举证。根据第28条第1款第4项规定，被申请人不按规定期限提交证据、依据和其他有关材料，就被视为该具体行政行为没有证据、依据，从而将被决定撤销该具体行政行为。

第三，被申请人收集证据的禁止。第24条规定：“在行政复议过程中，被申请人不得自行向申请人和其他有关组织或者个人收集证据。”

第四，证明标准。第28条第1款第1项规定：“具体行政行为认定事实清楚，证据确凿，适用依据正确，程序合法，内容适当的，决定维持。”这一规定确立了“事实清楚、证据确凿”的行政复议标准。如果被申请人提供的证据、依据和其他有关材料不足以证明其作出具体行政行为的合法性，如主要事实不清，证据不足，根据第28条第1款第3项的规定，复议机关就要决定撤销、变更或者确认该具体行政行为违法，若决定撤销或者确认该具体行

---

〔1〕 中华人民共和国主席令［1999］第16号颁布，自1999年10月1日起施行。

政行为违法，可以责令被申请人在一定期限内重新作出具体行政行为。

（二）司法解释

1. 刑事诉讼证据

1979年12月17日，最高人民法院、最高人民检察院、公安部发布的《关于执行刑法、刑事诉讼法中几个问题的联合通知》，[1] 对各地实际工作中存在的一些具体问题提出了相应的处理办法。从内容上看，主要是案件移送、办案期限的延长以及强制措施的实施等问题，在有关证据的条文中，涉及的问题主要有：①提起公诉的证明标准。第1条规定："对于刑事诉讼法第15条规定中级人民法院管辖的1、3两项案件，县（区）人民检察院认为被告人的犯罪事实已经查清，证据确实、充分，认定性质正确，应报地区检察分（市）院，由地区检察分（市）院向中级人民法院提起公诉，并支持公诉；对于2项案件，县（区）人民检察院认为被告人的犯罪事实已经查清，证据确实、充分，并可能判处无期徒刑、死刑时，应报地区检察分（市）院，由地区检察分（市）院向中级人民法院提起公诉，并支持公诉。""对高级人民法院和最高人民法院管辖的第一审刑事案件，凡经公安机关侦破的，应由负责侦破的公安机关向同级人民检察院移送起诉，经人民检察院审查认为被告人的犯罪事实已经查清，证据确实、充分，层报省级人民检察院或最高人民检察院提起公诉，并支持公诉，高级人民法院或最高人民法院审判。"据此，人民检察院提起公诉的证明标准是"犯罪事实已经查清，证据确实、充分"。②扭送人犯的证据处理。按照第5条的规定，凡公民扭送到公安机关、人民检察院、人民法院的人犯，都应收留并进行讯问，然后依照公、检、法分工，移送主管机关处理。需要拘留的，应将人犯连同讯问笔录、物证等，送公安机关办理。

1983年3月，最高人民检察院《人民检察院直接受理自行侦查刑事案件的办案程序（暂行规定）》，[2] 对人民检察院办理自侦案件涉及证据的内容作了一些具体规定：①人民检察院的调查取证权。第12条规定："人民检察院在侦查工作中除自己直接侦查取证外，必要时也可以委托有关单位调查，然后由检察人员对有关证据材料加以审核并签注意见。"按照这一规定，人民检

[1] ［79］法研字第29号、［79］高检一文字66号、公发［79］179号。

[2] ［83］高检二函字第3号，1983年3月1日起施行。

察院调查取证有两种：一是自行调查取证，二是委托其他单位调取证据。另外，第13条规定了人民检察院调查取证的程序要求和取证方法，即“从事侦查工作的人员，凭各级人民检察院的证明文件向有关单位和人员收集、调取证据。对于不能调取的证据，可以拍照、复制”。②被告人供词的收集和要求。按照第17条的规定，被告人供词的收集主要是通过讯问被告人获得。在讯问时要作好讯问笔录，必要的时候，可以录音。讯问笔录应交被告人核对，对于没有阅读能力的应当向他宣读。如笔录有差错、遗漏，应当允许被告人更正或者补充，经核对无误后，由被告人签名（盖章）或者捺指印。如果被告人拒绝签名（盖章）或捺指印的，应在笔录上注明。被告人可以自行书写供词，检察人员也可以让被告人书写供词。③询问证人规则。第18条规定：“询问证人，应个别进行。询问前应告知证人要如实地提供证据、证言，指出如果有意作伪证或者隐匿罪证应负的法律责任。询问时，办案人员不得少于2人。”④勘验、检查笔录和辨认笔录。为了发现和搜集犯罪证据，第20条规定，可以对与犯罪有关的场所、物品、人身、尸体等进行勘验、检查。勘验、检查应当在检察人员主持下进行，检察院可以代指派或者聘请有专门知识的人员进行，也可以请公安机关协助，共同进行。被告人如拒绝检查，检察人员认为有必要时，可以强制检查。第21条进一步规定，在侦查中，如有必要由被告人、被害人、证人对某些物品、文件、尸体或参与犯罪的人等进行辨认的时候，可以进行辨认，但辨认应当分别进行。对于勘验、检查、辨认的情况，第22条要求写成笔录，并由参加勘验、检查、辨认的人和见证人、检查人员签名或者盖章。⑤鉴定结论。为了解决案件中某些专门性问题，第23条规定，需要进行鉴定时，应当聘请有专门知识的人员进行。第24条要求鉴定应先由检察院向鉴定人发出《聘请书》，并书面或口头向鉴定人介绍案情，要求鉴定解决的问题。鉴定后应写出鉴定结论，由鉴定人签名或者盖章。对鉴定结论，如有不同意见，可以补充鉴定或者重新鉴定。⑥提起公诉的证明标准。第43条规定了“事实清楚，证据确实、充分”的证明标准，即“提出公诉的案件，应当是《刑事诉讼法》第100条规定的事实清楚，证据确实、充分，依法应当追究刑事责任的案件。”

1996年12月，最高人民法院《刑诉法解释（试行）》，[1] 第四部分“证

---

〔1〕 法发［1996］33号。

据”对《刑事诉讼法》第五章证据的部分内容以及其他章节涉及证据的内容进行了细化，同时增加了一些新的规定，包括证明对象的范围、原始证据优先规则、非法证据排除的范围等；第九部分“公诉案件第一审程序”则对各类证据的出示、审查判断作出规定，尤其是对证人出庭作证以及交叉询问规则都作了比较详细的规定。

1997年1月，最高人民检察院《刑诉法规则（试行）》,[1] 分12章，共414条，虽未设专章规定证据问题，但对收集运用各类证据的程序作了比较详细具体的规定，如讯问犯罪嫌疑人、询问证人、勘验、检查、搜查、调取、扣押物证、书证和视听资料、鉴定、辨认等，同时也确立了对部分非法证据的排除规则。

1998年1月，六机关《刑诉法规定》，第五部分“证据”共3条，它们并非对《刑事诉讼法》第五章证据内容的解释，而是对涉及证据的程序作出的限定性解释。其最后一条特别强调“最高人民法院、最高人民检察院、公安部、国家安全部制订的关于刑事诉讼法执行问题的解释或者规定中与本规定不一致的，以本规定为准”。其主要内容是：①询问证人的地点。《刑事诉讼法》第97条规定，侦查人员询问证人，可以到证人的所在单位或者住处进行，在必要的时候，也可以通知证人到人民检察院或者公安机关提供证言。对此，《刑诉法规定》第17条强调，除了上述地点外，“不得另行指定其他地点”。②补充鉴定或者重新鉴定的机构。《刑诉法规定》第18条规定，人民法院在开庭审理时，对省级人民政府指定的医院作出的鉴定结论，经质证后，认为有疑问，不能作为定案根据的，可以另行聘请省级人民政府指定的其他医院进行补充鉴定或者重新鉴定。本条特别强调“不能另行聘请其他鉴定机构进行补充鉴定或者重新鉴定”。③犯罪嫌疑人存款、汇款的处理。《刑诉法规定》第19条规定，人民检察院、公安机关不能扣划存款、汇款，对于在侦查、审查起诉中犯罪嫌疑人死亡，对犯罪嫌疑人的存款、汇款应当依法予以没收或者返还被害人的，可以申请人民法院裁定通知冻结犯罪嫌疑人存款、汇款的金融机构上缴国库或者返还被害人。

此外，六机关《刑诉法规定》第36条第1款规定了人民检察院提起公诉时“应当向人民法院移送所有犯罪事实的主要证据的复印件或者照片”中的

---

〔1〕 高检发释字［1997］1号。

"主要证据"范围，即"①起诉书中涉及的各证据种类中的主要证据；②多个同种类证据中被确定为'主要证据'的；③作为法定量刑情节的自首、立功、累犯、中止、未遂、正当防卫的证据"。不过，本条第2款又规定"主要证据"由人民检察院根据以上规定确定。第41条还规定了人民法院向人民检察院调取证据的情况。一方面，人民法院可以向人民检察院调取需要调查核实的证据材料；另一方面，人民法院也可以根据辩护人、被告人的申请，向人民检察院调取在侦查、审查起诉中收集的有关被告人无罪或者罪轻的证据材料。无论上述哪一种情形，人民检察院都应当自收到人民法院要求调取证据材料决定书后3日内移交有关证据材料。

1998年6月，最高人民法院《刑诉法解释》,[1] 对1996年《刑诉法解释(试行)》作了相应的修改，其中证据部分也做了细微调整，但总体上变化不大。其规定的主要证据规则包括：

第一，证明对象。第52条规定："需要运用证据证明的案件事实包括：①被告人的身份；②被指控的犯罪行为是否存在；③被指控的行为是否为被告人所实施；④被告人有无罪过，行为的动机、目的；⑤实施行为的时间、地点、手段、后果以及其他情节；⑥被告人的责任以及与其他同案人的关系；⑦被告人的行为是否构成犯罪，有无法定或者酌定从重、从轻、减轻处罚以及免除处罚的情节；⑧其他与定罪量刑有关的事实。"

第二，最佳证据规则。按照第53条的规定，收集、调取的书证应当是原件。只有在取得原件确有困难时，才可以是副本或者复制件。收集、调取的物证应当是原物。只有在原物不便搬运、不易保存或者依法应当返还被害人时，才可以拍摄足以反映原物外形或者内容的照片、录像。如果提供证据的副本、复制件及照片、音像制品，应当附有关于制作过程的文字说明及原件、原物存放何处的说明，并由制作人签名或者盖章。至于第二手证据的效力，按照本条规定，书证的副本、复制件，物证的照片、录像，只有经与原件、原物核实无误或者经鉴定证明真实的，才具有与原件、原物同等的证明力。

第三，人民法院调查取证的方式和方法。第54条规定："人民法院依法向有关单位和个人收集、调取、调查、核实证据，认为必要时，可以通知检察人员、辩护人到场。人民法院向有关单位收集、调取的书面证据材料，必

---

〔1〕 法释［1998］23号，1998年9月2日发布，1998年9月8日起施行。

须由提供人署名，并加盖单位印章；人民法院向个人收集、调取的书面证据材料，必须由本人确认无误后签名或者盖章。”第55条规定：“人民法院对公诉案件依法调查、核实证据时，发现对认定案件事实有重要作用的新的证据材料，应当告知检察人员和辩护人。必要时，也可以直接提取，复制后移送检察人员和辩护人。”第153条规定：“在法庭调查过程中，合议庭对于证据有疑问的，可以宣布休庭，对该证据进行调查核实。”第154条规定：“人民法院调查核实证据时，可以进行勘验、检查、扣押、鉴定和查询、冻结。”

第四，证人作证。一是证人资格的审查。第57条规定：“对于证人能否辨别是非，能否正确表达，必要时可以进行审查或者鉴定。”二是证人出庭作证及不出庭的情形。第141条规定：“证人应当出庭作证。符合下列情形，经人民法院准许的，证人可以不出庭作证：①未成年人；②庭审期间身患严重疾病或者行动极为不便的；③其证言对案件的审判不起直接决定作用的；④有其他原因的。”三是证人如实作证义务。第142条规定：“证人到庭后，审判人员应当先核实证人的身份、与当事人以及本案的关系，告知证人应当如实地提供证言和有意作伪证或者隐匿罪证要负的法律责任。证人作证前，应当在如实作证的保证书上签名。”第58条第3款规定：“法庭查明证人有意作为伪证或者隐匿罪证时，应当依法处理。”四是询问证人规则。第146条第1款规定：“询问证人应当遵循以下规则：①发问的内容应当与案件的事实相关；②不得以诱导方式提问；③不得威胁证人；④不得损害证人的人格尊严。”此外，根据第149条的规定，向证人发问、询问应当分别进行。五是询问证人的顺序。第143条规定：“向证人发问，应当先由提请传唤的一方进行；发问完毕后，对方经审判长准许，也可以发问。”根据第148条的规定，双方询问完毕后，审判人员认为有必要时，也可以询问证人。六是证人证言的使用。第58条第2款规定：“对于出庭作证的证人，必须在法庭上经过公诉人、被害人和被告人、辩护人等双方询问、质证，其证言经过审查确实的，才能作为定案的根据；未出庭证人的证言宣读后经当庭查证属实的，可以作为定案的根据。”

第五，鉴定问题。①鉴定人出庭。第144条规定：“鉴定人应当出庭宣读鉴定结论，但经人民法院准许不出庭的除外。鉴定人到庭后，审判人员应当先核实鉴定人的身份、与当事人及本案的关系，告知鉴定人应当如实地提供鉴定意见和有意作虚假鉴定要负的法律责任。鉴定人说明鉴定结论前，应当在如实说明鉴定结论的保证书上签名。”②对鉴定人的询问。第145条规定：“向鉴定人发问，应当先由要求传唤的一方进行；发问完毕后，对方经审判长准许，也可以发问。”根据第148条的规定，在控辩双方询问后，审判人员认为有必要时，也可以询问鉴定人。按照第147条的规定，对鉴定人的询问应当坚持相关性和适当性原则，如果对鉴定人发问的内容与本案无关，或者发问的方式不当的，审判长应当制止。对于控辩双方认为对方发问证人、鉴定人的内容与本案无关或者发问的方式不当并提出异议的，审判长应当判明情况予以支持或者驳回。另外，根据第146条第2款和第149条的规定，上述有关询问证人的规则也均适用于对鉴定人的询问。③补充鉴定和重新鉴定。第59条规定：“对鉴定结论有疑问的，人民法院可以指派或者聘请有专门知识的人或者鉴定机构，对案件中的某些专门性问题进行补充鉴定或者重新鉴定。”第60条规定：“人民法院在开庭审理时，对省级人民政府指定的医院作出的鉴定结论，经质证后，认为有疑问，不能作为定案根据的，可以另行聘请省级人民政府指定的其他医院进行补充鉴定或者重新鉴定。”

第六，证据的出示和质证。按照第140条的规定，控辩双方要求向法庭出示物证、书证、视听资料等证据的，应向审判长说明拟证明的事实，经审判长同意后方可出示。审判长对于与案件无关或者明显重复、不必要的证据，可以不予准许。第150条规定了出示证据的规则，即“当庭出示的物证、书证、视听资料等证据，应当先由出示证据的一方就所出示的证据的来源、特征等作必要的说明，然后由另一方进行辨认并发表意见。控辩双方可以互相质问、辩论”。

第七，非法证据排除规则。第61条规定：“严禁以非法的方法收集证据。凡经查证确实属于采用刑讯逼供或者威胁、引诱、欺骗等非法的方法取得的证人证言、被害人陈述、被告人供述，不能作为定案的根据。”本条确立了有限的非法证据排除规则，即排除的范围限于证人证言、被害人陈述、被告人供述。

第八，证明标准。第176条规定：“人民法院应当根据案件的具体情形，分别作出裁判：①起诉指控的事实清楚，证据确实、充分，依据法律认定被告人的罪名成立的，应当作出有罪判决；②起诉指控的事实清楚，证据确实、充分，指控的罪名与人民法院审理认定的罪名不一致的，应当作出有罪判决；③案件事实清楚，证据确实、充分，依据法律认定被告人无罪的，应当判决宣告被告人无罪；④证据不足，不能认定被告人有罪的，应当以证据不足，指控的犯罪不能成立，判决宣告被告人无罪；⑤案件事实部分清楚，证据确实、充分的，应当依法作出有罪或者无罪的判决；事实不清，证据不足部分，依法不予认定……”按照以上规定，认定有罪的证明标准是“事实清楚，证据确实、充分”，同时，疑义作有利于被告人的处理，即事实不清，证据不足，不能认定被告人有罪的，应当作出无罪判决，或者部分事实不清，证据不足的，不予认定。

1998年12月，最高人民检察院《刑事诉讼规则》，[1] 对1997年《刑诉法规则（试行）》进行了修订，保留了原来的章节结构，并将条文增加到468条；随后又根据1999年9月21日发布的文本进行了修正，[2] 但仅限于对规则第405、407条作了变动。就证据部分而言，修订和修正后的最高人民检察院《刑事诉讼规则》变化不大，内容仍限于各类证据的收集和运用。其主要证据规则有：

第一，严禁刑讯逼供和非法证据排除规则。第140条规定：讯问犯罪嫌疑人的时候，“严禁刑讯逼供和以威胁、引诱、欺骗以及其他非法的方法获取供述。”第265条第1款规定：“严禁以非法的方法收集证据。以刑讯逼供或者威胁、引诱、欺骗等非法的方法收集的犯罪嫌疑人供述、被害人陈述、证人证言，不能作为指控犯罪的根据。”

第二，犯罪嫌疑人供述的收集和固定保全。第142条规定：“讯问犯罪嫌疑人，应当制作讯问笔录。讯问笔录应当字迹清楚，详细具体，忠实原话，并交犯罪嫌疑人核对。对于没有阅读能力的，应当向他宣读。如果记载有遗漏或者差错，应当补充或者改正。犯罪嫌疑人认为讯问笔录没有错误的，由犯罪嫌疑人在笔录上逐页签名或者盖章。如果犯罪嫌疑人拒绝签名或者盖章的，应当在笔录上注明。检察人员也应当在笔录上签名。”按照第143条的规定，犯罪嫌疑人可以自行书写供述，必要的时候，检察人员也可以要犯罪嫌疑人亲笔书写供词。关于固定犯罪嫌疑人口供的方式，第144条规定，在笔录口供的同时，还可以采用录音、录像的记录方式。

第三，证人作证与证人保护。第160条规定，询问证人，应当问明证人

---

〔1〕 高检发释字［1999］1号，1999年1月18日起施行。

〔2〕 高检发研字［1999］9号。

的基本情况以及与当事人的关系，并且告知证人应当如实地提供证据、证言和有意作伪证或者隐匿罪证要负的法律责任，但是不得向证人泄露案情，不得采用羁押、刑讯、威胁、引诱、欺骗以及其他非法方法获取证言。此外，按照第162条的规定，固定保全犯罪嫌疑人供述的方式和要求也适用于证人证言。第163条规定："人民检察院应当保障证人及其近亲属的安全。询问中涉及证人隐私的，应当保守秘密。对证人及其亲属进行威胁、侮辱、殴打或者打击报复，构成犯罪或者应当给予治安管理处罚的，应当移送公安机关处理；情节轻微的，予以批评教育、训诫。"

第四，调取、扣押物证、书证和视听资料。根据第186条的规定，人民检察院可以向有关单位和个人调取能够证实犯罪嫌疑人有罪或者无罪的证据材料。关于调取证据材料的方式，可以根据需要采用拍照、录像、复印和复制等方法。

第五，最佳证据规则。第188条规定，调取书证、视听资料应当调取原件。取得原件确有困难或者因保密需要不能调取原件的，可以调取副本或者复制件。调取物证应当调取原物。原物不便搬运、保存，或者依法应当返还被害人，或者因保密工作需要不能调取原物的，可以将原物拍照、录像。对原物拍照或者录像应当足以反映原物的外形、内容。调取书证、视听资料的副本、复制件和物证的照片、录像的，应当附有不能调取原件、原物的原因、制作过程和原件、原物存放地点的说明，并由制作人员和原书证、视听资料、物证持有人签名或者盖章。

第六，证据材料的扣押与保管。按照第190、191条的规定，对于扣押的文件、资料和其他物品，侦查人员应当会同在场见证人和被扣押物品持有人查点清楚，当场开列扣押物品清单一式二份，写明文件、资料和其他物品的名称、型号、规格、数量、重量、质量、颜色、新旧程度和缺损特征等，由检察人员、见证人和持有人签名或者盖章，一份交给持有人，另一份附卷备查。如果持有人拒绝签名或者盖章的，应当在扣押物品清单上记明。对于扣押的金银珠宝、文物、名贵字画、违禁品以及其他不易辨别真伪的贵重物品，应当当场密封，并由扣押人员、见证人和被扣押物品持有人在密封材料上签名或者盖章。对于应当扣押但是不便提取的物品，经拍照或者录像后，可以交被扣押物品持有人保管，并且单独开具扣押物品清单一式二份，在清单上注明该物品已经拍照或者录像，物品持有人应当妥善保管，不得转移、变卖、毁损，由检察人员、见证人和持有人签名或者盖章，一份交给物品持有人，另一份连同照片或者录像带附卷备查。

第七，鉴定。为了查明案情，人民检察院有权对案件中某些专门性的问题进行鉴定。按照第 201 条的规定，在进行鉴定时，人民检察院应当为鉴定人进行鉴定提供必要条件，及时向鉴定人送交有关检材和对比样本等原始材料，介绍与鉴定有关的情况，并且明确提出要求鉴定解决的问题，但是不得暗示或者强迫鉴定人作出某种鉴定结论。第 202 条规定，鉴定人进行鉴定后，应当出具鉴定结论、检验报告，并且签名或者盖章。几个鉴定人意见有分歧的，应当在鉴定结论上写明分歧的内容和理由，并且分别签名或者盖章。第 205 条规定，用作证据的鉴定结论，人民检察院办案部门应当告知犯罪嫌疑人、被害人；被害人死亡或者没有诉讼行为能力的，应当告知其法定代理人、近亲属或诉讼代理人。如果犯罪嫌疑人、被害人或被害人的法定代理人、近亲属、诉讼代理人提出申请，经检察长批准，可以补充鉴定或者重新鉴定。对于重新鉴定的，按照第 207、208 条的规定，对人身伤害的医学鉴定有争议需要重新鉴定或者对精神病的医学鉴定，由省级人民政府指定的医院进行。人民检察院认为省级人民政府指定的医院作出的鉴定结论不能作为定案依据的，应当另行委托省级人民政府指定的其他医院重新鉴定或者补充鉴定。

第八，侦查终结和提起公诉的证明标准。第 234 条第 1 款规定："经过侦查，认为犯罪事实清楚，证据确实、充分，依法应当追究刑事责任的案件，侦查人员应当写出侦查终结报告，并且制作起诉意见书。"第 266 条规定："人民检察院认为犯罪事实不清、证据不足或者遗漏罪行、遗漏同案犯罪嫌疑人等情形，认为需要补充侦查的，应当提出具体的书面意见，连同案卷材料一并退回公安机关补充侦查；人民检察院也可以自行侦查，必要时可以要求公安机关提供协助。"第 267 条规定："人民检察院审查起诉部门对本院侦查部门移送审查起诉的案件审查后，认为犯罪事实不清、证据不足或者遗漏罪行、遗漏同案犯罪嫌疑人等情形，认为需要补充侦查的，应当向侦查部门提出补充侦查的书面意见，连同案卷材料一并退回侦查部门补充侦查。"根据上述规定，侦查终结证明标准是"犯罪事实清楚，证据确实、充分"。第 279 条规定："人民检察院对案件进行审查后，认为犯罪嫌疑人的犯罪事实已经查清，证据确实、充分，依法应当追究刑事责任的，应当作出起诉决定。"第 280 条规定："人民检察院在办理公安机关移送起诉的案件中，发现遗漏依法应当移送审查起诉同案犯罪嫌疑人的，应当建议公安机关补充移送审查起诉；对于犯罪事实清楚，证据确实、充分的，人民检察院也可以直接提起公诉。”根据这两个条文的规定，提起公诉的证明标准与侦查终结证明标准是相同的，也是“犯罪事实清楚，证据确实、充分”。不过，第279条对于什么是“犯罪事实清楚，证据确实、充分”作了明确规定，即“具有下列情形之一的，可以确认犯罪事实已经查清：①属于单一罪行的案件，查清的事实足以定罪量刑或者与定罪量刑有关的事实已经查清，不影响定罪量刑的事实无法查清的；②属于数个罪行的案件，部分罪行已经查清并符合起诉条件，其他罪行无法查清的；③无法查清作案工具、赃物去向，但有其他证据足以对被告人定罪量刑的；④证人证言、犯罪嫌疑人供述和辩解、被害人陈述的内容中主要情节一致，只有个别情节不一致且不影响定罪的”。

第九，证明对象。第333条规定：“公诉人讯问被告人，询问证人、被害人、鉴定人，出示物证，宣读书证、未出庭证人的证言笔录等应当围绕下列事实进行：①被告人的身份；②指控的犯罪事实是否存在，是否为被告人所实施；③实施犯罪行为的时间、地点、方法、手段、结果，被告人犯罪后的表现等；④犯罪集团或者其他共同犯罪案件中参与犯罪人员的各自地位和应负的责任；⑤被告人有无责任能力，有无故意或者过失，行为的动机、目的；⑥有无依法不应当追究刑事责任的情况，有无法定的从重或者从轻、减轻以及免除处罚的情节；⑦犯罪对象、作案工具的主要特征，与犯罪有关的财物的来源、数量以及去向；⑧被告人全部或者部分否认起诉书指控的犯罪事实的，否认的根据和理由能否成立；⑨与定罪量刑有关的其他事实。”

第十，免证事实。第334条规定：“在法庭审理中，下列事实不必提出证据进行证明：①为一般人共同知晓的常识性事实；②人民法院生效裁判所确认的并且未依审判监督程序重新审理的事实；③法律、法规的内容以及适用等属于审判人员履行职务所应当知晓的事实；④在法庭审理中不存在异议的程序事实；⑤法律规定的推定事实。”

除此之外，最高人民检察院还专门就实务中的部分证据问题作出了一些批复，发布了一些通知。例如，1999年9月10日，最高人民检察院就四川省人民检察院提出的问题作出了《关于CPS多道心理测试鉴定结论能否作为诉讼证据使用问题的批复》，明确指出CPS多道心理测试（俗称测谎）鉴定结论与刑事诉讼法规定的鉴定结论不同，不属于刑事诉讼法规定的证据种类。

人民检察院办理案件，可以使用 CPS 多道心理测试鉴定结论帮助审查、判断证据，但不能将 CPS 多道心理测试鉴定结论作为证据使用。

2000 年 2 月 21 日，最高人民检察院就宁夏回族自治区人民检察院提出的问题作出了《关于“骨龄鉴定”能否作为确定刑事责任年龄证据使用的批复》，认为犯罪嫌疑人不讲真实姓名、住址，年龄不明的，可以委托进行骨龄鉴定或其他科学鉴定，经审查，鉴定结论能够准确确定犯罪嫌疑人实施犯罪行为时的年龄的，可以作为判断犯罪嫌疑人年龄的证据使用。

2001 年 1 月，最高人民检察院《严禁刑讯逼供通知》,[1] 要求各级人民检察院把好审查事实关、判断证据关，既重视案件实体内容的真实，又注意办案过程的合法，从证据的客观性、关联性和合法性等方面进行全面的审查、把关。要严格贯彻执行有关法律关于严禁刑讯逼供的规定，明确非法证据的排除规则。发现犯罪嫌疑人供述、被害人陈述、证人证言是侦查人员以非法方法收集的，应当坚决予以排除，不能给刑讯逼供等非法取证行为留下任何余地。

2. 民事诉讼证据

(1) 1979 年 2 月，最高人民法院《人民法院审判民事案件程序制度的规定（试行）》，其中，证据规定主要体现在第三部分“调查案情和采取保全措施”中，主要内容包括：①重证据，重调查研究。审判人员或合议庭成员接办案件后，要在认真审阅诉讼材料的基础上，深入基层，依靠群众和基层组织对案件情况进行调查研究。调查研究必须坚持群众路线，坚持实事求是，坚持阶级分析的方法，倾听正、反两方面的意见，切忌先入为主，主观臆断，偏听偏信。要查清案件的事实真相和问题的性质，明辨是非责任。调查要弄清原、被告的基本情况，纠纷发生的时间、地点、原因、经过、结果、双方争执的焦点，搜集有关的证据材料、群众和基层单位领导的意见等。对同当事人有利害关系的人提供的证明材料和互有矛盾的证明材料，要仔细分析、查对、核实。②证据调查和调查笔录。对当事人、证人、关系人、知情群众、当事人所在单位或基层组织的调查，可以个别访问，也可以开座谈会。对被调查人要做好思想工作，使他们如实反映情况。调查的情况，应由调查人作出笔录。必要时，可由被调查人写出书面证明材料。调查笔录应经被调查人

[1] 高检发诉字［2001］2 号。

核对、签名或盖章，如果被调查人拒绝签名或盖章，应予笔录注明。调查人也应在调查笔录上签名，并注明调查的时间和地点。③现场勘验和技术鉴定。勘察现场时，应通知有关人员到场，需要时可邀请有关单位派员协助。勘察现场的笔录应注明时间、地点、勘察的情况、参加勘察的有关部门和人员，并请他们签名或盖章。鉴定意见书应由鉴定的技术人员签名或盖章，并加盖所在单位的公章。

（2）1984年8月，最高人民法院《执行民诉法（试行）意见》，[1] 强调了"证据是查明和确定案件真实情况的根据。掌握充分、确凿的证据，是正确处理案件的基础。全面、客观地收集和调查证据，认真地审查证据，准确地判断证据，对于提高办案质量，具有特别重要的意义"。该意见第四部分"证据问题"对《民事诉讼法（试行）》中证据规定的解释只有4条，主要是关于对证据收集和调查以及在法庭上出示证据的规定，主要内容包括：①人民法院调查取证。按照第27～29条的规定，人民法院收集和调查证据，应当深入群众，依靠有关组织，认真查清纠纷发生的时间、地点、原因、经过和结果，不受当事人提供证据范围的限制。收集和调查证据，应由审判人员主持，两人以上共同进行。调查材料要写明调查人、被调查人、记录人、调查的时间、地点，并由调查人、被调查人、记录人签名或盖章。从有关单位摘抄的证明材料，应说明摘抄材料的名称、出处，并由有关单位盖章。②证据的出示和质证。第30条规定："作为定案依据的主要证据，应当庭出示或宣读，允许双方当事人辩论和质证。"

（3）1992年7月，最高人民法院《适用民诉法意见》，[2] 对人民法院收集证据的程序性要求作了规定，并明确了人民法院调查收集证据的范围；确立了举证责任倒置制度，规定了被告负举证责任的情况；确立了司法认知制度，规定了免证事实的范围等。其中第三部分"证据"的主要内容有：

第一，人民法院调查取证：一是程序和要求。第70～71条规定了程序和要求，即"人民法院收集调查证据，应由两人以上共同进行。调查材料要由调查人、被调查人、记录人签名或盖章。""对当事人提供的证据，人民法院

[1] 最高人民法院审判委员会第203次会议通过，1984年8月30日起施行。

[2] 法发［1992］22号，最高人民法院审判委员会第528次会议讨论通过，1992年7月14日起施行。

应当出具收据，注明证据的名称、收到的时间、份数和页数，由审判员或书记员签名或盖章。”二是调查取证范围。第73条规定的由人民法院负责调查收集的证据包括：“①当事人及其诉讼代理人因客观原因不能自行收集的；②人民法院认为需要鉴定、勘验的；③当事人提供的证据互相有矛盾、无法认定的；④人民法院认为应当由自己收集的其他证据。”

第二，证据的出示和质证。第72条规定，证据应当在法庭上出示，并经过庭审辩论、质证。依法应当保密的证据，人民法院可视具体情况决定是否在开庭时出示，需要出示的，也不得在公开开庭时出示。

第三，举证责任分配原则和举证责任倒置。第74条重申了“谁主张、谁举证”的举证责任分配原则，即“在诉讼中，当事人对自己提出的主张，有责任提供证据”。同时，本条规定了侵权诉讼中举证责任倒置的情况，即“在下列侵权诉讼中，对原告提出的侵权事实，被告否认的，由被告负责举证：①因产品制造方法发明专利引起的专利侵权诉讼；②高度危险作业致人损害的侵权诉讼；③因环境污染引起的损害赔偿诉讼；④建筑物或者其他设施以及建筑物上的搁置物、悬挂物发生倒塌、脱落、坠落致人损害的侵权诉讼；⑤饲养动物致人损害的侵权诉讼；⑥有关法律规定由被告承担举证责任的”。

第四，限期举证。第76条规定，人民法院对当事人一时不能提交证据的，应根据具体情况，指定其在合理期限内提交。当事人在指定期限内提交确有困难的，应在指定期限届满之前，向人民法院申请延期。延长的期限由人民法院决定。

第五，免证事实。第75条规定：“下列事实，当事人无需举证：①一方当事人对另一方当事人陈述的案件事实和提出的诉讼请求，明确表示承认的；②众所周知的事实和自然规律及定理；③根据法律规定或已知事实，能推定出的另一事实；④已为人民法院发生法律效力的裁判所确定的事实；⑤已为有效公证书所证明的事实。”

第六，二手证据的效力。第78条规定，证据材料为复制件，提供人拒不提供原件或原件线索，没有其他材料可以印证，对方当事人又不予承认的，在诉讼中不得作为认定事实的根据。

（4）1993年11月，最高人民法院《一审经济纠纷案件适用普通程序规定》[1]，第三部分“法庭调查”规定了书证、物证、视听资料的出示、辨认、质证，证人出庭作证规则，勘验笔录、鉴定结论的宣读以及对勘验人、鉴定人的发问等。主要内容包括：①举证责任及其免除。第19条规定，当事人对自己提出的主张，有责任提供证据，反驳对方主张的，也应提供证据或说明理由。但按照第21条的规定，被告针对原告起诉中的请求和理由作出承认或者否定的答辩，对双方确认的事实，应当记入笔录，法院无须再作调查。②证据出示与质证。第24条规定，双方当事人就争议的事实所提供的书证、物证、视听资料，应经对方辨认，互相质证。涉及国家机密、商业秘密的证据，当事人提交法庭的，法庭不能公开出示，但可以适当提示。③证人出庭作证与书面证言。第25条规定，凡是知道案件情况的单位和个人，都有义务出庭作证。证人出庭作证，法庭应查明证人身份，告知证人作证的义务以及作伪证应负的法律责任。证人作证后，应征询双方当事人对证人证言的意见。经法庭许可，当事人及其诉讼代理人可以向证人发问。证人确有困难不能出庭的，其所提交的书面证言应当当庭宣读。当事人自己调查取得的证人证言，由当事人宣读后提交法庭，对方当事人可以质询；人民法院调查取得的证人证言，由书记员宣读，双方当事人可以质询。④勘验笔录和鉴定结论。第26条规定，勘验人、鉴定人宣读勘验笔录、鉴定结论后，由双方当事人发表意见。经法庭许可，当事人及其诉讼代理人可以向勘验人、鉴定人发问。⑤新证据的问题。第29条规定，当事人要求提供新的证据或者合议庭认为事实尚未查清，确需人民法院补充调查、收集证据或通知新的证人到庭、重新鉴定、勘验，因而需要延期审理的，可以宣布延期审理。需要当事人补充证据的，应告知其在限定期间内提供。

（5）1994年12月，最高人民法院《关于在经济审判工作中严格执行〈中华人民共和国民事诉讼法〉的若干规定》,[2] 就人民法院对财产采取诉讼保全措施作了比较详细的规定，包括采取保全措施的条件、保全范围、保全措施及其解除等。

（6）1998年6月，最高人民法院《民事经济审判方式改革规定》,[3] 有

---

〔1〕 最高人民法院审判委员会第602次会议讨论通过，法发［1993］34号。

〔2〕 法发［1994］29号。

〔3〕 1998年7月6日法释［1998］14号发布，1998年7月11日起施行。

80%是关于证据制度改革的内容，[1] 包括“关于当事人举证和法院调查收集证据”、“关于改进庭审方式问题”、“关于对证据的审核和认定问题”等，对证据的收集运用作了比较全面的规定。在有关条文中，规定证据问题的主要有：

第一，当事人举证。第2条规定，人民法院在送达受理案件通知书和应诉通知书时，应当告知当事人围绕自己的主张提供证据。按照第3条第2款的规定，即使属于人民法院调查收集范围的证据，如果经人民法院调查，未能收集到的，仍由负有举证责任的当事人承担举证不能的后果。

第二，人民法院调查收集证据的范围。第3条规定，下列证据由人民法院调查收集：一是当事人及其诉讼代理人因客观原因不能自行收集并已提出调取证据的申请和该证据线索的；二是应当由人民法院勘验或者委托鉴定的；三是当事人双方提出的影响查明案件主要事实的证据材料相互矛盾，经过庭审质证无法认定其效力的；四是人民法院认为需要自行调查收集的其他证据。

第三，举证、质证与认证：一是举证。第11条规定，案件的同一事实，除举证责任倒置外，由提出主张的一方当事人首行举证，然后由另一方当事人举证。另一方当事人不能提出足以推翻前一事实的证据的，对这一事实可以认定；提出足以推翻前一事实的证据的，再转由提出主张的当事人继续举证。第10条规定，当事人向法庭提出的证据，应当由当事人或者其诉讼代理人宣读。当事人及其诉讼代理人因客观原因不能宣读的证据，可以由审判人员代为宣读。人民法院依职权调查收集的证据由审判人员宣读。二是质证。按照第8条的规定，质证的顺序是：①原告出示证据，被告进行质证；被告出示证据，原告进行质证。②原、被告对第三人出示的证据进行质证；第三人对原告或者被告出示的证据进行质证。③审判人员出示人民法院调查收集的证据，原告、被告和第三人进行质证。三是认证。第12条规定，经过庭审质证的证据，能够当即认定的，应当当即认定；当即不能认定的，可以休庭合议后再予以认定；合议之后认为需要继续举证或者进行鉴定、勘验等工作的，可以在下次开庭质证后认定。未经庭审质证的证据，不能作为定案的根据。

第四，当事人承认。第9条规定，对当事人无争议的事实，无需举证、

---

〔1〕 参见张卫平：“民事证据制度改革走向探知”，载《法商研究》1999年第5期。

质证。按照第21条的规定，当事人对自己的主张，只有本人陈述而不能提出其他相关证据的，如果对方当事人认可，可以支持其主张。第22条规定，一方当事人提出的证据，对方当事人认可或者不予反驳的，可以确认其证明力。第25条规定，当事人在庭审质证时对证据表示认可，庭审后又反悔，但提不出相应证据的，不能推翻已认定的证据。

第五，证据的审查判断：①一般规则，对于一方当事人提出的证据，如果对方当事人举不出相应证据反驳的，按照第23条的规定，可以综合全案情况对该证据予以认定。第24条规定，双方当事人对同一事实分别举出相反的证据，但都没有足够理由否定对方证据的，应当分别对当事人提出的证据进行审查，并结合其他证据综合认定。②对单一证据的审查。第26条规定，对单一证据，应当注意从以下几个方面进行审查，包括：证据取得的方式；证据形成的原因；证据的形式；证据提供者的情况及其与本案的关系；书证是否系原件，物证是否系原物；复印件或者复制品是否与原件、原物的内容、形式及其他特征相符合。③数个证据效力的判断。第27条规定，对判断数个证据的效力应当注意以下几种情况：一是物证、历史档案、鉴定结论、勘验笔录或者经过公证、登记的书证，其证明力一般高于其他书证、视听资料和证人证言；二是证人提供的对与其有亲属关系或者其他密切关系的一方当事人有利的证言，其证明力低于其他证人证言；三是原始证据的证明力大于传来证据；四是对证人的智力状况、品德、知识、经验、法律意识和专业技能等进行综合分析。

第六，证据补强规则。第28条规定，下列证据，不能单独作为认定案件事实的依据：一是未成年人所作的与其年龄和智力状况不相当的证言；二是与一方当事人有亲属关系的证人出具的对该当事人有利的证言；三是没有其他证据印证并有疑点的视听资料；四是无法与原件、原物核对的复印件、复制品。

第七，举证妨碍推定。第30条规定，有证据证明持有证据的一方当事人无正当理由拒不提供，如果对方当事人主张该证据的内容不利于证据持有人，可以推定该主张成立。

（7）2001年12月，最高人民法院《民事诉讼证据规定》，[1] 细化和完

---

〔1〕 法释［2001］33号，2001年12月21日公布，2002年4月1日起施行。

善了民事诉讼证据制度，全面规定了当事人的举证责任，明确了举证责任不能的法律后果；设置了举证时限和举证失权制度，变证据随时提出主义为证据适时提出主义，界定了“新的证据”的范围；确立了法官释明和心证公开制度，弱化和规范人民法院调查收集证据的职能；此外，还确立了自认制度，规定了举证妨碍推定制度，明确了证明标准等。这个司法解释，在民事诉讼领域统一了各地人民法院在证据规定方面的混乱做法，得到了司法实务部门和法学界的充分肯定，其意义重大且深远。[1] 其主要内容包括：

第一，法官释明。第3条规定，人民法院应当向当事人说明举证的要求及法律后果，促使当事人在合理期限内积极、全面、正确、诚实地完成举证。第33条规定，人民法院应当在送达案件受理通知书和应诉通知书的同时向当事人送达举证通知书。举证通知书应当载明举证责任的分配原则与要求、可以向人民法院申请调查取证的情形、人民法院根据案件情况指定的举证期限以及逾期提供证据的法律后果。

第二，当事人的举证责任。①当事人的举证责任内容。首先是主张责任。第1条规定，原告向人民法院起诉或者被告提出反诉，应当附有符合起诉条件的相应的证据材料。其次是提出证据的责任。第2条规定，当事人对自己提出的诉讼请求所依据的事实或者反驳对方诉讼请求所依据的事实有责任提供证据加以证明。第14条规定，当事人应当对其提交的证据材料逐一分类编号，对证据材料的来源、证明对象和内容作简要说明，签名盖章，注明提交日期，并依照对方当事人人数提出副本。最后是结果责任。第2条规定，没有证据或者证据不足以证明当事人的事实主张的，由负有举证责任的当事人承担不利后果。②举证责任倒置。第4条规定了侵权诉讼中承担举证责任的八种情况。③合同纠纷案件中的举证责任。第5条规定：“在合同纠纷案件中，主张合同关系成立并生效的一方当事人对合同订立和生效的事实承担举证责任；主张合同关系变更、解除、终止、撤销的一方当事人对引起合同关系变动的事实承担举证责任。对合同是否履行发生争议的，由负有履行义务的当事人承担举证责任。对代理权发生争议的，由主张有代理权一方当事人

〔1〕 关于《关于民事诉讼证据的若干规定》的背景和意义，详见“最高人民法院民一庭负责人就民事诉讼证据的司法解释答记者问”，载最高人民法院民事审判第一庭编：《民事诉讼证据司法解释及相关法律规范》，人民法院出版社2002年版，第26 ~27页。

承担举证责任。”④举证责任恒定。第6条规定，在劳动争议纠纷案件中，实行举证责任恒定原则，即“因用人单位作出开除、除名、辞退、解除劳动合同、减少劳动报酬、计算劳动者工作年限等决定而发生劳动争议的，由用人单位负举证责任”。⑤法院分配举证责任。第7条规定，在法律没有具体规定，依本规定及其他司法解释无法确定举证责任承担时，人民法院可以根据公平原则和诚实信用原则，综合当事人举证能力等因素确定举证责任的承担。

第三，当事人承认。①明示承认。第8条第1款规定，诉讼过程中，一方当事人对另一方当事人陈述的案件事实明确表示承认的，另一方当事人无需举证。但涉及身份关系的案件除外。②默示承认。第8条第2款规定，对一方当事人陈述的事实，另一方当事人既未表示承认也未否认，经审判人员充分说明并询问后，其仍不明确表示肯定或者否定的，视为对该项事实的承认。③代理人的承认。第8条第3款规定，当事人委托代理人参加诉讼的，代理人的承认视为当事人的承认。但未经特别授权的代理人对事实的承认直接导致承认对方诉讼请求的除外；当事人在场但对其代理人的承认不作否认表示的，视为当事人的承认。④承认的撤销及其效力。第8条第4款规定，当事人在法庭辩论终结前撤回承认并经对方当事人同意，或者有充分证据证明其承认行为是在受胁迫或者重大误解情况下作出且与事实不符的，不能免除对方当事人的举证责任。第74条规定，诉讼过程中，当事人在起诉状、答辩状、陈述及其委托代理人的代理词中承认的对己方不利的事实和认可的证据，人民法院应当予以确认，但当事人反悔并有相反证据足以推翻的除外。

第四，免证事实。第9条规定了当事人无需举证证明的事实：①众所周知的事实；②自然规律及定理；③根据法律规定或者已知事实和日常生活经验法则，能推定出的另一事实；④已为人民法院发生法律效力的裁判所确认的事实；⑤已为仲裁机构的生效裁决所确认的事实；⑥已为有效公证文书所证明的事实。其中，上述第①、③、④、⑤、⑥项，允许当事人提出相反证据予以推翻。

第五，最佳证据规则。第10条规定，当事人向人民法院提供证据，应当提供原件或者原物。如需自己保存证据原件、原物或者提供原件、原物确有困难的，可以提供经人民法院核对无异的复制件或者复制品。第20条规定，调查人员调查收集的书证，可以是原件，也可以是经核对无误的副本或者复制件。是副本或者复制件的，应当在调查笔录中说明来源和取证情况。第21

条规定，调查人员调查收集的物证应当是原物。被调查人提供原物确有困难的，可以提供复制品或者照片。提供复制品或者照片的，应当在调查笔录中说明取证情况。第22条规定，调查人员调查收集计算机数据或者录音、录像等视听资料的，应当要求被调查人提供有关资料的原始载体。提供原始载体确有困难的，可以提供复制件。提供复制件的，调查人员应当在调查笔录中说明其来源和制作经过。第49条规定，对书证、物证、视听资料进行质证时，当事人有权要求出示证据的原件或者原物。但有下列情况之一的除外：①出示原件或者原物确有困难并经人民法院准许出示复制件或者复制品的；②原件或者原物已不存在，但有证据证明复制件、复制品与原件或原物一致的。

第六，人民法院调查取证和证据保全。第3条第2款规定，当事人因客观原因不能自行收集的证据，可申请人民法院调查收集。①人民法院依职权调取的证据范围。按照第15条的规定，人民法院依职权调取的证据是指以下情形：一是涉及可能有损国家利益、社会公共利益或者他人合法权益的事实；二是涉及依职权追加当事人、中止诉讼、终结诉讼、回避等与实体争议无关的程序事项。②依当事人的申请调取证据。第16条规定，除上述情形外，人民法院调查收集证据，应当依当事人的申请进行。第17条规定了当事人及其诉讼代理人可以申请人民法院调查收集证据的范围：一是申请调查收集的证据属于国家有关部门保存并须人民法院依职权调取的档案材料；二是涉及国家秘密、商业秘密、个人隐私的材料；三是当事人及其诉讼代理人确因客观原因不能自行收集的其他材料。③证据保全。第24条规定，人民法院进行证据保全，可以根据具体情况，采取查封、扣押、拍照、录音、录像、复制、鉴定、勘验、制作笔录等方法。人民法院进行证据保全，可以要求当事人或者诉讼代理人到场。

第七，鉴定。①鉴定程序的启动。第25条规定，当事人申请鉴定，应当在举证期限内提出。第26条规定，当事人申请鉴定经人民法院同意后，由双方当事人协商确定有鉴定资格的鉴定机构、鉴定人员，协商不成的，由人民法院指定。②鉴定书。第29条规定了鉴定书包括的七项要求。③鉴定人出庭。第59条规定，鉴定人应当出庭接受当事人质询。鉴定人确因特殊原因无法出庭的，经人民法院准许，可以书面答复当事人的质询。④专家辅助人制度。第61条规定，当事人可以向人民法院申请由一至二名具有专门知识的人员出庭就案件的专门性问题进行说明。人民法院准许其申请的，有关费用由提出申请的当事人负担。审判人员和当事人可以对出庭的具有专门知识的人员进行询问。经人民法院准许，可以由当事人各自申请的具有专门知识的人员就案件中的问题进行对质。具有专门知识的人员可以对鉴定人进行询问。

第八，勘验笔录。第30条规定，人民法院勘验物证或者现场，应当制作笔录，记录勘验的时间、地点、勘验人、在场人、勘验的经过、结果，由勘验人、在场人签名或者盖章。对于绘制的现场图应当注明绘制的时间、方位、测绘人姓名、身份等内容。

第九，举证时限。①举证期限。第33条规定，举证期限可以由当事人协商一致，并经人民法院认可。由人民法院指定举证期限的，指定的期限不得少于30日，自当事人收到案件受理通知书和应诉通知书的次日起计算。②举证失权。第34条规定，当事人应当在举证期限内向人民法院提交证据材料，当事人在举证期限内不提交的，视为放弃举证权利。对于当事人逾期提交的证据材料，除非对方当事人同意，人民法院审理时不组织质证。第43条规定，当事人举证期限届满后提供的证据不是新的证据的，人民法院不予采纳。③延期举证。第36条规定，当事人在举证期限内提交证据材料确有困难的，应当在举证期限内向人民法院申请延期举证，经人民法院准许，可以适当延长举证期限。当事人在延长的举证期限内提交证据材料仍有困难的，可以再次提出延期申请，是否准许由人民法院决定。

第十，证据交换。第37条规定，经当事人申请，人民法院可以组织当事人在开庭审理前交换证据。人民法院对于证据较多或者复杂疑难的案件，应当组织当事人在答辩期届满后、开庭审理前交换证据。①证据交换的时间。第38条规定，交换证据的时间可以由当事人协商一致并经人民法院认可，也可以由人民法院指定。人民法院组织当事人交换证据的，交换证据之日举证期限届满。当事人申请延期举证经人民法院准许的，证据交换日相应顺延。②证据交换的主持。第39条第1款规定，证据交换应当在审判人员的主持下进行。③证据交换笔录。第39条第2款规定，在证据交换的过程中，审判人员对当事人无异议的事实、证据应当记录在卷；对有异议的证据，按照需要证明的事实分类记录在卷，并记载异议的理由。通过证据交换，确定双方当事人争议的主要问题。④证据交换次数。第40条第2款规定，证据交换一般不超过两次。但重大、疑难和案情特别复杂的案件，人民法院认为确有必要再次进行证据交换的除外。⑤证据交换的效力。第 47 条第 2 款规定，当事人在证据交换过程中认可并记录在卷的证据，经审判人员在庭审中说明后，可以作为认定案件事实的依据。⑥“新的证据”的范围。第 41 条规定，“新的证据”，是指以下情形：其一，一审程序中的新的证据包括：当事人在一审举证期限届满后新发现的证据；当事人确因客观原因无法在举证期限内提供，经人民法院准许，在延长的期限内仍无法提供的证据。其二，二审程序中的新的证据包括：一审庭审结束后新发现的证据；当事人在一审举证期限届满前申请人民法院调查取证未获准许，二审法院经审查认为应当准许并依当事人申请调取的证据。按照第 43 条第 2 款的规定，当事人经人民法院准许延期举证，但因客观原因未能在准许的期限内提供，且不审理该证据可能导致裁判明显不公的，其提供的证据可视为新的证据。按照第 44 条的规定，原审庭审结束后新发现的证据，也属于“新的证据”。

第十一，质证。一是一般规则。第 47 条规定，证据应当在法庭上出示，由当事人质证。未经质证的证据，不能作为认定案件事实的依据。第 48 条规定，涉及国家秘密、商业秘密和个人隐私或者法律规定的其他应当保密的证据，不得在开庭时公开质证。二是质证的内容。第 50 条规定，质证时，当事人应当围绕证据的真实性、关联性、合法性，针对证据证明力有无以及证明力大小，进行质疑、说明与辩驳。三是质证顺序。第 51 条规定：“质证按下列顺序进行：①原告出示证据，被告、第三人与原告进行质证；②被告出示证据，原告、第三人与被告进行质证；③第三人出示证据，原告、被告与第三人进行质证。人民法院依照当事人申请调查收集的证据，作为提出申请的一方当事人提供的证据。”

第十二，证人作证。一是证人资格。第 53 条规定，证人须是能够正确表达意志的人。不能正确表达意志的人，不能作为证人。待证事实与其年龄、智力状况或者精神健康状况相适应的无民事行为能力人和限制民事行为能力人，可以作为证人。二是证人出庭作证。第 55 条规定，证人应当出庭作证，接受当事人的质询。证人在人民法院组织双方当事人交换证据时出席陈述证言的，可视为出庭作证。第 56 条规定了“证人确有困难不能出庭”的情形：“①年迈体弱或者行动不便无法出庭的；②特殊岗位确实无法离开的；③路途特别遥远，交通不便难以出庭的；④因自然灾害等不可抗力的原因无法出庭的；⑤其他无法出庭的特殊情况。”遇有上述情形的，经人民法院许可，证人可以提交书面证言或者视听资料或者通过双向视听传输技术手段作证。三是证人出庭作证的经济补偿。第54条第3款规定，证人因出庭作证而支出的合理费用，由提供证人的一方当事人先行支付，由败诉一方当事人承担。四是证言的认定。第78条规定，人民法院认定证人证言，可以通过对证人的智力状况、品德、知识、经验、法律意识和专业技能等的综合分析作出判断。五是证人意见排除规则。第57条规定，出庭作证的证人应当客观陈述其亲身感知的事实。证人作证时，不得使用猜测、推断或者评论性的语言。

第十三，证据的审查判断。首先，第64条规定，审判人员应当依照法定程序，全面、客观地审核证据，依据法律的规定，遵循法官职业道德，运用逻辑推理和日常生活经验，对证据有无证明力和证明力大小独立进行判断，并公开判断的理由和结果。第79条要求人民法院应当在裁判文书中阐明证据是否采纳的理由。对当事人无争议的证据，是否采纳的理由可以不在裁判文书中表述。其次，对单一证据的审查判断。第65条规定："审判人员对单一证据可以从下列方面进行审核认定：①证据是否原件、原物，复印件、复制品与原件、原物是否相符；②证据与本案事实是否相关；③证据的形式、来源是否符合法律规定；④证据的内容是否真实；⑤证人或者提供证据的人，与当事人有无利害关系。"最后，全案证据的综合审查判断。第66条规定，审判人员对案件的全部证据，应当从各证据与案件事实的关联程度、各证据之间的联系等方面进行综合审查判断。

第十四，不能用以证明过错或者责任的证据。第67条规定，在诉讼中，当事人为达成调解协议或者和解的目的作出妥协所涉及的对案件事实的认可，不得在其后的诉讼中作为对其不利的证据。

第十五，非法证据排除规则。第68条规定，以侵害他人合法权益或者违反法律禁止性规定的方法取得的证据，不能作为认定案件事实的依据。

第十六，证据补强规则。第69条规定："下列证据不能单独作为认定案件事实的依据：①未成年人所作的与其年龄和智力状况不相当的证言；②与一方当事人或者其代理人有利害关系的证人出具的证言；③存有疑点的视听资料；④无法与原件、原物核对的复印件、复制品；⑤无正当理由未出庭作证的证人证言。"

第十七，证据证明力的认定。第70条规定："一方当事人提出的下列证据，对方当事人提出异议但没有足以反驳的相反证据的，人民法院应当确认其证明力：①书证原件或者与书证原件核对无误的复印件、照片、副本、节录本；②物证原物或者与物证原物核对无误的复制件、照片、录像资料等；③有其他证据佐证并以合法手段取得的、无疑点的视听资料或者与视听资料核对无误的复制件；④一方当事人申请人民法院依照法定程序制作的对物证或者现场的勘验笔录。”第71条规定，人民法院委托鉴定部门作出的鉴定结论，当事人没有足以反驳的相反证据和理由的，可以认定其证明力。第72条规定，一方当事人提出的证据，另一方当事人认可或者提出的相反证据不足以反驳的，人民法院可以确认其证明力。一方当事人提出的证据，另一方当事人有异议并提出反驳证据，对方当事人对反驳证据认可的，可以确认反驳证据的证明力。第77条规定：“人民法院就数个证据对同一事实的证明力，可以依照下列原则认定：①国家机关、社会团体依职权制作的公文书证的证明力一般大于其他书证；②物证、档案、鉴定结论、勘验笔录或者经过公证、登记的书证，其证明力一般大于其他书证、视听资料和证人证言；③原始证据的证明力一般大于传来证据；④直接证据的证明力一般大于间接证据；⑤证人提供的对与其有亲属或者其他密切关系的当事人有利的证言，其证明力一般小于其他证人证言。”上述规定是在总结实践经验的基础上归纳出来的，但带有明显的法定证据制度的痕迹。按照现代证据法理念，对于各种证据证明力的有无和大小，法律通常不预先加以规定，而是交由法官根据庭审情况作出判断和裁量。该条文中对证据证明力的判断使用了“一般大于”，这样的规定限制了法官独立考察证据的意志，有违现代证据法理念。

第十八，证明标准。第63条规定：“人民法院应当以证据能够证明的案件事实为依据依法作出裁判。”第73条第1款规定：“双方当事人对同一事实分别举出相反的证据，但都没有足够的依据否定对方证据的，人民法院应当结合案件情况，判断一方提供证据的证明力是否明显大于另一方提供证据的证明力，并对证明力较大的证据予以确认。”本条规定了“优势证据”的证明标准。如果达不到这一标准，按照第73条第2款的规定，因证据的证明力无法判断导致争议事实难以认定的，人民法院应当依据举证责任分配的规则作出裁判。

第十九，举证妨碍推定。第75条规定，有证据证明一方当事人持有证据无正当理由拒不提供，如果对方当事人主张该证据的内容不利于证据持有人，可以推定该主张成立。

3. 行政诉讼证据

（1）行政诉讼证据司法解释的创设阶段（1978～2001年）。1991年5月，最高人民法院《行政诉讼法意见（试行）》,[1] 对证据问题作了如下规定：①禁止被告收集证据。第28条规定，在诉讼过程中，被告不得自行向原告和证人收集证据，作为被告的诉讼代理人的律师，同样不得自行向原告和证人收集证据。②超过起诉期限的举证责任。第29条规定，对原告起诉是否超过起诉期限有争议的，由被告负举证责任。③举证不能的处理。按照第30条的规定，被告在第一审庭审结束前，不提供或者不能提供作出具体行政行为的主要证据和所依据的规范性文件的，人民法院可以依法判决撤销被诉具体行政行为。

1999年11月，最高人民法院《行政诉讼法解释》,[2] 在第四部分“证据”中强调了被告的举证责任，规定了原告承担举证责任的情形，明确了法院调取证据的范围，非法证据排除等。主要内容包括：

第一，被告的举证责任。第26条规定，在行政诉讼中，被告对其作出的具体行政行为承担举证责任。被告应当在收到起诉状副本之日起10日内提交答辩状，并提供作出具体行政行为时的证据、依据；被告不提供或者无正当理由逾期提供的，应当认定该具体行政行为没有证据、依据。但根据第28条的规定，如果被告在作出具体行政行为时已经收集证据，但因不可抗力等正当事由不能提供，或者原告或者第三人在诉讼过程中，提出了其在被告实施行政行为过程中没有提出的反驳理由或者证据，经人民法院准许，被告可以补充相关的证据。

第二，原告承担举证责任的情形。第27条规定：“原告对下列事项承担举证责任：①证明起诉符合法定条件，但被告认为原告起诉超过起诉期限的除外；②在起诉被告不作为的案件中，证明其提出申请的事实；③在一并提起的行政赔偿诉讼中，证明因受被诉行为侵害而造成损失的事实；④其他应当由原告承担举证责任的事项。”

第三，人民法院调取证据的范围。第29条规定：“有下列情形之一的，人民法院有权调取证据：①原告或者第三人及其诉讼代理人提供了证据线索，

[1] 1991年6月11日法［1991］19号发布，1991年7月11日起试行。

[2] 2000年3月8日法释［2000］8号公布，自2000年3月10日起施行。

但无法自行收集而申请人民法院调取的；②当事人应当提供而无法提供原件或者原物的。”

第四，证据排除规则：一是不能作为认定被诉具体行政行为合法根据的证据。第30条规定：“下列证据不能作为认定被诉具体行政行为合法的根据：①被告及其诉讼代理人在作出具体行政行为后自行收集的证据；②被告严重违反法定程序收集的其他证据。”二是不能作为人民法院裁判根据的证据。第31条第1款规定，未经法庭质证的证据不能作为人民法院裁判的根据。三是不能作为人民法院维持原具体行政行为根据的证据。第31条第2款规定，复议机关在复议过程中收集和补充的证据，不能作为人民法院维持原具体行政行为的根据。四是不能作为二审法院撤销或者变更一审裁判根据的证据。第31条第3款规定，被告在二审过程中向法庭提交在一审过程中没有提交的证据，不能作为二审法院撤销或者变更一审裁判的根据。

（2）行政诉讼证据司法解释的完善阶段（2002 ~ 2008年）。2002年6月，最高人民法院《行政诉讼证据规定》，〔1〕在总结司法实践中经验的基础上，充分考虑了行政诉讼的特殊性，对行政诉讼证据作了比较全面的规定，其主要内容包括：

第一，法官释明。第8条规定，人民法院向当事人送达受理案件通知书或者应诉通知书时，应当告知其举证范围、举证期限和逾期提供证据的法律后果，并告知因正当事由不能按期提供证据时应当提出延期提供证据的申请。

第二，举证责任分配和举证期限：①被告的举证责任。第1条规定，被告对作出的具体行政行为负有举证责任。第6条规定，原告可以提供证明被诉具体行政行为违法的证据。原告提供的证据不成立的，不免除被告对被诉具体行政行为合法性的举证责任。按照第4条第2款和第3款的规定，在起诉被告不作为的案件中，如果属于被告应当依职权主动履行法定职责的，原告因被告受理申请的登记制度不完备等正当事由不能提供相关证据材料并能够作出合理说明的，以及被告认为原告起诉超过法定期限的，仍由被告承担举证责任。②被告举证期限。第1条规定，被告应当在收到起诉状副本之日起10日内，提供据以作出被诉具体行政行为的全部证据和所依据的规范性文件。被告不提供或者无正当理由逾期提供证据的，视为被诉具体行政行为没有相

---

〔1〕 2002年7月24日法释［2002］21号公布，自2002年10月1日起施行。

应的证据。被告因不可抗力或者客观上不能控制的其他正当事由，不能在前款规定的期限内提供证据的，应当在收到起诉状副本之日起10日内向人民法院提出延期提供证据的书面申请。人民法院准许延期提供的，被告应当在正当事由消除后10日内提供证据。逾期提供的，视为被诉具体行政行为没有相应的证据。③禁止被告收集证据。为了加强被告人的举证责任，第3条规定，在诉讼过程中，被告及其诉讼代理人不得自行向原告和证人收集证据。④原告的举证责任。按照第4条和第5条的规定，原告负举证责任的情形主要有以下三种：一是公民、法人或者其他组织向人民法院起诉时，应当提供其符合起诉条件的相应的证据材料；二是在起诉被告不作为的案件中，除被告应当依职权主动履行法定职责的，或者原告因被告受理申请的登记制度不完备等正当事由不能提供相关证据材料并能够作出合理说明的，原告应当提供其在行政程序中曾经提出申请的证据材料；三是在行政赔偿诉讼中，原告应当对被诉具体行政行为造成损害的事实提供证据。

第三，证据规格。①书证的规格。第10条规定，当事人向人民法院提供书证的，应当符合下列要求：一是提供书证的原件，原本、正本和副本均属于书证的原件。提供原件确有困难的，可以提供与原件核对无误的复印件、照片、节录本。二是提供由有关部门保管的书证原件的复制件、影印件或者抄录件的，应当注明出处，经该部门核对无异后加盖其印章。三是提供报表、图纸、会计账册、专业技术资料、科技文献等书证的，应当附有说明材料。四是被告提供的被诉具体行政行为所依据的询问、陈述、谈话类笔录，应当有行政执法人员、被询问人、陈述人、谈话人签名或者盖章。②物证的规格。第11条规定，当事人向人民法院提供物证的，应当符合下列要求：一是提供原物。提供原物确有困难的，可以提供与原物核对无误的复制件或者证明该物证的照片、录像等其他证据。二是原物为数量较多的种类物的，提供其中的一部分。③计算机数据或者录音、录像等视听资料的规格。第12条规定，当事人向人民法院提供计算机数据或者录音、录像等视听资料的，应当符合下列要求：一是提供有关资料的原始载体。提供原始载体确有困难的，可以提供复制件。二是注明制作方法、制作时间、制作人和证明对象等。三是声音资料应当附有该声音内容的文字记录。④证人证言的规格。第13条规定，当事人向人民法院提供证人证言的，应当符合下列要求：一是写明证人的姓名、年龄、性别、职业、住址等基本情况；二是有证人的签名，不能签名的，应当以盖章等方式证明；三是注明出具日期；四是附有居民身份证复印件等证明证人身份的文件。⑤鉴定结论的规格。第14条规定，被告向人民法院提供的在行政程序中采用的鉴定结论，应当载明委托人和委托鉴定的事项、向鉴定部门提交的相关材料、鉴定的依据和使用的科学技术手段、鉴定部门和鉴定人鉴定资格的说明，并应有鉴定人的签名和鉴定部门的盖章。通过分析获得的鉴定结论，应当说明分析过程。⑥现场笔录的规格。第15条规定，被告向人民法院提供的现场笔录，应当载明时间、地点和事件等内容，并由执法人员和当事人签名。当事人拒绝签名或者不能签名的，应当注明原因。有其他人在现场的，可由其他人签名。⑦域外证据的规格。第16条对当事人向人民法院提供的在中华人民共和国领域外形成的证据规格作出了规定。第17条规定，当事人向人民法院提供外文书证或者外国语视听资料的，应当附有由具有翻译资质的机构翻译的或者其他翻译准确的中文译本，由翻译机构盖章或者翻译人员签名。

第四，证据登记与管理。第19条规定，当事人应当对其提交的证据材料分类编号，对证据材料的来源、证明对象和内容作简要说明，签名或者盖章，注明提交日期。第20条规定，人民法院收到当事人提交的证据材料，应当出具收据，注明证据的名称、份数、页数、件数、种类等以及收到的时间，由经办人员签名或者盖章。

第五，证据交换。第21条规定，对于案情比较复杂或者证据数量较多的案件，人民法院可以组织当事人在开庭前向对方出示或者交换证据，并将交换证据的情况记录在卷。第7条规定，原告或者第三人应当在开庭审理前或者人民法院指定的交换证据之日提供证据。因正当事由申请延期提供证据的，经人民法院准许，可以在法庭调查中提供。逾期提供证据的，视为放弃举证权利。原告或者第三人在第一审程序中无正当事由未提供而在第二审程序中提供的证据，人民法院不予接纳。第35条第2款规定，当事人在庭前证据交换过程中没有争议并记录在卷的证据，经审判人员在庭审中说明后，可以作为认定案件事实的依据。

第六，法院取证与证据保全：①依职权调查取证的范围。第22条规定，有下列情形之一的，人民法院有权向有关行政机关以及其他组织、公民调取证据：一是涉及国家利益、公共利益或者他人合法权益的事实认定的；二是涉及依职权追加当事人、中止诉讼、终结诉讼、回避等程序性事项的。②依当事人的申请调查取证的范围。第23条第1款规定，原告或者第三人不能自行收集，但能够提供确切线索的，可以申请人民法院调取下列证据材料：一是由国家有关部门保存而须由人民法院调取的证据材料；二是涉及国家秘密、商业秘密、个人隐私的证据材料；三是确因客观原因不能自行收集的其他证据材料。③调查取证之禁止。第23条第2款规定，人民法院不得为证明被诉具体行政行为的合法性，调取被告在作出具体行政行为时未收集的证据。④委托调查取证。第26条规定，人民法院需要调取的证据在异地的，可以书面委托证据所在地人民法院调取。受托人民法院应当在收到委托书后，按照委托要求及时完成调取证据工作，送交委托人民法院。受托人民法院不能完成委托内容的，应当告知委托的人民法院并说明原因。⑤证据保全。第27条规定，当事人依法向人民法院申请保全证据的，应当在举证期限届满前以书面形式提出，并说明证据的名称和地点、保全的内容和范围、申请保全的理由等事项。当事人申请保全证据的，人民法院可以要求其提供相应的担保。第28条规定，人民法院依法保全证据的，可以根据具体情况，采取查封、扣押、拍照、录音、录像、复制、鉴定、勘验、制作询问笔录等保全措施。人民法院保全证据时，可以要求当事人或者其诉讼代理人到场。

第七，鉴定。①鉴定的启动。第29条规定，原告或者第三人有证据或者有正当理由表明被告据以认定案件事实的鉴定结论可能有错误，在举证期限内书面申请重新鉴定的，人民法院应予准许。第30条规定，当事人对人民法院委托的鉴定部门作出的鉴定结论有异议申请重新鉴定，提出证据证明存在下列情形之一的，人民法院应予准许：一是鉴定部门或者鉴定人不具有相应的鉴定资格的；二是鉴定程序严重违法的；三是鉴定结论明显依据不足的；四是经过质证不能作为证据使用的其他情形。②鉴定失权。第31条规定，对需要鉴定的事项负有举证责任的当事人，在举证期限内无正当理由不提出鉴定申请、不预交鉴定费用或者拒不提供相关材料，致使对案件争议的事实无法通过鉴定结论予以认定的，应当对该事实承担举证不能的法律后果。③鉴定书的内容。第32条规定了鉴定书应当载明的内容，鉴定部门和鉴定人鉴定资格的说明，以及鉴定人及鉴定部门签名盖章。④鉴定人出庭。第47条规定，当事人要求鉴定人出庭接受询问的，鉴定人应当出庭。鉴定人因正当事由不能出庭的，经法庭准许，可以不出庭，由当事人对其书面鉴定结论进行质证。对于出庭接受询问的鉴定人，法庭应当核实其身份、与当事人及案件的关系，并告知鉴定人如实说明鉴定情况的法律义务和故意作虚假说明的法律责任。

第八，现场勘验。①现场勘验的启动。根据第33条第1款的规定，现场勘验的启动有两种方式：一种是人民法院依当事人申请勘验现场；另一种是人民法院可以依职权勘验现场。②现场勘验的程序和要求。第33条第2款规定，勘验现场时，勘验人必须出示人民法院的证件，并邀请当地基层组织或者当事人所在单位派人参加。当事人或其成年亲属应当到场，拒不到场的，不影响勘验的进行，但应当在勘验笔录中说明情况。③勘验笔录。按照第34条第1、2款的规定，审判人员应当制作勘验笔录，记载勘验的时间、地点、勘验人、在场人、勘验的经过和结果，由勘验人、当事人、在场人签名。勘验现场时绘制的现场图，应当注明绘制的时间、方位、绘制人姓名和身份等内容。④重新勘验。第34条第3款规定，当事人对勘验结论有异议的，可以在举证期限内申请重新勘验，是否准许由人民法院决定。

第九，证据的出示与质证。①一般规则。第35条第1款规定，证据应当在法庭上出示，并经庭审质证。未经庭审质证的证据，不能作为定案的依据。第37条规定，涉及国家秘密、商业秘密和个人隐私或者法律规定的其他应当保密的证据，不得在开庭时公开质证。②法院调取证据的出示与质证。第38条规定，当事人申请人民法院调取的证据，由申请调取证据的当事人在庭审中出示，并由当事人质证。人民法院依职权调取的证据，由法庭出示，并可就调取该证据的情况进行说明，听取当事人意见。③质证的内容与方式。第39条规定，当事人应当围绕证据的关联性、合法性和真实性，针对证据有无证明效力以及证明效力大小，进行质证。经法庭准许，当事人及其代理人可以就证据问题相互发问，也可以向证人、鉴定人或者勘验人发问。当事人及其代理人相互发问，或者向证人、鉴定人、勘验人发问时，发问的内容应当与案件事实有关联，不得采用引诱、威胁、侮辱等语言或者方式。第40条第2款规定，视听资料应当当庭播放或者显示，并由当事人进行质证。

第十，最佳证据规则。第40条第1款规定，对书证、物证和视听资料进行质证时，当事人应当出示证据的原件或者原物。但有下列情况之一的除外：一是出示原件或者原物确有困难并经法庭准许可以出示复制件或者复制品；二是原件或者原物已不存在，可以出示证明复制件、复制品与原件、原物一致的其他证据。

第十一，证人出庭作证。①证人作证资格及其审查。第41条规定，凡是知道案件事实的人，都有出庭作证的义务。第42条规定，不能正确表达意志的人不能作证。根据当事人申请，人民法院可以就证人能否正确表达意志进行审查或者交由有关部门鉴定。必要时，人民法院也可以依职权交由有关部门鉴定。②证人出庭作证义务及证人不出庭的情形。第41条规定，凡是知道案件事实的人，都有出庭作证的义务。有下列情形之一的，经人民法院准许，当事人可以提交书面证言：一是当事人在行政程序或者庭前证据交换中对证人证言无异议的；二是证人因年迈体弱或者行动不便无法出庭的；三是证人因路途遥远、交通不便无法出庭的；四是证人因自然灾害等不可抗力或者其他意外事件无法出庭的；五是证人因其他特殊原因确实无法出庭的。③行政执法人员出庭作证的情形。第44条规定，有下列情形之一，原告或者第三人可以要求相关行政执法人员作为证人出庭作证：一是对现场笔录的合法性或者真实性有异议的；二是对扣押财产的品种或者数量有异议的；三是对检验的物品取样或者保管有异议的；四是对行政执法人员的身份的合法性有异议的；五是需要出庭作证的其他情形。④证人意见排除规则。第46条规定，证人应当陈述其亲历的具体事实。证人根据其经历所作的判断、推测或者评论，不能作为定案的依据。⑤证人保护。第74条规定，证人及其近亲属的人身和财产安全受法律保护。人民法院应当对证人的住址和联系方式予以保密。第77条规定，诉讼参与人或者其他人有对审判人员或者证人及其近亲属实施威胁、侮辱、殴打、骚扰或者打击报复等妨碍行政诉讼行为的，依法追究其法律责任。⑥证人的经济补偿。第75条规定，证人因出庭作证或者接受询问而支出的合理费用，由提供证人的一方当事人先行支付，由败诉一方当事人承担。

第十二，专家辅助人。第48条规定，对被诉具体行政行为涉及的专门性问题，当事人可以向法庭申请由专业人员出庭进行说明，法庭也可以通知专业人员出庭说明。必要时，法庭可以组织专业人员进行对质。当事人对出庭的专业人员是否具备相应专业知识、学历、资历等专业资格等有异议的，可以进行询问。由法庭决定其是否可以作为专业人员出庭。专业人员可以对鉴定人进行询问。

第十三，“新的证据”范围及其使用。第52条规定，“新的证据”是指以下证据：①在一审程序中应当准予延期提供而未获准许的证据；②当事人在一审程序中依法申请调取而未获准许或者未取得，人民法院在第二审程序中调取的证据；③原告或者第三人提供的在举证期限届满后发现的证据。按照第50、51条的规定，在第二审程序中，对当事人依法提供的新的证据，法庭应当进行质证；当事人对第一审认定的证据仍有争议的，法庭也应当进行质证。按照审判监督程序审理的案件，对当事人依法提供的新的证据，法庭应当进行质证；因原判决、裁定认定事实的证据不足而提起再审所涉及的主要证据，法庭也应当进行质证。

第十四，证据的审查与认定。按照第53条的规定，人民法院裁判行政案件，应当以证据证明的案件事实为依据。如何运用证据来认定案件事实呢？第54条规定，法庭应当对经过庭审质证的证据和无需质证的证据进行逐一审查和对全部证据综合审查，遵循法官职业道德，运用逻辑推理和生活经验，进行全面、客观和公正地分析判断，确定证据材料与案件事实之间的证明关系，排除不具有关联性的证据材料，准确认定案件事实。证据审查的内容包括：①证据的合法性审查。第55条规定，法庭应当根据案件的具体情况，从以下方面审查证据的合法性：一是证据是否符合法定形式；二是证据的取得是否符合法律、法规、司法解释和规章的要求；三是是否有影响证据效力的其他违法情形。②证据的真实性审查。第56条规定，法庭应当根据案件的具体情况，从以下方面审查证据的真实性：一是证据形成的原因；二是发现证据时的客观环境；三是证据是否为原件、原物，复制件、复制品与原件、原物是否相符；四是提供证据的人或者证人与当事人是否具有利害关系；五是影响证据真实性的其他因素。③证据的认定。第72条规定，庭审中经过质证的证据，能够当庭认定的，应当当庭认定；不能当庭认定的，应当在合议庭合议时认定。人民法院应当在裁判文书中阐明证据是否采纳的理由。

第十五，证据排除的一般规则。①不能用于定案的证据。第57条规定了不能作为定案依据的证据：一是严重违反法定程序收集的证据材料；二是以偷拍、偷录、窃听等手段获取侵害他人合法权益的证据材料；三是以利诱、欺诈、胁迫、暴力等不正当手段获取的证据材料；四是当事人无正当事由超出举证期限提供的证据材料；五是在中华人民共和国领域以外或者在中华人民共和国香港特别行政区、澳门特别行政区和台湾地区形成的未办理法定证明手续的证据材料；六是当事人无正当理由拒不提供原件、原物，又无其他证据印证，且对方当事人不予认可的证据的复制件或者复制品；七是被当事人或者他人进行技术处理而无法辨明真伪的证据材料；八是不能正确表达意志的证人提供的证言；九是不具备合法性和真实性的其他证据材料。②不能用于认定案件事实的证据。第58条规定，以违反法律禁止性规定或者侵犯他人合法权益的方法取得的证据，不能作为认定案件事实的依据。③不能用于认定被诉具体行政行为合法的证据。第60、61条规定，下列证据不能作为认定被诉具体行政行为合法的依据：一是被告及其诉讼代理人在作出具体行政行为后或者在诉讼程序中自行收集的证据；二是被告在行政程序中非法剥夺公民、法人或者其他组织依法享有的陈述、申辩或者听证权利所采用的证据；三是原告或者第三人在诉讼程序中提供的、被告在行政程序中未作为具体行政行为依据的证据；四是复议机关在复议程序中收集和补充的证据，或者作出原具体行政行为的行政机关在复议程序中未向复议机关提交的证据，不能作为人民法院认定原具体行政行为合法的依据。

第十六，证据排除的一些具体规则。①原告证据的排除。第59条规定，被告在行政程序中依照法定程序要求原告提供证据，原告依法应当提供而拒不提供，在诉讼程序中提供的证据，人民法院一般不予采纳。②鉴定结论的排除。第62条规定，对被告在行政程序中采纳的鉴定结论，原告或者第三人提出证据证明有下列情形之一的，人民法院不予采纳：一是鉴定人不具备鉴定资格；二是鉴定程序严重违法；三是鉴定结论错误、不明确或者内容不完整。③不能用以证明过错或者责任的证据。第66条规定，在行政赔偿诉讼中，人民法院主持调解时当事人为达成调解协议而对案件事实的认可，不得在其后的诉讼中作为对其不利的证据。

第十七，证据效力的认定。第63条规定，证明同一事实的数个证据，其证明效力一般可以按照下列情形分别认定：①国家机关以及其他职能部门依职权制作的公文文书优于其他书证；②鉴定结论、现场笔录、勘验笔录、档案材料以及经过公证或者登记的书证优于其他书证、视听资料和证人证言；③原件、原物优于复制件、复制品；④法定鉴定部门的鉴定结论优于其他鉴定部门的鉴定结论；⑤法庭主持勘验所制作的勘验笔录优于其他部门主持勘验所制作的勘验笔录；⑥原始证据优于传来证据；⑦其他证人证言优于与当事人有亲属关系或者其他密切关系的证人提供的对该当事人有利的证言；⑧出庭作证的证人证言优于未出庭作证的证人证言；⑨数个种类不同、内容一致的证据优于一个孤立的证据。

第十八，当事人承认。①对证据的承认。第 67 条规定，在不受外力影响的情况下，一方当事人提供的证据，对方当事人明确表示认可的，可以认定该证据的证明效力；对方当事人予以否认，但不能提供充分的证据进行反驳的，可以综合全案情况审查认定该证据的证明效力。②对实物证据和电子证据的承认。第 64 条规定，以有形载体固定或者显示的电子数据交换、电子邮件以及其他数据资料，其制作情况和真实性经对方当事人确认，或者以公证等其他有效方式予以证明的，与原件具有同等的证明效力。③对案件事实的承认。第 65 条规定，在庭审中一方当事人或者其代理人在代理权限范围内对另一方当事人陈述的案件事实明确表示认可的，人民法院可以对该事实予以认定，但有相反证据足以推翻的除外。

第十九，司法认知。第 68 条规定，下列事实法庭可以直接认定：①众所周知的事实；②自然规律及定理；③按照法律规定推定的事实；④已经依法证明的事实；⑤根据日常生活经验法则推定的事实。其中，除上述第二种情形外，其他事项均允许当事人使用相反证据予以推翻。此外，第 70 条还规定，生效的人民法院裁判文书或者仲裁机构裁决文书确认的事实，可以作为定案依据。

第二十，举证妨碍推定。第 69 条规定，原告确有证据证明被告持有的证据对原告有利，被告无正当事由拒不提供的，可以推定原告的主张成立。

第二十一，证据补强规则。第 71 条规定，下列证据不能单独作为定案依据：①未成年人所作的与其年龄和智力状况不相适应的证言；②与一方当事人有亲属关系或者其他密切关系的证人所作的对该当事人有利的证言，或者与一方当事人有不利关系的证人所作的对该当事人不利的证言；③应当出庭作证而无正当理由不出庭作证的证人证言；④难以识别是否经过修改的视听资料；⑤无法与原件、原物核对的复制件或者复制品；⑥经一方当事人或者他人改动，对方当事人不予认可的证据材料；⑦其他不能单独作为定案依据的证据材料。

2002 年 9 月，最高人民法院《反补贴行政案件规定》，[1] 对有关证据问题作了如下规定：①被告的举证责任。第 7 条规定，被告对其作出的被诉反补贴行政行为负举证责任，应当提供作出反补贴行政行为的证据和所依据的

---

〔1〕 2002 年 11 月 21 日公布，自 2003 年 1 月 1 日起施行。

规范性文件。②原告的举证责任。第8条规定，原告对其主张的事实有责任提供证据。③证据排除规则：一是被告证据的排除。第7条第2款规定，人民法院依据被告的案卷记录审查被诉反补贴行政行为的合法性。被告在作出被诉反补贴行政行为时没有记入案卷的事实材料，不能作为认定该行为合法的根据。二是原告证据的排除。第8条第2款规定，被告在反补贴行政调查程序中依照法定程序要求原告提供证据，原告无正当理由拒不提供、不如实提供或者以其他方式严重妨碍调查，而在诉讼程序中提供的证据，人民法院不予采纳。④举证妨碍推定。第9条规定，在反补贴行政调查程序中，利害关系人无正当理由拒不提供证据、不如实提供证据或者以其他方式严重妨碍调查的，国务院主管部门根据能够获得的证据得出的事实结论，可以认定为证据充分。⑤证明标准。第10条第1款第1项规定："被诉反补贴行政行为证据确凿，适用法律、行政法规正确，符合法定程序的，判决维持。"结合上述第9条的规定，反补贴行政案件的证明标准是"证据确凿、充分"。

为更好地执行《行政诉讼证据规定》，进一步规范人民法院的行政审判活动，2004年12月，最高人民法院《行政诉讼证据文书样式（试行）》,[1] 规定了包括"举证通知书"（分供被告举证使用和供原告、第三人举证使用）、"准许延长举证期限通知书"、"人民法院依职权组织证据交换通知书"、"准许当事人申请法院调查收集证据通知书"、"调取证据通知书"、"证据保全担保通知书"、"人民法院依当事人申请通知证人出庭作证通知书"、"对新的证据提出意见或者举证通知书"、"证据收据"等33种法律文书的样式。

（三）行政法规、部门规章

1. 行政领域证据制度恢复重建时期（1978～1995年）

改革开放之初，我国颁行的行政法规和部门规章较少，这一时期涉及证据制度的规定主要有：1986年《治安管理处罚条例》[2]，1987年公安部《公

---

〔1〕 法发［2004］26号。

〔2〕 第六届全国人大常委会第十七次会议1986年9月5日通过，自1987年1月1日起施行。1994年5月12日第八届全国人大常委会第七次会议修订。于2006年3月1日废止。

安机关办理刑事案件程序规定》[1]，1990 年国务院《行政复议条例》[2]，1993 年国务院《企业劳动争议处理条例》[3]。上述行政法规、部门规章对行政领域的证据规则在证据收集、举证责任、证据审查等方面作出了规定。

（1）证据收集。①《治安管理处罚条例》对证据收集的规定比较简单，主要是对违法人陈述、证人证言收集的规定。第 34 条第 2 项规定了讯问的要求：违反治安管理的人，应当如实回答公安机关的讯问。讯问应当作出笔录；被讯问人经核对认为无误后，应当在笔录上签名或者盖章，讯问人也应当在笔录上签名。第 34 条第 3 项规定了取证的要求：公安机关收集证据材料时，有关单位和公民应当积极予以支持和协助。询问证人时，证人应当如实反映情况，询问应当作出笔录。证人经核对认为无误后，应当在笔录上签名或者盖章。②《行政复议条例》第 25 条规定了行政复议机构的调查取证方式。即向争议双方、有关单位及有关人员调查取证、查阅文件和资料。

（2）举证责任。《行政复议条例》确定了行政复议中举证责任的归属。根据第 38 条的规定，被申请人应当在收到复议申请书副本之日起 10 日内，向复议机关提交作出具体行政行为的有关材料或者证据，并提出答辩书。逾期不答辩的，不影响复议。由此可知，在行政复议中，被申请人，即作出具体行政行为的行政机关负有举证责任。这也是行政法规中第一次关于举证责任分配的规定，为我国行政执法领域证据制度的完善奠定了基础。

（3）证据审查。①《治安管理处罚条例》第 34 条第 4 款规定了证据审查的要求：经讯问查证，违反治安管理行为事实清楚，证据确凿的，依照本条例的有关条款裁决。②《行政复议条例》对审查的对象、审查方式、证明标准等作了如下规定：一是审查对象。根据第 7 条的规定，复议机关进行审查的对象包括具体行政行为合法性和适当性两个方面。二是审查方式。根据第 37 条的规定，行政复议实行书面复议制度，但复议机关认为有必要时，可以采取其他方式审理复议案件。三是证明标准。第 42 条规定了行政复议的证明标准是事实清楚，即对于具体行政行为适用法律、法规、规章和具有普遍约

---

〔1〕 公安部 1987 年 3 月 18 日通过，于发布之日起施行。根据 1998 年 5 月 14 日公安部发布的《公安机关办理刑事案件程序规定》废止。

〔2〕 1990 年 12 月 24 日国务院发布，1994 年 10 月 9 日根据《国务院关于修改〈行政复议条例〉的决定》修订发布，1999 年 10 月 1 日起废止。

〔3〕 1993 年 6 月 11 日国务院第五次常务会议通过，1993 年 7 月 6 日国务院令第 117 号公布。

束力的决定、命令正确，事实清楚，符合法定权限和程序的，决定维持；对于主要事实不清的，决定撤销、变更，并可以责令被申请人重新作出具体行政行为。③《企业劳动争议处理条例》第33条第1、2款规定了仲裁委员会的调查取证的方式。即“仲裁委员会在处理劳动争议时，有权向有关单位查阅与案件有关的档案、资料和其他证明材料，并有权向知情人调查，有关单位和个人不得拒绝。仲裁委员会之间可以委托调查”。

这一时期涉及证据规定的主要行政法规、部门规章，参见下表：

行政法规、部门规章名称	发布单位	首次发布时间
治安管理处罚条例	全国人大常委会	1986年9月5日
公安机关办理刑事案件程序规定	公安部	1987年3月18日
统计法实施细则	国家统计局	1987年2月15日
企业法人登记管理条例	国务院	1988年6月3日
印花税暂行条例	国务院	1988年8月6日
行政区域边界争议处理条例	国务院	1989年2月3日
海上交通事故调查处理条例	交通部	1990年3月3日
行政复议条例	国务院	1990年12月24日
企业劳动争议处理条例	国务院	1993年7月6日
船舶登记条例	国务院	1994年6月2日
公司登记管理条例	国务院	1994年6月24日
中外合作经营企业法实施细则	对外贸易经济合作部	1995年9月4日

2. 行政领域证据制度初步形成时期（1996～2000年）

随着1996年对《刑事诉讼法》的修订，1988年10月中国政府批准加入联合国《禁止酷刑公约》，1998年10月签署《公民权利公约》，为行政证据的发展提供了良好的外部环境。这一时期，涉及行政证据规定的行政法规、部门规章主要有1996年国务院《特殊标志管理条例》[1]，1997年国务院《海关稽查条例》，[2] 以及1998年国家烟草专卖局《烟草专卖行政处罚程序规定》。[3] 上述行政法规、部门规章对行政证据的规定主要涉及证据形式、证

〔1〕 1996年7月13日国务院令第202号公布。

〔2〕 1997年1月3日国务院令第209号发布施行。

〔3〕 1998年9月2日国家烟草专卖局令第3号发布，自2010年5月1日起废止，被工业和信息化部2009年12月29日第8次部务会议审议通过的《烟草专卖行政处罚程序规定》所替代。

据收集以及证据审查。

（1）证据形式。《烟草专卖行政处罚程序规定》第 22 条规定了行政证据的种类，即物证、书证、证人证言、询问笔录、视听资料、鉴定结论、勘验笔录。

（2）证据收集。①《特殊标志管理条例》第 18 条规定，工商行政管理部门在受理特殊标志侵权案件时，可以采取四种调查取证行为：一是询问有关当事人；二是检查与侵权活动有关的物品；三是调查与侵权活动有关的行为；四是查阅、复制与侵权活动有关的合同、账册等业务资料。②《海关稽查条例》首次较为完整地对证据收集的要求，如证据收集的程序、取证的方式、证据保全等，作了较为详细的规定。一是取证程序。第 11、12 条规定了海关进行稽查时的程序要求：海关进行稽查时，应当组成稽查组。稽查组的组成人员不得少于 2 人。海关工作人员应当出示海关稽查证。二是取证方式。第 14 条规定了海关稽查时可采取的调查取证行为，包括查阅、复制被稽查人的账簿、单证等有关资料；进入被稽查人的生产经营场所、货物存放场所，检查与进出口活动有关的生产经营情况和货物；询问被稽查人的法定代表人、主要负责人员和其他有关人员与进出口活动有关的情况和问题；经海关关长批准，查询被稽查人在商业银行或者其他金融机构的存款账户。三是证据保全。第 15、16 条规定了海关进行稽查时证据保全的举措。即海关进行稽查时，发现被稽查人有可能转移、隐匿、篡改、毁弃账簿、单证等有关资料的，经海关关长批准，可以暂时封存其账簿、单证等有关资料。发现被稽查人的进出口货物有违反海关法和其他有关法律、行政法规规定的嫌疑的，经海关关长批准，可以封存有关进出口货物。③作为第一部明确规定行政处罚证据的部门规章，《烟草专卖行政处罚程序规定》首次较为完整地规定了烟草专卖行政处罚的证据收集要求，主要内容包括：一是取证程序。第 20、21 条规定烟草专卖行政管理机关执法人员查处违法案件，应当出示省级以上（含省级）烟草专卖行政管理机关核发的检查证件。调查、取证应当由 2 名以上（含 2 名）办案人员共同进行。二是取证方式。第 23 ~25、27 条规定，向案件有关证人取证，应当个别进行，并对证人说明不得提供伪证或隐匿证据。证人的证言材料应当交证人核对无误后签字或者盖章。询问当事人应当制作询问笔录。询问笔录允许当事人提出修改、补充，经核对无误后，由当事人逐页签字或盖章。办案人员对案件进行调查、取证，需要邮电、银行等部门、单位协助、配合的，应当按照国家有关规定办理。对违法财物进行检查的，应当由2名以上（含2名）办案人员执行，且有当事人或者2名以上（含2名）见证人在场。检查应当制作现场笔录，由当事人或者见证人签名或盖章。三是证据保全。第28条第2款规定，在证据可能灭失或者以后难以取得的情况下，经本级烟草专卖行政管理机关负责人批准，可以先行登记保存，并应当在7日内及时作出处理决定，在此期间，当事人或者有关人员不得销毁或者转移证据。

（3）证据审查。①《海关稽查条例》第24、26条规定了稽查的证明标准。经海关稽查排除违法嫌疑的，海关应当立即解除封存；经海关稽查认定违法的，由海关依照海关法和海关法行政处罚实施细则的规定处理。经海关稽查，发现被稽查人有走私行为，构成犯罪的，依法追究刑事责任。②《烟草专卖行政处罚程序规定》第5条规定，证明的标准应是事实清楚、证据确凿。即“查处违法案件应当以事实为根据，以法律为准绳，做到事实清楚、证据确凿、定性准确、处理恰当、手续完备、程序合法”。

这一时期涉及证据规定的主要行政法规、部门规章，参见下表：

行政法规、部门规章名称	发布单位	首次发布时间
特殊标志管理条例	国务院	1996年7月13日
海关稽查条例	国务院	1997年1月3日
民用航空器国籍登记条例	国务院	1997年10月21日
合伙企业登记管理办法	国务院	1997年11月19日
企业法人法定代表人登记管理规定	国家工商行政管理局	1998年4月7日
烟草专卖行政处罚程序规定	国家烟草专卖局	1998年9月2日
事业单位登记管理暂行条例	国务院	1998年10月25日
医疗器械监督管理条例	国务院	2000年1月4日
建设工程质量管理条例	国务院	2000年1月30日

3. 行政领域证据制度快速发展时期（2001～2008年）

进入21世纪后，随着大量证据理论研究的出版发表，最高人民法院关于民事诉讼和行政诉讼的两个证据规定以及部分省市高院地方性证据法规的颁行，行政法规、部门规章中关于行政证据规则的制定取得了重要进展。这一时期，涉及行政证据规定的行政法规、部门规章主要有：2001年司法部《司法鉴定程序通则（试行）》[1]，2001年国务院《行政执法机关移送涉嫌犯罪案件的规定》[2]，2001年国务院《反倾销条例》[3]，2002年国务院《医疗事故处理条例》[4]，2003年国家版权局《著作权行政处罚实施办法》[5]，2004年国务院《海关行政处罚实施条例》[6]，2006年公安部《公安机关办理行政案件程序规定》[7]，2007年国务院《行政复议法实施条例》[8]。上述规定主要涉及证据形式、证据收集、举证责任以及证据审查。

（1）证据形式。司法部《司法鉴定程序通则（试行）》作为第一部专门涉及司法鉴定的部门规章，首次规定了司法鉴定文书的种类和形式要求。①司法鉴定文书的种类。第38条规定了司法鉴定文书的概念与种类：司法鉴定文书是鉴定过程和鉴定结果的书面表达形式（包括文字、数据、图表和照片等）。司法鉴定文书分为司法鉴定书、司法鉴定检验报告书、司法鉴定文证审查意见书、司法鉴定咨询意见书等。②司法鉴定文书的形式要求。第39条规定了司法鉴定文书的表现形式要求：司法鉴定文书不得使用文言、方言和土语，不得涉及国家秘密，不得载有案件定性和确定当事人法律责任的内容。司法鉴定文书应当载明受理日期、委托人、委托事由、鉴定要求、送鉴材料情况、检验或者检查过程、鉴定（检验）结论或者审查（咨询）意见、鉴定（检验、审查、咨询）人以及其他应当包括的内容。鉴定（检验、审查、咨询）人应当在司法鉴定文书上签名并注明专业技术职称，对鉴定结论进行复核的司法鉴定人应当在司法鉴定文书上签名。司法鉴定文书经签发人签发后加盖司法鉴定机构司法鉴定专用章。

国家版权局《著作权行政处罚实施办法》规定了处罚程序的证据种类和可以作为证据使用的材料。第18条规定了处罚程序所依据的证据种类，包

---

〔1〕 司发通［2001］092号。

〔2〕 2001年7月9日国务院令第310号公布。

〔3〕 2001年11月26日国务院令第328号公布，2004年3月31日国务院令第401号修正。

〔4〕 2002年4月4日国务院令第351号公布。

〔5〕 2003年7月16日国家版权局局务会议审议通过，自2003年9月1日起施行，被2009年4月21日国家版权局第1次局务会议通过的《著作权行政处罚实施办法》替代，自2009年6月15日起废止。

〔6〕 2004年9月19日国务院令第420号公布。

〔7〕 2006年8月24日公安部令第88号公布。

〔8〕 2007年5月29日国务院令第499号公布。

括：书证；物证；证人证言；视听资料；当事人陈述；鉴定结论；检查、勘验笔录。第19条规定了可以作为证据的材料，如当事人提供的涉及著作权的底稿、原件、合法出版物、作品登记证书、著作权合同登记证书、认证机构出具的证明、取得权利的合同，以及当事人自行或者委托他人以定购、现场交易等方式购买侵权复制品而取得的实物、发票等。

公安部《公安机关办理行政案件程序规定》以第四章专门规定了公安机关办理行政案件程序所依据的证据。其第23条首次明文规定了公安机关办理行政案件的证据种类：书证；物证；视听资料、电子证据；被侵害人陈述和其他证人证言；违法嫌疑人的陈述和申辩；鉴定意见；检测结论；勘验、检查笔录，现场笔录。与我国三大诉讼法规定的证据种类相比较而言，这八种证据种类多了检测结论这一类，主要用于有吸毒嫌疑或者有酒后驾驶机动车辆嫌疑的人。此外，该规定明确规定电子证据可以作为证据使用。

（2）证据收集。2001年国务院《行政执法机关移送涉嫌犯罪案件的规定》第4条规定，行政执法机关在查处违法行为过程中，必须妥善保存所收集的与违法行为有关的证据。行政执法机关对查获的涉案物品，应当如实填写涉案物品清单，并按照国家有关规定予以处理。对易腐烂、变质等不宜或者不易保管的涉案物品，应当采取必要措施，留取证据；对需要进行检验、鉴定的涉案物品，应当由法定检验、鉴定机构进行检验、鉴定，并出具检验报告或者鉴定结论。

2004年国务院《反倾销条例》规定了反倾销调查的主体、调查方式。第3条第2款规定，对倾销的调查和确定，由商务部负责。第20条规定，商务部可以采用问卷、抽样、听证会、现场核查等方式向利害关系方了解情况，进行调查。商务部应当为有关利害关系方提供陈述意见和论据的机会。商务部认为必要时，可以派出工作人员赴有关国家（地区）进行调查；但是，有关国家（地区）提出异议的除外。

2009年国家版权局《著作权行政处罚实施办法》规定了著作权行政处罚证据收集和证据保存的方式。①取证方式。第16条规定了办案人员取证时可以采取的手段包括：查阅、复制与涉嫌违法行为有关的文件档案、账簿和其他书面材料；对涉嫌侵权制品进行抽样取证；对涉嫌侵权制品、安装存储涉嫌侵权制品的设备、涉嫌侵权的网站网页、涉嫌侵权的网站服务器和主要用于违法行为的材料、工具、设备等依法先行登记保存。②证据保存。第15、

21 条规定了执法人员证据保存的情形有两种：一种是不需要事先审批，即在执法过程中，发现违法行为正在实施，情况紧急来不及立案的，办案人员可以先行采取措施，事后及时补办手续；另一种是需要事先审批，即办案人员先行登记保存有关证据，应当经本部门负责人批准，并向当事人交付证据先行登记保存通知书。

2004 年国务院《海关行政处罚实施条例》对海关行政处罚证据收集的规定包括取证的要求、取证的程序、取证的方式等。①取证原则。根据第 34、43 ~44 条规定，首先，海关立案后，应当全面、客观、公正、及时地进行调查、收集证据。其次，涉及国家秘密、商业秘密或者个人隐私的，海关应当保守秘密。再次，严禁刑讯逼供或者以威胁、引诱、欺骗等非法手段收集证据。最后，海关收集的物证、书证应当是原物、原件；收集原物、原件确有困难的，可以拍摄、复制，并可以指定或者委托有关单位或者个人对原物、原件予以妥善保管。②取证程序。第 34 条规定，海关调查、收集证据，应当按照法律、行政法规及其他有关规定的要求办理，海关工作人员不得少于 2 人，并应当向被调查人出示证件。③取证方式。根据第 35、36 ~38、43 ~46 条规定，取证的方式包括检查嫌疑人的身体，检查、查验场所和物品，查问违法嫌疑人，询问证人，取样化验、鉴定，查询嫌疑人或单位的存款、汇款，扣留货物、物品、运输工具及有关账册、单据资料等方式。

2006 年公安部《公安机关办理行政案件程序规定》对证据的收集分别从取证的要求、需要证明的事项、取证的方式等做了规定。①取证原则。第 24、25、27 条规定了公安机关收集证据的程序法定和保密原则。具体为：首先，必须依照法定程序，收集能够证实违法嫌疑人是否违法、违法情节轻重的证据。其次，严禁刑讯逼供和以威胁、引诱、欺骗等非法手段收集证据。以非法手段取得的证据不能作为定案的根据。再次，公安机关向有关单位和个人收集、调取证据时，应当告知其必须如实提供证据。最后，公安机关及其人民警察在办理行政案件时，对涉及的国家秘密、商业秘密或者个人隐私，应当保密。②证明对象。第 34 条规定了需要调查的案件事实包括：违法嫌疑人的基本情况；违法行为是否存在；违法行为是否为违法嫌疑人实施；实施违法行为的时间、地点、手段、后果以及其他情节；违法嫌疑人有无法定从重、从轻、减轻以及不予处罚的情形；与案件有关的其他事实。③取证方式。第七章第 3 ~7 节，第 43 ~96 条专门就调查取证的方式进行了规定。根据这些规定，公安机关办理行政案件程序时可以采取的调查取证的方式包括：询问违法嫌疑人，勘验违法行为案发现场，检查与违法行为有关的场所、物品、人身，对行政案件中有争议的专门性技术问题进行鉴定，对有吸毒嫌疑、酒后驾驶机动车辆嫌疑的人进行检测，违法嫌疑人、被侵害人或者其他证人对与违法行为有关的物品、场所或者违法嫌疑人进行辨认，采取随机的抽样取证，保全与案件有关的需要作为证据的物品。④证据排除。第24条确立了行政证据中的非法证据排除规则，即公安机关办理行政案件取证时“严禁刑讯逼供和以威胁、引诱、欺骗等非法手段收集证据。以非法手段取得的证据不能作为定案的根据”。该规定为行政执法领域首次明文规定以非法手段取得的证据不能作为定案的根据，其开创之举的决心和勇气值得肯定。该规定也将成为行政证据领域确立非法证据排除规则的源泉。

2007年国务院《行政复议法实施条例》规定了行政复议机关可以采用的取证的程序、取证的方式。①取证程序。根据第34条的规定，调查取证时，行政复议人员不得少于2人，并应当向当事人或者有关人员出示证件。被调查单位和人员应当配合行政复议人员的工作，不得拒绝或者阻挠。②取证方式。根据第34、37条的规定，行政复议人员向有关组织和人员调查取证时，可以查阅、复制、调取有关文件和资料，向有关人员进行询问。需要现场勘验的，现场勘验所用时间不计入行政复议审理期限。行政复议期间涉及专门事项需要鉴定的，当事人可以自行委托鉴定机构进行鉴定，也可以申请行政复议机构委托鉴定机构进行鉴定。

（3）举证责任。2002年国务院《医疗事故处理条例》分别规定了患者、医院应当提供的证据，以及不如实提供证据应当承担的责任。第28条第3、4款规定在医疗机构建有病历档案的门诊、急诊患者，其病历资料由医疗机构提供；没有在医疗机构建立病历档案的，由患者提供。医患双方应当依照本条例的规定提交相关材料。医疗机构无正当理由未依照本条例的规定如实提供相关材料，导致医疗事故技术鉴定不能进行的，应当承担责任。第30条第2款规定，双方当事人应当按照本条例的规定如实提交进行医疗事故技术鉴定所需要的材料，并积极配合调查。当事人任何一方不予配合，影响医疗事故技术鉴定的，由不予配合的一方承担责任。

2009年国家版权局《著作权行政处罚实施办法》第12条规定了投诉人的举证责任。即投诉人就申请著作权行政处罚立案查处的，应当提交申请书、权利证明、被侵权作品（或者制品）以及其他证据。申请书应当说明当事人的姓名（或者名称）、地址以及申请查处所根据的主要事实、理由。第16条第1款规定，立案后，办案人员应当及时进行调查，并要求法定举证责任人在著作权行政管理部门指定的期限内举证。

2007年国务院《行政复议法实施条例》规定了被申请人承担举证责任为主，申请人承担举证责任为辅的原则。第21条规定了申请人应当举证的三种情形：首先，认为被申请人不履行法定职责的，提供曾经要求被申请人履行法定职责而被申请人未履行的证明材料；其次，申请行政复议时一并提出行政赔偿请求的，提供受具体行政行为侵害而造成损害的证明材料；最后，法律、法规规定需要申请人提供证据材料的其他情形。第36条规定了被申请人承担举证责任的情形。即对国务院部门或者省、自治区、直辖市人民政府的具体行政行为不服而申请原级行政复议的案件，由原承办具体行政行为有关事项的部门或者机构提出书面答复，并提交作出具体行政行为的证据、依据和其他有关材料。

（4）证据审查。2001年司法部《司法鉴定程序通则（试行）》第16条规定，司法鉴定机构收到委托书后，应对委托人的委托事项进行审核。对于符合受理条件的，能够即时决定受理的，司法鉴定机构应当与委托人签订《司法鉴定委托受理合同》；不能即时决定受理的，应当向委托人出具《司法鉴定委托材料收领单》，在收领委托材料之日起7日内对是否受理作出决定。决定受理的，与委托人签订《司法鉴定委托受理合同》。对于不符合受理条件的，决定不予受理的，应当退回鉴定材料并向委托人书面说明理由。

2001年国务院《行政执法机关移送涉嫌犯罪案件的规定》规定了行政执法机关、公安机关对证据审查的要求。①行政执法机关的证明标准。第5条规定，行政执法机关对应当向公安机关移送的涉嫌犯罪案件，应当核实情况后提出移送涉嫌犯罪案件的书面报告，报经本机关正职负责人或者主持工作的负责人审批。②公安机关的证明标准。第8条规定，公安机关对所移送的案件进行审查，认为有犯罪事实，需要追究刑事责任，依法决定立案的，应当书面通知移送案件的行政执法机关；认为没有犯罪事实，或者犯罪事实显著轻微，不需要追究刑事责任，依法不予立案的，应当说明理由，并书面通知移送案件的行政执法机关，相应退回案卷材料。

2004年国务院《反倾销条例》规定了反倾销立案的证据审查要求。第

16、18条规定，商务部应当自收到申请人提交的申请书及有关证据之日起60天内，对申请是否由国内产业或者代表国内产业提出、申请书内容及所附具的证据等进行审查，并决定立案调查或者不立案调查。在特殊情形下，商务部没有收到反倾销调查的书面申请，但有充分证据认为存在倾销和损害以及二者之间有因果关系的，可以决定立案调查。

2002年国务院《医疗事故处理条例》规定了鉴定结论作出的证据要求和通过方式。第31条规定，专家鉴定组应当在事实清楚、证据确凿的基础上，综合分析患者的病情和个体差异，作出鉴定结论，并制作医疗事故技术鉴定书。

2009年国家版权局《著作权行政处罚实施办法》第29条规定了审查证据的要求。著作权行政管理部门负责人应当对案件调查报告及复核报告进行审查，并根据审查结果分别作出下列处理决定：确属应当予以行政处罚的违法行为的，根据侵权人的过错程度、侵权时间长短、侵权范围大小及损害后果等情节，予以行政处罚；违法行为轻微并及时纠正，没有造成危害后果的，不予行政处罚；违法事实不成立的，不予行政处罚；违法行为涉嫌构成犯罪的，移送司法部门处理。

2006年公安部《公安机关办理行政案件程序规定》规定了听证的审查方式、审查的对象、行政处罚的证明标准。①听证程序。根据第101～130条的规定，首先，对适用听证程序的行政案件，办案部门在提出处罚意见后，应当告知违法嫌疑人拟作出的行政处罚和有要求举行听证的权利。其次，公安机关收到听证申请后，应当在2日内决定是否受理。听证主持人由公安机关负责人指定。本案调查人员不得担任听证主持人、听证员或者记录员。再次，听证开始后，由办案人民警察提出听证申请人违法的事实、证据和法律依据及行政处罚意见。听证申请人可以就办案人民警察提出的违法事实、证据和法律依据以及行政处罚意见进行陈述、申辩和质证，并可以提出新的证据。又次，听证申请人、第三人和办案人民警察应当围绕案件的事实、证据、程序、适用法律、处罚种类和幅度等问题进行辩论。最后，辩论结束后，听证主持人应当听取听证申请人、第三人、办案人民警察各方最后陈述意见。②审查对象。第146条规定，对行政案件进行审核、审批时，应当审查下列内容：违法嫌疑人的基本情况；案件事实是否清楚，证据是否确实充分；案件定性是否准确；适用法律、法规和规章是否正确；办案程序是否合法；拟作出的处理决定是否适当。③证明标准。第142条规定，公安机关在办理行政案件中必须查明违法事实；违法事实不清的，不得作出行政处罚决定。违法嫌疑人不讲真实姓名、住址，身份不明，但只要违法事实清楚，证据确实充分的，可以按其自报的姓名、贴附照片作出处罚决定，并在相关法律文书中注明。

2007年国务院《行政复议法实施条例》规定了行政复议应当达到的证明标准。根据第43、47条的规定，具体行政行为认定事实清楚，证据确凿，适用依据正确，程序合法，内容适当的，行政复议机关应当决定维持。具体行政行为有下列情形之一，行政复议机关可以决定变更：①认定事实清楚，证据确凿，程序合法，但是明显不当或者适用依据错误的；②认定事实不清，证据不足，但是经行政复议机关审理查明事实清楚，证据确凿的。

这一时期涉及证据规定的主要行政法规、部门规章，参见下表：

行政法规、部门规章名称	发布单位	首次发布时间
行政执法机关移送涉嫌犯罪案件的规定	国务院	2001年7月9日
司法鉴定程序通则（试行）	司法部	2001年8月31日
反倾销条例	国务院	2001年11月26日
反补贴条例	国务院	2001年11月26日
保障措施条例	国务院	2001年11月26日
医疗事故处理条例	国务院	2002年4月4日
著作权行政处罚实施办法	国家版权局	2003年7月24日
行政监察法实施条例	国务院	2004年9月17日
海关行政处罚实施条例	国务院	2004年9月19日
信访条例	国务院	2005年1月10日
机动车交通事故责任强制保险条例	国务院	2006年3月21日
公安机关办理行政案件程序规定	公安部	2006年8月24日
生产安全事故报告和调查处理条例	国务院	2007年4月9日
行政复议法实施条例	国务院	2007年5月29日

（四）地方性证据规定

改革开放30年来，我国法学界关于证据立法的呼声一直非常强烈，大批学者对我国证据立法的模式问题进行了讨论，围绕单独立法或者通过修改诉讼法的途径进行完善提出了许多建设性的意见。例如，中国人民大学江伟教授等就曾提出过《统一证据法》（草案）。[1] 许多诉讼法学者结合英美证据法的规定，提出了一些“英美式”、“先进的”立法修改建议。然而，“理论是灰色的，实践之树常青”。改革开放30年来，我国各地司法机关开展了广泛的制定证据规则试点，并在一定程度上予以实施，这些鲜活的实践探索，既反映了司法实践对证据法的呼唤，同时也印证了证据规则是法官审判经验总结的道理。系统梳理改革开放30年来我国各地地方性证据规则的制定情况，实证考查和探讨地方性证据规则存在的问题和制度动因，对于反思和重构现有的证据立法模式具有重要的理论意义和实践意义。

1. 改革开放30年我国地方性证据规则制定情况

由于证据制度对司法制度的基础性，全国各地司法机关在执行三大诉讼法的过程中，逐步认识到证据立法的重要性，纷纷制定了当地的证据规则。从收集到的资料来看，北京市高级人民法院2001年率先制定了系统的《关于办理各类案件有关证据问题的规定（试行）》，江苏省高级人民法院2003年制定了《关于刑事审判证据和定案的若干意见（试行）》，湖北省高级人民法院、省人民检察院、省公安厅、省国家安全厅、省司法厅2005年制定了《关于刑事证据若干问题的规定（试行）》，四川省高级人民法院、省人民检察院、省公安厅2005年联合出台了《关于规范刑事证据工作的若干意见（试行）》，山东省高级人民法院2001年制定了《民事诉讼证据规则（试行）》，广东省高级人民法院2003年出台了《关于民商事审判适用〈最高人民法院关于民事诉讼证据的若干规定〉的指导意见》，等等。

我们将全国各省、自治区、直辖市或者地级市的司法机关（或政法机关甚至地方政府）制定的证据规则，统称为“地方性证据规则”，以此区别于全国人大常委会、国务院、最高人民法院、最高人民检察院、公安部、司法部等中央国家机关发布的法律、法规和司法解释。尽管这些地方性证据规则还不能称为“立法”，甚至不能称为“司法解释”，[2] 但它们对于各地的司法实

---

〔1〕 参见江伟主编：《统一证据法建议稿及理由书》，中国人民大学出版社2004年版。

〔2〕 按照规定，司法解释的制定机关只能是最高人民法院和最高人民检察院，省一级的高级人民法院和省人民检察院是无权制定的。

践却具有实际的约束力和指导意义。

据不完全统计，改革开放30年来，我国各地制定的证据规则有34部之多，其中，统一证据规则2部，刑事诉讼证据规则9部，民事诉讼证据规则18部，行政诉讼证据规则5部，参见下表：

（一）统一证据规则

	制定时间	生效时间	制定单位	名　称
1	2001年8月6日	2001年10月1日	北京市高级人民法院	关于办理各类案件有关证据问题的规定（试行）
2	2002年7月11日	2002年7月11日	北京市第二中级人民法院	关于证据规定的操作规范

（二）刑事诉讼证据规则

	制定时间	生效时间	制定单位	名　称
1	1999年8月27日	1999年12月31日	江苏省高级人民法院、省人民检察院、省公安厅、省司法厅	关于刑事诉讼证据方面若干问题的会议纪要
2	2003年8月28日	2003年8月28日	江苏省高级人民法院	关于刑事审判证据和定案的若干意见（试行）
3	2004年10月25日	2004年12月1日	西安市中级人民法院与西安市人民检察院	刑事案件庭前证据展示操作办法（试行）
4	2005年12月30日	2005年12月30日	河南省郑州市人民检察院与郑州市公安局	关于排除非法证据的若干规定
5	2005年3月16日	2005年5月1日	四川省高级人民法院、省人民检察院、省公安厅	关于规范刑事证据工作的若干意见（试行）
6	2005年12月21日	2006年1月1日	湖北省高级人民法院、省人民检察院、省公安厅、省国家安全厅、省司法厅	关于刑事证据若干问题的规定（试行）
7	2006年6月1日	2006年6月1日	中共呼伦贝尔市政法委员会	关于加强刑事证据工作若干问题的意见（试行）

续表

	制定时间	生效时间	制定单位	名　称
8	2006年7月31日	2006年7月31日	上海市高级人民法院、市人民检察院、市公安局、市司法局	关于重大故意杀人、故意伤害、抢劫和毒品犯罪案件基本证据及其规格的意见
9	2008年3月31日	2008年4月3日	江苏省高级人民法院、省人民检察院、省公安厅、省司法厅	关于刑事案件证据若干问题的意见

（三）民事诉讼证据规则

	制定时间	生效时间	制定单位	名　称
1	1999年9月1日	1999年9月1日	广东省高级人民法院	广东省民事、经济纠纷案件庭前交换证据暂行规则
2	2001年7月12日	2001年7月12日	山东省高级人民法院	民事诉讼证据规则（试行）
3	2002年3月25日	2002年3月25日	山东省高级人民法院	举证通知书
4	2002年8月13日	2002年8月13日	江苏省高级人民法院	民事诉讼举证须知（试行）
5	2002年12月9日	2002年12月27日	北京市高级人民法院	关于民商事上诉案件改判和发回重审若干问题的意见（试行）
6	2003年8月1日	2003年8月1日	广东省深圳市中级人民法院	深圳市法院民事诉讼庭前交换证据规则
7	2003年9月25日	2003年9月25日	广东省高级人民法院	关于民商事审判适用《最高人民法院关于民事诉讼证据的若干规定》的指导意见
8	2003年12月31日	2003年12月31日	安徽省高级人民法院	关于审理医疗赔偿纠纷民事案件的若干意见（试行）
9	2005年8月24日	2005年8月24日	天津市高级人民法院	关于审理工伤认定行政案件若干问题的座谈会纪要

续表

	制定时间	生效时间	制定单位	名　称
10	2005 年 12 月 9 日	2006 年 3 月 1 日	四川省高级人民法院	关于规范民事诉讼庭前证据交换的意见（试行）
11	2006 年 10 月 18 日	2006 年 10 月 18 日	江苏省高级人民法院	关于规范民事案件庭前程序的意见（一）（试行）
12	2007 年 9 月 19 日	2007 年 9 月 19 日	上海市高级人民法院	关于数据电文证据若干问题的解答
13	2007 年 7 月 13 日	2007 年 7 月 13 日	浙江省高级人民法院	关于适用《关于民事诉讼证据的若干规定》的指导意见
14	2008 年 4 月 18 日	2008 年 4 月 18 日	上海市高级人民法院	关于执行程序中听证审查的实施意见
15	2008 年 10 月 28 日	2008 年 10 月 28 日	浙江省高级人民法院	审理金融纠纷案件若干问题讨论纪要
16	2008 年 11 月 18 日	2008 年 12 月 4 日	浙江省高级人民法院	关于在民事审判中防范和查处虚假诉讼案件的若干意见
17	2005 年 11 月 23 日	2005 年 11 月 23 日	山东省高级人民法院	全省民事审判工作座谈会纪要
18	2010 年 7 月 1 日	2010 年 7 月 1 日	浙江省高级人民法院	关于审理医疗纠纷案件若干问题的意见（试行）

（四）行政诉讼证据规则

	制定时间	生效时间	制定单位	名　称
1	1999 年 3 月 1 日	1999 年 3 月 8 日	北京市高级人民法院	关于行政诉讼证据问题的若干规定（试行）
2	2001 年 4 月 16 日	2001 年 4 月 16 日	海南省人民政府	行政复议证据规则
3	2003 年 5 月 6 日	2003 年 7 月 1 日	河南省平顶山市人民政府	行政复议证据规则
4	2003 年 10 月 23 日	2003 年 12 月 16 日	辽宁省盘锦市人民政府	行政复议证据规则
5	2005 年 11 月 21 日	2006 年 1 月 1 日	云南省人民政府	行政复议证据规则

以上是按照颁布时间排序收集到的各地证据规则，尽管不一定全，但却具有代表性。可以看出，在地方性证据规则中，刑事证据规则和民事证据规则的数量最多，行政案件的证据规则较少。而北京市高院将三大诉讼证据规则统一规定在《关于办理各类案件有关证据问题的规定（试行）》中，应该说最有远见，从司法实践领域挑战了将证据规则淹没在诉讼规则中的大陆法系陈旧传统，具有重要的里程碑意义。该证据规定分为总则和分则两部分共149条，也是地方性证据规则中条文数量最多的。

这些地方性证据规则普遍采取了“试行”的办法，至于“试行”多长时间，何时废止，如何来检验“试行”效果等均无规定。在制定主体上，以省、自治区、直辖市一级的高级人民法院制定的居多，也有许多省高级人民法院、省检察院、省公安厅、省司法厅等联合颁发的，还有许多地级市中级法院也加入到证据规则的制定行列，例如，郑州市检察院与郑州市公安局、中共呼伦贝尔市政法委、深圳市中级人民法院、西安市中级人民法院和北京市第二中级人民法院等。

各地刑事证据规则的制定在2005年和2006年这两年居多，可能与当时治理冤假错案的呼声较高有关；在民事证据规则制定方面，则以最高人民法院2001年的《民事诉讼证据规定》为契机。不过，广东省高级人民法院、山东省高级人民法院和北京市高级人民法院公布的有关民事证据规则，都在最高人民法院《民事诉讼证据规定》出台之前，可视为全国统一民事证据规则奏响前的先行曲。就行政案件证据规则来说，各地颁布和实施的相对较少，主要以由地方政府颁发的《行政复议证据规则》较多，其内容往往较为简单，并且各地的规定也非常类似。

综合来看，我国地方性证据规则具有以下特征和规律：

（1）普遍是对最高人民法院和最高人民检察院司法解释的重复和细化。例如，广东省高级人民法院《关于民商事审判适用〈最高人民法院关于民事诉讼证据的若干规定〉的指导意见》，就是对最高人民法院民事证据规定的细化，从举证期限、证据交换和当事人自认的角度作出更加具体的规定。在证明标准上，各地刑事证据规则普遍都对何为“犯罪事实清楚、证据确实充分”列举了具体情形，对“证据不足”进行了限定。也有部分省市就具体案件作出特殊详细的规定，例如上海市公检法司四机关的《关于重大故意杀人、故意伤害、抢劫和毒品犯罪案件基本证据及其规格的意见》，从九个方面规定了重大故意杀人、故意伤害、抢劫和毒品犯罪案件的基本证据及其规格：[1] ①证明犯罪嫌疑人身份情况的基本证据及规格；②证明案件发生的基本证据及规格；③证明案件侦破过程的基本证据及规格；④证明犯罪嫌疑人故意杀人、故意伤害和抢劫犯罪事实的基本证据及规格；⑤证明犯罪嫌疑人走私、贩卖、运输、制造毒品犯罪事实的基本证据及规格；⑥证明犯罪嫌疑人具有法定从轻、减轻、免除处罚情节和其他酌定从轻处罚情节的基本证据及规格；⑦排除犯罪嫌疑人因刑讯逼供作认罪供述的基本证据及规格；⑧基本证据之言词笔录、录音录像、鉴定结论和书证、物证的规格；⑨基本证据的补强和证明力排除。这些规定对重大故意杀人、故意伤害、抢劫和毒品这四类可能判处死刑的案件的基本证据和规格提出了详细的要求。

（2）普遍确立了一系列现代证据法的基本原则。例如，湖北省《关于刑事证据若干问题的规定（试行）》（以下简称湖北省《刑事证据规定》）和四川省《关于规范刑事证据工作的若干意见（试行）》（以下简称四川省《刑事证据意见》），开宗明义就是十余项证据法基本原则，包括证据裁判原则，客观全面原则，证据关联性、合法性、客观性原则和法定程序原则，保障人权原则，依法履行法定职责原则，独立判断证据原则，举证责任由控方承担原则，有利被告人解释原则，严禁刑讯逼供和以威胁、引诱、欺骗以及其他非法的方法收集证据等。这些证据法基本原则体现了程序正义和保障人权的精神。湖北省《刑事证据规定》要求，“人民法院、人民检察院、公安机关、国家安全机关在刑事证据工作中必须遵循保障诉讼参与人合法权利原则。在采取查封、扣押、冻结等措施收集或提取证据时，应当保障犯罪嫌疑人、被告人或其他诉讼参与人的合法权利不受侵犯。”另外，各地证据规则对于鉴定、勘验、搜查、辨认、扣押、讯问、询问等程序的规定，也严格奉行了程序正义的标准。

（3）引进了许多先进的司法理念，将学界呼吁的诸多观点制度化。例如，四川省《刑事证据意见》明确要求，“人民法院、人民检察院、公安机关在刑事证据工作中应树立公正和效率并重，惩罚犯罪与保障人权并重，客观真实与程序正当并重的观念”，确立了一种均衡式证据价值观。第 6 条和第 33 条

[1] 这里的“重大故意杀人、故意伤害、抢劫和毒品犯罪案件”，指的是涉案犯罪嫌疑人、被告人论罪可能被判处死刑的案件。

还规定，“人民法院、人民检察院、公安机关应当充分保障犯罪嫌疑人、被告人举证和提供证据线索证明自己无罪或罪轻的权利，除法律另有规定的外，不得要求犯罪嫌疑人、被告人承担证明自己无罪的责任。……对于有明确的无罪或罪轻线索但公安、检察机关无法调查核实或拒绝提供调查结果的，可以综合全案其他情况作出有利于被告人的推定”，“在有罪和无罪、罪轻和罪重的证据证明力大小难以区分的情况下，推定被告人无罪或者罪轻”，明确规定了疑罪从无和疑罪从轻的原则。

（4）引进了许多西方法治国家的举措，具有很大的制度创新性，这是非常有特色的。例如，湖北省《刑事证据规定》就有下列几方面的制度创新：①侦查机关讯问重大案件犯罪嫌疑人必须进行录音录像的制度。[1] ②讯问重大案件犯罪嫌疑人时通知其律师到场的制度，以及讯问犯罪嫌疑人时，应根据讯问条件的改善，逐步做到在场律师处在“看得见而听不见”的位置。[2] ③要求对死因不明的尸体应当进行解剖，对相关重要证据应做DNA鉴定。[3] ④规定了警察作证制度，要求刑事案件的有关侦查人员和其他执法人员应当依法就其执行职务时直接了解的案件情况出庭作证。重大案件有法定情形的，负责抓获犯罪嫌疑人的侦查人员、负责检查、搜查、勘验、扣押的侦查人员、

---

〔1〕 湖北省《刑事证据规定》第15条“对讯问过程的录音录像”中规定：“对于可能判处犯罪嫌疑人无期徒刑以上刑罚的案件以及其他有重大社会影响的案件，从第一次讯问时起对每一次讯问犯罪嫌疑人的过程应当进行连续的录音录像。录音录像应当同时制作两份，一份由侦查机关依法随案移送，一份由讯问人员、犯罪嫌疑人签名密封后，由侦查机关保存备查。办理涉及国家安全案件所制作的录音录像不随案移送，按有关规定办理。在正式开始讯问之前，侦查人员在录音录像中应当对讯问的时间、地点、案由、侦查人员身份作出说明，并告知犯罪嫌疑人诉讼权利。”

〔2〕 湖北省《刑事证据规定》第16条关于“讯问犯罪嫌疑人时律师在场”中规定：“侦查人员在第一次讯问犯罪嫌疑人之后，或者对犯罪嫌疑人采取强制措施之日起，应当告知犯罪嫌疑人可以委托律师为其提供法律咨询、代理申诉、控告。侦查人员讯问可能判处无期徒刑以上刑罚的犯罪嫌疑人时，根据案件情况和需要，可以通知委托律师到场。没有委托律师的，可以通知同级司法行政部门指派负有法律援助义务的律师到场。涉及危害国家安全、国家机密和恐怖犯罪的除外。讯问犯罪嫌疑人时，应根据讯问条件的改善，逐步做到在场律师处在看得见而听不见的位置。在场律师不得泄露关于讯问时间、地点、人员等情况。”

〔3〕 湖北省《刑事证据规定》第19条规定：“对可能判处无期徒刑以上刑罚的案件及其他有重大影响的案件进行现场勘验时，侦查人员应当进行现场录像。”“对死因不明的尸体应当进行解剖并制作规范的尸检报告。尸检报告应当全面、具体、详细地描述检验的内容和发现，特殊情况没有进行全面剖析的，应当说明理由。所有条件具备的尸检均应客观推断死亡原因和时间。”第21条规定：“对查明案件事实起关键作用的血迹、毛发、体液、人体组织等重要证据，应做DNA鉴定；指纹、痕迹物证等重要证据，应做同一鉴定。”

负责询问、讯问的侦查人员，应当出庭作证。国家安全机关侦查人员因保密需要不能出庭作证的，由省国家安全厅按照有关规定将侦查人员执行职务时所直接了解的案件情况以书证的形式转化为诉讼证据。[1] ⑤增加了电子证据这一证据种类。[2] ⑥规定了被告人承担举证责任的情形[3] 等等。在我国地方性证据规则中，就确立了讯问时录音录像、律师在场、警察作证、被告人承担举证责任的情形等新的举措，这是非常难能可贵的。

（5）许多地方性证据规则不回避矛盾，重点规定了反对刑讯逼供或实施非法证据排除规则。我国各地刑事证据规则在态度上都旗帜鲜明地反对刑讯逼供，要求“收集证据必须遵守法律规定的程序，禁止以刑讯逼供或者威胁、引诱、欺骗等非法的方法收集言词证据”，倡导了刑事司法文明。首先，各地在非法证据排除手段上有所扩展。例如，四川省《刑事证据意见》第23条对“非法手段”的界定就不局限于传统的“刑讯逼供、威胁、引诱、欺骗”，还包括“采用变相刑讯逼供手段，或者以法律不容许的措施作为威胁，以拒绝或限制给予法律规定的利益作为威胁，承诺给予法律不容许的利益作为引诱、欺骗等变相威胁、引诱、欺骗手段”；湖北省《刑事证据规定》禁止的也是“刑讯逼供或以威胁、引诱、欺骗、服用药物、催眠等非法手段”，从而扩大了排除手段的范围，对于变相刑讯逼供行为也予以禁止。其次，各地在排除对象上有所扩大，例如四川省和江苏省都规定非法取得的“言词证据”不能

---

〔1〕 对于警察作证制度，在许多其他省份的证据规则中也都有规定，例如，上海市的《关于重大故意杀人、故意伤害、抢劫和毒品犯罪案件基本证据及其规格的意见》规定：“有条件的，侦查人员可就录音录像摄录经过和侦查阶段依法讯问犯罪嫌疑人问题出庭进行陈述。”四川省的《刑事证据意见》第28条规定，“重大案件有下列情形的，负责抓获犯罪嫌疑人的侦查人员、负责检查、搜查、勘验、扣押的侦查人员、负责询问、讯问的侦查人员，应当出庭作证，接受控辩双方和法庭询问：①控、辩一方对侦查人员制作的抓获经过说明材料有重大疑问的。②控、辩一方对侦查人员制作的检查、勘验笔录、搜查、提取、扣押笔录有重大疑问，导致某一物证、书证来源不明的；侦查人员非因法定事由，不得拒绝出庭作证。”

〔2〕 湖北省《刑事证据规定》第25条规定：“以有形载体固定或者显示的电子数据交换、电子邮件以及其他数据资料，其制作情况和真实性经犯罪嫌疑人承认，经有关部门鉴定等其他有效方式予以证明的，可以作为证据使用。”江苏省高级人民法院的《关于刑事审判证据和定案的若干意见（试行）》第1、13、51条，也对“电子数据证据”进行了规定。

〔3〕 湖北省《刑事证据规定》第8条规定：“除法律另有规定的外，犯罪嫌疑人、被告人有提供证据证明自己无罪或罪轻的权利。不得因犯罪嫌疑人、被告人没有证明自己无罪而作出对犯罪嫌疑人、被告人不利的判断或裁决。”但是，“犯罪嫌疑人、被告人以存在精神病或精神障碍、不在现场、行为得到合法授权等阻却违法事由作为辩护理由的，应当提供证据进行说明。”

作为证据使用，这里的言词证据一般包括犯罪嫌疑人、被告人供述，证人证言和被害人陈述三类，但江苏省又有重大突破，规定“证据的取得必须合法。非法取得的实物证据不能作为定案依据”，从而将非法证据排除的对象由“言词证据”扩展到“实物证据”，另外对于通过非法获取言词证据而获得的实物证据的效力，江苏省的规定是区别对待。[1] 最后，在非法证据排除的程序和证明责任上，江苏省规定由公诉机关“对其指控证据的合法性进行说明，排除非法取证的可能性的存在”，法院也可以调查；[2] 四川省规定由侦查机关“就被告人、证人提出的非法取证的具体事实作出合理解释”，以及人民检察院、公安机关要进行调查核实而“排除非法取证可能性”。可见，各地证据规则普遍确立了控诉方在非法证据排除中的证明责任。

我国各地证据规则的制度创新情况，参见下表：

制定机关	证据规则	创新之处
北京市高级人民法院	关于办理各类案件有关证据问题的规定（试行）（第13条）	对三大诉讼证据统一规定进行尝试；规定了刑事诉讼中的举证期限制度。
四川省高级人民法院、省人民检察院、省公安厅	关于规范刑事证据工作的若干意见（试行）（第21条）	确立了传闻证据规则、警察作证制度。
江苏省高级人民法院	关于刑事审判证据和定案的若干意见（试行）（第7、13、28、51、56、62条）	确立了意见证据规则，刑事诉讼中的证据开示，非法实物证据排除，电子证据，内心确信标准，排除合理怀疑标准。

〔1〕 江苏省《关于刑事审判证据和定案的若干意见（试行）》第54条规定：“通过非法言词证据获取的实物证据能直接证明案件事实的，法庭可予以采信。通过非法言词证据获取的实物证据不能直接证明案件事实，需结合该非法言词证据才能证明的，该证据不具可采性；但结合其他合法证据能证明案件事实的，法庭可予以采信。”

〔2〕 江苏省《关于刑事审判证据和定案的若干意见（试行）》第55条规定：“庭审中被告人、证人以侦查机关使用刑讯逼供和威胁、引诱、欺骗等其他非法手段取证为由翻供、翻证并提出具体事实的，对侦查活动负有法律监督职能的公诉机关应当对其指控证据的合法性进行说明，排除非法取证的可能性的存在。法庭认为确有必要的，也可以进行调查。”

续表

制定机关	证据规则	创新之处
湖北省高级人民法院、湖北省人民检察院、湖北省公安厅、湖北省国家安全厅、湖北省司法厅	关于刑事证据若干问题的规定（试行）（第8、15、16、19、25、26、32条）	增加了刑事诉讼中的证据保全制度，讯问时录音录像，讯问时律师在场，警察作证，电子证据，被告人承担举证责任的情形，诱惑侦查的效力。
西安市中级人民法院、西安市人民检察院	刑事案件庭前证据展示操作办法（试行）	确立刑事诉讼中的证据开示。
广东省高级人民法院	广东省民事、经济纠纷案件庭前交换证据暂行规则	在最高人民法院《民事诉讼证据规定》出台前创新性地规定了举证时限、证据交换制度。
山东省高级人民法院	民事诉讼证据规则（试行）	

2. 改革开放30年我国地方性证据规则制定中存在的问题

我国各地司法机关或者政法机关自发地制定当地的诉讼证据规则，这是件好事，凸显了证据问题的重要性，但是，也应当看到，我国现行的这些地方性证据规则存在广泛的问题，这突出表现在以下几个方面：

（1）立法位阶较低，效力有限，许多内容是对现行规定的简单重复。如上所述，我国各地现有的证据规则，既不是法律法规，也不是司法解释，仅在本部门内部适用，一般不对外公开，律师和诉讼当事人难以知道，立法地位十分尴尬。同时，现行的许多规定仅仅是对诉讼法律和最高人民法院、最高人民检察院司法解释的简单重复，一些所谓“新”规定并不新，在一定程度上浪费了司法资源。例如，四川省《刑事证据意见》第4条关于补充侦查的规定，就完全是对《刑事诉讼法》及“两高”司法解释的简单重申。

（2）许多证据规则缺乏理论基础，逻辑混乱，科学性较差。例如，湖北省《刑事证据规定》和四川省《刑事证据意见》关于十余项刑事证据基本原则的规定，仅仅是简单罗列和堆砌，体系混乱，有些根本称不上是基本原则。又如，湖北省《刑事证据规定》第3条关于“法定程序原则”的规定，与学术界讨论的“程序法定”原则根本就不是一回事。[1] 再如，尽管地方性证据规则普遍规定了证人出庭作证，但都没有确立证人交叉询问制度。中共呼伦贝尔市政法委的《关于加强刑事证据工作若干问题的意见（试行)》更显粗糙，无任何逻辑性可言。

（3）有些证据规则突破了现行法律的规定，其正当性值得推敲。例如，江苏省《关于刑事审判证据和定案的若干意见（试行)》第45条突破了单独口供不能定案的刑事诉讼原则，认为“被告人供认其实施了犯罪行为，且没有其他证据能够直接证明该犯罪行为系被告人实施，但被告人供述稳定，供述的犯罪情节与现场勘验、法医鉴定等其他证据吻合，非被告人亲身经历，不能够作出如此供述的，且能够排除侦查机关有刑讯逼供、诱供可能的，可以认定被告人犯罪。如果被告人供述反复且有重大矛盾，或者发现侦查机关在证据收集过程中存在明显违法的，法庭不能认定被告人有罪”，这与刑事诉讼法“只有被告人供述，没有其他证据的，不能认定被告人有罪和处以刑罚”的原则性规定有冲突，并且会加剧实践中的“口供中心主义”，毕竟被告方要证明“侦查机关有刑讯逼供、诱供可能”是很困难的，只能推定为其是“自愿的”。

（4）有些证据规则沿袭了不合理的法律规定，该突破立法的地方又没有突破。例如，湖北省《刑事证据规定》第14条关于犯罪嫌疑人对于侦查人员讯问“如实回答义务”的规定，就是沿袭了《刑事诉讼法》第93条的要求，不仅没有赋予犯罪嫌疑人、被告人“不被强迫自证其罪”的权利，反而重申和强调了这项不合理的义务。[2] 又如，在最高人民法院《民事诉讼证据规定》将要出台并要改变对“未经对方同意私录视听资料”的效力的情况下，山东省高级人民法院于2001年7月12日通过的《民事诉讼证据规则（试行)》仍在第87条规定“未经对方当事人同意，以偷录、窃听等非法手段取得的视听资料不具有证据效力”，这种证据资格的全面排除是不科学的。另

---

〔1〕 程序法定是指涉及公民重大利益的决定，都必须由法律明确规定，诉讼活动应当依照国家法律规定的程序进行，然而湖北省《刑事证据规定》第3条规定的内容却是：“人民法院、人民检察院、公安机关、国家安全机关收集、移送、审查判断证据必须严格依照法定程序进行”，并没有完全体现程序法定原则的内涵。

〔2〕 关于“如实回答”义务的悖论和弊端，参见房保国：《你有权保持沉默》，上海社会科学院出版社2001年版，第199～212页。

外，证据规则约束的对象应当主要是证据资格，而不是证明力，然而各地大部分证据认证规则的内容都是关于证明力方面的，比如四川省《刑事证据意见》第六部分的内容，大量篇幅都是“关于证据证明力的审查判断”，这是不科学的。

（5）有些证据规定不配套，难以实施。例如，湖北省《刑事证据规则》关于“对讯问过程录音录像”的规定，其创新性是值得肯定的，但对录音录像的主体却没有规定，如果由侦查人员自己讯问、自己录音录像，能否制约违法讯问行为，这是令人怀疑的。江苏省《关于刑事审判证据和定案的若干意见（试行）》对于证明标准规定了“内心确信”和“排除合理怀疑”的内容，但对何为“内心确信”和“排除合理怀疑”未作具体解释，法官难以把握；并且在同一部证据规则中，对于证明标准却区分不同案件采取了两种说法，缺乏内在一致性。

（6）部分证据规则用语不准，要求武断，存在诸多疏漏和自相矛盾之处。例如，四川省《刑事证据意见》第33条关于证明力的判定规则中规定，“经庭审以言词方式质证确认的证据，证明力大于书面材料；当事人对原物、原件、犯罪嫌疑人本人的辨认结论，证明力大于照片辨认的结论；现场目睹证人的证言，证明力大于基于传闻所作的证言；侦查机关制作的现场勘验笔录，证明力大于证人凭记忆提供的证言”；“国家机关、社会团体依职权制作的公文书证的证明力大于其他书证”；“物证、档案、鉴定结论、勘验笔录或者经过公证、登记的书证的证明力大于其他书证”。这些规定由于不了解直接证据的证明力不一定大于间接证据的证据法原理，用语比较武断，也与最高人民法院《民事诉讼证据规定》相矛盾。[1]

3. 改革开放30年我国地方性证据规则的成因

改革开放30年，我国地方性证据规则纷纷出台，是什么原因激发了各地司法机关规范证据的动力？找出地方性证据规则的制定动因，对于探索出我国证据制度立法的出路具有重要意义。我们认为，以下几个原因值得思考：

---

〔1〕另外，湖北省《刑事证据规定》第33条关于“未成年人所作的与其年龄和智力状况不相适应的证言，没有其他证据印证，不能作为定案证据”的规定，也与最高人民法院《民事诉讼证据规定》相矛盾。

（1）地方性证据规则的兴起与冤假错案的层出不穷有关，这是一种无奈的选择，反映了司法实践的需要。从1999年云南省昆明市的杜培武杀妻冤案[1]，到云南省昭通市孙万刚杀女友平反案[2]，再到黄亚全、黄圣育“抢劫”案[3]，李久明“杀人”案[4]，以及佘祥林杀妻冤案[5]，等等，我们可以看到，冤假错案与侦查人员的有罪推定、刑讯逼供、非法拘押、政法委定调子办“铁案”等违法因素，是密切联系在一起的。由于媒体逐步开放，报道出来的冤假错案越来越多，这给当事司法机关造成很大舆论压力，为了维护自身形象和“向人民交代”、“对人民负责”，各地司法机关在总结经验教训、思考对冤假错案的制度防范的过程中逐步认识到，在诉讼程序中最有效的制度举措莫过于完善证据制度，任何冤假错案都是证据错案，证据违法也属于广义的程序违法范畴。

可以说，佘祥林案促进了湖北省《刑事证据规定》的诞生；河南省郑州市宋留根案中广泛存在的刑讯逼供、非法取证问题，与郑州市检察院、郑州市公安机关于2005年12月会签的《郑州市检察院、郑州市公安局关于排除非法证据的若干规定》，也存在一定因果关系；四川省2005年3月《刑事证据意见》也源于相似的问题。以湖北省《刑事证据规定》为例，据媒体报道：

---

〔1〕 杜培武案发前系云南省昆明市公安局戒毒所民警。1998年，其妻与他人幽会时双双被杀，杜培武被列为首号犯罪嫌疑人，屈打成招，被判处死刑，缓期二年执行。所幸真凶落网，2000年7月，杜培武洗清冤情，重获自由。刑讯逼供者受到法律制裁。

〔2〕 1996年1月3日，云南财贸学院一年级学生孙万刚的女友被强奸杀害，孙万刚成为重要嫌疑人，在定案证据存在诸多疑点的情况下，孙万刚两度被云南省昭通市中级人民法院判处死刑立即执行，并被云南省高级人民法院判决维持死刑缓期两年执行，但2004年1月16日云南省高级人民法院以“证据不足”再审宣判孙万刚无罪释放。

〔3〕 1993年8月，黄亚全、黄圣育因涉嫌抢劫被海南省万宁市公安机关拘留。此后，经一审、二审发回重审、再次一审、终审数次审理，最终认定两人罪名成立，判处死刑，缓期二年执行。服刑期间，司法机关抓获本案两名真凶。2003年9月，两人被海南省高级人民法院宣判无罪、当庭释放。

〔4〕 李久明案发前任冀东监狱二支队政治处主任。2002年7月，他因一起入室杀人案被捕入狱，屈打成招，后被一审判处死刑缓期两年执行。2004年7月，一名抢劫杀人犯在被执行死刑前供认，该起杀人案系自己所为，此案真相大白。2005年1月，7名参与刑讯逼供的办案人员受到法律追究。

〔5〕 佘祥林系湖北省京山县雁门口镇何场村人。11年前，他涉嫌杀死妻子被判处死刑，后被法院以故意杀人罪改判有期徒刑15年。11年后，“亡妻”张在玉突然现身，使冤案揭开真相。2005年4月13日，京山县人民法院再审佘祥林故意杀人案，当庭判决无罪，立即释放，佘祥林得到国家赔偿。在本案中，由于不相信儿子会杀人，佘祥林的母亲四处申诉，被关了9个月，她被放出时已又聋又瞎，3个月后含恨而死；佘祥林的长兄佘锁林，为给弟弟申冤，被关41天；村民倪乐平，因写了一个曾见过佘妻张在玉的“良心证明”，被关押3个月。

“在认真反思总结佘祥林‘杀妻’冤案教训的基础上，湖北省政法机关21日颁布了《关于刑事证据若干问题的规定（试行）》，拟于2006年1月1日开始实施。……这项规定由湖北省高级人民法院、湖北省人民检察院、湖北省公安厅、湖北省国家安全厅、湖北省司法厅联合颁布，旨在杜绝刑讯逼供，准确惩治刑事犯罪，使无罪的人不受追究。”〔1〕

对于防止冤假错案和制定证据规则之间的因果关系，从最高人民检察院《严禁刑讯逼供通知》也可见一斑，该通知指出：近一时期以来，一些地方陆续发生了严重的侦查人员刑讯逼供案件。个别地方检察机关在审查批捕、审查起诉过程中没有严格履行法律监督的职责，错误地将刑讯逼供获取的犯罪嫌疑人、被告人供述作为指控犯罪的证据加以使用，最终酿成冤案，造成了极其恶劣的社会影响。特别是云南省昆明市杜培武案，尤为典型。1998年4月，昆明市公安局戒毒所民警杜培武，因被怀疑杀害两名警察而受到昆明市公安局侦查人员的刑讯逼供，被迫编造了所谓的杀人事实。昆明市检察院办案人员对杜培武的申诉没有予以充分的重视，便将其批捕、起诉。1999年2月，昆明市中级人民法院一审判处杜培武死刑。同年10月，云南省高级人民法院改判为死刑，缓期二年执行。后因抓获真凶，杜培武才被无罪释放。各级人民检察院一定要认真吸取教训，采取有力措施，坚决杜绝刑讯逼供现象的发生，彻底排除刑讯取得的证据，确保办案质量，保护当事人的合法权益，维护司法公正。〔2〕为了预防类似杜培武案件的再次发生，最高人民检察院在该通知中重申了非法证据排除规则。

因此，我国现行的地方性证据规则，都把预防冤假错案的产生作为强调的重点，普遍规定了无罪推定原则，疑罪从无原则，证据裁判原则，非法证据排除规则，严禁刑讯逼供和非法取证，对证据的收集、保全和移送，对侦

〔1〕 参见张先国：“湖北反思佘祥林案颁布反刑讯逼供新规”，载新华网，访问日期：2005年12月22日。

〔2〕 参见最高人民检察院2001年1月2日发布和施行的《严禁刑讯逼供通知》。

查、起诉和审判的程序都提出了严格的要求。[1] 但需要注意的是，这种通过证据立法对冤假错案的“运动式”治理方式是非常有局限的。[2]

（2）地方性证据规则的制定与各地司法机关追求司法公正、实践司法为民的初衷有关。这在各地证据规则的“立法宗旨”上就可以看出来，例如，江苏省高级人民法院《关于刑事审判证据和定案的若干意见（试行）》开篇指出，制定该意见是为了“进一步规范刑事诉讼证明活动，确保正确认定案件事实，公正、及时地审理案件”；广东省高级人民法院《关于民商事审判适用〈最高人民法院关于民事诉讼证据的若干规定〉的指导意见》指出，其制定目的是为了“保障当事人依法行使诉讼权利，保证人民法院正确认定案件事实，提高民商事审判效率”；山东省高级人民法院《民事诉讼证据规则（试行）》，目的是为了“正确认定案件事实，规范民事诉讼证据的提供、收集、质证和认证等行为，保障当事人依法行使诉讼权利”；深圳市中级人民法院《深圳市法院民事诉讼庭前交换证据规则》，是为了“贯彻公开、公平、公正的诉讼活动原则，通过建立举证期限制度和固定诉讼请求制度，强化当事人的举证责任，保障双方当事人平等地行使诉讼权利，实现司法程序公正，提高审判效率”。可见，各地证据规则的制定机关都明确表达了追求司法公正，提高司法效率的迫切愿望。

（3）地方性证据规则的制定与解决司法实践中面临的困境并增加立法的可操作性有关。古话说，“徒法不足以自行”，立法的实施需要多方面的因素。我国现行法律法规多是粗放型的，原则性内容较多，具体操作存在疏漏，尽管“两高”制定了众多司法解释，但仍普遍存在司法解释的“再解释”现象。例如，我国《刑事诉讼法》中证据条款仅8条，最高人民法院《刑诉法解释》关于证据的规定仅11条，而最高人民检察院《刑事诉讼规则》对证据

〔1〕 例如，在佘祥林案件中，佘祥林承认自己杀害了妻子张在玉，并先后交代了四种不同的作案经过。而一审法院却按被告人的第四种口供认定佘祥林杀害其妻，犯故意杀人罪，判处其死刑并剥夺政治权利终身，最后证明这是完全错误的。对此，湖北省《刑事证据规定》第33条规定，“对犯罪嫌疑人、被告人的供述、证人证言及被害人的陈述，应当综合案件的全部证据判别真伪。犯罪嫌疑人、被告人的多次供述之间、证人的多次证言之间以及被害人多次陈述之间存在矛盾的，在没有其他证据印证时，不能选择其中任何一种供述、证言或陈述作为定案证据。”这一条文的制定明显受到了佘祥林案件中该项程序违法错误的启发。

〔2〕“运动式”治理方式是陈瑞华教授在研究治理超期羁押问题时的一项提法，它类似于“严打”，治标不治本。参见陈瑞华：《程序性制裁理论》，中国法制出版社2005年版，第109页。

则没有专门条文规定。在民事诉讼方面，我国《民事诉讼法》“证据”章的内容只有12条，最高人民法院《适用民诉法意见》专门关于证据的条文只有9条。并且在这简单的一二十条中，原则性和宣言性的规定居多，不具有可操作性，以致立法的粗糙决定了执法的困难，因此各地司法机关对证据制度予以具体规定也是为了解决操作上的障碍。为了克服我国《民事诉讼法》中证据规定的不足，最高人民法院专门颁布了《民事诉讼证据规定》，规定了举证时限、证据交换的制度，限制了人民法院的调查取证权，对举证、质证和认证程序进行了规范，而为了落实其中的举证时限和证据交换的要求，四川省高级人民法院制定了《关于规范民事诉讼庭前证据交换的意见（试行）》，江苏省高级人民法院通过了《关于规范民事案件庭前程序的意见（一）（试行）》，[1] 深圳市中级人民法院实施了《深圳市法院民事诉讼庭前交换证据规则》等等，这就出现了司法解释的循环解释问题，归根结底还是与全国性证据立法的不完善有关。

4. 完善我国地方性证据规则的出路

如上所述，改革开放30年来我国地方性证据规则的进步性虽然非常突出，但存在的问题同样突出。其“文本”尚且不尽如人意，实践中更加难以把握。尽管媒体报道由于地方性证据规则的实施，司法实践得到了很大改良，我们对此不以为然。例如，媒体报道认为，河南省郑州市人民检察院与郑州市公安机关会签了《关于排除非法证据的若干规定》之后，[2] “不仅避免了冤假错案，更重要的是提高了案件质量、办案效率，最大限度地维护了当事

〔1〕 江苏省高级人民法院制定并于2006年10月18日施行的《关于规范民事案件庭前程序的意见（一）（试行）》，主要内容是对民事案件立案受理移送审判庭后至开庭审理前的庭前审理活动进行了规范，主要包括庭前程序的组织实施、庭前调解、庭前证据交换、人民法院委托调查令的出具等内容；规定人民法院根据案件需要，可以在开庭审理前组织当事人交换证据，并对证据的提交和接受、证据交换的具体流程等问题进行了明确；规定对于申请调查的证据属于国家有关部门保存，当事人无法自行取得，以及当事人确因客观原因不能自行收集其他证据，根据当事人及其诉讼代理人的书面申请，人民法院可以出具《调查令》，授权当事人的代理律师进行调查取证，这将有利于提高当事人的调查取证能力。

〔2〕 该规定明确非法证据有三类14种情形应予绝对排除：①采取刑讯逼供、暴力取证或者以威胁、引诱、欺骗等非法方式取得的犯罪嫌疑人供述、被害人陈述、证人证言等8种非法言词证据；②4种严重违法、侵犯公民合法权益的实物证据；③未按照法定程序取得的鉴定结论、辨认笔录。参见高传伟：“该市出台《规定》：三类14种情形非法证据应绝对排除”，载新华网，访问日期：2006年3月2日。

人的合法权益”；据郑州市检察院公诉一处负责人介绍，截至目前，郑州市检察院公诉一处受理各类刑事案件181件335人，同比上升14.2%；审结155件285人，审结率同比上升2.8%；起诉数同比上升25.8%，所有起诉案件均获有罪判决；公安机关移送的案件质量大幅提高，撤回案件数与去年同比下降75%。但我们认为，这种考查证据规则实施效果的方式是形而上学的，上述数字说明不了什么，而且在证据规则和上述数字之间也不存在必然联系。关键的问题在于，我们对冤假错案的预防，应当从“运动式”治理转向“程序内”治理。〔1〕

关于证据规则的效用，制定《关于证据规定的操作规范》的北京市第二中级人民法院副院长武树臣说：“审判是一种把一片片证据拼在一起的工作。审判和诉讼的实质，就是运用证据证明案件中的待证事实。”〔2〕既然证据制度是法院诉讼程序的核心内容，那么如何完善我国证据立法就成为摆在我们面前的重大课题。

当前我国各地司法机关各自为政地单独制定证据规则的做法，总的来说弊端是很大的，它不仅浪费了国家资源，内容重复，效力有限，还导致不同省份的证据规则不同，相互矛盾现象突出，例如，在江苏省法院非法获得的实物证据按照当地证据规定要予以排除，而在全国其他地方则可以作为定案的依据。诸如此类的不统一、不合理、不科学的问题，都有待进一步完善。因此，我们认为，要解上述问题，其根本出路是制定全国统一的证据规则。只要全国的证据规则制定得科学了，各地自然没有重起炉灶自行设计的必要，才能从根本上消除这种各省市对司法解释“再解释”的现象。统一的全国证据立法有助于借助全国优势立法资源制定一部科学的证据规则，有利于统一和规范各地的证据适用，克服不必要的“地方特色”。

在立法模式上，可以借鉴北京市高级人民法院《关于办理各类案件有关证据问题的规定（试行）》的做法，将三大诉讼证据规则放在一起进行规定，分为总则和分则两部分，总则解决三大诉讼证据规则的共同问题，分则规定刑事证据、民事证据和行政证据的具体特性。这样可以有效解决分散立法所

---

〔1〕 陈瑞华：《程序性制裁理论》，中国法制出版社2005年版，第113页。

〔2〕 钟尔苑、李煦：“北京市二中院在全市首次对诉讼证据进行规范”，载新华网，访问日期：2002年7月11日。

产生的内容重复和相互矛盾的问题，减少其中的重复、冲突和操作上的难度，使证据规则更加简明一致，有利于为诉讼主体提供统一的证据标准；同时，统一证据立法还有利于巩固审判方式的改革成果，促进法官的职业化。

（五）国际条约

根据“条约必须信守”的原则，我国签订的涉及证据规则的国际条约也是我国证据法的重要法律渊源之一。自1978年以来，中国积极参与国际事务，并加入或与其他国家签订了众多的多边或双边条约，条约中涉及的证据规则部分丰富了证据法的内容。

改革开放30年来，中国签署并已生效的涉及证据规则的国际公约包括：1986年12月签署了联合国《禁止酷刑公约》（1988年生效）；1997年10月签署了联合国《经济、社会和文化权利国际公约》（2001年生效）；2000年12月签署了联合国《打击跨国有组织犯罪公约》（2003年生效）；2003年12月签署了联合国《反腐败公约》（2005年生效）。上述国际公约为签约国在取证或证据运用附加了必须履行的义务，如联合国《禁止酷刑公约》第1条规定了“酷刑”的定义，是指为了向某人或第三者取得情报或供状，为了他或第三者所作或涉嫌的行为对他加以处罚，或为了恐吓或威胁他或第三者，或为了基于任何一种歧视理由，蓄意使某人在肉体或精神上遭受剧烈疼痛或痛苦的任何行为，而这种疼痛或痛苦是由公职人员或以官方身份行使职权的其他人所造成或在其唆使、同意或默许下造成的。纯因法律制裁而引起或法律制裁所固有或附带的疼痛或痛苦不包括在内。该条约第15条规定，每一缔约国应确保在任何诉讼程序中不得援引任何确属酷刑逼供作出的陈述为证据，但这类陈述可引作对被控施用酷刑逼供者起诉的证据。[1]

《联合国打击跨国有组织犯罪公约》[2] 第19条规定了联合侦查的义务：缔约国应考虑缔结双边或多边协定或安排，以便有关主管当局可据以就涉及一国或多国刑事侦查、起诉或审判程序事由的事宜建立联合调查机构。如无这类协定或安排，则可在个案基础上商定进行这类联合调查。有关缔约国应确保拟在其境内进行该项调查的缔约国的主权受到充分尊重。第20条规定了

---

〔1〕 参见赵秉志主编：《酷刑遏制论》，中国人民公安大学出版社2003年版，第536～540页。

〔2〕 参见《联合国反腐败公约　联合国打击跨国有组织犯罪公约》，中国方正出版社2004年版，第178～200页。

特殊侦查手段运用的条件：“①各缔约国均应在其本国法律基本原则许可的情况下，视可能并根据本国法律所规定的条件采取必要措施，允许其主管当局在其境内适当使用控制下交付并在其认为适当的情况下使用其他特殊侦查手段，如电子或其他形式的监视和特工行动，以有效地打击有组织犯罪。②为侦查本公约所涵盖的犯罪，鼓励缔约国在必要时为在国际一级合作时使用这类特殊侦查手段而缔结适当的双边或多边协定或安排。此类协定或安排的缔结和实施应充分遵循各国主权平等原则，执行时应严格遵守这类协定或安排的条件。③在无本条第 2 款所列协定或安排的情况下，关于在国际一级使用这种特殊侦查手段的决定，应在个案基础上作出，必要时还可考虑到有关缔约国就行使管辖权所达成的财务安排或谅解。④经各有关缔约国同意，关于在国际一级使用控制下交付的决定，可包括诸如拦截货物后允许其原封不动地或将其全部或部分取出替换后继续运送之类的办法。”该公约第24 条规定了证人保护事项；第 5 条规定了对明知、故意、目标、目的或约定可以从客观实际情况推论〔1〕；第 18 条对公约所涵盖的犯罪的司法协助事项作了具体规定。

《联合国反腐败公约》〔2〕第28 条规定，根据本公约确立的犯罪所需具备的明知、故意或者目的等要素，可以根据客观实际情况予以推论〔3〕。第49 条对联合侦查作出了规定：缔约国应当考虑缔结双边或多边协定或者安排，以便有关主管机关可以据以就涉及一国或多国侦查、起诉或者审判程序事由的事宜建立联合侦查机构。如无这类协定或者安排，可以在个案基础上商定进行这类联合侦查。有关缔约国应当确保拟在其领域内开展这种侦查的缔约国的主权受到充分尊重。第50 条对特殊侦查手段作了规定：“①为有效地打击腐败，各缔约国均应当在其本国法律制度基本原则许可的范围内并根据本国法律规定的条件在其力所能及的情况下采取必要措施，允许其主管机关在其领域内酌情使用控制下交付和在其认为适当时使用诸如电子或者其他监视

---

〔1〕有学者认为，该条约的英文文本用语是“infer”，而非“presume”，因此应当译为“推论”，而非“推定”。参见龙宗智：“推定的界限及适用”，载《法学研究》2008 年第1 期。

〔2〕参见《联合国反腐败公约　联合国打击跨国有组织犯罪公约》，中国方正出版社 2004 年版，第48 ~97 页。

〔3〕有学者认为，该条约的英文文本用语是“infer”，而非“presume”，因此应当译为“推论”，而非“推定”。参见龙宗智：“推定的界限及适用”，载《法学研究》2008 年第1 期。

形式和特工行动等其他特殊侦查手段，并允许法庭采信由这些手段产生的证据。②为侦查本公约所涵盖的犯罪，鼓励缔约国在必要情况下为在国际一级合作时使用这类特殊侦查手段而缔结适当的双边或多边协定或者安排。这类协定或者安排的缔结和实施应当充分遵循各国主权平等原则，执行时应当严格遵守这类协定或者安排的条款。③在无本条第 2 款所述协定或者安排的情况下，关于在国际一级使用这种特殊侦查手段的决定，应当在个案基础上作出，必要时还可以考虑到有关缔约国就行使管辖权所达成的财务安排或者谅解。④经有关缔约国同意，关于在国际一级使用控制下交付的决定，可以包括诸如拦截货物或者资金以及允许其原封不动地继续运送或将其全部或者部分取出或者替换之类的办法。”同时，该公约第 32 条对证人、鉴定人和被害人的保护、第 46 条对公约所涵盖的犯罪的司法协助事项作出了规定。

总的来看，我国国内证据立法和有关司法解释承担国际条约义务的意识还比较淡薄。如联合国《禁止酷刑公约》规定的“酷刑”和确属酷刑逼供作出的陈述不能作为证据使用的情况，包括“蓄意使某人在肉体或精神上遭受剧烈疼痛或痛苦的任何行为”。而我国《刑事诉讼法》中仅规定：“严禁刑讯逼供和以威胁、引诱、欺骗以及其他非法的方法收集证据。”最高人民法院、最高人民检察院的司法解释也作了大致类似的规定。从中可以看出，我国《刑事诉讼法》和司法解释中规定的“刑讯逼供和以威胁、引诱、欺骗以及其他非法的方法”小于联合国《禁止酷刑公约》第 1 条中所规定的“酷刑”的内涵。在刑讯逼供已成为我国司法改革一大顽疾的情况下，无论是从立法层面，还是从司法层面，要真正履行上述国际条约的相关条款都还有很长的路要走。

三、30 年证据司法实践综述

陈光中教授认为，广义的司法制度是指诉讼制度，“凡是诉讼活动的基本原则、规则、程序以及相关制度都是司法制度的范畴”。他把中国的司法制度概括为三大部分：“一是审判制度；二是检察制度；三是侦查制度”。[1] 这三

〔1〕 陈光中：“刑事司法改革中的若干问题”，载《陈光中法学文选》（第 1 卷），中国政法大学出版社 2010 年版，第 492 页。

大部分或三座“大厦”构成了司法制度的上层建筑。证据制度则构成了司法制度的基础。只有把证据制度基础打牢，司法制度的上层建筑才能稳固。

(一) 人民法院证据制度建设

人民法院在证据制度建设方面所做的努力，是在实现司法公正和推进司法改革的大背景下进行的，它本身也成为司法改革的一个重要内容。从1978年到2008年的30年间，人民法院的证据制度建设大致可以分为三个阶段。

1. 人民法院证据制度建设起步阶段（1978～1989年）

在党的十一届三中全会加强法制的大背景下，证据制度伴随诉讼法的发展开始起步，“证据”一词开始频繁地出现在各级法院的工作报告中。如《最高人民法院工作年度报告（1980年）》指出：“要做到实事求是，还要坚持调查研究，重证据，不轻信口供，严禁逼供信。”[1]

在拨乱反正的大背景下，1979年颁布的《刑事诉讼法》确立了“以事实为根据，以法律为准绳”的原则，并设证据一章，使证据制度成为我国社会主义法律体系的有机组成部分。1982年《民事诉讼法（试行）》也设专章对证据作了系统规定。其中，第56条规定：“当事人对自己提出的主张，有责任提供证据。人民法院应当按照法定程序，全面地、客观地收集和调查证据。”该条虽然规定了当事人的举证责任，但在实践中往往让位于客观真实理念下的超职权主义模式。事实上，这种超职权主义模式的产生在很大程度上源于法官队伍数量、素质无法回应案件激增的现状。但不可否认的是，总体上说，在贯彻实施诉讼法的过程中，人民法院逐渐开始强调证据在认定案件事实过程中的重要作用。例如，《最高人民法院工作年度报告（1983年）》提出：“认定案件事实必须有确实充分的证据，只有口供，没有其他证据的，不能定案。无论是证明被告人有罪还是无罪、罪重还是罪轻的证据，都应当认真调查核对，使每一个案件的判决建立在确实可靠的事实基础上面。处理民事案件和经济纠纷案件，也要查清事实，核实证据。”[2]《最高人民法院工作年度报告（1988年）》提出：“我们始终要求各级法院坚持实事求是的思想路线，反复强调重证据，重调查研究……凡是触犯刑律，构成犯罪的，不管打

---

〔1〕“最高人民法院工作年度报告（1980年）”，载中央人民政府网，http://www.gov.cn/test/2008-03/27/content_929805.htm.

〔2〕“最高人民法院工作年度报告（1983年）”，载中央人民政府网，http://www.gov.cn/test/2008-03/27/content_929837.htm.

着什么旗号，只要证据确凿，就坚决依法制裁。”[1]

在证据制度建设提上日程的情况下，人民法院也通过各方面的措施来保障证据制度的建设。首先，通过改革人民法院的机构、加强审判人员队伍建设来保证证据制度的实施。《最高人民法院工作年度报告（1983年）》指出：“五年来，各级人民法院调进了一大批干部，充实了审判队伍，初步健全了组织机构，随着国家法制的逐步完备，建立了各项审判制度……初步进行了机构改革，调整和整顿了领导班子。中级和基层人民法院的机构改革也正在进行……审判人员具有良好的政治素质是必要的，但这是不够的，还必须有一定的法律专业知识和科学文化水平。”[2] 其次，以公开审判原则为保障，为证据制度建设进行基础铺垫。《最高人民法院工作年度报告（1983年）》指出：“审判刑事案件，要按照刑法定罪量刑，并且以公开审判为重心，认真执行刑事诉讼法规定的各项程序制度。”[3]

当然，改革开放初期，关于证据制度的立法还比较粗糙，无法为法院的司法实践提供明确的指导，最高人民法院等司法机关因此出台了一些相关规定，对不健全的证据制度加以完善。例如，最高人民法院、最高人民检察院、公安部于1982年7月6日印发了《关于机关团体和企业事业单位保卫科在查破案件时收集的证据材料可以在刑事诉讼中使用的通知》。最高人民法院、最高人民检察院于1982年12月1日印发了《关于审理强奸案件应慎重处理被害人出庭问题的通知》。最高人民法院1987年6月15日印发了《关于人民法院在审判工作中能否采用人类白细胞抗原作亲子鉴定问题的批复》；1988年印发了《民法通则意见（试行）》，其中第65、112条分别对“以视听资料形式实施的民事行为的有效条件”以及“债务人或者第三人向债权人提供抵押物时，在没有书面合同情况下认定抵押关系成立的证据条件”进行了规定。

这一时期，还没有较全面规定证据制度的法律，人民法院在司法实践中只能凭借散落在部门法律中的有关条款判案，总的来说，人民法院证据制度

〔1〕“最高人民法院工作年度报告（1988年）”，载中央人民政府网，http：//www.gov.cn/test/2008－03/27/content_929873.htm.

〔2〕“最高人民法院工作年度报告（1983年）”，载中央人民政府网，http：//www.gov.cn/test/2008－03/27/content_929837.htm.

〔3〕“最高人民法院工作年度报告（1983年）”，载中央人民政府网，http：//www.gov.cn/test/2008－03/27/content_929837.htm.

建设处于起步阶段。

2. 人民法院证据制度建设过渡阶段（1990～1998年）

从20世纪80年代末期开始，人民法院开始试行民事审判方式改革，其中以举证责任的改革为时最早，影响最大，并在很大程度上转变了我国法官及民众的证据观念。在对超职权主义审判模式反思的过程中，各级法院开始在实践中探索引入当事人主义因素的可行性。《最高人民法院工作年度报告(1990年)》指出："在审理民事、经济纠纷案件中，各级人民法院就加强当事人的举证责任，进行了大量的试点工作，实行当事人举证和法院调查相结合，加强了庭审调查。"[1] 从一定意义上来说，审判方式的改革就是证据制度的改革。[2] 1991年《民事诉讼法》第64条规定："当事人对自己提出的主张，有责任提供证据。当事人及其诉讼代理人因客观原因不能自行收集的证据，或者人民法院认为审理案件需要的证据，人民法院应当调查收集。人民法院应当按照法定程序，全面地、客观地审查核实证据。" 在立法上明确了当事人的举证责任和法院收集调查证据的范围，将人民法院的职责定位于"审查核实证据"。

1991年《民事诉讼法》增加了质证的规定。其中，第66条规定："证据应当在法庭上出示，并由当事人互相质证。对涉及国家秘密、商业秘密和个人隐私的证据应当保密，需要在法庭出示的，不得在公开开庭时出示。" 这样的变化很大程度上源于举证责任制度的变化。在之前的超职权主义模式下，对证据的搜集和审查往往在法庭外进行，搜集证据的过程往往就是对证据进行审查的过程，质证制度在实践中无用武之地。"在这种审判方式下，即使在调解没有成功、为了判决而不得不正式开庭时，作为庭审最主要内容的证据审查，尤其是当事人对法院收集的证据或对相互间提出的证据的质证，以及在此基础上就事实进行的辩论，实质上已经基本完成。于是，正式的公开审判由于缺乏实质内容，在许多情况下，必然要流于形式或者不得不通过尽量使用简易程序等方法加以规避。"[3] 而在将证据的搜集调查权赋予当事人后，当事人必定会搜集对自身有利的证据，法院的职责转向"审查核实证据"，质

[1] "最高人民法院工作年度报告（1990年）"，载中央人民政府网，http://www.gov.cn/test/2008-03/27/content_929880.htm.

[2] 齐树洁主编：《民事司法改革研究》，厦门大学出版社2006年版，第239页。

[3] 王亚新："论民事、经济审判方式的改革"，载《中国社会科学》1994年第1期。

证、辩论的权利就交由当事人了。

举证责任制度与质证制度的变化必然同时强化对庭审过程本身的重视，《最高人民法院工作年度报告（1993 年）》提出："改进公开审判的方式。审理民事、经济纠纷案件，强调当事人的举证责任，强调庭审的调查、辩论和质证。"[1]。民事审判方式改革的探索重心在地方人民法院，改革的整体方向在不断摸索中渐现雏形。1994 年，最高人民法院咨询委员会召开"研讨审判方式改革座谈会"，揭开了从理论上系统探讨民事审判方式改革的序幕；[2]也将民事审判方式改革推进到新的阶段，为 1996 年审判方式改革的全面铺开奠定了基础。

1996 年新《刑事诉讼法》在强调证据收集程序的合法性、增加证人保护、明确控方负举证责任、规定交叉询问规则、设立"疑罪从无"判决形式等方面对我国证据制度的形成作出了巨大贡献。[3] 为配合其实施，1996 年 7 月，最高人民法院召开全国法院审判方式改革会议，决定全面推广前几年积累的审判工作经验。这标志着审判方式改革的全面铺开。[4] 《最高人民法院工作年度报告（1997 年）》指出："改革的基本内容是依法强化庭审功能，强化合议庭和独任审判员的职责；加强对人民群众合法权益的司法保护、核心是进一步贯彻公开审判的原则，凡是依法应当公开审判的案件，都做到公开审判，把审判活动更好地置于社会监督之下。"[5]

审判方式改革的全面铺开，拓宽了证据制度的发展空间。首先，审判方式由此前的超职权主义向增强当事人主义因素转变。当事人负担相应的举证责任，完成了从"人民法院应当按照法定程序，全面地、客观地收集和调查证据"[6] 到"当事人及其诉讼代理人因客观原因不能自行收集的证据，或者

---

〔1〕"最高人民法院工作年度报告（1993 年）"，载中央人民政府网，http：//www. gov. cn/test/2008 －03/27/content_ 929911. htm.

〔2〕齐树洁、钟胜荣："论民事审判方式改革对我国证据制度的影响"，载《法学评论》1998 年第 4 期。

〔3〕参见张保生等："证据法学篇"，载中国法治 30 年课题组编：《中国法治 30 年回顾与展望 1978 ~2008》，厦门大学出版社 2009 年版。

〔4〕齐树洁、钟胜荣："论民事审判方式改革对我国证据制度的影响"，载《法学评论》1998 年第 4 期。

〔5〕"最高人民法院工作年度报告（1997 年）"，载最高人民法院网，http：//www. court. gov. cn/qwfb/gzbg/201003/t20100310_ 2638. htm.

〔6〕1982 年《民事诉讼法（试行）》第 56 条第 2 款。

人民法院认为审理案件需要的证据，人民法院应当调查收集”[1] 的转变。其次，由于审判方式更加侧重于保护和突出当事人的诉讼权利，维持法院审判的中立性，证据制度建设自然开始受到重视，因为，“当事人主义审判方式的一项重要内容便是要有一套完整的证据规则来指导法官审查判断证据”[2]。

为贯彻落实1997年中共十五大确立的依法治国基本方略和推进司法改革的任务，1998年最高人民法院颁布了《刑诉法解释》。其中，第44条规定了辩护律师向证人或者其他有关单位和个人收集、调取与本案有关证据的实质性取证权利。第45条规定了辩护律师直接申请人民法院收集、调取证据的权利。1998年最高人民法院发布的《民事经济审判方式改革规定》对于“当事人举证和法院调查收集证据问题”、“改进庭审方式问题”、“证据的审核和认定问题”、“加强合议庭和独任审判员职责问题” 等作了详细规定。[3] 有论者指出：“该规定中有80%是关于证据制度改革的内容。”[4] 1998年最高人民法院《关于全国部分法院知识产权审判工作座谈会纪要》在“举证责任”、“专业鉴定问题” 方面进行了明确的阐述。这个时期的证据制度建设，以控辩式庭审方式改革为推动力，在保留职权主义的同时，大力吸收当事人主义对抗制因素，这为证据法的发展提供了更为广阔的空间。

这一时期，人民法院的证据制度建设主要是在三大诉讼法的立法推动下，以对不同诉讼活动中的证据规则进行探索的形式出现。总的来说，这个时期的证据制度建设还带有一定的自发性和被动性。

3. 人民法院证据制度建设规划阶段（1999～2008年）

从1999年到2008年这10年，人民法院的证据制度建设进入了一个系统规划、整体建设的新阶段。这个时期，最高人民法院先后出台了两个“五年改革纲要”，根据司法实践状况、社会现实需求以及党和国家政策，对证据制度建设进行了全面的规划部署。

1999年九届全国人大二次会议将“依法治国” 写入宪法。为落实依法治

---

〔1〕 1991年《民事诉讼法》第64条第2款。

〔2〕 张保生等：“中国证据法学三十年（1978～2008）”，载《中国法学三十年（1978～2008）》，中国人民大学出版社2008年版，第361～420页。

〔3〕 参见张保生等：“证据法学篇”，载中国法治30年课题组编：《中国法治30年：回顾与展望（1978～2008）》，厦门大学出版社2009年版。

〔4〕 张卫平：“民事证据制度改革走向探知”，载《法商研究》1999年第5期。

国方略，同时也为了回应因社会发展导致“人民法院的管理体制和审判工作机制，受到了严峻的挑战”〔1〕这一现实，最高人民法院于1999年10月20日发布了《人民法院五年改革纲要》（以下简称“一五改革纲要”）。一五改革纲要将审判方式改革作为工作重心。无论在“改革的总体目标”还是在“改革的基本任务和必须实现的具体目标”中，审判方式改革都被置于最重要的位置。在其提出的39项改革内容中，审判方式改革占11项。这反映了由超职权主义审判模式向增强当事人主义因素的审判模式转变的改革趋势，适应了社会主义市场经济建设对现代审判机制的要求。在这份倚重审判方式改革及相关制度建设的改革方案中，证据制度建设自然受到了高度的重视，因为“当事人主义审判方式的一项重要内容便是要有一套完整的证据规则来指导法官审查判断证据”〔2〕。11项审判方式改革内容中有6项涉及证据制度建设：①完善质证、认证制度。2000年底之前，对证据适用规则作出规定。在裁判文书改革中，重点是要加强对质证中有争议证据的分析、认证。②解决证人出庭问题。对证人出庭作证的义务、人身安全、物质保证、法律责任等相关问题进行研究。③刑事诉讼证据方面，强调自诉案件当事人的举证责任，做好指导当事人举证及法院的调查取证工作。④民事诉讼证据方面，在举证责任、举证时限、庭前证据交换、法院取证、当事人举证质证等问题上完善证据制度。⑤行政诉讼证据方面，完善举证、质证、认证规则，建立符合行政诉讼特点的证据制度。可以看出，该纲要对于民事与行政诉讼证据制度建设有较为清晰、具体的规划，而鉴于刑事诉讼证据制度所涉问题的复杂性，并未明确提出系统、具体的改革计划。

2001年最高人民法院发布了《民事诉讼证据规定》，首次对民事证据制度进行了系统化的规定。全文共83条，其涵盖的内容包括“当事人举证”、“人民法院调查收集证据”、“举证时限与证据交换”、“质证”、“证据的审核认定”等方面均有较详细的规定。有论者强调：“《民事诉讼证据规定》无疑是最高人民法院关于民事证据制度方面所作的司法解释的系统化总结，也是最为全面、系统、完整，并更具可操作性的……在我国证据立法史上，首次

〔1〕参见1999年10月20日最高人民法院《人民法院五年改革纲要》。

〔2〕张保生等：“中国证据法学三十年（1978～2008）”，载教育部人文社会科学重点研究基地——法学基地（9+1）合作编写：《中国法学三十年（1978～2008）》，中国人民大学出版社2009年版，第361～420页。

将诸多证据的具体制度按照一定的逻辑顺序规定在一部法律文件中，展示了制定者对证据制度体系化的理解。”[1] 然而也必须看到，在实践中的运行过程中，这一规定也体现出一些不足之处：其规定存在与民事诉讼法、民事实体法相冲突的问题，同时也存在一些立法技术上的缺陷。[2] 但总体说来，《民事诉讼证据规定》在人民法院证据制度建设过程中具有深远的意义。2002年最高人民法院《行政诉讼证据规定》是对行政诉讼证据制度的专门规定。全文共80条。在这一规定中，确立了庭前证据交换制度，明确了被告不到庭的法律后果等重要的证据制度。

随着2002年最高人民法院《民事诉讼证据规定》和《行政诉讼证据规定》的实施，应该说，“一五规划”中关于民事诉讼和行政诉讼证据制度的改革任务基本完成。这两个规定对于民事与行政诉讼程序中当事人举证与法院调查取证、举证时限与证据交换、证明责任、质证、证据的审核认定等问题作了较为详细的规定，增强了证据规定的系统性。《最高人民法院工作年度报告（2003年）》对人民法院第一个五年改革作了一个总结：“全面推行以公开举证、质证、辩论、认证为主要内容的庭审方式……进一步加大裁判文书改革力度。注重对证据的分析和适用法律的阐述，增强裁判文书的说理性”，“改革完善诉讼制度。推行诉讼证据制度改革。制定民事、行政诉讼证据的规定，规范当事人的举证责任，方便当事人诉讼，确保裁判公正。”[3] 然而，刑事诉讼证据制度改革并未取得实质性进展。

随着2002年中共十六大提出积极、稳妥地推进司法体制改革的要求，以及2004年底党中央对今后一段时期司法体制和工作机制改革作出的全面部署，2005年10月最高人民法院发布了《人民法院第二个五年改革纲要》（以下简称“二五改革纲要”），部署了2004年至2008年的改革任务。这个改革纲要在很大程度上是对1999年“一五改革纲要”的延续，但关于证据制度建设的内容则开始转向刑事证据制度，主要包括三个方面：①改革刑事证据制

[1] 汤维建：“《关于民事诉讼证据的若干规定》的创新与不足”，载《法商研究》2005年第3期。

[2] 汤维建：“《关于民事诉讼证据的若干规定》的创新与不足”，载《法商研究》2005年第3期。

[3] “最高人民法院工作年度报告（2003年）”，载最高人民法院网，http：//www. court. gov. cn/qwfb/gzbg/201003/t20100310_ 2629. htm.

度，制定刑事证据规则，尤其是在排除非法证据、证人出庭等方面进行完善。其中，第 3 条明确提出：“改革刑事证据制度，制定刑事证据规则，依法排除用刑讯逼供等非法方法获得的言辞证据，强化证人、鉴定人出庭，进一步落实保障人权和无罪推定原则，并适时提出刑事证据方面的立法建议。”②在死刑审判程序改革中，强调建立证人、鉴定人出庭制度。其中，第 1 条明确提出：“改革和完善死刑案件的审判程序。人民法院依照第一审程序审理可能判处死刑的案件，除了被告人认罪或者控辩双方对证据没有争议的外，证人和鉴定人应当出庭。2006 年以后，人民法院依照第二审程序审理的死刑案件，均应当开庭审理，相关证人和鉴定人应当出庭。”③在审前程序改革中，对证据开示（交换）、证据的技术审核等给予了高度重视。其中，第 8 条明确提出：“改革和完善庭前程序。明确庭前程序与庭审程序的不同功能，规范程序事项裁决、庭前调解、审前会议、证据交换、证据的技术审核等活动，明确办理庭前程序事务的职能机构和人员分工。”

在“二五改革纲要”实施的中期阶段，《最高人民法院工作年度报告（2006 年）》也强调了“人民法院的工作还存在不少问题和不足。有的案件在审理中对证据的审查、事实的认定、法律的适用不当，办案质量不高”；“进一步加强刑事司法领域的人权保障，制定和完善刑事证据规则，严格排除非法证据，防止冤错案件的发生”。[1] 证据法概括了人类认定事实的一般经验和公正司法的一般要求，规定了认定案件事实的方式，因此，它对实现司法公正具有基础性作用。肖扬院长指出：“证据是实现司法公正的基石。加强证据科学研究，对有效维护广大人民群众的合法权益，保证国家司法机关公正行使自己的权力，实现社会主义民主和法治具有特别重要的意义。”[2]

围绕“二五改革纲要”确定的证据制度建设任务，人民法院开始了多方面的努力，并取得一定成果。《人民法院报》著文称，包括 2008 年在内的这几年，“较有影响的刑事诉讼证据制度改革的措施主要包括：一是确定了证人出庭作证制度及相应的保障制度。解决我国目前书面证据在庭审中成为主要证据问题，从而查明案件真相。除特殊情况以外，证人、被害人、鉴定人、

---

〔1〕“最高人民法院工作年度报告（2006 年）”，载最高人民法院网，http：//www. court. gov. cn/qwfb/gzbg/201003/t20100310_ 2611. htm.

〔2〕原最高人民法院院长、首席大法官肖扬2006 年5 月20 日给中国政法大学证据科学研究院成立大会的贺信。

侦查人员都应当出庭，以言词的方式在法庭上进行陈述，而不应当直接将侦查机关在侦查程序中获取的询问笔录或讯问笔录作为起诉的根据和定罪的根据。二是证据必须经过当庭出示、辨认、质证等法庭调查程序查证属实，否则不能作为定案的根据。对于出庭作证的证人，必须在法庭上经过公诉人、被害人和被告人、辩护人等双方询问、质证，其证言经过审查确实的，才能作为定案的根据；未出庭证人的证言宣读后经当庭查证属实的，可以作为定案的根据。三是非法证据排除规则。严禁以非法的方法收集证据。凡经查证确实属于采用刑讯逼供或者威胁、引诱、欺骗等违法方式收集到的证人证言、被害人陈述、被告人供述，不能作为定案的根据。四是记录证据收集情况。人民法院对有关单位和个人提供的证据应当出具收据，并注明证据的名称、收到的时间、件数、页数以及是否原件等，由书记员或者审判员签名。此规定有利于证据的方便查找，节约了庭审取证的时间和成本。"〔1〕

"二五改革纲要"在强调证据制度建设的同时，也显现出一些加强司法政策指导的新动向。比如，将"一心为民"，"方便群众诉讼"列为必须坚持的基本原则；将"加强和完善诉讼调解制度，重视对人民调解的指导工作"列为改革的主要内容。〔2〕这些都为"司法为民"、"调解优先"等司法政策的推行作了铺垫。

4. 地方人民法院证据制度建设情况

从1999年到2008年的人民法院证据制度建设的第三阶段，地方各级人民法院尤其是各高级人民的改革实践成为一个"亮点"，构成了人民法院证据制度建设的一道独特的风景线。从某种意义上说，各地人民法院在改革、完善证据制度方面甚至起了某种"先锋"作用。在最高人民法院颁布两个证据规定之前有9个省市颁布了自己的证据规定，〔3〕它们以一种相对较为超前的方式"试水"各项证据制度改革措施，为全国性的改革积累经验；同时，也以更为具体、契合各地实际情况的方式细化、落实、贯彻了最高人民法院证据制度建设的改革措施和成果。所以，不应忽视地方法院在我国证据制度建

〔1〕参见"改革刑事诉讼证据制度——排除非法证据，夯实案件事实基础"，载《人民法院报》2010年4月18日，第1版。

〔2〕参见2005年10月26日最高人民法院《人民法院第二个五年改革纲要》。

〔3〕参见房保国："现实已经发生——论我国地方性刑事证据规则"，载《政法论坛》2007年第3期。

设方面的努力和积极作用。

在“二五改革纲要”实施的2004年至2007年间，是地方性证据规则出台的集中期，几乎每年都会有多个地方法院单独或者联合其他部门发布的“证据意见”、“证据规则”或“证据规定”出台。例如，仅2005年，就有四川省高级人民法院与省人民检察院、省公安厅《关于规范刑事证据工作的若干意见（试行）》、福建省永安市法院、检察院、公安局《盗窃、故意伤害、抢劫、交通肇事、诈骗、贩毒犯罪案件基本证据规格》、湖北省高级人民法院与省人民检察院、省公安厅、省国家安全厅、省司法厅《关于刑事证据若干问题的规定（试行）》等多个文件出台。〔1〕

证据规则是对法官运用证据查明事实的经验所作的理论概括。在大陆法系，“法定证据主义之证据法则，若详细加以观察，其实不外乎，将法官于认定事实时通常所用之若干经验方法，加以定型化而变为法律而已”〔2〕。在普通法系，审判法官比上诉法官具有更多的经验，因为他们在特定案件中可以更密切地接触证据，在整个审判过程中观察证据的举证、质证过程，并观察其对陪审团的影响。因此，普通法系几乎所有的证据规则都来自于判例，是由法官们在审判实践中根据判例法传统和宪法精神而创制的，是法官运用证据的经验总结。在我国，上述地方性证据规则，也都是各地司法机关和法官审判实践经验的总结。龙宗智教授认为，这些证据规则“总结了实践经验，吸纳了专家意见，注意了打击犯罪与保障人权并重，实体公正与程序公正并重，体现了在刑事司法方面‘与时俱进’的精神，对提高办案质量，完善规范办案程序很有意义，对我国证据立法与司法实践将产生积极影响”。〔3〕

5. 人民法院证据制度建设中存在的问题

改革开放30年来，人民法院在证据制度建设方面虽然取得了重大成就，但还存在以下一些问题：

---

〔1〕 参见“中国地方证据性规定”，载中国证据科学网，http：//www. evidencescience. com/newsinfo. asp? column_ id =81&column_ cat_ id =40&column_ cat_ father_ id =30.

〔2〕 陈荣宗：“民事诉讼之立法主义与法律政策”，载台湾《法学丛刊》第140期，转引自江伟：“证据法若干基本问题的法哲学分析”，载《中国法学》2002年第1期。

〔3〕 刘德华、王静：“逼出来的口供不能作为证据——四川5月1日起试行《关于规范刑事证据工作的若干意见》”，载《检察日报》2006年4月13日。

（1）系统完备的证据规则体系尚未形成。[1] 这个问题在1999～2008年人民法院证据制度建设的第三阶段，并未发生根本的改变。三大诉讼法中的证据规则条文太少，过于原则，缺乏可操作性，不能满足审判实践的需要。陈光中教授认为，证据是人民法院裁判案件的前提与基础，要确保司法公正，必须构建完善的证据规则体系。我国现行证据制度条文粗疏，内容粗放，还没有形成一个较完整的逻辑体系，这与证据制度在诉讼和法律体系中的重要地位极不相称。[2] 最高人民法院常务副院长、沈德咏大法官认为："众多法律法规中的条文以及司法解释条文之间存在不够协调，不够有序等问题，这种状况已在一定程度上造成了司法实践中运用诉讼证据规则的混乱，比如证人不出庭现象比较普遍，重复鉴定问题突出，电子证据的运用无法可依等，诉讼证据制度的改革与完善已成为当前中国司法改革的一项重要而迫切的任务。"[3]

（2）现行证据规则缺乏理论体系方面的设计。这进一步导致数量有限的证据规则处于一种彼此缺乏逻辑联系的离散状态，对证据相关性、可采性和证明力等证据属性也没有明确规定。这种证据理念的缺失不利于司法人员把握证据法的宗旨、一般原则和基本原理。[4]

（3）现行证据制度建设由于受三大诉讼事实认定特殊性理论的束缚，证据规则分别规定在刑诉法、民诉法和行政诉讼法中。但这样规定有两个弊端：一是内容重复，二是不利于法官把握证据规则的一般原则和证据法的基本原理。据统计，最高人民法院颁布的两个证据规定，除去附则一共152条，其

---

〔1〕 参见卞建林、姚莉："关于建立和完善我国证据规则的思考"，载《法商研究》1999年第5期。另参见吴宏耀："我国证据立法势在必行"，载《人民法院报》2000年12月11日，第3版。

〔2〕 参见张保生主编：《〈人民法院统一证据规定〉司法解释建议稿及论证》，中国政法大学出版社2008年版，第429页。

〔3〕 参见"首席大法官肖扬：中国不断加大证据制度改革力度"，载新华网，http：//big5. gov. cn/gate/big5/www. gov. cn/jrzg/2006－05/30/content_ 295901. htm.

〔4〕 例如，最高人民法院《民事诉讼证据规定》在未对证据法的基本概念、原则作任何铺垫的情况下，开篇即"当事人举证"。

中雷同或近似的高达95条，占62.5%。[1] 证据规则内容的重复比例如此之高，不能说不是一个严重缺陷。同时，它也反证了制定统一证据规则的必要性和可行性。我们应该也完全可以把重复的内容归纳、梳理，提炼为在三大诉讼中通行的证据法通则或基本原则、一般原理，而对不同的部分以分则或但书的形式作出特殊规定，这不仅有利于尽快完善人民法院证据制度，也有利于为法官、检察官和律师提供统一的证据标准。

（4）存在一些逻辑混乱和内容错误之处。例如，《民事诉讼证据规定》第77条规定："……②物证、档案、鉴定结论、勘验笔录或者经过公证、登记的书证，其证明力一般大于其他书证、视听资料和证人证言；……④直接证据的证明力一般大于间接证据"。在这条规定中，前后两款自相矛盾，前款说"鉴定结论"的"证明力一般大于……证人证言"，后款又规定"直接证据的证明力一般大于间接证据"。这条规定有两点错误：一是后款规定内容错误，如鉴定结论作为间接证据，其证明力并不小于作为直接证据的证人证言；二是后款否定前款的逻辑错误。

（5）证据法适用不统一。这表现在，我国目前有近四分之一省高级人民法院制定了地方性证据规则，还有许多地市级司法机关制定了自己的证据规则，其中存在概念混乱、逻辑矛盾、科学性差等各种错误，影响了证据法在我国的统一适用。[2]

（二）人民检察院证据制度建设

1. 人民检察院证据制度恢复重建阶段（1978~1995年）

1979年《刑事诉讼法》确立了"以事实为根据，以法律为准绳"的原

---

〔1〕 最高人民法院《民事诉讼证据规定》和《行政诉讼证据规定》内容重复的部分列举：前者第1条和后者第4条关于"符合起诉条件的相应的证据材料"；前者第9条和后者第68条关于"无需举证证明的事实"和"直接认定的事实"；前者第10、20~22条和后者第10~12条关于"原物、原件的要求"；前者第11~12条和后者第16~17条关于"域外证据"的规定；前者第14条和后者第19~20条关于"证据登记"的规定；前者第15、17、19条和后者第22~25条关于"法院调取证据"的规定；前者第23~24条和后者第27~28条关于"证据保全"的规定；前者第25、27条和后者第30~31条关于"重新鉴定"的规定；前者第29条和后者第32条关于"鉴定结论"的规定；前者第30条和后者第15、34条关于"勘验及现场笔录"的规定；前者第37条和后者第21条关于"证据交换"的规定；前者第41条和后者第52条关于"新证据"的规定；前者第47~51条和后者第35、37、39、50条关于"质证"的规定；前者第53条和后者第42条关于证人作证资格的规定。

〔2〕 参见房保国："现实已经发生——论我国地方性刑事证据规则"，载《政法论坛》2007年第3期。

则，并设证据一章，使证据制度成为我国社会主义法律体系的有机组成部分。自此，"证据"一词开始出现在人民检察院发布的案件批复、通知、命令、司法解释和年度工作报告中。1981年7月的最高人民检察院《关于在办理强奸案件中是否可以检查处女膜问题的批复》[1] 指出："办案的实践证明：处女膜的状况不能作为认定或否定强奸罪行的依据，检查的结果常常是弊多利少。因此，在办理强奸案件时，不准对被害人进行处女膜的检查，也不准用检查处女膜的结论作为证据。"《最高人民检察院工作报告（1982年）》[2] 指出："各级检察机关在办案中，严格区分了罪与非罪的界限，坚持以事实为根据，以法律为准绳，做到事实清楚，证据确凿，定性准确。"《最高人民检察院工作报告（1984年）》[3] 指出："坚持以事实为根据，以法律为准绳，认真审查案卷材料，讯问被告人，复核证据。"

这一时期，最高人民检察院发出的关于证据制度建设的通知、命令和司法解释主要有：1982年《检察机关办案中相互函调取证的通知》，[4] 1988年《人民检察院法医工作细则（试行）》，[5] 1991年《人民检察院刑事检察工作细则（试行）》，[6] 1995年《关于要案线索备案、初查的规定》。[7]

（1）《检察机关办案中相互函调取证的通知》指出，由于检察机关人力资源和办案条件有限，有些案件往往因派不出人到当地调查取证，影响了办案工作的进展。为了加快办案进度，提高办案效率，同时节省人力、物力、财力，各级检察机关在办案中相互函调取证是很必要的。关于函调取证的规定主要有以下三个方面：①函调的范围。该通知指出，函调的范围，除了一些大案要案认为必须派人调查取证外，其他案件的证据材料，一般可以函请有关检察院协助调查收集。②函调的审批。该通知指出，凡是需要函调的材料，都要经过检察长或者检察委员会批准，并写出具体的调查提纲。包括证人的姓名、身份、所在单位；证人与案件、与被告人的利害关系；需要查明

---

〔1〕 最高人民检察院1981年7月27日发布。

〔2〕 1982年12月6日最高人民检察院检察长黄火青在五届全国人大五次会议上的报告。

〔3〕 1984年5月26日最高人民检察院检察长杨易辰在六届全国人大二次会议上的报告。

〔4〕 最高人民检察院1982年9月13日发布。

〔5〕 最高人民检察院1988年1月28日发布。

〔6〕 最高人民检察院1991年12月10日发布，于1997年1月15日被最高人民检察院第八届检察委员会第六十九次会议通过的《人民检察院刑事诉讼规则》废止。

〔7〕 最高人民检察院1995年10月6日发布。

的问题和收集的证据以及需要注意的事项等，以免延宕时间。③函调的协助。该通知指出，各级检察院对于兄弟单位请求调查的材料，要采取积极负责的态度，尽快派人，按照调查的内容进行调查取证，及时将调查结果函寄请调单位。如果在调查中遇到困难，确实不能按照要求取得材料时，亦应及时告知请调单位。

（2）《人民检察院刑事检察工作细则（试行）》首次对人民检察院的证据收集制度作了较为全面地规定，主要有以下几个方面：

第一，取证原则。第3条规定了严禁刑讯逼供原则和保障诉讼参与人诉讼权利原则。刑事检察工作必须重证据、重调查研究，不轻信口供，严禁刑讯逼供；保障诉讼参与人的诉讼权利。第8条规定了保密原则。人民检察院办理涉及国家机密的案件，必须严格保密，应由检察长或检察长指定的检察人员办理。第11条规定了归档原则。人民检察院在办理案件中形成的材料，除随案移送人民法院的外，应及时整理归档。

第二，取证程序。第9条规定，人民检察院办理案件，在讯问被告人、询问证人或被害人时，检察人员不得少于2人。

第三，审查对象。根据第17条规定，人民检察院办理审查逮捕案件的审查对象有：①人犯的行为是否构成犯罪；②主要犯罪事实是否查清，证据是否确实；③是否符合《刑事诉讼法》[1]第40条规定的逮捕人犯的其他条件。根据第38条的规定，人民检察院办理移送审查起诉或免予起诉的案件，必须查明的内容包括：一是犯罪事实、情节是否清楚，证据是否确实、充分；二是犯罪性质和罪名的认定是否正确，适用法律是否适当；三是有无遗漏罪行和其他应当追究刑事责任的人；四是有无法定从轻、减轻、免除或从重、加重处罚的情节；五是是否属于不应当追究刑事责任的；六是有无附带民事诉讼；七是侦查活动是否合法。根据第83条的规定，人民检察院对刑事判决或裁定的审查内容有：首先，原审案卷材料，以及下级人民检察院的抗诉书或上诉人的上诉状。其次，应重点审查原审判决认定犯罪事实、适用法律是否正确；证据是否确实、充分，量刑是否适当，以及抗诉或上诉的理由是否正确。根据第91条的规定，审判活动监督审查的重点有：一是人民法院审理案件是否遵守法定审理和送达时限；二是法庭组成人员是否合法；三是人民法

〔1〕指1979年《刑事诉讼法》。

院审理案件是否依照法定程序进行；四是被告人和其他诉讼参与人的合法利益是否得到保障；五是审判人员有无徇私枉法的行为；六是审判活动中有无其他违法行为。

第四，证明标准。第17条规定，人民检察院办理审查逮捕的案件必须达到主要犯罪事实清楚，证据确实。第44条规定审查起诉的证明标准是犯罪事实清楚，证据确实、充分。即人民检察院对案件进行审查后认为犯罪事实已经查清，证据确实、充分，依法应当追究刑事责任的，应当作出起诉决定，并制作《起诉书》，连同案卷材料、证据移送同级人民法院。

（3）《要案线索备案、初查的规定》首次对初查的概念、初查的主体、初查的原则、初查的处理等内容进行了规定。①初查内涵。第3条指出，本规定所称初查，是指人民检察院在立案前对要案线索材料进行审查的司法活动。②初查主体。第5条规定，地、州、市级人民检察院负责县处级干部犯罪线索的初查；省级人民检察院负责厅局级干部犯罪线索的初查；最高人民检察院负责省部级干部犯罪线索的初查。负责初查的人民检察院应当及时报告同级党委的主要领导同志。③初查原则。第10条规定了秘密原则，即要案线索的初查工作应当秘密进行。第13条规定，对要案线索必须严格保密。④证明标准。第11条规定，对要案线索进行初查后，有犯罪事实或者有事实证明有犯罪重大嫌疑的，应当立案侦查；没有犯罪事实，或者犯罪事实显著轻微，不需要追究刑事责任的，不予立案，必要时可移送有关机关处理。

这一时期，还没有较全面规定证据制度的法律，最高人民检察院证据制度建设总的来说仍处于起步阶段。这一时期最高人民检察院发布的涉及证据规定的主要通知、命令、司法解释，参见下表：

	名　称	发布单位	发布时间
1	关于在办理强奸案件中可否检查处女膜问题的批复	最高人民检察院	1981年7月27日
2	关于检察机关办案中相互函调取证的通知	最高人民检察院	1982年9月13日
3	关于自侦案件赃款赃物如何处理问题的批复	最高人民检察院	1987年1月26日
4	人民检察院法医工作细则（试行）	最高人民检察院	1988年1月28日

续表

	名　称	发布单位	发布时间
5	人民检察院文件检验工作细则（试行）	最高人民检察院	1988 年 1 月 28 日
6	关于检察机关和监察机关在查处案件工作中协调配合的暂行规定	最高人民检察院、监察部	1988 年 12 月 3 日
7	关于保护公民举报权利的规定	最高人民检察院	1991 年 5 月 6 日
8	人民检察院刑事检察工作细则（试行）	最高人民检察院	1991 年 12 月 10 日
9	人民检察院复查刑事申诉案件规定	最高人民检察院	1993 年 4 月 5 日
10	关于要案线索备案、初查的规定	最高人民检察院	1995 年 10 月 6 日

2. 人民检察院证据制度初步形成阶段（1996～2000 年）

随着 1996 年《刑事诉讼法》的修订，1997 年党的十五大提出“依法治国，是党领导人民治理国家的基本方略”。证据作为法治的基石，在实施“依法治国”方略的过程中开始发挥更大的作用，人民检察院证据制度建设取得了较大进展。《检察改革三年实施意见》〔1〕指出：“2000 年起，定期研究制定侦查、批捕、起诉、抗诉的刑事政策和证据标准，增强检察官证据意识，提高其收集、运用证据的能力，探索和完善检察官出庭支持公诉的举证程序和证明规则，保证有力指控、揭露、证实犯罪。”这一时期，最高人民检察院发布的涉及证据制度建设的通知、命令和司法解释主要有：1996 年《关于印发检察机关贯彻刑诉法若干问题的意见的通知》，〔2〕1997 年《刑事诉讼规则》，〔3〕1999 年《人民检察院办理民事行政抗诉案件公开审查程序试行规则》，〔4〕2000 年《人民检察院刑事赔偿工作规定》。〔5〕

(1)《关于印发检察机关贯彻刑诉法若干问题的意见的通知》，主要从侦查、审查逮捕等方面规定了贯彻刑事诉讼法若干问题的意见，其涉及证据规定的主要为视听资料的收集问题。在 1996 年《刑事诉讼法》修改中视听资料

---

〔1〕 2000 年 1 月 1 日最高人民检察院第九届检察委员会第五十二次会议讨论通过，2000 年 2 月 15 日发布。

〔2〕 最高人民检察院 1996 年 12 月 31 日发布。

〔3〕 1997 年 1 月 15 日最高人民检察院第八届检察委员会第六十九次会议通过，高检发释字［1999］1 号第一次修正，高检发研字［1999］9 号第二次修正。

〔4〕 高检发民字［1999］1 号。

〔5〕 高检发刑申字［2000］1 号。

第一次被作为法定证据种类加以确定，是随着我国社会的发展进入刑事诉讼领域的新型证据种类。该通知主要从收集方式、收集程序、审查和采信、保存等方面较为全面地规定视听资料证据的收集和运用。

第一，视听资料的来源有八种，分别为：①向有关单位和个人调取；②犯罪嫌疑人、同案人交出；③有关知情人、证人提供；④犯罪嫌疑人家属或其聘请的律师提供；⑤搜查、扣押；⑥勘验检查中提取；⑦侦查过程中检察人员直接制作；⑧侦查过程中检察机关指派有关人员制作。

第二，收集视听资料证据的程序有：①检察人员向有关单位和个人收集、调取视听资料证据必须出具《人民检察院调取证据通知书》和《调取证据清单》一式二份。一份交被调取单位和个人保存，一份存卷备案。②人民检察院接受和收集、调取视听资料证据应制作接受、收集、调取视听资料证据笔录，让交出或提供视听资料证据的单位和个人详细说明该视听资料证据的形成过程、发现经过、保存地点、原保存人、是否原始资料等。接受和收集、调取视听资料的检察人员、交出或提供人均应在笔录上签署姓名和日期。③检察人员在勘验、检查和搜查中发现视听资料证据的应予扣押。扣押视听资料证据，应当制作扣押笔录和清单，一式二份，一份交被扣押人保存，一份留卷备查。扣押笔录应当记明被扣押的视听资料发现经过、原存放地点、数量、特征、主要内容，并责令被扣押物品持有人详细说明该视听资料的来源和获取过程、动机、目的。执行勘验、检查和搜查任务的检察人员及被扣押物品持有人应在扣押笔录上签名。

第三，视听资料证据的审查和采信。对接受和调取的视听资料，必须经过审查核实才能作为定案的依据。审查视听资料证据，必须坚持全面、细致、协调、科学原则。对接受和调取的视听资料要认真审查来源是否清楚；获取时间和过程是否符合客观实际；获取人是否具备获取视听资料的条件和技术，获取该视听资料的动机、目的；视听资料的内容是否连贯，有无剪辑，所反映的犯罪事实与背景是否一致，口形与声音是否同步；视听资料所反映的内容与其他物证、书证、现场勘验是否协调一致，与犯罪嫌疑人供述和证人证言是否存在矛盾。对通过审查尚不能判定真伪的视听资料，要及时聘请有关视听技术专家进行鉴定。

第四，视听资料证据的保存。录音、录像、胶片、声卡、软盘等视听资料不能直观说明其证明内容的，检察人员在移送该视听资料证据时应附文字笔录入卷。为防止内容发生变异、消失，侦查部门在移送视听资料证据时应制作预留备份。根据法律规定，人民检察院应向法院提交主要视听资料证据的复制件，原件由检察机关保存和在法庭上出示。对视听资料证据在接受、提取、扣押、制作、复制、移送等各环节都应严格保管，安全保管，实行保管和移交责任制，由经手人制作送达或移送回证并签名。防止视听资料证据在保管、制作、复制、移送环节出现损毁、丢失、感染病毒等影响诉讼活动进行的问题。

该通知对逮捕证明标准也作出了规定。审查逮捕工作中，应高度重视证据，把好证据关。不能因为逮捕条件的变化而放松对证据的审查，甚至于在审查批捕、决定逮捕时降低标准，宽于审查，导致错捕、滥捕，影响执法的严肃性。据以定案的证据必须查证属实，不能是孤证。间接证据必须形成链条，排除其他可能性。要强调证据的证明力，严把逮捕关。“有证据证明有犯罪事实”应当符合以下条件：一是有证据证明发生了犯罪行为；二是有证据证明该犯罪行为是犯罪嫌疑人、被告人实施的；三是证据必须确实。

（2）《刑事诉讼规则》主要从侦查行为的六个方面对证据收集作了比较详细的规定。

第一，讯问犯罪嫌疑人。第140条规定，讯问犯罪嫌疑人的时候，应当首先查明他的基本情况，讯问其是否有犯罪行为，让其陈述有罪的事实或者作无罪的辩解，然后向他提出问题。对提出的反证要认真查核。严禁刑讯逼供和以威胁、引诱、欺骗以及其他非法的方法获取供述。第144条还规定了讯问犯罪嫌疑人，可以同时采用录音、录像的记录方式。这是录音、录像的取证方式第一次进入刑事诉讼。这种取证方式有利于遏制非法获取犯罪嫌疑人供述行为的发生，有利于保护犯罪嫌疑人的诉讼权利，这在最高人民检察院《关于进一步深化检察改革的三年实施意见》中得以体现和落实。此外，第150条首次明确了，律师会见犯罪嫌疑人只需要提前告知人民检察院，并且向人民检察院提供犯罪嫌疑人的授权委托书、律师执业证明和律师事务所介绍信即可以会见在押的犯罪嫌疑人，这一点在2007年《律师法》第二次修订的内容中得以确定。

第二，询问证人。第160条明确规定了询问证人的具体要求：应当问明证人的基本情况以及与当事人的关系，并且告知证人应当如实地提供证据、证言和有意作伪证或者隐匿罪证要负的法律责任，但是不得向证人泄露案情，不得采用羁押、刑讯、威胁、引诱、欺骗以及其他非法方法获取证言。

第三，勘验、检查。第166～167条规定，进行勘验、检查，应当持有检察长签发的勘查证。勘验时，人民检察院应当邀请2名与案件无关的见证人在场。

第四，搜查。第176～183条首次较为明确地对人民检察院进行搜查的要求进行了规定。①人民检察院在搜查前，应当了解被搜查对象的基本情况、搜查现场及周围环境，确定搜查的范围和重点，明确搜查人员的分工和责任。②搜查应当在检察人员的主持下进行，可以有司法警察参加。必要的时候，可以指派检察技术人员参加或者邀请当地公安机关、有关单位协助进行。③搜查时，如果遇到阻碍，可以强制进行搜查。搜查应当全面、细致、及时，并且指派专人严密注视搜查现场的动向。④进行搜查的人员，应当遵守纪律，服从指挥，文明执法，不得无故损坏搜查现场的物品。对于查获的重要书证、物证、视听资料及其放置地点应当拍照，并且用文字说明有关情况，必要的时候，可以录像。

第五，调取、扣押物证、书证和视听资料。第188条规定了最佳证据原则。调取书证、视听资料应当调取原件。取得原件确有困难或者因保密需要不能调取原件的，可以调取副本或者复制件。调取物证应当调取原物。原物不便搬运、保存，或者依法应当返还被害人，或者因保密工作需要不能调取原物的，可以将原物拍照、录像。对原物拍照或者录像应当足以反映原物的外形、内容。调取书证、视听资料的副本、复制件和物证的照片、录像的，应当附有不能调取原件、原物的原因、制作过程和原件、原物存放地点的说明，并由制作人员和原书证、视听资料、物证持有人签名或者盖章。

第六，辨认。第210～215条首次从检察机关的角度对作为侦查手段的辨认进行了较为详细地规定。为了查明案情，在必要的时候，检察人员可以让被害人、证人和犯罪嫌疑人对与犯罪有关的物品、文件、尸体进行辨认；也可以让被害人、证人对犯罪嫌疑人进行辨认，或者让犯罪嫌疑人对其他犯罪嫌疑人进行辨认。对犯罪嫌疑人进行辨认，应当经检察长批准。辨认应当在检察人员的主持下进行。在辨认前，应当向辨认人详细询问被辨认人或者被辨认物的具体特征，禁止辨认人见到被辨认人或者被辨认物，并应当告知辨认人有意作假辨认应负的法律责任。辨认时，应当将辨认对象混杂在其他人员或者物品之中，不得给予辨认人任何暗示。辨认犯罪嫌疑人时，受辨认人的人数不得少于5人，照片不得少于5张。辨认物品时，同类物品不得少于5件，照片不得少于5张。

（3）《人民检察院办理民事行政抗诉案件公开审查程序试行规则》[1] 涉及证据的规定，主要有审查原则、举证责任、审查方式、证明标准等。①审查原则。第2条规定了依法审查原则，即人民检察院公开审查，应当遵循公开、公正、合法原则，依法进行。第12条规定了全面审查原则，即对当事人提供的证据，人民检察院应当进行全面审查。②举证责任。根据第10条的规定，人民检察院办理民事行政抗诉案件时，当事人负有举证责任。即在案件审查过程中，当事人应当向人民检察院提供支持其申诉主张或者申诉反驳的证据。③审查方式。第13条规定，人民检察院审查民事、行政案件，可以根据案情或者当事人的申请，决定听取当事人陈述。第15条规定，根据案情或者当事人的请求，可以分别或者同时听取当事人陈述。当事人委托代理人的，应当通知其代理人参加，听取代理人的意见。第20条规定，听取当事人陈述时，可以根据案情或者当事人的请求，邀请有关专家及与案件有关的人参加。④证明标准。根据第21条规定，人民检察院办理民事行政抗诉案件审查时的证明标准事实充分。即在对民事、行政案件的审查过程中，发现申诉人依据的事实和理由不充分的，人民检察院应当终止审查，做好申诉人的息诉工作。

这一时期，最高人民检察院发布的涉及证据规定的主要通知、命令、司法解释，参见下表：

	名　　称	发布单位	发布时间
1	人民检察院举报工作规定	最高人民检察院	1996年7月18日
2	人民检察院立案侦查案件扣押物品管理规定（试行）	最高人民检察院	1996年8月12日
3	关于印发检察机关贯彻刑诉法若干问题的意见的通知	最高人民检察院	1996年12月31日
4	刑事诉讼规则	最高人民检察院	1999年1月18日

[1] 该规则已被2001年10月11日最高人民检察院《人民检察院民事行政抗诉案件办案规则》废止。

续表

	名　称	发布单位	发布时间
5	关于刑事诉讼法实施中若干问题的规定	最高人民法院、最高人民检察院、公安部、国家安全部、司法部、全国人大常委会法制工作委员会	1998 年 1 月 19 日
6	人民检察院复查刑事申诉案件规定	最高人民检察院	1998 年 6 月 16 日
7	人民检察院办理民事行政抗诉案件公开审查程序试行规则	最高人民检察院	1999 年 5 月 10 日
8	关于人民检察院直接受理立案侦查案件立案标准的规定（试行）	最高人民检察院	1999 年 9 月 16 日
9	关于 CPS 多道心理测试鉴定结论能否作为诉讼证据使用问题的批复	最高人民检察院	1999 年 9 月 10 日
10	检察改革三年实施意见	最高人民检察院	2000 年 2 月 15 日
11	关于“骨龄鉴定”能否作为确定刑事责任年龄证据使用的批复	最高人民检察院	2000 年 2 月 21 日
12	关于加强渎职侵权检察工作的决定	最高人民检察院	2000 年 5 月 29 日
13	关于适用刑事强制措施有关问题的规定	最高人民检察院、公安部	2000 年 8 月 28 日
14	人民检察院侦查协作的暂行规定	最高人民检察院	2000 年 10 月 12 日
15	人民检察院刑事赔偿工作规定	最高人民检察院	2000 年 12 月 28 日

3. 人民检察院证据制度建设快速发展阶段（2001～2008 年）

进入 21 世纪后，证据法在中国逐渐成为显学。随着 2002 年中共十六大提出积极、稳妥地推进司法体制改革的要求，以及 2004 年底党中央对今后一段时期司法体制和工作机制改革作出的全面部署，人民检察院证据制度建设进入快速发展阶段。最高人民检察院《关于进一步深化检察改革的三年实施意见》，[1] 对人民检察院证据制度建设的方向作了较为全面的指引。第 2 条规定：“健全对侦查活动中刑讯逼供等违法行为的监督查处机制。依法完善在审查逮捕、审查起诉中排除非法证据的规则。最高人民检察院制定审查逮捕、

[1] 高检发［2005］17 号。

审查起诉中排除非法证据的规则和关于完善查处刑讯逼供等涉嫌犯罪行为工作机制的规定。”第7条规定：“健全司法工作人员渎职案件的查办和移送机制。建立侦查监督、公诉、反贪污贿赂、反渎职侵权、控告申诉检察、民行检察等业务部门之间的信息沟通机制，拓宽发现司法工作人员违法犯罪行为的渠道，建立和完善案件线索审查、调查和移送、查处的衔接与配合机制。”第17条规定：“进一步规范检察机关侦查工作，健全职务犯罪侦查一体化工作机制。依法制定搜查、扣押、冻结等侦查措施的具体操作规程。在办理直接受理立案侦查的案件中逐步推行讯问犯罪嫌疑人、询问证人等收集言词证据活动的全程录音、录像制度。最高人民检察院制定统一的录音、录像操作规程。”

这一时期，最高人民检察院发布的涉及人民检察院证据制度建设的通知、命令和司法解释主要有：2001年《严禁刑讯逼供通知》,〔1〕2006年《关于在审查逮捕和审查起诉工作中加强证据审查的若干意见》,〔2〕2007年《检察人员执法过错责任追究条例》。〔3〕

（1）《严禁刑讯逼供通知》指出，近一时期以来，一些地方陆续发生了严重的侦查人员刑讯逼供案件，错误地将刑讯逼供获取的犯罪嫌疑人、被告人供述作为指控犯罪的证据加以使用，最终酿成冤案，造成了极其恶劣的社会影响。该通知要求，各级人民检察院一定要认真吸取教训，采取有力措施，坚决杜绝刑讯逼供现象的发生，彻底排除刑讯取得的证据，确保办案质量，保护当事人的合法权益，维护司法公正。①检察工作人员要认清刑讯逼供的本质和危害，进一步端正执法指导思想，正确处理打击犯罪和保护当事人合法权益的关系。摒弃传统的“有罪推定”、“疑罪从有”的观念，不能盲目推崇犯罪嫌疑人、被告人供述的证明作用，禁止将刑讯逼供简单看作是取证方法简单、工作态度生硬的问题，要重视对诉讼过程中当事人合法权益的保护。②强化业务素质。提高检察队伍整体的执法水平，把好审查事实关、判断证据关，自觉履行好法律监督的职能。既重视案件实体内容的真实，又注意办案过程的合法，从证据的客观性、关联性和合法性等方面进行全面的审查、

〔1〕 高检发诉字［2001］2号。

〔2〕 最高人民检察院2006年7月3日发布。

〔3〕 高检发［2007］12号，2007年7月5日最高人民检察院第十届检察委员会第七十九次会议通过。

把关。特别是要注意充分听取有利于犯罪嫌疑人、被告人的意见，审查核实相关证据，决不放过任何可能出现问题的环节，以确保不枉不纵、不错不漏。③明确非法证据的排除规则。各级人民检察院要严格贯彻执行有关严禁刑讯逼供的规定，发现犯罪嫌疑人供述、被害人陈述、证人证言是侦查人员以非法方法收集的，应当坚决予以排除，不能给刑讯逼供等非法取证行为留下任何余地，同时，要依法提出纠正意见，要求侦查机关另行指派侦查人员重新调取证据，必要时也可以自行调查取证。

（2）《关于在审查逮捕和审查起诉工作中加强证据审查的若干意见》提出如下主要意见：①全面客观审查证据。该意见指出，证据是办案的根据。依法审查证据，根据证据认定案件事实、判断案件性质，运用证据证实犯罪，是审查逮捕、审查起诉工作的重要内容。各级人民检察院的侦查监督和公诉人员必须高度重视对案件证据的审查工作，在办案工作中全面、客观地审查证据，既要重视对证据客观性、关联性的审查，又要注重对证据合法性的审查，对非法证据要严格依照法律规定予以排除。侦查监督、公诉部门的负责人要直接参与对重大案件证据的审查。要通过岗位练兵、业务培训等多种形式，切实提高办案人员审查证据的能力和水平。②严格依法排除非法证据。侦查监督、公诉部门的办案人员要牢固树立证据意识，提高发现非法证据的能力和水平。要注意通过对全案证据材料的审查，讯问犯罪嫌疑人，听取被害人及犯罪嫌疑人、被害人委托的人的意见，调查复核案件证据，介入侦查或者派员参加侦查机关对于重大案件的讨论等多种途径，发现是否存在违法取证的情况。在审查逮捕、审查起诉工作中，对以刑讯逼供方式取得的犯罪嫌疑人供述、以暴力取证方式取得的证人证言和以威胁、引诱、欺骗等非法方式取得的犯罪嫌疑人供述、证人证言、被害人陈述等言词证据，应当依法予以排除。对以非法搜查、非法扣押等方式取得的物证、书证等实物证据，要结合案件实际情况，严格审查，认真甄别。要注意审查各种实物证据是否客观真实，是否与其他证据相互印证，审查全案证据是否能够形成完整的证据体系，是否符合批准逮捕、提起公诉的条件。③认真审查瑕疵证据。在审查逮捕、审查起诉工作中，要重视审查有瑕疵的证据，并分别不同情况，要求侦查机关采取相应的补救措施，解决证据的瑕疵问题，保证证据的合法性。对讯问犯罪嫌疑人时侦查人员不足2人或者询问证人、被害人未个别进行而收集、调取的证据，应当要求侦查人员依法重新收集、调取；对侦查人员或犯罪嫌疑人、证人、被害人、见证人等没有签名或者盖章的书面证据材料，应要求侦查人员依法重新收集、调取或者采取其他补救措施，否则不能作为指控犯罪的依据。对没有严格遵守法律规定，讯问犯罪嫌疑人、询问证人、被害人的时间、地点不符合要求或者在没有告知其法定诉讼权利的情况下获取的证据，应当要求侦查人员依法重新收集、调取或者采取其他补救措施；如果因客观条件限制确实无法重新收集、调取证据，也无法采取其他补救措施，如不影响证据的客观性、关联性，可以在向侦查机关提出纠正违法意见的同时，作为指控犯罪的依据。

（3）《检察人员执法过错责任追究条例》。为了遏制检察人员在执法办案活动中故意违反法律和有关规定，或者工作严重不负责任，导致案件实体错误、程序违法以及其他严重后果或者恶劣影响的行为，该《条例》规定，对具有执法过错的检察人员，应当依照本条例和有关法律、纪律规定追究执法过错责任。①责任追究范围。根据该条例第10~12条的规定，责任追究的范围有三种：一是承办人员责任制。承办人员隐瞒、遗漏案件主要事实、证据或者重要情况，导致主管人员作出错误命令、决定并造成执法过错的，由承办人员承担责任。二是主管人员责任制。主管人员不采纳或者改变承办人员的意见造成执法过错的，由主管人员承担责任。承办人员因执行主管人员的错误命令、决定造成执法过错的，由主管人员承担责任。三是共同责任制。承办人员的意见经主管人员审核批准造成执法过错的，由承办人员和主管人员分别承担责任。对于下级人民检察院和上级人民检察院的有关人员的责任也作了类似规定。②调查方式。第18条规定了五种调查方式。调查部门在调查核实执法过错线索的过程中，可以采取以下方式：一是查阅有关案件卷宗及其他相关资料；二是要求被调查人员就调查事项涉及的问题作出解释和说明；三是与相关知情人员谈话、了解情况；四是察看执法办案现场，走访相关单位；五是符合法律规定的其他方式。③调查审查。第19~20条规定了责任审查的方式和证明标准。执法过错线索调查结束前，调查部门应当听取被调查人的陈述和申辩，并进行调查核实。对查证属实的申辩意见应当予以采纳，不予采纳的应当说明理由。检察长办公会对检察人员涉嫌执法过错的事实、证据研究确认后，应当分别情况作出以下处理：一是执法过错事实清楚、证据确实充分、需要追究执法过错责任的，作出追究执法过错责任决定；二是执法过错事实不清、证据不足的，退回调查部门补充调查，必要时，也可以另行指定部门重新调查。

这一时期，人民检察院发布的涉及证据规定的主要通知、命令、司法解释，参见下表：

	名　　称	发布单位	发布时间
1	严禁刑讯逼供通知	最高人民检察院	2001年1月2日
2	人民检察院民事行政抗诉案件办案规则	最高人民检察院	2001年9月30日
3	人民检察院办理未成年人刑事案件的规定	最高人民检察院	2002年4月22日
4	关于人民检察院保障律师在刑事诉讼中依法执业的规定	最高人民检察院	2004年2月10日
5	关于进一步深化检察改革的三年实施意见	最高人民检察院	2005年9月12日
6	人民检察院直接受理侦查案件立案、逮捕实行备案审查的规定	最高人民检察院	2005年11月10日
7	关于在行政执法中及时移送涉嫌犯罪案件的意见	最高人民检察院、全国整顿和规范市场经济秩序领导小组办公室、公安部、监察部	2006年1月26日
8	关于在审查逮捕和审查起诉工作中加强证据审查的若干意见	最高人民检察院	2006年7月3日
9	关于在检察工作中贯彻宽严相济刑事司法政策的若干意见	最高人民检察院	2007年1月15日
10	人民检察院信访工作规定	最高人民检察院	2007年3月26日
11	检察人员执法过错责任追究条例	最高人民检察院	2007年9月26日

从这一时期人民检察院证据制度建设的进展可以看出，人民检察院针对近年来发现的冤错案件中暴露出来的问题，认真分析原因、总结教训，进一步完善了对违法侦查行为的监督机制。诚如最高人民检察院2007年年度工作报告中所指出的："健全对侦查取证活动的监督机制。强调在办理侦查机关移送的刑事案件中，要更加注重对证据合法性的审查，及时监督纠正违法取证

行为，坚决排除刑讯逼供获取的言词证据，保障无罪的人不受刑事追究。”[1]这也是党的十七大报告提出的全面落实依法治国基本方略、加快建设社会主义法治国家进程的行动纲领的要求，是深化司法体制改革，建设公正、高效、权威的社会主义司法制度的体现。

（三）公安机关证据制度建设

公安机关是行使侦查权的主要机关，它负责大部分刑事案件的侦查工作。[2]公安机关均设置在各级人民政府之中，在中央，国务院下面有公安部；省、自治区、直辖市的人民政府设有公安厅（局）；地区行政公署和自治州、省辖市的人民政府设有公安局（处）；县、自治县和不设区的市的人民政府设有公安局，市辖区的人民政府设有公安分局。公安机关隶属于同级人民政府，受双重领导：既受同级政府的领导，同时受上级公安机关的领导。

侦查程序是指公安机关、人民检察院在办理案件过程中，依照法律进行的专门调查工作和有关的强制性措施。侦查是公诉案件的必经程序，是公诉案件立案之后提起公诉之前的一个独立诉讼程序，有着独立的诉讼任务，侦查是发现和揭露犯罪的重要阶段，是提起公诉和审判的基础与前提。侦查程序的特征是：①侦查是法定机关的职权行为，其他机关、团体和个人无权行使。具体说来，公安机关、国家安全机关、人民检察院、军队内部保卫部门和监狱是享有侦查权的主体。②侦查活动的内容有两个方面，一是专门调查工作，即侦查机关为发现和收集证据，查明案件事实所进行的诉讼活动，包括讯问犯罪嫌疑人、询问证人、勘验、检查、搜查、扣押物证、书证、鉴定、通缉等活动；二是有关的强制性措施，是指为保证专门调查工作的顺利进行，侦查机关在必要时采取的诸如搜查、扣押等强制性方法，以及采取的取保候审、监视居住、拘留、逮捕等强制措施。③侦查必须严格依法进行。④侦查具有内容的秘密性和形式的公开性特征。

公安机关在刑事侦查程序中处于“守门人”的地位，是打击犯罪的第一道防线。在证据制度建设中，公安机关的地位举足轻重，其对证据的收集和“加工”，直接影响到案件事实的认定。同时，在一些非刑事诉讼领域，公安

---

〔1〕 2007年3月13日最高人民检察院检察长贾春旺在第十届全国人民代表大会第五次会议上所作的报告。

〔2〕 在我国，享有刑事侦查权的机关共计包括：公安机关、国家安全机关、检察机关、军队保卫部门、监狱和海关走私犯罪侦查部门共六类。除此之外，任何机关、组织和个人都无权行使侦查权。

机关的业务活动也涉及证据问题。

改革开放30年来，公安证据制度建设可以分为以下三个阶段：

1. 公安机关证据制度初建时期（1978～1997年）

1979年以后，随着《刑法》、《刑事诉讼法》的颁布，公安机关相继发布了关于证据制度的若干规定，公安机关证据制度初步形成，参见下表：

	相关法规名称	发布时间
1	民用爆炸物品管理条例（国发［1984］5号）	1984年1月6日
2	看守所条例（国务院令第52号）	1990年3月17日
3	道路交通事故处理办法（国务院令第89号）	1991年9月22日
4	计算机信息系统安全保护条例（国务院令第147号）	1994年2月18日
5	公民出境入境管理法实施细则	1994年7月15日
6	计算机信息网络国际联网管理暂行规定（国务院令第195号）	1996年2月1日
7	城市道路管理条例（国务院令第198号）	1996年6月4日
8	公安机关督察条例（国务院令第220号）	1997年6月20日
9	中国公民出国旅游管理办法（国务院令第354号）	2002年5月27日

	相关的规范性文件名称	发布时间
1	城市人民警察巡逻规定（公安部令第17号）	1994年2月25日
2	公安机关人民警察抚恤办法（公发［1996］18号）	1996年11月19日

	公安部相关文件名称	发布时间
1	港口治安管理规定（公安部令、交通部令第3号）	1989年3月4日
2	仓库防火安全管理规则（公安部令第6号）	1990年4月10日
3	高层居民住宅楼防火管理规则（公安部令第11号）	1992年10月12日
4	高速公路交通管理办法（公安部令第20号）	1994年12月22日
5	公安机关受理控告申诉暂行规定（公安部令第21号）	1995年5月1日
6	典当业治安管理办法（公安部令第26号）	1995年5月30日
7	中华人民共和国机动车驾驶员考试办法（公安部令第29号）	1996年6月1日

续表

	公安部相关文件名称	发布时间
8	机动车辆安全技术检测站管理办法（公安部令第2号）	1996年6月3日
9	建筑工程消防监督审核管理规定（公安部令第30号）	1996年10月16日
10	计算机信息网络国际联网安全保护管理办法（公安部令第33号）	1997年12月16日
11	计算机信息系统安全专用产品检测和销售许可证管理办法（公安部令第32号）	1997年12月12日
12	公安机关警务督察队工作规定（公安部令第31号）	1997年9月14日

公安机关作为主要侦查机关，参与侦查程序，承担控诉准备职能。根据1979年制定、1996年修订的《刑事诉讼法》，公安机关涉及的证据法律问题主要包含以下几个方面：

（1）立案证明标准。刑事诉讼中的立案，是指公安机关、人民检察院或者人民法院对自己发现的案件材料或报案、控告、举报、自首等材料，依照各自的管辖范围进行审查，以判明有无犯罪事实存在和是否需要追究刑事责任，并决定是否将案件交付侦查和提交审判的诉讼活动。立案作为刑事诉讼开始的标志，是每一个刑事案件都必须经过的法定阶段，是决定是否开展侦查或审判的关键步骤，只有经过立案这个法定程序，侦查和审判活动才有依据。刑事诉讼中的立案有以下特征：①立案是刑事诉讼活动的开始，是刑事程序启动的前提；②立案是法定机关如公安机关、人民检察院和人民法院进行的一种诉讼活动；③立案在刑事诉讼中具有一定的独立性；④立案是刑事案件的必经程序，是侦查、起诉、审判活动的合法依据。

立案的意义包括：①刑事诉讼的开端和必经程序，能够保障刑事诉讼一开始就依法进行，做到依法立案；②公安、司法机关依法进行侦查、起诉和审判的前提；③公安、司法机关正确、及时地作出立案和不立案的决定，有利于迅速揭露犯罪、证实犯罪和惩罚犯罪，保障无罪的人不受刑事追诉，保护公民的合法权益；④通过立案，公检法机关可以分析研究不同时期的犯罪情况和犯罪动向，总结犯罪特点和规律，提出相应对策，指导司法实践，制止和预防犯罪，有利于加强社会治安综合治理。

立案的证明标准，是指公安、司法机关在决定是否立案时掌握的准则和尺度。1996年《刑事诉讼法》第86条规定:“人民法院、人民检察院或者公安机关对于报案、控告、举报和自首的材料,应当按照管辖范围,迅速进行审查,认为有犯罪事实需要追究刑事责任的时候,应当立案;认为没有犯罪事实,或者犯罪事实显著轻微,不需要追究刑事责任的时候,不予立案,并且将不立案的原因通知控告人。控告人如果不服,可以申请复议。”根据这条规定,立案必须同时具备两个条件:一是事实条件。立案的事实条件,是“认为有犯罪事实存在”,这里的有犯罪事实,既包括已经发生的,也包括正在发生或将要发生的。“有犯罪事实存在”是立案的客观事实基础。二是法律条件。所谓法律条件,就是“需要追究刑事责任”,也就是指根据刑事法律规定,对实施犯罪的行为人有追究刑事责任的必要,并需要启动侦查、起诉、审判程序等。对于依照法律规定不需要追究刑事责任的,即只要属于《刑事诉讼法》第15条规定的情形之一的,公安、司法机关就不应当追究刑事责任,不予立案,即使已经立案的,也应当撤销案件。

可见,立案的证明标准是“有犯罪事实需要追究刑事责任”,不需要达到“犯罪事实清楚,证据确实、充分”的程度,它是一种程序性的要求,只要认为“有犯罪事实”发生、需要追究刑事责任就应当立案。

(2)侦查终结的证明标准。侦查终结是指公安机关、检察机关对于自己立案侦查的案件,经过一系列的侦查活动,认为案件事实已经查清,需要收集的证据都已收集,对犯罪嫌疑人的讯问已经结束,根据已掌握的证据足以认定犯罪嫌疑人是否有罪以及应否对其追究刑事责任,由此而决定终结侦查程序,并对案件依法作出处理的一种诉讼活动。

侦查终结标志着侦查程序的结束,及时地侦查终结,可以为人民检察院提起公诉、人民法院审判奠定基础,也可以为无罪的人和依法不应当受到刑事追究的人不受刑事追究提供根据。侦查终结的结果主要有两种:一是通过侦查活动,对于犯罪事实已经查清,证据确实充分,依法需要追究刑事责任的,将案件移送检察机关处理;二是在侦查过程中,发现对犯罪嫌疑人不应追究刑事责任的,应终结侦查程序。

关于侦查终结的证明标准,1996年《刑事诉讼法》第129条规定:“公安机关侦查终结的案件,应当做到犯罪事实清楚,证据确实、充分,并且写出起诉意见书,连同案卷材料、证据一并移送同级人民检察院审查决定。”第130条规定:“在侦查过程中,发现不应对犯罪嫌疑人追究刑事责任的,应当撤销案件；犯罪嫌疑人已被逮捕的，应当立即释放，发给释放证明，并且通知原批准逮捕的人民检察院。”由此，侦查终结的证明标准必须具备以下三项条件：一是案件事实清楚。包括犯罪嫌疑人有罪或无罪的全部事实、情节已经查清，有关犯罪的时间、地点、行为手段、过程与结果等犯罪过程的各要素也已查清。二是证据确实、充分。证据确实是指要求侦查机关获得的证据必须是真实可靠的，证据充分则要求侦查机关收集的证据要达到一定的量，足以证明所认定的有罪或者无罪的事实。三是法律手续完备。在侦查活动中，对于各种诉讼文书，如拘留证、逮捕证、搜查证等必须全部具备，严格文书登记制度，做到法律手续完备。

《刑事诉讼法》在修订前后都将公安机关侦查终结和检察机关提起公诉的证明标准界定为“犯罪事实清楚，证据确实、充分”，这是刑事定罪的最高标准。我们认为，这种和法院判决同等的极高的证明标准，是很难达到的，也没有体现证明的规律性。应当根据不同的诉讼阶段确定证明标准：可以将侦查终结的证明标准界定为“高度盖然性”，比如达到70%的程度就可以侦查终结；检察院提起公诉的标准是“清楚和有说服力的证据”，比如能够证明有80%的犯罪可能性就提起公诉；那么法院的判决有罪的标准是“确信无疑”，比如认为有95%的可能性就可认定有罪。

（3）关于单位保卫处科在查破案件时收集的证据材料效力问题。根据1982年7月6日最高人民法院、最高人民检察院、公安部公布的《关于机关团体和企业事业单位保卫处科在查破案件时收集的证据材料可以在刑事诉讼中使用的通知》的规定，县（市辖区）直属以上的机关、团体、企业、事业单位保卫处、科，在公安机关指导下，查破一般反革命案件和其他一般刑事案件时，可以依法进行现场勘查、询问证人、讯问被告人、追缴赃款赃物的工作。对于需要逮捕或应当移送起诉的案件（不含由人民检察院直接受理的案件），保卫处、科应将案卷连同通过上述工作所获取的证据材料，一并报送县以上公安机关审核同意后，由公安机关提请人民检察院审查决定。保卫处、科依照法定程序所获取的证据材料，可以在刑事诉讼中使用。

2. 公安机关证据制度形成时期（1998～1999年）

随着1996年《刑事诉讼法》的修订，公安部于1998年5月发布施行了《公安机关办理刑事案件程序规定》等法规，对公安机关收集、调取证据的行为、范围以及证据保存等问题进行了规范，详细规定了公安机关讯问犯罪嫌疑人、询问证人、被害人、勘验、检查、搜查、扣押物证、书证、查询、冻结存款、汇款、鉴定、辨认和通缉等侦查行为的要求，这标志着公安机关证据制度正式形成。

(1)《公安机关办理刑事案件程序规定》，在“证据”一章中要求：

第一，公安机关向有关单位和个人收集、调取证据时，应当告知其必须如实提供证据。对于涉及国家秘密的证据以及获取犯罪证据的技术侦查措施，应当保守秘密。

第二，凡是伪造证据、隐匿证据或者毁灭证据的，都必须受法律追究。公安机关向有关单位和个人调取实物证据，应当经县级以上公安机关负责人批准，开具《调取证据通知书》。被调取单位、个人应当在通知书上盖章或者签名，拒绝盖章或者签名的，公安机关应当注明。公安机关向有关单位收集、调取的书面证据材料，必须由提供人签名，并加盖单位印章；公安机关向个人收集、调取的书面证据材料，必须由本人确认无误后签名或者盖章。凡是知道案件情况的人，都有作证的义务。生理上、精神上有缺陷或者年幼，不能辨别是非，不能正确表达的人，不能作证人。对于证人能否辨别是非，能否正确表达，必要时可以进行审查或者鉴别。公安机关应当保障证人及其近亲属的安全。对证人及其近亲属进行威胁、侮辱、殴打或者打击报复，构成犯罪的，依法追究刑事责任；尚不够刑事处罚的，依法给予治安管理处罚。

第三，需要查明的案件事实包括：①犯罪嫌疑人的身份；②立案侦查的犯罪行为是否存在；③立案侦查的犯罪行为是否为犯罪嫌疑人实施；④犯罪嫌疑人实施犯罪行为的动机、目的；⑤实施犯罪行为的时间、地点、手段、后果以及其他情节；⑥犯罪嫌疑人的责任以及与其他同案人的关系；⑦犯罪嫌疑人有无法定从重、从轻、减轻处罚以及免除处罚的情节；⑧其他与案件有关的事实。收集、调取的书证应当是原件。取得原件有困难或者因保密工作需要的，可以是副本或者复制件。收集、调取的物证应当是原物。原物不便搬运、保存或者依法应当返还被害人的，可以拍摄足以反映原物外形或者内容的照片、录像。书证的副本、复制件，视听资料的复制件，物证的照片、录像，应当附有关制作过程的文字说明及原件、原物存放处的说明，并由制作人签名或者盖章。

可以说，《公安机关办理刑事案件程序规定》关于证据的专门规定，与《刑事诉讼法》第五章“证据”相比，并没有多大的创新性，基本是沿用了

《刑事诉讼法》的内容。

（2）1996年公安部《关于贯彻实施刑事诉讼法有关问题的通知》和1998年《关于严格执行刑事诉讼法、刑法有关问题的通知》，其中与证据法律相关的要求主要有：

第一，明确案件管辖分工，加强侦查、预审配合。1996年修订后的《刑事诉讼法》对公、检、法三机关刑事案件的管辖分工作了较大的修改，公安机关管辖的立案侦查任务增多。由于新的《刑事诉讼法》把收容审查对象纳入了刑事强制措施对象中，修改了逮捕和拘留的条件，大量的侦查工作将在拘捕后进行，侦查和预审部门在办理刑事案件中的分工，原则上是从各地实际情况出发，预审部门可从刑事拘留开始受案，办案条件不具备的，也可以从提请逮捕开始受案。批准逮捕后的办案工作由预审部门负责。各地均适当调整了侦查和预审部门的办案力量，加强了侦查、预审的配合和协调工作。

第二，准确运用拘传、取保候审和监视居住等强制措施。1996年修订后的《刑事诉讼法》对传唤、拘传、取保候审和监视居住的条件、时限和执行的方法等作了明确规定。这就要求各地公安机关严格依法办案，杜绝以连续传唤、拘传、监视居住的形式变相拘禁犯罪嫌疑人。对于不在本地而又不需要逮捕、拘留的犯罪嫌疑人，须按照规定将其传唤到犯罪嫌疑人所在的市、县内指定地点或者其住处进行讯问。执行监视居住应当严格按照法律的规定，禁止将被监视居住的犯罪嫌疑人关押在羁押场所或公安机关，更不能设立专门的监视居住场所。

第三，严格依照法定程序办理刑事案件。各级公安机关在侦查办案工作中必须重证据，重调查研究，不轻信口供，严格依照法定程序全面收集证据和充分运用证据，严禁刑讯逼供。对犯罪嫌疑人采取强制措施时，要严格按照刑事诉讼法规定的条件、对象、范畴及期限的规定执行，杜绝超期羁押。对犯罪嫌疑人采取强制措施后，办案部门必须在法定时限内进行讯问和调查，发觉不应当拘留、逮捕的，应当立即依法释放；对需要变更强制措施的，必须在法定拘留、逮捕期限内作出变更决定。对犯罪嫌疑人决定监视居住的，应当在犯罪嫌疑人的住处进行，无固定住处的，必要时能够由公安机关指定其不得离开的居所，严禁在看守所、治安拘留所、留置室等场所执行监视居住。

3. 公安机关证据制度发展时期（2000～2008年）

这一阶段，与公安机关证据制度有关的法律、法规和规章等数量庞大、种类繁多，标志着公安机关证据制度向精细化、部门化方向发展。这里选取一些与公安机关证据制度建设直接相关的规范性文件，参见下表：

	与公安机关证据制度相关的规范性文件名称	发布时间
1	公路巡逻民警中队警务规范（公安部令第58号）	2000年3月4日
2	110接处警工作规则	2003年4月30日
3	公安机关适用继续盘问规定（公安部令第75号）	2004年7月12日
4	交通警察道路执勤执法工作规范	2005年11月14日
5	公安机关执行《中华人民共和国治安管理处罚法》有关问题的解释（公通字［2006］12号）	2006年1月23日
6	公安机关执行《中华人民共和国治安管理处罚法》有关问题的解释（二）（公通字［2007］1号）	2007年1月26日
7	信息安全等级保护管理办法（公通字［2007］43号）	2007年6月22日

	公安部与证据制度相关的文件名称	发布时间
1	公安机关办理行政复议案件程序规定（公安部令第65号）	2002年11月2日
2	公安机关办理行政案件程序规定（公安部令第68号）	2003年8月26日
3	道路交通安全违法行为处理程序规定（公安部令第69号）	2004年4月30日
4	公安机关适用继续盘问规定（公安部令第75号）	2004年7月12日
5	互联网安全保护技术措施规定（公安部令第82号）	2005年12月31日
6	公安机关鉴定机构登记管理办法（公安部令第83号）	2005年12月29日
7	公安机关鉴定人登记管理办法（公安部令第84号）	2005年12月29日
8	公安机关人民警察证使用管理规定（公安部令第81号）	2005年12月6日
9	公安机关办理行政案件程序规定（公安部令第88号）	2006年8月24日
10	看守所留所执行刑罚罪犯管理办法（公安部令第98号）	2008年2月29日
11	公安机关办理刑事案件程序规定修正案（公安部令第95号）	2007年10月25日
12	公安机关人民警察证使用管理规定（公安部令第97号）	2008年2月28日
13	《道路交通事故处理程序规定》（公安部令第104号）	2008年8月27日
14	《道路交通安全违法行为处理程序规定》（公安部令第105号）	2008年12月20日

（1）2004 年 7 月，公安部《公安机关适用继续盘问规定》，对继续盘问提出了如下要求：

第一，对有违法犯罪嫌疑的人员当场盘问、检查后，不能排除其违法犯罪嫌疑，且具有下列情形之一的，人民警察可以将其带至公安机关继续盘问：①被害人、证人控告或者指认其有犯罪行为的；②有正在实施违反治安管理或者犯罪行为嫌疑的；③有违反治安管理或者犯罪嫌疑且身份不明的；④携带的物品可能是违反治安管理或者犯罪的赃物的。

第二，对具有下列情形之一的人员，不得适用继续盘问：①有违反治安管理或者犯罪嫌疑，但未经当场盘问、检查的；②经过当场盘问、检查，已经排除违反治安管理和犯罪嫌疑的；③涉嫌违反治安管理行为的法定最高处罚为警告、罚款或者其他非限制人身自由的行政处罚的；④从其住处、工作地点抓获以及其他应当依法直接适用传唤或者拘传的；⑤已经到公安机关投案自首的；⑥明知其所涉案件已经作为治安案件受理或者已经立为刑事案件的；⑦不属于公安机关管辖的案件或者事件当事人的；⑧患有精神病、急性传染病或者其他严重疾病的；⑨其他不符合本规定所列条件的。

第三，对符合条件，同时具有下列情形之一的人员，可以适用继续盘问，但必须在带至公安机关之时起的 4 小时以内盘问完毕，且不得送入候问室：①怀孕或者正在哺乳自己不满 1 周岁婴儿的妇女；②不满 16 周岁的未成年人；③已满 70 周岁的老年人。对前述人员在晚上 9 点至次日早上 7 点之间释放的，应当通知其家属或者监护人领回；对身份不明或者没有家属和监护人而无法通知的，应当护送至其住地。继续盘问的时限一般为 12 小时；对在 12 小时以内确实难以证实或者排除其违法犯罪嫌疑的，可以延长至 24 小时；对不讲真实姓名、住址、身份，且在 24 小时以内仍不能证实或者排除其违法犯罪嫌疑的，可以延长至 48 小时。

（2）2007 年 10 月，公安部《公安机关办理刑事案件程序规定修正案》修改的内容主要有两点：①将第 331 条修改为："需要对外国人采取拘留、监视居住、取保候审的，应当由地（市）级以上公安机关负责人批准，并将有关案情、处理情况等于采取强制措施的 48 小时以内报告省级公安机关，同时通报同级人民政府外事办公室；需要对涉及国家安全的案件或者涉及国与国之间外交关系的案件以及其他重大、复杂案件中的外国人采取拘留、监视居住、取保候审的，应当由省级公安机关负责人批准，并将有关案情、处理情况等于采取强制措施的48小时以内报告公安部，同时通报同级人民政府外事办公室。”②将第332条第1款修改为：“地（市）级公安机关对外国人依法作出取保候审、监视居住决定或者执行拘留、逮捕后，应当在48小时内，将外国人的姓名、性别、入境时间、护照或者证件号码、案件发生的时间、地点及有关情况，涉嫌犯罪的主要事实，已采取的强制措施及其法律依据等报告省级公安机关。有关省、自治区、直辖市公安机关应当在规定的期限内通知该外国人所属国家的驻华使馆、领事馆，同时报告公安部。”

（3）在刑事案件立案的追诉标准方面，最高人民检察院、公安部先后于2001年4月和2008年3月颁布了《关于经济犯罪案件追诉标准的规定》、《关于经济犯罪案件追诉标准的补充规定》。2008年6月，最高人民检察院、公安部通过了《关于公安机关管辖的刑事案件立案追诉标准的规定（一）》，规定了99种案件的立案追诉标准，包括公安机关治安部门管辖的97种案件的立案追诉标准和公安机关消防部门管辖的2种案件。这是立案证明标准的权威性文件。

从总体上看，改革开放30年来，公安机关的证据制度建设有了很大发展，与部门业务结合性较强。就刑事诉讼证据而言，尚需进一步体系化，一些规定应当与最高人民法院、最高人民检察院的司法解释相衔接，树立“以审判为中心”的理念，因为公安机关收集的证据最终要接受法庭审判的检验。从世界各国法治建设的实践来看，公安机关的侦查行为应当接受司法审查，这有利于防止侦查权的滥用。同时，确立“诉讼证据”的观念，也是我国公安机关证据制度建设的方向。

四、30年司法鉴定制度建设综述

关于司法鉴定制度的外延，学者们从不同角度给出了许多差异很大的学理界定。一种是较为概括地将其界定为：包括司法鉴定管理制度、司法鉴定实施制度和司法鉴定意见适用制度等；[1] 另一种是较为具体地将其界定为：包括司法鉴定管理制度、司法鉴定协调机制、司法鉴定机构制度、司法鉴定

〔1〕 参见霍宪丹主编：《司法鉴定学》，中国政法大学出版社2010年版。

人制度、司法鉴定启动制度、司法鉴定程序制度、司法鉴定质证和认证制度等。[1]

我国司法鉴定制度发展的历史具有两个特点：一是司法鉴定制度完全依附于司法制度，缺乏独立的制度架构，也没有完全遵循司法鉴定科学技术发展的规律性；二是司法鉴定制度的发展史在2005年以前是以公检法各系统为主导，在条块分割、专业分工的基础上，形成的一种既相互制约又相互合作的制度。因此，我们拟采用以纵向系统为主、横向司法鉴定技术为辅的方法进行分析。

（一）人民法院司法技术工作制度建设

1. 改革开放前人民法院司法技术工作制度简要回顾

人民法院的司法技术工作是伴随着新中国审判制度的创立而诞生的。1951年9月3日中央人民政府委员会第十二次会议通过，9月4日中央人民政府公布的《中华人民共和国人民法院暂行组织条例》第2条规定，人民法院分为县级、省级人民法院和最高人民法院三级。第17条第2款规定："县级人民法院设法警、检验员，并得视需要设翻译员、法医。"第25条第2款规定："省级人民法院设法警若干人，并视需要设翻译员、法医、检验员。"这是新中国法律第一次确立了人民法院司法技术工作制度。

新中国成立初期的人民法院司法技术人员，主要来源于对国民党司法机关的接管留用。[2] 除了由这些留用的老技术人员"以师带徒"的形式培养专业技术人员之外，1953年司法部法医研究所开设了法医训练班，先后培养了3期法医专业技术人员共400名，其中有近百名分配至全国各省法院系统。另外，东北三省委托沈阳医学院培养了一批法医，其中也有分配到法院从事法医工作的。[3]

虽然我国较早就以国家立法形式确立了人民法院司法技术工作体制，但在较长时期内，并未出台系统的制度性规定。因此，对于建国初期人民法院

---

〔1〕 参见杜志淳、霍宪丹主编：《中国司法鉴定制度研究》，中国法制出版社2002年版，第11页。

〔2〕 参见"关于接管平津国民党司法机关之建议（1949年1月21日中央书记处通过）"，载中央档案馆编：《中共中央文件选集》（第十八册），中共中央党校出版社1992年版，第59~62页。从各地相关志书记载来看，该文件在各地军事管制委员会接管旧政权时普遍适用。

〔3〕 参见黄瑞亭主编：《中国近现代法医学发展史》，福建教育出版社1997年版，第213页。

司法技术工作的具体内容，只能根据一些文献资料进行粗略梳理，[1] 主要包括：相验案件（包括验尸、尸体解剖和验伤）、中毒嫌疑案检材采集、对外委托检验鉴定和法医文证审查等。其工作范围主要包括：[2] 人民法院依法径行调查、审判的刑事案件或重要民事案件，犯人死亡的检验，协助其他机关参与刑事现场、水中尸体、缢尸以及交通事故和不明原因死亡尸体的验尸，刑场验明正身等。

根据民国时期的法律，旧司法机关的法医等司法技术人员主要设置于各级法院检察厅，因此从旧政权接管的司法技术人员大部分留在了法院系统。1950 年起中央规定普遍建立司法机构，甲等县、特等县定编十余人，其中设检验员一人，负责检验当地的命案与伤害案，人员编制归刑事审判庭，后改属司法行政科等。[3]

伴随新中国审判制度创立而诞生的人民法院司法技术工作，与新中国审判制度的命运一样经过大约十年的发展。1957 年开始受到了反右、“大跃进”运动冲击而不断削弱。到十年浩劫时期，审判机关被彻底砸烂。[4] 人民法院司法技术工作几乎遭到灭顶之灾。从 1958 年开始，除个别地区法院如南昌中院、福州中院等还保留法医等技术人员之外，法院系统司法技术工作在全国范围内普遍下马。法医等司法技术人员一部分并入公安系统，一部分转行到

---

〔1〕 参见最高人民法院 1950 年 2 月 16 日发布的《对北京市人民法院 1949 年审判工作总结和该院组织机构及工作概况报告的批示》；1953 年 2 月 20 日最高人民法院发布的《关于严惩强奸幼女罪犯的指示》；卫生部发布的《解剖尸体规则》（卫教字［1957］739 号）；司法部检发《中毒嫌疑案采集检验材料时应注意的事项》（司干字［1953］2017 号）；1964 年 12 月 11 日最高人民法院办公厅《关于证物技术鉴定使用问题的函》；1950 年 2 月 22 日最高人民法院《对翼城县政府司法工作报告中请示薛凤娥、杨桂英命案问题和赵兰英军婚问题的批复》；等等。

〔2〕 参见《人民法院暂行组织条例》第 36 条；中央人民政府法制委员会代理主任委员许德珩：“关于《中华人民共和国人民法院暂行组织条例》的说明”，载《江西政报》1951 年第 23 期。1951 年 10 月 4 日最高人民法院发《关于办理杀人案件应当遵照的几项规定的通知》；1953 年 2 月 21 日最高人民检察署、公安部、司法部抄送《西北关于勘验劳改犯尸体的联合指示》（司行字［1953］231 号）；1954 年 9 月 7 日政务院发布的《劳动改造条例》第 54 条；1963 年 12 月 14 日最高人民法院《关于犯人死亡检验问题的批复》；黄瑞亭主编：《中国近现代法医学发展史》，福建教育出版社 1997 年版，第 213 页；等等。

〔3〕 喻胜来、曾宪斌：“地方法院司法技术部门性质与职能谈”，载刘家琛主编：《司法鉴定理论与实务》，人民法院出版社 2002 年版，第 57 页。

〔4〕 张培田、张华：《近现代中国审判检察制度的演变》，中国政法大学出版社 2004 年版，第 120 页。

医疗部门，一部分转入大学任教。[1] 1967年最高人民法院指示撤销法院法医配置。直到1972年全国法院开始相继恢复，部分法院才恢复了一部分法医技术工作。

2. 改革开放以来人民法院司法技术工作制度建设

人民法院司法技术工作制度建设30年的发展历程，大致可以分为三个阶段：

（1）法医技术阶段（1979~1986年）。人民法院司法技术工作制度的恢复重建，发端于1979年的《人民法院组织法》。该法第41条第2款规定："各级地方人民法院设法医"。分散在各处的法医等技术人员开始归队，并开始从医学院校毕业的本科生、研究生中招收新生力量，人民法院司法技术工作从队伍建设开始全面展开。随着1979年《刑法》和《刑事诉讼法》以及1982年《民事诉讼法（试行）》、1986年《民法通则》等法律的颁布，对人民法院司法技术工作提出了更高的要求。到1986年，已有28个高级人民法院、198个中级人民法院、570个基层人民法院配备了法医技术人员，总数达1032名；一些高、中级人民法院还相继建立健全了法医机构，开展了检验、复核、鉴定等项法医技术工作，为审判人员定罪量刑、解决民事和经济纠纷提供了科学依据，对避免冤假错案、保证办案质量发挥了重要作用。1986年12月最高人民法院《关于加强法院法医工作的通知》,[2] 第一次对人民法院法医技术工作的主要任务和职责范围、法医机构和人员配备、法医技术人员的技术职务、法医技术人员的培训和加强技术装备等方面进行了较系统的规定，明确了其发展的路线图和时间表。这个纲领性文件使人民法院司法技术工作进入了一个高速发展阶段。

（2）法医技术—司法鉴定阶段（1987~2004年）。随着该通知的贯彻实施以及司法审判工作的需要，人民法院司法技术工作从人员培训到机构建设、从工作内容到服务范围、从检案实务到学术研究都得到了很大发展。到1997年，全国人民法院已有法医等司法技术人员2503名，共有1133个法院设置了法医技术机构。[3] 根据不完全统计，1986~1999年，全国法院系统司法鉴

〔1〕 黄瑞亭主编：《中国近现代法医学发展史》，福建教育出版社1997年版，第213页。

〔2〕 法（司）发［1986］34号。

〔3〕 黄瑞亭主编：《中国近现代法医学发展史》，福建教育出版社1997年版，第215页。

定机构共承担专门性审查或司法鉴定工作刑事案件84.2万件，民事案件192.2万件，其他方面案件62万件。[1] 2001年11月最高人民法院《人民法院司法鉴定工作暂行规定》和2002年3月最高人民法院《人民法院对外委托司法鉴定管理规定》，对人民法院司法鉴定和对外委托工作作了系统规范。

（3）鉴定委托与技术审核阶段（2005～2008年）。2005年全国人民代表大会常务委员《关于司法鉴定管理问题的决定》第7条第2款规定："人民法院和司法行政部门不得设立鉴定机构。"从法律层面对人民法院司法技术部门实施司法鉴定的职能作出了禁止。2005年7月，最高人民法院印发《关于贯彻落实〈全国人大常委会关于司法鉴定管理问题的决定〉做好过渡期相关工作的通知》。[2] 2006年9月，最高人民法院《关于地方各级人民法院设立司法技术辅助工作机构的通知》[3] 规定，最高人民法院在司法行政装备管理局增设司法辅助工作办公室，高级人民法院与中级人民法院应根据实际工作需要设立独立建制的司法技术辅助工作机构，为审判工作和执行工作提供技术保障服务。有条件的基层人民法院，可以根据工作需要设立相应机构。司法技术辅助工作机构的职责是：①为本院和下级人民法院审判工作提供技术咨询、技术审核服务。对法官提出的涉案技术问题进行解释或者答复，对送审案件中的鉴定文书及相关材料进行审查，提出审核意见；②负责统一办理对外委托鉴定、评估、审计、拍卖等工作，严格对外委托工作程序和制度规范；③负责死刑执行中的技术监督、指导和确认死亡工作；④负责司法技术辅助工作的调研及技术培训工作；⑤负责监督、指导下级人民法院的司法技术辅助工作。这标志着人民法院司法技术部门正式向鉴定委托、技术咨询与审核等职能转型。2007年8月，最高人民法院办公厅印发了《技术咨询、技术审核工作管理规定》，[4] 对技术咨询、技术审核工作作出了具体规范。

（二）检察机关司法鉴定工作制度建设

1. 改革开放前检察机关司法鉴定工作制度简要回顾

1951年9月发布的《中央人民政府最高人民检察署暂行组织条例》，是

---

〔1〕 何颂跃："《人民法院司法鉴定工作暂行规定》的理解与适用"，载《人民司法》2002年第5期。

〔2〕 法发［2005］12号。

〔3〕 法发［2006］182号。

〔4〕 法办发［2007］5号。本规定自2007年9月1日施行。

新中国第一个检察制度的专门法例，奠定了新中国检察制度的雏形。[1] 根据该条例，新中国检察制度废除了过去的审检并署结构，采用审检并立且检察机关独立的体制。在经过几年良性发展后，1957 年下半年开始，新中国检察制度受到“左”倾思想的严重冲击。1968 年 12 月根据毛泽东批转的《关于撤销高检院、内务部、内务办三个单位，公安部、高法院留下少数人的请示报告》，最高人民检察院、地方各级人民检察院及军事检察院先后被撤销。

新中国检察制度从创立、发展到很快受到冲击被取消的同时，其组织机构建设也受到严重的影响。从现有资料来看，新中国成立初期检察系统并无法医等技术人员。直到 20 世纪 50 年代中期，司法部法医研究所先后培养了三期法医技术人员后，部分人员才被分配到检察系统，成为新中国检察系统司法技术工作的创建人。[2] 检察机关被撤销后，检察机关的司法技术人员或合并到公安机关或转行、流失。

2. 改革开放后检察机关司法鉴定工作制度的发展

“文革”十年，中国检察制度曾一度沉寂。1978 年《宪法》规定了其法律监督的职能，使人民检察院重获新生。1979 年，《人民检察院组织法》与《刑事诉讼法》同时通过，揭开了检察制度重建和发展的崭新一页。随后新中国检察制度经历了恢复重建、稳固发展和纵深改革三个阶段。[3] 检察机关的司法鉴定工作，作为检察制度的有机组成部分，也在这个发展进程中重获新生和发展。其经历了从探索和开展刑事技术工作，到结合检察工作特点建设有特色的检察技术工作，[4] 再到开展司法鉴定工作，提供、审查技术性证据及承担检察机关信息化建设任务的演变过程。

（1）刑事技术阶段（1978～1988 年）。1978 年检察机关恢复重建以后，一些省、地市检察院，为履行检察机关法律监督职能，根据检察工作的实际需要，借鉴公安系统开展刑事侦查技术工作的经验，积极探索开展了检察机

---

〔1〕张培田、张华：《近现代中国审判检察制度的演变》，中国政法大学出版社 2004 年版，第 297 页。

〔2〕参见黄瑞亭主编：《中国近现代法医学发展史》，福建教育出版社 1997 年版，第 215～216 页。

〔3〕参见何勤华主编：《检察制度史》，中国检察出版社 2009 年版，第 416～434 页。

〔4〕李晓钟、郭维钧：“浅谈检察技术工作的发展历程与基本经验”，载《内蒙古检察》2003 年第 1 期。

关刑事技术工作。1985年，最高人民检察院在大连召开“全国检察系统刑事技术工作座谈会”，对这些做法进行了总结和推广，并形成了《关于检察机关刑事技术工作建设的意见》这样一个纲领性文件。以上述文件为指引，检察机关刑事技术工作开始走上制度化、规范化的轨道。1988年1月，最高人民检察院《人民检察院法医工作细则（试行）》和《人民检察院文件检验工作细则（试行）》的发布，标志着检察机关法医与文件检验制度的初步形成。[1]

（2）检察技术阶段（1989～2004年）。随着各级检察机关刑事技术工作的深入开展，人们对检察机关刑事技术工作的认识逐步明晰、深化，认为探索和建设具有检察特色的技术工作是检察机关技术工作今后发展的方向。于是，在20世纪80年代末，检察机关刑事技术工作统一改称检察技术工作，并总结形成自身三大特点：一是在体制上，检察技术工作是检察机关履行法律监督职能的一项必不可少的专门业务工作，检察技术部门是检察机关的一个重要的业务部门。二是在职能上，检察技术工作具有提供技术性证据和审查技术性证据的职能。这是由检察机关的法律监督总体职能决定的。检察技术工作不仅要为查处职务犯罪等自侦案件进行勘验取证、检验鉴定，还要对批捕、起诉、抗诉、申诉等法律程序中的有关技术性证据材料进行文证审查。三是在作用上，检察技术工作在各项检察业务工作中，发挥着提供技术支持和技术保障的作用。20世纪90年代初，在最高人民检察院党组的重视和关心下，最高人民检察院设立技术局，统一负责全国检察机关检察技术工作。[2]

1991年，最高人民检察院技术局召开首次全国检察技术工作会议。会议认真总结交流了1985年“大连会议”以来全国检察技术工作的情况和经验，讨论制定了最高人民检察院《关于加强检察技术工作的决定》、《全国检察机关技术工作五年建设规划》等文件，确定了今后全国检察技术工作的建设目标、指导思想和有关规定。1995年，最高人民检察院技术局召开第二次全国检察技术工作会议。会议确定今后一个时期检察技术工作的主要任务是：坚持检察工作方针，紧紧围绕反腐败查办大案要案，严厉打击严重刑事犯罪和加强执法监督三项检察工作重点，全面开展各项检察技术工作。2000年1月，

---

〔1〕张培田、张华：《近现代中国审判检察制度的演变》，中国政法大学出版社2004年版，第405～416页。

〔2〕李晓钟、郭维钧：“浅谈检察技术工作的发展历程与基本经验”，载《内蒙古检察》2003年第1期。

最高人民检察院作出《关于在大中城市加快科技强检步伐的决定》。同年9月，最高人民检察院召开全国检察机关科技强检工作会议，对加强检察技术工作提出了更明确的要求和部署。

（3）司法鉴定阶段（2005～2008年）。2005年全国人民代表大会常务委员会《关于司法鉴定管理问题的决定》第7条规定："侦查机关根据侦查工作的需要设立的鉴定机构，不得面向社会接受委托从事司法鉴定业务。人民法院和司法行政部门不得设立鉴定机构。"这是第一次从国家法律层面明确了检察机关设立司法鉴定机构的法律依据。2005年9月，最高人民检察院发布《关于贯彻〈全国人民代表大会常务委员会关于司法鉴定管理问题的决定〉有关工作的通知》，标志着检察机关技术工作司法鉴定阶段的到来。2006年11月，最高人民检察院《人民检察院鉴定机构登记管理办法》、《人民检察院鉴定人登记管理办法》和《人民检察院鉴定规则（试行）》的公布，标志着检察机关司法鉴定制度的正式确立。

（三）公安机关司法鉴定工作制度建设

1. 改革开放前公安机关司法鉴定工作制度简要回顾

我国全国性公安机关创建始于新中国成立前夕。[1] 1949年7月6日，中央人民革命军事委员会决定，以原华北局社会部（华北公安部）为基础，组建中央军委公安部。1949年9月8日，中央军委公安部正式办公。中华人民共和国成立后，根据具有临时宪法作用的《中国人民政治协商会议共同纲领》和《中央人民政府组织法》，建立了中央人民政府公安部，并相继撤销了中共中央社会部，统一了人民公安机关的领导。1949年10月，在北京召开了第一次全国公安会议（全国公安高级干部会议）。会议决定在各个大行政区设立公安部，省人民政府设立公安厅，中央直属市人民政府设公安局，专署设公安处，县设公安局，区设公安助理员，村设公安员。随后，大行政区的公安部一度改为公安局并在1954年6月撤销，1954年"中央人民政府公安部"改为"中华人民共和国公安部"。

公安部建部后，主管刑事侦查的治安行政局即着手规划我国的刑事科学技术的建设和发展。首先是完善公安部刑事技术管理机构。1950年，公安部

---

〔1〕参见王彦吉主编：《中国公安科技发展简史》，中国人民公安大学出版社2009年版，第10～11页。

治安行政局刑事侦察处内设立刑事科学技术组；1952年，改为刑事科学技术科；1955年，改设刑事科学技术室（处级）；1956年，单设刑事科学技术处，管理刑事科学技术工作；1955年底，成立侦察技术局（后改称技术侦察局，现公安科技局前身），标志着我国公安科技体系正式形成。其次是通过一系列与刑事科学技术相关的规章和规范性文件，使各级公安机关刑事科学技术建设步入法制化、规范化的轨道。

1955年，公安部发布《刑事科学技术三年规划》。该规划对公安部，各省、自治区、直辖市公安厅局，军队保卫部门和铁道公安系统的刑事科学技术工作和全国刑事科学技术培训等作出了明确要求和规划。1956年发布《刑事登记十指指纹分析法》和《关于罪犯十指指纹管理办法》，统一了全国的十指指纹卡片、捺印标准、分析存储和查对管理方法，建立了统一的罪犯指纹登记制度。

1960年8月13日，公安部发布新的《刑事科学技术三年规划（草案）》，要求在3年内（1960～1962年）建成一支又红又专的刑事科学技术队伍，充分发挥刑事技术在侦察破案中的作用。1962年公安部三局起草的《刑事科学技术工作细则》在内部试行（1978年11月正式发布），对刑事科学技术工作的性质、任务、适用范围、指导思想与工作原则，现场勘查、物证检验、指纹档案、警犬管理、技术预防、科学研究等工作内容，以及刑事科学技术工作制度等作出了明确规范。1964年制定《刑事科学技术鉴定送检规则（草案）》印发各地试行，对刑事科学技术鉴定的材料送检范围，各种痕迹物证的提取、包装、运送的正确方法，法律手续及必须遵循的原则作出了规定。

1966年6月，“文革”十年浩劫开始。在彻底砸烂公检法口号的煽动下，公安机关刑事科学技术遭到严重冲击。新中国成立17年积累的科技资源和成果几乎丧失殆尽，公安科技事业遭受了毁灭性破坏。全国刑事科学技术工作陷入瘫痪状态。1970年6月3日，周恩来总理在公安部的一件请示上批示：技术侦察力量不能挂帅，也不能一律否定其作用，所谓技术“有百害而无一利”的说法，是一时偏激之言，不是辩证唯物主义。1971年3月，经周总理同意并提交中央政治局批准，公安部发出了《关于加强秘密侦察力量和使用技术侦察手段的通知》。该通知在一定程度上挽救了“文革”以来遭受严重破坏的侦察队伍和侦察工作，公安科技得到了部分恢复。[1] 1971年3月29日，经周总理批示，恢复了技术侦察工厂，并定名为公安部329厂（公安部第一研究所的前身）。1972年12月，经国务院批准恢复公安部沈阳民警干部学校，改名为公安部人民警察干部学校。以后中央政法干校及各地公安院校也相继得以恢复。在“文革”后期，公安部治安局重建了科学技术处，部分恢复了对全国公安机关科学技术工作的指导。

2. 改革开放后公安机关司法鉴定工作制度的发展

党的十一届三中全会后，公安机关迅速进行拨乱反正，从中央到地方各级公安机关都着手恢复和发展刑事科学技术工作。其发展历程大致可以分为刑事科学技术阶段和司法鉴定阶段两个阶段。

（1）刑事科学技术阶段（1979～2005年）。1972年12月6日，经国务院批准恢复了刑事科学技术研究所，定名为公安部126研究所。1982年7月，经财政部、国家科委批准，公安部在126所法医和毒物化学两个研究室的基础上组建法医研究所。1984年，公安部1129研究所的两个业务室并到126所，组建公安部第二研究所（1996年7月，改名为公安部物证鉴定中心）。1981年11月25日，经国务院批准，成立中国刑事警察学院，招收本科生，由公安部和辽宁省实施双重领导，以公安部的领导为主。1984年1月3日，经国务院批准，中央人民公安学院改名为中国人民公安大学。1983年，公安部治安局改为刑侦局，重新组建了刑事科学技术处。各地公安机关也相继恢复了刑事科学技术处、科、所，大批技术干部调回复职，实验室重建，原有仪器设备重新安装，各地又投资补充了一批急需的仪器，档案也重新整理复建。在不到三年的时间里基本上恢复到了“文革”前的水平。经过上述调整和改制，公安部形成了业务指导、科研办案、培育培训“三位一体”的中国特色刑事科学工作体制。

在刑事科学技术工作规划指导方面，公安部1982年发布的《关于加强三级技术点工作的通知》，1986年11月发布的《刑事技术三级点的职责和技术人员的岗位责任制度（试行）》，1990年3月发布的《刑事技术二级点的职责和技术人员的岗位责任制度（试行）》等文件，对全国地方公安机关的刑事科

[1] 参见王彦吉主编：《中国公安科技发展简史》，中国人民公安大学出版社2009年版，第36页。

学技术工作进行统一规划和指导。很短时间里，便基本在全国构筑起上下贯通、左右横通、分级鉴定、逐级复核的刑事科学技术网络。[1]

在刑事科学技术机构建设方面，2002 年 8 月，公安部政治部发布《关于进一步明确刑事科学技术机构职责、统一称谓和规范内部设置的通知》。对刑事科学技术机构职责、称谓和内容设置等的规范提出了明确要求。该通知规定地方各级公安机关刑事科学技术机构的职责是：现场勘验、检验鉴定、管理指导、科学研究、技术培训、基础业务建设和信息服务等。各省级公安机关刑事科学技术机构的称谓为“刑事科学技术研究管理中心”，检验鉴定工作对外可加挂“物证鉴定中心”的牌子；地市级公安机关刑事科学技术机构的称谓为“刑事科学技术研究所”，检验鉴定工作对外可加挂“物证鉴定所”的牌子；各县级公安机关刑事科学机构的称谓为“刑事科学技术室”，检验鉴定工作对外可加挂“公安局物证鉴定室”的牌子。

在刑事技术人员培养、技术装备改善、技术标准化建设和科研奖励等方面，1981 年开始，以公安部警察干部学校扩充改制后的中国刑事警察学院，公安部刑事科学技术研究所（即公安部物证鉴定中心），中国人民公安大学和各省市的警察院校作为培训基地，培训、培养了数万名技术专业干部。从 1995 年起，公安大学与公安部物证鉴定中心合作培养法医专业和物证技术方向的硕士研究生。除公安系统自己培养培训外，公安部、各省市的公安厅局还从社会上的科研院所、高等院校申请国家分配、招聘和引进了一大批博士、硕士毕业生充实刑事科学技术部门。从 2000 年到 2005 年，全国刑事科学技术人员由 2.1 万名增加到 3.3 万名，其中大专以上学历所占比例由 74.1% 上升到 91%，硕士由 123 名增加到 335 名，博士由 9 名增加到 36 名；具有高级专业技术职务资格的占 15.1%，具有和正在评定中级专业技术职务资格的占 24.6%。在刑事科学技术队伍中，有全国政法系统惟一的工程院院士、10 名全国公安科技英才、100 多名享受国务院颁发政府特殊津贴的专家、15 名身怀绝技、闻名全国的公安部特邀刑侦专家，900 名高素质的“青年人才”。[2] 公安机关基本拥有了一支较高层次的办案、科研、教学能力的刑事科学技术

---

〔1〕 参见刘文主编：《刑事科学技术总论》，中国人民公安大学出版社 2003 年版，第 72 页。

〔2〕 翟永太：“让利剑更锋利——全国公安刑事科学技术工作综述”，载《人民公安报》2006 年 9 月 26 日。

队伍。1986 年 5 月，最高人民法院、最高人民检察院、公安部、司法部联合印发《关于法医技术人员靠用〈卫生技术人员职务试行条例〉的实施细则》。1987 年 2 月，公安部印发刑事科学技术人员、侦察技术人员执行国家《工程技术人员职务试行条例》的两个规定（即《工程技术人员职务试行条例实施意见》和《关于执行〈工程技术人员职务试行条例〉的实施细则》），使公安科技队伍的正规化建设向前迈出了一大步。2004 年 7 月，人事部、公安部发布《关于在全国公安机关刑事科学技术、技术侦察队伍试行专业技术职位任职制度的通知》。[1] 根据该通知，全国公安机关刑事科学技术、技术侦察队伍开始试行专业技术职位任职制度。

在装备建设方面，据 2005 年资料，[2] 公安部和省、市、县公安机关刑事科学技术机构达 3560 个，具备法医、痕迹检验、理化检验、文件检验、影像技术、声纹检验、电子物证检验、心理测试、警犬技术等九大专业和上百个小专业。全国一半以上技术室达到公安部装备配备标准。公安部和许多省、市装备了多功能现场勘查车、紫外观察系统、大型比对显微镜、全波段和数字化照相录像系统、气（液）质联用仪、等离子发射光谱仪、环境扫描电镜、多功能文检仪、计算机语音工作站等先进仪器设备。全国建成 159 个 DNA 实验室，共装备 DNA 测序仪 168 台、自动化工作站 11 台。全国警犬存栏数 6477 头，工作网络初步形成，警犬使用领域逐步拓宽。高精尖装备增强了技术实力，使刑事科学技术部门的现场勘查和检验鉴定能力跃上一个新台阶。

在标准化建设方面，1986 年 12 月公安部发布《关于建立公安部标准化管理委员会的通知》，建立了公安部刑事科学技术标准化委员会，同时组建了各项专业标准委员会，负责制定国家刑事科学技术的各项专业标准。截止 2005 年，制定和发布了有关刑事科学技术工作的 12 个国家标准、91 个行业标准。

在科研奖励和理论研究方面，公安部制度了一系列奖励办法，坚持办案为主、科研为办案服务的宗旨，积极学习和引进国内外先进经验和新技术，针对办案中的难题，立项组织科研攻关，取得了数千项科研成果。刑事科学技术综合、专业研讨会和课题论证会已举办过数百次，发表了大批论文、专

---

〔1〕 国人部发［2004］67 号。

〔2〕 翟永太：“让利剑更锋利——全国公安刑事科学技术工作综述”，载《人民公安报》2006 年 9 月 26 日。

著。据2000年公安部刑事侦查局不完全统计,[1] 发表在省级以上刊物的论文3509篇，其中国际交流论文35篇。在各种综合性和专业研讨会上发表的论文超过8000余篇。刑事科学技术科研成果在实践推广应用方面也已经取得显著效果。

(2) 司法鉴定阶段（2006~2008年)。2005年底，公安部印发《关于贯彻落实全国人大常委会〈关于司法鉴定管理问题的决定〉进一步加强公安机关刑事科学技术工作的通知》。随后，2005年12月29日，公安部发布的《公安机关鉴定机构登记管理办法》[2] 和《公安机关鉴定人登记管理办法》,[3] 标志着公安机关鉴定制度正式从“职位制”进入了“资格制”。[4]

公安部《关于贯彻落实全国人民代表大会常务委员会〈关于司法鉴定管理问题的决定〉进一步加强公安机关刑事科学技术工作的通知》明确规定:“公安机关所属的鉴定机构和鉴定人不属于《决定》[5] 规定的‘司法鉴定机构’和‘司法鉴定人’的范畴，不在司法行政机关登记之列。”这产生了对《决定》不同理解的问题。对此，2008年1月中央政法委员会《关于进一步完善司法鉴定管理体制遴选国家级司法鉴定机构的意见》[6] 明确规定:“检察、公安和国家安全机关所属鉴定机构和鉴定人实行所属部门直接管理和司法行政部门备案登记相结合的管理模式”。根据这个意见，2008年11月，最高人民法院、最高人民检察院、公安部、国家安全部、司法部发布《关于做好司法鉴定机构和司法鉴定人备案登记工作的通知》[7]，对检察机关、公安机关、国家安全机关所属鉴定机构和鉴定人的管理模式、备案登记工作的程序和要求、备案登记工作的时间安排等作出了明确规定。2008年12月24日，公安部发布《关于公安机关鉴定机构加挂“司法鉴定中心”称谓的通知》,要求公安机关鉴定机构加挂“司法鉴定中心”的称谓。这个通知的发布，标

---

〔1〕 刘文主编:《刑事科学技术总论》，中国人民公安大学出版社2003年版，第75页。

〔2〕 公安部令第83号。本办法自2006年3月1日起施行。

〔3〕 公安部令第84号。本办法自2006年3月1日起施行。

〔4〕 所谓“职位制”，是指鉴定实施权的取得，因居于某种工作岗位而自动获得。如某人被分配到刑事技术部门工作，便自动获得实施鉴定的资格。“资格制”，则是指要取得某种鉴定实施权，必须要事先获得某种资格认证，如取得某种鉴定资格证书等。

〔5〕 该《决定》是全国人大常委会《关于司法鉴定管理问题的决定》的简称。——作者注

〔6〕 政法［2008］2号。

〔7〕 司法通［2008］165号。

志着公安机关的鉴定工作正式进入了司法鉴定阶段。

在此阶段，公安部还发布了一系列鉴定法规或含有鉴定内容的法规、规章。如《公安机关电子数据鉴定规则》[1]、《公安机关调查未知名尸体身份工作规定（试行）》[2]、《公安机关刑事案件现场勘验检查规则》[3]、《关于实行法医学人身伤情鉴定公开制度的通知》[4]、《公安机关办理伤害案件规定》[5]、《公安机关办理行政案件程序规定》[6]、《公安机关办理刑事案件程序规定修正案》[7]、《公安机关指纹信息工作规定》[8]等，对公安机关的司法鉴定工作进行了具体规范。

（四）国家安全机关司法鉴定工作制度建设

1993 年 2 月，七届全国人大常务委员会第三十次会议通过《中华人民共和国国家安全法》。[9] 该法第 6 条规定："国家安全机关在国家安全工作中依法行使侦查、拘留、预审和执行逮捕以及法律规定的其他职权。"第 10 条规定："国家安全机关因侦察危害国家安全行为的需要，根据国家有关规定，经过严格的批准手续，可以采取技术侦察措施。"1996 年修订的《刑事诉讼法》第 4 条规定："国家安全机关依照法律规定，办理危害国家安全的刑事案件，行使与公安机关相同的职权。"因此，国家安全机关属于法定的侦查机关。

2005 年 11 月，国家安全部、司法部发布《关于贯彻落实全国人民代表大会常务委员会〈关于司法鉴定管理问题的决定〉，进一步加强国家安全机关司法鉴定工作的通知》，[10] 对国家安全机关司法鉴定工作的性质，司法鉴定机

---

〔1〕 公信安［2005］281 号。本规则自颁布之日起施行。

〔2〕 公刑［2005］986 号。本规则自发布之日起施行。

〔3〕 公通字［2005］54 号。本规则自 2005 年 10 月 1 日起施行，1979 年 7 月 1 日颁布并实施的《公安部刑事案件现场勘查规则》同时废止。

〔4〕 公刑［2005］1735 号。

〔5〕 公通字［2005］98 号。本规则自 2006 年 2 月 1 日起施行。

〔6〕 公安部令第 88 号。本规定自公布之日起施行，2003 年 8 月 26 日《公安机关办理行政案件程序规定》同时废止。公安部其他规章对办理行政案件程序有特别规定的，按照特别规定办理；没有特别规定的，按照本规定办理。

〔7〕 公安部令第 95 号。本规则自 2007 年 12 月 1 日施行。

〔8〕 公通字［2007］71 号。本规定自 2008 年 1 月 1 日起施行。1980 年 5 月 7 日印发的公安部《关于犯罪分子和违法人员十指指纹管理工作的若干规定》同时废止。

〔9〕 主席令第 68 号公布。本规则自公布之日起施行。

〔10〕 国安发［2005］25 号。

构与司法鉴定人的案件受理范围、管理与监督模式、登记与公告的方式以及重新鉴定程序等作出了原则规定：

（1）国家安全机关的司法鉴定工作是我国司法鉴定工作的重要组成部分。国家安全机关根据侦查工作的需要，可以设立相应的司法鉴定机构，其司法鉴定人和司法鉴定机构主要为国家安全机关侦查工作服务，不得面向社会接受委托从事司法鉴定业务，在受理国家安全系统内部委托的司法鉴定业务时，不得收取任何费用。

（2）根据《决定》和全国人大常委会法工委《全国人大常委会〈关于司法鉴定管理问题的决定〉施行前可否对司法鉴定机构和司法鉴定人实施准入管理等问题的意见》，国家安全机关所属司法鉴定人和司法鉴定机构在不面向社会提供鉴定服务的前提下，可以接受司法机关、监察、海关、军队保卫部门以及行政执法机关委托的非诉或在诉讼中没有争议的鉴定业务。

（3）国家安全部作为国家安全机关司法鉴定人和司法鉴定机构的主管部门，负责对各省级国家安全机关司法鉴定工作进行业务领导。国家安全部应制定国家安全机关司法鉴定人和司法鉴定机构的登记管理办法。各省级国家安全机关依照国家法律规定，负责本单位司法鉴定人和司法鉴定机构的日常管理。各省级国家安全机关司法鉴定机构负责人由各省级国家安全机关提出拟任人选，经国家安全部司法鉴定工作主管部门审核批准后，由各厅局任命。

（4）国家安全部对国家安全机关司法鉴定人和司法鉴定机构进行监督管理，依据《决定》和有关司法鉴定人、司法鉴定机构准入条件，对各地国家安全机关的司法鉴定人资格和司法鉴定机构资质进行审查，加强对各地国家安全机关司法鉴定人和司法鉴定机构的队伍建设，定期进行技术考核、业务指导和工作评价、监督与检查。司法部对经国家安全部审查合格的司法鉴定人和司法鉴定机构进行核准登记，颁发有关资格认证的文件和证书。

（5）国家安全机关的司法鉴定人和司法鉴定机构实行单独的名册管理制度，名册仅载明国家安全机关司法鉴定人的姓名、执业证号，以及司法鉴定机构的名称、许可证号、联系人和联系电话。国家安全部与司法部共同制定、颁布《国家安全机关司法鉴定人和司法鉴定机构名册管理办法》。国家安全机关司法鉴定人和司法鉴定机构名册，在审判机关备案，不向社会公告。犯罪嫌疑人及其律师、被告人及其辩护人可以向国家安全机关和审判机关提出申请，查阅名册中与案件有关的内容。

（6）国家安全机关司法鉴定人和司法鉴定机构作出的鉴定意见在诉讼中发生争议，需要重新鉴定的，如涉及国家安全工作秘密，由审判机关指定列入司法鉴定人和司法鉴定机构名册的符合保密条件的司法鉴定人和司法鉴定机构进行鉴定。

2007年4月，国家安全部发布《国家安全机关司法鉴定人管理办法（试行）》和《国家安全机关司法鉴定机构管理办法（试行）》，进一步对国家安全机关的司法鉴定人和司法鉴定机构管理工作作出了具体规范。

（五）司法行政机关司法鉴定工作制度建设

1. 改革开放前司法行政机关主管的司法鉴定工作制度简要回顾

新中国成立伊始，根据具有临时宪法作用的《中国人民政治协商会议共同纲领》和《中央人民政府组织法》，建立了中央人民政府司法部。但自1949年到1978年改革开放前，司法行政机关主管的鉴定机构只有设在上海的司法部法医研究所（后改称司法部司法鉴定科学技术研究所）。因此，这里主要是对该研究所历史的回顾。

最早而且在相当长的时期也是最主要的鉴定教学、检案和科学研究机构，是我国现代法医学创始人林几教授受命于1932年8月1日在上海创建的“司法行政部法医研究所”。1949年6月上海解放后，上海市军管会将该所附属于上海市人民法院；1951年10月，该所改为华东军政委员会司法部直接领导的“华东司法部法医研究所”；1953年8月又改为“最高人民法院华东分院法医研究所”；1955年7月又改为“中央司法部法医研究所”，同时又成立“司法鉴定科学研究所”，承担法医学和刑事技术的检验鉴定工作。〔1〕这也是汉语中第一次出现“司法鉴定”一词。〔2〕1959年4月28日，第二届全国人大一次会议通过了《关于撤销司法部、监察部的决议》。〔3〕同年冬，随着司法部被撤销，“司法部法医研究所”和“司法鉴定研究所”合并为“公安部刑事

〔1〕参见陈康颐：《应用法医学总论》，群众出版社1995年版，第314～319页。

〔2〕这里的“汉语”是指公共领域的正式书面语言。参见王世凡：“鉴定与司法鉴定概念的引入及其演进研究”，载《法律与医学杂志》2007年第2期。在非公共领域，有学者考证，在此前前苏联专家在我国举办的相关培训班讲义上曾盖有横行长条方章，其方章内容为“司法鉴定”。参见郭华：“司法鉴定理论研究的五十年历程回顾与评价”，载《中国司法》2008年第8期。

〔3〕“第二届全国人大一次会议关于撤销司法部、监察部的决议”，载《人民日报》1959年4月29日，第2版。

技术研究所”。1960年秋，“法医研究所”、“司法鉴定研究所”以及“公安部刑事技术研究所”均被撤销。[1] 至此，“司法鉴定”一词从我国司法体系中消失。

2. *改革开放后司法行政机关主管与登记管理的司法鉴定工作制度发展*

改革开放后，司法行政机关主管与登记管理的司法鉴定工作，可以大致划分为三个阶段，即仅主管司法鉴定科学技术研究所阶段、指导面向社会服务的司法鉴定工作阶段和登记管理面向社会服务的司法鉴定工作阶段。

（1）仅主管司法鉴定科学技术研究所阶段（1979～1998年）。1979年9月，五届全国人大常委会第十一次会议决定：“为了适用社会主义法制建设的需要，加强司法行政工作，设立司法部”。司法部恢复设立后，委托华东政法学院在上海复建“司法鉴定科学技术研究所”；1983年经国家科委批准才正式复建，全称为“司法部司法鉴定科学技术研究所”。[2] 这是“司法鉴定”一词第二次正式出现。该研究所在较长时期里成为全国唯一冠以“司法鉴定”名号的部委级科研机构。同时也是司法部唯一直接主管的独立于公检法机关的专职司法鉴定机构。[3]

在此阶段，司法部还批复一些高校和部门设立司法鉴定机构。如华东政法学院司法鉴定中心（1987年）[4]、西南政法大学司法鉴定中心（1987年）[5]、中国政法大学司法鉴定中心（1987年）[6]、中国人民大学物证技术鉴定中心（1989年）[7]、北京大学司法鉴定室（1991年）[8]、西北政法学院司法鉴定中心（1993年）[9]、北京华夏物证鉴定中心（1993年）[10]，等等。

（2）指导面向社会服务的司法鉴定工作阶段（1998～2004年）。1998年

---

〔1〕参见郑钟璇：“应用现代科学技术加强司法鉴定工作”，载《法学》1984年第11期；陈康颐：《应用法医学总论》，群众出版社1995年版，第318页。

〔2〕金光正：“必须加强司法鉴定工作”，载《政法论坛》1985年第4期。

〔3〕1983年3月1日，司发教字［1983］64号批准。

〔4〕1987年6月23日，司发教函字［1987］204号批准。

〔5〕1987年6月23日，司发教函字［1987］206号批准。

〔6〕1988年5月4日，司发教字［1988］105号批准。

〔7〕1989年4月6日，司发教函字［1989］091号批准。

〔8〕1991年1月24日，司发函［1991］022号批准。

〔9〕1993年4月2日，司发函［1993］123号批准。

〔10〕1993年7月2日，司发函［1993］254号批准。

6 月，国务院办公厅《关于印发司法部职能配置内设机构和人员编制规定的通知》,[1] 将“指导面向社会服务的司法鉴定工作”的职责赋予司法部，这标志着其指导面向社会服务的司法鉴定工作阶段的开始。司法部于 1999 年 6 月和 1999 年 8 月，分别发布《关于加强面向社会服务的司法鉴定职能的通知》[2] 和《关于组建省级司法鉴定协调指导机构和规范面向社会服务的司法鉴定工作的通知》[3]。2003 年 8 月，十届全国人大常委会第四次会议通过《中华人民共和国行政许可法》[4]。在该法施行前，2004 年 6 月 29 日《国务院对确需保留的行政审批项目设定行政许可的决定》[5]，保留了司法部和省级人民政府司法行政主管部门“面向社会服务的司法鉴定人执业核准”、“设立面向社会服务的司法鉴定机构审批”两项行政许可，在法律层面使司法行政机关“指导面向社会服务的司法鉴定工作”的具体职能更加明确。

从 1999 年起，凡经司法部批准的面向社会服务的司法鉴定机构，必须由司法部统一向社会公告。1999 年 7 月 14 日，司法部发布了《关于公告面向社会服务的司法鉴定机构的通知》,[6] 在其附件《关于面向社会服务的司法鉴定机构公告（第 1 号）》中，公布了司法部司法鉴定科学技术研究所、西南政法大学司法鉴定中心、华东政法学院司法鉴定中心、中国政法大学司法鉴定中心、中国人民大学物证技术鉴定中心、北京大学司法鉴定室、西北政法大学司法鉴定中心和北京华厦物证鉴定中心第一批共 8 家独立于公检法机关的“面向社会服务的司法鉴定机构”。[7] 将这些过去已经获得批准的司法鉴定机构在媒体上公告，“扩大了司法部作为全国面向社会服务的司法鉴定工作行业主管部门的影响”。[8]

2000 年 8 月，司法部发布《司法鉴定机构登记管理办法》[9] 和《司法鉴

---

〔1〕 国办发［1998］90 号。

〔2〕 司发通［1999］067 号。

〔3〕 司发通［1999］092 号。

〔4〕 中华人民共和国主席令第 7 号。本规则自 2004 年 7 月 1 日起施行。

〔5〕 国务院令第 412 号。本规则自 2004 年 7 月 1 日起施行。

〔6〕 司发通［1999］077 号。

〔7〕 参见《法制日报》1999 年 7 月 19 日。

〔8〕 参见“解放思想，开拓进取，努力开创司法鉴定工作新局面——刘飏副部长在全国面向社会服务司法鉴定工作会议上的报告”，载司法部法规教育司编：《司法鉴定研究文集》（第 1 辑），法律出版社 2001 年版，第 5 页。

〔9〕 司法部令第 62 号。本规则自 2000 年 10 月 1 日起施行。

定人管理办法》[1]，对司法鉴定机构与司法鉴定人登记管理事项作出具体规范；2000年11月发布《司法鉴定执业分类规定（试行）》[2]、2001年2月发布《司法鉴定许可证管理规定》[3]、2001年8月发布《司法鉴定程序通则（试行）》[4]、2002年5月发布《关于印发〈司法鉴定委托材料收领单（样式）〉、〈鉴定委托受理合同（样式）〉的通知》[5]，对相关事项进行具体规范。针对以上部门规章实施中产生的一些问题，司法部于2001年2月和6月分别发布《关于对如何理解〈司法鉴定机构登记管理办法〉第十一条规定的批复》[6] 和《关于对司法鉴定地方立法和司法鉴定管理制度性质问题的批复》[7]。

2002年3月，司法部发布《关于开展面向社会服务的司法鉴定机构年度检验工作的通知》，[8] 决定从2002年开始对面向社会服务的司法鉴定机构实行年度检验工作。随后，司法部发布《关于面向社会服务的司法鉴定机构公告（第2号）》，将通过2002年年度检验的司法部所批准设立的13家面向社会服务的司法鉴定机构及其人员予以公告，分别为：司法部司法鉴定中心[9]、华东政法学院司法鉴定中心、西南政法大学司法鉴定中心、中国政法大学司法鉴定中心、中国人民大学物证技术鉴定中心、北京大学司法鉴定室、西北政法学院司法鉴定中心、北京华夏物证鉴定中心、中国人民公安大学物证鉴定中心、华科知识产权鉴定中心、中天司法鉴定中心、湖南大学司法鉴定中心、北京华大方瑞司法物证鉴定中心、黑龙江大学司法鉴定中心。司法部发布《关于面向社会服务的司法鉴定机构公告（第3号）》，将司法部批准设立的13家司法鉴定机构鉴定业务范围及取得《司法鉴定人执业证》的相关司法鉴定人名单予以公告。分别为：司法部司法鉴定中心、西南政法大学司法鉴定

---

〔1〕 司法部令第63号。本规则自2000年10月1日起施行。

〔2〕 司发通［2000］159号。本规则自2001年1月1日起施行。

〔3〕 司发通［2001］019号。本规则自发布之日起实施。

〔4〕 司发通［2001］092号。本规则自2002年6月1日起施行。

〔5〕 司办通［2002］46号。

〔6〕 司复［2001］1号。

〔7〕 司复［2001］7号。

〔8〕 司发通［2002］21号。

〔9〕 根据2000年7月13日司法部《关于司法鉴定科学技术研究所增挂‘司法部司法鉴定中心’牌子的批复》（司发函［2000］174号）规定：“经研究，同意你所增挂‘司法部司法鉴定中心’牌子，实行‘一套人马，两块牌子’，不增加编制，不增加经费。”

中心、中国政法大学司法鉴定中心、中国人民大学物证技术鉴定中心、北京大学司法鉴定室、西北政法学院司法鉴定中心、北京华夏物证鉴定中心、华科知识产权鉴定中心、中天司法鉴定中心、湖南大学司法鉴定中心、北京华大方瑞司法物证鉴定中心、黑龙江大学司法鉴定中心、中南财经政法大学司法鉴定中心。

2002年7月，司法部发布《〈司法鉴定文书示范文本〉（试行）说明》，[1] 对司法鉴定文书的概念与特征，司法鉴定文书分类，司法鉴定文书制作要求，司法鉴定文书格式，司法鉴定文书纸张、字体和字号进行了规范；并列举了司法鉴定书、司法鉴定检验报告书、司法鉴定书证审查意见书和司法鉴定咨询意见书的示范文本。2003年9月，司法部发布《关于在全国颁发和启用〈司法鉴定人执业证〉的通知》，[2] 明确规定《司法鉴定人执业证》是获准从事司法鉴定活动的有效证件；并对申领《司法鉴定人执业证》的人员和条件，颁发证件的机关和程序，证件的制作、填发及使用管理的基本要求等进行了详细的规范。

随着司法部"三定"方案和一系列规章、规范性文件的出台，在个别省市已有地方相关立法和协调指导机构的基础上，[3] 司法鉴定地方立法、组建协调指导机构以及由地方司法行政机关设立和许可设立司法鉴定机构的速度明显加快。

截至2004年底，[4] 全国已有黑龙江、重庆、吉林、河南、湖北、江西、四川、河北、山西、宁夏回族自治区共10个省（市）和深圳市制定了司法鉴定地方性法规。全国共设置省级司法鉴定协调机构—司法鉴定（工作）管理委员会17个。成员单位来自省（市、区）人民政府，以及公、检、法、司、财政、卫生、建设、技术监督、物价、新闻出版等部门，省级司法鉴定（工作）管理委员会一般由副省长（副市长、自治区副主席）或者政法委书记担

---

〔1〕 司发通［2002］56号。

〔2〕 司法通［2003］97号。

〔3〕 在司法部"三定"方案出台前，1994年吉林省人大即制定了我国最早的司法鉴定管理地方法规《吉林省司法医学鉴定管理条例》，明确规定赋予司法行政机关组建管理司法医学委员会（一个独立于司法机关之外的鉴定机构）和管理社会司法医学鉴定机构的职能。1998年6月，上海市政府决定成立上海市司法鉴定工作委员会（协调指导机构），其日常工作部门设在上海市司法局。

〔4〕 参见李禹、李奇："2004年司法行政机关司法鉴定工作统计报告"，载《中国司法鉴定》2005年第3期。

任，司法鉴定管理委员会的办公室均设在省（区、市）司法厅（局）。全国已有12个省设置了34个省级司法鉴定专家委员会（组），有些省设置了地级司法鉴定专家委员会。全国各省级司法厅（局）共审批设立司法鉴定机构总计2864个，比2003年同期增长17%。上述司法鉴定机构按照司法鉴定机构设立主体的性质划分：政法部门设立的256个，占9%；教科文卫部门设立的632个，占22%；其他性质的机构1976个，占69%。全国各省级司法厅（局）核准执业的司法鉴定人总计36 417人。比2003年同期增长13%；共完成司法鉴定业务总计22万件，比2003年同期增长37%。

（3）登记管理面向社会服务的司法鉴定工作阶段（2005～2008年）。2005年全国人民代表大会常务委员会《关于司法鉴定管理问题的决定》第3条规定："国务院司法行政部门主管全国鉴定人和鉴定机构的登记管理工作。省级人民政府司法行政部门依照本决定的规定，负责对鉴定人和鉴定机构的登记、名册编制和公告。"这是第一次从国家法律层面明确了司法行政机关主管全国鉴定人和鉴定机构登记管理工作的法律依据，也标志着司法行政机关登记管理面向社会服务的司法鉴定工作阶段的开始。

2005年7月，最高人民法院、最高人民检察院、公安部、国家安全部、司法部联合发布《关于做好〈全国人民代表大会常务委员会关于司法鉴定管理问题的决定〉施行前有关工作的通知》，[1] 2005年9月，司法部发布《关于学习贯彻〈全国人民代表大会常务委员会关于司法鉴定管理问题的决定〉的通知》，[2] 对司法行政机关做好《关于司法鉴定管理问题的决定》施行前的各项准备工作，完善配套制度建设，稳步推进司法鉴定管理体制改革，维护新旧管理体制过渡期间司法鉴定工作的正常秩序，保障诉讼活动的顺利进行等方面的工作进行了具体安排。

司法部于2005年9月发布《关于统一开展编制和公告〈国家司法鉴定人和司法鉴定机构名册〉工作的通知》，[3] 明确规定，司法行政机关根据《决定》编制的鉴定人和鉴定机构名册定名为"《国家司法鉴定人和司法鉴定机构名册》"；并对名册编制的工作依据、工作范围和办法、工作步骤和时间、工

---

〔1〕 司发通［2005］62号。
〔2〕 司发通［2005］30号。
〔3〕 司发通［2005］72号。

作要求等作出了具体规范。2005 年 9 月发布《司法鉴定人及机构各册编制公告》（司法部公告第 49 号），明确规定，自公告之日起，由省级人民政府司法行政部门，依据《关于司法鉴定管理问题的决定》和司法部的有关通知，统一组织开展本行政区域内司法鉴定机构及司法鉴定人的登记和《国家司法鉴定人和司法鉴定机构名册》的编制、公告工作。2005 年 9 月发布了新的《司法鉴定人登记管理办法》[1] 和《司法鉴定机构登记管理办法》[2]，2006 年 9 月发布《司法鉴定机构仪器设备基本配置标准（暂行）》[3]、2007 年 8 月发布《司法鉴定程序通则》[4]、2007 年 11 月发布《司法鉴定教育培训规定》[5]、2007 年 11 月发布《关于印发〈司法鉴定文书规范〉和〈司法鉴定协议书（示范文本）〉的通知》[6] 等一系列规范性文件。

（六）司法鉴定技术相关立法情况

1. 人口出生、死亡证明

1951 年 7 月，公安部发布《城市户口管理暂行条例》，[7] 这是新中国最早的户籍法规，使全国城市户口管理制度基本得到统一。在该条例中最早规定了城市人口出生、死亡登记制度。1958 年 1 月，全国人大常委会通过了《中华人民共和国户口管理条例》。[8] 这是我国最早的一部关于户口管理的法律，也是最早一部有关人口出生、死亡登记的法律。

1992 年 6 月，卫生部、公安部、民政部发布《关于使用〈出生医学证明书〉、〈死亡医学证明书〉和加强死因统计工作的通知》。[9] 这是我国最早确

---

〔1〕 司法部令第 95 号。本办法自公布之日起施行。2000 年 8 月 14 日公布的《司法鉴定人管理办法》（司法部令第 63 号）同时废止。

〔2〕 司法部令第 96 号。本办法自公布之日起施行。2000 年 8 月 14 日公布的《司法鉴定机构登记管理办法》（司法部令第 62 号）同时废止。

〔3〕 司发通［2006］57 号。

〔4〕 司法部令第 107 号。本通则自 2007 年 10 月 1 日起施行。司法部 2001 年 8 月 31 日《司法鉴定程序通则（试行）》（司发通［2001］092 号）同时废止。

〔5〕 司法通［2007］72 号。本规定自 2008 年 1 月 1 日起施行。

〔6〕 司发通［2007］71 号。本规范自 2007 年 12 月 1 日起施行。司法部 2002 年 7 月 5 日《司法鉴定文书示范文本（试行）》同时废止。

〔7〕 本法规已被《公安部关于废止部分部门规章的决定》（发布日期：2004 年 9 月 3 日，实施日期：2004 年 9 月 3 日）废止。

〔8〕 1958 年 1 月 9 日一届全国人大常委会第九十一次会议通过，1958 年 1 月 9 日中华人民共和国主席令公布，自公布之日起施行。

〔9〕 卫统发［1992］1 号。

立全国统一的出生医学证明书、死亡医学证明书制度的规范性文件。需要特别指出的是，该通知中明确规定“活产指出生时有呼吸、心跳、脐带搏动及随意肌收缩四项生命体征之一的婴儿”。这应当是直到目前我国司法实务中判断人体死亡采“呼吸、心跳说”最直接也是唯一的法源依据。

1994年10月，八届全国人大常委会第十次会议通过《中华人民共和国母婴保健法》。[1] 该法第23条规定：“医疗保健机构和从事家庭接生的人员按照国务院卫生行政部门的规定，出具统一制发的新生儿出生医学证明；有产妇和婴儿死亡以及新生儿出生缺陷情况的，应当向卫生行政部门报告。”这是我国最早确立新生儿出生医学证明制度的法律。1995年8月，卫生部发布《母婴保健法实施办法》。[2] 该办法第31条规定：“医疗保健机构根据接生人员签署的出生医学记录出具《出生医学证明》。《出生医学证明》应当加盖接生单位的‘出生医学证明专用章’。《出生医学证明》是新生儿申报户口的依据。家庭接生的，由所在乡（镇）卫生院出具《出生医学证明》。”

1997年7月，国务院发布《殡葬管理条例》。[3] 该条例第13条规定：“遗体处理必须遵守下列规定：①运输遗体必须进行必要的技术处理，确保卫生，防止污染环境；②火化遗体必须凭公安机关或者国务院卫生行政部门规定的医疗机构出具的死亡证明。”

2004年9月，卫生部、公安部发布《关于加强新版〈出生医学证明〉启用管理的通知》。[4] 该通知规定，新版《出生医学证明》自2004年12月1日开始启用，2005年7月1日起在全国普遍使用。

2. 尸体解剖规则

1950年9月，中央人民政府卫生部发布《解剖尸体暂行规则》，[5] 确立了新中国的尸体解剖制度。1957年7月，经国务院批准由卫生部发布《解剖尸体规则》，[6] 对前述暂行规则进行了修订。1979年9月，卫生部重新发布

---

〔1〕 中华人民共和国主席令第33号公布。本法自1995年6月1日起施行。

〔2〕 卫生部令第45号。本法规已被国务院2001年6月20日发布的《母婴保健法实施办法》代替。

〔3〕 国务院令第225号。本条例自发布之日起施行。

〔4〕 卫妇社发［2004］319号。

〔5〕 卫医教字第308号。本规则经中央人民政府政务院批准，中央卫生部公布施行，其修改同。

〔6〕 卫教字［1957］739号。本规则自发布之日起，1950年9月19日中央人民政府卫生部公布的《解剖尸体暂行规则》作废。

修订后的《解剖尸体规则》,[1] 全文共13条。该规则是我国尸体解剖制度最基本的法律依据之一。

3. 非正常死亡勘查检验鉴定

1958年3月，最高人民法院、最高人民检察院、公安部、司法部发布《关于非正常死亡事件的勘查检验和统计的通知》。[2] 这是新中国最早规范非正常死亡勘查检验的规范性文件。该通知规定，关于对非正常死亡人口的勘查检验统计工作的问题，经中央政法四机关研究确定，统计工作由公安部门负责，除对其中有他杀重大可疑的事件由公安部门进行勘查检验作出结论外，一般的属于死因明显的非杀害事件只做统计，不进行勘查检验工作；1955年11月发布的联合通知和有关的通报均予作废。

4. 未知名尸体检验鉴定

2005年6月，公安部发布《公安机关调查未知名尸体身份工作规定（试行)》。[3] 这是新中国第一部系统规范未知名尸体身份调查工作的法规性文件，对未知名尸体进行了法律界定，并对调查未知名尸体身份工作的内容和目标，尸源调查与信息采集、信息管理、信息撤销与修改、信息应用与考核等都作了详细规范。

5. 指纹采集检验鉴定

1956年，公安部发布《刑事登记十指指纹分析法》，统一了全国指纹的分析法和操作程序，开始建立国家和省（市）两级管理的十指指纹档案。但在“文革”中，此项工作被迫中断。1980年5月，公安部发布《关于犯罪分子和违法人员十指指纹管理工作的若干规定》，确立了新中国关于犯罪分子和违法人员十指指纹的采集检验鉴定制度。2007年11月，公安部发布《公安机关指纹信息工作规定》,[4] 对公安机关指纹信息工作的性质、任务，管理机构及职责，指纹信息采集、管理、应用等工作作出了具体规范。

---

〔1〕 卫教字［1979］1329号。本规则自发布之日起，凡与本规则有抵触的过去有关规定一律停止实行。

〔2〕 法行字［1958］67号、高检二字［1958］336号、公治字［1958］91号、司普字［1958］253号。

〔3〕 公刑［2005］986号。本规定自发布之日起施行。

〔4〕 公通字［2007］71号。本规定自2008年1月1日起施行。1980年5月7日印发的中华人民共和国公安部《关于犯罪分子和违法人员十指指纹管理工作的若干规定》同时废止。

6. 刑事诉讼中骨龄鉴定

2000年2月，最高人民检察院《关于“骨龄鉴定”能否作为确定刑事责任年龄证据使用的批复》。[1] 该批复称：犯罪嫌疑人不讲真实姓名、住址，年龄不明的，可以委托进行骨龄鉴定或其他科学鉴定，经审查，鉴定结论能够准确确定犯罪嫌疑人实施犯罪行为时的年龄的，可以作为判断犯罪嫌疑人年龄的证据使用。如果鉴定结论不能准确确定犯罪嫌疑人实施犯罪行为时的年龄，而且鉴定结论又表明犯罪嫌疑人年龄在刑法规定的应负刑事责任年龄上下的，应当依法慎重处理。

7. 刑事诉讼中心理测试鉴定

1999年9月，最高人民检察院发布《关于CPS多道心理测试鉴定结论能否作为诉讼证据使用问题的批复》。[2] 该批复称：CPS多道心理测试（俗称测谎）鉴定结论与刑事诉讼法规定的鉴定结论不同，不属于刑事诉讼法规定的证据种类。人民检察院办理案件，可以使用CPS多道心理测试鉴定结论帮助审查、判断证据，但不能将CPS多道心理测试鉴定结论作为证据使用。

8. 刑事诉讼中精神疾病司法鉴定

1979年7月，五届全国人大二次会议通过的《刑法》第15条规定：“精神病人在不能辨认或者不能控制自己行为的时候造成危害结果的，不负刑事责任；但是应当责令他的家属或者监护人严加看管和医疗。间歇性的精神病人在精神正常的时候犯罪，应当负刑事责任。醉酒的人犯罪，应当负刑事责任。”[3] 由此确立了我国精神病人刑事责任法律制度。

由于精神疾病及其相关法定能力的认定需要借助专门知识和经验等，1989年7月，最高人民法院、最高人民检察院、公安部、司法部、卫生部发

---

〔1〕 高检发研字［2000］6号。

〔2〕 检发研字［1999］12号。

〔3〕 1997年修订的《刑法》对于精神病人刑事责任能力的规定在其第18条。全文为：“精神病人在不能辨认或者不能控制自己行为的时候造成危害结果，经法定程序鉴定确认的，不负刑事责任，但是应当责令他的家属或者监护人严加看管和医疗；在必要的时候，由政府强制医疗。间歇性的精神病人在精神正常的时候犯罪，应当负刑事责任。尚未完全丧失辨认或者控制自己行为能力的精神病人犯罪的，应当负刑事责任，但是可以从轻或者减轻处罚。醉酒的人犯罪，应当负刑事责任。”此条修订意义重大，一是对于精神病人刑事责任，由1979年《刑法》采取的“有或无”两分法修订为“完全、部分（或限制）、无”三分法；二是在实体法中明确规定了精神疾病的司法鉴定制度；三是规定了对经鉴定确认不负刑事责任的精神病人由政府强制医疗的制度。

布《精神疾病司法鉴定暂行规定》。[1] 这个暂行规定是新中国第一部系统规范司法鉴定活动的法规，创设了我国精神疾病司法鉴定制度。根据该暂行规定，精神疾病的司法鉴定机构，是设在各省、自治区、直辖市、地区、地级市，由人民法院、人民检察院和公安、司法、卫生机关的有关负责干部和专家若干人组成的精神疾病司法鉴定委员会。具体鉴定工作，由鉴定委员会设置的技术鉴定组承担。

1996年修订的《刑事诉讼法》第120条第2款规定："对人身伤害的医学鉴定有争议需要重新鉴定或者对精神病的医学鉴定，由省级人民政府指定的医院进行。"1998年1月，六机关刑诉法《规定》规定，人民法院在开庭审理时，对省级人民政府指定的医院作出的鉴定结论，经质证后，认为有疑问，不能作为定案根据的，可以另行聘请省级人民政府指定的其他医院进行补充鉴定或者重新鉴定。不能另行聘请其他鉴定机构进行补充鉴定或者重新鉴定。由此确立了刑事诉讼中新的精神疾病司法鉴定制度，即刑事诉讼中精神病的医学鉴定由省级人民政府指定的医院进行。

2005年全国人民代表大会常务委员会《关于司法鉴定管理问题的决定》实施后，精神疾病司法鉴定属于法医精神病鉴定，[2] 按该决定第2条第1款规定，好像应当由根据该决定设立的司法鉴定机构来承担。但依据该决定第2条第2款的规定，《刑事诉讼法》第120条似乎又属于"法律对前款规定事项的鉴定人和鉴定机构的管理另有规定的"情形，应当"从其规定"。因此，对于刑事诉讼中精神疾病鉴定，在司法实务中出现了既有委托根据该决定设立的司法鉴定机构进行鉴定的，也有仍然根据《刑事诉讼法》第120条规定委托由省级人民政府指定的医院进行鉴定的混乱局面。

9. 刑事诉讼中的损伤程度鉴定

1979年《刑法》第85条规定："本法所说的重伤是指有下列情形之一的伤害：①使人肢体残废或者毁人容貌的；②使人丧失听觉、视觉或者其他器官机能的；③其他对于人身健康有重大伤害的。"除该条外，该法还有9个条

---

〔1〕 卫医字［1989］17号。本规定自1989年8月1日起施行。

〔2〕 如2000年11月29日，司法部《司法鉴定执业分类规定（试行）》（司发通［2000］159号）第6条规定："法医精神病鉴定：运用司法精神病学的理论和方法，对涉及与法律有关的精神状态、法定能力（如刑事责任能力、受审能力、服刑能力、民事行为能力、监护能力、被害人自我防卫能力、作证能力等）、精神损伤程度、智能障碍等问题进行鉴定。"

款在文本中直接涉及“重伤”。[1] 1986年9月，六届全国人大常委会第十七次会议于通过的《中华人民共和国治安管理处罚条例》[2] 第22条规定：“有下列侵犯他人人身权利行为之一，尚不够刑事处罚的，处15日以下拘留、200元以下罚款或者警告：①殴打他人，造成轻微伤害的；……”由于“重伤”、“轻微伤”以及界于两者之间的“轻伤”是正确适用《刑法》和《治安管理处罚条例》的重要依据，而且显然对它们的认定需要专门知识，因此，1986年8月，司法部、最高人民法院、最高人民检察院、公安部发布《人体重伤鉴定标准（试行）》；[3] 1990年6月，最高人民法院、最高人民检察院、公安部、司法部发布《人体轻伤鉴定标准（试行）》，[4] 对相关问题进行专门规范。随着这两个标准的出台，正式创设了我国刑事诉讼中人身伤害鉴定或损伤程度鉴定制度。

10. 刑事诉讼中的人身伤害案件严重残疾鉴定

1997年修订的《刑法》[5] 第234条规定：“故意伤害他人身体的，处3年以下有期徒刑、拘役或者管制。犯前款罪，致人重伤的，处3年以上10年以下有期徒刑；致人死亡或者以特别残忍手段致人重伤造成严重残疾的，处10年以上有期徒刑、无期徒刑或者死刑。本法另有规定的，依照规定。”由于“以特别残忍手段致人重伤造成严重残疾”成为一个重要的量刑情节，因此从法律规定的层面提出了对“严重残疾”进行鉴定的要求。1999年10月，最高人民法院发布《全国法院维护农村稳定刑事审判工作座谈会纪要》，[6] 其中对此作出了具体规定，要准确把握故意伤害致人重伤造成“严重残疾”

---

〔1〕 需要说明的是，这里仅是指在法典本文中直接出现“重伤”文字的条款数，不是指罪名数。1997年修订后的《刑法》中，法典文本中直接出现“重伤”文字的条款数达到了21个。

〔2〕 该法自1987年1月1日起施行，1994年5月12日修订，于2006年3月1日《治安管理处罚法》实施后废止。

〔3〕 司发研字［1986］249号，本鉴定标准参照试行时间从1986年10月1日起至1988年9月30日止。在上述参照试行期限届满后，1988年12月28日司法部发布《关于继续执行〈人体重伤鉴定标准（试行）〉的通知》（司发研字［1988］331号），经最高人民法院、最高人民检察院、公安部同意，在《人体重伤鉴定标准（试行）》修改并重新发布之前，继续执行。1990年3月29日司法部、最高人民法院、最高人民检察院、公安部发布《人体重伤鉴定标准》（司发［1990］070号）。该标准1990年7月1日起施行，1986年《人体重伤鉴定标准（试行）》同时废止。

〔4〕 法［司］发［1990］6号。本标准自1990年7月1日起试行。

〔5〕 1997年10月1日起施行。

〔6〕 法［1999］217号。

的标准。参照1996年国家技术监督局颁布的《职工工伤与职业病致残程度鉴定标准》[1]（以下简称“工伤标准”），刑法第234条第2款规定的“严重残疾”是指下列情形之一：被害人身体器官大部缺损、器官明显畸形、身体器官有中等功能障碍、造成严重并发症等。残疾程序可以分为一般残疾（十至七级）、严重残疾（六至三级）、特别严重残疾（二至一级），六级以上视为“严重残疾”。在有关司法解释出台前，可统一参照“工伤标准”确定残疾等级。

11. 保外就医病残鉴定

1954年9月，政务院发布《劳动改造条例》[2] 第37条规定：“收押犯人，应当进行健康检查，除重大反革命犯和其他罪刑重大的犯人外，有下列情形之一的不许收押：①有精神病或者患有急性、恶性传染病的；②有严重疾病在关押中可能发生生命危险的；③分娩未满6个月或怀孕的。前项不许收押的犯人，应当由原送押机关斟酌情形，送往医院、或者交给监护人或者安置到其他适当场所。”由此确立了新中国保外就医法律制度。

1979年《刑事诉讼法》第157条规定：“对于被判处无期徒刑、有期徒刑或者拘役的罪犯，有下列情形之一的，可以暂予监外执行：①有严重疾病需要保外就医的；②怀孕或者正在哺乳自己婴儿的妇女。对于监外执行的罪犯，可以由公安机关委托罪犯原居住地的公安派出所执行，基层组织或者原所在单位协助进行监督。”从国家基本法律层面对保外就医法律制度进行了确认。

1990年12月，司法部、最高人民检察院、公安部发布《罪犯保外就医执行办法》，[3] 全文共19条，附件《罪犯保外就医疾病伤残范围》。该办法及其附件明确规定了保外就医病残鉴定的范围、鉴定机构、鉴定程序和鉴定标准等，因此创设了我国保外就医病残鉴定制度。该办法明确规定，保外就医的病残鉴定由监狱、劳改队、少管所医院进行，未设医院的，可送劳改局中

---

[1] 自2007年5月1日起，“工伤标准”已被中华人民共和国国家标准《劳动能力鉴定　职工工伤与职业病致残等级》（GB/T16180－2006）代替。

[2] 该条例已被国务院《关于废止2000年底以前发布的部分行政法规的决定》（发布日期：2001年10月6日，实施日期：2001年10月6日）废止。原因：已被1994年12月29日全国人大常委会通过并公布的《监狱法》、1990年3月17日国务院发布的《看守所条例》代替。

[3] 司发［1990］247号。本办法自发布之日起施行。

心医院或者就近的县级以上医院检查鉴定。鉴定结论应经医院业务院长签字，加盖公章，并附化验单、照片等有关病历档案。

1996年修订的《刑事诉讼法》第214条第1款规定："对于被判处有期徒刑或者拘役的罪犯，有下列情形之一的，可以暂予监外执行：①有严重疾病需要保外就医的；②怀孕或者正在哺乳自己婴儿的妇女。"第3款规定："对于罪犯确有严重疾病，必须保外就医的，由省级人民政府指定的医院开具证明文件，依照法律规定的程序审批。"这里"开具证明文件"的法律性质应该等同于进行鉴定和出具鉴定结论，因此修订后的《刑事诉讼法》实际上创设了一种由"省级人民政府指定的医院"作为鉴定机构的新的保外就医病残鉴定制度。

12. 办理死刑案件中的相关检验鉴定制度

2006年10月，全国人大常委会通过《关于修改〈中华人民共和国人民法院组织法〉的决定》，决定从2007年1月1日起由最高人民法院统一行使死刑案件核准权。为认真落实中央这一重大决策部署，2007年3月，最高人民法院、最高人民检察院、公安部、司法部发布《关于进一步严格依法办案确保办理死刑案件质量的意见》，[1] 全文共分5部分52条。该意见明确规定，在侦查阶段，侦查机关应当：①对可能属于精神病人、未成年人或者怀孕的妇女的犯罪嫌疑人，应当及时进行鉴定或者调查核实。②加强证据的收集、保全和固定工作。对证据的原物、原件要妥善保管，不得损毁、丢失或者擅自处理。对与查明案情有关需要鉴定的物品、文件、电子数据、痕迹、人身、尸体等，应当及时进行刑事科学技术鉴定，并将鉴定报告附卷。涉及命案的，应当通过被害人近亲属辨认、DNA鉴定、指纹鉴定等方式确定被害人身份。对现场遗留的与犯罪有关的具备同一认定检验鉴定条件的血迹、精斑、毛发、指纹等生物物证、痕迹、物品，应当通过DNA鉴定、指纹鉴定等刑事科学技术鉴定方式与犯罪嫌疑人的相应生物检材、生物特征、物品等作同一认定。侦查机关应当将用作证据的鉴定结论告知犯罪嫌疑人、被害人。如果犯罪嫌疑人、被害人提出申请，可以补充鉴定或者重新鉴定。

该意见明确规定，在提起公诉阶段，人民检察院审查案件的时候：①对可能属于精神病人、未成年人或者怀孕的妇女的犯罪嫌疑人，应当及时委托

[1] 法发［2007］11号。

鉴定或者调查核实。②对公安机关的勘验、检查，认为需要复验、复查的，应当要求公安机关复验、复查，人民检察院可以派员参加；也可以自行复验、复查，商请公安机关派员参加，必要时也可以聘请专门技术人员参加。③人民检察院对物证、书证、视听资料、勘验、检查笔录存在疑问的，可以要求侦查人员提供获取、制作的有关情况。必要时可以询问提供物证、书证、视听资料的人员，对物证、书证、视听资料委托进行技术鉴定。询问过程及鉴定的情况应当附卷。

该意见明确规定，在律师辩护、提供法律帮助方面规定，辩护律师经证人或者其他有关单位和个人同意，可以向他们收集证明犯罪嫌疑人、被告人无罪或者罪轻的证据，申请人民检察院、人民法院收集、调取证据，或者申请人民法院通知证人出庭作证，也可以申请人民检察院、人民法院依法委托鉴定机构对有异议的鉴定结论进行补充鉴定或者重新鉴定。对于辩护律师的上述申请，人民检察院、人民法院应当及时予以答复。

该意见明确规定，在审判阶段，人民法院应当通知下列情形的被害人、证人、鉴定人出庭作证：①人民检察院、被告人及其辩护人对被害人陈述、证人证言、鉴定结论有异议，该被害人陈述、证人证言、鉴定结论对定罪量刑有重大影响的；②人民法院认为其他应当出庭作证的。经人民法院依法通知，被害人、证人、鉴定人应当出庭作证；不出庭作证的被害人、证人、鉴定人的书面陈述、书面证言、鉴定结论经质证无法确认的，不能作为定案的根据。

该意见明确规定，人民法院应当通知人民检察院、被告人及其辩护人在开庭5日以前提供出庭作证的证人、鉴定人名单，在开庭3日以前送达传唤当事人的传票和通知辩护人、证人、鉴定人、翻译人员的通知书。

13. 刑事诉讼案件中的毒品鉴定

对于刑事诉讼案件中毒品的鉴定，最早见于1991年12月最高人民法院《关于十二省、自治区法院审查毒品犯罪案件工作会议纪要》。[1] 鉴于最新的规定出现在2008年，此部分内容参见本书相关章节。

14. 刑事诉讼中伪劣产品的鉴定

2001年5月，最高人民法院发布《关于审理生产、销售伪劣商品刑事案

---

〔1〕 法（刑一）发［1991］38号。

件有关鉴定问题的通知》。[1]该通知规定，对于提起公诉的生产、销售伪劣产品、假冒商标、非法经营等严重破坏社会主义市场经济秩序的犯罪案件，所涉生产、销售的产品是否属于“以假充真”、“以次充好”、“以不合格产品冒充合格产品”难以确定的，应当根据最高人民法院、最高人民检察院《关于办理生产、销售伪劣商品刑事案件具体应用法律若干问题的解释》第1条第5款的规定，由公诉机关委托法律、行政法规规定的产品质量检验机构进行鉴定。

15. 刑事诉讼中的假药鉴定

2001年5月，最高人民法院发布了《关于审理生产、销售伪劣商品刑事案件有关鉴定问题的通知》。[2] 该通知规定，根据最高人民法院、最高人民检察院《关于办理生产、销售伪劣商品刑事案件具体应用法律若干问题的解释》第3、4条的规定，人民法院受理的生产、销售假药犯罪案件，均需有“省级以上药品监督管理部门设置或者确定的药品检验机构”出具的鉴定结论。

16. 刑事诉讼中的不符合卫生标准食品鉴定

2001年5月，最高人民法院发布了《关于审理生产、销售伪劣商品刑事案件有关鉴定问题的通知》。[3] 该通知规定，根据最高人民法院、最高人民检察院《关于办理生产、销售伪劣商品刑事案件具体应用法律若干问题的解释》第3、4条的规定，人民法院受理的销售不符合卫生标准的食品犯罪案件，均需有“省级以上卫生行政部门确定的机构”出具的鉴定结论。

17. 刑事诉讼中的珍贵、濒危陆生野生动物制品价值鉴定

1994年5月，林业部、公安部发布《关于陆生野生动物刑事案件的管辖及其立案标准的规定》，[4] 规定国家重点保护陆生野生动物或者其产品的价值标准由国务院陆生野生动物行政主管部门确定。1996年1月林业部发布《关于在野生动物案件中如何确定国家重点保护野生动物及其产品价值标准的通知》，[5]进一步明确规定了相关的鉴定标准等。2001年5月，国家林业局、

---

〔1〕 法［2001］70号。

〔2〕 法［2001］70号。

〔3〕 法［2001］70号。

〔4〕 林安字［1994］44号。

〔5〕 林策通字［1996］8号。

公安部发布《关于森林和陆生野生动物刑事案件管辖及立案标准》,[1] 虽然废止了前述立案标准，但在新的法规中仍然规定珍贵、濒危陆生野生动物制品的价值依照国家野生动物行政主管部门的规定核定。

18. 刑事诉讼中的矿产资源破坏价值鉴定

2003年5月，最高人民法院发布《关于审理非法采矿、破坏性采矿刑事案件具体应用法律若干问题的解释》,[2] 第6条规定："破坏性的开采方法以及造成矿产资源破坏或者严重破坏的数额，由省级以上地质矿产主管部门出具鉴定结论，经查证属实后予以认定。"2005年8月，根据前述司法解释等其他规定，国土资源部发布《非法采矿、破坏性采矿造成矿产资源破坏价值鉴定程序的规定》,[3] 进一步明确规定了相关的鉴定程序等。

19. 刑事诉讼中的假冒伪劣烟草制品与烟草专用机械的鉴定

2003年12月，最高人民法院、最高人民检察院、公安部、国家烟草专卖局发布《关于办理假冒伪劣烟草制品等刑事案件适用法律问题座谈会纪要》[4]。关于鉴定问题，在该纪要第10条中明确规定，假冒伪劣烟草制品的鉴定工作，由国家烟草专卖行政主管部门授权的省级以上烟草产品质量监督检验机构，按照国家烟草专卖局制定的假冒伪劣卷烟鉴别检验管理办法和假冒伪劣卷烟鉴别检验规程等有关规定进行。同时规定，假冒伪劣烟草专用机械的鉴定由国家质量监督部门，或其委托的国家烟草质量监督检验中心，根据烟草行业的有关技术标准进行。

20. 刑事诉讼中的公用电信设施的范围、用户数、通信中断和严重障碍的标准和时间长度鉴定

2004年12月，最高人民法院发布《关于审理破坏公用电信设施刑事案件具体应用法律若干问题的解释》,[5] 第5条规定："本解释中规定的公用电信设施的范围、用户数、通信中断和严重障碍的标准和时间长度，依据国家电信行业主管部门的有关规定确定。"

---

〔1〕 林安发［2001］156号。

〔2〕 法释［2003］9号。本解释自2003年6月3日起施行。

〔3〕 国土资发［2005］175号。

〔4〕 高检会［2003］4号。

〔5〕 法释［2004］21号。本解释自2005年1月11日起施行。

21. 刑事诉讼中的涉案财物价格鉴定

关于刑事诉讼中涉案财物价格鉴定的规定，最早见于1994年4月最高人民法院、最高人民检察院、公安部、原国家计委《关于统一赃物估价工作的通知》。[1] 但鉴于最新的规定出现在2008年，此部分内容参见本书相关章节。

22. 公安机关查处经济犯罪案件工作中的会计、审计、评估制度

2005年4月，公安部、财政部发布《关于在查处经济犯罪案件工作中加强协作的通知》。[2] 该通知明确规定，鉴于会计、审计、评估等业务专业性较强，为有利于公安机关对案件事实准确定性，公安部与财政部协商建立相应的专业技术鉴定机制，具体工作由中国注册会计师协会和中国资产评估协会承办，设立专家库，根据公安机关或当事人的委托，从专家库中抽选人员组成专业技术鉴定小组，对有关经济案件中的相关专业问题提供鉴定意见。有关鉴定工作规则另行制定。省级公安机关和财政部门可以建立相应的专业技术鉴定机制。

23. 假币鉴定

2003年4月，中国人民银行根据全国人大常委会《关于惩治破坏金融秩序犯罪的决定》和《人民币管理条例》制定发布《假币收缴、鉴定管理办法》。[3]该办法规定，假币是指伪造、变造的货币，含人民币和外币。假币鉴定机构包括中国人民银行分支机构和中国人民银行授权的鉴定机构（指具有货币真伪鉴定技术与条件，并经中国人民银行授权的商业银行业务机构）。鉴定机构应当无偿提供鉴定货币真伪的服务，鉴定后应出具中国人民银行统一印制的《货币真伪鉴定书》，并加盖货币鉴定专用章和鉴定人名章。

24. 光盘生产源的司法鉴定

2000年3月，最高人民法院、最高人民检察院、公安部、司法部、新闻出版署发布《关于公安部光盘生产源鉴定中心行使行政、司法鉴定权有关问题的通知》。[4] 该通知对光盘生产源的鉴定机构、鉴定范围和内容、鉴定程序、鉴定费用、鉴定的法律效力等作出了明确规定，创设了我国光盘生产源

---

〔1〕 法发［1994］9号。本通知自下达之日起执行。

〔2〕 公通字［2005］20号。

〔3〕 中国人民银行令［2003］4号。本办法自2003年7月1日起施行。

〔4〕 公通字［2000］21号。

行政、司法鉴定制度。该通知规定，公安部光盘生产源鉴定中心负责对各地人民法院、人民检察院、公安机关、司法行政机关、新闻出版行政机关、音像行政管理部门和其他行政执法机关在办理制黄贩黄、侵权盗版案件中所查获的光盘及母盘进行鉴定，确定送检光盘及母盘的生产企业。

25. 违禁、非法出版物的鉴定

1993 年 3 月，新闻出版署发布《出版物鉴定规则》。[1] 该规则对违法出版物、非法出版物进行了界定，对鉴定机构与鉴定人、受理鉴定、鉴定程序与方法、鉴定书的内容、鉴定档案管理等作出了具体规定。

26. 淫秽、色情出版物的鉴定

1989 年 8 月 8 日，新闻出版署发布《关于鉴定淫秽、色情出版物权限的通知》。对淫秽、色情出版物鉴定机构及程序作出了规定。该通知规定，为适应当前清理、整顿书报刊及音像市场的需要，对淫秽出版物、色情出版物的鉴定（认定）权限可以适当下放。具体办法是：①对非法出版活动中淫秽出版物、色情出版物的鉴定，可以由各省、自治区、直辖市人民政府作出（政府可委托新闻出版局负责进行），报新闻出版署备案；②对本地区出版单位的出版物的鉴定，也可以由各省、自治区、直辖市人民政府作出，报新闻出版署备案；③对外地出版单位的出版物的鉴定，由新闻出版局提出初步意见，通报出版单位所在地的新闻出版局进行鉴定；同时抄报新闻出版署，必要时新闻出版署直接作出鉴定；④对中央出版单位的出版物，仍由新闻出版局提出初步意见，报新闻出版署进行鉴定。属于上述③、④两种情况的，为及时办案需要，当地主管部门可以根据政府的批准，先行采取必要措施，包括收容审查犯罪分子，以免贻误时机。

27. 淫秽电影的鉴定

1996 年 12 月，公安部发布《关于淫秽电影鉴定问题的批复》规定，根据我国《电影管理条例》，所有中外电影片均需经我国电影行政管理部门审查通过才可公映，否则是非法的，应依法严厉打击。对办案中查获的淫秽影片，由地（市）以上公安机关鉴定。对于认定不准或有争议的，送省、自治区、直辖市公安厅、局会同省级广播电影电视部门共同鉴定。公安机关参加对淫秽电影的鉴定，应指派 2～3 名政治思想好、作风正派的同志负责，其他人员

---

〔1〕 新出政［1993］179 号。本规则自发布之日起施行。

一律不准参加，严禁借鉴定之机扩大观看范围。

28. 民事诉讼中的精神疾病司法鉴定

1982年《民事诉讼法（试行）》第137条规定："人民法院受理申请后，必要时应当对被要求认定为无行为能力的公民进行鉴定；申请人已提供鉴定结论的，应当对鉴定结论进行审查。"1988年4月，最高人民法院《民法通则意见（试行）》第7条规定："当事人是否患有精神病，人民法院应当根据司法精神病学鉴定或者参照医院的诊断、鉴定确认。在不具备诊断、鉴定条件的情况下，也可以参照群众公认的当事人的精神状态认定。但应以利害关系人没有异议为限。"由此创设我国民事诉讼中精神疾病司法鉴定法律制度。1991年《民事诉讼法》和2007年修订的《民事诉讼法》，第171条法律文本均为："人民法院受理申请后，必要时应当对被请求认定为无民事行为能力或者限制民事行为能力的公民进行鉴定。申请人已提供鉴定结论的，应当对鉴定结论进行审查。"应当是对上述鉴定制度的进一步确认。

29. 亲子鉴定制度

1956年9月25日，最高人民法院发布《关于徐××所生的小孩应如何断定生父问题的复函》，其中根据当时的科技水平，规定"化验血型的方法并不能断定小孩究系由谁所生"。1987年6月15日，最高人民法院发布《关于人民法院在审判工作中能否采用人类白细胞抗原作亲子鉴定问题的批复》[1]称，根据近几年来审判实践中试用此项技术的经验，参考卫生部及上海市中心血站所提供的意见，同意采用人类白细胞抗原（HLA）进行亲子关系的鉴定。该批复是新中国第一件规定可以采用技术鉴定的手段确认亲子关系的规范性文件。由此创设了我国亲子关系技术鉴定制度。

需要指出的是，虽然此批复主要是针对能否采用人类白细胞抗原（HLA）作亲子关系鉴定问题的答复，而此项技术目前在司法鉴定实务中多数情况下也已经被准确性更高的DNA检测技术所代替，但批复中提出的判断诉讼活动中采用亲子鉴定的原则、人民法院确认亲子关系的原则和对亲子鉴定结论证明力的限制性规定，对现实的司法实务仍然具有指导意义。如在1989年3月21日，最高人民法院《关于季素梅、张勇诉泰兴县人民医院（第三人马兆霞、生炳林）确认血亲关系一案执行问题的电话答复》中，对于采用ABO血

---

〔1〕法（研）复〔1987〕20号。

型和足迹检验等技术鉴定手段确认亲子关系的做法表示了肯定。而在 1991 年 8 月 19 日，最高人民法院发布的《关于藏海仙与黄士明离婚申诉案涉及亲子鉴定的函》中则称：经研究认为，大连市中级人民法院以红细胞系统的亲子鉴定结论作为唯一根据，否认黄士明是黄凤坡的亲生父亲，不符合我院法研复［1987］20 号批复的精神。因此，我们同意你院审判委员会的讨论意见（即裁定中止执行大连市中级人民法院判决，指令大连市中级人民法院进行再审）。

30. 民事诉讼中受害人的误工日期鉴定

1988 年 4 月，最高人民法院《民法通则意见（试行）》第 143 条第 1 款规定：“受害人的误工日期，应当按其实际损害程度、恢复状况并参照治疗医院出具的证明或者法医鉴定等认定。赔偿费用的标准，可以按照受害人的工资标准或者实际收入的数额计算。”此项规定创设了我国受害人误工日期鉴定制度。1990 年 12 月，最高人民法院《关于贯彻执行〈民法通则〉若干问题的意见（修改稿）》第 164 条第 1 款完全保留了《民法通则意见（试行）》第 143 条第 1 款的文字表述。2001 年 1 月，最高人民法院《关于审理触电人身损害赔偿案件若干问题的解释》第 4 条第 1 款第 2 项中规定：“……误工时间可以按照医疗机构的证明或者法医鉴定确定”。2003 年 12 月，最高人民法院《人身损害赔偿案件适用法律解释》第 20 条第 2 款中规定：“误工时间根据受害人接受治疗的医疗机构出具的证明确定。受害人因伤致残持续误工的，误工时间可以计算至定残日前一天。”可以看做是对前述鉴定制度的继续确认。

31. 民事诉讼中人身损害赔偿案件劳动能力丧失程度与伤残等级鉴定制度

1986 年《民法通则》第 119 条规定：“侵害公民身体造成伤害的，应当赔偿医疗费、因误工减少的收入、残废者生活补助费等费用；造成死亡的，并应当支付丧葬费、死者生前扶养的人必要的生活费等费用。”该规定确立了我国人身损害赔偿法律制度。1988 年 4 月，最高人民法院《民法通则意见（试行）》第 146 条规定：“侵害他人身体致使其丧失全部或部分劳动能力的，赔偿生活补助费一般应补足到不低于当地居民基本生活费的标准。”第 147 条规定：“侵害他人身体致人死亡或者丧失劳动能力的，依靠受害人实际扶养而又没有其他生活来源的人要求侵害人支付必要生活费的，应当予以支持，其数额根据实际情况确定。”明确我国人身损害赔偿制度采“劳动能力丧失说”。由此，也创设了新中国民事诉讼中人身损害赔偿案件劳动能力丧失程度鉴定制度。

2001年1月，最高人民法院《关于审理触电人身损害赔偿案件若干问题的解释》第4条第1款第5项规定：“残疾人生活补助费：根据丧失劳动能力的程度或伤残等级，按照事故发生地平均生活费计算。自定残之月起，赔偿20年。但50周岁以上的，年龄每增加1岁减少1年，最低不少于10年；70周岁以上的，按5年计算。”2003年12月，最高人民法院发布《人身损害赔偿案件适用法律解释》第25条规定：“残疾赔偿金根据受害人丧失劳动能力程度或者伤残等级，按照受诉法院所在地上一年度城镇居民人均可支配收入或者农村居民人均纯收入标准，自定残之日起按20年计算。但60周岁以上的，年龄每增加1岁减少1年；75周岁以上的，按5年计算。受害人因伤致残但实际收入没有减少，或者伤残等级较轻但造成职业妨害严重影响其劳动就业的，可以对残疾赔偿金作相应调整。”进一步确立了民事诉讼中人身损害赔偿案件劳动能力丧失程度与伤残等级鉴定制度。

根据我国目前的立法情况，采用的是按照不同类别人身损害赔偿分别制定相关鉴定标准的办法。因此，不同类别人身损害赔偿，应当适用的鉴定标准也不同。具体情况如下：①工伤事故人身损害赔偿，适用的鉴定标准是中华人民共和国国家标准《劳动能力鉴定 职工工伤与职业病致残等级》（GB/T16180－2006）。②交通事故人身损害赔偿，适用的鉴定标准是中华人民共和国国家标准《道路交通事故受伤人员伤残评定》（GB18667－2002）。③医疗事故人身损害赔偿，应当适用的鉴定标准是卫生部《医疗事故分级标准（试行）》。[1] ④一般或普通人身损害赔偿，即指除了因工伤事故、交通事故、医疗事故等造成的人身损害赔偿之外的其他人身损害赔偿，目前尚无全国统一的鉴定标准。在司法实务中，全国大多数省（区、市）一般由有案件管辖权的人民法院决定参照适用中华人民共和国国家标准《劳动能力鉴定职工工伤与职业病致残等级》（GB/T16180－2006）或中华人民共和国国家标准《道路交通事故受伤人员伤残评定》（GB18667－2002）。少数省（区、市）有地方性的鉴定标准可供适用，如江苏省高级人民法院《人体损伤致残程度鉴定标准（试行）》，广西壮族自治区高级人民法院、人民检察院、公安厅《人身伤害致残程度评定（试行）》，吉林省高级人民法院《人体损伤致残程度鉴定标

〔1〕 卫生部令第32号。

准（试行）》、湖南省高级人民法院《人身损伤致残程度鉴定标准（试行）》、浙江省高级人民法院《人体损伤残疾程度鉴定标准（试行）》和北京司法鉴定业协会《人体损伤致残程度鉴定标准（试行）》等。

32. 交通事故案件中的伤残等级鉴定

1991年9月，国务院《道路交通事故处理办法》第37条第5项规定："残疾者生活补助费：根据伤残等级，按照交通事故发生地平均生活费计算。自定残之月起，赔偿20年。但50周岁以上的，年龄每增加1岁减少1年，最低不少于10年；70周岁以上的按5年计算。"第42条规定："交通事故的当事人因伤致残的，在治疗终结后15日内，可以向公安机关申请伤残评定。公安机关应当根据医院证明和公安部关于道路交通事故伤残评定的标准，在接到伤残评定申请书后30日内评定伤残等级。当事人对伤残评定不服的，可以在接到评定书后15日内，向上一级公安机关申请重新评定。上一级公安机关在接到重新评定申请书后30日内，应当作出重新评定的决定。"由此创设了交通事故案件中伤残等级鉴定制度。

根据该办法的授权，1992年4月，公安部批准发布中华人民共和国公共安全行业标准《道路交通事故受伤人员伤残评定》（GA35－1992）。[1] 该标准对道路交通事故受伤人员伤残评定机构与评定人条件，伤残评定的原则、方法和内容，伤残划分依据和10个伤残等级的具体残情等作出了具体规定。2002年12月，在充分总结吸收1992年GA35－1992执行的经验和国内外最新研究成果基础上，国家质量监督检验检疫总局发布中华人民共和国国家标准《道路交通事故受伤人员伤残评定》（GB18667－2002）。GB18667－2002于2002年12月1日起实施，并代替前述GA35－1992。

33. 国家赔偿案件中的劳动能力丧失程度与伤残等级鉴定

关于国家赔偿案件中劳动能力丧失程度与伤残等级鉴定的规定，最早见于1994年5月12日八届全国人大常委会七次会议通过的《中华人民共和国国家赔偿法》。

34. 医疗事故技术鉴定制度

关于医疗事故技术鉴定的规定，最早见于1987年6月国务院《医疗事故

---

〔1〕 1992年5月1日实施。本法规已被2002年3月11日发布的《道路交通事故受伤人员伤残评定》替代。

处理办法》。2002年4月国务院颁布《医疗事故处理条例》，同年9月1日起实施。该条例确定医学会组织医疗事故技术鉴定。为此，卫生部制定了《医疗事故技术鉴定暂行办法》和《医疗事故分级标准（试行）》。新型的医疗事故技术鉴定制度得以确立。

35. 民事诉讼知识产权的鉴定

1998年7月，最高人民法院《关于全国部分法院知识产权审判工作座谈会纪要》认为，审理知识产权民事纠纷案件往往涉及对专业技术事实的审查认定，人民法院必须充分重视专业鉴定，同时对一些好的做法进行了介绍。

36. 民事诉讼植物新品种的鉴定

2007年1月，最高人民法院《关于审理侵犯植物新品种权纠纷案件具体应用法律问题的若干规定》（法释［2007］1号）第3条规定："侵犯植物新品种权纠纷案件涉及的专门性问题需要鉴定的，由双方当事人协商确定的有鉴定资格的鉴定机构、鉴定人鉴定；协商不成的，由人民法院指定的有鉴定资格的鉴定机构、鉴定人鉴定。没有前款规定的鉴定机构、鉴定人的，由具有相应品种检测技术水平的专业机构、专业人员鉴定。"第4条规定："对于侵犯植物新品种权纠纷案件涉及的专门性问题可以采取田间观察检测、基因指纹图谱检测等方法鉴定。对采取前款规定方法作出的鉴定结论，人民法院应当依法质证，认定其证明力。"

五、30年证据法学研究成果选介

（一）证据法学专著选介

1.《民事证明责任研究》（李浩著，中国政法大学出版社1993年版）

该书提出了下列观点：

（1）证明责任的本质是结果责任。人们常常在两种意义上使用"证明责任"或"举证责任"这一概念：一种是当事人就有争议的案件事实向法院提供证据的责任（包括提供本证的责任和提供反证的责任）；另一种是在待证事实真伪不明时，由一方当事人所承担的不利的诉讼结果，前者为行为意义上的证明责任，后者为结果意义上的证明责任。设置证明责任制度的目的主要在于解决诉讼中的事实真伪不明问题，即在事实真伪不明时，法官依据证明责任的归属作出判决，哪一方当事人负证明责任，便判决其承担不利诉讼结果。所以，在上述两种责任中，真正能够代表证明责任本质的，是结果责任而不是行为责任。证明责任的分配，也是针对结果责任而言的。

（2）依据法律要件分类说分配证明责任。证明责任分配是证明责任制度中的核心问题。关于证明责任的分配，有利益衡量说、待证事实分类说、法律要件分类说等不同的学说。从我国的实际情况看，借鉴法律要件分类说中特别要件说来建构分配证明责任的原则最为妥当。借鉴这一学说所建构的我国民事诉讼中分配证明责任的原则是：①凡主张权利存在的当事人，只需对产生该权利的特别要件事实负证明责任；②凡主张原来存在的权利已经变更或消灭的当事人，只需就存在变更或消灭权利的特别要件事实负证明责任；③妨碍权利发生，或者妨碍权利变更、消灭的事实，作为一般要件，由对方当事人负担证明责任；④凡主张权利受制的当事人，应当对排除权利行使的事实负证明责任。

（3）民事诉讼中的真实应定位于“法律真实”。民事诉讼应当尽量发现真实，应当使法院的裁判建立在真实的基础上。关于诉讼中的真实，有“客观真实说”与“法律真实说”不同的观点。“客观真实说”作为一种理想，有其存在的价值，但作为实务上的要求，却不如“法律真实说”更为合理。在部分案件中，事实本身的不可逆性、当事人收集证据能力的有限性、法院在诉讼中仅在有限的情况下才依申请或依职权调查收集证据，证人不愿意出庭作证现象的普遍存在，都使得发现真实的努力归于失败或者部分失败。当然，通过裁判所达到的“法律真实”，大多数情况下与实际发生的案件事实是相一致的。

（4）民事诉讼的证明标准应当是高度盖然性。民事诉讼应当实行不同于刑事诉讼的证明标准，应当以“高度盖然性”作为自己的证明标准。这一证明标准是指，证据表明争议事实的存在具有相当大的可能性，或者裁判者依据证据已形成待证事实极有可能如此的心证。法律责任严厉性的不同、对事实自认法律效果的不同、推定运用的不同，是民事诉讼证明标准低于刑事诉讼的充分理由。关于证明责任的上述学术观点得到理论界的广泛认同，也为我国司法实务部门所采用。在最高人民法院颁布的《民事证据规定》中，对证明责任分别规定了行为责任与结果责任，并明确在审理终结前，如果案件事实仍然处于真伪不明状态时，法官应当依据证明责任归属作出裁判；在对合同案件的证明责任进行分配时，基本上采用了法律要件分类说；“明显大

于”的民事诉讼证明标准，也是对该书高度盖然性的证明标准的采纳。（李浩撰稿）

2.《英美证据法》（沈达明编著，中信出版社1996年版）

这是我国最早一部系统介绍英美证据制度的著述。全书共分五篇：第一篇引论，包括3章：制定证据法的困难，英美法系证据法学简史，证据法的基本概念；第二篇英国证据法；第三篇美国联邦证据法条文及立法理由；第四篇美国的法学理论与美国法；第五篇法国证据法，以法国法为例对大陆法系证据法与英美证据法作初步比较。该书阐述了制定证据法的困难和目的。诉讼的证明并非科学上的调查研究，这决定了诉讼证明所追求的目标不可能像科学证明所追求的目标完全一样。法院只是为解决所受理的争议，对事实作出断定。因此不能期待法院作出非常正确的结论。证据法的目的除了确定真情之外，还应在支持各种社会政策、节省资源、安定诉讼当事人等目标中作出平衡。该书对英美法系证据法学的发展进行了回顾。英美证据法学发端于18世纪末期，证据学原理几乎完全是从一堆分散的、割断的判例中发展而来。19世纪初，证据法学在英国得到了长足发展，其代表人物为边沁和J. F. 斯蒂芬。当时，证据法学理的重心也完成了从英国向美国的转移。美国证据法上最具代表性的人物威格莫尔以其1904年出版的《普通法审判中使用的英美证据制度论》和1913出版的《司法证据原则》等著作，占据了美国证据法研究的第一把交椅长达50年。20世纪后半叶，英美证据法学领域在经过半个世纪的休眠期之后，出现了繁荣的景象。无论从学理的研究还是法律的制定方面都显得空前活跃。该书对英国证据法的阐述，是以证据法的学理线索分专题展开讨论的。如证人与证言、书证、特权、反传闻规则等等，每一章都在阐述了证据法规则关键内容后，进一步对其深入讨论。在美国法部分，首先介绍了美国联邦证据规则的全部条文与立法理由，然后展现了美国学术界的评价。该书的最后还以法国法为例，对大陆法系证据法与英美证据法进行初步比较。以此使读者进一步加深对英美证据法特征的理解。（冀宗儒撰稿）

3.《刑事证人证言论》（王进喜著，中国人民公安大学出版社2002年版）

该书是我国第一部对刑事证人证言规则进行深入研究的著作。全书共13章，涵盖了刑事证人证言问题的各个方面。除导论之外，全书分为上下两编：上编为证人论，主要讨论证人的适格性、证人的权利与义务、证人特免权、证人保护；下篇为证言论，主要讨论了证人证言的质证模式、证人宣誓与郑重陈述制度、证人证言的审查判断以及证人庭前陈述的运用。该书主要采用了比较研究的方法，对于证人证言的每一个具体制度都尽可能将其在西方主要国家的理论基础、发展脉络及立法现状详细勾勒出来，在此基础上对我国证人证言制度现状进行考察对比，进而提出富有针对性的政策性建言。从20世纪90年代以来，随着司法改革以及由此带来的庭审模式的转型，我国刑事审判逐渐由传统的注重审查书面案卷笔录的法庭调查方式，转向以证人证言为核心的法庭调查方式。这一宏大背景的转型，使证人证言问题成为司法实践和法学研究的重要关注点。司法实践中困扰实务界的许多问题也与证人证言相关，如证人出庭率低、证人缺乏保护、对证人证言缺乏行之有效的审查模式、多次证言如何认定等等。该书借助的资源是西方主要国家尤其是英美法系国家在证人证言领域发达的制度实践与深厚的理论传统。因为，在英美法系当事人主义的诉讼模式之下，证人证言是法庭事实调查的最重要手段，围绕证人证言所建构起来的证据规则占据了证据规则体系的大部分，如传闻规则、品性规则、证人弹劾与正誉制度、意见证据规则、特免权规则等都直接与证人证言相关。该书已成为证人证言研究的基础性文本，它所界定的诸多难题、所提供的理论脉络的梳理为这一领域的进一步研究奠定了基础。（吴洪淇撰稿）

4.《中国证据法草案建议稿及论证》（毕玉谦等著，法律出版社2003年版）

该书是我国第一部有关证据法典的起草与论证的立法专著，全书约八十万字，《建议稿》共7章19节236条。主要内容：①证据法的基本原则。该部分规定了证据裁判主义、证据辩论主义、证据及时提出主义、直接言词主义、自由心证主义等基本原则。②证明责任问题。刑事诉讼中证明责任一般由控诉方承担，被告人一般不负证明自己无罪的责任。但在被告人提出积极性辩护主张时，应当提供证据加以证明。在民事诉讼中，凡主张某种实体权利，或要求法院确认某种法律关系存在的当事人，应就产生该权利或法律关系的事实负证明责任；凡主张某种实体权利或法律关系的事实不存在的当事人，应就存在妨碍该权利或法律关系产生的事实负证明责任。凡法律对侵权诉讼的证明责任有特殊规定的，从其规定。在行政诉讼中，被告负证明责任，在某些情况下原告对某些主张也应当负担证明责任。③证据的可采性与非法证据排除问题。在刑事诉讼中，对于警察采用刑讯逼供和以威胁、引诱、欺骗等方法取得的犯罪嫌疑人、被告人的供述，证人证言，被害人陈述，不具有可采性。在民事、行政诉讼中，某些特别重要的证据的取得存在一些违反法律规定或者侵犯他人合法权益的情形，法官仍有权决定对该项证据加以采纳，但应依法对其不法行为予以必要的惩处。④法院在采纳证据上的基本职责。该部分规定了法院对当事人举证权利的保障、法院阐明权的行使、法院证据调查的指挥权、认定案件事实的方法、法官对心证的阐释等几个方面的问题。⑤关于证人出庭作证问题。该部分规定了证人资格、警察出庭作证、沉默权的享有与放弃、证人的拒绝作证权、证人宣誓等几个方面的问题。⑥证明标准问题。在刑事诉讼中，定罪的标准是证据确实、充分。在民事诉讼中，普通类型民事诉讼的证明标准为具有相当可靠、显著的盖然性。特殊类型民事诉讼的证明标准，至少应当明显高于普通类型民事案件所要求的证明标准，直至接近或达到排除合理怀疑的程度。在行政诉讼中，对现存事实或者状态应当达到的证明标准是“客观、准确和完整”；对过去发生的行为事实，如果严重影响公民、法人或其他组织人身权、财产权，应当适用排除合理怀疑标准；轻微影响公民、法人或其他组织权益的，可以适用优势证据标准。(郑旭撰稿)

5. 《刑事诉讼的前沿问题》（第2版，陈瑞华著，中国人民大学出版社2005年版）

该书第1版由中国人民大学出版社于2000年出版，在第2版中，作者全面总结了刑事诉讼法学的基础性和前沿性理论问题；讨论了刑事诉讼法学的研究方法，倡导在树立基本问题意识的前提下，运用社会科学的一般方法并从多学科交叉的角度研究刑事诉讼问题；论述了刑事诉讼法学的两个最重要的理论课题——程序正义理论和程序性制裁理论；对“证据法学”与“证据学”作出了理论上的区分，重新解释了刑事证据法的体系和功能；运用经验分析方法，对审判委员会、回避和变更管辖制度作了全面考察，提出了法院内部独立和司法裁判的行政化问题；提出了刑事诉讼的“纵向构造”问题，将中国刑事诉讼构造解释为“流水作业”模式；对于刑事审判前的侦查、审查起诉及其相互间的关系从理论上作出了解释，提出了“建立一体化的审判前程序”的观点。上述研究对证据法学的影响主要体现在以下几个方面：

（1）程序正义理论。该书第六章“程序正义理论”，系统分析了程序与程序正当性之间的区别，对西方程序价值理论进行了系统梳理，并论证了程序正义相比于实体正义和形式正义等正义形态的独立性及其相互关系，指出了程序正义的六大构成要素，最后对程序正义的限度问题进行了论证。该书提出的程序正义的构成要素成为国内学者分析证据问题的有效工具，比如，在程序理性方面，证据裁判原则就可以有效防止法官恣意裁判，提高裁判结果的可预见性，减轻裁判者的责任风险；在程序平等方面，建立证据开示制度可以有效平衡控辩双方的诉讼力量；在刑事诉讼中，甚至应当赋予法院以强制程序获取辩方证据的权力，以维护刑事诉讼的实质平等；在程序中立方面，强调证明责任的承担主体应是诉讼双方，而不能是法院本身，法官庭外调查核实证据的权力应当受到程序和证据规则的制约；等等。该书有关程序性制裁理论的研究也为证据法学开辟了新的理论版图。根据程序性制裁理论，非法证据排除是非法侦查行为的法律后果，根据违法行为的性质和所侵犯利益的大小，非法证据应当给予不同的对待。该书系统论证了非法证据排除规则背后的理论基础，并以诉讼行为无效的理论来解释非法证据排除规则的依据，从而使得证据法学的研究具有了理论品格和深度，因而被学界广为引用。

（2）诉讼构造理论。传统的诉讼构造理论将侦查、起诉和审判等三个诉讼阶段作为分析的主要对象，侧重研究刑事诉讼横断面上的构造特征，却忽略了其纵向构造上的特点。该书第二章第四节和第七章对纵向构造展开了深入研究，认为中国刑事诉讼与西方主要国家在横向诉讼构造上差别不大，其根本区别在于中国刑事诉讼没有确立以司法裁判为中心的格局，审判前的侦查和起诉在构造上还只是追诉和被追诉的关系，而不存在真正的裁判和辩护活动，因此，构造理论应当关注公检法三机关之间在诉讼过程中的相互关系，而不应仅仅是控辩裁三方的静态法律关系，由此提出了“流水作业式”诉讼构造命题。该命题成为学界解释司法实践中非法证据排除规则适用率低下的一种理论工具。按照这一解释模式，我国法院之所以不肯轻易排除非法证据，其根本原因就在于法院缺乏足够的权威，没有建立起针对侦查活动的司法审查机制。因此，只要法院认为它们具有证明价值，通常就会直接将其采用作为定案的根据。将查明事实真相作为自己最高目标的法院，不仅不能参与审判前的诉讼活动，而且在法庭审判过程中也不能对审判前的追诉活动实施有效的司法审查，法院一般也不会就这一程序性问题举行专门的司法裁判活动。由于缺乏独立采纳证据、认定事实的能力，我国法院只能依靠书面案卷材料制作裁判结论，进一步强化了我国证据能力规则不发达的现状，从而难以孕育出现代意义上的证据规则。虽然现代证据法都是以规制法庭审判活动、限制法官自由裁量权为其目标，但在中国的司法环境下，更为重要的却是如何通过证据规则间接约束侦查和起诉活动，通过证据规则尤其是非法证据排除规则将“流水作业式”的诉讼构造转变成“以裁判为中心”的诉讼构造。

（3）证据法的学科体系和功能。以“从证据学到证据法学”取代了第一版“证据法学的理论基础”的内容，进一步探讨了证据法学的学科定位和发展方向。传统的证据学以发现事实真相为目的，涉及大量逻辑、经验和认识规律的混合知识，而少有关于证据法律规则的分析和归纳。这使得有关证据规则的研究在我国并没有与诉讼程序和规则联系起来，而流于一般意义上的证据分析，忽视了诉讼活动的特殊性。不仅无法包含大量现代的证据规则，而且与现有的刑事诉讼法学理论也明显不兼容。证据法学则以限制发现事实真相的手段为目的，使研究者得以从纯粹的经验论、逻辑学、认识论中解脱出来，从法律程序的角度观察、研究证据问题。不仅如此，证据法学还将有关证据运用的法律规则作为焦点，解释那些存在于各种证据规则背后的观念和理论。因此，应该完成从证据学到证据法学的理论转型，使证据规则真正成为程序法的一部分。刑事证据法应当建立起两套证据规则体系：一是有关证据法律资格的规则；二是有关司法证明的规则。只有确立这些证据规则，刑事证据法才能通过规范法庭审判过程，进而对侦查和起诉活动发挥有效的控制和约束作用。刑事证据法不仅可以约束裁判者的自由载量权，避免使作为弱者的被告人受到不公正的对待，还可以最大限度地减少司法误判的发生以及避免司法裁判的拖延。（陈瑞华撰稿）

6.《刑事证明理论》（卞建林主编，中国人民公安大学出版社2004年版）

本书着重围绕刑事证明概念、刑事证明理念、刑事证明原则、刑事证明主体、刑事证明对象、刑事证明责任、刑事证明标准、刑事证明手段、刑事证明程序、刑事证明方法等十大问题进行专题研究，试图建立新的刑事证明理论体系。现代刑事审判，采证据裁判原则，即对案件争议事实的认定应当依据证据。一般认为，证据裁判原则包括以下要求：首先，裁判的形成必须以证据为依据。其次，裁判所依据的必须是具有证据能力并可以采纳为定案根据的证据。最后，据以作出裁判的证据必须在法庭审理中出示并经过当事人双方的质证。因此，从认定案件争议事实的角度，并且鉴于不同诉讼主体所承担诉讼职能的差异，法庭调查主要由两部分构成：一是诉讼当事人的举证、质证活动；二是审判人员的听证、认证活动。当事人的诉讼主张能否得到法官的确认和维护，证明的结果和作用至关重要。而我国传统证据理论研究，却“重证据，轻证明”，始终未对诉讼证明问题予以应有的重视，并且错把诉讼证明等同于办案人员主观认识客观世界的活动，把证明的主体局限于国家专门机关及其工作人员，从而制约了证据理论研究的深入与发展，并对司法改革和诉讼程序的完善产生消极影响。1996 年《刑事诉讼法》的修订和近年来刑事审判方式的改革，总体趋向是更多地吸收和借鉴当事人主义审判模式中的合理因素，尽量弱化庭前审查，强化控辩的两造对抗和法官的居中裁断。这样，当事人的诉讼证明活动逐步在法庭审理中占主导地位，证明责任、证明对象、证明标准、证明程序、证明规则等一系列相关问题也就成为刑事证据立法和理论研究的重大问题。鉴于此，本书试图从诉讼证明自身规律出发来研究诉讼证明问题，提出新的诉讼证明概念，建立新的诉讼证明理论体系，就是为了因应刑事程序法治发展和司法改革实践的迫切需要，同时也力图澄清传统证据学的一些模糊观念，纠正以往证据理论研究中的不足或偏向，以便为科学的证据立法和指导司法实践提供理论支持，为繁荣我国证据法学理论研究贡献力量。（卞建林撰稿）

7.《民事证据制度研究》（张卫平著，清华大学出版社 2004 年版）

该书对民事证据制度进行了系统研究。与其他同领域的著作不同，本书不是静态的描述民事证据制度，而是尝试进行跨越传统民事证据理论框架，目光朝向未来的民事证据乃至民事诉讼制度而展开的动态研究，而且是以广阔的比较法视野，在中国语境之下探讨中国问题。本书以最高人民法院《民事证据规定》为切入点，全面分析我国民事证据的基本制度、实务运用和理论研究中存在的问题，较为深入、详细地研究和探讨了证据的概念和性质、证明对象、证明责任、证明标准、举证时限、证据交换、证据判断原则、推定规则、自认规则以及各种证据方法的审查判断等内容。这些内容均是我国当下民事证据领域中的热点、难点和重点。由于在具体制度的论述中以《民事证据规定》展开，因此提供给司法实务特别是《民事证据规定》的具体操作以有力的理论支撑和细化补充。尽管《民事证据规定》是当前司法实践中审判经验和证据理论研究成果的总结和反映，对我国民事证据的发展有不容否认的重要意义，然而作为一个司法解释，并且在诉讼体制、现行法律以及诉讼理论和证据理论的束缚中，恐怕并非长久之计，从长远看也难以承载系统构建和完善民事证据制度的重任。因此，本书虽然以《民事证据规定》为切口，但却不局限于该规定的范畴，而是着眼于成熟的英美法和大陆法证据制度建构，为进一步的证据制度改革乃至民事诉讼制度改革提供可靠、深入、详实的必要理论准备。（张卫平撰稿）

8.《中国证据法草案（建议稿）及立法理由书》（江伟主编，中国人民大学出版社2004年版）

该书总结了我国证据法研究的最新成果，分析了我国现行证据法律制度以及这些制度在司法实践运用中的经验与教训，在对证据法基础理论进行研究的基础上，广泛借鉴国内外以及我国台湾地区、香港特别行政区和澳门特别行政区证据法律制度，以比较法的视野，结合中国证据法律文化传统与现实，提出了一些新的证据理念、基本原则以及我国证据立法的模式和内容选择，不仅奠定了我国证据法学科的理论体系，而且也为立法机关将来制定“中华人民共和国证据法”提供了理论依据和范式。本书以“中国证据法草案”（建议稿）为中心，逐条进行理论阐述。全书共分五部分，从不同视角，分别对证据法之证据方法法则、证据能力法则、证明负担分配法则、司法认知法则、推定法则、自认法则、证明妨碍法则、表见证明法则以及证据评价法则、证明度法则等重要法则进行回放。其中，既有证据法理论分析，也有证据法学科体系构建，更有证据法范式叙述和理由述说。本书是集体智慧的结晶。课题组积极搜集参考国外证据法立法例，对之进行专门的研究分析，着重关注各有关国家的证据文化背景，以及这些证据法制度对世界各国证据法的影响，我国对之吸收或引进的可能性，做到批判式的吸收而不是简单的照搬照抄。课题组还调查收集了大量一手实证资料，对最高人民法院《民事诉讼证据规定》的实施效果和存在的问题进行了专门的调研。在此基础上，组织专门的人员，草拟证据法草稿，组织专家进行专门的讨论与修改，并与法院、检察院、律师事务所等实践部门进行密切配合，分别听取他们对课题组草拟出的证据法草稿的内容、体系、篇章结构等的看法与意见。通过召开数次研讨会，课题组对一些基本的证据法制度问题达成了一些共识，对尚未解决的一些问题，或争议较大的一些问题，进行继续研究，并以之为本，进行分析论证，最终写出《中国证据法草案（建议稿）及立法理由书》，以期引起更多同仁关注并投身我国证据立法之大业。（江伟撰稿）

9.《中华人民共和国刑事证据法专家拟制稿（条文、释义与论证）》（陈光中主编，中国法制出版社2004年版）

该书在序言中首先论述了改革和完善我国刑事证据立法的必要性和模式，认为我国不宜采取统一证据法典的模式，而应继续保持现行立法模式，即分别在刑事诉讼、民事诉讼和行政诉讼三部法典中规定相关证据法的内容。而后阐述了刑事证据立法的人权、秩序、公正、真实和效率五大基本理念，并明确指出要坚持惩罚犯罪与保障人权相结合、程序公正与实体公正并重、客观真实与法律真实相结合、公正第一兼顾效率的指导原则。

该书所设计的刑事证据法专家拟制稿，分3编9章共182条，并逐条进行了释义与论证。第一编通则，主要创新内容有：国际法优先原则，证据裁判原则，无罪推定原则，遵守法定程序原则，严禁非法取证和非法证据排除规则，原始证据优先规则以及罪疑从无、刑疑从轻规则等。第二编证据种类，主要创新内容有：证人拒绝作证权，证人出庭义务及其例外，相对传闻证据规则，意见证据规则；任何人不得被强迫承认犯罪或者作不利于他自己的证言，犯罪嫌疑人或被告人享有相对沉默权，讯问被羁押的犯罪嫌疑人应当全程录音或全程录像；实行鉴定人独立鉴定原则，实行专家辅助人制度；将“视听资料”改称“音像、电子资料”以扩大其范围。第三编刑事程序中证据的收集和运用，主要创新内容有：在侦查程序中增设监听通讯、秘密拍照录音录像等特侦手段；在起诉程序中增设证据展示制度；在一审程序中增设证据合法性的异议程序；对有罪的判决证明标准规定为证据确实充分，排除其他可能性；程序事实的证明标准为明显优势；二审程序规定对于案件事实和证据有争议的应当开庭审理；死刑复核程序规定所有被告人享有律师法律援助的权利，辩护律师有权查阅案卷证据材料；再审程序放弃有错必纠的传统观念，采取有限的一事不再理原则。

本书是我国第一部社会主义刑事证据法专家拟制稿。该拟制稿的条文设计既立足于我国国情，又注意吸收外国有益经验并注意与联合国刑事司法准则适度衔接，以促进我国刑事证据制度的民主化、法治化。该拟制稿着力解决司法实践中存在的突出问题：刑讯逼供、证人不出庭、辩护人不能在事实证据上进行有效辩护，以及存在冤假错案情况等。该书不但具有重要的学术价值，而且其设计的创新内容有些已经为新制定的司法解释所采用，并将对刑事诉讼法的修改产生一定影响，而且通过拟制条文及其释义与论证解释对

我国刑事证据法理论起到了推动作用。(郑曦撰写，陈光中审定)

10.《模范刑事诉讼法典》(陈卫东主编，中国人民大学出版社2005年版)

该法典分为条文、参考立法例与立法理由论证三部分，包括8编、662个条文。起草的总体思路为：①适应1996年《刑事诉讼法》建立的控辩式诉讼模式，建立配套措施和保障机制；②与证据立法相结合；③合理吸收法学研究成果与实践经验；④充分吸收我国签署加入的一系列国际公约的规定，共享全世界法治文明成果；⑤吸收现行司法解释的合理规定，大幅度扩充条文数量，以满足实务部门对法律可操作性的要求。法典对现行《刑事诉讼法》各编的设置进行了调整，由目前的4编增加为8编，分别为通则、证据、审前程序、一审程序、救济程序、特别程序、执行程序、刑事司法协助。法典的条数相应地由原有的225条增加到了目前的662条，进一步体现了刑事程序法典对操作性、细致性的要求。该法典主要针对中国现行《刑事诉讼法》法典总则部分统率功能不足、证据规则严重匮乏、纯粹纠问式的审前构造、以对抗制为形式以职权模式为实质的审判方式、救济程序的功能严重不足、秩序混乱的执行程序六个方面的不足提出了相应的改进方案。

在证据规则方面，鉴于1996年修改《刑事诉讼法》时除在证据种类中加入了视听资料外，对其他内容基本未加改动，使得理论界和实务界对证据法进行修改的呼声越来越高。因此，首先，确定了在刑事诉讼法中证据单列一编的立法模式，针对刑事司法实践中证据实体规则和程序规则都严重缺失的现象，在第二编以103个条文系统构建了我国的刑事证据规则。其次，坚持以审判为中心构建证据的基本原则体系，确立了证据裁判原则、严格证明、言词辩论原则、直接原则和自由心证五个基本原则。法典借鉴英美证据立法的成熟经验，对司法实践中普遍存在的司法认知与推定两种事实认定方法的合法性予以确认，并将其列于证据种类与证明之前。再次，鉴于我国刑事诉讼法收集、审查、判断证据相关规则的缺失，从广义的证据概念入手，对证据能力的规定采取了“原则可采+例外排除”的立法模式，在此基础上依次规定了相关性规则、任意性规则、非法证据排除规则、传闻规则。最后，关于刑事诉讼的证明，从正反两方面规定了证明对象的内容，将程序法事实列入诉讼证明的“视域”，同时区分了结果意义上的证明责任和行为意义上提出证据的责任，并把证明标准限于审判阶段，采用“排除合理怀疑”这一狭义证明标准。(陈卫东撰写)

11.《我国证据制度的理论与实践》（宋英辉、汤维建主编，中国人民公安大学出版社2006年版）

本书结合理论前沿和司法实践，深入探讨了我国证据制度和完善证据立法的问题。自20世纪80年代开始，我国理论界围绕证据法的基础理论、结构体系、法律功能、法典模式、研究方法等，进行了系统研究，推出了一系列成果，但争议仍然较大。在证据立法上，如何认识三大诉讼领域中证据问题的统一性和差异性，如何协调三大诉讼法中证据规定与证据司法解释之间的关系，社会各界认识不一。在司法实践中，许多疑难、复杂、错误案件的出现，在很大程度上与传统事实认定模式和证据意识状况有着密切关系。解决证据法在制度——技术——理念之间的失衡问题迫在眉睫。为此，本书根据调研发现的突出问题，对我国证据制度进行了专题研究。本书在内容上采取总分格式，共分为4编：首先探讨证据法基础理论，然后依次分析刑事、民事、行政三大诉讼领域的证据法理论与实践问题。第一编为证据法的基础理论，分析证据法的功能实现、理论基础、研究范式、基本原则以及事实、证据、证明这三个基本概念。第二编为刑事证据法专题，重点分析了刑事证据法的基本理念、现代证据法视野下的口供、证人制度、特殊侦查手段获得材料的证据运用、宪法视野下的非法证据排除规则、对质诘问权、辩方的举证责任。第三编为民事证据法专题，重点分析了我国民事证据立法的现状、完善我国民事证据立法的基本思路、域外民事诉讼模式与证据制度、民事证明标准、民事诉讼中的举证责任倒置、民事诉讼中的证据交换、民事举证妨碍制度、民事证据契约论、民事证据排除规则。第四编为行政诉讼证据法专题，重点分析现场笔录、行政案卷排除规则、行政诉讼举证责任的倒置、行政诉讼原告的举证责任、行政诉讼证明标准。本书认为，证据法是一个独立的法律规范系统，不是若干证据规则和诉讼制度的简单拼凑。应当在认识论、价值论等方面坚持多元视角，借鉴认识理论的成果，推动我国证据法学研究范式的转型和发展。要解决我国证据法实践中的突出问题，应在“质”和“量”上完善现有证据规则，尤其是将一些形成共识的规则予以立法明确，并克服阻碍其法律功能实现的诸多因素。（宋英辉撰稿）

12.《证据法学研究述评》（宋英辉、汤维建主编，中国人民公安大学出版社2006年版）

本书旨在梳理相关的学说分歧，明确证据法学研究所取得的基本共识，澄清争议的问题所在。一个法律问题的出现，通常涉及多方主体，而且与许多现有制度的“失灵”有关。在基础理论方面的研究不扎实、不深入，据此进行的具体制度研究往往很难有实质性的超越之处。学术研究好比“放大镜”，需要对法律问题的来龙去脉作出准确、全面的观察和判断，由此才能为实务部门提供有效的解决方案。自20世纪80年代开始，我国传统证据法学理论体系逐步形成。此后，理论界围绕我国如何构建一套完善的证据法学理论体系及如何完善证据立法等问题，展开了热烈的讨论，推出了大量关于证据法的专著、论文、教材，提出了一系列创新和富有挑战性的观点。证据法学也逐渐成为一门“显学”。但是，不可否认的是，由于研究基础、学理储备、研究范式等的制约，有关证据法的研究还存在许多薄弱环节，有重大突破性的成果并不多见。在已有的证据法学研究中，新旧学说并陈、各派观点林立。

本书首先梳理了近年来证据法学在若干基本问题上的争议并提出解决问题的思路，具体包括证据法学与认识论关系、司法裁判中的事实问题、司法裁判中的证据、刑事诉讼中的证明以及证据法学研究方法的转型。然后分四编展开论述：证据法的历史沿革，证据法的基础理论，证据和证明。在知识传统上，两大法系的证据学先贤贡献不菲。本书精选了15位证据学家，考证并概述了他们的理论观点；探究了我国现代证据法学的起源，依据时间顺序考察了它在新中国建立后的跌宕和发展。在证据法学的基础理论中，总结了证据法学的理论基础、证据法的基本原则、证据立法模式；重点评介了证据法专家建议稿。在证据编中，梳理了理论界在证据概念、种类、分类以及证据规则方面的争议，提出了完善意见。在证明编中，集中阐述了广义、狭义证明观，论述了证明与释明等相关概念关系。在刑事、民事、行政三大诉讼领域中，证明对象、证明责任和证明标准有许多共性，也有许多个性。本书对此进行了专门总结和梳理。在证明中，免证事由的研究逐步兴起。本书重点归纳了推定、司法认知和自认方面的研究成果。证明的内容除了实体性规定外，还有许多程序性规定。本书集中总结了在证据收集、质证、认证方面的理论争议和完善建议。（宋英辉撰写）

13.《〈人民法院统一证据规定〉司法解释建议稿及论证》（张保生主编，中国政法大学出版社2008年版）

该书是中国政法大学证据科学研究院受最高人民法院研究室委托，经过一年多的理论研究和实地调研研究所取得的成果。课题组按照最高人民法院研究室提出的“充分借鉴和吸收国内外证据规则理论和实践，特别是人民法院审判实践和司法改革方面的优秀成果”的要求，试图在最高人民法院已有的两个证据规定的基础上进一步完善人民法院证据规定的理论体系。课题组经反复讨论，确定了“调研入手，民刑统一，证据法学与法庭科学统一，体现宪法精神、法律规范和证据政策，逻辑性、通俗性和规范性统一”的46字工作方针。建议稿提出的统一证据规定的体系结构可以概括为：以相关性为逻辑主线，以准确、公正、和谐和效率为价值基础，以举证（取证）、质证和认证构建事实认定的证明过程。

该书所设计的统一证据规定《建议稿》分8章24节174条，采用中英文对照方式，逐条进行了释义与论证，并提供了中外相关立法例。第一章总则，确定了统一证据规定适用于人民法院三大诉讼的宗旨，确定并论证了证据裁判原则、证明程序法定原则、直接言词原则、证据裁判主体、证据裁判的效力、错误认证的后果、证据认证理由的说明，以及相关性与可采性、相关性证据的一般排除规则等。第二章证据种类和规格，界定了证据是与案件事实有关的任何信息，主要包括当事人陈述，证人证言，鉴定意见和专家辅助人意见，物证，书证，勘验、检查和现场笔录，音像、电子证据，示意证据等；在证据规格中，确定了原始证据优先，鉴定意见的规格，书面陈述、书证音像、电子证据的规格。第三章证据排除及其例外，确定了非法证据、传闻证据、品性和倾向证据的排除规则，以及不能用以证明过错或责任的证据规则。第四章证据开示，规定了证据开示的主持、时间和范围，不进行证据开示的案件，证据开示笔录、证据开示的效力、辩护人阅卷与证据开示，民事、行政诉讼证据开示等。第五章证据的提出。其中，第一、二节对当事人陈述、证人作证的有关事项作出了规定，规定了律师、精神诊疗师免于作证的权利以及夫—妻、父母—子女之间免于作证的权利，证人的经济补偿、证人保护、作伪证的法律后果、询问证人的顺序（直接询问和交叉询问）；第三节对物证，书证，勘验、检查和现场笔录，音像、电子证据，示意证据的出示提出了具体要求；第四节对物证、书证等证据的辨认和鉴真作出了规定；第五节对鉴定的启动、刑事诉讼中鉴定的必要性，鉴定人选任、出庭作证，鉴定意见的效力，专家辅助人等作出了规定。第六章为法院取证与证据保全。第七章证明。其中，第一、二节对证明对象、刑事诉讼证明责任和标准、无罪推定原则、不得强迫自证其罪、证明责任的分配原则、确信无疑的证明标准、证据不足应作出无罪判决、积极抗辩及其反驳的证明标准等作出了规定；第三节民事诉讼证明责任和标准，规定了合同和代理权纠纷中的证明责任分配，证明责任倒置的情形，证明责任的转移，法无明文规定时的证明责任，举证不能的后果，需要鉴定而不鉴定的不利后果，高度盖然性标准等；第四节行政诉讼证明责任和标准；第五节司法认知与推定；第六节质证与认证，规定了当庭质证的要求，公开质证的例外，质证的主要内容，质证的顺序，证人对质，证人先前不一致的陈述及其采纳条件，对当事人陈述的质证，对鉴定意见的质证，重新鉴定，认证要求和依据，对复制品的认证采信，不能单独采信的证据，口供的补强以及补强证据的规则等。（张洪铭撰写、张保生审定）

14.《证据法的理念、制度与方法》（龙宗智著，法律出版社2008年版）

该书写作历时8年，作者立足于中国司法的特殊背景与条件，积多年观察思考和实际体验，对中国刑事证据制度中最具挑战性的理论与实践问题作出了富有创新性的回答，其对现实状况的把握，对操作复杂性的体会，以及在制度研究时就实践合理性与法理合理性分析的展开，显示了这是一部植根于中国司法实践的具有思考深度和理论深度的“本土的”证据学理论。

全书分为11章。首先提出并论证了建立打通各门学科、具有普遍意义的“大证据学”，分析论述了这种大证据学的基本学理，对证据学的基本范畴、概念和学理的梳理以及有深度和新意的分析，深化了证据学的研究。接着分析了中国证据分类制度问题，指出其具有“形式主义倾向”、“采封闭式分类体系”、分类的“细致具体”，以及“类别设置有一定独特性”的基本特点，并对笔录证据、专家证人、视听资料等分类性问题进行分析并提出了调整方案。关于证据合法性，着重分析了以欺骗方式取证与刑事司法行为的道德界限，在对长期以来“习焉不查”的实践与法律脱节问题进行分析的基础上，提出了法律修改以及实践处理的办法与原则。对于专门取证主体合法性这一少有触及的问题，就非管辖侦查单位取证、纪委取证、立案前调查机关取证这三个司法实践中频繁出现但缺乏规范的问题，作了有说服力的分析并提出了解决方案。关于中国刑事诉讼中最重要的证据种类——书面证言，本书独具慧眼地分析了中国法背景下书面证言的利弊及其合理使用与限制。作者对刑事庭审中的人证调查制度及其实践作了全面深入的分析，研究了中国刑事诉讼中的对质制度及其改革完善。作者对刑事证明责任制度、推定制度作了深入而富有创建性的研究：就刑事推定制度、推定的准确含义进行了解析，指出联合国打击犯罪三公约中文文本对相关条款翻译的错误以及形成的误导；对刑事诉讼中限制事实推定、防止滥用推定，以及如何正确理解与使用我国法律与司法解释中的相关条款等问题作了深入分析。深入分析了证据间的矛盾并提出和论证了矛盾分析方法。作者首次提出并论证了我国刑事诉讼的证明模式是“印证证明模式”并对其形成原因、实践利弊及其调整理由与路径作了具体而深入地分析。该书最突出的特点是立足于中国刑事证据实践且有很强的创新性。（龙宗智撰稿）

（二）证据法学教材选介

1.《刑事证据理论》（张子培等著，群众出版社 1982 年版）

本书是我国第一本马克思主义刑事证据理论专著，由张子培、陈光中、严端、张玲元和武延平五人合著，张子培、陈光中最后修改定稿，分 2 编 12 章。第一编剥削阶级国家的刑事证据制度，分 4 章，前 2 章分别介绍了外国和中国奴隶制国家、封建制国家的刑事证据制度，包括神明裁判制度、法定证据制度和合法刑讯制度。第三章资本主义刑事证据制度，重点评介了证据的相关性、自由心证原则、无罪推定原则、非法证据排除规则、传闻证据规则和证人拒绝作证制度等内容。第四章我国近代半殖民半封建社会的刑事证据制度，介绍了清末变法所发生的刑事证据制度改革，如停止刑讯等；重点评述了北洋军阀政府和国民党政府的刑事证据制度，指出它主要是效仿德日大陆法系而建立起来的，单从法律条文而论，“讲一点民主和人权保护了”。

第二编中华人民共和国刑事证据制度，以 1979 年通过的刑事诉讼法典为根据，分 8 章对我国刑事证据制度作了系统论述。主要内容如下：①证据的特征具有三性：客观性、相关性、法律性。②马克思主义认识论是我国刑事证据理论的基础和指导。确定案件的客观真实，是我国刑事诉讼证明的目的。认识案件客观真实必须在尊重证据的客观性的同时，正确发挥司法人员的主观能动性。案件事实的证明过程由收集、保全证据和审查、判断证据两个基本阶段组成。③刑事证据的原则是：依靠群众、调查研究；重证据，不轻视口供；严禁刑讯逼供；忠于事实真相。④在刑事诉讼中，证明要求（标准）有立案、拘留、逮捕、提起公诉和有罪判决之分。有罪判决的证明要求是：案件事实清楚、证据确实充分，要达到犯罪事实唯一可能性，排除其他可能性才能定罪；达不到的“疑案”，应宣告无罪。⑤无罪推定、自由心证原则理论上有缺陷，我国刑事诉讼法未予规定，是符合国情和正确的。⑥形式逻辑的基本规律在审查判断证据过程中必须加以遵循。⑦刑事证据的理论分类有实际意义的是：控诉证据和辩护证据；原始证据和传来证据；直接证据和间接证据。⑧刑事诉讼法规定了物证、书证，证人证言，被害人陈述，被告人供述和辩解，鉴定结论，勘验、检查笔录六种证据，本书对其概念、意义和收集、审查判断，分别进行了论述。（郑曦撰写，陈光中审定）

2.《证据法学新论》（裴苍龄著，法律出版社1989年版）

本书建立了以“两论”为基础的学科新体系。所谓“两论”是指将证据法学本论的内容总结为“证据论”和“证明论”这样两大部分。这为理顺学科对象相互之间的关系奠定了基础，也为人们透彻研究证据和证明进而全面打开证据学宝库提供了条件。

本书建立了一系列新的理论：①新的证据种类理论，明确指出证据只有三种，即物证、书证、人证，其中，人证含有两义。这是实质证据观对证据种类的新的概括。②新的证据资料理论。提出了证据资料的概念、揭示了证据资料同证据的联系和区别，指出证据属于客观范畴，证据资料属于认识范畴。依据这一理论，第一次把勘验检查笔录、鉴定结论不看做独立的证据，而看做反映了物证的证据资料。③新的证据效力理论。这包括证据的自然效力和法律效力的理论、证据的实质效力和形式效力的理论、证据的确然效力和盖然效力的理论。指出了证据的法律效力与自然效力的关系，就是证据能力与证据力的关系。这两者的关系是：证据能力必须与证据力相统一；证据的实质效力与形式效力的关系就是证据力与证明力的关系，证明力也必须与证据力相统一。④提出了证明的基本理论，研究了经验证明、逻辑证明和诉讼证明，指出了证明同证据的联系和区别。⑤新的证明方法体系。司法证明和诉讼证明的方法有三种：一是本体证明；二是迂回证明；三是推定。本体证明是指从正面证明案件本体的方法，包括直接确认和推论；迂回证明是指从反面或侧面证明案件本体的方法，包括反证法和排除法。推定是司法证明和诉讼证明中认定事实的特殊方法。⑥新建了全面的证责体系，包括取证责任、举证责任、审证责任。即侦查机关承担取证责任，检察机关和当事人承担举证责任，审判机关承担审查和评定证据的责任。⑦新建了证据排伪法则，包括关联法则、矛盾法则、实践法则。这些法则结合起来使用，使之相互促进、相互补充，就会获得最大的排伪效益。⑧研究了实事求是原则，概括出实事求是原则的七项内容，包括：从实际出发，调查研究；重证据而不轻信口供；证据应当亲审；证明要忠实于事实真相；禁止非法取供；禁止证据预测；禁止无证定罪。（裴苍龄撰稿）

3.《证据学》（陈一云主编，中国人民大学出版社1991年版）

本书是依据原国家教委1985年至1990年高等学校文科教材编写计划，并受国家教委委托编写的高等学校法学专业教材。本教材以马克思主义、毛泽东思想和邓小平理论为指导，坚持理论联系实际的原则，用科学的观点论述我国司法机关在诉讼过程中依法运用证据查明案件事实的证明活动，对司法实践中运用证据的经验进行了理论概括。本教材对我国刑事诉讼法、民事诉讼法和行政诉讼法中有关证据的各项规定，力求准确地阐释其内容和立法依据，以利于读者全面理解和正确贯彻执行。本教材对一些重要证据理论的评析，分清其是非得失，既有利于继承和发扬真知灼见，又可防止盲目推崇，受其消极影响。对某些特别重要的问题，如关于证据的本质属性是否具有合法性的问题，新中国证据制度应当如何命名的问题等，本教材的撰稿者都以翔实的资料和严谨的逻辑论证了自己的观点。全书具有鲜明的中国证据学理论特色，具有深刻的理论性和较强的实用性。参加编写本教材的教师有：陈一云（中国人民大学教授）、袁红兵（北京大学讲师）、严端（中国政法大学教授）、唐永婵（中南政法学院教授）、李宝岳（中国政法大学副教授）、孔庆云（中国人民大学副教授）。书稿经集体讨论、撰写人修改后，由主编陈一云、副主编严端统改定稿。本教材由于内容充实，繁简得当，适应教学需要，出版后一直受到读者的欢迎，10年来年年重印，印数累计近七万册。1995年，本教材荣获原国家教育委员会授予的第三届普通高等学校优秀教材二等奖。20世纪90年代以来，由于国家制定了《民事诉讼法》，《刑事诉讼法》、《民事诉讼法》又有过修改，最高人民法院和最高人民检察院还有涉及证据的司法解释，司法实践情况也发生了较大变化，因此，本教材经先后修改后出版了《证据学》第2版和《证据学》第3版（第1版的撰稿人袁红兵、孔庆云退出后，北京大学的汪建成教授和中国人民大学的王新清教授参加了本教材第2版、第3版的撰写）。本教材第2版、第3版同第1版一样，深受读者欢迎，年年都要重印。（陈一云撰稿）

4.《证据法学》(江伟主编，法律出版社1999年版)

本书系中国人民大学法学院江伟教授主编，分为4编9章。第一编为绪论，主要概述了证据法学的学科体系、证据法学的理论基础以及证据法律制度的历史发展。第二编为证明论，主要介绍了证明制度、司法认知与推定、证明对象、证明责任、证明标准，以及证据规则的体系和内容等基本理论与制度。第三编为证据总论，主要介绍了证据的基础性知识，包括证据的概念、特征、功能、意义、证据能力和证明力，并且从理论与实践相结合的角度对取证制度、举证制度、质证制度、认证制度进行了系统阐述。第四编为证据分论，按照法定的证据分类形式，对当事人陈述、证人证言、物证、书证、勘验笔录、鉴定结论、视听资料、被害人陈述、犯罪嫌疑人、被告人的供述和辩解等各种类型证据的特征及其运用规则作了介绍。本书整合了我国主要法学院系在证据法学领域优秀中青年教师的最新教学和科研成果，具有知识精准、内容前沿、信息丰富、结构合理、逻辑严密、理论与实践相结合等特点。(江伟撰稿)

5.《证据法学》(卞建林主编，中国政法大学出版社2005年版)

本书是普通高等教育“十五”国家级规划教材，全面系统地分析论证了证据法学的基本理论问题和学术热点问题。第一编总论，介绍了证据法学的研究对象、研究体系、研究方法、历史沿革、理论基础、基本原则及证据规则，展示了证据法学理论中的基本要素，呈现了证据法学界的争鸣观点，并对我国证据规则的完善进行了展望。第二编证据论，对证据的概念和定义进行了学说界分，并从比较法视角和历史演变视角考察了证据的基本特征，指出了证据的意义；分9章具体探讨了我国法律中规定的物证、书证、证人证言、被害人陈述、当事人陈述、视听资料、鉴定结论、勘验检查笔录和现场笔录等证据种类，对每一种类都在概念、特点、表现形式，国外立法、实践与理论等方面进行了分析；此外还论证了证据的收集与保全、证据的审查判断、证据的分类等理论问题，介绍了经典的证据分类标准及学说。第三编证明论，关注证明活动与环节中的几个重要问题，论述了刑事、民事、行政三大诉讼法中证明对象的范围和内容；详细论证了三大诉讼法中证明责任的概念和内涵、证明责任分配的代表性学说、证明责任的倒置与转移等内容；围绕三大诉讼、两大法系中证明标准的设置进行了基础性探讨；对证明方法的历史轨迹、主要类型做出归纳，对推定规则的适用、无罪推定的确立进行了详细论证；分析了审判中如何运用证据认定案情的举证、质证、认证活动，归纳了运用证据认定案情的原则与方法。

该教材体现了如下特点：其一，注重基本理论的阐释。作为普通高等教育国家级规划教材，本书着眼于基本理论的介绍和分析，注重阐释法理，力求使学习者能够全面了解和掌握证据法学的历史和现状，掌握学界的基本研究点与争论点。其二，注重研究深度的挖掘。该教材在阐释基本理论的基础上，对各相关专题都进行了较深层次的探讨，立足我国本土实践，放眼国际理论发展，将中外学界前沿研究与实践都融入教材并进行了深入探讨，介绍和解读了新的科研成果和学科发展的新课题，内容富有启发性。（卞建林撰稿）

6.《证据法学研究》（何家弘主编，中国人民大学出版社2007年版）

这是一本面向研究生的证据法学教材，与本科生的证据法学教材不同之处在于，在侧重基础理论和科学原理阐述的同时，又力求做到既有理论的深度和广度，又有研究的前沿性与开放性，便于为学生提供继续研究的空间。该教材共17章，大致可分为证据制度与证据法学的历史发展和沿革、证据法的基本范畴、证据与证明的基本范畴和基本原理、证据法的社会科学与自然科学基础和原理四部分。

第一部分，首先介绍了人类社会早期的证据法律制度和英美法系、大陆法系国家证据法律制度的沿革与演变，在此基础上提出了司法证明的历史模式与发展规律；之后回顾了证据法学作为一门学科在英国兴起，在美国的中兴、成熟以及在中国的发展。第二部分，证据法的基本范畴涉及研究证据法和证据立法的原则与方向的基础性问题。教材就证据法的目的与性质、证据法与证据法律制度，以及证据规则、证据法的内容与形式等宏观问题进行了研究。教材提出证据法的首要目的是促进对案件事实的查明，同时还兼具保障人权、促进效率以及维护程序公正等辅助性功能；对于证据法的内容与形式，教材认为其核心内容是证据的可采性与证明力等实体性问题，在立法形式上我国应立足于国情和法律传统选择合适的证据法模式。第三部分，证据的基本范畴与证明的基本原理，分证据论与证明论两部分，是证据法学的主干内容。对证据论，教材首先对理论上长期争论不止的证据的概念与真实性问题进行了厘清，之后对证据功能与证据价值、证据属性与证据特征、证据能力与证据效力、证据形式与证据内容等基本范畴的区别与联系进行了讨论，对规范证据法学研究具有重要意义。在证明论中，教材重点对证明责任与证明标准的基本原理进行了分析，内容涉及行为证明责任与结果证明责任的关联性与差异性、严格证明与自由证明、证明责任分配的妥当性追求、证明标准的多元化等重要理论。第四部分，证据法的社会科学与自然科学基础和原理占据本教材一半以上的篇幅，对证据法学向交叉学科发展进行了有益探索，包括了证据学的逻辑学基础、数学基础、行为科学基础、自然科学基础等最新研究成果等证据法认识论基础的探索，并对证据法的价值论、方法论、程序论、信息论、概率论原理进行了重点研究和论述。这些内容的研究，对于开拓传统证据法学的研究领域，拓展证据法学研究生运用交叉学科知识进行证据法学研究的能力起到了很好的引领作用。（杨建国撰写，何家弘审定）

7.《证据法学》（第4版，樊崇义主编，法律出版社2008年版）

本书是教育部批准的普通高等教育“十一五”国家级规划教材。全书以16章的篇幅介绍了证据法学的一般体系、制度历史沿革、证据法与诉讼法之关系、证据法原则、证据规则、证据概念及意义、证据种类、证据分类、证据收集和保全、证明一般原理、证明对象、证明责任、证明标准、证据的审查判断、推定和司法认知等内容；内容全面、充实。体现了最新的理论研究成果，兼容并蓄。对证据法学科学体系的构建、证据法理论、原则等基础问题有独到的见解，特别是证据法基本原理一章中对于诉讼认识论的阐释，以及对于当前热点性问题，如非法证据排除规则、电子证据、“录音、录像、律师在场”三项制度等的积极探索，是其他同类教材中所没有的，极富创新性。

本教材秉承了诉讼研究哲理化的研究路径，从基本理论入手，对证据法学的基本概念、基本理论以及应用问题鞭辟入里，兼具基础性、创新性和前沿性。本书结构完整，逻辑清晰，概括严谨，内容全面；既注重基本理论，又紧扣当前证据法学研究的热点性问题；既有宏观概括，也有细致分析，彰显了证据法学的实践性品格。在方法上，不拘泥于对理论和法条的解说，将理论分析、法条应用、实践问题、路径选择等诸多方面巧妙地糅合在一起，既适用于高等法学院系教学，亦可作为司法实务部门学习证据法学的培训用书。（樊崇义撰稿）

（三）证据法学译著选介

1.《刑事证据大全》（［美］乔恩·R. 华尔兹著，何家弘译，中国人民公安大学出版社1993年版）

本书是美国西北大学法学院著名证据学专家乔恩·R. 华尔兹（Jon

R. Waltz）教授的著作，由何家弘教授等于1993年译成中文，并多次重印，在我国证据法学研究领域内是“转引率”极高的一部著作，我国证据法学界现在使用的不少专门术语都源于该书，该书作为第一部被翻译成中文的系统介绍英美证据法的著作，对我国司法改革实践也产生了积极的影响。

本书有三个显著特点：其一曰全，它几乎包罗了有关刑事证据的一切内容，堪称刑事证据的“百科全书”。如该书系统介绍了证据法的渊源、证据的种类、相关性问题、排除传闻证据规则及其例外、证据排除规则、意见证据规则、证言特免权、证明责任和推定、司法认知、证人资格、科学证据和示意证据等众多内容。其二曰新，它充分反映了在证据理论、证据实践和证据科学方面的新成果和新动向。如在科学证据这一章中，华尔兹教授对与法庭科学相关的证据问题进行了介绍，内容包括精神病学和心理学、毒物学和化学、法庭病理学、照相证据、显微分析、中子活化分析、指纹法、DNA检验法、枪弹证据、声纹、可疑文书证据、多电图仪测谎审查、车速检测等众多科学证据问题。其三曰实，它强调实践、注重实用，而且其举例说明的方法也有利于读者理解那些复杂的理论和规则。如在介绍对证人询问的反对“诱导性”问题的规则时，作者摘录了司法实践中出现的具体询问证人的例子作讲解；在介绍实物证据的展示步骤、异议程序时，华尔兹教授也是运用法庭中实际出现的例子向律师说明如何进行实物证据展示和提出异议的。又如，在对交叉询问中的质疑进行阐述时，作者分别采用法庭中出现的“一问一答”式的例子来对交叉询问中的六种质疑技术进行说明；在对科学证据进行介绍时更是如此，如在介绍毒品检测方法时，作者对实践中常用的最基本的显色检验法、色谱法、测量和鉴定用的分光光度法、显微结晶实验、熔点和混合熔点实验、免疫分析技术等内容进行了介绍，并对专家证人在麻醉品案件司法实践中如何进行作证举例进行了说明。（杨建国撰写，何家弘审定）

2.《美国联邦刑事诉讼规则和证据规则》（卞建林译，中国政法大学出版社1996年版）

美国《联邦刑事诉讼规则》和《联邦证据规则》在美国刑事诉讼制度与证据制度中有着非常重要的地位，对这两部重要的规则进行译介，旨在丰富国内各界研究美国刑事诉讼制度与证据制度建设情况的材料，以期对我国相关领域的法制建设、学术发展有所裨益，奏“他山之石、可以攻玉”之效。美国是普通法国家，承袭英国法律传统，实行判例制度，长期以来没有系统成文的刑事诉讼法典。1945年，美国联邦最高法院根据国会授权制定了《美国联邦地区法院刑事诉讼规则》（简称《联邦刑事诉讼规则》），对联邦地区法院从受理控告到作出判决的刑事诉讼程序作了原则性的规定。《联邦刑事诉讼规则》后经多次修改，1975年修改后的规则共10章60条，这一体系一直维持至今。《联邦刑事诉讼规则》使联邦地区法院的刑事诉讼有了统一的规范，并对州的刑事诉讼制度产生了重大影响，为许多州借鉴和吸收。

在证据制度方面，美国承袭了英国法中有关证据的关联性、可采性、证明责任、证明手段等原则和规则，但又有新的发展。一方面表现为一些重要的证据原则和制度得到发展和加强，如排除非法证据规则；另一方面，在联邦和有些州制定了一些实用性很强的证据法典或证据规则，如《加利福尼亚证据法典》、《新泽西州证据法典》、《统一证据规则》等。在证据法典或者证据规则中，《联邦证据规则》是最具权威性和代表性的，由联邦最高法院于1965年着手起草，国会于1975年1月批准、同年2月生效。该规则此后历经多次修改，对法庭决定是否采信证据的程序、司法认知、民事诉讼中的推定、相关性及其限制、特权、证人、意见和专家证词、传闻、鉴定与辨认、文字、录音和照相等内容作出了比较全面的规定。该规则不仅成为联邦法院系统运用、审查、判断证据的重要依据，而且对各州的证据立法产生了重大影响。

为了便利读者理解这两部规则，译者撰写了“美国刑事诉讼简介”置于篇首。译者在翻译过程中不但完全按照两部规则的原有体系，而且在不影响读者理解的前提下尽量遵照原文的语言风格，以便读者能够最大程度掌握第一手资料。（卞建林撰稿）

3.《证据法的经济分析》（修订版，［美］波斯纳著，徐昕、徐昀译，中国法制出版社2004年版）

本书是第一部对证据法系统进行经济分析的著作。美国罗杰·帕克（Roger Park）教授称该作品为“近年来证据法的主要进展之一”。用作者自己的话来说，它是“第一部对证据法进行经济分析的综合性作品”。

全书共包括三部分。首先，波斯纳提出并描述了两个经济学模型：搜寻模型和成本最小化模型，以描述证据如何获取、提出和评价。在两个模型中皆引进了贝叶斯定理对理性决策进行考察。其次，他分析了证据的收集过程，以经济学术语就“纠问式”和“对抗式”司法制度进行比较和对照。初看起来，纠问制显得似乎更富于经济效率。然而，这可能只不过是一种虚幻，是对抗制具有更大的公众可见性以及对辩诉交易的广泛接受所产生的结果。最后，该书论及了证明责任问题，以及《联邦证据规则》的具体规定，包括：无害之错、限制性指示、关联性、品格证据、传闻证据、专家证人以及各种证据特权和排除规则。他得出的主要结论是：①对证据法进行经济分析的核心关注就是准确性和成本，审判中证据的收集、提出和评价可以通过经济学术语予以模型化，这些经济学模型可以为证据的最优化调节提供指引。②美国证据法的制度构造和学说基础蕴含着一种微妙的经济逻辑，尽管是直觉的、含蓄的和不完全的逻辑，而该结论完全异于学界乃至法官所认为的"荒谬地不效率"，它并非为保障非经济的价值目标而简单地牺牲效率，它事实上是相当有效率的，并可能优越于大陆法系纠问制的证据制度。与其经济学立场一致，通过该书，他又一次证明了"正如许多对法律制度的核心原则和制度进行实证经济分析一样，发现了法律与效率原则之间存在一种不可忽视的、尽管远非完全的一致"。（徐昕撰稿）

4.《漂移的证据法》（［美］米尔建·R. 达马斯卡著，李学军等译，中国政法大学出版社 2003 年版）

本书是美国耶鲁大学法学院米尔建·R. 达马斯卡（Mirjan R. Damas-ka）教授 1997 年出版的一部比较法视野的著述。译著由何家弘教授审校定稿，译者还有刘晓丹、姚永吉、刘为军。

全书除前言、导论、索引外，共有 6 章正文。前言部分，作者叙述了本书的诞生经过。"尽管人们似乎都承认普通法证据制度具有独特性，但是该证据制度究竟具有哪些独特之处却远不明确。"[1] 基于这样的考虑，作者在第一章中，便跳出普通法领域，以大陆法系为参照点，探究了普通法证据制度独有的三大核心特征："证据规则的复杂性"、"对事实认定者所闻所见的证据材料进行预先的筛选"以及"对证据分析进行架构的渴望"。作者认为，之所以呈现这三大特征，是因为英美证据法大厦是由陪审团制度、集中审判制度和对抗制度这三大程序性支柱支撑着。随后，作者以 3 章的笔墨分别阐述了这三大支柱对英美证据制度之诞生及特征形成的影响。通过"第二章 原型审判法庭"的讨论，作者认为，陪审制虽对英美证据制度的发展起到过积极作

---

〔1〕［美］米尔建·R. 达马斯卡：《漂移的证据法》，李学军等译，中国政法大学出版社 2003 年版，第 5 页。

用，但“陪审团根本就不需要专门的证据法”，只有当出现二分式法庭，也即审判法庭分裂为非专业和专业两部分，或者裂变为两个专业部分、但他们之间需要协作和调整时，普通法味道的证据制度才有存在的必要。假借第三章集中型诉讼程序，作者坦陈，连续性审判也即集中制审判与陪审团的使用密切相关，进而影响着证据制度的形成，但从传闻证据规则的补充论证、对延迟提供证据的制裁等方面来看，集中型审判对证据规则有着独立的影响。第四章对抗式诉讼制度，从一个层面反映了作者在陪审制和对抗制对英美证据制度的影响中更重视后者的影响。对抗制的实施，使得当事人及其律师对法律程序有全面的控制。因此，作者认为，英美法系事实认定的组织构建与对抗式诉讼密不可分：事实认定时的竞争性证明活动不仅充分体现于法庭上质疑证据时，而且在收集信息、筛选证据以及为法庭证明所进行的其他准备活动中也随处可见；并且在所有的民事、刑事和行政案件中都保有这种安排。能够说“对抗式证明方式的影响”没有“深深扎入我们赖以生存的诉讼建筑的根基”么？在第五章，作者分析了20世纪体制环境的巨大变化——陪审团的重要性已急剧下降、审判中心制已很大程度被废弃、当事人对程序的控制正在被挑战——旨在表明这样的观点：普通证据法的三个传统支柱全都出现了裂痕，因此在此前赋予了意义的诸多证据法则和惯例现在已越来越显得仅仅具有技术性；如果这种侵蚀进一步下去，“它可能会威胁整个规范式大厦的稳定性”。第六章证据法的未来，是作者就英美证据法的未来给出设想的场所。虽说前面几章内容一定程度上反映出作者对英美证据法之走向不无悲观、对大陆法系证据制度暗加推崇之心境，但他仍然认为，英美法律证据制度目前正在进行的改革很大程度是为了适应制度的转型，其“正在崩塌的支柱，最有可能经由本国泥瓦匠及本土的其他建筑材料得以修复或取代”。然而，作者认为，“新建筑物将要呈现的面貌当然是不可预测的”，尤其当科学证据正日益广泛使用、正日益挑战传统的事实认定法时。（李学军撰稿）

5.《麦考密克论证据》（［美］约翰·W. 斯特龙主编、肯尼斯·S. 布荣等编著，汤维建等译，中国政法大学出版社2004年版）

本书来源于麦考密克教授独著的一本教材。但展现在读者面前的是7位学者在麦考密克教授专著基础上共同编著的一本教材。到目前为止，仍然为美国证据法学的权威性著作。该专著具有以下几个特点：一是系统性，即逻辑清楚，甚至达到了细致入微的程度；二是将判例与理论完美结合，可谓美国证据法学理论的集大成者；三是将证据法置于程序法的背景中进行阐述，将对美国证据规则的解释与对程序法学基本原理和基本知识完美地相结合。上述特点保证了本专著的持续性成功，因此再三重版。

本书反映了英美证据法学的主流传统：一方面，它对英美司法过程中长期积淀的各项证据规则，从起源到内涵的演变，以及在实践中的应用都作出了详尽无遗的介绍。就其历史性而言，它非常客观、可信，考证严密；就其思辨性而言，它极其深刻、独到，丝丝入扣；就其应用性而言，它相当细致、缜密，左右逢源。它站在理论、历史和实践相结合的地带，由过去透视未来，解剖当下，既全面而客观地反映了英美证据法学发展的历史过程，又汇聚了各家学说，对英美证据法学的未来发展走势作出圈点和预测，从而可以由此一览英美证据法学立体式的全景。另一方面，贯穿全书始终的是证据法和程序法的交错。在程序法的演绎和运用当中，探询证据规则和证据制度的源流和发萌，解析各项证据规则的大言微义，以及与程序交错适用中的无穷趣味。离开程序法，简直无法理解英美证据规则的来龙去脉，更无法领略其微妙之处的深刻意蕴。从外在的视角看，英美证据法有些怪异乃至匪夷所思。但研究和考察英美证据法，必须由置身其外到置身其中，在其程序环境的笼罩下以及程序规则的引领下，品尝其味，方能渐入佳境。“法律的生命不在于逻辑，而在于经验。”英美证据法学的发展历史，充分地映现了这句至理名言。每一种证据规则的形成，是司法经验的积淀；每一套证据规则体系的型构，是司法经验的升华；每一个证据规则例外的出现，也无非是司法经验的智慧闪烁。社会呈现出螺旋式的渐进发展，在不断的“否定之否定”中完善自身；法律亦如此。本书对英美证据法学的把握，使我们充分领略了法学大家的造诣：当读到证据规则的一般化表述时，我们钦羡；当读到证据规则的例外时，我们感喟；当读到例外的例外时，我们茫然；当读到例外又变成了原则时，我们欣慰；当读到该原则又有了例外时，我们进入了新的境界，体悟到了法律的生成规律。（汤维建撰稿）

6.《证据法：文本、问题和案例》（第3版，［美］罗纳德·J. 艾伦等著，张保生、王进喜、赵滢译，满运龙校，高等教育出版社2006年版）

本书是美国法学院学生学习证据法的经典教材，又称“案例书”（casebook），厚达1115页，计130万字，学生课前须阅读有关章节，老师课上做提纲挈领的讲授后组织课堂研讨。本书的特点在于其理论性。作者将证据法的学习集中在《联邦证据规则》文本及其所包含的理念和原则上。通过对证据规则具体条款的解说，阐明证据规则背后的理念和原则。书中有大量关于正当理由和价值反思的论述，包括争端解决的适当方式、知识的性质、小群体决策的动因、对理智判决的信任、道德和伦理关怀、正义和效率的关系等等。证据规则以这些常常相互冲突的观念为基础，是这些观念的具体化。因此，要理解证据规则，就不能仅仅停留在有关条文表面的词句上，更需要理解它们在相互竞争的信念与利益之间所作出的妥协，要把证据规则看作是对基本社会信仰、哲学和道德信念的概括。这种研究方向，反映了近年来美国证据法研究注重理论基础和方法论探索的趋势。

本书第一章以一个真实案件为学习起点，该案例在全书中经常被举例说明有关规则并作为思考题让学生加深理解。第二章证明过程，描述了审判是如何构成的，证人如何被询问，探讨了事实认定者推论性推理和审判证明之间的关系。第三章考察了证据法学习中最重要的概念——相关性，以及证明力和规则403危险性，介绍了审判法官排除证据的“自由裁量权”。第四章考察了采纳展示性证据所必需的铺垫过程。第五章讨论了品性和倾向规则。第六章讨论了其他相关性规则。第七章介绍了对证人进行弹劾与正誉的原理。第八章讨论了传闻证据规则。第九章论述了“最佳证据规则”。第十章讨论了关于外行和专家证人意见的规则，包括库霍轮胎公司诉卡麦克案等最高法院最新判例。第十一章介绍了民事和刑事案件中的证明过程：证明责任、证明标准和推定。第十二章补充了司法认知的研究成果。第十三章对特免权规则作了系统探讨。

本书的翻译特色是“直译、准确、流畅”，译者翻译此书历时4年，旨在将一部成熟的美国证据法教材介绍进来，以便我国法学院的教学改革有所借鉴。克服了一些译著存在的望文生义（所谓意译）、漏译（把难句跳过）、误译（曲解原义）的流弊，纠正了以往证据法译著的一些翻译错误，在翻译过程中经反复讨论形成的《中英文对照词表》对证据法著作翻译也具有参考价值。(张洪铭撰写、张保生审定)

7.《比较法视野中的证据制度》（［美］米尔吉安·R. 达马斯卡著，吴宏耀、魏晓娜译，中国人民公安大学出版社2006年版）

本书是一部达马斯卡证据法学论文集，收录了达马斯卡三十多年来用英文发表的所有证据法学论文，展示了达马斯卡对两大法系证据制度的深度思考和审慎比较，展现了这位比较法学大家学术思想的发展历程。

本书将达马斯卡的11篇学术论文分为三编：司法裁判中的真实、证据制度以及证据种类。第一编，达马斯卡以两大法系证据制度的基础理论为出发点，分别从认识论、理性证明方式与非理性证明方式、真实发现以及证据评价的原子模式与整体模式四个方面，比较了两大法系的不同之处和结合之点。第二编围绕证据制度展开，达马斯卡先后论述了以下问题：两大法系已经确立的证据制度对其定罪是否设置了障碍？两者之间又是否存在着差异？证据障碍与发现案件真实的程度有何关系？控诉方所面对的证据障碍的大小和两种独立的诉讼模式的性质是否相关？在大陆法系的传统诉讼制度移植英美证据规则是否妥当这一问题上，达马斯卡一直持审慎态度，他撰写了《证据制度移植的未卜命运》一文以示警醒。在第三编证据种类中，达马斯卡对传闻规则及其类似制度、大陆法系的品格证据和刑讯制度的废除进行了比较研究，揭示了这些证据种类在两大法系中的异曲同工之妙，值得研究者细细斟酌和品味。

关于追求司法裁判中真实的可能性的问题，达马斯卡认为，我们在司法裁判中，实质上已经预先假定在陈述之外存在着一个真实的世界，这一真实的世界是不依赖于裁判者语言的存在。如果不承认客观实在的存在，那么各方当事人和司法裁判者进行诉讼活动努力证明案件事实的活动将毫无意义，他旗帜鲜明地提出了发现司法裁判中的真实对于两大法系均具有绝对必要性和可能性，间接否定了英美法系似乎不注重发现真实，不关心真实的错误观念，为我国诉讼制度和证据制度的研究和改革提供了新的启示。而关于定罪障碍与证据制度移植的命运等问题的论证，我们认为，这些更是达马斯卡思想的精髓，值得各位同仁共同品鉴！（石岩撰写，吴宏耀审定）

（四）证据法学论文选介

1.《让证据走下人造的神坛——试析证据概念的误区》（何家弘著，载《法学研究》1999年第5期）

本文是较早反思证据概念的论文。作者总结了证据概念的误区：证据首先是一个法律术语，抛开语词使用习惯去界定证据的概念是误区之一；证据一词本身并没有真假善恶的价值取向，改变证据概念的这种“中性”立场是误区之二。作者认为，在法律上给证据下定义，可以给出更为具体更为明确的界定和说明，但也不应忘记或抛弃这一语词本身所具有的基本含义。如果忘却了这一点，就会背离语言的使用规律。作者认为，人们在证据概念问题上的认识误区，归根结底在于证据所反应或证明的案件事实是否必须属实。从司法实践的情况来看，坚持“不属实者非证据”的观点是很难成立的。因为，无论在刑事案件中还是在民事案件中，无论是在经济纠纷中还是在行政诉讼中，当事人提交司法机关的证据和司法机关自己收集的证据中都是有真有假的，因此才需要认真地审查评断。基于此，作者对证据概念进行了反思：首先，该观点是长期以来在我国人民的思想中形成的片面强调“客观”和片面追求“唯物”的思维习惯的产物。其次，该观点是我国理想主义的民族心理传统的体现。最后，该观点是我们已经习惯的非黑即白的思维定势的体现。（杨建国撰写，何家弘审定）

2.《客观真实管见——兼论刑事诉讼证明标准》（樊崇义著，载《中国法学》2000 年第 1 期）

该文从理论和实践的结合上，对我国刑事诉讼中关于客观真实的证明标准进行了科学辨析，并对其在运用中的利与弊进行了客观分析和总结。作者着重从刑事证据的本质特征、辩证唯物主义认识论、绝对真理与相对真理的关系，以及司法实践适用中的问题等方面，论证了客观真实在理论上的局限性和实践中存在的弊端，从而提出应把法律真实作为刑事诉讼的证明任务和要求，把排他性作为刑事诉讼的证明标准，并进行了科学的论证。该文所提出的法律真实观是近十年来刑事诉讼中最重要的诉讼认识论观点之一，并且广为理论和实务部门所接受。该文不仅开创了诉讼认识理论关于证明标准研究的先河，并且将诉讼认识和马克思主义的认识论相结合，作者提出的法律真实的观点不仅在证据研究和实践领域中意义深远，而且对诉讼法学学科体系的整体研究也具有重大影响，该文被引用率极高，表明其具有重大的学术影响力。（樊崇义撰稿）

3.《刑事证据制度与认识论——兼与误区论、法律真实论、相对真实论商榷》（陈光中等著，载《中国法学》2001 年第 1 期）

该文认为我国刑事证据制度的理论基础主要是辩证唯物主义认识论和司法公正。从以下五个方面进行了论述：①诉讼证明活动虽然具有特殊性，但仍然属于认识活动，两者是一般与特殊的关系。否定认识论的指导是错误的。②刑事证明的目的总体来说是要达到诉讼客观真实。客观真实是绝对真实与相对真实的辩证统一。法律真实论，针对传统客观真实论的缺陷，进行反思性批评，起到了推动证据制度改革的积极作用。但不能以法律真实否定客观真实。③刑事证据规则的价值是多元的，或利于查明案件事实真相，或利于实现程序正义。应当将它们加以结合、平衡，而不应以证据规则否定客观真实。④我国的刑事证据标准是“案件事实清楚、证据确实充分”。该标准要求对主要犯罪事实的证明达到“排除其他一切可能性而得出唯一结论”的程度。这是可能达到的，不应当改而采取低于结论唯一的“排除合理怀疑”标准。⑤民事诉讼证明标准应低于刑事而采取优势证据标准；行政诉讼证明标准应接近刑事证明标准。该文通过观点鲜明的理论辨析，对传统的客观真实论既坚持又修正，并吸收法律真实论的营养，形成了新的客观真实论或客观真实与法律真实结合论。本文在激烈的学术争论中对法学理论界、实务界发生了重大影响，成为具有代表性的论文。（郑曦撰写，陈光中审定）

4.《论刑事证据法的基本原则》（陈卫东著，载《中外法学》2004 年第 4 期）

本文对刑事证据法的基本原则进行了系统、科学的分析论证和价值评判。文章开篇指出了证据制度和证据法基本原则的重要性，并从价值形态、表现形式、程序运作、规范对象等不同角度进行了论证，进而提出证据法总的原则应包括证据裁判原则、合法性原则、关联性原则、直接言词原则和质证原则。文章随后主要以证据的证据能力和证明力的双重属性为线索，对上述诸原则进行了内涵分析、价值评判以及适当的规则确证，并指明刑事证据法基本原则因其规范对象不同而各有其侧重点。首先，提出证据裁判原则是证据规定的帝王条款，表现出人类在诉讼认识活动中理性主义的萌生。其次，提出证据规则的社会属性是合法性原则，侧重规范证据能力，本诸规则判断。再次，提出证据法则的逻辑基点是关联性原则，是证据的自然属性的延伸，侧重规范证明力，本诸自由心证；随后还提出事实发现的前提机制是直接言词原则，侧重对法官和诉讼参与人时空条件的规范，强调证人出庭、当事人出席、法官亲历审判。最后，点明真相查明的动态装置是质证原则，侧重于对诉讼参与人的证据运用和法官采纳证据的行为进行规范。（陈卫东撰稿）

5.《刑事证人出庭作证程序：实证研究与理论阐析》（左卫民著，载《中外法学》2005 年第 6 期）

作为控辩式刑事审判程序的结构性要素，刑事证人出庭制度为理论界和实务界所共同关注。考虑到既往的研究多着眼于对问题的规范分析，解决方案也多从域外制度中寻找，缺乏对中国证人出庭作证实践的了解，导致改革方案缺乏现实根基。该文采用实证研究方法，以证人出庭作证程序的动态运行为研究对象，在描述和评估的基础上分析其存在的问题，并提出改革意见。研究发现，在书面审判模式架构下展开的证人出庭作证运行机制不具备程序的自洽性、独立性品质。同时，内生于书面审判模式的印证证明方式也被法官用于口头证言的审查判断中，使得证人作证功能难以有效发挥，未产生充分效果。基于此，应当在实证分析基础上，以建立现代刑事诉讼为根本目标，以口供原则为指引，改革和完善包括证人通知、证人作证、质证和法官认证等主要环节在内的程序制度。该文以实证研究范式为基点，立足于中国实践，对证人出庭作证程序运行与刑事诉讼构造的深层关联和内在作用机制进行深入的剖析、论证和研究，具有针对性、现实性和理论性。同时，作为证人制度实证研究的开拓性尝试，该文在方法论上也意义重大。（左卫民撰稿）

6.《证据学是一门法学吗——以研究对象为中心的省察》（易延友著，载《政法论坛》2005 年第 3 期）

本文首次从建立独立的证据法学学科的角度，对中国当代证据法学研究的现状、存在的问题、将来的发展方向作了论述。论文首先以研究对象为中心，对 1994～2004 年这 10 年间中国证据法学研究在知识的增长方面进行了量化的考察，发现中国证据法学研究呈现出两方面的问题。一方面，证据法学仍然游离于法学与自然科学之间，这种研究既不能增长自然科学方面的知识，也无法增长法学方面的知识。另一方面，在有可能增长法学知识的领域，证据法学却又依附于诉讼法学等法学的其他门类，从而丧失了自身独立存在的价值，让人看不到其独立存在的意义。论文认为，方法论训练的缺乏及学术研究能力的有限，是造成这些现象的根本原因。因此，研究者应当加强自身的方法论训练，明确自己进行的是法学而不是其他学科的研究范畴，从而提高该学科在增进法学知识方面做出贡献的能力。论文主张，从学科建设和知识增长的角度而言，应当将证据法学的主要研究对象限定为证据的可采性，以深入探究其中的规则原理、法理精神，逐步界定该学科的基本概念、形成该学科的基本命题，发展出自己独立的学科特性和学术品格，从而最终达到对证据法学基础理论有所突破、对法学知识增长有所贡献。该篇论文发表后在学术界引起震动，诸多学者对相关问题展开了持续而热烈的讨论。（易延友撰稿）

7.《从司法证明模式的历史沿革看中国证据制度改革的方向》（何家弘著，载《法学家》2005年第4期）

本文认为，人类社会司法证明模式的历史沿革，遵循了“否定之否定”的规律，即从自由证明到法定证明再到自由证明。并认为，自由证明模式和法定证明模式都是各有利弊的，而且，当代世界各国的司法证明制度一般都属于两种模式的中和。为了更好地把握当前中国证据制度改革的方向，作者考察了人类社会司法证明模式的历史沿革。首先，神明裁判是从自由证明走向法定证明的初次尝试。神明裁判的出现，使司法证明具有统一明确的采信证据和认定事实的标准，虽然不科学，也是人类在蒙昧时期规范司法证明活动的尝试。之后，作者对英美法系国家司法证明模式的沿革和大陆法系国家司法证明模式的演变进行了总结，提出当代英美法系国家的证据制度属于法定证明与自由证明的结合，但更倾向于法定证明；当代大陆法系国家的证据制度则是一种“相对的自由证明模式”。在此基础上，作者提出司法证明活动的自身规律和特点要求法定证明，并从司法活动中事实认定的特殊性、司法对权威和公正的要求、司法认识的模糊性与司法裁判的明确性之间的矛盾、司法活动的价值考量等方面进行了论证。最后，作者提出，当前中国证据制度改革的方向应该是从自由证明走向法定证明，准法定证明是中国证据制度改革的方向。（杨建国撰写，何家弘审定）

8.《从证据学到证据法学——兼论刑事证据法的体系和功能》（陈瑞华著，载《法商研究》2006年第3期）

传统的证据学以发现事实真相为目的，涉及大量逻辑、经验和认识规律的混合知识，而少有关于证据的法律规则的分析和归纳。这使得有关证据规则的研究在我国并没有与诉讼程序和规则联系起来，而流于一般意义上的证据分析。这种证据学的研究带有较为明显的一般性和通用性，而忽视了诉讼活动的特殊性。不仅无法包含大量现代证据规则，而且与现有的刑事诉讼法学理论也明显不兼容。

而证据法学则以限制发现事实真相的手段为目的，使研究者得以从纯粹的经验论、逻辑学、认识论中解脱出来，从法律程序的角度观察、研究证据问题。不仅如此，证据法学还将有关证据运用的法律规则作为研究的焦点，解释那些存在于各种证据规则背后的观念和理论。因此，应该完成从证据学到证据法学的理论转型，使证据规则真正成为程序法的一部分。刑事证据法体系由两种证据规则组成：一是有关证据法律资格的规则；二是有关司法证明的规则。只有确立这些证据规则，刑事证据法才能通过规范法庭审判过程，进而对侦查和起诉活动发挥有效的控制和约束作用。刑事证据法不仅可以约束裁判者的自由载量权，避免作为弱者的被告人受到不公正的对待，还可以最大限度地减少司法误判发生的可能以及避免司法裁判的拖延。（陈瑞华撰稿）

9.《面对中国的证据法学》（吴丹红著，载《政法论坛》2006年第2期）

本文从“证据法学是法学吗”这个问题出发，试图从学术史上寻找证据法学学科定位的答案，并在知识社会学上对中外证据法思想进行一个总体的梳理。作者通过对证据学和证据法学历史分野的考察，发现三百余年来一些英美学者曾经对证据法学独立作出了不懈的努力。证据法学独立于证据学以及程序法学已是一个基本的趋势。回顾我国从1930年到2005年证据法学的起步、发展、挫折到恢复的历程，虽然有早期对证据法学研究作出的开拓性贡献，但也因为研究环境的变化而存在相当多的局限，甚至在相当长的时期内重新纠缠于证据学的研究之中。作者认为证据学偏重如何调查取证、如何审查判断等技术层面的问题，而证据法学则关注有关证据能力的法律规则的发展，后者是法学研究的领域。如果要立足于证据法学的继续发展，应该借鉴英美证据法学的学术资源，面对中国的证据法学问题，明确研究的对象，改进研究方法，并在研究的程度上进一步深入。结论部分提出了如何更好地进行证据法学研究的一些观点。这篇文章在同行中反响较大，引用率较高。（吴丹红撰稿）

10.《现实已经发生——论我国地方性刑事证据规则》（房保国著，载《政法论坛》2007年第3期）

全国各地政法机关在执行刑事诉讼法的过程中，逐步认识到刑事证据立法的重要性，纷纷制定了当地的刑事证据规则。这些地方性刑事证据规则普遍是对最高人民法院和最高人民检察院司法解释的重复和细化，确立了一系列现代刑事证据法的基本原则，明确了刑事办案的基本要求，引进了许多西方先进的司法理念，引进了许多西方法治国家的举措，将学界呼吁的诸多观点制度化，具有制度创新性，重点规定了反对刑讯逼供以及排除非法证据的规则，普遍体现了程序正义和保障人权的精神。但是，我国现行的这些地方性刑事证据规则同时又存在很多问题。地方性刑事证据规则的兴起与冤假错案的层出不穷相关，反映了各地司法机关追求司法公正和实践司法为民的初衷，它虽是时代的产物，反映了实践的需要，一定程度上也是法官经验的总结，但却是一种无奈的选择，反映了我国证据制度的不健全。当前我国各地司法机关各自为政单独制定刑事证据规则的做法存在许多弊端，应以全国性的统一证据立法为宜，消除各地对司法解释"再解释"的现象。（房保国撰稿）

11.《证据规则的价值基础和理论体系》（张保生著，载《法学研究》2008年第2期）

本文首先对中国证据制度建构的两大理论障碍即所谓大陆法系传统和三大诉讼特殊性进行了深入分析。作者认为，大陆法系传统不能证明证据法不能单独立法，三大诉讼的特殊性也不能否定案件事实认定的共性和规律性。证据规则理论体系的构建必须先奠定其价值基础，准确、公正、和谐与效率构成了证据法的四大价值支柱，这些价值间的相互冲突决定了证据法的双重功能：一是促进事实真相的发现，即求真；二是维护普遍的社会价值，即求善。所有证据规则的制定都服务于这两大功能。准确认定事实是实现司法公正的前提，两大法系证据法的首要目的都是为了准确认定事实。在这个意义上，证据法具有超越法系的普适性，差别主要体现在特免权等一些例外规定上。公正是证据制度的首要价值，和谐是证据政策的体现，效率是为了避免司法资源的浪费。作者据此提出了我国证据法"以相关性为逻辑主线，以准确、公正、和谐与效率为价值基础的举证（取证）、质证和认证过程"这样一个新的理论体系构想。只有理解了证据规则背后的价值基础，才能更好地制定或运用证据规则来维护这些价值。我国现行诉讼法和有关司法解释中证据规则大量重复的现象，反证了制定统一证据规则的必要性和可行性。我们完全应该也可以把重复的内容归纳、梳理，提炼为在三大诉讼中通行的证据法通则或基本原则、一般原理，而对不同的部分以分则或但书的形式作出特殊规定，这不仅有利于尽快完善我国的证据制度，也有利于为法官、检察官和律师提供统一的证据标准。（张洪铭撰写、张保生审定）

2008年中国证据立法与司法进展

一、证据立法进展综述

（一）法律

1.《水污染防治法》

2008年2月，十届全国人大常委会三十二次会议修订通过了《水污染防治法》。[1] 本法规定的证据规则主要有：①举证责任。按照第87条的规定，因水污染引起的损害赔偿诉讼，实行举证责任倒置，即"由排污方就法律规定的免责事由及其行为与损害结果之间不存在因果关系承担举证责任"。②证据的提出。第89条规定，因水污染引起的损害赔偿责任和赔偿金额的纠纷，当事人可以委托环境监测机构提供监测数据。环境监测机构应当接受委托，如实提供有关监测数据。

2.《专利法》

2008年12月，十一届全国人大常委会六次会议通过了《关于修改〈中华人民共和国专利法〉的决定》。[2] 修改后的《专利法》涉及的证据问题主要有：

（1）专利申请提交的证据材料及其要求：①申请发明或者实用新型专利提交的证据材料及其要求。第26条规定，申请发明或者实用新型专利的，应当提交请求书、说明书及其摘要和权利要求书等文件。请求书应当写明发明或者实用新型的名称，发明人的姓名，申请人姓名或者名称、地址，以及其他事项。说明书应当对发明或者实用新型作出清楚、完整的说明，以所属技

---

〔1〕 2008年2月28日主席令第87号公布，自2008年6月1日起施行。

〔2〕 2008年12月27日主席令第8号公布，自2009年10月1日起施行。

术领域的技术人员能够实现为准；必要的时候，应当有附图。摘要应当简要说明发明或者实用新型的技术要点。权利要求书应当以说明书为依据，清楚、简要地限定要求专利保护的范围。依赖遗传资源完成的发明创造，申请人应当在专利申请文件中说明该遗传资源的直接来源和原始来源；申请人无法说明原始来源的，应当陈述理由。②申请外观设计专利提交的证据材料及其要求。第27条规定，申请外观设计专利的，应当提交请求书、该外观设计的图片或者照片以及对该外观设计的简要说明等文件。申请人提交的有关图片或者照片应当清楚地显示要求专利保护的产品的外观设计。

（2）专利审查的举证时限。第36条规定，发明专利的申请人请求实质审查的时候，应当提交在申请日前与其发明有关的参考资料。发明专利已经在外国提出过申请的，国务院专利行政部门可以要求申请人在指定期限内提交该国为审查其申请进行检索的资料或者审查结果的资料；无正当理由逾期不提交的，该申请即被视为撤回。

（3）专利侵权诉讼的举证责任。第61条第1款规定，专利侵权纠纷涉及新产品制造方法的发明专利的，制造同样产品的单位或者个人应当提供其产品制造方法不同于专利方法的证明。

（4）专利侵权诉讼中第三人提供证据的义务。第61条第2款规定，专利侵权纠纷涉及实用新型专利或者外观设计专利的，人民法院或者管理专利工作的部门可以要求专利权人或者利害关系人出具由国务院专利行政部门对相关实用新型或者外观设计进行检索、分析和评价后作出的专利权评价报告，作为审理、处理专利侵权纠纷的证据。

（5）被告人的免责证明。第62条规定，在专利侵权纠纷中，被控侵权人有证据证明其实施的技术或者设计属于现有技术或者现有设计的，不构成侵犯专利权。

（6）专利管理部门的调查取证。第64条第1款规定，管理专利工作的部门根据已经取得的证据，对涉嫌假冒专利行为进行查处时，可以询问有关当事人，调查与涉嫌违法行为有关的情况；对当事人涉嫌违法行为的场所实施现场检查；查阅、复制与涉嫌违法行为有关的合同、发票、账簿以及其他有关资料；检查与涉嫌违法行为有关的产品，对有证据证明是假冒专利的产品，可以查封或者扣押。

（7）证据保全。第67条规定，为了制止专利侵权行为，在证据可能灭失或者以后难以取得的情况下，专利权人或者利害关系人可以在起诉前向人民法院申请保全证据。人民法院采取保全措施，可以责令申请人提供担保；申请人不提供担保的，驳回申请。人民法院应当自接受申请之时起48小时内作出裁定；裁定采取保全措施的，应当立即执行。申请人自人民法院采取保全措施之日起15日内不起诉的，人民法院应当解除该措施。

（二）司法解释

2008年最高人民法院发布的司法解释中，涉及证据规定的主要有：《船舶碰撞案件规定》〔1〕，《公司法规定（二）》〔2〕，《关于刑事第二审判决改变第一审判决认定的罪名后能否加重附加刑的批复》〔3〕，《内地与香港民商事案件判决的安排》〔4〕，《关于债权人对人员下落不明或者财产状况不清的债务人申请破产清算案件如何处理的批复》〔5〕，《民事诉讼法执行程序解释》〔6〕，《民事审判监督程序解释》〔7〕，现分述如下：

1. 最高人民法院《船舶碰撞案件规定》

2008年4月，最高人民法院《船舶碰撞案件规定》，涉及的证据问题主要包括：

（1）被告的举证责任。第8条第1款规定，碰撞船舶船载货物权利人或者第三人向碰撞船舶一方或者双方就货物或其他财产损失提出赔偿请求的，由碰撞船舶方提供证据证明过失程度的比例。无正当理由拒不提供证据的，由碰撞船舶一方承担全部赔偿责任或者由双方承担连带赔偿责任。

（2）被告的举证范围。按照第8条第2款的规定，被告即碰撞船舶方提供的证据是指具有法律效力的判决书、裁定书、调解书和仲裁裁决书。

（3）对被告证据的审查。第8条第2款的规定："对于碰撞船舶提交的国外的判决书、裁定书、调解书和仲裁裁决书，依照民事诉讼法第266条和第267条规定的程序审查。"其中，《民事诉讼法》第266条规定，人民法院对

〔1〕 法释［2008］7号，2008年5月19日公布。本规则自2008年5月23日起施行。
〔2〕 法释［2008］6号，2008年5月12日公布。本规则自2008年5月19日起施行。
〔3〕 法释［2008］8号，2008年6月6日公布。本规则自2008年6月12日起施行。
〔4〕 法释［2008］9号，2008年7月3日公布。本规则自2008年8月1日起施行。
〔5〕 法释［2008］10号，2008年8月7日公布。本规则自2008年8月18日起施行。
〔6〕 法释［2008］13号，2008年11月3日公布。本规则自2009年1月1日起施行。
〔7〕 法释［2008］14号，2008年11月25日公布。本规则自2008年12月1日起施行。

申请或者请求承认和执行的外国法院作出的发生法律效力的判决、裁定，依照中华人民共和国缔结或者参加的国际条约，或者按照互惠原则进行审查后，认为不违反中华人民共和国法律的基本原则或者国家主权、安全、社会公共利益的，裁定承认其效力，需要执行的，发出执行令，依照本法的有关规定执行。违反中华人民共和国法律的基本原则或者国家主权、安全、社会公共利益的，不予承认和执行。第 267 条规定，国外促裁机构的裁决，需要中华人民共和国人民法院承认和执行的，应当由当事人直接向被执行人住所地或者其财产所在地的中级人民法院申请，人民法院应当依照中华人民共和国缔结或者参加的国际条约，或者按照互惠原则办理。

（4）法院取证和证据保全。根据第 10 条的规定，审理船舶碰撞纠纷案件时，人民法院根据当事人的申请可以进行证据保全或者向有关部门调查收集证据。对于人民法院根据当事人的申请保全或者调查收集的证据，在审理船舶碰撞纠纷案件时，应当在当事人完成举证并出具完成举证说明书后出示。

（5）司法认知。第 11 条规定，船舶碰撞事故发生后，主管机关依法进行调查取得并经过事故当事人和有关人员确认的碰撞事实调查材料，可以作为人民法院认定案件事实的证据，但有相反证据足以推翻的除外。

2. 最高人民法院《公司法规定（二）》

2008 年 5 月，最高人民法院《公司法规定（二）》涉及的证据问题主要包括：

（1）证据保全。第 3 条规定，股东提起解散公司诉讼时，向人民法院申请证据保全的，在股东提供担保且不影响公司正常经营的情形下，人民法院可予以保全。

（2）证据灭失的责任。第 18 条第 2 款规定，有限责任公司的股东、股份有限公司的董事和控股股东因怠于履行义务，导致公司主要财产、账册、重要文件等灭失，无法进行清算，债权人主张其对公司债务承担连带清偿责任的，人民法院应依法予以支持。

3. 最高人民法院《关于刑事第二审判决改变第一审判决认定的罪名后能否加重附加刑的批复》

2008 年 5 月，最高人民法院《关于刑事第二审判决改变第一审判决认定的罪名后能否加重附加刑的批复》规定，对于第二审人民法院审判被告人或者他的法定代理人、辩护人、近亲属上诉的案件，第一审人民法院没有判处附加刑的，第二审人民法院判决改变罪名后，不得判处附加刑；第一审人民法院原判附加刑较轻的，第二审人民法院不得改判较重的附加刑，也不得以事实不清或者证据不足发回第一审人民法院重新审理；必须依法改判的，应当在第二审判决、裁定生效后，按照审判监督程序重新审判。

4. 最高人民法院《内地与香港民商事案件判决的安排》

根据《香港特别行政区基本法》第 95 条的规定，最高人民法院与香港特别行政区经协商，达成《内地与香港民商事案件判决的安排》，并于 2006 年 7 月 14 日签署。2006 年 6 月 12 日，最高人民法院审判委员会第 1390 次会议通过了《内地与香港民商事案件判决的安排》，其中涉及的证据问题主要是申请认可和执行判决需提交的文件材料。第 6 条规定，申请人向有关法院申请认可和执行判决的，应当提交以下文件：①请求认可和执行的申请书。②经作出终审判决的法院盖章的判决书副本。③作出终审判决的法院出具的证明书，证明该判决属于本安排第 2 条所指的终审判决，在判决作出地可以执行。④身份证明材料：其一，申请人为自然人的，应当提交身份证或者经公证的身份证复印件；其二，申请人为法人或者其他组织的，应当提交经公证的法人或者其他组织注册登记证书的复印件；其三，申请人是外国籍法人或者其他组织的，应当提交相应的公证和认证材料。向内地人民法院提交的文件没有中文文本的，申请人应当提交证明无误的中文译本。执行地法院对于本条所规定的法院出具的证明书，无需另行要求公证。

5. 最高人民法院《关于债权人对人员下落不明或者财产状况不清的债务人申请破产清算案件如何处理的批复》

2008 年 8 月，最高人民法院《关于债权人对人员下落不明或者财产状况不清的债务人申请破产清算案件如何处理的批复》，对人员下落不明或者财产状况不清的债务人申请破产清算案件申请破产的证据标准作出了明确规定，即“债权人对人员下落不明或者财产状况不清的债务人申请破产清算，符合企业破产法规定的，人民法院应依法予以受理。债务人能否依据企业破产法第 11 条第 2 款的规定向人民法院提交财产状况说明、债权债务清册等相关材料，并不影响对债权人申请的受理”。

6. 最高人民法院《民事诉讼法执行程序解释》

2008 年 9 月，最高人民法院《民事诉讼法执行程序解释》涉及的证据问题主要有：

（1）申请执行人提供证据的责任。第 1 条规定，申请执行人向被执行的财产所在地人民法院申请执行的，应当提供该人民法院辖区有可供执行财产的证明材料。

（2）复议材料的处理。第 7 条规定，当事人、利害关系人申请复议的书面材料，可以通过执行法院转交，也可以直接向执行法院的上一级人民法院提交。执行法院收到复议申请后，应当在 5 日内将复议所需的案卷材料报送上一级人民法院；上一级人民法院收到复议申请后，应当通知执行法院在 5 日内报送复议所需的案卷材料。

（3）法院调查核实被执行人的财产情况。第 7 条规定："对被执行人报告的财产情况，执行法院可以依申请执行人的申请或者依职权调查核实。"据此，人民法院可以依申请执行人的申请或者依职权调查核实被执行人的财产情况。

7. 最高人民法院《民事审判监督程序解释》

2008 年 11 月，最高人民法院《民事审判监督程序解释》涉及的证据问题主要有：

（1）申请再审应当提供的证据材料。第 4 条规定，当事人申请再审，应当向人民法院提交已经发生法律效力的判决书、裁定书、调解书，身份证明及相关证据材料。

（2）"新的证据"的问题：①"新的证据"范围。按照第 179 条第 1 款第 1 项的规定，当事人申请再审，"有新的证据，足以推翻原判决、裁定的"，人民法院应当再审。对此，第 10 条规定了"新的证据"范围：一是原审庭审结束前已客观存在庭审结束后新发现的证据；二是原审庭审结束前已经发现，但因客观原因无法取得或在规定的期限内不能提供的证据；三是原审庭审结束后原作出鉴定结论、勘验笔录者重新鉴定、勘验，推翻原结论的证据。当事人在原审中提供的主要证据，原审未予质证、认证，但足以推翻原判决、裁定的，应当视为新的证据。②"新的证据"效力。第 39 条规定，新的证据证明原判决、裁定确有错误的，人民法院应予改判。申请再审人或者申请抗诉的当事人提出新的证据致使再审改判，被申请人等当事人因申请再审人或者申请抗诉的当事人的过错未能在原审程序中及时举证，请求补偿其增加的差旅、误工等诉讼费用的，人民法院应当支持；请求赔偿其由此扩大的直接损失，可以另行提起诉讼解决。

（3）“基本事实”的含义。按照第179条第1款第2项的规定，当事人申请再审，“原判决、裁定认定的基本事实缺乏证据证明的”，人民法院应当再审。对此，第11条规定，对原判决、裁定的结果有实质影响、用以确定当事人主体资格、案件性质、具体权利义务和民事责任等主要内容所依据的事实，人民法院应当认定为《民事诉讼法》第179条第1款第2项规定的“基本事实”。

（4）“对审理案件需要的证据”的理解。按照第179第1款第5项的规定，当事人申请再审，“对审理案件需要的证据，当事人因客观原因不能自行收集，书面申请人民法院调查收集，人民法院未调查收集的”，人民法院应当再审。对此，第12条规定，《民事诉讼法》第179条第1款第5项规定的“对审理案件需要的证据”，是指人民法院认定案件基本事实所必需的证据。

（5）询问当事人。第21条规定，人民法院可以根据案情需要决定是否询问当事人。以有新的证据足以推翻原判决、裁定为由申请再审的，人民法院应当询问当事人。

（6）再审的证明标准。第37条规定：“人民法院经再审审理认为，原判决、裁定认定事实清楚、适用法律正确的，应予维持；原判决、裁定在认定事实、适用法律、阐述理由方面虽有瑕疵，但裁判结果正确的，人民法院应在再审判决、裁定中纠正上述瑕疵后予以维持。”第38条规定：“人民法院按照第二审程序审理再审案件，发现原判决认定事实错误或者认定事实不清的，应当在查清事实后改判。”据此，民事再审的证明标准是“事实清楚”。

（三）行政法规、部门规章

在2008年发布的行政法规、部门规章中，涉及证据的规定较少，较有代表性的有：国务院《地质勘查资质管理条例》[1]，国务院《证券公司监督管理条例》[2]，海关总署《海关保税核查办法》[3]，国家质量监督检验检疫总局《出入境检验检疫查封、扣押管理规定》[4]，交通运输部《邮政普遍服务

〔1〕 2008年3月3日国务院令第520号公布。

〔2〕 2008年4月23日国务院令第522号公布。

〔3〕 2008年3月31日海关总署令第173号公布。

〔4〕 2008年6月25日国家质量监督检验检疫总局令第108号公布。

监督管理办法》[1]，公安部《道路交通事故处理程序规定》[2]，以及国务院《乳品质量安全监督管理条例》[3]。这些行政法规、部门规章对行政证据的规定主要涉及证据形式，证据收集，以及证据审查等方面，现分述如下：

1. 国务院《地质勘查资质管理条例》

该条例涉及的证据问题主要有：①取证原则。第18条规定了配合原则，地质勘查单位应当如实提供有关材料，不得拒绝和阻碍监督检查。第19条规定了保密原则，监督检查人员进行监督检查，应当为被检查单位保守技术秘密和业务秘密，②取证程序。第19条规定，监督检查人员进行监督检查，应当出示证件。③取证方式。第18条规定，县级以上人民政府国土资源主管部门进行监督检查，可以查阅或者要求地质勘查单位提供与地质勘查资质有关的材料。第19条规定，监督检查人员对监督检查的内容、发现的问题以及处理情况做出记录，由监督检查人员和被检查单位的有关负责人签字确认。被检查单位的有关负责人拒绝签字的，监督检查人员应当将有关情况记录在案。

2. 海关总署《海关保税核查办法》

该办法涉及的证据问题主要有：①取证程序。第4条规定，保税核查应当由两名或者两名以上海关核查人员共同实施。海关核查人员实施核查时，应当出示海关核查证。海关核查证由海关总署统一制发。②取证方式。第20条规定了海关核查人员开展核查的三种方式：一是查阅、复制被核查人与保税业务有关的合同、发票、单据、账册、业务函电和其他有关资料；二是进入被核查人的生产经营场所、货物存放场所，检查与保税业务有关的生产经营情况和货物；三是询问被核查人的法定代表人、主要负责人或者其他有关人员与保税业务有关的情况。

3. 国务院《证券公司监督管理条例》

该条例是这一时期对证据规定较为全面的行政法规。其涉及的证据规定主要体现在证券公司的设立与变更、组织机构、业务规则与风险控制、客户资产的保护、监督管理措施等方面。以下分别从证据审查、取证原则、取证方式分述之：

---

〔1〕 2008年7月12日交通运输部令第3号公布。

〔2〕 2008年8月17日公安部令第104号公布。

〔3〕 2008年10月9日国务院令第536号公布。

（1）证据审查。证据审查是加强资本市场基础性制度建设的重大举措，进一步提升了资本市场的法治化水平，同时为更好地保护投资者利益、维护社会公共利益提供了有力的法制保障。有关证据审查的具体规定如下：

第一，出资审查。股东的出资经过合格机构审查之后，才可以设立证券公司。第9条第2款规定，证券公司股东的出资，应当经具有证券、期货相关业务资格的会计师事务所验资并出具证明；出资中的非货币财产，应当经具有证券相关业务资格的资产评估机构评估。

第二，变更审查。证券公司变更重要事项需要取得国务院证券监督管理机构的批准。第13条第1款规定，证券公司变更注册资本、业务范围、公司形式或者公司章程中的重要条款，合并、分立，设立、收购或者撤销境内分支机构，变更境内分支机构的营业场所，在境外设立、收购、参股证券经营机构，应当经国务院证券监督管理机构批准。第14条第42款规定，未经国务院证券监督管理机构批准，任何单位或者个人不得委托他人或者接受他人委托持有或者管理证券公司的股权。

第三，任职审查。为了确保证券公司经营管理行为的合法性，需要设立专职进行审查。第23条第1款规定，证券公司设合规负责人，对证券公司经营管理行为的合法合规性进行审查、监督或者检查。合规负责人为证券公司高级管理人员，由董事会决定聘任，并应当经国务院证券监督管理机构认可。

第四，离职审查。第25条规定，证券公司的法定代表人或者高级管理人员离任的，证券公司应当对其进行审计，并自其离任之日起2个月内将审计报告报送国务院证券监督管理机构；证券公司的法定代表人或者经营管理的主要负责人离任的，应当聘请具有证券、期货相关业务资格的会计师事务所对其进行审计。

第五，业务审查。第28条第1款规定，证券公司受证券登记结算机构委托，为客户开立证券账户，应当按照证券账户管理规则，对客户申报的姓名或者名称、身份的真实性进行审查。同一客户开立的资金账户和证券账户的姓名或者名称应当一致。第37条规定，证券公司从事证券经纪业务，应当对客户账户内的资金、证券是否充足进行审查。客户资金账户内的资金不足的，不得接受其买入委托；客户证券账户内的证券不足的，不得接受其卖出委托。第47条第1款规定，证券公司使用多个客户的资产进行集合投资，或者使用客户资产专项投资于特定目标产品的，应当符合国务院证券监督管理机构的有关规定，并报国务院证券监督管理机构批准。

第六，监管审查。监管审查包括内部监管审查和外部监管审查两种方式。第64条第1款规定，证券公司年度报告中的财务会计报告、风险控制指标报告以及国务院证券监督管理机构规定的其他专项报告，应当经具有证券、期货相关业务资格的会计师事务所审计。第65条第1款规定，对证券公司报送的年度报告、月度报告，国务院证券监督管理机构应当指定专人进行审核，并制作审核报告。审核人员应当在审核报告上签字。审核中发现问题的，国务院证券监督管理机构应当及时采取相应措施。

第七，审查方式。第64条第2款规定，证券公司的董事、高级管理人员应当对证券公司年度报告签署确认意见；经营管理的主要负责人和财务负责人应当对月度报告签署确认意见。第65条第2款规定，国务院证券监督管理机构应当对有关机构报送的客户的交易结算资金、委托资金和客户担保账户内的资金、证券的有关数据进行比对、核查，及时发现资金或者证券被违法动用的情况。

第八，审查标准。第69条规定了信息审查的标准是真实、准确、完整。即证券公司以及有关单位和个人披露、报送或者提供的资料、信息应当真实、准确、完整，不得有虚假记载、误导性陈述或者重大遗漏。

（2）取证原则。第75条第2款规定了保密原则，会计师事务所对证券公司或者其有关人员进行审计的过程中，应当对所知悉的信息保密。法律、行政法规另有规定的除外。

（3）取证方式。根据第67~68条的规定，国务院证券监督管理机构有权采取的六种取证措施：①询问证券公司的董事、监事、工作人员，要求其对有关检查事项作出说明；②进入证券公司的办公场所或者营业场所进行检查；③查阅、复制与检查事项有关的文件、资料，对可能被转移、隐匿或者毁损的文件、资料、电子设备予以封存；④检查证券公司的计算机信息管理系统，复制有关数据资料；⑤经国务院证券监督管理机构负责人批准，可以查询证券公司及与证券公司有控股或者实际控制关系企业的银行账户；⑥指令相关单位或个人提供与证券公司经营管理和财务状况有关的资料、信息。

4. 国家质量监督检验检疫总局《出入境检验检疫查封、扣押管理规定》

该规定涉及的证据问题主要有：①取证原则。第4条规定了比例原则。检验检疫机构实施查封、扣押应当适当，以最小损害当事人的权益为原则。

②证据种类。第 10 条规定了查封、扣押的证据材料。包括：现场记录单、现场笔录、当事人提供的各种单证以及现场抽取的样品、摄录的音像材料、实验室检验记录、工作纪录、检验检疫结果证明和其他证明材料。③取证程序。第 8 条规定，实施查封、扣押的程序。包括：收集证据材料、报告、审批、决定、送达、实施等。④证明标准。第 9 条规定，实施查封、扣押前，应当做好证据的收集工作，并对收集的证据予以核实。

5. 交通运输部《邮政普遍服务监督管理办法》

该办法涉及的证据问题主要有：①取证原则。第 17 条第 2 款规定了保密原则，邮政管理部门工作人员对监督检查中知悉的个人隐私和商业秘密等事项负有保密义务。②取证程序。第 17 条第 1 款规定，邮政管理部门工作人员实施监督检查时，应出示有效证件，并由 2 名或 2 名以上工作人员共同进行。③取证方式。第 16 条规定邮政管理部门工作人员取证的方式有两种：一是询问被检查的单位及相关人员，并要求提供相关资料；二是进入被检查单位的工作场所、生产场地，查阅、复制有关单据、文件、记录、业务档案等相关资料，暂时封存有关原始记录。

6. 交通运输部《道路交通事故处理程序规定》

该规定涉及的证据问题主要有取证原则、取证程序、证据形式、取证方式、证据审查、证明标准等六个方面的内容：

（1）取证原则。第 20 条规定了客观、全面、及时、合法原则，交通警察调查道路交通事故时，应当客观、全面、及时、合法地收集证据。

（2）取证程序。第 19 条规定，除简易程序外，公安机关交通管理部门对道路交通事故进行调查时，交通警察不得少于 2 人。交通警察调查时应当向被调查人员出示《人民警察证》，告知被调查人依法享有的权利和义务，向当事人发送联系卡。

（3）证据形式。第 24 条第 2 款规定，现场图、现场勘查笔录应当由参加勘查的交通警察、当事人或者见证人签名。当事人、见证人拒绝签名或者无法签名以及无见证人的，应当记录在案。第 28 条第 1 款规定，因收集证据的需要，公安机关交通管理部门可以扣留事故车辆及机动车行驶证，并开具行政强制措施凭证。扣留的车辆及机动车行驶证应当妥善保管。第 29 条第 1 款规定，因收集证据的需要，公安机关交通管理部门可以扣押与事故有关的物品，并开具扣押物品清单一式两份，一份交给被扣押物品的持有人，一份附卷。扣押的物品应当妥善保管。

（4）取证方式。根据第23～44条的规定，交通警察可采取的取证方式有勘查事故现场；固定、提取或者保全现场证据材料；查找当事人、证人进行询问，并制作询问笔录；依法传唤交通肇事嫌疑人；查缉交通肇事逃逸嫌疑人；尸体检验；精神病鉴定；等等。

（5）证据审查。第47条第2款规定，发生死亡事故，公安机关交通管理部门应当在制作道路交通事故认定书前，召集各方当事人到场，公开调查取得证据。证人要求保密或者涉及国家秘密、商业秘密以及个人隐私的证据不得公开。当事人不到场的，公安机关交通管理部门应当予以记录。第53条规定，复核原则上采取书面审查的办法，但是当事人提出要求或者公安机关交通管理部门认为有必要时，可以召集各方当事人到场，听取各方当事人的意见。复核审查期间，任何一方当事人就该事故向人民法院提起诉讼并经法院受理的，公安机关交通管理部门应当终止复核。

（6）证明标准。第45条规定，道路交通事故认定应当做到事实清楚、证据确实充分。第49条规定，道路交通事故认定书应当载明事故发生的时间、地点、受害人情况及调查得到的事实，有证据证明受害人有过错的，确定受害人的责任；无证据证明受害人有过错的，确定受害人无责任。

7. 国务院《乳品质量安全监督管理条例》

该条例涉及的证据问题主要有：①取证原则。第46条规定了定期取证的原则，畜牧兽医、质量监督、工商行政管理等部门应当定期开展监督抽查，并记录监督抽查的情况和处理结果。②取证方式。第47条规定畜牧兽医、质量监督、工商行政管理等部门依据各自职责可采取的取证方式有五种：一是实施现场检查；二是向有关人员调查、了解有关情况；三是查阅、复制有关合同、票据、账簿、检验报告等资料；四是查封、扣押有证据证明不符合乳品质量安全国家标准的乳品以及违法使用的生鲜乳、辅料、添加剂；五是查封涉嫌违法从事乳品生产经营活动的场所，扣押用于违法生产经营的工具、设备。

（四）地方性证据规定

2008年，各地政法机关地方性证据规定制定情况，参见下表：

制定时间	生效时间	制定单位	名 称
2008年3月31日	2008年4月3日	江苏省高级人民法院、省人民检察院、省公安厅、省司法厅	《关于刑事案件证据若干问题的意见》
2008年4月18日	2008年4月18日	上海市高级人民法院	《关于执行程序中听证审查的实施意见》
2008年10月28日	2008年10月28日	浙江省高级人民法院	《审理金融纠纷案件若干问题讨论纪要》
2008年11月18日	2008年11月18日	浙江省高级人民法院	《关于在民事审判中防范和查处虚假诉讼案件的若干意见》
2008年12月23日	2008年12月23日	山东省高级人民法院	全省民事审判工作座谈会纪要

在2008年制定的地方性证据规定中，江苏省高级人民法院、省人民检察院、省公安厅、省司法厅出台的《关于刑事案件证据若干问题的意见》，是专门针对刑事诉讼证据制定的，具有相当的完备性。与此相比，有关民事诉讼的地方性证据规定主要分散在相关的规定中。例如，上海市高级人民法院《关于执行程序中听证审查的实施意见》、浙江省高级人民法院《关于在民事审判中防范和查处虚假诉讼案件的若干意见》等，也涉及一些证据法内容。其中，浙江省高级人民法院《审理金融纠纷案件若干问题讨论纪要》和山东省高级人民法院《全省民事审判工作座谈会纪要》，是以会议纪要形式下发的，供法院在审判中参考和借鉴。

1. 江苏省高级人民法院《关于刑事案件证据若干问题的意见》

江苏省高级人民法院与省人民检察院、省公安厅、省司法厅《关于刑事案件证据若干问题的意见》的特点有三：一是内容系统全面，对证据的一般问题、举证、质证以及认证规则等作出了较为全面的规定，内容贯穿侦查至审判的整个诉讼阶段。二是理论联系实践，依托于当今世界两大法系刑事诉讼法制相互融合、相互借鉴的背景，秉承了刑事诉讼控制犯罪与保护人权的均衡价值观，立足于我国现实国情，体现了理论与实践的紧密结合。三是加强沟通协调，充分征求并吸收了江苏省检察院、省公安厅、省司法厅等各有关兄弟单位的合理建议和意见，并由省公检法司四家共同会签下发，体现了各家的共识，增强了适用的范围和效果。具体来说，该意见的特色体现在以下几个方面：

（1）明确了几类证据的效力。首先，增加了“电子数据”作为证据种类之一，规定提供电子数据应当附有侦查人员对提取、复制电子数据过程的有关文字说明，主要记明以下内容：①案由；②证明对象；③证明内容；④提取、复制的时间、地点；⑤电子数据的规格、类别、文件格式。提取、复制电子数据的制作人、电子数据的持有人和能够证明提取、复制过程的见证人应当在文字说明材料上签名或者盖章。电子数据的持有人不在案或者拒绝签字的，侦查人员应当说明情况，或将提取、复制有关电子数据的过程拍照或者录像。如果电子数据存储在电脑或其他电子设备中，从该电脑或其他电子设备中打印或输出的能准确反映有关图像、数据的可视、可读物，应当视为原件。其次，对于心理测试（俗称测谎）报告和警犬气味识别结论，只能作为侦查手段使用，不能作为认定犯罪事实的证据。再次，对年龄不明的被告人所作的骨龄鉴定结论，经审查能够确认被告人实施犯罪行为时的刑事责任年龄阶段的，可以作为判断被告人年龄的证据使用；如果鉴定结论表明被告人的年龄在刑法规定的应负刑事责任年龄或负完全刑事责任年龄上下的，应作出有利于被告人的认定。最后，鉴定机构接受人民法院委托，对拟作为证据使用的鉴定文书、检验报告、勘验检查记录、医疗病情资料、会计资料等材料所作的文证审查意见，可以帮助审查、判断证据，但不是鉴定结论，不能作为定案的依据。此外，被告人及其辩护律师提供的由法律专家出具的有关案件定罪量刑的书面意见不能作为证据使用。

（2）细化了《刑事诉讼法》“案件事实清楚，证据确实、充分”的证明标准，同时从反面规定了“证据不足”的含义。

第一，“证据确实、充分”包括：①犯罪构成要件的事实已经查清；②据以定案的证据均系依法收集，并经法定程序查证属实；③证据之间、证据与案件事实之间的矛盾已得到合理排除；④根据证据推断案件事实的过程符合逻辑规则，结论准确无疑，对案件事实的证明结论排除其他可能性；⑤据以定案的证据均能得到其他证据的印证或补强。

第二，对于证据不足以证明被告人有罪的指控，应作出证据不足，指控的犯罪事实不能成立的判决。具备下列情形之一的，应当视为证据不足：①据以定案的某个或某些主要证据不真实、不可靠；②作为犯罪构成的某个要件或几个要件的案件事实没有必要的证据加以证明；③据以定案的证据与待证事实之间、证据与证据之间存在重大矛盾无法排除。

第三，对死刑案件应做到案件事实清楚，证据确实、充分，排除一切合理怀疑，否则不能判处死刑立即执行。“一切合理怀疑”是指：①现有证据不能完全证明案件事实；②有现象表明某种影响案件真实性的情况可能存在，且不能排除；③存在于人们常识中的很可能发生影响案件真实性的情况。

（3）规定了刑事诉讼证据交换制度。控辩双方在开庭审理前可以建议进行证据交换；法庭认为有必要时，可以建议控辩双方在开庭审理前进行证据交换，以避免证据突袭并明确庭审争议焦点。审判人员庭外调查核实证据应主要针对控辩双方有争议的证据，以达到增强对证据认证的内心确信。审判人员核实证据或案件审理中发现对认定案件事实有重要作用的新的证据材料，可以告知控辩双方调取，也可以自行调取。

（4）规定了见证人的要求。下列人员一般不得担任刑事诉讼活动的见证人：①生理上、精神上有缺陷或者年幼，不能辨别是非、不能正确表达的人；②与案件有利害关系，可能影响案件公正处理的人员，但法律有特别规定的除外；③行使勘验、检查、搜查、扣押等相关刑事诉讼职权的司法机关工作人员或其聘用的辅警、保安人员等。电子数据提取、制作过程的见证人应当由具备计算机知识的人员担任。

（5）规定了下列情况下证人、被害人应当出庭作证：①同一证人、被害人出具的证人证言或被害人陈述本身前后矛盾或与其他证据有矛盾且无法排除的；②有证据证明证人证言或被害人陈述可能存在虚假内容的；③控辩双方对影响定罪量刑的证人证言或被害人陈述有异议，且法院也认为必须出庭的；④其他人民法院认为应当出庭作证的。

（6）规定了经人民法院核实或准许，证人可以不出庭作证的情形：①发生证人不能出庭的情形：一是下落不明的；二是在国外或者路途遥远、交通不便难以出庭的；三是年迈体弱、患重病或者行动不便无法出庭的；四是因出现生理和精神上的障碍已经丧失记忆、辨别能力或者表达能力的；五是特殊岗位确实不宜出庭的；六是因自然灾害等不可抗力导致不能出庭的；七是其他无法出庭的特殊情形。②经庭前证据交换控辩双方对证人证言无异议的。③证人证言在先前其他案件的审理中已经在法庭举证、质证并得到生效刑事裁判确认的。④控辩双方同意将书面证言笔录作为证据使用的。⑤其证言对案件的审判不起直接决定作用的。⑥证人是未成年人的。经人民法院许可，控辩双方可以提供未出庭证人的书面证言或者视听资料或者通过双向视听传输技术手段作证。对被害人陈述的认证适用证人证言的相关规定。

（7）有关个人品格的证明材料，不得作为认定有罪的证据。

（8）规定了质证程序。当庭出示的物证、书证、视听资料等证据，应当先由出示证据的一方就所出示证据的来源、特征等作必要的说明，然后由另一方进行辨认并发表意见。控辩双方可以互相询问、辩论。控辩双方对上述证据存在重要分歧，可以申请法庭通知证据制作人、保管人或提供人到庭接受控辩双方和法庭询问；人民法院认为有必要时，也可以主动通知证据制作人、保管人或提供人到庭。

（9）明确了口供的价值和同案犯被告人口供的运用，规定了非法证据排除规则。

第一，只有被告人供述，没有其他证据的，不能认定被告人有罪和处以刑罚。没有其他证据能够直接证明犯罪行为系被告人实施，但被告人供认其实施了犯罪行为，且供述稳定，供述的犯罪情节的主要部分得到现场勘验、法医鉴定等其他证据补强，非被告人亲身经历，不能够作出如此供述，并能够排除侦查机关有刑讯逼供、诱供或案情泄露可能的，可以认定被告人有罪。如果被告人供述反复且有罪供述与案件事实、其他证据有重大矛盾，或者发现侦查机关在证据收集过程中存在刑讯逼供、诱供等严重违法行为或者案情泄露的，法庭不能认定被告人有罪。对于被告人庭前有多种不同供述的，法庭应当调取该被告人的全部供述。

第二，只有共同犯罪人供述、没有其他证据的非死刑案件，共同犯罪人的供述符合以下条件的，可以作为定案的根据：①排除各被告人串供以及案情泄露的可能；②供述系合法取得；③庭审中供述的犯罪事实细节上基本一致。法律、司法解释对共同犯罪人供述的证明力另有规定的，按相关规定执行。

第三，非法言词证据，应当依法予以排除。违反宪法和法律的规定，采用下列方法取得的被告人供述、证人证言、被害人陈述，属于非法言词证据：①以殴打、捆绑、违法使用械具、较长时间冻、饿、晒、烤等肉刑或变相肉刑损害身体健康的；②威胁、引诱、欺骗的。对有线索或证据表明存在上述非法取得证据的可能的，检察机关应当对取得证据的合法性予以有效证明；人民法院经审查认为不能排除合理怀疑的，不能作为定案依据。但是，同一侦查机关不同侦查人员以合法方法取得的被告人供述与以非法方法取得的被告人供述一致的，具有可采性。

第四，非法取得的实物证据不能直接作为定案依据。但结合其他合法证据能证明案件事实的，法庭可予以采信。通过非法言词证据获取的实物证据能直接证明案件事实的，法庭可予以采信。通过非法言词证据获取的实物证据不能直接证明案件事实，需结合该非法言词证据才能证明的，该证据不可采信。但结合其他合法证据能证明案件事实的，法庭可予以采信。

以上江苏省高级人民法院的《关于刑事案件证据若干问题的意见》，尽管存在一些证据法基本概念和原理方面的错误，但从我国地方性证据规定的实践探索角度看，仍具有重要的里程碑意义。

2. 其他地方性民事证据规定

2008 年各地政法机关没有出台关于民事证据的专门规定，但在其他相关地方性文件中涉及证据规定的，有以下一些值得提及的内容：

（1）上海市高级人民法院《关于执行程序中听证审查的实施意见》规定，执行听证审查是指在案件执行过程中，因执行相关当事人向执行机构提出涉及自己某些实体权利或者程序权利的请求时，由法院执行机构的裁决合议庭听取他们的陈述证明以帮助依法作出裁决的一种公开审查方式。执行相关当事人对其提出的请求负有举证责任。在执行听证审查过程中，执行相关当事人可以请求能够证明有利于自己事实成立的证人出庭作证。①对于执行相关当事人提出的证据和理由，应由参加执行听证审查的当事人或其委托代理人进行质证、辩论。对案外人异议，裁决合议庭经审查，应区分下列情形作出处理：一是异议证据不充分、理由不成立的，裁定驳回；二是对执行依据指定交付的特定物，异议证据充分、理由成立的，报院长批准后，裁定对执行依据中该项内容中止执行；三是对不属执行依据指定交付的特定物的财产，异议证据充分、理由成立的，裁定中止对该财产的执行。②对变更、追加被执行人的申请，裁决合议庭经审查，应区分下列情形作出处理：一是证据充分、理由成立的，裁定变更或追加被执行人；二是证据不充分、理由不成立的，裁定驳回申请；三是需另行诉讼明确权利义务关系后，方能在执行程序中作出相应处理的，裁定驳回申请，同时告知申请人另行诉讼。听证审查期间已起诉的，视为撤回变更、追加申请并记明笔录。

（2）浙江省高级人民法院《审理金融纠纷案件若干问题讨论纪要》中涉

及证据规则适用的规定包括以下几点：

首先，第4条“借据的认证规则”规定：民间借贷中的借据，既是借款关系成立的证据，也是借款实际发生的证据，如有相反证据和情形推翻借据所记载的内容的，人民法院可以根据查明的事实作出判决。

其次，对于《关于人民法院审理借贷案件的若干意见》第7条有关“出借人不得将利息计入本金谋取高利”，这里的“高利”是指超出法定的最高限度。审判实践中，借据等借款凭证上所记载的借款数额包含利息的情形时有发生，债权人据此获取高利，而债务人也往往以此进行抗辩，但仅从借据记载的内容看，并不能得到证明。对此，人民法院应综合全案证据和事实进行分析判断，具体应把握两点：①根据最高人民法院《民事诉讼证据规定》第73条的规定，民商事案件一般采高度盖然性证明标准，认定债务人的抗辩事实，并未完全否定债权人主张的借据的证明力，只是证明债务人主张抗辩事实的证据的证明力明显大于债权人主张事实的证明力。②在债权人不认可的情况下，债务人针对借据的抗辩事实的证据，多不是直接证据，也不是单一证据。此时，对证据的判断还要结合相关情形，主要包括：借据记载的借款数额包含利息的做法是否是当地民间借贷市场普遍采取的一个不成文的习惯，类似于日常生活经验法则；债权人能否合理说明借款发生的具体情况，或者陈述的内容是否存在自相矛盾之处；债权人是否曾有类似的交易前例；庭审言辞辩论的情况是否导致对债权人陈述的合理怀疑；根据相关事实推定，或者根据生效法律文书和仲裁裁决书确认的事实，是否可以认定借据中记载的借款数额包含利息，等等。需要指出的是，在民间借贷纠纷案件中，借据是证明借款关系存在和实际发生的直接证据，有较强的证明力。审判实践中，对借据真实性的审查，宜采审慎的态度。

（3）浙江省高级人民法院《关于在民事审判中防范和查处虚假诉讼案件的若干意见》规定，虚假诉讼，是指民事诉讼各方当事人恶意串通，采取虚构法律关系、捏造案件事实方式提起民事诉讼，或者利用虚假仲裁裁决、公证文书申请执行，使法院作出错误裁判或执行，以获取非法利益和行为。第6条规定，对有虚假诉讼嫌疑的案件，法院在审理过程中可以采取以下措施：①传唤当事人到庭参加诉讼；②通知当事人提交原始证据；③要求证人出庭作证；④向利害关系人通报情况，并通知其参与诉讼；⑤依职权调查取证；⑥邀请有关部门、基层组织人员参与审查调解协议；⑦依法可以采取的其他措施。对有虚假诉讼嫌疑的案件，法院通知当事人提交原始证据或者要求证人出庭作证的，当事人无正当理由拒不提交原始证据，或者证人无正当理由拒不出庭作证的，人民法院可以依法认定当事人主张的事实证据不足。

（4）山东省高级人民法院 2008 年《全省民事审判工作座谈会纪要》涉及证据问题的主要有：①应当坚持医疗事故鉴定优先的原则，支持医疗机构申请医疗事故鉴定的请求；对于经医疗事故鉴定不构成医疗事故的，可以根据患者的申请，进行医疗过错鉴定。②关于交通事故认定书的效力问题。根据《道路交通安全法》的规定，公安交通管理部门出具交通事故认定书的行为不是具体行政行为，只是人民法院处理道路交通事故损害赔偿案件的重要证据之一，如当事人一方或者双方无相反的证据或者足以推翻其结论的理由，交通事故认定书应当成为人民法院认定案件事实的依据。当事人一方或者双方对交通事故认定书提出异议的，应当提供相关的证据或者说明理由，并承担结果意义上的举证责任。③关于最高人民法院《民事诉讼证据规定》适用中的有关问题。一是关于当事人举证责任与人民法院调查收集证据的关系问题。在以当事人主义为基本机理的现代民事诉讼制度中，奉行"谁主张，谁举证"，强化当事人的举证责任，这是证据提出的基本前提和规则，但这并不意味着人民法院要弱化依职权调查收集证据的职责，特别在目前当事人举证能力仍比较薄弱的现实情况下，人民法院更要正确、全面理解《民事诉讼法》和最高人民法院《民事诉讼证据规定》的有关规定，深刻理解和把握法律真实和客观真实的关系，依法根据当事人的申请或者依职权行使调查取证收集证据的职权，尽可能使裁判结果实现公平、公正的法律目的和社会效果。二是关于证据失权的问题。证据失权事关当事人根本诉讼利益。最高人民法院《民事诉讼证据规定》就证据失权问题作出规定的本意就是约束那些有条件、有能力但却不诚信举证的当事人，而决不能把这一规定变成损害当事人合法权益，尤其是坑害弱势群体的工具。考虑到当事人在举证期限内提交证据确有困难的情形，对于《民事诉讼证据规定》第 36 条规定的经人民法院准许延期举证但因客观原因未能在准许期限内提交证据材料，而不审理该证据有可能导致明显不公的；对《民事诉讼证据规定》第 13 条第 2 款规定的当事人在举证期限届满后提交的新证据，应排除《民事诉讼证据规定》第 34 条第 2 款的适用，应根据《民事诉讼证据规定》第 45 条规定，通知对方当事人在合理期限内提出意见或举证。我们要对证据失权问题结合《民事诉讼证据规定》

的有关条文进行全面理解和把握，提高整体适用、正确适用《民事诉讼证据规定》的意识和水平，切不可绝对理解和机械适用。

（五）国际条约

2008 年，我国未签订或加入涉及证据规则的国际公约。

在促进涉及证据规则的国际公约履行方面，2008 年 1 月 28 日至 2 月 1 日，中国政府派团参加了《联合国反腐败公约》第二届缔约国大会及各工作组会议，共参与审议了履约审查、技术援助、资产追回和国际公共组织官员贿赂四项实质性议题，通过了七项决议。2008 年 10 月，中国政府代表团出席《联合国打击跨国有组织犯罪公约》第四次缔约国大会的代表强调，国际合作始终是履约工作的重点和优先事项，也是发挥公约潜力的重要手段，应成为该次缔约国大会和今后各缔约国履约的中心任务。中国政府积极参加国际公约缔约国会议并承诺履行承担的国家义务，有助于尽早将公约转化为国内立法，从而使相关条款能够得到有效落实。[1]

二、证据司法实践发展综述

（一）人民法院证据制度建设

2008 年是“二五改革纲要”实施的最后一年。在“二五改革纲要”中，“改革和完善诉讼程序制度”与“改革和完善执行体制与工作机制”成为重点，分别占了 50 条改革内容中的 10 条和 7 条。审判方式改革的地位有所下降，这与之前审判制度建设已取得初步成果以及改革中出现了新的问题有关。诉讼程序的改革偏重于刑事案件尤其是死刑案件的审判程序。

“二五改革纲要”在证据制度建设方面偏重于刑事证据制度，包括在非法证据排除、证人出庭等方面进行完善并制定刑事证据规则；在死刑程序中，建立证人、鉴定人出庭制度等内容。但是，“二五改革纲要”中提出的刑事证据制度改革、制定刑事证据规则以及在死刑审判程序改革中建立证人、鉴定人出庭制度等任务，到 2008 年最终没有以最高人民法院司法解释的形式得以

---

〔1〕 参见中国法学会：“中国法治建设年度报告（2008 年）”，载新华网，http：//news. xinhuanet. com/politics/2009 -06/02/content_ 11476146. htm. 另参见中国社会科学院法学研究所课题组：“2008 年的中国法治：在坚持科学发展观中继续前进”，载淘宝网，http：//www. taohua. com/doc -585662. htm.

完成。这反映出我国刑事诉讼所涉主体的多元性和利益关系的复杂性，也反映了长期形成的刑事司法实践惯性对司法改革所造成的阻力。

除了为完成“二五改革纲要”任务在刑事证据制度方面的努力，2008 年最高人民法院也着力于完善民事证据制度。最高人民法院《民事诉讼证据规定》自 2002 年 4 月 1 日实施以来，对于指导和规范人民法院的审判活动，提高诉讼当事人的证据意识，促进民事审判活动公正有序地开展，起到了重要作用。但民事证据制度的改革不会一蹴而就，必然要求在司法实践中不断探索、完善。“随着新情况、新问题的出现，一些地方对《证据规定》[1] 中的个别条款，特别是有关举证时限的规定理解不统一。”[2] 在这种情况下，最高人民法院于 2008 年 12 月 11 日发布了《关于适用〈关于民事诉讼证据的若干规定〉中有关举证时限规定的通知》，对民事证据规定中关于举证时限的规定结合简易程序、管辖权异议、增加当事人等多种情况作出了详细解释。另外，“关于司法鉴定结论作为民事诉讼证据使用的调研”被列为最高人民法院 2008 年重点调研课题，以期对民事诉讼中鉴定结论这种证据形式的使用进行深入研究。

除最高人民法院外，地方人民法院在证据制度建设方面也作出了很大的努力。2008 年颁布的地方性证据规定数量尽管较少，但也有两个代表性成果：①2008 年 3 月，江苏省高级人民法院、省人民检察院、省公安厅、省司法厅颁布的《关于刑事案件证据若干问题的意见》，对刑事审判中证明对象与免证事实、证明标准、举证和质证程序、认定证据的方法与标准等事项作了较为详尽的规定，在一定程度上填补了刑事证据制度的漏洞，对刑事证据立法做了有益的探索；②2008 年 4 月，北京市高级人民法院、市司法局《关于司法鉴定人出庭作证的规定（试行）》，对完成“二五改革纲要”所确定的“强化证人、鉴定人出庭”任务，具有积极的探索意义。另外，上海市高级人民法院 2008 年 4 月发布的《关于执行程序中听证审查的实施意见》、浙江省高级人民法院分别于 2008 年 10 月和 11 月发布的《审理金融纠纷案件若干问题讨论纪要》和《关于在民事审判中防范和查处虚假诉讼案件的若干意见》、山东

---

〔1〕 即《民事诉讼证据规定》。——作者注

〔2〕 最高人民法院《关于适用〈关于民事诉讼证据的若干规定〉中有关举证时限规定的通知》，法发［2008］42 号。

省高级人民法院2008年12月发布的《全省民事审判工作座谈会纪要》等文件，也包含一些人民法院证据制度建设方面的内容。

（二）人民检察院证据制度建设

2008年是检察机关恢复重建30周年。按照党的十七大关于深化司法体制改革的部署，人民检察院继续推进检察体制和工作机制改革，完善检察机关法律监督的范围、内容、程序和措施，进一步规范执法行为，完善执法办案机制、队伍管理机制和执法保障机制。2008年涉及人民检察院证据制度建设的通知、规定、司法解释主要有：最高人民检察院2月《人民检察院看守所检察办法》[1]，3月《人民检察院执法办案内部监督暂行规定》[2]，以及湖北省人民检察院8月《湖北省检察机关民事审判行政诉讼法律监督调查办法（试行）》[3]。

1.《人民检察院看守所检察办法》

最高人民检察院《人民检察院看守所检察办法》第36～41条对受理控告、举报和申诉进行了规定，其对证据审查的要求主要涉及：

（1）及时原则。第36～37条规定，驻所检察室应当受理在押人员及其法定代理人、近亲属向检察机关提出的控告、举报和申诉，根据在押人员反映的情况，及时审查处理，并填写《控告、举报和申诉登记表》。驻所检察室应当在看守所内设立检察官信箱，及时接收在押人员控告、举报和申诉材料。

（2）反馈原则。第39～40条规定，驻所检察室办理控告、举报案件，对控告人或者举报人要求回复处理结果的，应当将调查核实情况反馈控告人、举报人。驻所检察室受理犯罪嫌疑人、被告人及其法定代理人、近亲属有关羁押期限的申诉，应当认真进行核实，并将结果及时反馈申诉人。

（3）证明标准。第41条规定审查的证明标准是事实清楚。人民检察院监所检察部门审查留所服刑罪犯的刑事申诉，认为原判决或者裁定正确、申诉理由不成立的，应当将审查结果答复申诉人并做好息诉工作；认为原判决、裁定有错误可能，需要立案复查的，应当移送刑事申诉检察部门办理。

2.《人民检察院执法办案内部监督暂行规定》

为了加强人民检察院对自身执法办案活动和检察人员在履行执法办案职

---

〔1〕 2008年2月22日最高人民检察院第十届检察委员会第九十四次会议通过。

〔2〕 高检发［2008］4号。

〔3〕 鄂检发［2008］33号。

责时遵守法律、纪律和规章制度情况实施的监督，最高人民检察院制定了《人民检察院执法办案内部监督暂行规定》，其涉及证据的规定主要有：

（1）审查对象。第9条规定了人民检察院在执法办案内部监督中，应当重点防止和纠正涉及证据制度的14种行为：①侵犯举报、控告、申诉人合法权益，或者泄露、隐匿、毁弃、伪造举报、控告、申诉等有关材料的；②违法违规剥夺、限制诉讼参与人人身自由，或者违反办案安全防范规定的；③非法搜查，违法违规查封、扣押、冻结追缴款物，或者违法违规处理查封、扣押、冻结追缴款物及其孳息的；④违法违规采取、变更、解除、撤销强制措施，或者超期羁押犯罪嫌疑人、被告人的；⑤刑讯逼供、暴力取证，或者以其他非法方法获取证据的；⑥违法使用警械警具，或者殴打、体罚虐待、侮辱诉讼参与人的；⑦隐匿、毁弃、伪造证据，违背事实作出勘验、检查、鉴定结论，包庇放纵被举报人、犯罪嫌疑人、被告人，或者使无罪的人受到刑事追究的；⑧违反法定程序或者办案纪律干预办案，或者未经批准私自办案的；⑨私自会见案件当事人及其亲友、辩护人、代理人，或才接受上述人员提供的宴请、财物、娱乐活动的；⑩为案件当事人及其亲友、代理人打探亲情、通风报信，或者泄露案件秘密的；⑪越权办案、插手经济纠纷，利用执法办案之机拉赞助、乱收费、乱罚款，让发案单位、当事人报销费用，或者占用发案单位、当事人的交通、通讯工具的；⑫违法违规剥夺、限制当事人诉讼权利，或者妨碍律师参与刑事诉讼的；⑬具有法定回避情形而不申请回避的；⑭其他不履行或者不正确履行法律监督职责的。

（2）审查主体。第10条规定，执法办案内部监督工作的责任主体是各级人民检察院的检察长，分管执法办案工作的副检察长，监察部门、执法办案部门负责人及其检察人员。

（3）审查方式。第17条规定检察长、副检察长、执法办案部门负责人履行执法办案内部监督职责时，可以在其职责范围内采取下列措施：①参加或者列席执法办案工作会议，审查和调阅有关文件、案件材料、办案安全防范预案、审讯同步录音录像资料及其他相关材料；②察看办案现场，旁听开庭审理，或者通过局域网对执法办案活动进行网络监控；③听取有关机关、部门或者人民监督员的意见，向发案单位或者诉讼参与人了解情况；④组织检务督察和专项检查；⑤要求相关单位和人员就监督事项涉及的问题作出解释或者说明；⑥令相关单位和人员停止违反法律、纪律或者规章制度的行为；

⑦建议或者责令相关人员暂停执行职务，建议或者决定更换案件承办单位、案件承办人员；⑧符合有关规定、不影响办案工作正常进行的其他措施。

3.《湖北省检察机关民事审判行政诉讼法律监督调查办法（试行)》

湖北省人民检察院《湖北省检察机关民事审判行政诉讼法律监督调查办法（试行)》，涉及证据制度方面的新规定主要有：

（1）审查原则。根据第 3 条的规定，其在遵循公开、客观公正、合法原则的基础上，增加了保障人权和及时高效两个原则。

（2）审查方式。第 8 ~9 条规定，参加调查的检察人员不得少于 2 人；检察人员应当依法全面、客观地收集证据。人民检察院在调查中，根据需要，可以采取询问、查询、调取相关证据材料、查阅案卷材料、勘验、鉴定等方式，但不得查封、扣押、冻结财产；不得妨碍人民法院诉讼活动的正常进行。

（3）审查结果。根据第 11 条和第 12 条第 1 项的规定，调查终结后，承办人应当制作调查终结报告，载明调查认定的事实、证据和法律依据，提出处理建议，经部门负责人审核后，报请检察长或者检察委员会决定。人民检察院调查终结后，根据调查的事实和证据，符合《民事诉讼法》、《行政诉讼法》规定的抗诉条件的，提出抗诉（提请抗诉）或者向人民法院提出再审检察建议；不符合抗诉条件的，决定不抗诉（不提请抗诉）。

总体来看，2008 年发布的涉及人民检察院证据制度建设的通知、规定、司法解释、地方性证据规定数量总体较少，基本上是沿着最高人民检察院《关于进一步深化检察改革的三年实施意见》对人民检察院证据制度建设方向的指引，落实党的十七大报告提出的建立公正、高效、权威的社会主义司法制度的任务。

（三）公安机关证据制度建设

2008 年公安机关证据制度建设也取得了一些重要成果。其中，最高人民检察院、公安部颁布了《关于经济犯罪案件追诉标准的补充规定》，为经济犯罪案件的立案侦查、批捕、起诉工作提供了明确、统一的执法规范，对于打击经济犯罪、维护国家经济安全和社会主义市场经济秩序发挥了积极作用。

最高人民检察院、公安部于 2008 年 6 月《关于公安机关管辖的刑事案件立案追诉标准的规定（一)》，对公安机关治安部门、消防部门管辖的刑事案件立案追诉标准作出了规定。该规定涉及危害公共安全案、破坏社会主义市场经济案、侵犯公民人身权利、民主权利案、侵犯财产案、妨害社会管理秩序案和危害国防利益案共六大类 99 种案件的立案追诉标准，包括公安机关治安部门管辖的 97 种案件的立案追诉标准和公安机关消防部门管辖的 2 种案件；确定了各种犯罪的名称和体例模式，突出强调了“立案追诉”诉讼活动的法定职责，更加明确了立案追诉标准是公安司法机关共同的执法依据。其对进一步依法惩治经济犯罪、保障国家经济安全、促进社会主义市场经济健康有序发展的积极作用在于：

第一，有利于打击经济犯罪，维护市场经济秩序。这个指导性规范文件，为公安司法机关依法查办普通刑事案件和经济犯罪案件、严厉打击经济犯罪活动提供了明确依据。

第二，有利于规范立案追诉活动，提高执法水平和效率，促进廉洁公正执法。各地公安机关、检察机关办理犯罪案件以此为执法依据，公安机关依照此规定立案侦查，检察机关依照此规定审查批捕、审查起诉，这对于公安机关、检察机关的办案工作具有普遍的指导意义，有利于加强公安机关与检察机关的协调与配合，对于规范执法和提高执法水平、促进公正廉洁执法、提高执法公信力具有重要作用。

第三，有利于行政执法与刑事司法相衔接，推进社会矛盾化解和社会管理创新。公安机关犯罪侦查部门管辖的刑事案件追究刑事责任的标准，明确了相关行为的罪与非罪、违法与犯罪的界限，对于切实维护公司、企业依法参与社会经济活动的合法权益、鼓励人民群众与经济犯罪作斗争具有重要作用。同时，对于贯彻宽严相济的刑事政策，规范经济活动，保障合法经济活动也具有积极意义。

2008年中国证据科学学术进展

一、证据科学研究进展

将法庭科学与证据法学两支研究队伍整合，组成一个证据科学研究机构开展交叉学科研究，这是我国学者的一个创举，在世界上也不多见。中国政法大学建设证据科学教育部重点实验室的探索引起了美国学者的关注。2008年4月，张保生、常林和王进喜教授受邀作为唯一的外国代表团出席了美国第八届法庭科学与法律研讨会。会议期间，张保生和常林教授在会上宣读了论文《证据科学研究的兴起：法庭科学与证据法学在中国的发展》，受到与会美国法庭科学家的重视。

该论文回顾了自20世纪60年代以来，随着心理学对证据法学的“入侵”以及其他自然科学方法的采用，使传统的证据法教义性研究受到了挑战，证据法呈现出跨学科研究的趋势。进入21世纪后，英国特文宁教授、美国舒姆教授对证据科学的系统论述，标志着证据科学研究进入了学科理论体系的探索阶段。但是，证据科学研究在中国的兴起，走的是一条与西方不同的路子。它并非以一种纯粹理论研究的形式出现，而是具有理论与实践紧密结合的特点。当西方人还在争论什么是证据科学的时候，2005年12月，证据科学教育部重点实验室（中国政法大学）被教育部批准正式成立。该实验室由30位法庭科学研究人员和10位证据法学研究人员组成跨学科研究创新团队，冲破了法庭科学与证据法学相互脱节的局限，按照科研、教学和鉴定三位一体的建设思路，把教学活动、研究生培养与鉴定实践结合起来，计划实施法律硕士（法庭科学类人才）研究生培养项目。该实验室研究人员以实际行动开展证据科学的探索研究，可以称为证据科学的“实践学派”。

该论文指出，证据科学"实践学派"，并非不关心证据科学的学科体系研究，而是主张在对法庭科学和证据法学分别进行深入研究的基础上，通过二者的交叉研究获得突破性进展。狭义证据科学主要是指证据法学和法庭科学及其交叉研究。在这个范围内，证据科学不是一个对任何事实或证据问题都进行研究的包罗万象的学科群，而是侧重以下三个方面的研究内容：①证据法学研究；②法庭科学研究；③证据法学和法庭科学的交叉研究。狭义证据科学并不排斥广义证据科学，而是积极借鉴广义证据科学的研究成果，如文物鉴定等的研究成果。

该论文从理论体系构建的角度，把广义和狭义的证据科学理论框架概括如下图所示：

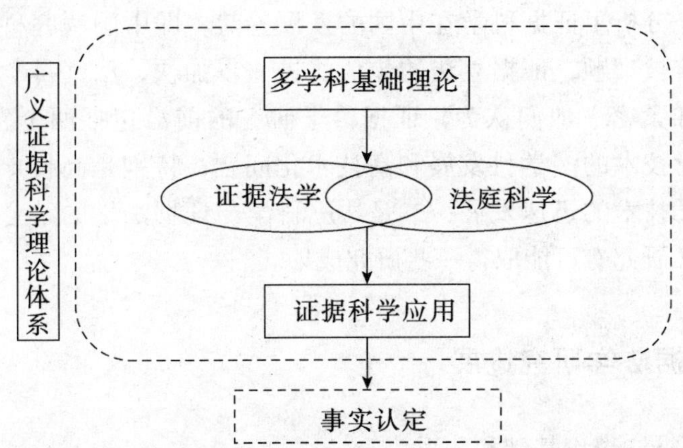

上图中，多学科基础理论涉及除证据法学和法庭科学之外的一切指向证据问题的人文社会科学和自然科学学科。证据法学和法庭科学及其交叉研究处于证据科学的核心地位，构成狭义证据科学的研究内容。

该论文分析了证据科学在中国迅速发展的三个特殊原因：其一，自2000年以来，法庭科学和证据法学成为中国学术界研究的热点，至今已有近百部著作出版，近千篇论文发表，一批推动证据立法的学者建议稿相继问世，这些研究成果为证据科学的形成作了理论准备。其二，中国法治国家建设进程加快，特别是历时多年的司法改革，为证据科学的兴起提供了动力。随着司法改革的深入，证据对实现司法公正的基石作用越来越受到各级法院的重视，最高人民法院已经颁行了两个证据规定，全国有近四分之一的省高级人民法院制定了地方性证据规则。其三，全国人民代表大会常务委员会《关于司法鉴定管理问题的决定》2005年10月开始实施，使中国司法鉴定制度发生了如下重要变革：①司法鉴定工作由司法行政部门（包括司法部和地方司法局）归口管理，改变了以往由法院、检察院和公安部门多头管理的局面；②允许法人或其他组织设立鉴定机构，改变了以往由政府包揽司法鉴定的局面；③公安部门和检察院根据侦查工作需要设立的鉴定机构，不得面向社会有偿服务，制止了这两类司法鉴定机构的盈利趋向。其四，人民法院和司法行政部门不得设立司法鉴定机构，使司法鉴定的中立性得到增强，也为与法院脱钩的司法鉴定机构与高等学校联姻提供了契机。证据科学教育部重点实验室中的法大法庭科学技术鉴定研究所，即是从北京市高级人民法院脱离出来，并入中国政法大学的。

该论文还分析了证据科学在中国的发展趋势，即中国法庭科学鉴定管理体制将进一步被理顺，证据立法的步伐将进一步加快，法庭科学与证据法学的结合将更加紧密。他们认为，证据科学研究的前沿包括两个领域的问题：一是法庭科学技术的多学科发展和高技术化问题，特别是高技术的应用，将推动法庭科学技术的迅速发展；二是法庭科学与证据法学的结合问题，这两个学科的交叉研究有可能取得一些研究成果。

二、证据法学研究进展

（一）证据法理论基础和体系

1. 关于证据法理论基础的研究

证据法的理论基础是证据法学研究的基本问题之一。我国学者曾于2003年前后围绕传统认识论能否作为证据法的理论基础、证据法的理论基础是否唯一等问题进行过激烈争论，成为当时学术界研究的热点之一。但就2008年而言，关于证据法理论基础的研究似乎趋于冷淡。

2008年出版的证据法学教材，包括何家弘、刘品新著的《证据法学》（第3版）[1]、樊崇义主编的《证据法学》（第4版）[2] 和魏虹主编的《证据

〔1〕 参见何家弘、刘品新：《证据法学》（第3版），法律出版社2008年版。
〔2〕 樊崇义主编：《证据法学》（第4版），法律出版社2008年版。

法学教程》[1] 共三部，前两部教材坚持了其关于证据法理论基础的一贯观点，第三部教材并未对证据法理论基础提出新的学术观点。何家弘、刘品新著的《证据法学》（第3版）继续坚持了证据法理论基础的“三元论”，认为司法证明活动是一种特殊认识活动，既要遵循认识活动的一般规律，又要考虑其内在的特殊性。因此，认识论应当成为我国证据法的理论基础；而认识活动还涉及各种法律价值的选择和实现，在这些冲突和抵触的价值之间达到某种权衡或平衡也是证据法的理论基础。此外，作为一项复杂的认识活动，司法证明离不开科学方法论的支持。其中，哲学科学方法论居最高层次，一般科学方法论居中间层次，证据法专门方法论居最低层次。因此，证据法的理论基础是认识论、价值论和方法论。樊崇义主编的《证据法学》（第4版）则在证据法原理的阐释中，继续坚持了证据法理论基础的“二元论”，认为证据法的理论基础是辩证唯物主义认识论和诉讼价值论。辩证唯物主义认识论是科学的认识论，证据法规范的认识活动，必须以辩证唯物主义认识论为指导。法律价值论研究的传统问题是正义，而正义问题往往又与自由、平等、安全等价值联系起来。因此，法律价值论主要研究各种法律价值及其实现和平衡问题。[2]

有学者在总结以往对证据法学理论研究的基础上，主张将辩证唯物主义认识论、利益均衡的价值理论、诉讼模式和目的理论、证据心理学理论、科学技术理论作为我国证据法的理论基础，并认为这五种理论形成了一个系统。在这个系统中，辩证唯物主义认识论与利益均衡价值论处于最高层次，程序法中关于诉讼模式和诉讼目的理论在证据法学理论基础系统中处于第二个层次，科学技术、心理学理论在证据法学理论基础系统中处于第三个层次。[3] 还有学者主张，除了辩证唯物主义认识论和法律价值的选择与平衡外，还应将理性主义裁判作为了证据法的理论基础，认为我国诉讼中的辩证唯物主义认识论与理性主义的观点在世界的可知性方面具有惊人的一致，它们都承认在人的主观意识之外存在着独立于人的心灵的客观世界，真实的陈述与客观上发生的事件是相符的，具有一致性，但陈述却存在着与客观事实不符的可

---

〔1〕 魏虹主编：《证据法学教程》，中国政法大学出版社2008年版。

〔2〕 参见樊崇义主编：《证据法学》（第4版），法律出版社2008年版，第51页。

〔3〕 参见陈学权：“证据法学理论基础论纲”，载《西部法学评论》2008年第1期。

能和危险。辩证唯物主义认识论在本质上强调实在论，而理性主义在本质上则强调有限反映论。因此，理性主义裁判作为通过证据认定事实的理论基础，有助于弥补辩证唯物主义指导诉讼实践的不足。[1]

从当年发表的学术论文看，对证据法理论基础进行研究的相关论文仅有3篇。其中，张保生教授的《证据规则的价值基础和理论体系》，[2] 论证了准确、公正、和谐与效率构成了证据法的四大价值支柱。陈学权副教授的《证据法学理论基础论纲》，[3] 则提出将辩证唯物主义认识论、利益均衡的价值理论和诉讼模式、目的理论，以及证据心理学理论、科学技术理论作为我国证据法学的理论基础。毛立华的博士论文《论证据与事实》，[4] 通过证据与事实关系的考察，对证据法的理论基础进行了解读，认为辩证唯物主义认识论、理性主义裁判和法律多元价值的选择与平衡构成了通过证据认定事实的理论基础。

张保生教授的《证据规则的价值基础和理论体系》一文，从证据规则建构的角度，对证据规则的价值基础作了系统的分析和论证。他认为，证据法不仅应当反映社会价值观的现状，而且应当反映它的发展，只有这样才能指导旧规则的修订和新规则的创制，从而更好地服务于人们共同信奉的社会价值。因此，作者主张证据法只能反映社会上大多数人共享的价值或者对社会发展至关重要的价值，其中最具普遍意义的价值是“准确、公正、和谐与效率”，它们构成了证据法的四大价值支柱。准确认定事实是实现司法公正的前提。只有准确认定事实，才能有效地解决争端，维护诉讼各方的合法权益。如证据法上的传闻证据排除规则、品性和倾向性规则、辨认和鉴真规则以及民事和刑事证明标准的不同，都体现了证据法的准确价值。公正是证据制度的首要价值。证据制度作为法治国的一项基本制度，其作用在于减少证据的误用、滥用和人为操纵，保证事实得到公正的认定。公正是确立非法证据排除规则的唯一正当理由，也是相关证据排除规则的主要理由。和谐理念作为一项证据政策，体现了人们在求真与求善之间的价值平衡，它主要体现在两个方面：一方面是被称为不能用于证明过错或责任的证据规则，如事后补救

〔1〕 参见毛立华：《论证据与事实》，中国人民公安大学出版社2008年版，第30页。

〔2〕 张保生：“证据规则的价值基础和理论体系”，载《法学研究》2008年第2期。

〔3〕 陈学权：“证据法学理论基础论纲”，载《西部法学评论》2008年第1期。

〔4〕 毛立华：《论证据与事实》，中国人民公安大学出版社2008年版，第15～40页。

措施；另一方面就是作证特免权。效率也是证据法的重要价值之一，证明活动要受到合理的限制，避免造成不必要的浪费。他认为，证据法的四大价值支柱的位阶是不同的，在这些价值之间发生冲突时，应当通过价值权衡，分别轻重予以裁量，而这最能体现法官的审判能力。作者对证据规则四大价值支柱的分析与论证，是对证据法的价值基础的一种全新理论阐释，有助于中国证据法体系的合理构建。

2. 关于证据法理论体系的研究

我国证据法理论体系的形成与证据法学教材密不可分，教材的结构体系变化直接反映了证据法体系研究的成果。自 1989 年裴苍龄教授著的《证据法学新论》[1] 倡导新的证据法体系，将全书分为“绪论”、“证据论”和“证明论”三部分后，这种体系安排，成了日后我国证据法理论体系的基本格局。从 20 世纪 80 年代末至 2008 年的近二十年间，我国出版的各类证据法学教材并未对这一体系有所超越。2008 年出版的 3 本证据法学教材，都延续了“证据论”和“证明论”的体系安排。如何家弘、刘品新著的《证据法学》（第 3 版）和魏虹主编的《证据法学教程》，在体系上沿用了“证据论”和“证明论”的体系安排；樊崇义主编的《证据法学》（第 4 版）虽然加入了证据法与诉讼法、证据法原理等大量内容，但从全书体系来看，仍属“证据论”和“证明论”两分体系格局。

但我国学者在沿用“证据论”和“证明论”体系安排的同时，也在一定程度上发展了这一体系，这表现为“证明论”的扩充。自 2000 年前后，我国学者对“证明”理论进行了深入研究，并对证明标准、证明责任、证明对象等问题展开了学术论战。[2] 这一时期关于证明理论的研究成果直接表现为证据法学教材中“证明论”的扩充。这一扩充趋势在 2008 年表现得更为明显。如樊崇义教授主编的《证据法学》（第 4 版）全书共设 16 章，仅有 4 章对证据概念、种类、分类和收集进行了安排，证明和证据法总论则占了书中大部分内容。在何家弘、刘品新著的《证据法学》（第 3 版）中，除去前 3 章总论部分，全书“证据论”部分仅占 3 章内容，司法证明部分则有 7 章之多。第

---

〔1〕 裴苍龄：《证据法学新论》，法律出版社 1989 年版。

〔2〕 参见宋英辉主编：《证据法学研究述评》，中国人民公安大学出版社 2006 年版，第 281 ~ 376 页。

七章至第十三章分别为：司法证明的概念与对象、司法证明的环节、司法证明的方法、司法证明的责任、司法证明的标准、司法证明的规则、证据证明力的审查评断。"证明论"内容在证据法学教材中的扩充，伴随的是"证据论"内容的压缩和减少。学术研究的重点从"证据论"到"证明论"的变化，反映了我国证据法学研究的理论深化，这有助于证据法学独立学科地位的确立。

从2008年中国期刊网检索得到的结果，仅有张保生教授《证据规则的价值基础和理论体系》一篇论文对证据法理论体系进行了深入研究。作者在论证了证据规则的四大价值支柱后，将中国证据法的理论体系概括为，"以相关性为逻辑主线，以准确、公正、和谐和效率为价值基础的举证、质证和认证的过程"。在同年张保生教授主编《〈人民法院统一证据规定〉司法解释建议稿及论证》[1] 一书中，这一新的证据法理论体系得到全面展现。相关性作为证据法的逻辑主线，贯穿于该《人民法院统一证据规定（建议稿）》始终，四大价值支柱分别支撑了几乎全部174条证据规定。证明程序法定是该书所构建的中国证据法体系与英美证据法的一个重要区别。举证、质证和认证三个阶段构成了一个完整的事实认定过程。传统上将证据法的体系分为"证据论"与"证明论"，主要缺陷在于割裂了证据与证明的互动关系，但证据的运用必须以证明为场域，证明又必须以证据为载体，二者实际上不可分割。随着证明理论研究的逐步深入，"证明论"在学术研究中受到了更多重视，但我国证据法体系并未改变"证据论"和"证明论"二分局面，"以相关性为逻辑主线，以准确、公正、和谐和效率为价值基础的举证、质证和认证过程"来构建中国证据法体系，这种新的思路，跳出了"证据论"与"证明论"两分的格局，有助于从逻辑和价值两个维度重构证据法理论体系。

（二）证据属性与事实认定

1. 关于证据属性

我国法学界长期以来对证据属性一直存在争议。归纳2008年以前的学界观点，主要是"两性说"（客观性和关联性）[2] 和"三性说"（客观性、关

[1] 张保生主编：《〈人民法院统一证据规定〉司法解释建议稿及论证》，中国政法大学出版社2008年版。

[2] "两性说"，参见巫宇甦主编：《证据学》，群众出版社1983年版，第67~71页；陈一云主编：《证据学》，中国人民大学出版社2001年版，第104页。

联性和法律性)[1]。

2008年关于证据属性的研究成果对"三性说"的观点展开了如下讨论:

(1) 关于证据的客观性。何家弘、刘品新著的《证据法学》(第3版)[2]认为,"证据资格的基本内容:客观性标准应该包括两个方面。首先,证据的内容必须是对客观事物的反映。……其次,证据必须具备客观存在的形式,必须是人们可以通过某种方式感知的东西。无论是物证、书证,还是证人证言、鉴定结论,都必须有其客观的外在表现形式,都必须是看得见摸得着的东西。如果对案件有关情况的反映仅存在于某人的大脑之中,没有以证人证言或当事人陈述等形式表现出来,那它就不具备证据的资格。"在论及证据的客观性时,作者认为证据的客观性既包括证据内容的客观性,也包括证据载体形式的客观性。作者在书中还强调指出,证据的客观性并非证据的真实性,"近年来,我国证据法学界倾向于使用'真实性'一词来替代传统的'客观性'的措词。如一些沿袭研究证据特征或属性思路的学者,现在多主张证据必须具有真实性。我们认为,如果要用真实性标准来概括证据的一项资格标准的话,则其是指一种形式上的真实性。换言之,用于证明案件事实的证据必须在形式上或表面上是真实的,若完全虚假或者伪造则不得被采纳。至于该证据在实质上的真实程度,即可靠性大小,属于判断其证明力的标准。"

樊崇义主编的《证据法学》(第4版),[3] 在论及证据的客观性时,除同样阐明证据内容必须具备客观性外,还从哲学的角度对证据的客观性作了肯认:"证据客观性的根据有二:……二是辩证唯物主义哲学观告诉我们,对证据的认识,同对任何事物的认识一样,必须坚持物质存在第一、认识第二的基本路线和方法,按照这一基本理论的要求,从证据的来源考察,其客观性是必然存在的。"作者同时指出:"按照客观性的要求,证据必须要有正确的来源,对于没有正确来源的,例如匿名信、小道消息、马路新闻、道听途说等,由于无法进行查证,不具备客观真实性,当然不能作为证据使用。"由此可见,作者所主张的客观性实际上与真实性同义。

---

[1] "三性说",参见刘金友主编:《证据法学》,中国政法大学出版社2001年版,第115~127页;何家弘、张卫平主编:《简明证据法学》,中国人民大学出版社2007年版,第29~34页。

[2] 何家弘、刘品新:《证据法学》(第3版),法律出版社2008年版。

[3] 樊崇义主编:《证据法学》(第4版),法律出版社2008年版。

（2）关于证据的法律性。魏虹主编的《证据法学教程》，[1] 在坚持证据属性“三性说”的同时，针对有学者提出合法性不是证据的基本属性的观点，对证据必须具备“合法性”属性作了特别肯定：“我们认为，诉讼是一种社会活动，应当接受法律的调整，所以给诉讼中的证据外加一个法律性的要求是必要的，一是因为不合法的证据在有些情况下不能保证其客观性和关联性，实践中有些错案就是因此形成的；二是因为诉讼是一种社会活动，必须遵守法律规定的正当程序原则。不能因为要弄清一个案件事实而损及其他社会利益。把合法性作为证据资格的一个重要条件，是诉讼中法律对证据运用进行调节的必要措施。”

（3）关于证据的相关性。俞亮的专著《证据相关性研究》，[2] 认为证据的概念应当放在不同诉讼阶段来理解，证据在不同阶段的属性并不相同，只有相关性是证据在任何阶段都应当具备的属性。这反映了作者对证据属性已经有了层次性的认识。但作者关于审前阶段的证据也必然具有相关性的理论，与证据审查评断主体是裁判者的观点存在着冲突。与此相反，上述樊崇义主编《证据法学》（第4版）教材在论及证据的三个基本属性之前，专门将诉讼证据和一般证据（即证据材料）作了严格区分：“……我们所说的证据，应该同定案的证据是同一个概念，凡是未经查证属实的物证、书证、证人证言等各种证据形式，统统称为证据资料，或曰证据材料，这些材料，在未经查证属实之前，也可能是不真实的，当然不能直接作为定案的根据。”看来，学者们在证据外延或范围宽窄问题上还存在一些分歧。

但是，曹玲玲、高权的论文《论刑事证据的属性》，[3] 否定了传统的证据“三性说”，认为“客观性不是证据的属性”。作者提出刑事证据具有主体属性和范围属性：“刑事证据是由控、辩、审三方收集的，这是刑事证据的主体属性。”“刑事证据存在于刑事诉讼中，这是刑事证据的范围属性。‘诉讼是一种重要的法律机制和社会冲突处理机制。由于法律所解决的社会冲突具有不同的性质，诉讼被分为不同的形式，如刑事诉讼、民事诉讼和行政诉讼等’。刑事诉讼中使用的证据被称之为刑事证据。”

---

[1] 魏虹主编：《证据法学教程》，中国政法大学出版社2008年版。

[2] 俞亮：《证据相关性研究》，北京大学出版社2008年版，第6~7页。

[3] 曹玲玲、高权：“论刑事证据的属性”，载《大庆社会科学》2008年第3期。

刘天佐的论文《证据属性与非法证据排除规则——以民事诉讼为视角》,[1] 则坚持了证据“两性说”的观点，即证据仅具有客观性和关联性。作者认为，合法性并不是证据与生俱来的属性。“考察我国证据学的研究历史，一个不可回避的问题就是证据的属性到底是什么。而要搞清楚证据的属性就首先要将属性是什么弄明白。一般来说，某一事物的属性是其本身固有的区别于其他事物的特殊性。由此观之，证据的属性就应当是客观性和关联性，合法性是人为加盖在证据身上的，并不是证据与生俱来的属性。”

2. 关于事实认定

2008年有几篇探讨“事实认定”的文章。田全的论文《对案件事实认定同一性的思考》,[2] 从保证事实认定同一性和防止事实认定者对相关争议案件事实的随意认定的角度，探讨了建立具有我国特色的案例公示制度的问题，主张从改革和完善司法裁判文书模式等方面入手，从根源上解决法官在裁判中对案件事实认定的随意性，以确保案件事实认定的准确性和可靠性。

郭华的论文《庭审案件事实认定程序规则研究》,[3] 认为我国刑事诉讼法规定的庭审案件事实认定的顺序与侦查程序的证据调查顺序基本一致，均以被追诉人（犯罪嫌疑人、被告人）的口供作为开端，“口供作为证据之王”仍被淋漓尽致地体现出来，在一定程度上背离了审判中立的基本要求以及证据认知的基本规律，使案件事实的认定易于出现偏差，甚至影响到案件事实认定的准确性。我国刑事诉讼法的修改应当革除以上弊端，调整被告人口供在事实认定中的顺序，提升其他证据在案件事实认定中的位次，构建具有层次结构的案件事实认定的证据调查体系，使案件事实认定程序符合证据的认知规律，也符合案件事实被“证明”、“解读”和“串联”不断递进的逻辑思维顺序，从而提高案件事实认定的准确率。

张保生教授的论文《证据规则的价值基础和理论体系》,[4] 对事实认定问题作了较系统的论述。首先，证据法所要解决的是事实认定问题，准确和

---

〔1〕 刘天佐：“证据属性与非法证据排除规则——以民事诉讼为视角”，载《法制与社会》2008年第36期。

〔2〕 参见田全：“对案件事实认定同一性的思考”，载《重庆科技学院学报（社会科学版）》2008年第3期。

〔3〕 参见郭华：“庭审案件事实认定程序规则研究”，载《法学杂志》2008年第1期。

〔4〕 参见张保生：“证据规则的价值基础和理论体系”，载《法学研究》2008年第2期。

真实是其基本要求。就这些要求而言，事实认定者是否为法律内行并不重要。因为，事实具有共性，事实认定具有规律性。作为一个普遍概念，事实认定实际上并不限于法庭上的案件事实审理。案件事实认定与科学事实、社会事实、日常生活事实等的认定，并没有本质差别。法庭上的案件事实认定，实际上采用的仍然是人们在社会生活中惯用的经验方法。每个正常人在日常生活和工作实践中都掌握了很多运用证据而认定事实、辨别真伪的经验和能力。这也是英美法系让陪审团成员这些法律“外行”来认定案件事实的原因。在这个问题上，夸大案件事实认定与其他事实认定活动的差别，就否定了事实认定的一般认识论基础，所谓以马克思主义认识论为指导就会成为一句空话。认识论对法庭审判的指导作用必须建立在承认事实认定具有共性或规律性的基础之上。其次，证据规则发挥着促进事实认定的作用，这是因为它在很大程度上反映了经验推论的认识论法则。例如，相关性规则、传闻证据规则、品性证据规则、辨认鉴真和鉴定规则、证明标准规则等，都有助于提高事实认定的准确性，无论是普通法系的陪审团成员，还是大陆法系的法官，只要遵循这些规律便能提高辨别真伪和发现事实真相的能力。案件事实认定的一般法则或证据规则在两大法系之间没有本质差别，两大法系的证据规则不仅在主要内容上具有共性，而且其首要目的都是为了准确认定事实。再次，证据规则主要是鼓励审判人员采纳证据的规则。因为，就事实认定的准确性来说，采纳的证据不是越少越好，而是越多越好。因此，所谓法官酌情排除证据，是指在证据产生不公正影响的危险性超过证明力时，不得不行使自由裁量权的情况，这种排除证据的认证权也负有很大的责任，要承担错误认证的后果。最后，事实认定作为一个过程，可以分为举证、质证和认证三个阶段，它们依次展开，顺序不能颠倒，而且缺一不可。这种法定程序保证了事实认定的准确性。

（三）证据开示

证据开示是审前阶段诉讼双方相互获取证据信息的程序。“它是一种审判前的程序和机制，用于诉讼一方从另一方获得与案件有关的事实情况和其他信息，从而为审判做准备。”[1] 随着我国司法改革的深入，相关司法解释对

---

〔1〕《布莱克法律辞典》，1979 年英文版，第 418 ~ 419 页。转引自龙宗智：《刑事庭审制度研究》，中国政法大学出版社 2001 年版，第 170 页。

民事诉讼和行政诉讼审前程序的证据开示已作出了一些规范。在刑事诉讼中，2007 年 10 月修改的《律师法》，对刑事诉讼辩护人的“阅卷权”赋予了更广的范围以及更有力的保障，而“阅卷权”与证据开示制度的构建密切相关。因此，2008 年法学界对证据开示制度的研究，除了围绕如何完善民事诉讼与行政诉讼中的证据开示制度之外，对于刑事诉讼是否应当构建以及如何构建证据开示制度等问题也展开了热烈讨论。

在“中国期刊全文数据库”检索，2008 年度发表的证据开示论文有 28 篇。在“中国优秀硕士学位论文全文数据库”检索有 6 篇硕士学位论文：中国政法大学李鹏程的《日本刑事证据开示制度研究》、复旦大学谢惠的《刑事证据开示制度研究》、复旦大学龙存娟的《民事证据开示制度研究》、青岛大学司心慧的《民事诉讼证据开示制度在我国的适应》、广西民族大学吴浅的《民事证据开示制度理论研究》和贵州大学杨志平的《建立我国刑事诉讼证据开示制度的思考》。

2008 年出版的何家弘、刘品新著的《证据法学》（第 3 版）、魏虹主编的《证据法学教程》和孙彩虹主编的《证据法学》等教材，对证据开示制度所采用的观点一般为通说。张保生主编的《〈人民法院统一证据规定〉司法解释建议稿及论证》，则构建了一个比较完整的证据开示程序。

2008 年有关证据开示的学术成果，按研究方向大致可以归为三类：

1. 关于外国证据开示制度研究

有关外国证据开示制度研究的论文，如杜闻的《英美民事证据开示若干问题研析》，[1] 从微观角度对英美法中有关证据开示的主体、对象、范围、时限要求、法定例外、有关专家证言是否开示、相关会议安排以及对滥用开示制度的法律制裁等作了细致的介绍与分析。王天民的《英美两国刑事证据开示制度》，[2] 通过对英美两国刑事证据开示制度模式的考察，分析了两国证据开示制度理念支撑上的共性以及模式上的分歧。作者提出，证据开示从无到有、从单方开示到对向开示，体现了一种“平衡理念”到“再平衡理念”的演变，而它们模式上的分歧为我们提供了比对的样本。文章第四部分

---

〔1〕 杜闻：“英美民事证据开示若干问题研析”，载《证据科学》2008 年第 6 期。

〔2〕 王天民：“英美两国证据开示制度”，载李琦主编：《厦门大学法律评论》（总第 15 辑），厦门大学出版社 2008 年版。

分析了英美法中证据开示制度对我国证据开示制度构建的启示。证据开示制度有一个价值取向问题，不同的价值取向会决定不同的制度模式。“英国将防止审判突袭与保护辩方平等的对抗能力二者兼顾，并更强调对辩方对抗能力的重要意义；而美国从文本上看则是将防止审判突袭放在了制高点，这都说明一国刑事证据开示的重心会因为该国的司法心理和法制环境不同而有所差异。”在明确我国证据开示制度应当以“防止审判突袭与保护辩方平等对抗能力”兼顾之后，作者认为我国侦、诉、审三机关的职责应当重新定位。侦查机关“全面侦查”的职责应真正落于实处，公诉机关应当坚持“客观义务”理念，审判机关应当“有限介入”开示活动。

2. 关于我国刑事诉讼证据开示制度研究

在上述28篇有关证据开示的论文中，有21篇涉及刑事诉讼证据开示。多数文章是对以往观点的梳理，值得注意的是复旦大学马贵翔的《刑事证据开示的程序设计》，[1] 对刑事证据开示的具体程序作了微观研讨，设计了一套刑事证据开示制度的程序操作规范。他认为，完整的刑事证据开示制度应当由三个部分组成，即刑事证据开示正当程序、简化程序以及新证据和隐藏证据的开示程序。

（1）刑事证据开示正当程序。在法庭调查阶段公诉人宣读起诉书后，如被告人表示承认起诉基本事实的，即可按照三机关《适用普通程序审理“被告人认罪案件”意见》所确立的普通程序简化审程序进行审理，不存在证据开示。如被告人不承认起诉的基本事实，法官应当庭征询控辩双方是否提出证据开示申请。如任何一方提出了申请，法官可做出两种选择：一是按前面论述过的开示规则，先决定休庭，并择日主持开示；二是当庭开示，如控辩双方已携带了全部证据材料并无异议，则可当庭开示，这样做的好处是免去了择日开示的麻烦。由于存在不开示即不得出示证据的基本规则，控辩双方有证据开示的动机。当庭交换证据复印件后，一般应休庭以便双方做准备，控辩双方均同意不休庭继续审理的也可继续审理。这是证据开示当事人自治原则的体现。

（2）刑事证据开示简化程序。由于我国刑事诉讼法未规定法官预审制度，且检察院向法院起诉不移送全部案卷材料，而只移送有明确指控犯罪事实的

---

〔1〕 马贵翔：“刑事证据开示的程序设计”，载《政治与法律》2008年第5期。

起诉书、证据目录、证人名单、主要证据的复印件或照片，因此无法实行前述法官预审与证据开示合并程序。但仍可以采取自行开示、法官验收的做法。特别是法院开庭公诉人宣读起诉书后，如果被告人明确表示不承认起诉基本事实，法官应当庭征询控辩双方是否提出证据开示申请。

（3）新证据开示和隐藏证据的开示。在第一次证据开示后，如果控辩任何一方发现了新证据，由于有不事先开示证据便不能在法庭上出示证据的规定，控辩任何一方都有向对方开示的压力。一般情形是掌握新证据的控辩任何一方在庭外提出申请然后由法官主持证据开示，也可以当庭开示。控辩任何一方均可当庭提出新证据。

作者关于新证据开示和隐藏证据开示的设想，与目前刑事诉讼法有一些冲突，其所设计的新证据开示程序也过于繁琐。此外，作者对开示和展示概念的混用也比较随意，这两个概念在证据法中实际上有重要区别。但尽管有这些不足，本文仍不失为一篇研究刑事诉讼证据开示的力作。

3. 以证据开示制度为切入点的交叉学科研究

陈慰星的《证据开示的经济学逻辑》,[1] 对证据开示制度进行了经济分析。该文认为，证据开示制度通过对证据信息的披露可以校正诉讼双方的信息不对称，提高庭审效率。因此，需要强制开示制度来完善证据开示制度，但这样做会使双方的博弈导致强制开示滥用。为防止这种情况出现，应设立强制许可宣告制度，使法院能够引导两造自行取证，化解法院职权取证的压力。对于证据开示的经济分析不能简单集中于效率实现的简单描述，而应当集中于证据开示的本质，即对力图促进诉讼两造进行信息交换的过程的分析。从证据开示的经济学逻辑出发，化解证明信息不对称是两造进行充分庭审证据对抗的基础。但是，这个制度需要通过辅助强制开示申请制度，才能确保弱势举证人在诉讼中的证明公平，而单纯的申请制度会造成两造在与法院博弈中缺乏自行举证的激励。

（四）司法鉴定与科学证据

1. 司法鉴定研究

2008年，司法鉴定仍然是我国诉讼法学者、证据法学者研究的重点，出版的三部学术专著为：司法部司法鉴定管理局编写的《两大法系司法鉴定制

---

〔1〕 陈慰星："证据开示的经济学逻辑"，载《华侨大学学报》2008年第1期。

度的观察与借鉴》[1]，张军主编的《中国司法鉴定制度改革与完善研究》[2]，以及郭华著的《鉴定意见证明论：司法鉴定人出庭作证规则研究》[3]。出版的7部有关案例研究及实践运用的手册为：常林主编的《司法鉴定案例研究》[4]，陈连康等主编的《人身伤害司法鉴定争议案例评析》[5]，郑瞻培和高北陵主编的《精神疾病司法鉴定及精神伤残鉴定争议案例评析》[6]，朱炎苗和吴军主编的《医疗纠纷司法鉴定争议案例评析》[7]、《司法鉴定工作手册》[8]、《新编司法鉴定办案手册》[9]和《办理司法鉴定案件法律依据》[10]。

关于司法鉴定的论文，从"中国期刊网"中收集的信息来看，2008年与司法鉴定相关的论文约为78篇，主要集中在鉴定结论的审查判断（约40篇）、鉴定人出庭作证（约10篇）以及英美法系专家证人制度（约21篇），还有少量关于鉴定资料的收集保管、鉴定程序启动、司法鉴定管理体制改革以及司法鉴定基础理论研究的文章。

2008年，关于司法鉴定研究主要集中在以下几个方面：

（1）司法鉴定基础理论。2008年的研究重点已从鉴定的性质和分类、司法鉴定的基本概念等，转向了司法鉴定的属性审查。朱广友的《论司法鉴定意见的基本属性》，[11]提出了"司法鉴定意见作为科学证据，除具备科学的基本属性之外，还必须同时具备证据学属性"，并对司法鉴定意见的科学属性和证据学属性进行了分析。这是我国学者第一次将司法鉴定意见置于科学证据范畴之下，从科学性和证据性两方面对其进行的解读。此外，刘鑫教授在《司法鉴定技术与方法准入研究》一文中，从比较法角度对司法鉴定技术与方

〔1〕司法部司法鉴定管理局编：《两大法系司法鉴定制度的观察与借鉴》，中国政法大学出版社2008年版。

〔2〕张军主编：《中国司法鉴定制度改革与完善研究》，中国政法大学出版社2008年版。

〔3〕郭华：《鉴定意见证明论：司法鉴定人出庭作证规则研究》，人民法院出版社2008年版。

〔4〕常林主编：《司法鉴定案例研究》，中国人民公安大学出版社2008年版。

〔5〕陈连康等主编：《人身伤害司法鉴定争议案例评析》，中国检察出版社2008年版。

〔6〕郑瞻培、高北陵主编：《精神疾病司法鉴定及精神伤残鉴定争议案例评析》，中国检察出版社2008年版。

〔7〕朱炎苗、吴军主编：《医疗纠纷司法鉴定争议案例评析》，中国检察出版社2008年版。

〔8〕司法部司法鉴定管理局组编：《司法鉴定工作手册》，中国政法大学出版社2008年版。

〔9〕法律出版社法规中心编：《新编司法鉴定办案手册》，法律出版社2008年版。

〔10〕《办理司法鉴定案件法律依据》，中国法制出版社2008年版。

〔11〕朱广友："论司法鉴定意见的基本属性"，载《中国司法鉴定》2008年第4期。

法的准入进行了研究，希望我国建立准入制度以保障科学证据的科学可靠性。[1]

（2）现行司法鉴定管理体制改革与完善。随着2005年全国人民代表大会常务委员会《关于司法鉴定管理问题的决定》的实施，长期形成的职权型司法鉴定制度在法律层面虽然得到一定程度的改进，但在实践中仍然存在许多问题。为了解国外司法鉴定管理的基本制度，司法部司法鉴定管理局编写的《两大法系司法鉴定制度的观察与借鉴》[2]，对英国、芬兰、荷兰、埃及、南非、美国、法国、德国等国司法鉴定制度进行了考察，并结合我国司法实践，提出了诸如建立专家证人制度、完善鉴定人出庭制度等改革建议和措施。张军主编的《中国司法鉴定制度改革与完善研究》，[3] 对全国人民代表大会常务委员会《关于司法鉴定管理问题的决定》实施后的我国司法鉴定管理情况进行了分析和评述，提出了公平公正、统筹规划、合理布局、加强宏观调控、建立统一的司法鉴定管理体制的原则。此外，翁里教授撰文针对侦鉴分离的问题进行了分析。[4] 总的来说，学者均呼吁构建统一的司法鉴定管理模式。[5]

（3）司法鉴定人出庭作证制度。在现代诉讼活动中，鉴定人凭借专门知识在事实认定过程中起着越来越重要的作用。但在中国，鉴定人出庭作证的比例较低。这个问题引起了一些学者的关注，中国期刊网有十篇左右的论文对中国鉴定人出庭的现状、原因、必要性和出庭作证规范等问题进行了论述。刘建伟副教授在《关于我国鉴定人出庭作证现状的几点思考》一文中，从鉴定人角度对我国司法鉴定人出庭作证率低的原因进行了剖析，并对鉴定人在我国出庭作证的实际效果以及我国鉴定人出庭作证的相关制度进行了反思，就完善我国鉴定人出庭作证制度提出了建议，如明确鉴定人出庭作证例外的法定情形、设置鉴定人出庭前书面异议答复制度和网络视频出庭制度、设立

---

〔1〕 刘鑫：“司法鉴定技术与方法准入研究”，载《中国刑事法杂志》2008年第2期。

〔2〕 参见司法部司法鉴定管理局编：《两大法系司法鉴定制度的观察与借鉴》，中国政法大学出版社2008年版。

〔3〕 参见张军主编：《中国司法鉴定制度改革与完善研究》，中国政法大学出版社2008年版。

〔4〕 参见翁里、黄立寅：“建立统一司法鉴定管理体制之设想”，载《公安学刊》2008年第3期。

〔5〕 参见郭华：“侦查机关内设鉴定机构鉴定问题的透视与分析”，载《证据科学》2008年第4期。

鉴定人出庭作证基金制度等。[1] 郭华副教授的专著对这个问题进行了深入剖析，以司法鉴定人制度的历史和发展、鉴定人出庭作证的制度基础为理论铺垫，设计了一套鉴定人出庭作证的实体规则和程序规则（包括出庭前的规则、作证前的规则、质证规则、鉴定意见认证规则），还对鉴定人出庭作证的保障规则也进行了探讨，最后提出了“司法鉴定人出庭作证办法”立法建议，为我国解决鉴定人出庭难的问题提出了解决思路。[2]

（4）专家证人制度。除司法部司法鉴定管理局编写的《两大法系司法鉴定制度的观察与借鉴》一书中有5篇关于国外专家证人制度的报告外，中国期刊网还有21篇关于英美国家专家证人制度的文章。这些研究成果大都是从比较法角度对英美法系刑事诉讼和民事诉讼中的专家证人制度进行介绍，并结合中国实践，借鉴英美法系的专家证人制度，以弥补我国鉴定人制度的不足。值得一提的是，季美军博士在《论专家证人的过错责任》一文中，从比较法角度研究了专家证人的过错责任，她以判例分析为基础，详细探讨了专家证人的刑事责任、民事责任以及豁免问题，并在比较两大法系专家证人责任的基础上，结合全国人民代表大会常务委员会《关于司法鉴定管理问题的决定》第13条，对我国鉴定人应承担的过错责任作了阐述。在世界上专家证据制度都加大专家过错责任的大背景下，建议我国也应明确规定鉴定人的过错责任问题，并根据具体情况规定切实可行的处罚措施。[3]

（5）鉴定结论相关问题研究。本年度对鉴定结论相关问题的研究似乎达到一个顶峰，除了上述专著中对鉴定结论均有一定程度的阐述外，中国期刊网上关于鉴定结论的文章达五十四篇之多。研究主要集中在鉴定结论的证据能力、证明力以及对鉴定结论质证和审查认定方面。如陈煜的《保障鉴定结论科学性的若干思考》中对鉴定结论的科学性提出了质疑，针对司法实践中鉴定人专门知识不到位、缺乏职业道德和法官盲目崇拜鉴定等问题，研究了引起这些问题的深层原因，并提出了保障鉴定结论科学性的方案，包括建立和健全鉴定人资格认证制度、制定切实可行的科学审查标准、实现鉴定人角

---

〔1〕 参见刘建伟：“关于我国鉴定人出庭作证现状的几点思考”，载何家弘主编：《证据学论坛》（第14卷），法律出版社2008年版，第218～227页。

〔2〕 参见郭华：《鉴定意见证明论：司法鉴定人出庭作证规则研究》，人民法院出版社2008年版。

〔3〕 参见季美军：“论专家证人的过错责任”，载《中国司法》2008年第4期。

色专业化等。[1] 肖成海博士在《论鉴定结论质证的路径依赖》中，通过对鉴定结论质证路径的反思和批判，提出“对鉴定结论的质证应当在当事人以及诉讼代理人参加的诉讼环境中引入专家辅助人和专家陪审员的参与机制，通过形成专家陪审员、专家辅助人和鉴定人三维构造的庭审质证模式使鉴定结论质量得到提升，从而保证借助鉴定结论认定事实的准确性”。[2] 此外，还有3篇记录实证调研成果的文章值得关注：《汉字笔迹鉴定结论科学基础的实证研究》、[3]《关于司法鉴定结论作为民事诉讼证据使用的调研》[4] 和《司法鉴定认证认可调研报告》[5]。这些实证研究成果主要是由实务部门的人员完成，基于对当前司法鉴定在实践中的使用以及认证认可问题的调查研究，分析了当前存在的问题和困难以及原因，进而提出了解决问题的方案。

(6) 鉴定程序的其他问题。樊崇义教授等的《司法鉴定实施过程诉讼的研究》一文对司法鉴定实施过程的诉讼化进行了研究，强调了鉴定过程的公开性，强化控辩双方的鉴定参与权，并辅以专家辅助人制度，发挥法律程序自身的价值功能，实现鉴定的规范化、科学化，保证司法鉴定客观公正、科学可靠等目标的顺利实施；强调了法律对鉴定活动的规制，使其更好地为司法证明服务。[6]

(7) 司法鉴定案例研究。上海市司法局司法鉴定管理处组织一批从事检案和鉴定工作的专家，就司法鉴定过程中存在争议的经典案例，编写了一套案例评析系列丛书。按照不同的案件类型，分别对人身伤害案件、医疗纠纷案件以及涉及精神病鉴定和精神伤残鉴定的案件进行了深入浅出的剖析。[7] 常林教授主编的《司法鉴定案例研究——首届“鼎永杯”优秀司法鉴定文书

---

[1] 参见陈煜：“保障鉴定结论科学性的若干思考”，载《中国司法鉴定》2008年第2期。

[2] 参见肖成海：“论鉴定结论质证的路径依赖”，载《证据科学》2008年第2期。

[3] 贾治辉：“汉字笔迹鉴定结论科学基础的实证研究”，载《国家检察官学院学报》2008年第4期。

[4] 孙妍、张书琦、付敏：“关于司法鉴定结论作为民事诉讼证据使用的调研”，载《法治与社会》2008年第11期（下）。

[5] 司法鉴定认证认可调研组：“司法鉴定认证认可调研报告”，载《证据科学》2008年第2期。

[6] 樊崇义、郭金霞：“司法鉴定实施过程诉讼化研究”，载《中国司法鉴定》2008年第5期。

[7] 参见陈连康、王德明、赵子琴主编：《人身伤害司法鉴定争议案例评析》，中国检察出版社2008年版；郑瞻培、高北陵主编：《精神疾病司法鉴定及精神伤残鉴定争议案例评析》，中国检察出版社2008年版；朱炎苗、吴军主编：《医疗纠纷司法鉴定争议案例评析》，中国检察出版社2008年版。

精选》，从规范鉴定文书的角度来完善鉴定证据制度，填补了我国证据法研究领域的一项空白。司法鉴定是“辨证据真伪”的一种重要手段，鉴定意见更是法官认定事实的重要依据。作为鉴定意见的书面载体，司法鉴定文书质量的高低会直接或间接影响到证据的可靠性和证明力，从而直接或间接地对司法公正产生影响。因此，规范鉴定文书的制作，促进鉴定人提高鉴定文书的质量，使其达到合法性、客观性、科学性、中立性的保障，对于促进司法鉴定制度的发展和完善具有重要的意义。〔1〕

2. 科学证据研究

随着现代科学技术的发展，科学证据（Scientific Evidence）在诉讼活动中所起的作用越来越重要。指纹鉴定、笔迹鉴定、声纹鉴定、DNA 鉴定、弹道鉴定、中子活化分析、毒物分析、事故现场重建、计算机物证，等等，凡是能用科技手段获取证据的方法均在其列。从某种意义上说，人类司法活动已进入科学证据的时代。在法庭上，无论是当事人还是法官都越来越依靠科学证据，科学证据对审判的影响也越来越大。

2008 年，除了季美君的《专家证据制度比较研究》一书，〔2〕几乎没有关于科学证据的其他专著。〔3〕该书以介绍专家证据制度的概念、历史沿革、理论基础及重要性和发展前景为切入点，将专家证据可采性规则作为重点，先对英国、美国和澳大利亚三国的专家证据可采性规则进行了比较研究，后对大陆法系和英美法系国家的证据可采性规则进行了比较研究，最后对我国司法鉴定改革提出了建议。该书介绍了英国法庭决定专家证据的可采性所运用的七个规则，包括专家资格规则、有用性规则、专业技术领域规则、普通知识规则、终局性问题规则等。〔4〕这些规则对于构建我国科学证据可采性规则具有借鉴意义。

在有关科学证据的论文中，张斌的《论科学证据的三大基本理论问题》

---

〔1〕 参见常林主编：《司法鉴定案例研究——首届“鼎永杯”优秀司法鉴定文书精选》，中国人民公安大学出版社 2008 年版。

〔2〕 季美君：《专家证据制度比较研究》，北京大学出版社 2008 年版。

〔3〕 相关的一本科学哲学译著是：［美］苏珊·哈克：《理性地捍卫科学：在科学主义与犬儒主义之间》，曾国平、袁航等译，中国人民大学出版社 2008 年版。

〔4〕 参见季美君：《专家证据制度比较研究》，北京大学出版社 2008 年版，第 73 ~84 页。

一文，[1] 将科学证据定义为“运用具有可检验特征的普遍定理、规律和原理解释案件事实构成的变化发展及其内在联系的专家意见”。他从证据分类角度，探讨了科学证据在实物证据与言词证据、直接证据与间接证据分类模式之下的定位；将科学证据按照不同的标准划分为不同类型，如“成熟型”与“新兴型”、“经验型”与“实验型”等，深化了对科学证据性质的认识。

陈学权的《论科技发展对刑事证据制度的影响》，[2] 认为科学技术的发展推动了刑事证据制度的历史变迁，丰富了刑事证据种类，扩大了刑事证据的范围；同时，科学技术在刑事诉讼中的广泛运用，也使刑事证据的收集和审查判断面临前所未有的机遇和挑战。

张君周的《论法官对科学证据的审查——以美国法官的看守职责为视角》，[3] 以美国法官对科学证据的审查判断为视角，论述了美国科学证据可采性规则从严格的弗赖伊规则向多伯特规则等的变化，并对这些变化进行了评析。在我国司法实践中，既存在对科学证据过分依赖的问题，又存在着忽视对科学证据可采性的评估以及科学证据滥用的问题，所以需要制定科学证据的审查判断规则。

（五）言词证据（当事人陈述、证人证言和作证特免权）

言词证据包括民事诉讼中的当事人陈述、刑事诉讼中的被害人陈述、被告人供述和辩解以及证人证言。相对于实物证据而言，言词证据较为直观、生动，通常能直接证明案件情况，但由于陈述人可能存在感知错误以及诚实性方面的问题，也更不稳定。对言词证据的研究，不仅涉及传统的证据法学，而且涉及语言学、逻辑学、心理学以及社会学等学科的交叉研究，而且与自然科学的研究成果也紧密相关。就法学研究而言，2008 年对于言词证据的研究主要在以下几个方面展开：

1. 民事诉讼当事人陈述研究

从往年的证据法学研究资料看，民事诉讼中的当事人陈述研究成果并不多，通常只在证据法学通用教材中设专节提及，论述内容也无明显差别。2008 年的当事人陈述研究，并无重大突破。通说认为，从当事人陈述的内涵

---

〔1〕 参见张斌：“论科学证据的三大基本理论问题”，载《证据科学》2008 年第 2 期。

〔2〕 参见陈学权：“论科技发展对刑事证据制度的影响”，载《人民检察》2008 年第 1 期（上）。

〔3〕 参见张君周：“论法官对科学证据的审查——以美国法官的看守职责为视角”，载《西北政法大学学报》2008 年第 6 期。

出发，当事人向法院所作的陈述可以在两种含义上理解：一是诉讼行为意义上的当事人陈述；二是证据资料意义上的当事人陈述。[1]

2008 年有两篇硕士学位论文以当事人陈述为研究对象。湘潭大学肖修娟的《论我国民事诉讼中的当事人陈述》，就是从上述当事人陈述的双重含义开始分析的。作者认为，现行民事立法并没有具体规定当事人陈述制度的程序运作，而且相关规定还存在相互矛盾的情况，这导致了当事人陈述这一证据在司法实践中存在诸多问题，需要对当事人陈述进行制度化处理，以激活其所具有的重要程序功能以及证据功能：通过完善当事人询问制度，在庭前程序中引入当事人听取制度来完善当事人陈述的配套规则；同时明确当事人的真实陈述义务，建立当事人虚假陈述的惩罚规则；明确法官的阐明权。[2] 南京师范大学李尧的《当事人陈述研究》，也是基于当事人在民事诉讼中所扮演的双重角色而对当事人陈述进行的专门研究。作者先从当事人陈述的不同的功能即阐明案情、证明事实的角度，把当事人陈述分为事实主张性的当事人陈述和证据性的当事人陈述；然后，将前者进一步区分为当事人在口头辩论阶段就事实的主张性陈述和法院通过行使释明权、听取当事人所获得的事实性陈述。该文考察了大陆法系国家特别是德国、日本的听取当事人制度，对当事人在为事实主张性陈述过程中是否负有真实义务、负有何种程度的真实义务以及我国应当确立什么样的真实义务进行了探讨。针对作为证据资料的当事人陈述，考察了英美法系、大陆法系以及原苏联及东欧社会主义国家的关于当事人作为证人陈述的立法例后，就我国立法与审判实践中存在的问题，结合现实国情，对是否应当确立当事人陈述的补充性原则、如何设定当事人的到庭陈述义务及询问当事人的程序、当事人陈述的证明力问题以及当事人虚假陈述的法律责任进行研究，并在最后提出了重构我国民事证据立法中的当事人陈述的若干立法建议。[3]

2. 刑事诉讼被害人陈述研究

对于被害人陈述的界定，传统的证据法学教材以及研究成果大致相同，但细节上略有差别：有的从程序被害人的身份角度阐述，有的从被害人陈述

---

〔1〕 参见彭莉："对当事人陈述问题初探"，载《法制与社会》2008 年第 3 期（下）。

〔2〕 肖修娟："论我国民事诉讼中的当事人陈述"，湘潭大学 2008 年硕士学位论文。

〔3〕 李尧："当事人陈述研究"，南京师范大学 2008 年硕士学位论文。

的内容着手，还有的直接从被害人陈述的提取程序着手。欧卫安的《被害人陈述的概念辨析》一文认为，上述有关被害人陈述的定义皆未辨明被害人陈述的适格主体，并且未能区分作为当事人职能的被害人陈述（非诉讼证据意义上的陈述）与作为实质证人意义上的被害人陈述（诉讼证据意义上的陈述）。作者重新把被害人陈述界定为：是指作为自然人的刑事被害人（指刑法意义上的被害人，包含自诉案件中的自诉人）就其所感知的案件事实（包括其被害情况）在刑事诉讼的审前程序及审理程序中依法向公安司法机关所做的陈述。[1] 被害人陈述的适格主体是刑法意义上的被害人（自然人）；被害人控诉、被害人主张皆非被害人陈述；被害人影响陈述（victim impact statement）与被害人陈述之间存在着外延上的交叉；被害人辨认是被害人陈述的另一种表现形式。被害人陈述的内容只能是对案件事实包括被害人耳闻目睹的犯罪情况及其被害情况的反映，与证人证言的内容并无区别。被害人的控告及主张，无论是以何种形式进行陈述，都是被害人主观意见的反映，与证据的客观属性无涉，而被害人的辨认，由于涉及对案件事实或案件证据的补充反映或者所谓的证明力补强，则属于证据意义上的被害人陈述。[2]

关于被害人陈述的法律地位，欧卫安在《论被害人陈述的法律地位》中指出，“被害人陈述是诉讼角色分派紧张下的诉讼证据”，被害人在刑事诉讼中同时具备的当事人角色与实质证人角色之间的冲突，是所有当事人证据都存在的普遍性问题，并不足以否定被害人陈述作为证据的适格性。由于被害人在公诉案件审判程序中并不具备独立的控诉职能，因此相关之角色紧张在一定程度上得以缓和。在我国刑事证据制度封闭式的证据分类体系情况下，人证及当事人证据在分类逻辑上的要求，决定了被害人陈述不仅是适格的诉讼证据，而且构成独立的法定证据种类。[3]

3. 刑事诉讼被告人供述研究

被告人供述又称口供，是刑事诉讼中的重要证据之一，关于口供的运用问题是目前司法理论界和实务界均在探讨的一个重要问题。葛玲在《关于口供价值的理性思考》一文中，从功能角度对口供进行了剖析，进而对我国立

---

〔1〕 欧卫安：“被害人陈述的概念辨析”，载《中国刑事法杂志》2008 年第 1 期。

〔2〕 欧卫安：“被害人陈述的概念辨析”，载《中国刑事法杂志》2008 年第 1 期。

〔3〕 欧卫安：“论被害人陈述的法律地位”，载《海南大学学报（人文社会科学版）》2008 年第 4 期。

法和司法对待口供的态度进行了反思，并在此基础上提出相关改革建议。[1] 张展在《挑战与回应：口供制度的重生——兼论律师法对侦查工作的影响》一文中认为，口供在证据价值上具有不可替代的作用，司法人员应该认真对待口供。从实证的角度，废除犯罪嫌疑人如实供述的义务，有利于建立口供的激励制度。口供制度的重要基石分别是口供的任意性和真实性，我国刑事诉讼应该建立告知制度和口供补强标准。对待口供，既要反对口供无用论的“口供虚无主义”，又要反对口供无法获得的“口供无奈主义”。合理的口供制度的建立，可以减轻司法机关口供举证责任的负担。犯罪嫌疑人（被告人）口供应成为量刑的评价因素。梁新星在《论口供任意性规则》的硕士学位论文中，通过对口供基本内涵的阐释，把口供界定为包括供述和辩解在内的犯罪嫌疑人的陈述。对于口供的“任意性”即自愿性作了界定，并对口供任意性的相关问题作了阐述。作者对英美法系与大陆法系对口供任意性规则的规定及非任意性口供的效力作了考察，指出要具体分析我国国情的借鉴其他关于口供任意性规则的规定，将该规则的现实性与可预见性有机结合。该文从宪法至上、无罪推定的法治要求出发，分析了我国建立该规则的法理基础，然后从刑讯逼供的危害、保障证据的真实性及解决审判中翻供三个方面阐述了建立该规则的必要性。[2]

近年来在我国因刑讯逼供导致冤假错案的事件时有发生，对于被告人口供的收集也成为困扰办案人员的问题。由于口供特殊的证据价值，一度被视为侦破案件的突破口。为了迅速地侦破案件，我国侦查人员非常注重口供的收集。马春艳的《人权保障视野下的口供收集》一文认为，随着人权理念的兴起，犯罪嫌疑人的权利受到重视已经成为共识。世界各国都在努力探索口供收集过程中犯罪控制与人权保障的平衡机制。目前，我国尚未赋予犯罪嫌疑人沉默权，非法口供排除规则尚不完善，侦查讯问程序缺乏透明化。这些问题导致我国口供收集过程中的价值严重失衡。该文在考察国外立法、司法实践的基础上，结合国内立法及实践，就口供收集过程中的价值冲突作了论述，进而提出了兼顾有效收集口供与人权保障的改革路径。[3] 卫跃宁在《无

---

〔1〕 葛玲：“关于口供价值的理性思考”，载《证据科学》2008 年第 2 期。

〔2〕 梁新星：“论口供任意性规则”，南京师范大学 2008 年硕士学位论文。

〔3〕 马春艳：“人权保障视野下的口供收集”，南京师范大学 2008 年硕士学位论文。

罪推定原则的确立与口供制度的完善》一文中认为，无罪推定及其引申的主要内容应当分为三个层次：证明责任、被追诉者的权利和对被追诉者的权利的保障。由于无罪推定假定被追诉者无罪，对控诉的举证责任应由控方承担，被追诉者不承担无罪的举证责任，所以，被追诉者就没有理由配合控方提供自己犯罪的证据，包括口供。我国刑事诉讼法关于“犯罪嫌疑人对侦查人员的提问，应当如实回答”的规定，违背了无罪推定关于被追诉者不应当承担举证或证明责任的基本精神，使得被追诉者负有帮助侦控方履行举证和证明的义务。这一规定实质上表明我国刑事诉讼法要求被追诉者承担举证或证明责任。因此，从无罪推定的这一层面上说“应当如实回答”是不合理的，应当予以取消。[1]

4. 诉讼中的证人证言研究

证人证言的研究，历来是所有言词证据中成果最为丰富的。姜丽娜、罗大华等在《误导信息和源检测影响证言准确性的实验研究》一文中，通过操纵信息类型与测试类型两个自变量，探讨误导信息和源检测对证言准确性、自信程度的影响，同时研究了心理控制源、焦虑、自尊与证言准确性、自信程度的相关。研究发现，误导信息是影响证言准确性的重要因素，证言准确性与心理控制源、状态焦虑、特质焦虑、自尊都无显著相关；自信程度与心理控制源、自尊之间存在显著正相关。[2] 这种证人证言心理学的研究对于突破传统证据法学研究有重要的参考价值。

在证言研究中有一著名的理论假设：来自于真实经历的证言与经他人教唆或自己幻想产生的证言是有区别的。现代法庭科学与司法心理学也证实了“亲身经历过的事件记忆与想象记忆有着质的差异”。建立在上述差异基础上所形成的陈述有效性评估技术，专门用于检测言词的准确性，现已经在一些西方国家得以运用，在个别国家甚至还被运用于刑事领域。李安在《证言真实性的审查与判断——陈述有效性评估技术》一文中，介绍了情绪、认知与行为控制是证言审查标准的三种取向，传统的审查倚重情绪与行为控制，而

---

〔1〕 卫跃宁：“无罪推定原则的确立与口供制度的完善”，载《证据科学》2008 年第 6 期。

〔2〕 姜丽娜等：“误导信息和源检测影响证言准确性的实验研究”，载《心理与行为研究》2008 年第 4 期。

从儿童证言审查中发展出来的陈述有效性评估将重心转移到认知取向。[1] 我国司法人员在审查证言时通常凭借自己的经验，既缺乏规范也无法进行效度评价。关于对类似于陈述有效性评估技术的法庭科学技术的研究，对于解决司法实践中证言审查的难题或大有裨益。

西南政法大学张杰在《刑事证人证言可靠性审查判断制度研究》硕士学位论文中，以证人证言可靠性的相关概念分析为起点，通过对证人证言可靠性审查判断制度的历史考察并对国外证据规则进行借鉴，着重分析了目前我国造成证人证言不可靠的原因，并对如何构建证人证言的可靠性保障机制提出了自己的见解。[2] 中国政法大学刘静的硕士学位论文《目击证人辨认错误之原因及其防范——以美国法为借镜》，根据美国联邦最高法院涉及辨认的重要判决以及学者对辨认错误及程序的实证研究，介绍了美国辨认制度的基本内容以及学者和立法者在此方面的最新研究和实践，针对我国的辨认实践，具体分析了如何防范辨认错误的问题，对我国列队指认制度的完善提出了一些构想。[3]

其实，证人证言的审查判断由来已久。我国古代的审判活动已经十分注重运用各种证据，由于古代科技不发达，在调查取证方面受当时条件的限制，因此，证人证言相应地就成了古代审判官员查明案情的一种重要证据。周成泓、曾友祥的《中国古代民事证人制度浅论》一文认为，中国古代的民事证人制度历史悠久，但其经验主义色彩浓厚，未能发展出一套现代证据制度。中国古代的民事证人资格具有普遍性，但包括身份关系和年龄条件两个方面的例外。专制制度决定了民事证人只是诉讼客体，其义务很多，权利却很少。证人应当如实陈述案情，对其可以刑讯，还可以进行对质等。证言的判断主要委诸法官自由裁量，但也存在“五听”和根据证人与案件及当事人的关系衡量证言的证据能力和证明力的形式性规则，并且“据证”与“察情”常常相互结合。[4] 乔芳芳的《中国古代证人制度探析》一文，则全面介绍了中国

---

〔1〕 李安：“证言真实性的审查与判断——陈述有效性评估技术”，载《证据科学》2008 年第 1 期。

〔2〕 张杰：“刑事证人证言可靠性审查判断制度研究”，西南政法大学 2008 年硕士学位论文。

〔3〕 刘静：“目击证人辨认错误之原因及其防范——以美国法为借鉴”，中国政法大学 2008 年硕士学位论文。

〔4〕 周成泓、曾友祥：“中国古代民事证人制度浅论”，载《求索》2008 年第 5 期。

古代证人资格、证人地位、证言效力和伪证的责任。[1]

关于证人作证问题，论文比较多，但很多都流于泛泛而谈。比较全面讨论国外证人作证规则的论文是易延友的《英美证据法上的证人作证规则》，文中指出，英美证据法对于证人资格、证人的作证能力和容许作证的范围、证言可信度的加强、证人可信度的检验以及交叉询问等事项，均作了比较详细的规范。[2] 作者重点以《美国联邦证据规则》第 601 ~ 615 条为线索，集中对证人作证的一般规则作初步探索和评论，以期为我国证据立法提供借鉴。耿华在《证人证言程序规范研究》的硕士学位论文中，认为举证、质证、认证、用证是对证据进行审查判断的四个重要环节。因此，对证人证言也应在上述环节上加以完善，才能真正审查证人证言的客观性、合法性和有效性，准确判断证人证言的证据效力。[3] 类似的研究证人作证制度的论文大多数都以"……证人作证制度研究"为题，据不完全统计有 16 篇，大多是从我国证人出庭率低的现实出发，借鉴国外证人作证制度的经验，提出完善我国证人作证制度的立法建议，不再赘述。陆而启的《叶公好龙：刑事证人出庭的一个寓言》则一反上述呼吁完善我国证人作证制度的观点，从司法实践角度提醒我国目前呼唤"证人出庭"是一个叶公好龙式的伪命题，无论是法官、控辩双方、被害人，还是警察等都没有做好证人出庭的准备。其中书面证言确认制度、"大司法机关"体制、证人全程伪证责任等因素促生法官不情愿证人出庭的心理，而警察出庭作证制度缺乏"怀疑权力"的文化传统和个人积极性。进而言之，目前关于证人出庭具体配套规则的对策也有难以克服的缺陷，而我们要认真对待实践而不至于做脱离实际的制度设计。[4] 郑好在《我国刑事证人出庭作证问题研究》的博士学位论文中，部分地呼应了陆而启的观点。该文主要围绕两个问题展开研究：一是我国刑事证人不出庭的成因，二是刑事证人法庭调查模式的选择。作者认为，诉讼过程在很大程度上是事实的确证过程，事实的确证过程必须符合人类认识的一般规律，证人证言在案件事实确证中有着非常重要的作用。证人出庭作证在确证案件事实上处于基础性地位，也是证人出庭作证的理论基础。文章根据刑事审判实践的内在需求界定

---

〔1〕 乔芳芳："中国古代证人制度探析"，载《法制与社会》2008 年第 12 期（下）。

〔2〕 易延友："英美证据法上的证人作证规则，"载《比较法研究》2008 年第 6 期。

〔3〕 耿华："证人证言程序规范研究"，中国政法大学 2008 年硕士学位论文。

〔4〕 陆而启："叶公好龙：刑事证人出庭的一个寓言"，载《证据科学》2008 年第 1 期。

了刑事证人应当出庭作证的范围，根据现有刑事证人出庭情况的实证资料，对此范围内的证人出庭情况进行了分析，得出我国刑事证人不出庭的实质是控方证人不出庭，刑事证人不出庭从主体上可以直接归因于检察官和法官的消极态度。〔1〕

对于证人保护问题，2008 年的证据法学研究也有多篇专文论及。上海市人民检察院第一分院课题组在《刑事诉讼证人保护机制之完善》中认为，对证人进行人身保护和给予一定经济补偿是证人应当享有的两项权利，但我国立法上一直没有进行规定，这严重影响了证人作证制度的良性运行。因此，该课题组提出了明确证人保护主体、证人保护对象、证人保护期间、证人保护内容、运作程序、保护方式六个方面的建议。〔2〕 麦苗的《建立证人保护制度的比较法考察》一文，立足于我国证人保护的现状，通过具体介绍美、英、德、法四国的证人保护先进立法规定和司法操作，提出要建立符合我国国情的证人保护制度。〔3〕 向燕在《人权保护视野下的刑事诉讼隐名证人》中，论述了一种证人特殊保护措施：针对刑事诉讼程序中的一些证人可能因不愿意被被告或公众识别，而不敢在刑事诉讼中公开自己的身份，允许证人隐名作证。但这种做法可能会影响被追诉人质证权的行使，损害被追诉人接受公正审判的权利。很多国家为此都设计了较为详细的证据规则与程序保障机制，以实现被追诉人与证人之间的利益平衡。〔4〕 在 2008 年的硕士学位论文中，复旦大学贾文峰的《刑事诉讼中的证人保护》、山东大学禹世伦的《论刑事证人保护制度》、复旦大学吴琛的《刑事诉讼证人保护制度研究》、兰州大学李伟扼的《论我国刑事诉讼中证人的安全保护》、兰州大学明张玉的《论我国证人保护制度的完善》，提出了中国证人保护的措施和方案。

与证人作证密切相关的是直接言词原则。赵嵬在《直接言词原则与刑事证人出庭作证问题研究》一文中认为，现代诉讼制度要求刑事案件的审理必须贯彻直接言词原则以便于查明案件事实，而直接言词原则要求刑事证人必须出庭作证；我国相关刑事立法与司法实务中还存在着诸多的问题，在刑事

〔1〕 郑好：“我国刑事证人出庭作证问题研究”，中国政法大学 2008 年博士学位论文。

〔2〕 上海市人民检察院第一分院课题组：“刑事诉讼证人保护机制之完善”，载《法学》2008 年第 8 期。

〔3〕 麦苗：“建立证人保护制度的比较法考察”，载《法制与社会》2008 年 11（下）。

〔4〕 向燕：“人权保护视野下的刑事诉讼隐名证人”，载《证据科学》2008 年第 3 期。

审判实务中检察机关提供证人证言笔录成为证人作证的常态；在刑事立法上建立有效的证人作证传唤制度、完善对证人拒绝出庭作证的强制性措施和制裁条款的规定等，已成为目前急需解决的问题。[1] 关于证言研究的一篇最重要的论文，是龙宗智的《论书面证言及其运用》一文，文章认为，贯彻直接审理和言词审理要求，禁止使用书面证言已成为近代刑事诉讼改革的重要环节，亦为各国刑事诉讼现代化的一项重要标志。我国刑事诉讼中的证人证言目前基本上是书面证言形态，审前阶段产生的书面证言传递到法庭，在审判中被法官几乎毫无限制地使用，会产生较大的风险。广泛、大量应用书面证言的做法违背了言词诉讼原则，损害了诉讼的客观性与正当性。我国目前的书面证言使用具有应用普遍、功能多样、证明力强以及公权信赖等特点。但书面证言使用有一定的外部必要性及内部（本身）可用性，各国及地区以不同方式设置限制书面证言及允许例外使用的规则，近年来我国台湾地区的经验尤其值得我们注意。他在该文中提出了完善我国证言使用制度的几点意见：中国的言词诉讼原则应当借鉴“传闻法则”的法律模式；我国传闻法则的建立应当与强化证人出庭制度结合起来；在证人不出庭的情况下，对书面证言的使用应做出明确的限制；证人出庭，对庭前书面证言应酌情使用；建立关于证言证据能力评价与证明力评价的双重标准。[2]

5. 证人作证特免权研究

2008 年对于作证特免权的研究成果较多。从期刊论文来看，有李崇华的《论我国证人作证特免权制度的构建》等多篇；从硕士学位论文来看，有中国政法大学高山的《我国证人特免权制度构建》、苏州大学钱兴红的《刑事证人拒证权研究》、中国政法大学黄晓平的《线人拒绝证言权研究——以美国法为借镜》、西南政法大学谢国忠的《拒证权研究》等。吉林大学孙晶在《亲属作证特免权研究》中，从法理学、经济学、社会伦理学、历史文化等几个方面，对亲属作证特免权制度的理论基础进行了初步分析，对两大法系国家和地区关于亲属作证特免权立法规定进行比较研究，并结合我国现实国情，提出了我国建立亲属作证特免权制度的必要性。作者参考世界各国和地区的法

---

〔1〕 赵鬼：“直接言词原则与刑事证人出庭作证问题研究”，载《北京科技大学学报（社会科学版）》2008 年第 3 期。

〔2〕 龙宗智：“论书面证言及其运用”，载《中国法学》2008 年第 4 期。

律规定以及我国古代“亲亲相隐”的法律传统，提出我国亲属作证特免权制度的立法构建问题。黄晓平的《线人拒绝证言权研究——以美国法为借镜》一文，以线人拒绝证言权作为研究对象，从证人出庭必要性、被告的辩护权等角度，探讨了线人的身份保密和免予作证问题。吴丹红的《特免权制度研究》一书，是国内第一本也是目前唯一的有关特免权问题研究的专著，该书首次全面阐述了不得自证其罪特免权、亲属特免权、职业特免权和公共利益特免权等重要制度，分析了其在保护社会重大价值和实现司法正义之间的艰难权衡，澄清了学界对于特免权内容的误读。针对特免权制度在中国的历史经验和存在的问题，本书直面中国司法实践中证人作证制度的困境，提出我国证人特免权制度设立的可能性和障碍，回应了有关作证特免权立法上存在的争论，拓展了我国证据制度研究的深度。[1]

证人和被告人有不自证其罪特免权，但如果作证者放弃这种特免权而选择作证或提供证据，则成为污点证人。欧卫安的《论刑事作证义务的免除及其限制——从证言特免权到作证豁免制度的考察》一文，对作证义务、特免权和作证豁免三者的关系作了阐释：刑事作证义务是指证人、被害人对于国家机关依法查明案件事实、公正处理刑事纠纷所具有的公法上的协助义务。证言特免权是对于证人、被害人刑事作证义务的免除，其立法动因在于保护具有特殊社会价值的私人关系，以及对于反对自我归罪特权的尊重。而作证豁免制度是在反对自我归罪特权得到尊重的前提下，对证言特免权所进行的合理限制，以在一定范围内回复证人、被害人的刑事作证义务。[2] 在刑事诉讼中，可能涉嫌犯罪或者在作证时可能使自己陷入自证其罪危险而选择作证者，都可以成为污点证人。屈新、梁松的《建立我国污点证人豁免制度的实证分析——以贿赂案件为例》一文，通过借鉴域外污点证人豁免制度，结合我国查处贿赂案件的实证考察，对在我国引入和建立污点证人豁免制度的可行性和必要性进行了分析，提出建立我国污点证人作证制度的构想。[3] 有关此问题的2008年硕士学位论文有浙江工商大学陈旭楠的《论刑事诉讼污点证

[1] 吴丹红：《特免权制度研究》，北京大学出版社2008年版。

[2] 欧卫安：“论刑事作证义务的免除及其限制——从证言特免权到作证豁免制度的考察”，载《学术论坛》2008年第10期。

[3] 屈新、梁松：“建立我国污点证人豁免制度的实证分析——以贿赂案件为例”，载《证据科学》2008年第3期。

人作证豁免制度》、复旦大学郑东的《污点证人制度研究》，中国政法大学侯玮的《论我国污点证人作证豁免制度之构建》、吉林大学高燕的《污点证人作证豁免制度研究》、南京师范大学肖明的《污点证人作证豁免制度研究》。上述论文基本上都在中国职务犯罪、黑社会犯罪形势严峻的前提下，借鉴了其他国家和地区污点证人豁免制度的经验，提出了构建我国证人豁免制度的建议。但也有论文认为，建立该制度的关键问题在于如何对污点证人作证豁免进行规范，我国并没有形成以裁判为核心的刑事诉讼构造，豁免权的行使主体是人民法院还是人民检察院值得商榷；二者，我国并不承认沉默权，而证人豁免的前提是证人享有沉默权，如果赋予证人尤其是污点证人这样的权利，我国刑事诉讼制度势必要进行彻底的变革，然而对于我国目前的刑事司法制度来说，这项变革的幅度又太大，难免会造成"消化不良"。

（六）证据排除规则

在诉讼过程中，对进入法庭审判的证据进行控制和筛选是证据法的一个重要功能。围绕该功能发展出一系列证据排除规则。在英美证据法中，证据排除规则包括传闻证据规则、品性证据规则、意见证据规则、最佳证据规则、特免权规则和非法证据排除规则等等。例如，威格莫尔根据证据排除规则存续之理由的不同将证据规则区分为两类：证明政策规则和外部政策规则。前者旨在使所有具有最小相关性的证据都能获得采纳，促进事实真相的发现；后者则旨在确保将那些容易造成误导或者不可靠的证明形式比如潜在不可靠的传闻证据等排除出去，为了促进那些除真相之外的其他价值，如作证特免权规则和非法证据排除规则等。当代英美证据法学家，如达马斯卡在威格莫尔分类的基础上，将证据规则区分为外部排除规则和内部排除规则。[1] 在大陆法系证据法中，从证据能力角度来对证据的可采性进行规范，与证据排除规则具有异曲同工之妙。

据统计，2008年度发表在19种法学类CSSCI期刊、《中国社会科学》以及《证据科学》、《诉讼法学研究》（CSSCI集刊）和《证据学论坛》共23个刊物中的证据法学文章中，与证据排除规则直接相关的有32篇。

---

〔1〕 参见John Henry Wigmore, *Evidence in the Trialat Common Law*, rev. ed., by Peter Tillers, Boston: Little, Brown & Co., 1983, Vol. 1, p. 689. 另参见［美］米尔建·R. 达马斯卡：《漂移的证据法》，李学军等译，何家弘审校，中国政法大学出版社2004年版，第16～23页。

1. 证据排除规则的研究领域

从所关注的研究主题来看，证据排除规则研究主要涉及以下六个方面：

（1）证据排除规则基础理论。对作为整体意义上的证据排除规则或者证据能力制度的基础性研究，有4篇论文，包括作为证据排除规则之基础的有关证据可采性与可信性之认定、证据排除规则在英美证据法中所处的地位以及我国证据能力制度的反思与完善等。李倩对德国刑事证据禁止理论问题研究别开生面。[1] 何家弘教授在《证据的审查与认定原理论纲》一文，[2] 认为在我国立法和司法实践中，对证据的可采性与可信性的审查常常是混合在一起而未加以明确区分的，而只有对这两者加以明确的区分，证据排除规则才有运用的空间。陈卫东教授在《我国证据能力制度的反思与完善》一文，[3] 对我国证据能力制度进行了考察并提出了完善的建议。对证据排除规则的这种基础性反思，反映了我国学者对证据排除规则的研究已不仅仅局限于关于国外证据排除规则的介绍，开始对作为整体的证据排除规则在我国背景下的适应问题进行深入反思，这反映了我国在证据排除规则研究上的重要进展。

（2）非法证据排除规则研究。有6篇论文，内容涉及非法证据排除规则在德国的制度缘起，非法证据排除规则在我国台湾地区的引入，非法证据排除的程序构建，作为非法证据之口供的排除及其与无罪推定等的关系等等。从20世纪90年代以来，非法证据排除规则逐渐成为我国诉讼法学界的一个研究重点，在2008年度，一个重要进展是陈卫东教授等的《我国非法证据排除程序分析与建构》一文，[4] 对非法证据排除规则的程序构建进行了讨论，这反映了学术界对非法证据排除规则的研究已不仅仅是关注这一规则本身的理论问题，而且开始延伸到其具体适用问题，这对后来制定排除非法证据的有关规定，特别是对排除非法证据的程序进行详细规定产生了深远影响。

（3）传闻证据规则研究。有9篇论文讨论了传闻规则。其中，《证据科

---

〔1〕 李倩："德国刑事证据禁止理论问题研究"，载《中外法学》2008年第1期。

〔2〕 何家弘："证据的审查与认定原理论纲"，载《法学家》2008年第3期。

〔3〕 陈卫东、付磊："我国证据能力制度的反思与完善"，载《证据科学》2008年第1期。

〔4〕 陈卫东、刘中琦："我国非法证据排除程序分析与建构"，载《法学研究》2008年第6期。

学》杂志 2008 年第 3 期集中发表了 4 篇有关传闻证据研究的文章。[1] 有关论文主要讨论了两类问题：第一类主要涉及传闻规则在其缘起国或地区的概念、制度渊源以及制度变革的考察，包括英国、美国、澳大利亚、新西兰、加拿大和我国香港特别行政区等；第二类主要涉及传闻规则在我国大陆和台湾地区的引入和改造适用等问题。

（4）书证研究。有 4 篇对书证制度进行了研究，主要涉及书证的内在机理以及外在运用规则，最佳证据规则，道路交通事故认定书的可采性等问题。

（5）作证特免权研究。有 2 篇论文探讨了亲属和记者的拒证权问题。张本顺的《“安提戈涅之怨”与中国亲属拒证权的缺失——法的人伦精神解读》，[2] 高一飞等的《论记者拒证权》，[3] 都意识到我国证据法目前在作证特免权规则方面的缺失所带来的诸多问题。随着社会文明的进步，社会公众多元价值追求已开始对证据法多元化价值追求提出要求，传统证据法较为单一的价值追求正在受到挑战。

（6）专家证据研究。有 3 篇论文分别探讨了澳大利亚专家证据可采性规则、美国法官在专家证据采纳上的看守职责以及“测谎”结论这种证据材料在我国法庭中的证据能力问题。

此外，还有 4 篇论文研究了一些较为独特的问题，如我国纪检监察机关获取人证的证据能力问题，视频证据在刑事诉讼中的运用等。

2. 证据排除规则研究的特点

（1）证据排除规则研究相对集中于六个主题。除基础理论之外，非法证据排除规则、传闻规则、书证制度、专家证据、特免权研究等都是近几年来司法实践中所遭遇到的重大证据难题，它们分别涉及刑讯逼供、证人不出庭、案卷笔录中心主义、司法鉴定等问题。这一方面说明，随着司法改革的推进和庭审模式的转型，我国证据排除规则已经开始在证据法中占据了重要地位，许多司法实践中的难点都与证据排除规则相关；另一方面也说明，我国证据

---

〔1〕 包括樊崇义、李静：“传闻证据规则的基本问题及其在我国的适用”；吴光升：“传闻证据规则的功能性分析”；史立梅、范琳：“传闻证据规则与我国刑事诉讼”；杨锦炎：“美国法上两种传闻定义的比较研究”。

〔2〕 张本顺：“‘安提戈涅之怨’与中国亲属拒证权的缺失——法的人伦精神解读”，载《法制与社会发展》2008 年第 3 期。

〔3〕 高一飞、陈小利：“论记者拒证权”，载《证据科学》2008 年第 5 期。

排除规则研究基本上还是紧跟司法实践中的重点和难点问题，及时对这些问题做出回应，但对证据排除规则的基本理论研究还比较缺乏。

（2）比较法研究占主流地位，实证研究尚处于萌芽状态。2008 年度的证据排除规则研究，在研究方法上还是以比较研究为主，像传闻规则、非法证据排除规则、专家证据等问题的研究中，一个重要方面便是对这些规则在其缘起国的概念、制度设置、运行状况等进行细致的描述。在 32 篇论文中，明确以某一国家或法系为题的论文有 11 篇，其他论文尽管未以其他国家或法系为题，但也大量包含比较研究的内容。对比较研究方法的倚重，同我国传统上对证据排除规则的立法和研究不足有关，国外尤其是英美法系在证据排除规则方面具有悠久的立法传统和研究历史，恰好可以为我国当前证据排除规则立法和研究提供借鉴。相比之下，在证据排除规则的实证研究方面，武伯欣等《"测谎"结论能否作为鉴定证据——关于中国心理测试技术研究应用及其现状的思考》,〔1〕是一个特例，这可能同作者本身的实务背景有关。证据排除规则同司法实践是密切相关的，因此，这一证据领域的研究要对实务界产生进一步的影响，应当不断加大实证研究和应用研究的分量。

纵观 2008 年度证据排除规则研究，无论在基础理论研究方面，还是在具体规则应用方面都取得了重要进展。这些研究对司法实践中遇到的重点和难点问题作了初步回应，对我国证据立法和司法实践产生了重要推动作用。但证据排除规则研究要进一步实现理论上的突破，还需在基础理论、研究方法与中国司法实践的结合上做进一步的探索。

（七）证明责任与证明标准

1. 证明责任研究

（1）主观证明责任、分配契约等理论问题受到重视。毕玉谦教授的《关于主观证明责任的界定与基本范畴研究》一文,〔2〕对主观证明责任进行了较为系统的考察。作者首先梳理了主观证明责任的源流；提出了关于主观证明责任的定义，即"当事人为了满足其提出事实主张的需要，通过提供证据的方式获得对其有利的裁判并且避免对其不利裁判后果的发生所承受的一种必

〔1〕武伯欣、张泽民："'测谎'结论能否作为鉴定证据——关于中国心理测试技术研究应用及其现状的思考"，载《证据科学》2008 年第 5 期。

〔2〕参见毕玉谦："关于主观证明责任的界定与基本范畴研究"，载《西南政法大学学报》2008 年第 3 期。

要负担”。作者界定了主观证明责任的七种特征，将当事人的主观证明责任定性为相对必然的行为意义上的证明责任。作者还讨论了主观证明责任的适用范围，认为抽象主观证明责任的适用范围与空间领域主要限于诉讼发生之前，或者在诉讼过程中因特定事由的出现而导致诉讼处于中止状态。而具体主观证明责任的适用范围则根据辩论主义模式和职权主义模式的不同而有所不同。

胡忠慧的《证明责任分配契约探讨》一文对民事诉讼证明责任中的分配契约展开了研究，[1] 认为我国证明责任分配存在着法律具体规定、原则性规定以及法官裁量决定三种方式。鉴于实体法与程序法的融合、当事人在举证活动中的主体地位以及民事诉讼中的处分主义原则，应当承认证明责任分配契约的合法性。并且证明责任契约能够弥补证明责任分配标准的不足，并且不违背我国现行法律的强制性规定。契约订立后，一旦发生诉讼后适用该契约，则会对当事人、法院产生相应的约束力。当事人若对订立的证明责任分配契约效力发生争议，不能就该契约提起诉讼，应要求法院在本诉中直接审查契约的合法性。

周成泓的《证明责任的本质：事实真伪不及时的裁判方法论——以民事诉讼为分析对象》一文，认为克服事实真伪不明需要借助辅助手段，这些辅助手段包括证明责任规范、操作规范以及证明责任法。[2]

（2）刑事和民事诉讼中的证明责任研究。何家弘教授的《论推定规则适用中的证明责任和证明标准》一文，[3] 对刑事诉讼推定领域中的证明责任问题进行了探讨。作者认为，推定规则具有根据特殊情况在诉讼当事人之间重新配置证明责任的功能，以使证明责任的分配更为公平合理。无论使用证明责任还是举证责任的概念，它都应该包括行为责任、说服责任和后果责任。当事人无论是按照一般分配原则所承担的证明责任还是经过转移或倒置所承担的证明责任都同时包括这三层含义上的责任。所谓证明责任的转移，主要是根据诉讼活动中证明的需要和举证的便利（即由哪一方）。所谓证明责任的倒置，是指在某些特殊情况下法律规定证明责任由被告方承担。先行举证更

---

〔1〕参见胡忠惠：《证明责任分配契约探讨》，载《法学论坛》2008年第1期。

〔2〕参见周成泓：“证明责任的本质：事实真伪不明时的裁判方法论——以民事诉讼为分析对象”，载《学术论坛》2008年第8期。

〔3〕参见何家弘：“论推定规则适用中的证明责任和证明标准”，载《中外法学》2008年第6期。

有利于诉讼证明的推进，把证明责任从公诉方转移到被告方。由于证明责任转移的前提是被告方提出积极的事实主张，而证明责任倒置的前提是法律中的推定规则，所以适用推定规则所导致的不是证明责任的转移，而是证明责任的倒置。

龙宗智教授的《刑事证明责任制度若干问题新探》一文，[1] 对刑事审前程序中的证明责任、检察官证明责任与其客观义务的关系、被害人在刑事公诉案件中的证明责任等问题进行了探讨。作者认为，在中国一元制法庭构造和审判方式中，一般应当采用行为责任与结果责任作为证明责任类型划分的基本概念，而不宜将二元制法庭中相应的提出责任和说服责任的概念不加限制地使用于我国证明责任法的研究。在审判空间中发挥作用的证明责任，将会延伸到审前程序中，从而形成侦查人员的辅助性证明责任、被告人的延伸性责任，以及弹劾制侦查构造中侦查机关的证明责任。作者认为，应当协调检察官客观义务与证明责任关系，以客观义务统制证明责任，同时需防止客观义务论的负面影响。被害人作为公诉案件的当事人，是起辅助作用的控方，应当适度承担证明责任，与检察官的证明责任具有主、辅关系。

黄永的《刑事证明责任分配的利益基础》一文，对刑事证明责任的利益基础进行了探讨。[2] 认为由于诉讼利益的多样性和冲突，在刑事诉讼中承担证明责任的主要是控诉机关。从诉讼利益层次性的角度来看，控辩双方基于裁判上的利益具有承担证明责任的必要，而法院因为不具有裁判上的利益，因此不能使其承担证明责任。在刑事证明责任的分配中，必须尊重利益的要求。利益的确认也是一个程序的过程。作为证明责任基础的利益必须通过主张和抗辩，由实体法规范和程序法规范确认为案件的争议，才能成为证明的对象，成为法院裁判的范围。

李浩教授的《民事行为能力的证明责任——对一个法律漏洞的分析》一文，[3] 对民事行为能力这一具体领域的证明责任进行了分析。作者指出，法律要件说对于权利发生要件和权利障碍要件无法区分的弊端，并提出了具体问题，即在因民事行为效力引起的诉讼中，行为能力的证明责任由哪一方当事

---

[1] 参见龙宗智："刑事证明责任制度若干问题新探"，载《现代法学》2008 年第 4 期。

[2] 参见黄永："刑事证明责任分配的利益基础"，载《证据科学》2008 年第 6 期。

[3] 李浩："民事行为能力的证明责任——对一个法律漏洞的分析"，载《中外法学》2008 年第 4 期

人负担：是由主张法律行为已有效成立的一方负证明责任呢，还是由否认法律行为有效成立的一方负证明责任？作者认为《民事诉讼证据规定》第5条仅对合同“生效”而非“有效”的证明责任作出规定，关于“合同是否有效”的证明责任的承担也就是法律上的一个空白或漏洞，对此显然有研究的价值和必要。作者考察了法律要件分类说中的规范说、特别要件说和最低限度事实说。认为这三种学说都认为行为能力的证明责任都应由否认权利的对方当事人承担。作者还从比较法的视角进行了考察，认为两大法系的代表性国家以及俄罗斯和我国的香港、澳门、台湾地区均是由主张法律行为无效的一方当事人对不具备相应的民事行为能力负证明责任。作者总结认为应当由否认法律行为有效的一方当事人负担证明责任。这样有如下优点：有利于证明符合真实；有利于维护交易的安全；有利于双方当事人证明负担和证明风险的平衡；有利于简化诉讼程序。

2. 证明标准研究

(1) 证明标准的主客观性及其关系等的研究。张立平的《论诉讼证明标准之主客观双重性》一文对诉讼标准的主客观维度及其相互关系进行了研究，[1] 认为关于诉讼证明标准的界定，目前主要囿于单一的客观或主观维度，而诉讼证明标准不但有客观标准、主观标准，而且是客观标准与主观标准的辩证统一。客观标准是存在意义上的标准，是应然标准、实体标准、检验标准，具有一元性，即客观真实；主观标准是认识意义上的标准，是实然标准、程序标准、裁判标准，具有多元性，包括确信真实、高度盖然性、优势证据等。客观标准的实现以主观标准的运用为途径，并受主观标准运用条件的限制和程序制约；主观标准的运用以客观标准的实现为指向，并受客观标准的检验和监督。

张峰等的《论民事证明责任与证明评价的互动》一文，对证明标准和证明评价之间的关系进行了探讨。[2] 证明标准是法官在判断案件事实是否得到证明时所把握的标准，证明评价是法官评价当事人提供的证据资料是否已经达到能够证明其主张的案件事实存在的一种活动。证明标准影响着证明评价：证明标准的设置越科学，法官证明评价的活动会越顺利，反之则越困难，从

---

〔1〕 参见张立平：“论诉讼证明标准之主客观双重性”，载《湘潭大学学报》2008年第2期。

〔2〕 参见张峰等：“论民事证明标准与证明评价的互动”，载《政治与法律》2008年第11期。

而拒绝裁判或者绕开证明问题进行裁判的可能性就越大。证明评价也制约着证明标准：法官可以通过要求当事人承担更多的或较少的主观的证明责任，或者通过适用或不适用客观的证明责任规范，来抬高或者降低证明标准。在我国当前的制度环境中，证明标准和证明评价都有着进一步主观化的趋势。

王春旭的《民事诉讼证明标准价值新探》一文，对证明标准的价值进行了探究。[1] 该作者认为两大法系证据认定的过程都需要自由心证和内心确信，从而证明标准的成就过程必然具有主观性，可以成为主观确信标准。作者探讨了需要通过自由心证达到主观确信始能成就的证明标准能否客观化，并对各国对证明标准进行的量化尝试的价值加以评价。

高建军、韩丽纮的《论刑事证明标准》一文，从马克思主义哲学的视角对证明标准的质和量进行了分析。[2] 作者认为证明标准是指法律规定的，关于负有证明责任的证明主体运用证据证明争议事实，论证诉讼主张，在主观和客观两方面所须达到的程度上的具体标尺和准则。证明标准的“质”即证明标准的标准性，就是证明待证对象是否达到在法律上具有意义的法律真实。证明标准的“量”是指主观法律真实和客观法律真实在空间上的排列结合方面用数量表示的规定性。主观法律真实应建构为“排除一切合理怀疑，排除合理怀疑，有确实证据的推定和证据不足而存疑”四个层次。客观法律真实应建构为“案件事实清楚，证据确实充分；案件主要事实清楚，主要证据确实充分；有确实证据推定事实清楚；案件事实不清，证据不足”四个层次。

（2）刑事、民事和行政诉讼的证明标准研究。李玉华在《刑事证明标准研究》一书中，对刑事诉讼的证明标准展开了较为系统的研究，[3] 对刑事证明的主体、对象、证明责任、证明标准的概念进行了探讨。之后考察了刑事证明标准的历史沿革。并运用认识论、价值论、成本收益分析、心理学、逻辑学、概率论等多种方法对刑事证明标准进行了多角度的全面分析。作者还研究了推定领域中的刑事证明标准，提出了在我国应当根据诉讼的不同阶段建立差异性的刑事证明标准。作者还主张建立刑事证明标准的判例指导制度。作者对学术界关于刑事诉讼证明标准的争论问题如法律真实与客观真实、诉

---

〔1〕 参见王春旭：“民事诉讼证明标准价值新探”，载《法学杂志》2008年第4期。

〔2〕 参见高建军、韩丽纮：“论刑事证明标准”，载《政治与法律》2008年第5期。

〔3〕 参见李玉华：《刑事证明标准研究》，中国人民公安大学出版社2008年版。

讼认识论、诉讼证明、证明标准的表达等均作出了回应。

郭志远的《我国逮捕证明标准研究》一文，对刑事诉讼中逮捕的证明标准展开了专门研究，[1] 认为我国逮捕证明标准不仅强调“有”犯罪事实存在，而且强调有证据加以证明，因此我国逮捕证明标准是一个客观性标准，我国逮捕的证明标准是明显低于公诉和有罪判决证明标准的，具有层次性。我国逮捕证明标准也具有模糊性，具体表现在对“有证据证明有犯罪事实”中“事实”的理解存在争议，对“有证据证明”的“证据”要不要有数量上的限制及其证明力的强弱有无要求也存在争议。我国逮捕标准还具有缺乏比例性的缺陷。英美国家的合理根据及可成立理由逮捕证明标准立法及实践经验为我国立法完善提供了有益经验，完善我国逮捕证明标准应坚持高标准、客观性及经济性原则，并将之确定为充足证据证明有犯罪事实和紧迫的犯罪嫌疑。

奚玮、孙康的《论提起公诉的证明标准》一文，对刑事诉讼中提起公诉的证明标准展开了研究，[2] 认为提起公诉的证明标准，不仅关涉刑事诉讼价值目标之间的平衡，而且反映一国检察制度及其运行的基本特征。对我国提起公诉的证明标准的把握必须考虑我国检察机关的诉讼职能和任务兼顾打击犯罪与保障人权的双重诉讼目的以及诉讼的阶段性要求。我国现行立法将提起公诉的证明标准完全等同于有罪判决的证明标准之规定欠妥，但我国也不应当采用西方国家“更大的可能性”等较低的提起公诉的证明标准，而应采取“检察机关认为根据现有证据足以证明被告人实施了犯罪”这种较高的证明标准。

李培龙的《证明层次理论下的公诉证明标准》一文，从层次理论的角度对对刑事公诉的证明标准进行了探讨，[3] 认为在刑事诉讼不同阶段应当采用不同的证明标准，不同公诉案件根据性质的不同证明标准也应当有所不同。提起公诉的基本证明标准是“高度可能性”。公诉案件中，有关非法取证的证明标准也应当视证明责任的差异予以区别对待。

---

〔1〕 参见郭志远：“我国逮捕证明标准研究”，载《中国刑事法杂志》2008 年第 5 期。

〔2〕 参见奚玮、孙康：“论提起公诉的证明标准”，载《中国刑事法杂志》2008 年第 1 期。

〔3〕 参见李培龙等：“证明层次理论下的公诉证明标准”，载《华东政法大学学报》2008 年第 1 期。

王敏远教授《死刑案件的证明“标准”及〈刑事诉讼法〉的修改》，[1]对死刑案件的证明标准及相应的程序修改建议进行了讨论。作者认为死刑案件的质量问题既包括案件处理的实体问题，也包括办理案件的程序问题；在避免和解决死刑案件的质量问题时，重要的不仅是根据不枉不纵的要求不发生错案，一旦必须在或枉或纵上进行选择的话，应当避免发生冤杀这种不可弥补的错误；虽然不可弥补的错误在死刑案件中可能也难以绝对避免，但我们有责任避免发生不可饶恕的错误。作者认为，为了最大限度地保障死刑案件的质量，就要使死刑裁判能够达到最高程度的证明要求，死刑案件不仅要经得起历史检验，更要经得起现实检验。作者还认为死刑案件中仅有比普通刑事案件严格的证明标准是不够的，还需要一些程序上的配套措施，具体而言有四点：其一，在死刑案件程序中应当确立非法证据排除规则；其二，应完善法庭质证规则；其三，保障有效辩护；其四，在死刑案件的合议中，必需建立与其他刑事案件“多数决定”不同的规则，就事实和证据问题采用“一致同意”的特别规则。

何家弘教授的《论推定规则适用中的证明责任和证明标准》一文，对推定领域中的证明标准进行了研究，[2]认为推定规则的主张方有责任用“充分”证据证明基础事实，推定规则的反对方有责任用“充分”的证据进行反驳。由此可见，双方的证明责任都离不开证明标准——“充分”的证据。不过这两个“充分”的标准并不一样。证明标准具有分层性和多元化的特点。刑事诉讼中适用推定规则时，基础事实的证明标准应该是“确信无疑”的。在刑事诉讼、民事诉讼、行政诉讼中，对推定事实的有效反驳都适用“优势证据”的证明标准。区分推定规则中的基础事实和推定事实，以及在推定规则的“条件”中明确基础事实的外延，应该以法律规定的语言为依据。但目前我国此类法律规定的语言并不规范，应当加以规范化。

高秦伟的《论行政诉讼的证明标准》一文，[3]认为行政诉讼证明标准是法官在行政诉讼过程中，根据相关证据判定指控事实成立与否的心证标准。

---

〔1〕 参见王敏远：“死刑案件的证明‘标准’及《刑事诉讼法》的修改”，载《法学》2008年第7期。

〔2〕 参见何家弘：“论推定规则适用中的证明责任和证明标准”，载《中外法学》2008年第6期。

〔3〕 参见高秦伟：“论行政诉讼的证明标准”，载《证据科学》2008年第4期。

行政行为的复杂性与广泛性决定了行政诉讼的复杂性，导致行政诉讼证明标准与民事诉讼、刑事诉讼证明标准是不相同的。学界对于行政诉讼的证明标准存在着“一标准说”、“二标准说”、“三标准说”、“四标准说”的争论。作者对美、德两国的行政诉讼证明标准进行了考察，认为都存在多层次性、多元化的特点。应该根据行政行为的多样性以及行政诉讼的独特性确定中国行政诉讼的证明标准，可以将其分为行政机关的证明标准与行政相对人的证明标准两大类。

解志勇和崔晓婧的《行政诉讼证明标准研究》一文，[1] 认为学界尚未在行政诉讼证明标准的概念问题上达成共识。对于行政诉讼证明标准内涵的界定，应该从证明标准与法律真实、自由心证和证明责任的关系入手。本文通过比较两大法系行政诉讼证明标准的特点及赖以存在的正当性基础，在坚持法律真实、自由心证和正当程序理念的基础上，提出在区分一般情况和特殊情况的前提下，重构我国行政诉讼证明标准体系的建议。

（八）法院取证与证据保全

1. 法院取证研究

法院取证，是指人民法院在案件审理过程中，根据需要依当事人的申请或者依职权按照法定程序调查收集证据的活动。尽管近年来进行的审判方式改革借鉴吸收了许多对抗制因素，但仍然很注重发挥法官的职能作用，在强调当事人举证责任的同时，赋予了法官调查收集证据、查明案件事实的职责和职权。因此，法官取证问题不仅是我国司法实践的重要问题，也是理论研究的重点之一。2008 年，有关法院取证的研究，在出版的数部教材、专著和发表的十数篇专题论文以及撰写的数篇硕士学位论文和博士学位论文来看，涉及的问题主要有：

（1）法院取证的立法沿革与现实状况。法院取证是我国的司法传统。有学者考察了新中国成立后 50 年民事诉讼立法状况，从 1956 年最高人民法院《关于各级人民法院民事案件审判程序总结》，到 1979 年最高人民法院《民事审判程序制度的规定》，从 1982 年《民事诉讼法（试行）》，到 1991 年《民事诉讼法》，再到 2001 年《民事诉讼证据规定》，发现无一例外均规定有人民法院调查取证的规则和要求，并总结出一些法院取证的特征，如主动性强、

---

〔1〕 参见解志勇、崔晓婧：“行政诉讼证明标准研究”，载《证据科学》2008 年第 4 期。

任意性强、效力的特殊性等。[1] 不过，也有学者认为，人民法院收集证据具有辅助性、审核性和被动性。[2] 事实上，除了在民事诉讼中有法院调查取证的立法外，在刑事诉讼和行政诉讼中也都有相应立法。有学者在总结我国刑事证据收集特点时，就强调刑事证据收集的主体包括公安机关、检察机关和人民法院的工作人员。[3] 在行政诉讼中，人民法院不仅有权要求当事人提供或者补充证据，而且有权向有关行政机关以及其他组织、公民调取证据，对于一些专门性问题，如果法院认为需要鉴定的，可以交由法定或者指定的鉴定部门鉴定。[4]

对当前我国立法关于法院取证权的规定，段贞锋在《民事诉讼中的法院调查取证权论析》一文，评价说，由于有关条文中使用了“客观原因”等模糊的词语，以及“人民法院认为应由自己收集的其他证据”这样的“兜底条款”，使得范围的明确依然不具有可操作性。尽管《民事诉讼证据规定》对法院调查取证范围作出了明确规定，但仍然存在着一些弊端和不完善之处，这样的制度在司法实践中会造成很大的弊端和危害。[5]

（2）法院取证与诉讼模式的关系。为了更准确地定位法院的取证权，有学者从诉讼模式角度考察了法院取证权，认为法院取证权与诉讼模式之间存在着一种内在联系。如在当事人主义诉讼对抗制模式下，法官在诉讼中处于消极中立的地位，不得为查明案件事实真相依职权主动调查取证；在职权主义诉讼模式下，法官具有积极性和主动性，积极发现案件事实真相，为了查明事实真相，法官可以主动向当事人询问或提出质疑；在实行超职权主义诉讼模式的原苏联和东欧各国，法院在诉讼中拥有绝对决定权，可以在当事人请求范围之外依职权调查收集证据。至于我国，则带有相当的当事人主义色

---

〔1〕 顾锦华：“论民事诉讼中法院的调查取证”，复旦大学2008年硕士学位论文，第8～14页。关于法院取证的立法沿革，另见汪彩霞：“对法院依职权调查取证的若干思考”，载《法制与社会》2008年第6期（上）。

〔2〕 张保生主编：《〈人民法院统一证据规定〉司法解释建议稿及论证》，中国政法大学出版社2008年版，第295～296页。

〔3〕 孙彩虹主编：《证据法学》，中国政法大学出版社2008年版，第187页。另参见廖永安主编：《证据法学》，清华大学出版社2008年版，第221页；肖晗：“民事证据收集制度研究”，西南政法大学2008年博士学位论文，第79～82页。

〔4〕 孙彩虹主编：《证据法学》，中国政法大学出版社2008年版，第187页。

〔5〕 段贞锋：“民事诉讼中的法院调查取证权论析”，载《法制与社会》2008年第11期（中）。

彩但又非完全的当事人主义，实行的是“以当事人为主导、法院查证为例外”的证据取得原则。[1]

（3）法院取证的类型与范围。法院取证有两类，一类是当事人申请人民法院调查收集证据，另一类是人民法院依职权调查收集证据。依当事人的申请调查取证的范围，包括由国家有关部门保存而须由人民法院调取的证据材料，涉及国家秘密、商业秘密、个人隐私的证据材料，以及确因客观原因不能自行收集的其他证据材料。对于法院超出当事人的申请范围调查取证而得到的证据的效力问题，有学者认为，不具有证据能力，不能在法庭审理中使用。[2] 依职权调查取证的范围包括涉及国家利益、公共利益或者他人合法权益的事实认定的，涉及依职权追加当事人、中止诉讼、终结诉讼、回避等程序性事项。

（4）法院取证的原则、要求和方法。樊崇义教授主编《证据法学》（第4版）和廖永安主编《证据法学》，总结出司法机关收集证据应当遵循的原则：一是必须依照法律规定的程序和权限进行；二是收集证据必须依靠群众；三是司法人员收集证据和要求当事人履行举证责任相结合。司法机关收集证据除了要遵守以上原则外，还必须符合以下要求：①必须依照法律的要求收集证据；②必须积极主动、及时；③必须客观、全面；④必须深入、细致；⑤必须依靠群众；⑥必须充分运用现代科学技术手段；⑦要抓住本质，分清主次，并要注意保密；⑧要做到高效率。关于收集证据的方法，主要有以下几种：提交或提取原物；询问和访谈；拍照、录音和录像；辨认；复制；调取；讯问；勘验、检查；搜查；鉴定；实验。[3] 需要指出的是，在上述著作中，作者既没有区分不同诉讼，也没有区分法院取证与其他机关和个人收集证据。就是说，这些证据收集的原则、要求和方法并不是完全适用于法院的。例如，按照《刑诉解释》第154条规定，人民法院调查核实证据时，可以进行勘验、检查、扣押、鉴定和查询、冻结。上述作者并没有把扣押、查询、冻结等概括进去。另外，在刑事诉讼中，搜查是一种侦查行为，法院并不享有这种权利。

---

〔1〕 孙彩虹主编：《证据法学》，中国政法大学出版社2008年版，第295～296页。

〔2〕 孙彩虹主编：《证据法学》，中国政法大学出版社2008年版，第296～297页。

〔3〕 樊崇义主编：《证据法学》（第4版），法律出版社2008年版，第243～250页；廖永安主编：《证据法学》，清华大学出版社2008年版，第223～230页。

对法院取证的方法，肖晗博士在其学位论文《民事证据收集制度研究》中就民事诉讼中法院取证方法作了归纳，认为主要包括以下几种：①询问；②调取书证、物证和视听资料；③鉴定；④勘验；⑤勘验；⑥辨认；⑦委托调查。[1]

（5）法院取证存在的问题。①立法上的问题。一方面，法院调查取证主体不明。《民事诉讼法》规定的取证主体为人民法院，而《民诉讼证据规定》规定的是法院的“调查人员”，进而造成理论上的理解偏差和实践中的做法不一。另一方面，法院调查取证内容不清。由于立法上对“客观原因”、“审理案件需要”等重要概念没作具体界定，造成人们对此理解的不同，不同专业素养、不同审判经验、不同业务水平的法官在具体把握上可能出现很大的差别。[2] ②司法上的问题。一方面，法院依职权当收集却不收集；另一方面，不应当收集却又积极主动收集。对于前者，有学者分析认为，其原因可以归结于引进当事人主义模式时缺乏全面的考虑、对司法的被动性的错误理解和法官的“自我保护”；而后者主要是由于地方保护主义和其他种种形态的经济利益的驱使。[3] 此外，在实践中，法院依职权调查收集的证据在质证方面也存在一些弊端。如主体混淆、鉴定人和勘验人不出庭、质证方式不当等。[4]

（6）法院取证的制度完善。张保生主编《〈人民法院统一证据规定〉司法解释建议稿及论证》，对法院取证问题作了比较全面的规定，内容包括：申请取证的权利，依申请取证的范围，依职权取证的范围，申请取证的要求，对申请取证的处理，调查取证的方式，勘验现场，委托调查，刑事诉讼庭外调查核实证据，调取证据的使用等方面，[5] 与现有立法相比，主要有以下几个方面的发展：

第一，依申请取证的范围。《人民法院统一证据规定的司法解释建议稿》（以下简称《建议稿》）第109条强调：“在行政诉讼中，人民法院不得依被告申请调取证据。”尽管最高人民法院《行政诉讼证据规定》第23条也规定

〔1〕 肖晗：“民事证据收集制度研究”，西南政法大学2008年博士学位论文，第118～121页。

〔2〕 顾锦华：“论民事诉讼中法院的调查取证”，复旦大学2008年硕士学位论文，第15～16页。

〔3〕 汪彩霞：“对法院依职权调查取证的若干思考”，载《法制与社会》2008年第6期（上）。

〔4〕 顾锦华：“论民事诉讼中法院的调查取证”，复旦大学2008年硕士学位论文，第17～18页。

〔5〕 以上内容参见张保生主编：《〈人民法院统一证据规定〉司法解释建议稿及论证》，中国政法大学出版社2008年版，第295～312页。

“人民法院不得为证明被诉具体行政行为的合法性，调取被告在作出具体行政行为时未收集的证据。”但与此相比，该建议稿的规定对人民法院调取证据作了更严格的限制，加强了行政被告的举证责任。同时把《行政诉讼证据规定》第 23 条的这一规定纳入了对人民法院依职权取证范围的限制。

第二，依职权取证的范围。该《建议稿》第 110 条增加规定了“涉及身份关系的事实”。按照作者的解释，这类事实不产生当事人自认的法律效果，不宜由当事人自行举证证明，而是应当由法院依职权查明。[1] 同时在本条第 2 款对法院取证范围的限制作了例外规定，即“人民法院为审核对案件事实有重要作用的证据，或者有重大疑点的证据，需要进行勘验等取证活动，不受前述规定的限制”。

第三，申请取证的要求。该《建议稿》第 111 条对当事人及其诉讼代理人申请人民法院调查取证的要求作了更加规范和更具操作性的规定。一方面规定应当在举证期限届满 7 日前提交申请书；另一方面，对于申请书的规格作了更为具体的规定，包括载明被调查人的姓名或者名称、住所、联系电话等基本情况，申请理由、取证目的、证据线索、证据内容和待证事项等。同时还对申请调取新证据的问题作了规定。

第四，调查取证的方式。该《建议稿》第 113 条把《刑事诉讼法》第 158 条规定的“鉴定”修改为“委托鉴定”同时增加规定了“其他适当的方式”，赋予了法院更大的裁量权。此外，第 116 条还把最高人民法院《刑诉解释》第 154 条中的人民法院认为必要时，“可以”通知检察人员、辩护人到场，改为人民法院调查核实证据时，“应当提前”通知公诉人、辩护人到场，尽量避免了法官庭外单方面接触当事人。当然，为保障法院调查取证的顺利进行，本条进一步作出规定：“公诉人、辩护人不到场的，不影响调查核实的进行。”

第五，调取证据的使用。该《建议稿》第 117 条对于“新证据”的使用作出了更为合理的规定，在对方当事人提出就新证据需作必要准备时，可以宣布休庭，并根据具体情形确定必要的准备时间。

---

〔1〕 张保生主编：《〈人民法院统一证据规定〉司法解释建议稿及论证》，中国政法大学出版社 2008 年版，第 300 页。

2. 证据保全研究

对于证据保全的研究，本年度主要涉及诉讼、公证、网络（电子）等领域，既有对证据保全的概括式研究，也有对特定证据的专题性研究。

（1）诉讼证据保全。按照传统观点，证据保全仅存在于民事诉讼之中，但从立法上看，事实上，证据保全问题在三大诉讼以及海事诉讼中均存在，“只不过民事诉讼中的证据保全制度最为典型而已”[1]。关于民事证据保全研究，在本年度出版的几本证据法学教材中均有阐述，内容包括证据保全的概念和意义，证据保全种类，证据保全的主体、条件、程序和方法，以及保全制度的完善等。另外，本年度还有专门研究民事证据保全的博士学位论文和硕士学位论文。如南京师范大学许少波的博士学位论文《民事证据保全制度研究》，对民事证据保全制度作了比较全面而深入的研究，内容涉及民事证据保全的语意阐释、种类、程序性质、功能、价值，并比较了德、日、英、美和我国台湾地区的证据保全制度；对我国证据保全制度进行了实证方面的分析，包括制度的历史沿革、现行制度的实际运行情况、案例分析以及对立法和司法的反思，在此基础上，作者提出了改造我国证据保全制度的构想。[2]

如上所述，由于传统上的证据保全主要限于民事诉讼领域，有关刑事证据保全的研究相对较为薄弱，但本年度在这方面略有改观。除了上述几本证据法学教材中均有论及之外，还有几篇专门探讨刑事证据保全制度的硕士学位论文和文章。如山东大学张青芝的《刑事证据保全制度研究》一文，阐释了刑事证据保全的涵义和价值，介绍和分析了我国刑事证据保全的现状与问题，论证了完善我国刑事证据保全制度的必要性，并在考察域外相关制度的基础上，提出了完善我国刑事证据保全制度的构想。[3] 此外，兰耀军的《建立我国刑事证据保全制度刍议》[4]，姚克励的《浅谈建立我国刑事证据保全制度》[5]，余茂玉的《论证据保全申请权——以刑事诉讼中辩方权利为视

〔1〕许少波：“民事证据保全制度研究”，南京师范大学2008年博士学位论文，第20页。

〔2〕参见许少波：“民事证据保全制度研究”，南京师范大学2008年博士学位论文。

〔3〕参见张青芝：“刑事证据保全制度研究”，山东大学2008年硕士学位论文。

〔4〕兰耀军：“建立我国刑事证据保全制度刍议”，载《政治与法律》2008年第4期。

〔5〕姚克励：“浅谈建立我国刑事证据保全制度”，载《科技信息（科学教研）》2008年第16期。

角》[1]，张远鹏的《域外刑事证据保全制度分析》[2]，这些文章对刑事证据保全制度的很多具体问题作了专门研讨。

《行政诉讼法》第 36 条为行政诉讼证据保全提供了重要法律依据，即“在证据可能灭失或者以后难以取得的情况下，诉讼参加人可以向人民法院申请保全证据，人民法院也可以主动采取保全措施”。但对于行政诉讼证据保全的研究，从“中国期刊网”上的搜索结果来看，基本上没有研究这一问题的专题文章，本年度有关行政诉讼证据保全的研究主要集中在证据法学教材中。如孙彩虹教授主编的《证据法学》设专节探讨了行政诉讼证据保全问题，内容涉及证据保全的概念、条件、程序和效力等。[3]

此外，还有学者撰文研究海事诉讼证据保全问题，如吴浅的《海事诉讼证据保全制度略论》一文，认为海事证据保全也包括诉讼前保全和诉讼中保全，并把保全的范围作为保全措施看待。该文阐述了海事证据保全的四个要件，概括出海事证据保全是一种强制性保全措施，其对象是海事证据，所保护的是申请人的诉权三个特征，最后阐述了海事证据保全制度对于民事证据保全制度的启示，认为应当参照海事证据保全制度，建立民事证据保全制度，明确民事证据保全的担保要求，廓清民事证据保全的管辖问题。[4]

（2）公证证据保全。公证证据保全又称证据保全公证，是指公证机构根据公民、法人或其他组织的申请，依法实施的证据保全。一般认为，证据保全公证既包括诉前证据保全也包括诉讼证据保全；在保全事项上，公证保全的证据既包括诉讼证据也包括非诉讼证据，而且非诉事项保全证据公证的比例越来越大。除了证人证言、书证、物证、视听材料以及现场情况、行为过程等证据保全公证外，近年来又出现了知识产权证据保全、房地产证据保全和网络证据保全等新内容的证据保全类公证。[5] 在法律意义上，有人总结出证据保全公证的四大功能，即程序功能、保全功能、指导功能和监督功

---

〔1〕 余茂玉：“论证据保全申请权——以刑事诉讼中辩方权利为视角”，载《证据科学》2008 年第 5 期。

〔2〕 张远鹏：“域外刑事证据保全制度分析”，载《北华航天工业学院学报》2008 年第 2 期。

〔3〕 孙彩虹主编：《证据法学》，中国政法大学出版社 2008 年版，第 421 ~424 页。

〔4〕 吴浅：“海事诉讼证据保全制度略论”，载《今日南国》2008 年第 3 期。

〔5〕 周小东：“证据保全公证知多少”，载《西部法制报》2008 年 10 月 8 日。

能。[1] 还有人认为，公证机关作为与公证事项无利害关系的第三人，统一行使国家证明权，进行国家授权的证明活动，凭借公证文书由法律赋予的公信力，给当事人难以保全和自证的证据以令人信服的证明力，从而有效地预防纠纷，减少讼累，同时减轻了审判和仲裁工作。[2]

（3）网络、电子证据保全。网络证据保全是随着网络的发展而衍生出来的一种新型证据保全种类。由于网上信息容易瞬间被修改、转移或者毁灭，对于这类证据的保全非常有必要。因此，网络证保全问题越来越引起人们的注意和重视，学界也开始研究此类证据的保全问题。湘潭大学谭星的硕士学位论文《网络犯罪证据保全研究》，根据网络犯罪证据的特点及其表现形式，比较全面地阐述了网络证据保全的方法、保全过程中的注意事项以及在保全中存在的问题，最后就如何有效保全网络犯罪证据问题提出建议。[3] 在民事领域，当前网络证据保全更多与上述公证保全相结合。[4] 据报载，近年来，南京市网络证据保全公证的数量成倍增长，2008 年上半年就已办理九百多件。[5] 山东大学梁成林的硕士学位论文《论电子证据的保全》，展开了比较全面的论述，在分析国内电子证据保全的现状基础上，论证了电子证据保全的必要性和意义，然后提出了电子证据保全应当遵守的原则，可以采取的保全措施以及应当遵循的程序等。[6]

（4）证据保全制度的完善。张保生教授主持的《〈人民法院统一证据规定〉司法解释建议稿》对证据保全问题作了比较全面的规定，内容包括：申请证据保全的权利、证据保全申请的提出、对证据保全申请的处理、保全措施和保全证据的使用等。[7] 以现有立法相比，该《建议稿》一方面加强了当事人申请证据保全的权利。如在诉前保全问题上，最高人民法院《民事诉讼

〔1〕 孙玉梅："保全证据公证的四大功能及其法律意义"，载《中国公证》2008 年第 11 期。

〔2〕 周小东："证据保全公证知多少"，载《西部法制报》2008 年 10 月 8 日。

〔3〕 参见谭星："网络犯罪证据保全研究"，湘潭大学 2008 年硕士学位论文。

〔4〕 杜庆娟："网络保全公证初探"，载《中国公证》2008 年第 6 期；姚良鸿："网络证据保全公证——网络版权的保护神"，载《法制与社会》2008 年第 12 期（下）。

〔5〕 朱晓露："电子邮件聊天记录都能作为打官司的证据‘网络证据保全公证’半年近千件"，载《南京日报》2008 年 8 月 19 日。

〔6〕 参见梁成林："论电子证据的保全"，山东大学 2008 年硕士学位论文。

〔7〕 参见张保生主编：《〈人民法院统一证据规定〉司法解释建议稿及论证》，中国政法大学出版社 2008 年版，第 312 ~320 页。

证据规定》第 23 条规定只有在“法律、司法解释规定诉前保全证据”的情况下，才可以“依其规定办理”。对此，在一般的民事诉讼中不能进行诉前证据保全。[1] 而该《建议稿》第 118 条的规定，只要是证据可能灭失或者以后难以取得，当事人就可以向人民法院申请诉前证据保全。另一方面，该《建议稿》加强了法院证据保全的可操作性，对当事人申请、法院受理和处理以及对妨碍证据保全的处理均有明确规定，同时还增加规定了保全证据的使用。

(九) 质证与认证

质证和认证是事实认定的核心内容。在取证、举证、质证、认证这四个程序环节中，质证是举证的后续环节，是认证的前提环节；认证是司法判决形成的基础，是“以事实为根据、以法律为准绳”诉讼原则的体现和落实。质证的过程也是确认证据真实性、相关性和证明力的过程，只有在法庭上经过质证的证据才能作为定案的根据。质证制度的设计与运作，不仅直接关系到案件的事实认定，也影响到双方当事人正当程序权利的实现。认证是法院判决的前提和基础，当事人在诉讼中的证明活动是以认证为导向，认证是诉讼证明活动的中心。质证和认证是审判方式改革后法庭审理的重要内容，对于保障当事人合法权益，实现公平正义，促进我国司法证明程序的现代化、科学化、民主化有重要意义。鉴于此，质证和认证成为我国法学界和司法实践部门 2008 年研究的重点之一。

1. 质证和认证研究的主题分布

从所关注的研究主题来看，本年度质证和认证研究主要涉及以下六个方面：

(1) 质证和认证的制度立法及相关问题研究。张保生教授主编《〈人民法院统一证据规定〉司法解释建议稿及论证》，该《建议稿》第七章第六节专门讨论了质证与认证，并在其论证部分详细研究了当庭质证要求，公开质证的原则及其例外，质证的主要内容，质证的顺序，证人对质，对当事人陈述的质证，对鉴定意见的质证，认证要求，认证的依据，对复制品的认证采信，不能单独采信的证据，口供的补强等诸多问题。整个研究和论证内容贯穿着比较的方法，介绍了国外质证和认证的相关立法，对我国质证、认证制度建设提出了建议。

---

〔1〕 孙彩虹主编：《证据法学》，中国政法大学出版社 2008 年版，第 305 页。

（2）认证的基本原理。代表性论文有4篇。其中，何家弘的《证据的审查与认定原理论纲》一文，从审查认定证据的基本范畴入手，梳理了审查判断证据的概念演变，厘清了证据的审查与证据的认定；明确将证据的可采性与可信性的审查加以区分，并分别提出了采纳证据的标准和规则、采信证据的标准和规则；分析了审查认定证据的路径、方法及其原理，并结合直接证据和间接证据的各自特点分别进行论述。该研究比较贴近司法证明实际和诉讼认识规律，具有较强的理论和实践意义。[1]

（3）质证的方法和程序。林钰雄著的《严格证明与刑事证据》一书，从证据资格入手，分析了证据评价的立法模式，并着重论述了法庭之诘问。作者并不局限于考察英美法系的交叉询问，而是将考察视角转向德国的轮替诘问，力图构建基于大陆法系传统的质证询问方式。[2] 代表性论文有5篇。其中，龙宗智教授的2篇论文《我国刑事庭审中人证调查的几个问题——以"交叉询问"问题为中心》和《论刑事对质制度及其改革完善》，分别论述了质证的两种基本方法和程序，即交叉询问和对质。关于交叉询问，作者认为应当结合我国刑事审判的特定制度空间进行分析和完善，既需要落实控辩双方的主导权，也需要强化裁判者的关照义务和诉讼指挥权。关于对质，作者详细阐述了对质询问的涵义、要素及意义，比较分析了对质询问立法模式，论述了我国建立完善对质制度的必要性，并对我国对质制度的模式选择、方式、程序等具体问题提出了建议。[3]

（4）证据能力的审查判断。代表性论文有2篇，一篇是陈卫东、付磊的《我国证据能力制度的反思与完善》，[4] 另一篇是李倩的《德国刑事证据禁止理论问题研究》[5]。西方大陆法系国家立法对证据能力的规定并不多，在德国法中，证据能力理论包括程序禁止与证据禁止的相关理论。证据能力以及德国刑事证据禁止理论问题的研究，有利于规范我国证据的采纳规则。

---

〔1〕何家弘："证据的审查与认定原理论纲"，载《法学家》2008年第3期。

〔2〕参见林钰雄：《严格证明与刑事证据》，法律出版社2008年版。

〔3〕参见龙宗智："我国刑事庭审中人证调查的几个问题——以'交叉询问'问题为中心"，载《政法论坛》2008年第5期。另参见龙宗智："论刑事对质制度及其改革完善"，载《法学》2008年第5期。

〔4〕参见陈卫东、付磊："我国证据能力制度的反思与完善"，载《证据科学》2008年第1期。

〔5〕参见李倩："德国刑事证据禁止理论问题研究"，载《中外法学》2008年第1期。

（5）科学证据的质证和认证。代表性论文有 9 篇。其中，张君周的《论法官对科学证据的审查——以美国法官的看守职责为视角》一文，阐述了美国科学证据的可采性的演变，从弗赖伊案的“普遍接受性”标准到《联邦证据规则》第 703 条的规定，再到多伯特案确立的四个参考因素：①科学技术的正确性是否已经或可以被检验；②该理论或技术已经由同行评议和公开发表；③应该考虑已知的或潜在的错误发生率；④法院应该考虑该技术在科学共同体内的接受程度。以此为基础，作者分析了我国法官对科学证据审查的立法现状，并对完善我国科学证据审查制度提出了一些合理化建议。此外，围绕科学证据的质证和认证的论文还包括：鉴定结论审查模式研究，刑事诉讼中图像电子证据的举证、质证和认证，刑事责任能力鉴定的质证和采信，鉴定结论质证的路径依赖，等等。[1]

质证与认证研究论文的主题分布，参见下表：

	类　　别	篇　数	所占比例
1	认证的基本原理	4	16. 67%
2	质证的方法和程序	5	20. 83%
3	证据能力的审查判断	2	8. 33%
4	证明力的评价	4	16. 67%
5	科学证据的质证和认证	9	37. 5%

2. 质证和认证研究的特点

（1）法学界和司法实践部门齐头并进的研究态势。质证既是一个证明理论问题，也具有很强的实践性。一些学者试图从宏观上研究质证的制度设计，构建一套理想的质证制度，其中包括质证的概念、结构性要素、模式和程序等；另一些学者则专注于具体证据的质证方法，例如，刑事诉讼中图像电子证据的质证内容和方法，刑事责任能力鉴定的质证和采信等。这些兼顾理论和实践的研究成果意义重大，为解决司法实践中的问题提供了参考标准和依据。此外，令人可喜的是，实践部门工作人员也积极参与质证、认证研究，特别是结合办案过程中遇到的问题，分析和总结可行的实践经验，为理论研

---

〔1〕 参见张君周：“论法官对科学证据的审查——以美国法官的看守职责为视角”，载《法律科学》2008 年第 6 期。

究提供了素材。

（2）科学证据的质证和认证逐渐成为研究热点。约三分之一的论文涉及科学证据的质证和认证研究。这适应了事实认定科学化的国际学术发展趋势，也有力地回应了我国司法实践中出现的问题。

（3）多学科交叉研究方法受到关注。张南宁博士的《基于内心信念的证据认证》一文，[1] 从认识论中的“信念”及其特征入手，以事实认定主体的内心信念为主线，将证据法与认识论、逻辑学等多学科交叉融合，研究了证据的支持力和信念度量，分析了基于证据支持的信念函数，提出了证据信念的组合规则，为证据认证研究提供了一个独特视角。

（十）推定与司法认知

2008年，围绕“推定和司法认知”这个主题，学术界共发表了百余篇论文，出版了一部专著（李富成的《刑事推定研究》），四川大学司法研究中心召开了“刑事推定及证明责任”专题研讨会。研究的重点集中在推定的基本理论、刑事推定和民事推定的特殊问题和司法认知等问题。

1. 推定的基本理论研究

推定的基本理论研究，主要涉及推定的概念、性质、分类、与证明的关系、规制等方面。有学者提出，无论在英文还是在中文中，推定概念的使用都相当混乱。因此，首先要明确推定与推理、推断、推论等概念的关系。界定推定概念可采用“三层递进”标准。[2] 有学者从逻辑学等角度，提出推定是以规则形式预设事实或事实关系，在不充分确信的认知状态下，以不准反驳或者因异议方不能达到一定程度的反驳，而武断确认预设有效的方法。推定在证据学上的主要逻辑问题是，推定的强度以及相反推定的强度应变关系。[3]

关于推定的性质和价值。有学者提出，对推定界定不清和运用不当是目前证据法研究中的突出问题。应当厘清推定与证明（推论）的关系，二者存在事实认定义务、认定方式、证明要求和证明责任承担上的差异，性质也不同。而事实推定的概念混淆了推定机制与证明机制的区别，在我国可能破坏

---

〔1〕参见张南宁：“基于内心信念的证据认证”，载《证据科学》2008年第2期。

〔2〕参见何家弘：“论推定概念的界定标准”，载《法学》2008年第10期。

〔3〕参见张成敏：“推定与相反推理以及相互强度关系”，载《政法论丛》2008年第1期。

法治、冲击无罪推定原则，因此不能成立。[1] 有学者论证了以下几个基本命题：推定不是诉讼证明，而是诉讼证明的替代方法；刑事推定不是首选规则，而是末位规则；刑事推定的目标是法律真实，而非客观真实。[2] 有学者对推定进行了价值分析，提出推定的价值包括两个方面：工具价值和程序价值。其中工具价值主要体现在克服主观认定上的困难；程序价值体现在推进诉讼的顺利进行，提高诉讼效率，打击犯罪和维护司法公正等方面。[3]

关于推定的分类。有学者在对西方国家推定分类进行反思的基础上，对人造推定和自然推定的概念和关系进行分析，提出推定是人造的，但又不完全是人造的。据此提出立法推定和司法推定是设立推定规则的两种基本模式；而根据事项主题可以把推定规则分为八类范式，即事态推定、权利推定、行为推定、原因推定、过错推定、意思推定、明知推定和目的推定。[4] 有学者集中讨论了事实推定与法律推定的关系问题，认为事实推定的实质是推理或推论，法律推定源于事实推定又高于事实推定，是在事实推定的基础上渗入了法律价值和政策需要，从而将事实推定的单纯经验逻辑上升为法律逻辑；法律推定和事实推定具有泾渭分明的区别，也有千丝万缕的联系，事实推定作为法律术语有其存在的合理性。[5] 有的研究者从逻辑学角度，认为推定可以分为绝对推定（拒绝相反推理，具有最高强度）、相对推定（不能拒绝相反推理）。相对推定又可分为：非常优势推定、显著优势推定、起步推定和姑且推定，这一顺序的推定强度依次降低。[6]

关于推定与证明的关系。有学者考察了比较法中举证责任和证明责任的内涵、关系，并结合中国实践，认为推定转移的证明责任是完整意义上的，包括举证的行为责任和促使裁判者相信其主张的说服责任以及相应的后果责任；推定引起证明责任的倒置而非转移；对于基础事实的证明标准，应当是“确信无疑”（刑事诉讼）或者“优势证据”（民事诉讼），对于有效反驳的证

---

〔1〕 参见龙宗智：“推定的界限及适用”，载《法学研究》2008年第1期。

〔2〕 参见汪建成、何诗扬：“刑事推定若干基本理论之研讨”，载《法学》2008年第6期。

〔3〕 参见李富成：《刑事推定研究》，中国人民公安大学出版社2008年版，第105页以下。

〔4〕 参见何家弘：“从自然推定到人造推定——关于推定范畴的反思”，载《中外法学》2008年第4期。

〔5〕 参见王雄飞：“论事实推定与法律推定”，载《河北法学》2008年第6期。

〔6〕 参见张成敏：“推定与相反推理以及相互强度关系”，载《政法论丛》2008年第1期。

明标准，应当是“优势证据”。[1] 然而，有学者对推定与证明责任的关系表达了不同意见，认为推定导致证明责任的转移而非倒置，因为在证明责任的转移中，事实的主张方和否定方在证明责任上是一种接力关系；而在证明责任的倒置中，双方是一种非此即彼的关系，而不是接力关系。基于无罪推定的基本原则和理念，控方的证明责任都是不可免除的。所不同的是，在诉讼证明的情况下，控方要承担全部证明责任；在刑事推定的情况下，控方要承担基础事实的证明责任，只是在控方尽此证明责任之后，辩方若想推翻推定的事实，需对推翻推定事实的主张产生证明责任。[2] 有学者提出，在被告人提出反驳的情况下，推定只转移了主观证明责任，客观证明责任（即结果责任）仍需由控诉方承担。控诉方如果不能继续将基础事实或推定事实证明到“案件事实清楚、证据确实充分”的程度，则应承担败诉的不利后果。[3]

关于推定的适用及其界限，学者们对此进行了富有意义的讨论。有学者分析了我国立法和司法解释中的推定，认为真正的推定规则并不多，应当区分推定与推论、定罪规格的区分，同时应完善关于推定的法律规定，控制推定的创设，警惕推定规则的滥用。[4] 有学者基于我国推定规则比较混乱的现状，从理论上明确了推定规则的结构、语言的明确性，并提出了启动、反驳、裁判的适用程序，以及推定规则的适用条件，主张严格适用、公平适用、公开适用是应遵守的基本原则。[5] 还有学者以美国证据法中推定的内涵、特征、合宪性审查制度为参照，对我国司法实践中推定概念的混乱和适用的泛化问题进行了分析。[6]

2. 刑事推定的特殊问题研究

学者们对犯罪构成主观方面与推定、特定犯罪与推定等问题进行了研究。犯罪构成主观方面的证明困难问题非常突出，因此相关的推定研究也受到学界的关注。有学者提出，推定在犯意认定中的存在具有一定的必要性，但在

---

〔1〕 参见何家弘：“论推定规则适用中的证明责任和证明标准”，载《中外法学》2008年第6期。

〔2〕 参见汪建成、何诗扬：“刑事推定若干基本理论之研讨”，载《法学》2008年第6期。

〔3〕 参见樊崇义、史立梅：“推定与刑事证明关系之分析”，载《法学》2008年第7期。

〔4〕 参见龙宗智：“推定的界限及适用”，载《法学研究》2008年第1期。

〔5〕 参见何家弘：“论推定规则的适用”，载《人民司法》2008年第15期。

〔6〕 参见钟朝阳：“美国证据法中的刑事推定”，载《中国刑事法杂志》2008年第11期。

具体运用中有一定的混乱，通过考察英美国家犯意推定制度，认为英美国家在基础事实和推定事实之间的合理联系标准，以及反驳推定带来的证明责任转移等规定，值得我国在处理相关问题时借鉴。[1] 针对司法实践中毒品犯罪主观明知的认定困难，有学者根据司法实践经验和最高人民法院、最高人民检察院、公安部《办理毒品犯罪案件适用法律若干问题的意见》，提出用推定解决证明困难，并总结了毒品犯罪主观明知推定的经验法则，提出了毒品犯罪主观明知推定的注意事项。[2] 还有刑法学者从刑法理论和刑事诉讼相结合的角度，通过考察日本刑法理论和法律制度，提出主观要素的客观化与目的确定的推定化，通过推定认定主观目的，并从作为例外的推定、允许反驳的推定、必须限制的推定等三个角度，分析了目的推定的三层含义。[3]

关于特定犯罪与推定的关系，学者的论述主要围绕贪污贿赂罪和环境犯罪展开。有研究者分别讨论了贪污贿赂案件主观方面和巨额财产来源不明罪中的推定，提出贪污贿赂案件中主观方面的认定可以采用推定方式，并从推定的角度提出了完善巨额财产来源不明罪的建议。[4] 有学者通过考察国外有关规定，认为贪污贿赂的推定必须由法律明确规定，并设立必须符合经验和常识、应证明基础事实的存在、被告人的反驳受到限制等规则，规定推定只是例外，并由此提出贪污贿赂犯罪推定只限于以下几种：贪污罪中款物去向推定，一对一贿赂犯罪推定，亲属“共同受贿”故意推定，“以借为名”的受贿推定。[5] 还有学者讨论了推定规则在贿赂犯罪中的价值基础、运用情形，并提出了规范推定负面性的保障措施，如限定推定对象、确认基础事实、无相反证据推翻、豁免制度等。[6] 对于环境刑法中因果关系的推定，有学者提出这种做法违反了无罪推定原则，因此应对我国环境刑事立法进行技术

---

〔1〕 参见赖早兴：“推定在犯意认定中的运用”，载《现代法学》2008 年第 3 期。

〔2〕 参见莫关耀、徐南、张斌：“论毒品犯罪主观明知认定中的推定”，载《云南警官学院学报》2008 年第 3 期。

〔3〕 参见付立庆：“论目的确定的推定化”，载《当代法学》2008 年第 2 期。

〔4〕 参见樊崇义、冯举：“贪污贿赂案件中推定的运用”，载《河南省政法管理干部学院学报》2008 年第 6 期。

〔5〕 参见史立梅：“论贪污贿赂犯罪案件中的推定”，载《河南省政法管理干部学院学报》2008 年第 6 期。

〔6〕 参见孙康：“试论推定规则在贿赂犯罪认定中的适用”，载《中国检察官》2008 年第 5 期。

修改。[1]

3. 民事推定的特殊问题研究

民事领域中的推定，以认定侵权行为中的推定最为典型。有学者以抛物行为为例，认为行为人确定的抛物行为，属一般侵权行为；行为人不确定的抛物行为，责任的确定以行为推定为前提。行为推定以抛物侵权责任为最典型，但不以其为限。行为推定类型化，对于侵权理论研究具有重要的意义。[2] 有学者对环境侵权诉讼中的因果关系进行分析，具体讨论了环境侵权诉讼中因果关系推定的理由、内涵、与证明责任的关系、适用条件和程序。[3] 还有学者讨论了民事推定的逻辑归属与司法适用，认为推定的逻辑基础是事物之间的高度盖然性的常态性联系，即近似充分条件联系，因此其适用具有一定的合理性。推定的构成要件为其在司法实践中的适用提供了标准尺度。[4]

4. 司法认知研究

一些学者对司法认知进行了系统研究，提出司法认知的价值考量是在追求效率的同时不损害正义；通过比较大陆法系和英美法系的规定，提出司法认知的对象是公知的事实和法院职务上已知的事实；人民法院在认知过程中必须遵守合理的认知程序，以充分保障当事人的诉讼权利。[5] 有研究者以帕卡的诉讼模式理论为切入点，分析了两种对立的司法认知模式的形成及其原因，提出我国司法认知模式属于犯罪控制模式。为了保障司法认知的客观性，我国需确立以下措施：司法认知对象的不可辩驳性、"关键事实刹车"原则、可预见性原则、对抗性检查原则。[6] 另外，还有研究者讨论了美国司法认知的对象，并对裁判事实、立法事实、兄弟州法及其他法律、科学原理的司法

---

〔1〕 参见张霞："环境刑法中的因果关系推定原则探讨"，载《山东警察学院学报》2008 年第 4 期。

〔2〕 参见鲁晓明："论民事侵权行为的推定及类型化"，载《法律科学》2008 年第 4 期。

〔3〕 参见宋宗宇、王热："环境侵权诉讼中的因果关系推定"，载《中国人口·资源与环境》2008 年第 5 期。

〔4〕 参见李丽："论民事推定的逻辑归属与司法适用"，载《社会科学家》2008 年第 4 期。

〔5〕 参见陈卫东、李美蓉："论司法认知"，载《江海学刊》2008 年第 6 期。

〔6〕 参见阎朝秀："论司法认知模式"，载《西南民族大学学报（人文社科版）》2008 年第 11 期。

认知等问题进行了讨论。[1]

5. “刑事证明责任与推定”专题研讨会简介

2008年11月25日，由四川大学司法研究中心主办、成都市锦江区人民检察院协办的“刑事证明责任与推定”研讨会在成都举行。这次研讨会围绕近年学术界讨论的推定相关问题，对推定的界定、性质，与相关概念的区别，推定的设立与适用，主观明知要件的推定，推定与证明责任的关系等问题进行了较深入的探讨，针对推定相关问题的主要观点在本次研讨会上得到了比较充分的展示，对于推定问题的深入研究具有促进意义。

学者们对多数问题没有达成共识。比如，对推定概念的界定，是选择事实之间关系的角度，还是以影响证明责任、证明标准作为判断的标准，尚无定论；事实推定是不是推定的一种类型，学者们的观点并不统一；刑事诉讼中是否允许推定？有学者认为这是客观存在的，有学者则从多个角度证明了刑事推定并不存在，没有达成一致意见；基于对刑事推定客观存在的判断，一些学者讨论了如何设立和适用刑事推定，提出了不同的观点和建议；而对于主观明知要件的推定，司法实践工作者和学者的理解和态度并不一致；对于推定与证明责任的关系，基于对证明责任含义、推定的性质和效力的不同理解，学者们的观点各不相同。

尽管如此，这次研讨会还是起到了开阔视野和开启思路的作用，厘清了相关概念的关系，对于刑事推定设立的基本原则、慎重对待推定与证明责任的关系等问题，基本上达成了一致意见。[2] 针对推定和刑事证明责任的研究，有学者提出应当实现两个结合：一是实体法与程序法的结合，起到互补的作用；二是理论与实际结合，把学术研究和司法实践结合起来。[3]

三、法庭科学研究进展

（一）法医学

1. 法医病理学

（1）死亡原因确定。确定死因是法医病理学尸体检验的首要任务。在某

〔1〕参见张乾雷：“美国司法认知对象研究”，载《研究生法学》2008年第2期。

〔2〕参见龙宗智主编：《刑事证明责任与推定》，中国检察出版社2009年版，第1页以下。

〔3〕参见吴丹红：“证据法的理论谜局”，载《证据科学》2009年第2期。

个具体死亡案例中，导致死亡的原因可能是一个或多个，需具体分析且明确死亡原因属于根本死因还是直接死因等。①根本死因，是引起死亡的初始原因，是指引起死亡的原发性自然性疾病或暴力性损伤，如电击死、心肌梗死、机械性窒息等。一是电击死。电击死亡案例中，皮肤的金属化、电烧伤、电击纹、骨珍珠及窒息等电击征象都可以作为电击的证据，有明显电流斑的，判定容易；无明显电流斑者，则鉴定困难。唐金河报道了一例高度腐败尸体，经扫描电镜/X 射线能谱法，证实皮肤上存在遭受电击形成的电流斑。[1] 陈志勇研究了无电流斑电击后家兔肺脏、肝脏和肾脏 ET（肾脏组织内皮素）的表达，发现 ld、3d、5d 和 7d、10d ET 的表达呈现出一定规律性。这一结论可能对于判定人类电击死有一定价值，但尚需考虑尸体重量、电击部位不同，ET 表达是否有差异。[2] Wang Ye 等研究了电击死后 12 小时内尸体主动脉和肺动脉内膜的变化，发现在皮肤无电流斑分组中，主动脉和肺动脉内膜有穿孔，而有电流斑分组中却无此变化，这可为鉴别无电流斑电击死亡提供证据。[3] 二是心肌梗死。以往我国流行病学调查表明，心血管疾病猝死约占猝死总数的 42%～54%，Kuller 报导猝死中冠心病占 61%，国内学者统计的 542 例资料中，冠心病猝死占首位，可见其冠心病猝死比例之高，而冠心病猝死往往容易引发争议而要求尸检。Quan L 等研究了 536 例死亡时间在 24 小时内尸体，发现体内 EPO（促红细胞生成素）的变化与心脏性猝死发作之间存在一定规律，并可作为判定指标之一。[4] ②直接死因。如果根本死因不经过中间环节直接引起死亡，则此死因既是根本死因，又是直接死因；根本死因若没有直接致死，因它的继发后果或合并症致死，则后者为直接死因。常见的直接死因有出血、栓塞、中毒等。柯咏分析了 2000～2007 年 26 例栓塞死亡（直接死因）案例，血栓栓塞 7 例，脂肪栓塞 8 例，羊水栓塞 9 例，异物栓塞 1 例，空气栓塞 1 例。其中，肺动脉血栓栓塞居多，鉴定时需注意了解其是否

---

〔1〕 唐金河："利用扫描电镜/X 射线能谱法鉴定电击死 1 例"，载《中国法医学杂志》2008 年第 3 期。

〔2〕 陈志勇："家兔电击伤肺脏、肝脏和肾脏 ET－1、vWF 表达的动态变化研究"，载《河北医科大学硕士论文》2008 年第 3 期。

〔3〕 Wang Ye, Liu Min Cheng, "Endothelial Cell Membrane Perforation of Aorta and Pulmonary Artery in the Electrocution Victims", *Forensic Sci Int*, 2008.

〔4〕 Zhu BL, Ishikawa T, "Postmortem Serum Erythropoietin Levels in Establishing the Cause of Death and Survival Time at Medicolegal Autopsy", *Forensic Sci Int*, 2008.

有外伤史、手术史、制动状态等。关于脂肪栓塞，有学者认为几乎均见于长骨骨折及髋、膝关节置换术后，鉴定时需注意。[1]

（2）死亡时间推断。死亡时间推断可分为早期死亡时间、晚期（腐败）死亡时间及白骨化尸体。死亡时间推断的主要方法包括：尸温测量、尸体现象、超生反应、离子浓度酶的测定、DNA 检测、RNA 检测、胃内容物消化程度、膀胱尿量、综合参数法、嗜尸性昆虫、植物生长规律、荧光定量法、骨骼含氮量测定、腹腔腐败气体等。易少华和靳俊蜂等，研究了大鼠脑和骨髓组织 DNA 降解与死后间隔时间（PMI）之间的关系，结果显示，死后 DNA 随 PMI 的延长逐渐降解。该研究可为早期死亡时间的判定提供参考价值。[2] 任广睦研究了大鼠看家基因 mRNA，显示 GAPGH（甘油醛-3-磷酸脱氢酶）mRNA 等与 PMI 呈显著线性相关，适用于晚期 PMI 的推断。该实验结果的可信区间较大，并且不同位点的比值之间存在重叠，可能影响这一方法在法医学实践中的应用。[3] 张彦伟的研究显示，大鼠骨骼肌肌钙蛋白 I（sTnI）与死亡（离体）时间的对数值均呈近似的线性关系。[4] 杨天潼的研究显示，a/Cr、Ch/Cr 的死后变化与时间呈强相关性，可用于死亡时间推断。[5] 郭晓冲和闫宜锋等的研究分别认为，突触素、5’ – 核苷酸酶的活性降解可作为判断 PMI 参考指标。[6] 刘杨研究了大鼠肝、肾、脾细胞内微管蛋降解规律与 PMI 之间

---

〔1〕 柯咏：“26 例栓塞死亡的法医学鉴定分析光谱学与光谱分析”，载《中国法医学杂志》2008 年第 12 期。

〔2〕 参见易少华：“彗星试验检测再后 DNA 降解推断 PMI 的参数选择研究”，载《中国法医学杂志》2008 年第 1 期。另参见靳俊蜂等：“胸骨骨髓细胞核 DNA 含量与死亡时间关系的研究”，载《解剖学研究》2008 年第 5 期。

〔3〕 任广睦：“死亡大鼠看家基因 mRNA 时序性降解的组织差异性研究”，载《中国法医学杂志》2008 年第 4 期。

〔4〕 张彦伟等：“大鼠骨骼肌肌钙蛋白 I 与死亡及离体时间的相关性探讨”，载《中西医结合心脑血管疾病杂志》2008 年第 4 期。

〔5〕 杨天潼等：“单体素 1H—MRS 推断不同温度下死亡时间的研究”，载《中国法医学杂志》2008 年第 4 期。

〔6〕 参见郭晓冲、何冠英、吴旭：“大鼠死后肾上腺突触素含量变化与死亡时间关系的研究”，载《实验动物与比较医学》2008 年第 6 期。另参见闫宜锋、郦小平、陶香香：“大鼠离体肝脏 57 — NT 与 PMI 的相关性研究”，载《皖南医学院学报》2008 年第 3 期。

具有相关性。[1] 柯咏利用 FTIR 光谱技术分析了死亡时间问题。[2] 李新锁在实际案例中，利用呕吐推断 PMI 并得以证实。[3]

（3）判断死亡方式。死亡方式涉及暴力性死亡如何实现，分为自杀、他杀、意外。①自杀。自杀案件中高坠事件与意外跌落、他杀的区别。王清芝等报道了一例疑似他杀的高坠案件，经调查核实系自杀，其特点之一是自杀者坠落高度往往比意外者坠落的高度高，这与以往研究结果类似。[4] ②他杀。在凶杀案件中，犯罪分子为了掩盖事实真相，伪造犯罪现场，经常将尸体焚烧或抛入水中。徐东升报道的一例杀人焚尸案，通过现场死者颅骨洞状骨折及新月形凹陷、脑组织挫碎外溢、上颌骨粉碎性骨折、支气管内无烟灰炭末及现场无凶器等，推断死亡性质为他杀，最终抓获犯罪分子。水中尸体判定死亡方式也是一大难题。[5] 何方刚采用大白兔溺死和死后抛尸进行对比研究发现，溺死组各组织器官中浮游生物检测多呈阳性：肺（100%）、肝（83%）、肾（75%）、心血（83%）、脑（42%）；死后抛尸组仅 2 例肺组织（16.7%）检出阳性；对照组全部阴性，这对判定案件性质有较大意义。实际应用时，需注意尸体腐败、濒死期入水对结论判定的影响。[6] ③意外。死亡案例中，意外死亡如溺死、猝死等为数不少。陈新山采用免疫组化 SABC、图像分析技术定量检测 TLR4 在冠状动脉粥样硬化斑块（AS）内表达的平均光密度值（OD）的研究表明，TLR4 的表达情况可视作冠心病猝死（SCD）的重要依据之一。这对于界定伤病共存或死因竞争案例有一定价值。[7] 程文婷统计了 82 例肾上腺出血死亡案，提示男性青壮年肾上腺出血猝死最多见。这

---

〔1〕 刘杨、蒯锦霞、张彦伟：“失血性休克大鼠肝肾脾细胞微管蛋白死后降解的检测”，载《中国法医学杂志》2008 年第 5 期。

〔2〕 柯咏、张建钢、黄平：“大鼠死后脑组织的傅里叶变换红外光谱变化”，载《法医学杂志》2008 年第 5 期。

〔3〕 李新锁：“根据呕吐物推断作案时间 1 例”，载《法医学杂志》2008 年第 4 期。

〔4〕 王清芝、霍延武：“1 例疑似他杀案件的自杀案件”，载《河南公安高等学校学报》2008 年第 6 期。

〔5〕 徐东升、汪振华、马子盈：“1 例特大杀人焚尸案法医学现场分析”，载《中国法医学杂志》2008 年第 4 期。

〔6〕 何方刚：“PCR—DGGE 法检测浮游生物 16SrDNA 在溺死鉴定中的应用”，载《法医学杂志》2008 年第 6 期。

〔7〕 陈新山：“冠状动脉急性病变斑块内 Toll 样受体 -4 表达的研究”，载《中国法医学杂志》2008 年第 2 期。

可以为死因不明案例提供线索。[1] 苏保军报道的被他人踢中腹部当即倒地，抢救无效死亡，被认定为抑制死。该类案件诱发因素常为喉部或腹部外力、轻踢阴囊、压迫颈动脉窦、饱食或扩张子宫颈等，死亡机制尚不十分明了，通常认为可能是交感神经及肾上腺系统功能与迷走神经系统功能不协调，引起反射性心搏变慢或停止；或引起反射性血管扩张、血压下降而致猝死；其特点为外力作用轻微、死亡时间短（在数秒或几分钟）等。[2] 高彩荣的研究认为，血清 IgE 和肥大细胞类胰蛋白酶含量显著升高可帮助判断过敏性猝死。[3] 陈继梁等、许小明等的研究，分别报道了房室结区囊性肿瘤、消化道症状嗜铬细胞瘤猝死。[4] 徐静报道了一例性窒息诱发冠心病猝死。[5]

（4）推断损伤时间，是指推断受伤到死亡所经历的时间，其前提是鉴别生前伤还是死后伤。以往推断损伤时间研究，主要是通过损伤组织的宏观改变和常规镜下组织学检查。目前，许多法医病理学工作者采用免疫组化和分子生物学技术，对皮肤、骨骼肌、细胞因子、癌基因、趋化因子等的表达进行研究。熊昌艳的研究显示，p-JNK 变化与 eti 之间存在相关性，伤后 3～12h 损伤区 p-JNK 阳性着色主要在中性粒细胞，1～5dp-JNK 阳性着色主要为单核细胞和成纤维细胞等。[6] 廖鹰研究了炎症反应中起核心作用的趋化因子－巨噬细胞炎性蛋白－1α（MIP－1a）的表达与 eti 的关系，发现生前造创组 MIP－1a 在炎症细胞中的表达量的变化具有规律性，呈现出升高期、高峰期、下降期的时序性变化曲线。但该类研究尚需注意，由于皮肤维持自身稳态的机制，使得多种细胞因子均在正常的皮肤表皮和腺体表达，应注意在定量、定性方面加以区别。[7] 王起观察到大鼠骨骼肌、皮肤挫伤愈合过程中，caspase－3 的

---

〔1〕 程文婷："82 例肾上腺出血的法医病理学分析"，载《法医学杂志》2008 年第 4 期。

〔2〕 苏保军："脚踢腹部抑制死 1 例"，载《法医学杂志》2008 年第 3 期。

〔3〕 高彩荣等："类胰蛋白酶和 IgE 测定在过敏性猝死诊断中的应用研究"，载《法医学杂志》2008 年第 1 期。

〔4〕 参见陈继梁等："房室结区囊性肿瘤猝死 1 例"，载《法医学杂志》2008 年第 3 期。另参见许小明："消化道症状嗜铬细胞瘤猝死 1 例"，载《法医学杂志》2008 年第 3 期。

〔5〕 徐静等："性窒息诱发冠心病猝死 1 例"，载《法医学杂志》2008 年第 6 期。

〔6〕 熊昌艳："小鼠皮肤切创愈合过程中 p-JNK 变化及其与时间的相关性"，载《法医学杂志》2008 年第 4 期。

〔7〕 廖鹰："小鼠皮肤切创愈合过程中巨噬细胞炎性蛋白－1α 的表达及其与损伤时间的关系"，载《重庆医科大学学报》2008 年第 9 期。

表达与 eti 存在相关性。[1]

推断损伤时间是法医病理学的难题之一，与多种不确定因素影响有关，上述研究从不同角度取得了预期效果，但在以下方面仍需完善：①找准损伤不同时期的敏感指标；②采用联合分子生物学方法以提高灵敏度及准确率；③综合细胞因子、癌基因、趋化因子等多种指标综合推断；④进一步扩大样本量；⑤尽可能排除影响因素（外部环境及尸体本身如出血、自溶、超生反应等）等。

（5）推断和认定致伤物。致伤物的推断和认定不仅能为侦查提供线索，有助于判断死亡方式，还可为审判机关提供科学证据。Guo Lei 等利用计算机模拟摩托车事故中受伤人员的损伤特征，来确定谁是驾驶员和乘坐人员，对违规交通事故中责任划分的认定具有参考作用；该研究思路也体现了致伤物推断的思维逻辑。[2] Zhao D. 等利用与死亡相关的葡萄糖转化酶 1 和血管内皮生长因子 mRNA 定量组织特异性的不同，来推断钝器伤、锐器伤还是急死（心肌梗死），结果表明，钝器伤致死者，GLUT1 和 VEG FmRNAs 定量表达在肺脏中减少，而在骨骼肌中增加；但是在急死中，GLUT1 定量 mRNA 表达增加，VEGF（血管内皮生长因子）mRNAs 表达无显著差异。[3]

（6）个人识别。用科学方法（如计算机颅像重合、颅骨复原面貌、体貌特征及血型、DNA）确定活体或尸体的身份，或是否与某个体为同一人，称为个人识别。林玉才报道的 60 例水中尸体的研究，其中一例尸源确认即采用计算机颅像重合，并得到证实。

2. 法医临床学

2008 年度法医临床学研究主要围绕下列内容进行：①法医临床学发展现状研究；②法医临床学客观检查技术研究，包括视觉功能客观评定、听觉功能客观评定、智能客观评定方法、周围神经损伤客观检查等方法的评价；

---

〔1〕 王起：“大鼠骨骼肌挫伤愈合过程中 caspase－3 的表达及时间规律”，载《法医学杂志》2008 年第 5 期。

〔2〕 Guo Lei, Jin Xian-Long, “Study of Injuries Combining Computer Simulation in Motorcycle-car Collision Accidents”, *Forensic Sci Int.*, 2008.

〔3〕 Zhao D., Ishikawa T., “Issue-specific Differences in mRNA Quantification of Glucose Transporter 1 and Vascular Endothelial Growth Factor with Special Regard to Death Investigations of Fatal Injuries”, *Forensic Sci Int*, 2008.

③辅助检查技术在法医临床学鉴定中的应用及其价值分析；④活体年龄推断研究；⑤医疗纠纷司法鉴定问题；⑥疑难、复杂案例报道及鉴定标准的探讨。

（1）我国临床法医学学科现状研究。陈腾等对我国临床法医学学科现状及发展方向的研究显示，法医临床学经过几十年的发展，在科学研究、人才培养、司法鉴定等方面进行了许多有意义的探索，逐渐形成了学科特色和优势。但随着国家司法鉴定体制改革，以及社会鉴定机构和从业人员迅速增长，使得临床法医学既面临机遇，又面临新的挑战。目前该学科存在的问题是：①研究水平不高，研究课题少，经费不足，高水平论文少，研究人员方向不固定等。形成以上状况的原因主要是因为临床法医学虽然属于“法医学”分支学科，但目前大部分研究内容却具有“文科或软科学”性质，这与该学科涉及面太广、过分依赖临床医学各学科的特点有关。②我国目前临床法医学鉴定人员培养主要来源于医学院校法医专业，少数来自公安院校和其他医学相关专业。随着国家教育体制的改革，全国拥有法医学专业并且招生的院校越来越多，招生人数逐年增加。单从本科生培养来看，临床法医学同法医学的其他三级学科如法医病理学、法医物证学等相比，除课时数相对较少以外并无明显差别。但在研究生培养方面却存在差距，主要表现为临床法医学的研究生培养目前多处于只能培养硕士研究生水平，临床法医学专业尚无博士生导师，在一定程度上显示了临床法医学科学研究水平的相对低下，这也是困扰临床法医学发展的根本原因。③临床法医学鉴定是该学科的主要工作。随着鉴定案件量明显提高，同时由于鉴定机构的全面开放，鉴定从业人数骤然增多，许多以前没有从事过临床法医学鉴定的人员进入该行业，造成临床法医学鉴定人员鱼龙混杂，良莠不齐，导致当前临床法医学的司法鉴定工作比较混乱，表现在从业人员水平参差不齐，鉴定结果不一致；各类鉴定标准均明显滞后，加之有些指标量化程度差，可操作性不强，也在一定程度上导致鉴定结果混乱。临床法医学专家一直致力于鉴定相关标准的研究和制定，但成效甚微，也限制了临床法医学的发展。[1]

（2）法医临床学客观检查技术研究。

第一，视觉电生理技术的多角度应用，为眼损伤的鉴定提供了客观依据。

---

〔1〕 陈腾、张秦初：“我国临床法医学学科现状及发展方向”，载《中国法医学杂志》2008 年第 1 期。

视觉电生理检查是测定视网膜被光或图像刺激时，在视觉系统中不同神经元所产生的生物电活动。这是一种无创伤性的视功能客观检查方法，在眼损伤的司法鉴定中，用于对视觉系统的伤、病进行诊断和鉴别诊断，以及视觉功能的客观评定。胡俊等对VEP鉴别伪盲进行了法医学研究，试验选取65例眼外伤后单眼盲或单眼低视力的患者为实验对象，将65只伤眼作为实验组，65只健眼作为对照组，分别进行VEP检查。在VEP检查时，受检眼依次接受视角为30′、22′、11′、5′、3′的图形视觉刺激。结果发现，患眼主观视力与VEP视力不相符者48人，伪盲检出率为73.8%；对照组健眼VEP视力与主观视力符合率可达90.8%。作者认为，VEP技术能够准确评价受检眼的实际视力水平，并可为鉴别伪盲的法医学应用方面提供可靠依据。[1]

黎宇飞等对色觉电生理学及其法医学应用价值进行了研究。结果显示，视觉电生理检查方法已逐渐成为色觉临床诊断与研究的重要手段。其中，视网膜电图可以对不同的锥细胞及色觉异常进行区分，不同颜色刺激所产生的视觉诱发电位也有不同的形态特征。色觉电生理研究技术将为网膜功能、脑功能的法医临床学评定提供重要手段。[2]

王旭的研究显示，应用Goggle-VEP具有客观评定视野缺损的法医学价值。她在试验中以受试者健眼做对照，行双眼电视野检查及Goggle-VEP检查，应用SPSS软件分析。结果显示，80例视神经损伤眼均表现为不同程度的视野改变，其中41例为视神经完全损伤，Goggle-VEP均无波形诱出；39例未不完全视神经损伤，Goggle-VEP表现为仅诱出切迹或者潜伏期延长、波幅降低；80例健眼，视野正常，Goggle-VEP均正常。分析视野与Goggle-VEP结果两者的相关性，$R=0.911$（$P<0.01$，$n=80$）。在表明视神经损伤时，视野缺损程度与Goggle-VEP异常程度有较好的相关性，Goggle-VEP可作为视神经损伤后客观评定视野缺损的指标。[3]

张泽润等应用VEP验光方法在常见眼外伤中进行矫正视力检测。实验选取各种类型眼外伤患者61人（受检眼61只，伤后3～6月），分别对伤眼行

---

〔1〕 胡俊等："VEP鉴定伪盲眼的临床法医学研究"，载《国际眼科杂志》2008年第10期。

〔2〕 黎宇飞等："色觉电生理学研究进展及其法医学应用价值"，载《法医学杂志》2008年第1期。

〔3〕 王旭："应用Goggle-VEP客观评定视野缺损的法医学价值分析"，载《证据科学》2008年第3期。

电脑验光、主觉插片验光及VEP验光，比较了三种验光方法所测屈光度及矫正视力之间的差异性。结果发现，VEP验光与主觉插片验光所测伤眼屈光度，与矫正视力无显著差异；电脑验光与主觉验光、VEP验光在球镜屈光度检查上存在显著差异，在散光检查方面无明显差异；电脑验光所得矫正视力与主觉插片验光、VEP验光所得结果之间均存在显著性差异，尤其在角膜、虹膜睫状体、晶状体、玻璃体等部位损伤的受检眼中差异更为显著。电脑验光和VEP验光均是客观的屈光检查方法，前者有方便迅速的优点，但其结果存在较大误差，特别是在屈光系统损伤的患者中误差更大，仅可作为屈光矫正的初步检查依据；而后者验光结果准确，能够反映伤眼的屈光实际情况，可应用于法医学鉴定中的伤眼最佳矫正视力评定。[1]

第二，听觉电生理技术的新进展。在司法鉴定实践中，涉及耳损伤的患者往往主诉听力下降，因此，对客观听阈评估技术研究具有重要的法医学意义。杨小萍等开展的"听力正常人听性稳态反应阈值与纯音测听阈值的比较"研究，目的是通过比较听性稳态反应（ASSR）阈值与纯音测听（PTA）阈值，为ASSR技术应用于听力障碍法医学鉴定提供技术数据。建立实验室ASSR阈值与PTA阈值的校正值。其试验方法是：27例（54耳）正常听力志愿者进行PTA及500Hz、1000Hz、2000Hz和4000Hz的ASSR测试，采用配对t检验法，比较测试耳ASSR阈值与PTA阈值的关系，并验证Smart EP-ASSR测试系统校正后的ASSR阈值与PTA阈值的一致性。结果显示，正常耳ASSR阈值较PTA阈值高（$P<0.05$），各频率差值：500Hz为22.04±5.79）dB，1000Hz为（11.02±5.44）dB，2000Hz为（12.59±5.89）dB，4000Hz为（17.78±7.25）dB；仪器校正后的ASSR阈值与PTA阈值的差值：500Hz为（-3.96±5.79）dB，1000Hz为（0.02±5.44）dB，2000Hz为（-0.41±5.89）dB，4000Hz为（-1.25±7.25）dB。作者认为，听力正常人ASSR阈值较PTA阈值高，其差值在各频率不一致，平均为16.9dB。ASSR用于听力障碍法医学鉴定中评估行为听阈时，ASSR阈值需要进行校正。各实验室应建立ASSR阈值较PTA阈值的校正值。[2]

---

〔1〕张泽润等："VEP验光方法在常见眼外伤矫正视力检测中的应用研究"，载《证据科学》2008年第3期。

〔2〕杨小萍等："听力正常人听性稳态反应阈值与纯音测听阈值的比较"，载《法医学杂志》2008年第14期。

第三，周围神经损伤的神经电生理研究。周围神经损伤是法医学鉴定中较为常见的损伤，而电生理检测作为一种客观辅助检查手段，对周围神经损伤后功能的评价具有重要的法医学意义。张馨元等研究了周围神经损伤的电生理检测及其法医学意义，认为目前常用的电生理检测方法有强度—时间曲线、肌电图、神经传导速度和体感诱发电位。由于周围神经损伤后不同时间的电生理检测可以反应周围神经损伤与再生的情况，因此，电生理检测对于周围神经损伤预后评估和鉴定时机的确定具有重要的法医学意义。在法医学鉴定中，对于周围神经损伤，除根据神经电生理检测结果外，还要结合其他临床表现综合评定。[1]

第四，P300与智力的相关性研究。张好勤等对颅脑损伤后所致癫痫患者的事件相关电位（P300）特征的试验研究，试图探讨颅脑外伤所致癫痫患者的认知功能特点及事件相关电位（P300）的临床应用价值。本试验对53例颅脑外伤所致精神障碍患者、52例颅脑外伤不伴癫痫患者和50例健康对照组，分别进行了P300电位测定，采用韦氏成人智力测验修订版测定智商，将三组测定结果进行相关分析。结果显示，颅脑外伤所致癫痫患者组与颅脑外伤组事件相关电位成分中N2、P3波潜伏期延长和P3波幅降低，言语智商、操作智商、总智商得分均降低均较对照组显著，差异均有极显著性；而颅脑外伤伴癫痫组P300电位成分中N2、P3波潜伏期延长和P3波幅降低及言语智商、操作智商、总智商得分降低均较颅脑外伤组显著，差异均有极显著性。相关分析显示，颅脑外伤伴癫痫组P300潜伏期与言语智商、操作智商和总智商分呈显著负相关（$r=-0.33\sim-0.29$），波幅则呈显著正相关（$r=0.31\sim0.36$）。试验结果认为，P300电位可作为评价颅脑外伤所致癫痫患者认知状况的重要指标。[2]

（3）临床医学新型辅助检查技术在鉴定中的应用探讨。

第一，影像学方法的应用。王子轩等对“多层螺旋CT、普通CT和X线”在骨折的法医学鉴定中的应用价值进行了研究。在实验中，对366例受检者（已接受其他影像学检查）行MSCT薄层扫描并行SSD，透明化X线模拟投影

〔1〕 刘技辉、崔勇：“周围神经损伤的电生理检测及其法医学意义”，载《法医学杂志》2008年第4期。

〔2〕 张好勤、宋景贵：“颅脑损伤后所致癫痫患者的事件相关电位P300特征”，载《临床心身疾病杂志》2008年第3期。

和 MPR 处理，比较了多层螺旋 CT（MSCT）、普通 CT 与 X 线 3 种检查法，统计分析 MSCT、CT 常规与 X 线检查在各部位骨折中的诊断正确率和漏、误诊率并行 χ：检验，以评价它们在骨折法医鉴定中的应用价值。结果显示，鼻骨、肋骨、四肢及关节、眶骨、颅骨骨折 MSCT 诊断正确率明显高于普通 CT 或 X 线（$P<0.01$）。MSCT 与普通 CT 对脊柱骨折的诊断正确率无统计学差异（$P>0.05$）。MSCT、普通 CT 与 X 线的总体诊断正确率分别为 99.45%、70.27% 和 59.17%。常规 CT、X 线与 MSCT 诊断结果间存在显著统计学差异（$P<0.001$）。结论 MSCT 对骨折的显示更准确，可作为法医鉴定的重要辅助检查手段。[1]

陈大威等探讨了 MRI 在膝关节细微骨折法医学鉴定中的应用价值。试验分析了 24 例经 MRI 诊断并经 CT 及临床证实的膝关节细微骨折，其 MRI 的表现及其与 CT 和 X 线检查结果进行比对。结果显示：24 例患者中 X 线仅检出 2 处骨折，CT 检出 27 处，MRI 检出 31 处骨折；其中 MRI 诊断同一患者 2 处以上骨折共有 5 例。所有骨折均无明显分离或错位。作者认为，T1WISTIR 和 FE2T2WI 序列是显示细微骨折的最佳序列。该文结论认为，MRI 能明确诊断膝关节细微骨折，为法医学鉴定提供有力的依据。[2]

严治等对鼻骨骨折影像学检查方法的法医学意义给予了分析。作者从影像学检查方法的不同，重点对鼻骨骨折的影像学特点进行论述，比较了各种影像学检查方法的优劣。作者认为，在法医学鉴定中，应根据实际情况，选择更优质的影像学检查，注意与正常的解剖变异相区别，并提出根据鼻骨骨折的影像分型进行法医学伤情鉴定的依据。其中：X 线侧位片仍是诊断鼻骨骨折的常规手段，但当法医鉴定中遇到疑难或有争议的鼻骨骨折的情况时，尤其是 X 线侧位片显示不清或者可疑时，应行 CT 检查（冠状位或水平加冠状位联合扫描是必需的，如果条件允许，必要可行 MRP、SSD 重建）。同时指出：在人体损伤鉴定中，鼻骨线性骨折属于轻微伤，粉碎性骨折或者线性骨折伴有明显移位的属轻伤，鼻部显著变形属重伤。作者建议在影像学上表现为单纯Ⅰ型骨折应评定为轻微伤，单纯Ⅱ型骨折应评定为轻伤（鼻骨粉碎型

---

〔1〕王子轩等："多层螺旋 CT、普通 CT 和 X 线在骨折法医学鉴定中的应用"，载《中国法医学杂志》2008 年第 3 期。

〔2〕陈大威等："MRI 在膝关节细微骨折法医学鉴定中的应用价值"，载《中国法医学杂志》2008 年第 5 期。

骨折毫无疑问应评定为轻伤，复合型骨折可参照伤情鉴定标准的其他条款）。[1]

陈旧性创道长度的测定是法医学鉴定中的难点，长期以来没有得到应有的重视。随着高频二维超声和彩色多普勒成像技术的运用，目前已可以准确的定量创道的长度。王飞翔等通过两例损伤程度的鉴定案例，应用创道的超声检测来推测创道长度，并结合超声图像，说明超声检测在损伤程度鉴定中有重要的价值，认为创道的超声检测可以为损伤程度的鉴定提供有价值的科学证据。[2]

赵虎等对在脑震荡后综合征（PCS）的研究显示，轻度创伤性脑损伤的受损部位主要分布在灰白质交界附近和大脑深部中线结构，由于大脑损伤的弥漫性，常规影像学检查无阳性发现。文中对脑震荡后综合征的流行病学研究、诊断现状及争议、常规诊断技术、新型核磁共振成像技术在脑震荡后综合征和轻度创伤性脑损伤诊断中的应用及展望进行了综述。作者认为，现代大脑成像技术可无创定量评定大脑损伤，并可能成为脑震荡后综合征诊断及法医学鉴定更敏感和更有前途的评定工具。其中，新型磁共振 DTI 和 MRS 技术，可观察 PCS 大脑白质中不同程度的 DAI 和微小灶性出血和功能变化。通过大脑白质神经元轴索弥散张量和代谢物水平的检测，客观评定 PCS 的大脑受损程度，并对 PCS 的伤情、预后及诈病的可能性进行评定。[3]

第二，眼科辅助检查技术的新应用。在眼损伤鉴定中，眼科辅助技术的发展对准确鉴定带来可能。夏文涛等认为，眼外伤的司法鉴定主要依据视觉功能状况，即视敏度和视野检查结果。视敏度主要依赖行为视力检测，视野依赖电脑视野检查。上述检查的主观性比较强，目前还没有完全客观的方法。而眼部超声、光学相干断层扫描、眼部放射影像学等技术有助于眼球结构的检查，其结果是相对客观的。根据眼球结构变化的情况可以帮助分析、推测视觉功能的损害程度。传统和多焦眼电生理技术等一些眼科辅助检查手段也有助于验证主观检查结果。若能在结合案情、伤情及病历资料的基础上，综合采用多种辅助检查方法，可提高对视觉功能损害情况判断的准确性，进而

---

〔1〕 严治等："鼻骨骨折影像学检查方法与法医学鉴定"，载《证据科学》2008 年第 5 期。

〔2〕 王飞翔等："创道的超声检测及法医学意义"，载《法医学杂志》2008 年第 3 期。

〔3〕 赵虎、亢明："脑震荡后综合征及其客观评定技术的发展"，载《中国法医学杂志》2008 年第 3 期。

提高司法鉴定结论的科学性、客观性和准确性。[1]

刘夷嫦等研究了高度近视者眼球结构及其功能变化的法医学意义。作者认为，高度近视者眼球可发生一系列不可逆的组织形态学改变。其中，眼轴、角膜曲率、前房深度、眼底形态、黄斑神经上皮厚度等改变与眼球的屈光状态及视觉功能有着密切的关系，玻璃体混浊、玻璃体脱离、白内障、青光眼、后巩膜葡萄肿、视网膜脱离等并发症的发生率也随着近视屈光度数的加深而增高。越来越多的研究表明高度近视者视觉功能改变是上述多种结构变化共同作用的结果。因此，有望通过应用多项检查方法观察高度近视者眼球的结构变化，并根据这些变化分析评估高度近视者视觉功能的损害程度，为法医学评价眼部外伤与疾病的关系以及眼外伤的司法鉴定提供支持和依据。[2]

（4）活体年龄推断研究进展。牙龄是年龄推断的重要方法之一，国外学者常将其与骨龄联合应用，以提高年龄推断的准确性。大量研究表明，应用放射影像学这一无创的检查手段，可以准确观察牙齿的增龄性变化，如牙冠与牙根的发育程度、牙髓腔的变化等。史格非等应用放射影像技术进行牙龄推断，认为在目前应用放射影像学进行牙龄推断的方法（Gleiser 和 Hunt 法、Demirjian 法及牙髓腔测量法）中，以根据牙冠和牙根发育情况建立的 Demirjian 法推断牙龄相对比较准确，但在推断法定敏感年龄时尚存在局限性，故是否适合成为刑事责任年龄（14 岁、16 岁和 18 岁）的推断方法，应是我们今后进一步研究的方向。随着放射影像技术的发展，尤其是 CT 的出现，依靠其高分辨率以及相匹配的测量软件，可提高牙龄推断的准确性与可靠性，有望成为今后推断年龄的重要检查手段。[3]

朱广友等研究了青少年骨发育 X 线分级方法，以利用青少年骨关节 X 线影像变化规律制定青少年骨发育 X 线分级标准。其方法参照国内外权威学者关于不同部位关节骨骼发育分级的研究成果，以骺软骨发育组织学分层（区）为理论支撑、以骨发育 X 线影像特征为基础的分级原理，横向和纵向观察我国河南、海南、浙江三个省份 300 名 11～20 周岁男性、女性青少年双侧锁骨

---

〔1〕 夏文涛、刘夷嫦："眼外伤鉴定中辅助检查结果的综合分析评判"，载《证据科学》2008 年第 3 期。

〔2〕 刘夷嫦等："高度近视者眼球结构及其功能变化的法医学意义"，载《法医学杂志》2008 年第 5 期。

〔3〕 史格非等："应用放射影像技术进行牙龄推断"，载《法医学杂志》2008 年第 6 期。

胸骨端及左侧肩、肘、腕、髋、膝、踝关节骨发育X线影像特征，选取与年龄变化关系密切的24项骨骼发育指标。结果根据不同部位关节骨骺生长变化规律，将24项骨骼发育指标分为2级至8级不等。研究显示，各单一关节组成诸骨发育指标的分级基本相同或接近，单一关节内不同的骨骺发育变化具有同步性。结论本分级标准涉及骨骼发育指标广、适用年龄范围宽、可操作性强，为我国法医学活体骨骼年龄推断建立了良好的基础平台。[1]

（5）医疗纠纷的司法鉴定研究。本年度探讨医疗纠纷的法医临床学研究较为活跃，尤其是个案报道为多。例如，程亦斌的《有机磷农药中毒误诊医疗纠纷1例》；[2] 李保根的《医疗过错司法鉴定4例报道》；[3] 赵如华的《睾丸扭转延误治疗致睾丸切除医疗纠纷1例》；[4] 田云霞等的《小肠扭转肠梗阻误诊1例》；[5] 程亦斌的《酒精误输静脉致医疗纠纷1例》，《髋关节假体置换术后感染医疗纠纷1例》，《胃癌根治术后植物状态致医疗纠纷1例》，《脑膜瘤术后死亡医疗纠纷1例》，《甲状腺术后甲状旁腺功能减低致医疗纠纷1例》；[6] 以及周华林等的《关于脾破裂漏诊医疗纠纷1例报道》等，[7] 对不同种类型医疗纠纷案件司法鉴定的评判技术进行了探讨。

吴志民指出，是否构成医疗过失是司法部门处理医疗纠纷的重要依据，而认定医疗行为过失的主要途径是通过医疗纠纷技术鉴定，当前对医疗行为过失的认定尚需进一步的完善，需界定医疗纠纷民事诉讼中医疗行为过失的概念，并探讨判定医疗行为过失诸多因素，以适应目前对医疗过失的判定。[8]

朱广友认为，医疗过失行为的本质是医务人员违反了客观注意标准。判

---

〔1〕 朱广友等："青少年骨发育X线分级方法"，载《法医学杂志》2008年第1期。

〔2〕 程亦斌："有机磷农药中毒误诊医疗纠纷1例"，载《中国司法鉴定杂志》2008年第S1期。

〔3〕 李保根："医疗过错司法鉴定4例报道"，载《中国司法鉴定杂志》2008年第S1期。

〔4〕 赵如华："睾丸扭转延误治疗致睾丸切除医疗纠纷1例"，载《中国司法鉴定杂志》2008年。

〔5〕 田云霞："小肠扭转肠梗阻误诊1例"，载《中国司法鉴定杂志》2008年第S1期。

〔6〕 参见程亦斌以下5篇文章：①"酒精误输静脉致医疗纠纷1例"，载《法医学杂志》2008年第2期；②"髋关节假体置换术后感染医疗纠纷1例"，载《法医学杂志》2008年第6期；③"胃癌根治术后植物状态致医疗纠纷1例"，载《法医学杂志》2008年第5期；④"脑膜瘤术后死亡医疗纠纷1例"，载《法医学杂志》2008年第3期；⑤"甲状腺术后甲状旁腺功能减低致医疗纠纷1例"，载《中国司法鉴定杂志》2008年第1期。

〔7〕 周华林、李佑祥："脾破裂漏诊医疗纠纷1例"，载《中国司法鉴定杂志》2008年第1期。

〔8〕 吴志民："医疗行为过失的判定"，载《中国司法鉴定杂志》2008年第5期。

断是否存在医疗过失行为的注意标准，既包括法律、行政法规、规章、部门规定或诊疗护理常规等具体标准，也包括说明义务、转医义务、问诊义务等抽象标准。进行医疗过错司法鉴定时应重点判断医务人员有无违反“告知义务”、是否获得“知情同意”、是否违反结果“预见义务”、是否违反结果“回避义务”等事项。违反上述标准的，应当认定医务人员存在医疗过失行为。在具体进行某一案例的鉴定时，其核心工作就是围绕上述标准展开审查和分析、判断，要避免陷入“并发症免责”这一传统的观点。[1]

（6）疑难复杂案例及鉴定标准探讨。本年度有大量案例报告，分别对鉴定中的疑难、复杂和罕见案例给予了报道及分析。例如，储慧玲等报道了《一例疑似外开放性颅脑损伤的案例》；[2] 艾拉地力·乌拉斯汉等报道了《颈部锐器创致霍纳氏综合征 1 例》；[3] 徐晓明等报道了《颈部损伤致纵隔积气法医学鉴定 1 例》；[4] 李民等报道了《牵拉致臂丛神经损伤 2 例》；[5] 郭秀改等报道了《3 例人工假体损伤程度的法医学鉴定探讨》；[6] 翟永结等报道了《胸背部损伤致脑组织缺氧性病损 1 例》；[7] 王世凡报道了《胸背部外伤致持续性植物状态案例分析》[8]。

此外，如汪家文等对关节活动度丧失度测算方法的统一和完善的研究，指出在法医临床学鉴定中，涉及计算关节活动丧失度的案例很普遍，但目前尚无统一的标准和规范，这在一定程度上造成了鉴定结论的混乱，影响了法律和司法鉴定的公平公正。作者通过实际案例的比较，对临床医学和法医学

---

〔1〕 朱广友：“医疗过失行为的判定——附 3 例医疗纠纷司法鉴定评析”，载《中国司法鉴定杂志》2008 年。

〔2〕 储慧玲等：“一例疑似外开放性颅脑损伤的案例”，载《中国司法鉴定杂志》2008 年第 2 期。

〔3〕 艾拉地力·乌拉斯汉等：“颈部锐器创致霍纳氏综合征 1 例”，载《法医学杂志》2008 年第 3 期。

〔4〕 徐晓明等：“颈部损伤致纵隔积气法医学鉴定 1 例”，载《中国法医学杂志》2008 年第 2 期。

〔5〕 李民等：“牵拉致臂丛神经损伤 2 例”，载《中国法医学杂志》2008 年第 2 期。

〔6〕 郭秀改等：“3 例人工假体损伤程度的法医学鉴定探讨”，载《中国法医学杂志》2008 年第 2 期。

〔7〕 翟永结等：“胸背部损伤致脑组织缺氧性病损 1 例”，载《中国法医学杂志》2008 年第 4 期。

〔8〕 王世凡：“胸背部外伤致持续性植物状态案例分析”，载《法医学杂志》2008 年第 3 期。

文献中记载的关节活动功能丧失程度计算的四种方法即主从法、加和法、方向均分法和轴向均分法分别进行了研究，发现了各有的优缺点，提出了法医学鉴定应用技术的公平公正、科学客观和简便易行三原则，建议尽快达成业内共识，采用统一规范的轴向均分法为计算关节活动丧失程度方法，以期避免这方面的弊端。[1] 本年度由公安部推出了《人体损伤护理依赖程度评定GA/T800－2008》[2]，使护理依赖的鉴定有了独立的鉴定标准（行业标准）。

（二）司法精神病学

2008年，我国司法精神病学的一些传统观点和理念在逐渐发生变化，并越来越多地借鉴普通法系的一些规定。本年度司法精神病学的关注热点，已由传统的单一医学问题转向鉴定中涉及的法律问题，如鉴定程序规范、鉴定启动等问题。此外，鉴定实践中也存在一些比较突出的问题和新情况。

1. 司法精神病鉴定中的法律问题研究

越来越多的法律学者和司法精神病学者开始深入探讨、研究司法精神病学鉴定涉及的法律问题。

（1）司法精神病鉴定启动问题。在邱兴华杀人案中，是否应对其进行司法精神病鉴定的争论，使司法精神病鉴定的启动问题引起人们的重视，其受关注的程度并未随着案件的审结而下降。在本年度发表的论文中，有不少文章对此问题进行探讨。俞小海和陈婷婷认为，在邱兴华案中，对当事人进行精神病鉴定有充分的公众基础和法律依据，是实体正义和程序正义的双重要求。但是，根据我国法律规定，司法精神病鉴定启动权是司法权的一部分，当事人只有鉴定申请权，只有公检法机关才能启动鉴定程序。问题是，如果辩方有足够的申请鉴定理由而司法机关还不启动鉴定的话，其合法权益如何得以保障？多数学者倾向于借鉴普通法系的做法，即赋予被告人一定的鉴定启动权。有人提出，只要辩方能提出理由充分的鉴定申请，就应由控方举证证明被告人作案时具有完全刑事责任能力，即由检察机关提请鉴定以完成其

〔1〕 汪家文等："关节活动度丧失度测算方法的统一和完善"，载《法医学杂志》2008年第2期。

〔2〕 公安部《人身损害护理依赖程度评定GA/T800－2008》，2008年12月。

举证责任。[1]

（2）鉴定的标准化问题。司法精神病鉴定有较强的经验性和主观性。随着司法鉴定制度的发展，减小主观性对鉴定的影响、增加客观性在鉴定中的分量，已成为我国目前司法精神病学界的共识，制定全国统一的司法精神病鉴定技术标准和操作规范已被提上议程。早在 2007 年 11 月召开的第十届全国司法精神病学术会议上，就有两部责任能力评定提纲被提出讨论，责任能力评定提纲的专家建议稿也陆续在专业期刊上发表。本年度发表的一组由司法精神病学专家撰写的精神障碍者刑事责任能力评定标准方面的文章，[2] 显示出业内人士对此问题的关注。我国司法精神病鉴定工作者在长期鉴定实践中已积累了极其丰富的经验，编制精神障碍者刑事责任能力评定标准十分必要，编制原则必须既符合我国现行法律规定，又不脱离鉴定的实践经验，《精神障碍者刑事责任能力评定标准（草案）》基本符合这一要求。

2. 司法精神病鉴定的实践问题研究

（1）鉴定诊断问题。目前部分鉴定人仍存有将鉴定诊断同医学诊断简单等同的观点。但同临床精神病学疾病诊断相比，司法精神病学鉴定具有以下特点：一是检查时间短，一般需在一两个小时检查后即做出判断；二是检查者见到的是被鉴定人目前的精神状态，而做出结论时需要对以前的精神状态做出回顾性推断，造成主观色彩更浓；三是有时被鉴定人为达到逃避或减轻处罚的目的，伪装精神疾病，有时则是被鉴定人家属不配合，提供虚假病史；这些都给诊断增加了难度。如果司法精神病鉴定诊断的依据不充分，对精神症状的描述不细致，诊断很难令人信服。司法精神病学鉴定做出医学诊断时应注意以下几个问题：①精神症状的确定与描述：要求鉴定医生对精神症状辨认准确，判断依据充分，对症状的描述详细而具体，切忌空洞的罗列症状；②不能根据目前精神检查所见直接推定作案时的精神状态，应结合病史情况

---

〔1〕 参见俞小海："司法精神病鉴定的思考与定位——由邱兴华案为切入"，载《法制与经济（下半月）》2008 年第 1 期。另参见陈婷婷："论程序正义与法官中立——浅析邱兴华案"，载《法制与社会》2008 年第 12 期。

〔2〕 参见《中国司法鉴定》2008 年第 6 期发表的以下 5 篇文章：①蔡伟雄："精神障碍者刑事责任能力评定标准研究"；②王小平、杨德森："论我国精神障碍患者责任能力评定中评定工具制定"；③刘协和："论精神病人刑事责任能力评定标准的制定"；④孙树范："精神疾病临床诊断与司法鉴定时疾病诊断思维的异同"；⑤韩臣柏："精神障碍者刑事责任能力评定标准（草案）浅议"。

和距案发时间较短的证明材料（主要是卷宗中的讯问笔录和目击者对案发当时情况的描述等）综合作出分析判断；③病史的客观性：应多方面了解病史，不应仅相信家属的反映就认定被鉴定人在案前患有精神疾病，应有无直接利害关系知情者反映的情况作为认定病史的客观依据；④严格按照诊断标准做出诊断：诊断标准是诊断客观性的重要体现，检查者不能仅依靠个别症状就做出诊断，应依据精神症状、疾病严重程度、病程等相应规定做出诊断。孙树范探讨了精神疾病临床诊断与司法鉴定时疾病诊断思维的异同，指出了鉴定诊断时需要注意的问题。[1]

（2）鉴定人出庭。在现行鉴定体制下，鉴定人出庭率较以前有所增加，随着法律的完善今后鉴定人的出庭率还会进一步提高。鉴定人要从出庭接受质证的角度出发，在鉴定前就要考虑到鉴定各个环节的完善，如鉴定程序合法、客观全面调查取证、诊断和鉴定结论的规范化、档案保存等等。邢学毅在探讨刑事责任能力鉴定的质证和采信时，指出了建立鉴定人出庭制度的必要性。[2]

（3）文献中涉及的其他鉴定问题。

第一，谈成文等对388例脑外伤所致各种精神障碍患者进行了分析，结果发现：脑外伤所致精神障碍中智力障碍的发生率为74.2%，以轻度以下的智力障碍为主。颅内血肿、脑干损伤、脑损伤范围、格拉斯哥分度量表评分（GCS）、合并精神障碍及文化程度对智力损伤程度的影响较大。脑干损伤、颅内血肿、GCS、脑损伤范围、昏迷时间与有无智力障碍关系密切；脑损伤范围、脑挫裂伤、额叶损伤、颅内血肿与精神病性症状关系密切；额叶损伤、开颅治疗、颅内血肿与人格改变关系密切。其结论是：在颅脑创伤所致精神障碍的鉴定中，应结合颅脑创伤的性质，全面评估其精神状态。[3]

第二，马金芸等向全国司法精神病鉴定机构发出《2006年度司法精神病鉴定机构及业务调查表》，收集各机构年度鉴定业务信息，将资料汇总后进行统计分析。结果发现，现行鉴定人员中专职鉴定人员占26.66%。在鉴定委托机构中，公安局占64.81%，法院占11.23%。鉴定案件中，刑事案件占

---

[1] 孙树范："精神疾病临床诊断与司法鉴定时疾病诊断思维的异同"，载《中国司法鉴定》2008年第S2期。

[2] 邢学毅："刑事责任能力鉴定的质证和采信"，载《临床精神医学杂志》2008年第3期。

[3] 谈成文等："脑外伤所致精神障碍的影响因素"，载《法医学杂志》2008年第5期。

64.57%，伤残鉴定案件占第二位（14.30%）。刑事案件类型分布依次为：杀人（22.07%），伤害（18.31%），被奸（12.75%），盗窃（9.79%）。刑事案件中，鉴定诊断的精神疾病依次为：精神分裂症（33.93%），精神发育迟滞（18.04%），情感性障碍（7.44%）。民事案件中，鉴定诊断为脑器质性精神障碍的比例最高，占 29.55%。[1]

此外，邱昌建探讨了刑事责任能力评定中诊断为“待分类的精神病性障碍”时须注意的问题。[2] 薛凤岐报道了一例感应性精神病司法鉴定。[3] 潘志武对精神发育迟滞被鉴定人的性别差异进行了分析，[4] 孙颖和丁万涛等就精神发育迟滞者的鉴定资料进行了分析。[5] 童庆好等对性受害者鉴定案例进行了分析。[6] 值得指出的是，杨俊等提出胆囊收缩素（CCK）可能成为司法精神病鉴定的辅助指标之一，虽然只是一种可能性，但毕竟为缺乏客观标准的司法精神病鉴定提出了一个思考方向。[7] 沈均等探讨了 2 项迫选数字记忆测验辨别司法精神病鉴定者伪装者的应用。[8]

（三）法医生物学

1. 特殊检材 DNA 分析

（1）污染严重的混合斑 DNA 提取方法的比较。混合斑检材是性犯罪案件常见的生物物证，将混合斑中精子和女性上皮细胞彻底分离，准确认定其中

---

〔1〕 马金芸、郑瞻培：“2006 年度我国司法精神病鉴定状况调查”，载《上海精神医学》2008 年第 2 期。

〔2〕 邱昌建等：“刑事责任能力评定中‘待分类的精神病性障碍’的诊断分析”，载《法医学杂志》2008 年第 2 期。

〔3〕 薛凤岐：“多发性、感应性精神病司法鉴定个案报告”，载《中国司法鉴定》2008 年第 S2 期。

〔4〕 潘志武：“108 例精神发育迟滞被鉴定人性别差异分析”，载《中国法医学杂志》2008 年第 5 期。

〔5〕 参见孙颖：“500 例精神发育迟滞患者司法鉴定资料分析”，载《中国司法鉴定》2008 年第 S2 期。另参见丁万涛、郭辉：“精神发育迟滞 397 例司法精神病学鉴定资料分析”，载《上海精神医学》2005 年第 4 期。

〔6〕 童庆好等：“司法精神医学鉴定 94 例性受害案例分析”，载《临床心身疾病杂志》2008 年第 5 期。

〔7〕 杨俊等：“胆囊收缩素基因单核苷酸多态性与精神状态的关系及法医学意义”，载《法医学杂志》2008 年第 4 期。

〔8〕 沈均等：“二项迫选数字记忆测验辨别司法精神病鉴定者伪装研究”，载《中国民康医学》2008 年第 11 期。

精子的个体来源是案件侦破和诉讼的关键。混合生物检材的 DNA 检验一直是一个棘手的问题。目前国内实验室在进行精斑、混合斑 STR 分型时，采用差异消化 Chelex－100 法或差异消化酚/氯仿法提取混合斑模板 DNA。实践中，这两种方法对于无污染且含有较多精子的混合斑效果较好，但对于现场污染严重的疑难混合斑的提取效果不理想。莫耀南等从日常案例中收集污染严重的混合斑，差异消化法分离精子后，同时用 Chelex－100 法、酚/氯仿法和二氧化硅膜技术三种方法提取 DNA。其结果显示，二氧化硅膜纯化技术可以有效去除 PCR 抑制物，提取的 DNA 扩增效果明显优于 Chelex－100 法和酚/氯仿法。〔1〕

（2）人体脱落细胞 DNA 检验。日常生活中，人体与物体接触后都会遗留脱落细胞，成功检验这类细胞的 STR 分型，可为案件的侦查和审判提供重要的线索和证据。但人体脱落细胞常常量少、易受污染，检出率不高，鉴于它潜在的价值，许多学者和检案人员开展了相关的研究：陈荣华等用改良 QIAamp Mini Kit 提取法提取尿斑中的 DNA；〔2〕杨电等对不同载体上的微量口腔脱落细胞检材采用小体积 Chelex－100 法提取 DNA，实时荧光定量 PCR 后扩增检测；〔3〕张爱平等研究了不同放置时间对烟蒂上 DNA 含量及 STR 分型的影响；〔4〕汪萍等开展了对不同部位脱落细胞的检验研究；〔5〕吴微微等评价了 Minifiler 试剂盒在微量 DNA 分型中的应用价值；〔6〕杨帆等开展了对签字笔上微量脱落细胞 DNA 分型以及保存时间对分型的影响研究。〔7〕实践中也有成功案例的报道，如火柴棍上的汗斑、咖啡糖上的唾液斑、霉变上衣上的人体

---

〔1〕参见莫耀南等："3 种 DNA 提取法在污染严重混合斑分型中的应用比较"，载《中国法医学杂志》2008 年第 1 期。

〔2〕陈荣华等："尿斑检材 DNA 提取方法比较"，载《中国法医学杂志》2008 年第 1 期。

〔3〕杨电等："微量口腔脱落细胞检材的 DNA 检验"，载《法医学杂志》2008 年第 3 期。

〔4〕张爱平等："放置时间对烟蒂上 DNA 含量及 STR 分型的影响"，载《法医学杂志》2008 年第 6 期。

〔5〕汪萍等："不同部位脱落细胞的检验应用"，载《广西警官高等专科学校学报》2008 年增刊。

〔6〕吴微微等："MiniFilerTM 试剂盒在 LCN－STR 分型中的应用"，载《中国法医学杂志》2008 年第 1 期。

〔7〕杨帆等："签字笔上附着的脱落上皮细胞 STR 分型"，载《法医学杂志》2008 年第 1 期。

脱落细胞、牙刷上的脱落细胞的 DNA 检验。[1]

（3）陈旧骨骼的 DNA 检验。韩海军等以胎儿及婴幼儿白骨化骨骼为样本，探索了胎儿及婴幼儿骨骼中钙质较少情况下的 DNA 检验条件。[2] 刘志芳等[3]报道了对土埋 17 年尸体牙齿 DNA 的成功检验。

（4）DNA 数据库批量样本 DNA 提取方法的比较。随着法庭科学 DNA 数据库大规模建立，DNA 提取、加样等步骤成为制约建库速度的一个“瓶颈”。吕晓革等比较了手工 Chelex－100 法、Biomek3000 自动化工作平台结合Chelex－100 法及 DNA－IQ™磁珠法，对实验室收集的建库滤纸血样进行了 DNA 提取，运用荧光定量技术对上述三种方法提取的模板 DNA 进行测定。结果显示，手工Chelex－100 法、自动化 Chelex－100 法及 DNA－IQTM 磁珠法提取的 DNA 模板浓度，分别为 0. 593ng ± 0. 131ng/μl、0. 579ng ± 0. 096ng/μl、0. 447ng ± 0. 056ng/μl，成功率分别为 100%、98. 9%、99. 5%。[4]

2. DNA 定量研究

在法医 PCR－STR 检验中，DNA 模板量很关键，PCR 的灵敏度大约在 0. 5～2. 0ng 之间，太多或太少的模板量均会影响到 PCR 扩增。在检验实践中，单凭经验提取检材，估算提取的 DNA 模板量和纯度，如果误差较大，会影响到后续 PCR－STR 分析。杨电等采用实时荧光定量 PCR 技术，对 Chelex－100 法提取的 113 份各种常见生物检材，包括血痕、口腔脱落细胞、软骨、指甲、精斑检材 DNA，进行了定量研究，探讨了 Chelex－100 法提取的 DNA 用量与复合 STR 分型成功率的关系。[5] 最近美国 AB 公司根据中国人群的特点，开发研制了 Sinofiler 试剂盒，为了明确该试剂盒的适合扩增模板 DNA 量，李成涛等结合具体案例，使用荧光定量 PCR 技术，对适合扩增的模板 DNA 浓度范

---

〔1〕 参见王新杰等：“火柴棍上汗斑 DNA 检验 3 例”，载《中国法医学杂志》2008 年第 2 期；曾于宝等：“咖啡糖上的 DNA 检验鉴定 1 例”，载《刑事技术》2008 年第 1 期；董林芳等：“联合应用 chelex100 和磁珠法检测霉变皮上衣微量 DNA1 例”，载《刑事技术》2008 年第 6 期；杨静开、刘振平：“牙刷上脱落细胞 DNA 检验 1 例”，载《法医学杂志》2008 年第 6 期。

〔2〕 韩海军等：“13 例胎儿及婴幼儿白骨化骨骼的 STR 检验”，载《中国法医学杂志》2008 年第 6 期。

〔3〕 刘志芳等：“土埋 17 年尸体牙齿 DNA 检验 1 例”，载《中国法医学杂志》2008 年第 1 期。

〔4〕 参见吕晓革等：“DNA 数据库建设中批量样品不同 DNA 提取方法的比较”，载《中国法医学杂志》2008 年第 3 期。

〔5〕 杨电等：“Chelex－100 提取生物检材 DNA 实时 PCR 定量研究”，载《中国法医学杂志》2008 年第 1 期。

围进行了检测。[1]

3. 短串联重复序列（STR）复合扩增体系研究

（1）国产化荧光标记复合扩增 STR 试剂盒。DNATyper™15 是公安部物证鉴定中心研发的荧光 STR 复合扩增试剂盒。它可同时检测 14 个 STR 基因座（D6S1043、D21S11、D7S820、CSF1PO、D2S1338、D3S1358、D13S317、D8S1179、D16S539、Penta E、D5S818、vWA、D18S51、FGA）和一个性别位点 Amelogenin。经测试，DNATyper™15 分型准确，检验结果稳定，所测试的各项性能指标均达到了国际同类产品的技术水平，可用于法庭科学的检案与建库。[2]

（2）MiniSTR 复合扩增。MiniSTR 基因座分析技术是通过将聚合酶链反应（polymerase chain reaction，PCR）引物的设计尽可能靠近重复区域而缩短扩增片段的一种新方法，应用于高度降解 DNA 样本检测，可提高检测成功率。侯志平等建立了一个 miniSTR D20S1082、D18S853、D17S1301 基因座复合扩增体系，[3] 白雪等建立了 miniSTR D17S974、D118S4463 基因座复合扩增体系，并调查了这些基因座在河北汉族人群的遗传多态性。[4]

4. STR 基因座群体遗传多态性研究

通过大规模群体 STR 基因座遗传多态性的调查，获得各项遗传多态性参数，客观评价其在研究人群的法医应用价值，可为个体识别和亲权鉴定服务。

（1）常染色体 STR 基因座遗传多态性调查。现阶段常染色体 STR 基因座遗传多态性调查主要包括两方面：①以中国群体尤其是少数民族为对象，调查以 13 个联合 DNA 索引系统（CODIS）核心遗传标记为主的 STR 基因座的遗传多态性，为这些民族和地区人群提供基础性的遗传学数据，如鄂西土家

---

〔1〕 李成涛等：“荧光定量 PCR 技术验证 Sinofiler 试剂盒的适宜模板量”，载《法医学杂志》2008 年第 2 期。

〔2〕 参见姜成涛、叶健、赵兴春等的以下 3 篇文章：①“DNATyperTM15 试剂盒的确证试验”，载《中国法医学杂志》2008 年第 2 期；②“DNATyperTM15 试剂盒的法医学应用研究”，载《中国法医学杂志》2008 年第 3 期；③“DNATyperTM15 与 IdentifilerTM 试剂盒遗传学调查应用比较”，载《中国法医学杂志》2008 年第 4 期。

〔3〕 侯志平等：“河北汉族人群 miniSTR D20S1082、D18S853、D17S1301 基因座复合扩增及遗传多态性研究”，载《河北医科大学学报》2008 年第 1 期。

〔4〕 白雪等：“河北汉族人群 miniSTR D17S974、D11S4463 基因座复合扩增及遗传多态性研究”，载《河北医科大学学报》2008 年第 2 期。

族群体调查,[1] 内蒙古汉族群体调查,[2] 陕南汉族人群调查,[3] 新疆维吾尔族群体调查,[4] 广西仫佬族遗传分析,[5] 等等。②寻找适合中国人群、具有高度法医应用价值的非 CODIS 系统 STR 基因座，这是法医物证的研究热点，如颜静开展的 5 个新 STR 基因座的群体遗传学调查,[6] 林刻智等在温州汉族群体开展的 D14S608、D10S2325、D15S659 和 GABARB15 调查,[7] 王亚男等在河南汉族 D8S384、D21S1409、D16S539 进行的遗传多态性研究[8]。

(2) Y-STR 基因座遗传多态性调查。人类 Y 染色体是男性特有的性染色体，在法医学个体识别、亲子鉴定和混合斑中男性成分的检验等方面具有独特作用。国内学者如李斌等、路志勇等、石美森等、贾振军等、吴晓兵等、百茹峰等在 Y-STR 基因座遗传多态性方面进行了深入研究。[9]

(3) X-STR 基因座遗传多态性调查。X 染色体短串联重复序列（X-STR）作为遗传标记在法医学应用领域有一定的特殊性。为了获得更多 X-STR 基因座的群体资料，吴旭炎等对山西汉族 DXS8378 和 DXS6808 基因座多态性进行

---

[1] 杨军等："中国鄂西土家族人群 15 个 STR 基因座遗传多态性"，载《中国法医学杂志》2008 年第 2 期。

[2] 张贵芹等："内蒙古汉族群体 15 个 STR 基因座遗传多态性"，载《中国法医学杂志》2008 年第 4 期。

[3] 吴元明等："陕南地区汉族人群 9 个 STR 基因座遗传多态性研究"，载《第四军医大学学报》2008 年第 5 期。

[4] 宋兴勃等："中国新疆维吾尔族群体 15 个 STR 基因座的遗传多态性"，载《法医学杂志》2008 年第 5 期。

[5] 徐林等："仫佬族 15 个短串联重复序列的遗传分析"，载《中华医学遗传学杂志》2008 年第 1 期。

[6] 颜静等："5 个新的 STR 基因座的群体遗传学及法医学研究"，载《中国输血杂志》2008 年第 6 期。

[7] 林刻智等："D14S608、D10S2325、D15S659 和 GABARB15 基因座在温州汉族群体中遗传多态性调查"，载《法医学杂志》2008 年第 1 期。

[8] 王亚男等："河南汉族群体 3 个 STR 基因座遗传多态性研究"，载《实用诊断与治疗杂志》2008 年第 2 期。

[9] 参见李斌等："福建汉族人群 17 个 Y-STR 基因座遗传多态性调查"，载《刑事技术》2008 年第 2 期；路志勇等："中国北方汉族 12 个 Y-STR 基因座遗传多态性"，载《中国法医学杂志》2008 年第 5 期；石美森等："广东汉族 22 个 Y-STR 基因座遗传多态性及遗传关系分析"，载《遗传》2008 年第 9 期；贾振军等："北京汉族群体中 6 个 Y-STR 遗传标记多态性调查"，载《法医学杂志》2008 年第 3 期；吴晓兵等："DYS712 在山西汉族人群中遗传多态性分布"，载《山西医科大学学报》2008 年第 5 期；百茹峰等："辽宁回族、锡伯族群体 11 个 Y 染色体短串联重复序列基因座遗传多态性及遗传关系的分析"，载《中华医学遗传学杂志》2008 年第 4 期。

了调查，[1] 陈鹏宇等对山西汉族DXS9902和DXS7132基因座遗传多态性进行了调查，[2] 吴淑珍等对温州汉族无关女性个体X-STR基因座DXS7132、DXS6804、DXS6799的遗传多态性进行了调查；[3] 籍晓元等对DXS6804在太原汉族遗传多态性进行了调查；[4] 陈艳炯等研究了甘肃裕固族人群X染色体STR基因座的遗传多态性及其在群体遗传学中的应用[5]。

（4）遗传多态性研究中群体数量对等位基因检出数量的影响。遗传多样性研究中采样量和采样方式十分重要。在样本采集过程中，由于人力、物力、财力的限制，通常不可能对群体中的每个个体都进行样本采集，只能采集其中一部分。高雅等以30个不同民族9个常染色体STR基因座的群体遗传研究数据资料为例，探讨了群体遗传学研究中常染色体STR基因座等位基因检出数量与样本量之间的关系，即样本量对等位基因检出数量的影响。结果显示，在一定范围内，样本量的大小与所观测到的不同基因座等位基因检出数量之间存在正相关关系。当超过一定范围时，样本量的继续增加不再明显影响等位基因的检出数量。杂合度较低的位点随样本量的变化波动较大，杂合度较高的位点随样本量的变化波动较小。[6]

5. STR基因座突变研究

STR基因座作为重要的遗传标记，在多态性程度高的基因座上其个体识别能力增强，突变率也相应增加。李茜等统计了676例亲子鉴定案，观察了1304次减数分裂，在15个STR基因座中观察到9个基因座的19次突变，其中1个基因座发生突变的为18例，2个基因座（TH01和D16S539）同时发生

---

〔1〕 吴旭炎等："DXS8378和DXS6808基因座在山西汉族的遗传多态性"，载《法医学杂志》2008年第6期。

〔2〕 陈鹏宇等："山西汉族X-STR基因座DXS9902、DXS7132的遗传多态性"，载《法医学杂志》2008年第5期。

〔3〕 吴淑珍等："温州汉族群体3个X-STR基因座遗传多态性"，载《中国法医学杂志》2008年第4期。

〔4〕 籍晓元等："X染色体STR基因座在法医鉴定中的应用"，载《山西医药杂志》2008年第4期。

〔5〕 陈艳炯等："中国甘肃裕固族X-STR遗传多态性及其应用研究"，载《遗传》2008年第9期。

〔6〕 高雅、李生斌："STR遗传多态性研究中样本数量对等位基因检出数量的影响"，载《遗传》2008年第3期。

突变的为 1 例。杨雪等[1]报道了在 670 个家系中出现 19 例 1 ~2 个 STR 不符合遗传规律的家庭，使用 DNATyper15TM 试剂盒进行复检。结果显示，其中 3 例 D8S1179 基因座被证实系等位基因丢失，其余 16 例复检结果仍不符合遗传规律，分析认为系等位基因突变所致。[2] 张茂修等在检测的 890 例单亲父、子女血缘关系鉴定案例中，发现有 15 例发生单个 STR 基因座不符合孟德尔遗传定律，共 10 个 STR 基因座，分别为 D5S818、FGA、D3S1358、TH01、D16S539、D2S1338、D21S11、D19S433、vWA、D18S51，增加母亲进行检测，有 13 例确认均来自父亲的突变。此外，Y-STR 为父系遗传，一般遗传稳定，但也存在突变情况。[3] 史绍杏等在用 Y-STR 家系排查中出现突变 1 例。[4]

6. 线粒体 DNA 检验研究

线粒体 DNA（简称"mtDNA"）作为重要的遗传信息载体，呈严格的母系遗传，具有缺乏重组、群体内变异大、突变率高等特点，在研究人类群体起源、迁徙、疾病遗传背景分析等方面具有重要的作用。mtDNA 由编码区和非编码区构成，其非编码区主要包括高变区 I（HVR I）和高变区 II（HVR II），该区域进化速度较其他区域高数倍，检测这一区域的 DNA 变异，可以获得较高的变异信息，有利于对亲缘关系较近的群体进行研究，在法医学上也有更为广泛的应用。穆豪放等对青海藏族、汉族 mtDNA 控制区遗传多态性进行了研究；[5] 赵健民等对西藏昌都藏族 mtDNA 高变区序列进行了多态性分析；[6] 汪显著等报道了 1 例白骨化尸体残骸 mtDNA 两个高变区域（HVR I/II）中 HVR II 检出的异质性。[7]

7. SNPs 检测技术研究

单核苷酸多态性（简称"SNPs"）被认为是第三代 DNA 遗传标记，它是

---

[1] 杨雪等："19 例基因突变分析"，载《中国法医学杂志》2008 年第 6 期。

[2] 李茜等："亲子鉴定中 STR 基因座的基因突变分析"，载《中国法医学杂志》2008 年第 6 期。

[3] 张茂修等："IdentifilerTM 系统在单亲血缘关系鉴定中的突变观察与分析"，载《法医学杂志》2008 年第 3 期。

[4] 史绍杏等："Y-STR 家系排查中出现 Y-STR 突变 1 例"，载《刑事技术》2008 年第 1 期。

[5] 穆豪放等："中国青海藏族、汉族 mtDNA 控制区遗传多态性"，载《法医学杂志》2008 年第 6 期。

[6] 赵健民等："西藏昌都藏族 mtDNA 高变 I 和高变 II 区序列多态性分析"，载《中华医学遗传学杂志》2008 年第 5 期。

[7] 汪显著等："尸体残骸 mtDNA 序列测定异常 1 例"，载《中国法医学杂志》2008 年第 5 期。

指染色体组水平单核苷酸变异引起的DNA碱基序列多态性。在人类基因组中SNPs含量非常丰富，大约每1000bp就存在一个SNP，因此有望成为法医实践中个体识别和亲子鉴定的重要工具。对SNPs检测方法很多，于子辉等介绍了SNPlex基因分型系统。它是利用DNA模板直接与等位基因特意探针和位点特异性探针结合，连接产物经扩增之后与特异探针杂交结合，最后通过毛细管电泳检测特异探针进行SNPs分型。[1] 王瑞恒等选择13个双等位基因SNP，应用荧光标记片段长度差异等位基因特异性复合扩增SNP分型方法，对辽南地区汉族人群进行了群体调查，并评价其法医学应用价值。[2]

X染色体SNP位点可以作为其它DNA遗传标记的补充，用以解决特殊的亲子鉴定案。例如，半同胞姐妹在X染色体上的每个位点有一个等位基因相同，因此，对于缺乏双亲的同父异母姐妹认亲的案件，常染色体上的遗传学标记无法排除姐妹关系，线粒体的遗传标记也没有应用价值，只能依靠X染色体上的遗传学标志得到有价值的信息。当前国内外通用的法医学鉴定试剂盒所针对的是常染色体STR基因座，并不能满足一些特殊案件的鉴定需要，而研究建立X-SNP检测方法可为此提供重要技术支撑，并能提高个体识别的技术水平。李莉等从Hapmap、NCBI的数据库中筛选了167个高信息量SNP位点，通过高通量、高灵敏度的检测方法对各个X-SNP位点进行分型验证，并经统计学分析得到其法医学多态性参数。[3]

8. 植物DNA、动物DNA检验研究

近十余年来，随着分子生物学的飞速发展，在PCR技术的基础上发展起来的DNA分子标记技术，以检测植物DNA多态性为手段，已逐渐成为法医植物学的一门重要的研究工具。而且，由于其在解决植物的种属分类、产地追踪及同一认定等方面的巨大潜力，将在解决与植物相关的各类具体案件的过程中发挥出巨大的作用。[4] 裴黎等运用改进的SDS微量法提取大麻总

---

〔1〕 于子辉等："SNPlex系统检测方法及在法医遗传学中的应用前景"，载《刑事技术》2008年第3期。

〔2〕 王瑞恒等："荧光标记复合扩增毛细管电泳法在SNP分型中的应用"，载《中国法医学杂志》2008年第5期。

〔3〕 李莉等："X染色体上高信息量SNP位点及其法医学价值"，载《中国司法鉴定》2008年第3期。

〔4〕 张娴等："DNA分子标记技术在法医植物学中的应用"，载《法医学杂志》2008年第6期。

DNA，对所得 DNA 进行了 PCR 检测。[1] 马原等应用 STR 分析技术，对大麻的毒品原植物个体（某一品种）和群体（多个品种）进行了遗传多态性调查，从而为建立利用遗传信息推断毒品原生植物品种和产地的分析技术提供理论基础。[2]

DNA 分析技术不断发展完善，不仅能对人进行 DNA 分析，还可对宠物、家畜和野生动物等进行种属鉴定、个体识别及亲权鉴定。杜蔚安等应用自主构建的犬 STR 荧光复合扩增体系，研究了 11 个犬特异的 STR 基因座（PEZ1、PEZ2、PEZ3、PEZ5、PEZ6、PEZ8、PEZ12、FH2010、FH2054、FH2132 和 FH2611）的遗传多态性，并对其在法医学中的应用价值进行了初步评价。[3]

9. STR 基因座在二联体亲子鉴定中的应用研究

随着 DNA 国家数据库的容量越来越多，在数据库中发现两个无关个体（单亲）不排除亲缘关系的现象时有发生。陈玲等报道了 1 例无关个体在三联体亲子鉴定中符合遗传规律，且 RCP≥99.99%，经过增加检验基因座数目，最终将无关个体排除。[4] 张文红等对 906 个无亲缘关系个体的 17 个 STR 基因座多态性分布资料进行统计分析，15 个 STR 基因座多态性分布符合二联体亲子关系遗传规律的有 64 例，其中 PI 值大于 1.0×10^4、RCP 值大于 99.99% 的有 4 例；PI 值大于 3.0×10^3、RCP 值大于 99.97% 的有 15 例。15 个 STR 基因座中仅一个基因座不符合二联体亲子关系遗传规律的有 326 例。在模拟三联体亲子关系检测中，未发现 15 个 STR 基因座都符合三联体亲子关系遗传规律的模拟家系。因此，张文红等提示，在日常亲子鉴定工作中，对二联体家系检测一定要慎重：能进行三联体亲子关系检测的，应尽量说服被鉴定人进行三联体亲子关系检测；此外，把 RCP 提高到大于 99.99% 也可降低误判的发生，而如能对不排除亲子关系的父子再检测其 Y 染色体 STR 基因座的多态性分布，则可基本确定其遗传关系。[5]

---

[1] 裴黎等："云南大麻 DNA 的提取及检测初步研究"，载《刑事技术》2008 年第 5 期。

[2] 马原等："大麻三个 STR 基因座的遗传多态性调查"，载《法医学杂志》2008 年第 6 期。

[3] 杜蔚安等："犬 11 个 STR 基因座的遗传多态性"，载《法医学杂志》2008 年第 6 期。

[4] 陈玲等："三联体亲子鉴定 1 例"，载《中国法医学杂志》2008 年第 1 期。

[5] 张文红等："STR 基因座在二联体亲子鉴定中的应用分析"，载《法医学杂志》2008 年第 6 期。

（四）物证技术学

1. 文件检验学

本年度文件检验技术研究进展表现在，一些传统的文件检验技术因引入新的思路而呈现出活力，一些新的检测手段则随着科学技术的发展而不断涌现。

（1）篡改文件检验。李彪等利用研制的透析液，采用透析法对被掩盖字迹的显现效果进行了研究，讨论了涂改掩盖方式、掩盖层厚度和透析液厚度等七种因素对显现效果的影响，以期为提高涂抹掩盖字迹的显现效果提供依据。[1]

（2）笔迹检验。徐玲在对现实案例的分析基础上，总结出笔压的特征及利用笔压特征的检验方法和检验要点。[2] 马兹河等从摹仿签名笔迹的主客观特征、识别要点、检验原则等方面，对摹仿签名笔迹进行识别和检验，提出了从摹仿签名笔迹受主客观因素影响而形成的主客观特征出发，运用综合评断原则对其进行检验及鉴定的观点。[3] 贾治辉通过案例分析和比较研究，在获得不同种类遗嘱笔迹特点的基础上，分析了鉴定的难点，提出了伪装书写遗嘱笔迹、受客观条件影响变化的遗嘱笔迹识别，以及同一认定鉴定方法的要点。[4] 刘进等对鉴定与鉴赏的区别进行了研究，提出可以运用文件检验中的技术方法（如笔迹检验、印章印文检验、印刷文件检验、污损文件检验等）来辅助鉴别书画作品的真伪。[5] 李晓明分析了汇款诈骗案中作为少量字出现的签名的基本特点、检验方法，并针对实践中的问题提出了相应的对策。[6] 中国刑事警察学院立项开展了《签名笔迹量化分析系统》课题研究工作。该课题以签名笔迹为开端，突破签名鉴定只能定性而不能定量的“瓶颈”，开发和利用签名书写过程中的压力、线速度、角速度、线加速度和角加速度等动态特征，运用数学、物理学、计算机编程技术、计算机模式识别技术、统计

---

〔1〕 李彪等：“透析法显现涂抹掩盖字迹的实验”，载《中国司法鉴定》2008年第1期。

〔2〕 徐玲：“笔压特征在文件检验中的应用”，载《中国司法鉴定》2008年第1期。

〔3〕 马兹河等：“从摹仿签名笔迹特征探究检验及鉴定”，载《中国司法鉴定》2008年第2期。

〔4〕 贾治辉：“遗嘱笔迹鉴定研究”，载《刑事技术》2008年第5期。

〔5〕 刘进、熊道泉：“文件检验技术与书画作品真伪鉴定”，载《刑事技术》2008年第5期。

〔6〕 李晓明：“从一起诈骗案看对少量字的检验鉴定”，载《河南公安高等专科学校学报》2008年第1期。

学、信号分析等有关知识，研究签名笔迹动态特征数据的检测、提取、预处理以及显示的方法，进而研究同一人签名的规律性，不同人书写同一签名以及摹仿与被摹仿签名之间的差别，为动态特征数据与签名图像对应规律的研究，以及纸上签名动态特征采集和量化比对奠定了基础。

（3）印刷文件检验。王跃等结合打印机工作原理，对打印机进纸、走纸机械构件不可避免造成的文书添加打印内容的图文字迹横轴线倾斜异常、行距异常、页边距异常该三方面共性特征的机械原理作出了解构分析，对添加打印变造文书作了补充性研究，进一步确证了添加打印内容与原文书内容差异特征的客观存在。〔1〕 王文新对计算机及打印机的工作原理，结合案件，研究了两次打印文件的检验方法，并积累了一定的鉴定经验。〔2〕 韩星周等从平版印刷的特点及印品复制技术入手，提出了同版印品鉴别的思路：整体鉴别→局部鉴别；并通过一个具体案例印证了此思路的正确性。〔3〕 崔岚采用以复印件为变造原稿再复印和在复印件上插入复印的两种变造方式，以及非同类机复印变造、非同台机复印变造、同台机复印变造等三种变造手段制作文件，观察了其特征规律，总结出各种复印法变造复印文件的特征及其检验要点，得出了结论：鉴别复印文件是否复印变造而成，关键是看复印文件上有无变造引起的特征变化。〔4〕

随着计算机及打印、复印设备的普及，利用打印复印文件进行违法犯罪活动的案件日益增多。在煽动性案件中，作案者可使用打印、复印方式，制作大量标语、传单和文件。由于打印文件的鉴定技术严重滞后，成为破获该类案件的瓶颈。“打印文件机源自动识别系统”〔5〕 的研发，一是可以从根本上解决打印文件同机认定技术，即机源识别；二是研制打印文件图像分析比对软件，可以实现计算机图像自动检索识别；三是在攻克技术难题后，建立打印机复印机文件样本数据库，可以实现打印机数据管理系统。

---

〔1〕 王跃等：“添加打印文书检验方法新探”，载《中国司法鉴定》2008 年第 2 期。

〔2〕 王文新：“鉴定文书材料是否两次打印的思考”，载《中国司法鉴定》2008 年第 4 期。

〔3〕 韩星周等：“平版印刷的同版认定”，载《证据科学》2008 年第 1 期。

〔4〕 崔岚：“用复印法变造复印文件的鉴别”，载《中国人民公安大学学报（自然科学版）》2008 年第 3 期。

〔5〕 郭洪流、郭晨：“二十一世纪文检技术发展趋势展望”，载公安部物证鉴定中心编：《第七届全国文件检验学术交流会论文集》，中国人民公安大学出版社 2008 年版。

（4）印章印文检验。施少培等就高仿真印文的鉴定进行了系统阐述，介绍了各种高仿真印文，包括各种高仿真印章的盖印印文、复制印文、转印印文的伪造手段及其特点，并提出了高仿真引文的鉴定思路和要点。[1]

（5）文件形成时间检验。李江春等以蓝黑墨水字迹为研究对象，采用人为紫外线光照老化方法，测定人为老化后蓝黑墨水硫酸盐扩散程度平衡点，并与自然老化的同种墨水硫酸盐扩散程度平衡点相比较，寻求其变化规律与特点。[2] 梁鲁宁等通过研究相隔一定时间的多次测定数据的变化规律与书写时间的内在联系，建立了部分近期书写的圆珠笔字迹形成时间的检验方法，确定了相隔一定时间的两次测定数据的变化规律与书写时间内在关系的判定阈值，形成了无需对照样本即可判定部分圆珠笔字迹是否近期书写的检验方法。[3] 张伟等通过高效液相色谱法对光照人工老化后的原子印章色痕中的主要组分——颜料与油脂进行分析，寻找研究这些组分随时间变化的规律，为原子印章色痕形成时间的深入研究提供条件[4]。随着现代科学技术的进步，现代分析仪器更加精准，使文件形成时间的鉴定技术有了稳步发展的基础和条件。目前，国内现有技术对解决圆珠笔、钢笔（蓝黑、纯蓝墨水等）可溶性笔迹、印文的书写、盖印时间的鉴定，有比较高的检出率。

（6）朱墨时序检验。暴仁等的光谱成像检验法通过比较交叉点、纯印文色料、纯墨迹色料处的反射曲线位置来判定交叉时序关系。[5] 胡向阳等通过对手写文字与印章印文的朱墨时序的大量实验研究，结合司法鉴定实践，总结了一套行之有效的运用高倍显微镜判断朱墨时序的检验方法，具有较大的应用价值。[6] 李江春等将现有朱墨时序的检验方法进行系统总结梳理，归纳

---

〔1〕 施少培等："印文鉴定相关问题探讨——高仿真印文鉴定"，载《中国司法鉴定》2008 年第 3 期。

〔2〕 李江春等："蓝黑墨水字迹人为光老化的实验研究"，载《中国司法鉴定》2008 年第 3 期。

〔3〕 梁鲁宁等："多次测定法确定蓝色圆珠笔字迹形成时间"，载《中国司法鉴定》2008 年第 4 期。

〔4〕 张伟、张振宇："光照人工老化原子印油色痕的分析"，载《中国司法鉴定》2008 年第 6 期。

〔5〕 暴仁、张淙溪："光谱成像检验法在朱墨时序鉴定中的应用"，载《中国司法鉴定》2008 年第 5 期。

〔6〕 胡向阳、姚慧芳："运用高倍显微镜判断朱墨时序的方法"，载《刑事技术》2008 年第 3 期。

出各种检验方法的局限性和适用范围。[1] 庄琳利用三维体视显微镜的技术原理，对处理朱墨时序检验及打印复印文件检验进行了总结。[2]

（7）文件检验仪器设备的发展。文检仪器设备的发展，对提高文件检验技术水平具有重要作用。进入21世纪以来，已有一些辅助性仪器设备和软件进入市场。例如，在笔画没有连带、呼应的情况下，判断交叉笔画的顺序有时难度很大，但在微观世界，后写笔画的液态物质总是向先写笔画形成的“沟渠”中流淌。用专用软件、显微镜对交叉笔画书写时产生的物质流淌情况进行显现，并用“等高线”对其堆积情况进行展示，对笔画书写顺序的确认非常有效。数码显微镜的发明，使检材的微观情况可以从一地向外界进行传输，使文件检验的网络“会检”成为现实。由于有了激光扫描方法，对笔画沟痕深度的测量，对笔迹书写压力的计算，已经能够进行。

（8）“第七届全国文件检验学术交流会”于11月24～28日在海口举行，会议由公安部主办，海南省公安厅协办。来自全国各地公安、检察、法院、政法院校、国家安全系统及军队保卫部门等共计238名代表参加了会议。本次会议共征集论文336篇，录用172篇，有20余篇论文在大会上交流。会议内容涉及文件检验的各个分支技术，反映了文件检验理论和实践的最新成果。会议代表积极探讨了文件检验技术在新形势下出现的新问题及相应对策，文件检验实验室认可，新技术在文件检验领域的应用，文件检验标准化、规范化建设和质量保证体系的建立等方面的内容，代表了近三年以来文件检验学的发展水平。在会议收录的172篇论文中，反映文件检验学的最新理论研究成果的有1篇；涉及文件检验和鉴定的标准化、规范化和质量保证体系的5篇；反映司法鉴定改革中文件鉴定工作的2篇；涉及鉴定人出庭作证的2篇；涉及文件检验新技术、新方法、新设备的124篇，占论文数量的71%；反映国外文件检验学理论与实践的发展现状的有1篇；文件检验典型案例剖析、经验总结的有32篇，占19%；其他5篇。可以看出，本次会议的关注重点在文件检验的创新方面，包括技术、方法及设备的创新。笔迹的计算机辅助识别，可疑文件无损检验，文件形成时间检验，计算机技术在文件检验中的综

---

〔1〕 李江春等：“朱墨时序检验的方法研究”，载《新疆警官高等专科学校学报》2008年第1期。

〔2〕 庄琳：“三维体视显微镜在文件检验中的应用”，载《森林公安》2008年第2期。

合应用等，是本次会议的讨论热点。

2. 声像鉴定与数字影像技术

（1）声像资料鉴定包括音频分析、语音鉴定、数字影像技术等专业领域。

第一，音频分析（Audio Analysis），主要涉及以下内容：录音真实性检验（Authentication of Recordings）、语音增强与降噪（Speech Enhancement）、语音内容辨识（Transcription of Linguistic Content）、语音人身分析（Voice Profiling）和非语音事件分析（Analysis of Non-Speech Events）。①真实性检验。它可分为模拟信号真实性检验和数字信号真实性检验两大类。王虹等就模拟信号的录音剪辑检验作了较系统的研究，使用标准盒式和微型录音机录制样本，再用物理剪辑、录音机具编辑等方式对样本进行编辑，最后使用 VS99 语音工作站进行检验。研究发现，利用"语意连贯性检验"、"背景噪声图谱连贯性检验"和"突变声痕检验"等方法，可以实现对模拟信号录音剪辑的检验。尽管作者在实验中也对 MP3 格式的数字语音信号进行了编辑和检验，但作者认为对于数字语音信号的真实性检验一定要细心谨慎，认真观察。如果剪辑人具备很好的信号处理、声学和实验语音学的知识背景，同时原始录音的声音质量足够好的话，剪辑后很可能不会留下明显痕迹，但实际案件录音中常常伴有一定的背景噪声，对语音进行剪切或复制可能导致背景噪声的不连贯。[1] ②语音增强与降噪。其目的是通过对录音信号的数字处理，有效地降低噪音，提高目标语音的清晰度和可懂度。针对该技术的研究主要集中在数字通信、信号处理领域，相比之下，对该技术在法庭科学领域应用的研究不多。目前办案实践中，针对稳态噪声的降噪技术已比较成熟，降噪效果也不错，如李敬阳曾对 VS99 语音工作站的可视化降噪功能进行过详细的介绍；[2] 杜小西等对 VS99 语音工作站的频域编辑降除特定噪音的方法进行过介绍。[3] 值得一提的是，卞新伟等对降噪处理及其对语音的影响作了较为系统的研究。作者使用较为流行的三种降噪系统（STC 降噪系统、Adobe Audition 软件和 VS99 语音工作站），分别对常见的 10 类共 35 个噪声声样进行了降噪实验。

---

〔1〕 王虹等："录音剪辑检验的实验研究"，载《刑事技术》2008 年第 1 期。

〔2〕 李敬阳："可视降噪法降除噪声"，载公安部物证鉴定中心编：《第一届全国视听技术检验学术交流会论文选》，中国人民公安大学出版社 2007 年版。

〔3〕 杜小西等："用 VS99 语音工作站降除特定噪音"，载《第一届全国视听技术检验学术交流会论文选》，中国人民公安大学出版社 2007 年版。

结果发现，对于稳态噪声，三种软件的降噪处理多数都能取得较为理想或一定程度的效果，其中STC降噪系统的应用更为灵活；对于非稳态噪声，降噪处理较为困难，语音难以得到很大改善。[1] ③语音人身分析。语音人身分析，即通过语音分析说话人的性别、年龄、体态、方言口音、文化水平、职业特点等信息，为侦查等诉讼活动提供线索、指明方向。曹巧玲将第二语言习得理论中的中介语、偏误分析和母语迁移等理论，变换应用到犯罪侦查的语音分析过程，为语音人身分析提供了一个新颖的理论支持。[2]

第二，语音鉴定。关于语音鉴定（Voice Identification）概念，国内外学界还没有形成一致意见，还有诸如说话者鉴定（Speaker Identification）、说话者识别（Speaker Recognition）、语音比对（Voice Comparison）等表述，以及大家常说的声纹鉴定。但是，广义上的声纹鉴定，包含了音频分析和语音鉴定的所有内容。下面分别加以论述：①鉴定方法。相对于音频分析，本年度关于语音鉴定的文章较多。鉴定方法的探索包括：王英利对鼻韵母共振峰特征的研究发现，不同人的鼻韵母共振峰在分布状态与相对强度，主元音共振峰的走向、后音渡形态、相对强度与鼻化程度，主元音与鼻韵尾连接形态及时长比例等方面都存在明显的个体差异性和自身同一性。[3] 王英利还对普通话音素间的过渡方式特征进行了较详细的研究，将音节内/间辅音与元音、音节内元音与辅音、音节内元音与元音之间的过渡方式分为多种不同的过渡类型，通过研究发现，这些音素间的过渡方式具有较强的人际差异性和自身同一性，在宽带语图上的表现也比较明显，因此可以作为声纹鉴定中一个方面的特征。[4] 但该特征属于种类特征，是用于认定还是用于否定，则需具体情况具体分析。施少培等对手机通话语音的特点进行了较为详细的实验研究，不仅分析了手机通话语音的声谱特点和共振峰频率变化等情况，还比较了不同的通话网络、通话方式及手机的通话语音特点。研究发现，手机通话语音

---

〔1〕 卞新伟等："降噪处理及其对语音的影响"，载《中国司法鉴定》2008年第6期。

〔2〕 曹巧玲："第二语言习得理论在话者分析中的应用研究综述"，第八届中国语音学学术会议，北京，2008年。

〔3〕 王英利："利用鼻韵母共振峰特征进行声纹鉴定的研究"，载《中国语音学报》（第1辑），商务印书馆2008年版，第254～260页。

〔4〕 王英利："声纹鉴定中普通话音素间过渡方式特征的研究"，第八届中国语音学学术会议暨庆贺吴宗济先生百岁华诞语音科学前沿问题国际研讨会，北京，2008年。

与直接录音语音有明显的变化，主要表现在高低频信息的带宽滤波效应、共振峰的漂移、音质、音色及韵律特征等方面；不同手机通话条件下的语音变化程度也不相同。[1] 关于伪装语音（disguised voice）的研究，张翠玲等采用听视觉相结合的方法对4名成年话者的自然语音和电声伪装语音进行了声学特性的比较研究。[2] 王虹等通过对10个发音人的正常语声与戴口罩语声的比较研究，探讨了戴口罩对各种声纹特征的影响及戴口罩语声声纹鉴定要注意的问题。[3] 张彦云等就基频变化对语音图谱的影响及其处理方法开展了相关研究。[4] ②关于语音鉴定结论的表述形式。长期以来，国内鉴定人员一般采用五种结论的表述形式，[5] 杜小西等曾译介美国在说话人鉴定中采用七种结论的表述形式。[6] 张翠玲认为，传统的简单肯定和否定的结论形式存在很大弊端，即过高估计了证据力度。鉴于此结论形式的不足，澳大利亚、英国和欧洲等一些国家的学者包括法律界人士，提出了在证据结论的表述和价值评判上引入基于贝叶斯理论的“似然率”方法。作者结合目前的说话人鉴别方法，对“似然率”理论的优越性、局限性以及亟待解决的一些问题做了较为详细的介绍。[7] 目前，学界对于鉴定结论的表述上引入“似然率”的提法上基本无不同意见，但在如何操作上存在严重分歧。③说话人自动识别。近年来，随着数字信号处理和语音识别技术的发展，面向司法的说话人自动识别技术（Forensic Automatic Speaker Identification/Recognition）得到快速进步，识别范围逐步扩大，识别率也逐渐提高。目前国内已结项或在研的自动识别系统主要有三个，即公安部物证鉴定中心与北京阳宸公司合作开发的VS99说话人自动识别系统，[8] 中国刑警学院与清华大学合作开发的“面向司法语音辨

---

〔1〕 施少培等：“手机通话语音的实验研究”，载《中国司法鉴定》2008年第5期。

〔2〕 张翠玲、赵晓波：“电声伪装语音的声学研究”，载《中国刑警学院学报》2008年第2期。

〔3〕 王虹等：“戴口罩语声声纹鉴定的实验研究”，载《中国刑警学院学报》2008年第4期。

〔4〕 张彦云等：“基频变化对语音图谱的影响及其处理方法”，载《中国刑警学院学报》2008年第3期。

〔5〕 参见李敬阳：“说话人鉴定概述”，载公安部物证鉴定中心编：《第一届全国视听技术检验学术交流会论文选》，中国人民公安大学出版社2007年版。

〔6〕 参见美国录音证据委员会：“语音鉴定标准”，杜小西等译，载《贵州警官职业学院学报》2007年第1期。

〔7〕 张翠玲、PhilipRose：“基于似然率方法的语音证据评价”，载《证据科学》2008年第3期。

〔8〕 李敬阳等：“VS99说话人自动识别系统”，载公安部物证鉴定中心编：《第一届全国视听技术检验学术交流会论文选》，中国人民公安大学出版社2007年版。

别的话者语音自动识别系统（SAIS）”,[1] 以及广东省公安厅刑事科学技术中心与中国科学院自动化研究所合作开发的说话人自动识别系统。前两种均采用高斯混合模型（GMM）系统，分别在库容量 2403 人和 2000 人（均为 2007 年数据）条件下取得了较好效果；后一种识别系统正在研究调试当中，它结合了 GMM、GMM Supervector-SVM、GLDS-SVM、MLLR-SVM、GMM-Simulation 系统的技术优势，在库容量 1 万人的条件下也取得了近似的结果。厦门大学谢春荣的硕士学位论文，对声纹识别技术相关理论及声纹识别技术的预处理，特征参数的选取和提取，以及模式匹配算法和系统设计进行了研究。[2] 尽管很多识别系统称其正确识别率在 90%（或更高）以上，但由于实际案件语料往往存在信号质量较差、时长较短等限制，各系统在说话人辨认（Speaker Identification）方面均有一定贡献，但在法庭背景下说话人确认（Forensic Speaker Verification）方面的研究还有很长的路要走。目前，说话人自动识别技术还只能作为说话人鉴定的一种辅助手段，当自动识别的结果与由传统的声学—语音学分析方法得出的结果不一致的时候，往往要以后者的结果为准。

（2）数字影像技术（Digital Image and Video Technology）主要包括：影像鉴真（Image and Video Authentication）、影像增强（Image and Video Enhancement）、影像测量（Photogrammetry）和光谱成像（Spectral Imaging）等。关于数字影像技术的讨论可参考《第一届全国视听技术检验学术交流会论文选》中第二部分的内容。[3] ①影像鉴真。影像鉴真的任务是确定送检影像资料是否经过修改、剪接、复制与编辑等。毕华总结了四种方法：一般检验法、用光检验法、透视原理检验法和景深原理检验法。[4] 吴琼等学者对数字图像盲取证技术的研究作了综述。[5] 吴琼还研究提出了一种数字图像盲取证的基本框架，针对图像伪造的不同类型，提出了基于小波和奇异值分解、基于零值

---

[1] 崔景旭、张红兵：“说话人自动识别系统在实际案件中的应用”，第七届中国语音学学术会议暨语音学前沿问题国际论坛论文，2006 年。

[2] 谢春荣：“声纹识别技术在司法鉴定中的应用研究”，厦门大学 2008 年硕士学位论文。

[3] 公安部物证鉴定中心编：《第一届全国视听技术检验学术交流会论文选》，中国人民公安大学出版社 2007 年版。

[4] 毕华：“图像真实性鉴别方法研究”，载《贵州警官职业学院学报》2008 年第 5 期。

[5] 吴琼等：“面向真实性鉴别的数字图像盲取证技术综述”，载《自动化学报》2008 年第 12 期。

连通和模糊隶属度以及基于自然图像统计特性的图像盲取证算法。[1] 单大国等提出了基于数字图像EXIF信息进行原始性检验的方法[2]，张东则对图像经局部处理后的原始性检验进行了研究[3]。对于数字视频篡改情况的鉴定，熊潇等提出了基于预测残差检测的方法，作者研究了MPEG编码中预测残差的性质，探讨了对MPEG视频进行帧的插入和删除对预测残差的影响。[4] 王俊文等则提出了一种基于模式噪声的数字视频篡改检测算法。[5] ②影像增强。影像增强的目的是为了改善影像的视觉效果，从影像中发现更多的有用信息。目前，影像增强技术主要有多帧连续影像帧平均处理技术、频率域与空间域滤波器去模糊处理技术、直方图增强改变灰度分布技术等。[6] 影像增强处理软件有很多，鉴定中最常用的是Photoshop[7]，也有如Impress、Video Investigate和ImagePro-Plus[8]等。影像增强的对象主要是监控视频影像，但并不仅限于此，如痕迹检验鉴定中的指纹[9]、文件检验鉴定中印章[10]等。③影像测量技术。这是近年来新兴的一种从影像中获得量度数据的分析方法。运用该技术可以从监控图像和事故现场重现照片来确定其所记录的物体的高

---

〔1〕吴琼："面向真实性检测的数字图像盲取证方法研究"，国防科学技术大学2008年博士学位论文。

〔2〕单大国等："基于数字图像EXIF信息进行原始性检验研究"，载《甘肃警察职业学院学报》2008年第4期。

〔3〕张东等："图像经局部处理后的原始性检验研究"，载《科技信息（学术研究）》2008年第16期。

〔4〕熊潇等："基于预测残差检测的数字视频篡改鉴定"，载《信息安全与通信保密》2008年第12期。

〔5〕王俊文等："基于模式噪声的数字视频篡改取证"，载《东南大学学报（自然科学版）》2008年增刊。

〔6〕参见林景："刑事数字影像技术发展回顾"，载公安部物证鉴定中心编：《第一届全国视听技术检验学术交流会论文选》，中国人民公安大学出版社2007年版，第124～127页。

〔7〕杨英仓、廖翔："Photoshop图像处理软件在数字化物证检验中的应用"，载《警察技术》2008年第3期。

〔8〕段星等："用ImagePro-Plus处理指纹图像背景干扰初探"，载公安部物证鉴定中心编：《第一届全国视听技术检验学术交流会论文选》，中国人民公安大学出版社2007年版，第193页以下。

〔9〕冯清枝等："非线性灰度变换在图像增强中的运用"，载《中国刑警学院学报》2008年第2期。

〔10〕闫伟涛等："运用PHOTOSHOP检验印章印文浅探"，载《甘肃警察职业学院学报》2008年第1期。

度。[1] 但该技术在实际办案中的应用还不成熟，测量结果会受到各种因素影响。[2] 李苑对从单幅画面中判定嫌疑人身高的三种主要方法（透视作图测量法、现场重现测量法、软件测算法）进行了比较，指出这些方法在一定条件下能够解决一些有关嫌疑人身高的测判问题，属于概略测量，而不是精确测量，因此建议在实际工作中应根据测量结果和嫌疑人当时的姿态情形，进行综合分析论证。[3] ④光谱成像技术。这是一门新兴的数字影像技术，它结合成像技术、光谱分析和图像处理等多种技术方法，能对有关检材同时进行定性和定位分析，具有快速、准确、不破坏检材等多种优势。该技术近年来发展较快，黄威等总结归纳了化学成像检验的定义，并介绍了该技术应用于法庭科学的研究现状与发展趋势。[4] 张鹏等、暴仁等、黄威等学者，运用光谱成像技术分别对同色棉纤维、朱墨时序和捺印指印下签字笔背景进行了实验研究，均取得了较好实验效果。[5]

3. 电子证据鉴定

电子证据鉴定与电子数据、计算机取证等电子证据的取证密不可分。

（1）鉴定技术。主要涉及以下几个方面的内容：数据采集、数据恢复、真实性检验和事件分析。

第一，证据数据采集。尹春社结合近几年案件中电子物证检验的状况，对电子数据现场获取中可能影响检验结果的因素进行了分析，并给出了解决这些问题的技术措施和建议。[6] 鉴于数字监控在当今社会的广泛应用，沈焕生提出了低成本高效采集现场监控数据的方法，以TI的TMS320DM6446为核心设计了一款嵌入式的音视频采集记录系统，降低了系统成本，可应用于需

---

〔1〕 甘德安："法庭图像分析"，载《刑事技术》2008年第5期。

〔2〕 参见林景："刑事数字影像技术发展回顾"，载公安部物证鉴定中心编：《第一届全国视听技术检验学术交流会论文选》，中国人民公安大学出版社2007年版，第124~127页。

〔3〕 李苑："单幅画面中嫌疑人身高测判方法比较"，载《中国人民公安大学学报（自然科学版）》2008年第3期。

〔4〕 黄威等："化学成像检验技术新发展"，载《中国司法鉴定》2008年第4期。

〔5〕 参见张鹏等："运用光谱成像技术区分同色棉纤维"，载《刑事技术》2008年第2期。暴仁、张淙溪："光谱成像检验法在朱墨时序鉴定中的应用"，载《中国司法鉴定》2008年第5期。黄威等："应用光谱成像技术消除捺印指印下签字笔背景实验"，载《吉林大学学报（理学版）》2008年第6期。

〔6〕 尹春社："对电子数据现场获取存在问题的分析与探讨"，载《刑事技术》2008年第3期。

要现场采集取证的应用场合。[1] 鉴于网络取证成为热点，许爱东讨论了计算机网络证据的取证，主要涉及计算机取证的常用工具、采用技术、取证方法等问题。[2]

第二，数据恢复。①数据恢复涉及硬盘的数据结构、文件存储原理等分析。在计算机取证工作中，除了显见数据内容的收集之外，还有可能存在被隐藏起来的数据，获取这些隐藏数据并将其拼接起来会揭示案件事实。高洪涛总结了当前比较流行的文件隐藏与获取的方法，首先分析了利用磁盘底层、流文件、操作系统、专用工具实现数据隐藏的方法，然后有针对性地提出了隐藏数据的获取方法，最后总结了当前被法院认可的综合取证工具在获取隐藏数据中的应用。[3] ②基于计算机取证对数据恢复技术的特殊要求，刘建宇探讨了不同层次上的软件数据恢复，分析了计算机取证中数据恢复的特殊性，为信息安全事件的调查提供了技术手段。[4] 秦海权等提出了一种集分区修复和数据内容恢复这两大类功能为一体的数据恢复技术，基于计算机取证的要求，设计开发了数据恢复取证系统，并详细说明了系统内功能模块的设计原理及具体实现。该系统弥补了目前常用的数据恢复软件只能对单一类型文件系统进行恢复的缺陷，能同时支持 FAT/NTFS、EXT2/EXT3 文件系统。[5] 李盛等对电子物证检验中常用的数据恢复工具进行了对比研究，通过对使用不同破坏手段的数据进行恢复实验，证明每种数据恢复工具有其自身特点，不同工具在不同条件下有其使用优势。因此，在实际案件检验中，应该根据不同需要，结合每一种工具的特点进行选择，甚至可以把几种工具结合起来同时使用，以提高检验效率。[6] 薛琴论述了基于 FinalData 的数据恢复技术在计算机取证中的应用。[7] ③王中杉等对取证系统中数据恢复关键技术进行了研

---

〔1〕 沈焕生："基于 DM6446 的嵌入式现场取证系统设计"，载《第十三届全国青年通信学术会议论文集》，2008 年。

〔2〕 许爱东："计算机网络证据的取证研究"，载《犯罪研究》2008 年第 6 期。

〔3〕 高洪涛："数据隐藏及其获取方法研究"，载《计算机安全》2008 年第 1 期。

〔4〕 刘建宇："基于取证需要的数据恢复的特点探析"，载《第十八届全国信息保密学术会议论文集》，2008 年。

〔5〕 秦海权等："计算机取证中的数据恢复技术研究"，载《全国计算机安全学术交流会论文集》（第 23 卷），2008 年。

〔6〕 李盛等："电子物证检验中常用数据恢复工具对比研究"，载《刑事技术》2008 年第 4 期。

〔7〕 薛琴："基于 FinalData 的数据恢复技术在计算机取证中的应用"，载《警察技术》2008 年第 4 期。

究，磁盘中已删除文件在未被覆盖之前，其存储方式为连续和离散存储。针对连续存储提出了一种准确匹配已删除文件首簇高16位算法，并重点分析离散存储碎片，提出了一种基于部分匹配预测算法PPMC来重构磁盘上已删除文件碎片的模型。研究结果，采用PPMC算法确定出任意两个碎片的相邻性概率值，然后再通过剪枝技术，将不可能的分支裁减，逐步加工处理，重构出一个有完整顺序的原文件。[1]

第三，真实性检验。张德森根据电子物证的特征，提出了保证电子物证真实性的安全技术措施，以及鉴别电子证据真实性的方法，并结合世界各国对电子物证立法情况，论述了如何审查判定电子物证的真实性。[2] 鉴于数字图像的广泛应用，对于无法确定来源的数字图像，判定其原始性及真实性是一个非常有意义的研究课题。文献[3]提出了数字图像盲（被动）取证中使用模糊块匹配法对重复区域进行检测的一般框架，并总结和分析了现有的针对重复区域的检测方法。数字相机的普及和图像处理软件的应用使得数字图像正面临着被随意篡改和伪造的威胁。张震等针对模糊润饰后的数字伪造图像，提出了一种利用色彩一致性进行定位检测的数字图像取证方法。通过从图像块中提取全局色调率，色调变化率以及异常色调率三个特征，来量化描述模糊润饰操作对成像系统引入的图像局部色彩一致性的破坏。该研究利用支持向量机分类器进行原始像素点和模糊像素点的分类，并以此对模糊润饰的伪造图像区域进行定位。实验表明，该方法能够对模糊润饰的图像进行有效检测和定位。[4]

（2）鉴定方法。随着计算机硬件技术的快速发展和网络应用的普及，计算机犯罪取证工作的难度越来越大。目前，电子证据的分析和取证主要还是依赖人工进行，为了全面、可信、准确和符合法律法规规定地进行计算机取证，必须开展计算机取证手段与方法的研究。

第一，贾治辉等讨论了计算机反取证的惯用方法，并分类介绍了数据隐

---

[1] 王中杉等："取证系统中数据恢复关键技术研究"，载《计算机应用研究》2008年第9期。

[2] 张德森："电子物证真实性判断与研究"，载《广东公安科技》2008年第4期。

[3] 张震、任远："数字图像盲取证中重复区域的检测"，载《第十四届全国图像图形学学术会议论文集》，2008年。

[4] 王波等："利用色彩一致性的数字伪造图像取证方法"，载《全国计算机安全学术交流会论文集》（第23卷），2008年。

藏、数据擦除和数据加密的具体操作方法及一些反取证软件工具。[1] 王俊从技术层面论证了电子数据鉴定，针对当前我国电子数据鉴定存在的问题从法律角度提出了一些意见，介绍了数据复制、复原、密码破译、日志分析、数据截取、攻击源追踪、数字签名和数字时间戳技术等。[2] 刘品新等从电子物证的分类切入，阐述了电子物证鉴定的重点，剖析了网络传输流程，探讨了电子物证鉴定的机理和功能，并对我国当前的电子物证鉴定技术作了归纳与介绍。[3]

第二，计算机取证目前面临多方面的难题，包括海量数据、案件复杂程度的增加、取证推理结果的可信性等。自动分析是解决这些问题的一个重要方法，其中以下研究成果值得关注：①张雷在时间 Petri 网的基础上，提出了利用取证推理时间 Petri 网（FRTPN）对计算机证据进行自动推理分析的思路，并提出一套健全的形式化理论及推理算法。其基本思路是将所调查的系统用该网建模，分析所有可能的事件链，排除不合理的事件假设，尽可能找到最大可能事件链。该方法使相关问题得到简化，可以节省调查时间，实现自动证据收集，并为其结合到取证分析中提供了可能。[4] ②目前，计算机取证已经成为刑事侦查不可缺少的技术手段，但取证的数字证据的法律效力并没有明确的规定。为此，赵骞等提出一个计算机取证可采性评估标准（ACFEC），以解决数字证据的法律认证问题。他们分析了数字证据取证的特点，根据美国科学证据评估标准提出了计算机取证可采性评估标准，描述了取证评估的功能需求和保障需求，为计算机取证的可采性定义了四个等级标准，并给出了评估过程描述。[5] ③近年来，对等网络（P2P）技术得到广泛应用，但其动态性和复杂性为取证和鉴定带来了新的挑战。郭秋香研究了 P2P 技术发展及应用现状和带来的问题，在 P2P 技术工作机制和原理的基础上，探讨了 P2P 软件调查取证研究的必要性和可行性，并提出了常用 P2P 软

---

〔1〕 贾治辉、王俊："略论计算机反取证惯用方法"，载《警察技术》2008 年第 5 期。

〔2〕 王俊："论电子数据鉴定"，载《证据科学》2008 年第 2 期。

〔3〕 刘品新、戴士剑："论电子物证的鉴定"，载《山东警察学院学报》2008 年第 9 期。

〔4〕 张雷："一种计算机取证的时间 Petri 网推理方法"，载《2008 年中国信息技术与应用学术论坛论文集》，2008 年。

〔5〕 赵骞等："计算机取证可采性评估标准研究"，载《全国抗恶劣环境计算机第十八届学术年会论文集》，2008 年。

件的调查取证方法，对涉及P2P软件的纠纷和犯罪的调查取证具有一定指导作用。[1] ④计算机取证分析需要根据证据的时间信息建立时间线，由证据在时间线上的位置分析待证事实，做出正确判断，因此计算机证据的时间不确定性研究对于计算机取证分析非常重要。黄静宜利用正常网络行为在通信双方都会留有记录这一特点，提出一种采用多个相关时间源推断某事件发生具体时间的方法，可有效地限制计算机证据时间不确定性的影响，为计算机取证分析提供有力支持。[2]

(3) 鉴定工具检测。鉴定工具检测的关键词是：合法性测试、功能测试和性能测试。鉴于目前电子证据鉴定工具主要来源于国外，这些用于取证分析的工具是否符合我国法律要求，其功能及性能是否符合取证与鉴定的要求等问题已引起了国内研究人员的关注。公安部第一研究所取证与鉴定技术实验室开展了“电子数据取证工具检测”项目研究，结合我国法律和取证要求，开发检测平台，设计检测方法，对硬盘复制机、数据只读接口和EnCase lin6镜像工具进行了合法性和功能性检测。[3] 刘晓宇等则从计算机取证的特点和取证分析工作中遇到的特殊情况出发，对取证分析工具在功能和性能方面进行了评估。[4]

(4) 鉴定实践。在第23届全国计算机安全学术交流会上首次出现了关于电子数据司法鉴定的主题发言。[5] 演讲者从司法实践的角度阐述了国内目前电子证据的法律地位、鉴定关键技术和基础性工作。陈露等介绍了司法实践中电子证据检验鉴定系统的建设及应用情况，武汉市自2006年12月建立电子证据检验系统，至2008年已检验各类电子证据七十余起，物证一百二十多件。[6] 何凌等对电子证据司法鉴定主体、鉴定的基本要求，检察机关开展电

---

〔1〕 郭秋香：“涉及P2P软件案件调查取证方法的研究”，载《全国计算机安全学术交流会论文集》(第23卷)，2008年。

〔2〕 黄静宜：“计算机取证中一种估计事件发生时间的方法”，载《2008年中国信息技术与应用学术论坛论文集》，2008年。

〔3〕 公安部第一研究所取证与鉴定技术实验室：《取证工具检测报告》，2008年。

〔4〕 刘晓宇等：“计算机取证分析工具测试方法研究”，载《全国计算机安全学术交流会论文集》(第23卷)，2008年。

〔5〕 参见余彦峰：“电子数据司法鉴定概述”，载《全国计算机安全学术交流会论文集》(第23卷)，2008年。

〔6〕 陈露等：“电子证据检验鉴定系统的建设及应用”，载《刑事技术》2008年第4期。

子证据鉴定工作的初步构想，公安机关在实际电子证据的提取中面临的障碍及其解决办法等作了探讨。[1]

4. 毒物分析

（1）毒物毒品分析的检验对象。毒物毒品分析的范围和种类主要包括血液、尿液、汗液、唾液、组织、胆汁、毛发等在内的各种生物检材。其中，血液和尿液作为生物检材的毒物毒品分析方法已比较成熟。近年来各国法庭科学研究开始关注毛发、唾液、汗液等生物检材中毒物毒品的检验方法及理论。①毛发。在长期少量投毒和毒品滥用的情况下，药物在毛发中的积累使毛发成为毒物毒品分析的重要检材，毛发分析能反映较长时间的药物使用情况。孟品佳等对苯丙胺类毒品滥用者毛发中毒品及其代谢物进行了分析与解释。[2] 刘俊芳等则对毛发中滥用药物分析的法医学应用进行了研究。[3] 值得注意的是，将毛发作为检材时要排除外部污染的干扰，必须严格进行清洗，以排除假阳性的可能。②唾液。唾液中的药物浓度与血液药物浓度存在一定相关性，且唾液中以药物原体为主，因此，利用唾液作为检材已经成为一种简便的、无损的并能反映血药浓度的方法。王燕燕等对唾液中苯丙胺类毒品进行毛细管区带电泳在线富集检测。[4]

（2）毒物毒品分析的检验技术。法庭科学领域中毒物毒品分析的检验过程包括样品前处理、定性定量检验、数据处理等几个环节，其中样品前处理和定性定量检验要占整个检验工作的80%以上，是质量控制体系中的重点。随着科学技术的发展，毒物毒品分析的检验技术经历了由简单到精密、由粗略到精确的过程。

第一，样品前处理技术。在分析样品之前通常要将毒物毒品的各组分进行分离和富集，以有效去除杂质的干扰，提高检测的灵敏度，这就是样品前

---

〔1〕参见何凌："电子证据司法鉴定刍议"，载《苏州教育学院学报》2008年第2期；高峰、厉倩雯："电子证据司法鉴定工作初探"，载《中国司法鉴定》2008年第4期；斯进："电子证据提取的障碍与对策探讨"，载《信息网络安全》2008年第10期。

〔2〕孟品佳等："苯丙胺类毒品滥用者毛发中毒品及其代谢物的分析与解释"，载《药物分析杂志》2008年第5期。

〔3〕刘俊芳等："毛发中滥用药物分析的法医学应用"，载《中国药物依赖性杂志》2008年第3期。

〔4〕王燕燕、孟品佳："唾液中苯丙胺类毒品的毛细管区带电泳在线富集检测"，载《分析测试学报》2008年第5期。

处理技术。直接萃取技术是最传统的一种前处理技术，包括液－固萃取和液－液萃取两种方式，主要用于毒物毒品含量较高的体外毒物毒品检材。衍生化技术可以提高体内毒物毒品及其代谢物的分析灵敏度和检测重现性。近年来发展起来的样品前处理的新技术有：固相萃取、固相微萃取、液相微萃取、顶空等技术。①固相萃取技术具有良好的去除杂质的作用，大多数情况下被用于体内样品的提取。如孙红雷、李文海对血中安眠药物进行了固相萃取 GC/MS 分析方法研究；[1] 何国标、蒋硕勤和罗正坚则对吗啡类毒品进行了固相萃取－气质联用法测定。[2] ②液相微萃取是将一小片含有有机溶剂的多孔纤维侵入样品瓶中，和气相色谱及液相色谱联用可用于检测滥用药物。黄星等总结了液相微萃取的影响因素和在毒物分析中的应用实例，并对其发展趋势进行了展望。[3] 黄星等还建立了一种以液相微萃取（LPME）与气相色谱－氢火焰（LPME-GC-FID）联用技术为基础的测定尿样中氨基比林、安替比林和巴比妥的方法，考察了萃取溶剂、萃取时间、pH 对萃取效果的影响。[4] 孟品佳等则对生物样品中苯丙胺类毒品进行了小体积液相萃取及 GC/MS 分析。[5] ③顶空技术主要用于挥发性、半挥发性物质的制备、富集及进样等，有静态顶空和动态顶空两种方式。在毒物毒品分析中，主要用于分子量较小的毒物毒品的检验。如黄克建等采用顶空固相微萃取与气质联用技术队尿液中氯胺酮及去甲基氯胺酮进行了快速检测。[6]

第二，定性定量检验技术。现代分析技术的发展给毒物毒品分析工作者提供了大量的定性定量检验的技术和手段，现代分析设备大多同时具备定性检验和定量检验的功能，而且检测灵敏度越来越高，分析所需样品数量越来

---

〔1〕 孙红雷、李文海："血中安眠药物的固相萃取 GC/MS 分析方法研究"，载《分析测试技术与仪器》2008 年第 4 期。

〔2〕 何国标等："吗啡类毒品的固相萃取－气质联用法测定"，载《分析测试学报》2008 年第 S1 期。

〔3〕 黄星等："液相微萃取技术及其在毒物分析中的应用"，载《分析测试学报》2008 年第 3 期。

〔4〕 黄星等："液相微萃取－气相色谱法测定尿液中氨基比林、安替比林和巴比妥的研究"，载《分析试验室》2008 年第 4 期。

〔5〕 孟品佳等："生物样品中苯丙胺类毒品的小体积液相萃取及 GC/MS 分析"，载《应用化学》2008 年第 12 期。

〔6〕 黄克建等："顶空固相微萃取与气质联用快速检测尿液中氯胺酮及去甲基氯胺酮"，载《刑事技术》2008 年第 3 期。

越低。薄层色谱法只能做定性分析及半定量分析，目前主要应用于毒物毒品的初筛和现场快速检验等方面。气相色谱在20世纪90年代得到了迅速推广，一般采用氢火焰离子化检测器检验含量较高的体外毒物毒品，而灵敏度较高的氮磷检测器或电子捕获检测器用于检验体内毒物毒品。①液相色谱可以分析高沸点、热不稳定的物质，因此可以满足大多数毒物毒品的定性定量分析要求，目前已经建立了体外毒物毒品方面规范的定性定量检验体系，在体内毒物毒品检验领域也有大量的研究。比如陈礼莉等对血液、尿液中氯胺酮及其代谢物去甲氯胺酮进行了HPLC分析；[1] 陈小林和赵华则采用HPLC法对常见毒品及其代谢物进行了测定。[2] ②由于液相色谱质谱联用技术的提高和大气压离子化技术的出现，液相色谱质谱联用在毒物毒品分析领域已经得到极大的应用，近年来又出现了液相色谱－质谱串联技术。比如孙其然等采用LC-MS/MS法测定豚鼠毛发中可卡因及其代谢物苯甲酰爱康宁，建立豚鼠毛发中可卡因及其代谢物苯甲酰爱康宁的液相色谱－串联质谱分析方法，并考察单次给药后豚鼠毛发中可卡因和苯甲酰爱康宁的质量浓度。[3] ③超高液相色谱的发展全面提升了检测速度、灵敏度和分辨率。如张小婷等采用超高效液相色谱法（UPLC）同时筛选检测吗啡等七种常见毒品。[4] ④近年来，毛细管电泳也应用于毒物毒品分析领域，检测体内毒物毒品及其代谢物。如王燕燕[5]等采用场放大样品堆积毛细管区带电泳检测尿液中苯丙胺类毒品。李利军等采用扫集胶束毛细管电泳，建立了快速测定尿液中麻黄碱和可待因含量的方法，并通过日内、日间实验对方法的稳定性进行考察，讨论了pH值、十二烷基硫酸钠（SDS）浓度、分离电压、进样时间等因素的影响，建立了扫

---

〔1〕 陈礼莉等："血液、尿液中氯胺酮及其代谢物去甲氯胺酮的HPLC分析"，载《法医学杂志》2008年第1期。

〔2〕 陈小林、赵华："HPLC法测定常见毒品及其代谢物"，载《中国药物依赖性杂志》2008年第6期。

〔3〕 孙其然等："LC-MS/MS法测定豚鼠毛发中可卡因及其代谢物苯甲酰爱康宁"，载《药学学报》2008年第12期。

〔4〕 张小婷等："超高效液相色谱法（UPLC）同时筛选检测吗啡等7种常见毒品"，载《刑事技术》2008年第6期。

〔5〕 王燕燕等："场放大样品堆积毛细管区带电泳检测尿液中苯丙胺类毒品"，载《分析试验室》2008年第5期。

集胶束电动色谱的最佳实验条件。[1] ⑤此外，还有研究用光谱方法或其他色谱方法及电化学等方法对毒物毒品进行检验的。如李东影等研究了光谱法、色谱法在持久性毒物分析中的应用及其研究进展。[2] 田国刚等运用凝胶色谱净化浓缩联用仪，建立生物检材提取液中农药、安眠药、毒品的净化浓缩方法，通过改变仪器杂质丢弃时间、收集时间、低位激光真空度等参数，提高了药物的回收率。[3] 丁尚志则对电化学方法在吗啡检测中的应用进行了研究。[4]

（3）毒物毒品分析的药理学研究。这主要是研究毒物毒品在体内的代谢及分布规律。毒物毒品在体内的代谢及分布规律一直是国内外法庭科学工作者的重点研究之一。①毒物毒品在体内的代谢动力学研究。毒物毒品在体内的代谢是指毒物毒品通过各种途径进入机体后，参与或影响机体的反应过程，从而产生一定的毒性，同时，毒物毒品本身也被机体所改变，生成新的代谢物，则可使毒性降低或增强。在进行生物检材中的毒物毒品检验时，不仅要检测其原体，还要检测器代谢物，才能正式毒物毒品经过了体内过程。李鹏对安定进行了法医毒物动力学研究。[5] 关培英对拟除虫菊酯类农药进行了法医毒物动力学研究。[6] 贠克明针对法医毒理学的任务、发展趋势和面临的挑战，提出将法医毒物动力学列为法医毒理学新的分支学科，并阐述了法医毒物动力学的概念、研究目的、研究对象、研究内容、研究方法、研究方向及亟待解决的问题。其内容涉及毒物动力学、死后分布、动态分布、死后再分布、死后弥散、毒物分解动力学、毒物死后产生情况等。法医毒物动力学研究将解决中毒法医学鉴定中的许多问题，如尸体或活体中毒当时机体内毒物浓度的推断、死后腐败产生毒物与生前服毒的区别、生前服毒与死后染毒的

---

〔1〕 李利军等：“尿液中麻黄碱与可待因的扫集胶束电动色谱法快速测定”，载《分析测试学报》2008 年第 12 期。

〔2〕 李东影等：“光谱法、色谱法在持久性毒物分析中的应用及其研究进展”，载《内蒙古科技与经济》2008 年第 18 期。

〔3〕 田国刚等：“凝胶色谱净化浓缩联用仪在毒物分析中的应用”，载《刑事技术》2008 年第 3 期。

〔4〕 丁尚志：“电化学方法在吗啡检测中的应用”，载浙江大学 2008 年硕士学位论文。

〔5〕 李鹏：“安定法医毒物动力学研究（一）”，载山西医科大学 2008 年硕士学位论文。

〔6〕 关培英：“拟除虫菊酯类农药法医毒物动力学研究（一）”，载山西医科大学 2008 年硕士学位论文。

鉴别、毒物进入机体时间、途径和方式的确定。[1] ②毒物毒品在体内的分布规律研究。毒物毒品分析中检材的选择，取决于药物在检材中的含量，而生物体死后药物含量会因死后再分布而发生变化，因此毒物毒品在体内的分布规律对法庭工作者进行检材选取、检验、结果解释具有决定性的意义。褚建新等研究了毒药物中毒血液灌流对法医毒物检验的影响。[2] 贾娟等对氯胺酮在大鼠体内的分布进行了研究。[3] 文一对有机磷农药的联合毒性及其毒理学机理进行了研究。[4]

5. 微量物证分析与痕迹检验学

（1）微量物证分析的研究进展表现在以下方面：①微量物证分析的检验对象。随着社会和科技的飞速发展，微量物证检验的对象已经扩展到了社会生活的各个领域，法庭微量物证检验也应跟上技术的发展和流行趋势，对检验对象的成分及制造工艺进行研究。国外学者的研究包括根据挡风玻璃和普通窗玻璃种成分分布对玻璃样品进行的分类和新型油漆的研究，国内学者本年度尚未涉足这一领域。②微量物证分析的检验技术。一是光谱法。微量物证分析中常用到的光谱方法包括显微光谱法、X 射线荧光光谱法、拉曼光谱法、红外光谱法等。国外的研究包括对彩色玻璃碎片进行的显微光谱分析，将同步辐射的高能量 X 射线荧光光谱法（SR-XRF）用于玻璃无损检验，采用远红外和拉曼光谱法对无机颜料进行了分析，综合采用显微拉曼光谱法和显微 X 射线荧光光谱法分析多层油漆漆片、油墨、塑料和纤维的方法进行了评价等等，国内学者本年度尚未涉足这一领域。二是色谱法。孟洪波研究了用便携式非抑制型离子色谱仪岛津 PIA－1000，对爆炸物残留中的无机阴、阳离子进行了同时分离和检测。[5] 三是其他方法。唐永等研究了 X 射线光电子能谱（XPS）技术在材料物理、化学等领域作为具有重要应用价值的测试手段，在聚合物、无机化合物、有机化合物、催化剂、涂层材料、纳米材料的检验

---

〔1〕 贠克明：“法医毒物动力学”，载《中国法医学杂志》2008 年第 6 期。

〔2〕 褚建新、蒋文慧：“毒药物中毒血液灌流对法医毒物检验的影响”，载《中国法医学杂志》2008 年第 6 期。

〔3〕 贾娟等：“氯胺酮在大鼠体内的分布”，载《中国医院药学杂志》2008 年第 14 期。

〔4〕 文一：“有机磷农药的联合毒性及其毒理学机理研究”，载中国农业科学院 2008 年博士学位论文。

〔5〕 孟洪波：“离子色谱法同时分析无机爆炸物残留中的无机阴阳离子”，载北京化工大学 2008 年硕士学位论文。

中的应用。[1] 李斌等采用电子显微镜和X射线能谱仪等方法，对交通肇事逃逸现场油漆和嫌疑车辆油漆进行了比对检验，提出了电子显微镜对油漆物证同一性认定的方法，从实践中解决了过去只能应用元素特征强度进行油漆物证同一认定的问题。[2] 刘徽平等采用扫描电镜与能谱仪分析颗粒的形貌、显微组织和成份，并与不同工厂采集的不同金属颗粒的形貌、组织和成份进行对比，研究了金属颗粒来源的判定问题。[3] 李磊等采用油浸法对汽车后视镜玻璃进行区分，认为油浸法可以对汽车后视镜玻璃进行区分，且使用样品量少，可以达到微克级，是一种鉴别后视镜玻璃的有效方法。[4] 王琥等研究了油浸法和X射线荧光光谱法对汽车风挡玻璃的鉴别能力，折射率测试和元素分析相结合，可对常见汽车风挡玻璃进行有效区分。[5] 张爱华和陈玲以毛发为微量物证特例，探讨了微量物证的STR分型检验方法及其数据库在交通事故研判中的应用，为分析微量物证数据库在交通事故处置实践中的应用奠定了重要基础。[6] 罗仪文等总结了纤维检验中，从外观形态、化学性质、光学性质、热性能、分子结构等角度检验纤维种类，尤其是单根纤维检验的方法；评价了双折率法、小角度激光散射法、差热分析法、裂解气相色谱法、红外光谱法在实际应用中的检测效能。[7]

(2) 痕迹检验学。痕迹检验是法庭科学技术的一部分，是运用专门理论和方法对案件中的痕迹进行检验，确定痕迹与案件的事实及痕迹与一定人或物的关系的一门学科。痕迹检验的研究对象是案件现场上的各种形象痕迹，诸如手印、足迹、工具痕迹、枪弹痕迹、爆炸痕迹、牙齿痕迹、纺织物痕迹、牲畜蹄迹、车辆痕迹、整体分离痕迹、玻璃破碎、开锁和破坏锁等特殊痕迹。痕迹检验学与图像技术、计算机技术、分析化学、物理学等密切相关，在公

---

[1] 唐永等："XPS检验微量物证应用初探"，载《刑事技术》2008年第2期。

[2] 李斌等："扫描电子显微镜对油漆物证同一性认定的应用"，载《理化检验（物理分册）》2008年第8期。

[3] 刘徽平等："运用扫描电镜与能谱仪判定金属颗粒的来源"，载《警察技术》2008年第1期。

[4] 李磊等："油浸法鉴别汽车后视镜玻璃的研究"，载《刑事技术》2008年第3期。

[5] 王琥等："汽车风挡玻璃的鉴别方法研究"，载《刑事技术》2008年第2期。

[6] 张爱华、陈玲："微量物证的STR分型及数据库在交通事故研判中的应用"，载《广东公安科技》2008年第1期。

[7] 罗仪文等："纤维的检验及其新方法"，载《中国司法鉴定》2008年第6期。

安机关的侦查工作中具有重要的作用。

第一，指纹鉴定。①吕导通过数理统计原理对指纹鉴定标准进行了探索。“面积—质量量化标准”依据指纹的面积决定细节特性的数量，视指纹有效面积中的每条纹线都按照一定的密度充满特征，同时，对细节特征进行分类，按照特征出现率的高低决定特征的质量量值，最后综合所有特征的出现概率，形成随机匹配概率来描述鉴定的质量，在概率计算和充分评估的基础上，确定指纹认定的随机匹配概率标准量值。[1] ②赵科的综述论文对光致发光原理在指纹显现方面的应用做了详细的介绍，并对各种方法做了比较。[2] 杨瑞琴、王元凤、赵科等利用纳米技术原理，研制相关纳米粉末显现潜在指纹。研究表明，与普通粉末相比，TiO_2 纳米粉末由于粒度上的优势，具有显现细节特征多、背景表面无粘粉、显现陈旧指纹能力强等优点；通过添加配粉、色素、疏水性物质等改性剂，可以增加 TiO_2纳米粉末的流散性、扩大粉末与客体背景的反差并提高了其显现潮湿客体的能力。[3] 类似的研究是，通过考察表面活性剂的种类及浓度、TiO_2浓度、pH 值等因素，获得胶带粘面各种手印样本（新鲜、陈旧、水浸）的最佳显现效果。当小颗粒悬浮液中十二烷基苯磺酸钠（SDS）的浓度为 0. 1mg/ml、纳米 TiO_2 粉末含量为 2mg/ml、pH 值为 7 时，小颗粒悬浮液的显现效果最理想，可以显出遗留时间达 2 个月以及水浸 4 天之久的油潜手印。[4] ③当手印的承载客体潮湿或者浸泡在水中时，氨基酸、无机盐等物质便会溶解在水中，传统的茚三酮、DFO 等针对手印中氨基酸和无机盐的显现试剂就无法显现潜在手印。四氧化钌可以对汗液中的脂类物质进行着色，从而显现出手印。罗亚平等人通过实验研究，提出利用国内能够得到的试剂配制四氧化钌（RTX）配方，对遗留在白纸、报纸、玻璃及木板等四种客体上的新鲜及陈旧潜手印的显现实验，得出比较理想的显现效果。[5] ④蔡能斌等人分别利用激光器和多波段光源作为激发光源，对潜

---

〔1〕 吕导中：“基于指纹面积和特征质量的指纹鉴定量化标准研究”，载《中国人民公安大学学报（自然科学版）》2008 年第 2 期。

〔2〕 赵科等：“光致发光技术在指纹显现中的应用”，载《中国司法鉴定》2008 年第 5 期。

〔3〕 杨瑞琴等：“TiO_2 纳米粉末显现潜在指纹研究”，载《刑事技术》2008 年第 4 期。

〔4〕 赵科、杨瑞琴：“纳米 TiO_2 小颗粒悬浮液显现胶带粘面油潜手印初探”，载《中国人民公安大学学报（自然科学版）》2008 年第 3 期。

〔5〕 罗亚平等：“四氧化钌显现潜手印研究”，载《刑事技术》2008 年第 4 期。

在汗液指印的固有荧光和二次荧光进行检测，讨论了潜在指印的荧光检测中，使用大功率激光器作为激发光源的优势。[1] ⑤刘璇等人采用 Ardrox 荧光染色方法，对502 熏染后的胶带双面手印进行染色，对胶带粘性面和非粘性面表面上的手印进行一次性显现研究。[2] 杨桦对光面胶带上指纹的提取进行了实际案例报道。[3] 李季做了加热502 胶熏显手印的改进方法的报道。[4] ⑥李莉运用茚三酮一乙醇试剂，对可渗透性客体上的唾液指印进行显色获得了良好的效果。[5] 张晓梅研究了纸张上汗潜指纹的显现的新方法。[6] 闵祥广等人研究了纸张上手印的 DFO－茚三酮－物理显影液系列显现方法，提高了纸张上手印的显现率。[7] 李健等人发表了 DFO 甲醇与乙醇溶剂对潜在手印显现效果的比较研究的论文。[8]

第二，交通痕迹。随着国内汽车保有量不断增长，交通事故呈现持续增长的态势，相关交通痕迹方面的研究也越来越受到重视。李丽莉等人对交通事故鉴定进行了研究，并指出了一些存在的问题。[9] 邹冬华等人通过对200起实际案件资料的研究，对车外人员与汽车碰撞事故现场痕迹特点进行了分析，以此建立起基于现场痕迹信息综合处理的事故再现参数体系，为后续重建交通事故碰撞过程研究提供参考依据。[10] 夏小玲等对破损痕迹、碾轧痕迹和附着痕迹进行了研究，并对痕迹的发现与提取做了相关分析，进一步指明了痕迹鉴定对事故分析的作用。[11] 贾常明等人对汽车轮胎的制动痕迹进行了

---

〔1〕 蔡能斌、张铭："激光检测潜在汗液指印"，载《刑事技术》2008 年第1 期。

〔2〕 刘璇等："502－Ardrox 荧光染色法显现胶带上的手印"，载《刑事技术》2008 年第4 期。

〔3〕 杨桦："光面胶带上指纹的提取"，载《刑事技术》2008 年第4 期。

〔4〕 李季："加热502 胶熏显手印的改进方法"，载《刑事技术》2008 年第5 期。

〔5〕 李莉："茚三酮－乙醇法显现唾液指印"，载《中国司法鉴定》2008 年第2 期。

〔6〕 张晓梅："纸张上汗潜手印显现新方法"，载《刑事技术》2008 年第3 期。

〔7〕 闵祥广等："纸张上手印的 DFO－茚三酮－物理显影液系列显现方法研究"，载《刑事技术》2008 年第2 期。

〔8〕 李健、罗亚平："DFO 甲醇与乙醇溶剂对潜在手印显现效果的比较研究"，载《中国人民公安大学学报（自然科学版）》2008 年第2 期。

〔9〕 李丽莉等："道路交通事故鉴定技术概述"，载《中国司法鉴定》2008 年第3 期。

〔10〕 邹冬华等："车外人员与汽车碰撞事故现场痕迹特点分析"，载《中国司法鉴定》2008 年第6 期。

〔11〕 夏小玲、刘伟平："对交通事故中人体衣着痕迹的研究与应用"，载《中国司法鉴定》2008 年第5 期。

系统研究。[1]

第三，全国刑事技术标准化技术委员会痕迹检验分委会会议。2008年10月28日至11月1日，全国刑事技术标准化技术委员会痕迹检验分委会成立大会暨第一次全体委员会议在长沙市召开。来自各地公安机关的分委会委员及特邀专家共33人参加了会议。会议期间，与会委员审议并通过了《痕迹检验分委会章程》、《秘书处工作细则》以及《下一阶段工作计划》等相关文件，审查并通过了《弹头痕迹的检验》等五个公共安全行业标准。

四、证据科学教育进展

（一）证据科学研究项目

1. 基础研究项目

（1）2008年国家自然科学基金面上项目批准张保生教授主持的《事实调查模式下的证据管理研究》立项。该项目依托证据科学教育部重点实验室（中国政法大学）平台，由证据法学和逻辑学、心理学、管理学、计算机科学等有关自然科学专家组成交叉学科研究团队。该项目把事实调查作为一项实现管理目标的活动，将社会管理活动中的事实调查区分为非对抗性和对抗性两种事实调查模式，试图通过对司法案件中证据数据的分析及实验研究，揭示证据管理的基本原理和方法。该项目运用概率论、博弈论、模型论等交叉学科方法，主要研究内容包括：一是证据管理的基础理论，包括证据相关性分析、证据到事实的E－F经验推理模型、多属性管理决策方法等；二是非对抗性事实调查模式下的证据管理机制，包括证据选择、证据片断与事实图景的“拼合”策略等；三是对抗性事实调查模式下各方及裁判者的证据管理机制，包括举证和质证策略以及认证决策过程。该项目综合运用管理学、证据法学、法庭科学、计算机科学、逻辑学等学科的知识和方法，采用模型和博弈论方法探讨诉讼结构和证据管理决策过程，并以参与事实调查的各方（检察官、律师、法官）为角色，以现实案例为摹本，对证据管理及其决策进行实证研究。

---

〔1〕贾常明、欧阳唯佳：“汽车制动过程路面轮胎留痕研究”，载《中国刑警学院学报》2008年第3期。

（2）2008 年度证据法学研究项目的立项情况，参见下表：

基金来源	法学立项总数	证据法学课题立项数
国家社科基金一般项目	96	1
教育部人文社会科学项目	—	6
司法部国家法治与法学理论研究项目	147	5
最高人民检察院检察理论研究课题	37	2
最高人民法院重点调研课题	11	1
中国法学会部级法学研究课题	44	0

从证据法学研究项目所涵盖的研究领域来看，大致包括以下六个方面：证据法基础理论、司法证明、司法鉴定、证据规则、证据收集以及电子证据等。其中，基础理论研究占 13. 3%，包括诉讼证明的基本原理、证据立法等；司法证明研究占 13. 3%，主要包括司法实践中证明责任制度的实证研究以及死刑案件证明标准研究等；司法鉴定研究占 33. 3%，包括司法鉴定法立法、司法鉴定管理制度、司法鉴定在民事诉讼中的使用、司法会计鉴定的理论及制度等方面；证据规则占 13. 3%，主要包括刑事证据规则的实证研究以及仲裁证据制度；证据收集研究占 13. 3%，集中在侦查取证制度以及更为具体的职务犯罪侦查取证问题；电子证据研究占 13. 3%，包括电子证据收集与运用以及网络证据收集与保全等。

从研究主题上看，证据法基础理论研究还相对薄弱，应用研究过于集中于立法和司法实践中的热点问题。本年度证据法基础理论研究主要包括两个项目，一个是从当事人视角对诉讼证明基本原理的研究，另一个是证据立法研究。证据法应用研究集中在司法鉴定（33. 3%）、电子证据（13. 3%）、刑事侦查（13. 3%）等几个具体问题上。除国家社会科学基金项目之外，其他四类项目都有司法鉴定研究项目立项，内容涉及司法鉴定立法、司法鉴定管理制度、司法鉴定在民事诉讼中的使用、司法会计鉴定的理论框架及法律制度等方面，近年来许多错案都暴露出司法鉴定方面的问题，在司法鉴定管理体制改革的大背景下，司法鉴定的一系列制度问题和技术性问题成为学术界关注的焦点。

从研究方法来看，在 2008 年度立项的证据法学项目中，比较研究方法和实证研究方法应用比较突出。其中，比较研究方法在证据法学研究中的应用，可能与我国证据法研究以往投入不足、缺乏必要的学术积累有关，在许多新的证据问题无法得到有效应对的情况下，在证据法制度建设和研究传统上有着丰富积累的西方国家尤其是英美法系国家便成为我们借鉴的对象。在2008年证据法学项目中，如仲裁证据制度研究、证据立法研究、电子证据研究等都需要对域外制度实践与理论研究进行比较借鉴，这似乎不足为怪。我国目前证据法学研究在方法上似乎还相对单一，在2008年立项课题中，还没有明确采用跨学科研究方法的研究项目。因此，对证据法跨学科研究在投入上应适当倾斜。

值得关注的是，随着司法实践领域证据问题的日益突出，实证研究在证据法研究中日益成为重要的研究方法。在2008年度立项的15个证据法学项目中，有4个项目明确以“实证”或“调研”为题，而在像侦查取证、职务犯罪侦查等研究项目中都大量采用了实证研究方法。这有助于锻造中国证据法的实践品性，使我国证据法律法规能够在实践中得以验证和改进；同时，实证研究方法与比较研究方法相互补充、配合，也有助于克服我国证据立法脱离国情的偏颇，促进证据法立法与司法实践的有效互动。

2. 实证研究项目

（1）最高人民法院证据法实证研究重点调研课题《关于司法鉴定结论作为民事诉讼证据使用的调研》，课题负责人为山东省威海市中级人民法院院长王继青。司法鉴定结论是一种重要证据材料，法官对司法鉴定结论的采信往往决定着案件最终的判决结果。在我国民事诉讼中，鉴定结论的运用存在很多问题，如重复鉴定、鉴定机构出具虚假鉴定结论、鉴定人不出庭、法官对鉴定结论过于依赖、判决书中不公布采信鉴定结论的理由等。这些现象对案件审理产生了很多消极影响，不仅违背了程序公正的要求，而且给案件实体审理结果的公正性带来了极大的风险。最高人民法院确定该课题为2008年度重点调研课题，表明了对司法鉴定的证据作用高度重视，以期能够在实证研究过程中发现和解决问题，为司法鉴定结论在审判中的运用以及鉴定体制改革如何进行提供理论参考。

（2）最高人民检察院证据法实证研究重点调研课题《电子证据收集和运用问题研究》，课题负责人为中国人民大学法学院刘品新副教授。电子证据作为一种科学证据，在司法审判中发挥的作用越来越大。同时，它也带来了诸如电子证据如何提取和保全、如何审查和认定等问题。我国立法对电子证据产期缺乏精细规制，司法实践中对电子证据的使用由于缺乏法律依据和理论指导，显得较为混乱。因此，最高人民检察院将该课题确定为 2008 年度重点调研课题，以期能够在深入的理论和实证研究的基础上，对电子证据的取证和运用提出科学的规制方案和立法建议，该课题从电子证据的“收集”和“运用”两个角度出发，分别对“电子取证的法律规制”和“电子证据的定案规则”进行了研究。

关于“电子取证的法律规制”问题。课题组从电子取证的基本含义切入，采取交叉研究的方法，提出了我国的电子取证实务应当遵循的一个抽象的司法程序模型。在此基础上，课题组深入分析了我国目前电子取证在规制方式、规制原则与规制内容等方面遭遇的法律挑战，并逐一论证了亟待采取的法律因应措施。课题组将电子取证程序归纳总结为四个环节：一是准备阶段，主要任务包括对电子取证的技术和设备的研发、取证人员的培训和选择、取证前的信息搜集、取证设备和器材的选择、取证计划的制订等；二是收集保全阶段，主要任务包括对物理空间中电子证据的收集与保全、对虚拟空间中电子证据的收集与保全、对计算机主机与其他电子设备的临场取证、网络下载等远程取证等；三是检验分析阶段，它充分体现了电子取证不同于传统取证的特点，传统取证多是“现场式”的，而电子取证多是“实验室”式的，主要任务是对已经收集到的电子证据进行检验分析；四是提交阶段，这一阶段是对取证结果进行汇总提交，主要任务是根据检验分析结果制作的电子证据鉴定书、勘验检查笔录及其他书面报告，如果发现电子取证过程中存在问题，还应当提出相应的改进建议或补救措施。从规制原则上来说，应当以无损取证原则为核心构建电子取证的原则；最后，从规制内容上来说，电子取证的规制内容集中体现在如何保证其原始性、真实性与合法性。[1]

关于“电子证据的定案规则”问题。课题组提出，电子证据对案件事实加以证明的性质属于司法证明，它可以参考科学证明的一些规律，但本质上不属于科学证明，因为计算机法庭科学在世界范围内还处在初步发展阶段，不同技术专家对如何看待电子证据的效力也很难达成一致。因此，依靠电子证据定案在本质上仍然属于司法证明的范畴，达到了证明标准便可以裁判。要坚持体系定案，及电子证据不是单独的发挥作用，而是要与其他证据结合在一起，以证据体系的方式证明案件事实。诚然，这种司法证明需要借助披

〔1〕 刘品新：“电子取证的法律规制”，载《法学家》2010 年第 3 期。

着高科技色彩的“电子证据”，也可以参考科学证明的一些规律。换言之，法官可以参考技术的特点和专家的意见，但要遵循司法证明的观念作裁断。[1]

（二）证据科学学科建设和人才培养

2008 年，我国证据科学学科建设速度明显加快。中国政法大学证据科学研究院（证据科学教育部重点实验室）、中国人民大学证据学研究所，中南财经政法大学证据法教研室等一批专门从事证据科学的研究机构，在开展科学研究的同时，对证据科学、证据法学、法庭科学等学科建设和人才培养进行了积极的探索。

在学科学位点建设方面，2008 年度，中国政法大学证据法学硕士学位和博士学位学科点（下设证据法学和法庭科学两个研究方向），已招收两届研究生。中国人民大学证据学研究所在将证据法学、证据调查学、物证技术学等学科建设方面也取得了重要进展。

在课程建设方面，2008 年度，中国政法大学教育部“长江学者”讲座教授美国西北大学法学院罗纳德·J. 艾伦，为本科生开设了 36 学时《美国证据法》课程。许多大学法学院系为本科生开设了证据法学选修课程，其中，中国人民大学法学院、中国政法大学刑事司法学院已将证据法学和物证技术学作为必修课程开设，参见下表：

证据法学								
	中国人民大学	中国政法大学	北京大学	清华大学	吉林大学	四川大学	西南政法大学	华东政法大学
本科生课程	必修课	必修课	无	选修	选修	选修	选修	选修
学分	2	3	/	2	2	2	2	3
学时	36	54	/	32	32	32	34	36
研究生课程	必修课	必修课	选修课	选修课	选修课	选修课	必修课	必修课
学分	2	3	3	3	3	2	3	3
学时	36	54	48	48	56	36	50	54

〔1〕 刘品新：“论电子证据的定案规则”，载《人民检察》2009 年第 6 期。

物　证　技　术　学								
	中国人民大学	中国政法大学	北京大学	清华大学	吉林大学	四川大学	西南政法大学	华东政法大学
本科生课程	必修课	必修课	无	无	无	无	选修	选修
学分	4	3	/	/	/	/	3	4
学时	72	54	/	/	/	/	48	54
研究生课程	必修课	必修课	无	无	无	无	选修课	选修课
学分	3	3	/	/	/	/	2	2
学时	56	54	/	/	/	/	30	36

中国政法大学研究生院将证据法学设为诉讼法学和证据法学研究生的 54 学时学位课。自 2008 年 9 月起，中国政法大学研究生院将“外国证据法专题”课程设为证据法学研究生 36 学时限选课。物证技术学在我国法学院课程结构中较为弱势，只有中国人民大学、中国政法大学刑事司法学院等少数法学院将其列为必修课程，其他政法院校一般将其列为专业选修课，多数综合类高校的法学院较为缺乏物证技术学课程。

在教材建设方面，2008 年度出版了一批证据法学和法庭科学教材，参见下表：

	作　者	教材名	出版社	出版日期
1	樊崇义	证据法学（第 4 版）	法律出版社	2008 年 9 月
2	何家弘、刘品新	证据法学（第 3 版）	法律出版社	2008 年 10 月
3	常　林	法医学	中国人民公安出版社	2008 年 5 月
4	宋世杰	证据法学	湖南人民出版社	2008 年 2 月
5	廖永安	证据法学	清华大学出版社	2008 年 1 月
6	孙彩虹	证据法学	中国政法大学出版社	2008 年 4 月
7	魏　虹	证据法学教程	中国政法大学出版社	2008 年 9 月

2008 年我国证据科学学科建设和人才培养取得了很大发展，但也存在一些问题，如精品课程和教材建设、师资队伍建设等还都比较薄弱，不能适应

我国证据制度建设和司法改革的需要，这些都向法学教育提出了严峻的挑战。

（三）法庭科学研究成果选介

1. 法庭科学专著选介

（1）《司法鉴定案例研究：首届“鼎永杯”优秀司法鉴定文书精选》（常林主编，中国人民公安大学出版社 2008 年版）。本书是“证据科学资料案例丛书”之一，分为两部分：一是司法鉴定意见与案例研究，二是获奖司法鉴定文书精选。司法鉴定意见与案例研究部分，包括首届“鼎永杯”优秀司法鉴定文书评选综述——兼论法医学鉴定文书规范，司法鉴定意见研究，法医病理学鉴定意见问题探讨，法医病理学检查技术综合应用探讨，法医病理学鉴定中辅助检验的合理运用，法医临床学鉴定意见研究，医疗过失鉴定文书规范研究，司法精神病学鉴定研究，司法精神病学鉴定文书规范研究，法医物证学鉴定意见讨论，23 例司法鉴定文书的分析，法医毒物鉴定报告规范研究，文件检验鉴定文书规范研究等，选录《关于我国司法鉴定人出庭作证现状的几点思考——从鉴定人出庭率低说起》。获奖司法鉴定文书精选部分，包括一等奖、二等奖、三等奖鉴定文书和优秀奖鉴定文书等。

（2）《中国司法鉴定制度改革与完善研究》（张军主编，中国政法大学出版社 2008 年版）。本书是司法部理论规划课题研究成果。分为导论和 10 章，主要内容包括：导论，司法鉴定制度概说，国外司法鉴定制度的分析与借鉴，司法鉴定制度改革与展望，司法鉴定机构管理制度的改革与完善，司法鉴定人管理制度的改革与完善，司法鉴定技术管理制度建设，司法鉴定实施制度建设，司法鉴定行业收费管理制度的改革与完善，司法鉴定诉讼适用制度的改革与完善，司法鉴定执业责任的改革与完善。

（3）《两大法系司法鉴定制度的观察与借鉴》（司法部司法鉴定管理局编，中国政法大学出版社 2008 年版）。本书分为三部分：一是国外司法鉴定考察报告，二是国外司法鉴定制度，三是国外司法鉴定制度对我们的启示与借鉴。国外司法鉴定考察报告部分，主要内容包括：英国司法鉴定专题考察报告，英国司法鉴定在诉讼中的地位和作用，英国司法鉴定管理的改革走向与借鉴，英国司法鉴定人出庭制度的启示与借鉴，英国专家证人与诉讼参与机关及当事人的关系，英国的司法鉴定机构，英国司法鉴定技术的现状及发展趋势，芬兰、荷兰司法鉴定考察报告，重庆市人大常委会办公厅司法鉴定考察团赴埃及、南非考察报告，湖北省司法鉴定考察团赴美考察报告，司法部司法鉴定科学技术研究所赴英国、法国、德国技术考察报告等。国外司法鉴定制度部分，主要内容包括：两大法系鉴定证据制度的融合，专家证人，中外鉴定人诉讼地位之比较，国外专家证人、鉴定人的资格及选任，欧盟国家司法鉴定制度简介，英美法系专家证人制度弊端评析，法国刑事诉讼法改革的新进展，国外司法鉴定管理体制和司法鉴定机构的设置等。国外司法鉴定制度对我们的启示与借鉴部分，主要内容包括：两大法系有关司法鉴定的规定及对我国的启示，英美等国专家证据制度与我国专家证据制度的建立，借鉴国外立法完善我国鉴定人出庭作证制度，英国专家证人制度改革的启示与借鉴等。

（4）《司法鉴定工作手册》（司法部司法鉴定管理局组编，中国政法大学出版社 2008 年版）。本书汇编了 1999 年以来仍然有效的全国人大、地方人大和政府、司法行政部门及其相关部门关于司法鉴定管理的规定。分为 12 个部分：全国人大有关司法鉴定管理的规定，地方人大和政府有关司法鉴定管理的规定，司法部有关司法鉴定管理的规定，有关委托地（市）级司法鉴定管理的规定，有关司法鉴定设立管理的规定，有关司法鉴定执业管理的规定，有关司法鉴定监督管理的规定，有关司法鉴定机构内部管理的规定，有关司法鉴定活动的相关规定，有关部门、组织的联合规定，有关省（市）司法鉴定工作委员会或专家委员会的规定，有关实验者/检查机构资质认定认可的规定等。

（5）《法医学》（常林主编，中国人民大学出版社 2008 年版）。本书为“21 世纪中国高校法学系列教材”。本书的编写有很多改革和尝试之处。首先，在内容上围绕法医学鉴定常见问题选择五大领域进行介绍：一是法医学学科与法医学鉴定；二是死亡鉴定（法医病理学）；三是活体鉴定（法医临床学）；四是生物检材检验鉴定（法医物证学）；五是精神心理鉴定（司法精神病学与司法心理学）。其次，突出法医学鉴定的特点和法医学鉴定意见的审查判断，尽量减少深奥的医学知识。最后，作为参阅内容，增加了与审判和法律有关的案例和资料。本书共 24 章，主要内容包括：法医学概论，法庭科学与法医学，司法鉴定制度概述，法医学鉴定，对鉴定意见的审查判断，死亡鉴定，法医学尸体检验，损伤，机械性窒息，中毒，猝死，活体鉴定，损伤程度的法医学鉴定，伤残程度的法医学鉴定，生理状态检验，医疗纠纷鉴定，法医物证学概述，法医物证采集及一般检验，DNA 遗传标记分析技术，个人识别与亲子鉴定，司法精神学鉴定，刑事法律精神病学鉴定，民事法律精神病学鉴定，司法心理学。

（6）《法医学》（第2版，侯一平主编，高等教育出版社2008年版）。本书为“普通高等教育‘十一五’国家级规划教材”和“全国高等学校医学规划教材”。本教材基于学习规律，采用了全新的编排方式，增强了教材的可读性。作为立体化教材，配套的服务性网站为读者提供了进一步的信息资源。本书共22章，主要内容包括：医生与法医学，法庭与法医学，死亡，尸体变化，机械性损伤，机械性损伤的法医学鉴定，交通事故损伤，高、低温及电流损伤，机械性窒息，溺死，中毒，猝死，法医临床学，虐待儿童，性暴力，精神疾病的司法鉴定，医疗纠纷，法医DNA分型，亲子鉴定，生物性检材的个人识别，法医人类学，法医尸体剖验等。

（7）《法医学》（陈龙主编，复旦大学出版社2008年版）。本书为“名校·名师·名课系列”教材。适用于高等医药院校医学专业学生，也可作为非医学专业（如高等院校法律、刑事侦察、保险理赔等各专业）学生用法医学教材。本书较详尽地介绍了法医学的基本知识、基本理论以及基本技能，并适当地加入一些法医学典型案例，内容生动新颖、图文并茂、通俗易懂。本书共15章，主要内容包括：绪论，死亡与死亡学说，尸体现象，机械性损伤，机械性窒息，高、低温及电流损伤，猝死，法医临床学概述（包括性侵犯、虐待儿童的司法鉴定），中毒，医疗纠纷，法医DNA，亲子鉴定，法医人类学，生物性检材的个人识别以及法医学尸体解剖。

（8）《法医学》（第5版，王保捷主编，人民卫生出版社2008年版）。本书是“普通高等教育‘十一五’国家级规划教材”、“卫生部‘十一五’规划教材”和“全国高等医药教材建设研究会规划教材”。本书共12章，主要内容包括：绪论，死亡与死后变化，机械性损伤，机械性窒息，高温、低温及电流损伤，猝死，性侵害，杀婴，临床法医学鉴定，中毒，亲子鉴定，生物性检材的个人识别，医疗纠纷。并附录中英文名词对照。

（9）《实用法医学司法鉴定》（莫耀南主编，科学出版社2008年版）。本书主要适合作为法医学司法鉴定人培训和法医鉴定工作的参考用书。本书将法医学各部分内容进行精简，避免大段的理论阐述，突出强调有关司法鉴定的理论、知识和技术；强调鉴定要点及注意事项，增加案例分析；书末附彩图供参考。本书共16章，主要内容包括：前言，法医学司法鉴定概论，死亡学说与死后变化，机械性损伤概论，机械性损伤各论，颅脑损伤，高温、低温、电流及其他损伤，窒息学，猝死，法医学尸体检验，法医临床学概论，人体损伤程度鉴定，医学检测技术及其在法医学鉴定中的应用，医疗争议鉴定，法医物证学鉴定，DNA 分型技术，法医毒物鉴定。

（10）《临床法医学鉴定指南》（张玲莉主编，华中科技大学出版社 2008 年版）。本书主要适合于临床医学专业人员在鉴定工作中参考。本书共 7 章，主要内容包括：临床法医学常规活体检查及简释，临床法医学活体损伤鉴定，颅脑外伤性精神损伤的法医学评定，交通事故伤残评定标准简释，工伤致残鉴定标准简释，人体损伤残疾程度鉴定标准简释，典型案例等。并附录临床法医学常用临床检验正常参考值，重伤、轻伤、轻微伤标准，人身损害受伤人员误工损失日评定准则。

（11）《眼外伤的法医学鉴定》（夏文涛、邓振华主编，中国检察出版社 2008 年版）。本书主要适合于从事眼外伤鉴定的法医学工作者。在法医临床学中，眼外伤鉴定是一个公认的难点和热点。本书是近年来少见的关于眼外伤鉴定技术、方法、理论等较系统的总结。本书作者从事法医学鉴定多年，具有丰富的实践经验；同时又承担过大量眼外伤鉴定技术方法、标准研制的研究，具有较高理论水平。本书共 8 章，主要内容包括：概述，眼科学基础知识，各类眼外伤的法医学鉴定，视觉功能实验室检查，眼损伤法医学鉴定实务，眼损伤后损伤与疾病因果关系的鉴定，眼科医疗纠纷，眼外伤法医学鉴定典型案例评析等。

（12）《人身伤害司法鉴定争议案例评析》（陈连康等主编，中国检察出版社 2008 年版）。本书为案例评析集。案例涉及法医病理学、法医人类学、临床法医学等各分支学科领域，大多是人身伤害司法鉴定过程中存在的有争议的经典案例，具有典型性和代表性。本书共分上下两篇。上篇为总论，共 8 章，主要内容包括：人身伤害司法鉴定概述，人身伤害司法鉴定的程序，法医病理学鉴定内容，法医病理学鉴定影响因素，临床法医学鉴定内容，诈病的鉴别，临床法医学鉴定影响因素分析，人身伤害司法鉴定应注意的问题等；下篇为案例评析，共 2 章，主要内容是与尸体有关的 20 例案件评析和与活体有关的 27 例案件评析。

（13）《精神疾病司法鉴定及精神伤残鉴定争议案例评析》（郑瞻培、高北陵主编，中国检察出版社 2008 年版）。本书为案例评析集。根据争议案例特点，有针对性地选择介绍精神病司法鉴定及精神伤残鉴定的有关理论和技巧。通过大量争议案例的分析，进一步阐述司法鉴定中应该掌握的有关问题，有助于拓宽思路，提高司法鉴定人的独自思考能力。本书共分上下两篇。上篇为总论，共2章，主要内容包括：精神疾病司法鉴定和精神伤残与精神损伤鉴定；下篇为案例评析，对50例有争议的案例进行了评析。

（14）《医疗纠纷司法鉴定争议案例评析》（朱炎苗、吴军主编，中国检察出版社2008年版）。本书为案例评析集，共分上下两篇。上篇为总论，共4章，主要内容包括：我国近现代医疗纠纷争议案件司法鉴定概述、医疗纠纷司法鉴定人思维活动与检验过程、医疗机构对医疗纠纷的防范和医疗机构在医疗纠纷诉讼中的诉讼行为等；下篇为案例评析，共5章，主要内容包括：13例外科、13例骨科、7例内科、8例妇产科以及7例其他案例的评析。附录《广济医刊》和《法医月刊》曾刊载的相关案例。

（15）《物证技术学》（第3版，徐立根主编，中国人民大学出版社2008年版）。本书是"21世纪法学系列教材高等学校文科教材"，共23章，主要内容包括：物证、物证技术、物证技术学的概念，同一认定和种属认定理论，物证摄影技术，形象痕迹技术（指纹、足迹、牙痕、工痕、枪痕、车痕及其鉴定），文书物证技术（可疑文书概述和笔迹鉴定，伪造、变造文书，印章、印文、文书物质材料、文书制作时间和其他文书物证的检验），化学物证技术（化学物证技术概述和爆炸、纵火物证，泥土、玻璃、纤维物证，塑料、橡胶、油脂、涂料物证，毒品、毒物及其检验），生物物证技术（生物物证技术概述和血痕、毛发、精斑、唾液斑及植物物证检验），音像物证技术（音像物证技术概述和声音、图像物证及其检验）和电子物证技术等。

（16）《生物物证学》（公安部政治部编，中国人民公安大学出版社2008年版）。本书是"普通高等教育'十五'国家级规划教材"。本教材内容丰富，涉及面广，知识新颖，紧贴公安工作实践，反映国内外新经验、新成果和新成就，既系统概括了法医物证学的全部内容，又增加了植物物证、昆虫物证的检验鉴定和统计学在生物物证中的应用等新内容。本书共12章，主要内容包括：生物物证学概述，细胞生物学基础知识，遗传学基础知识，生物物证学基本技术，血液血痕检验，体液及体液斑检验，毛发的检验，骨骼的检验，生物检材的DNA分析，植物物证及其检验，昆虫类物证及其检验和统计学在生物物证学中的应用。

(17)《痕迹检验技术研究》(程军伟编著，中国检察出版社 2008 年版)。本书属“法学新思维文丛”，较为系统地研究了痕迹检验技术的基本原理和具体方法。在理论层面上，作者详细阐释了痕迹检验中的一般原理和同一认定理论；在实务层面上，又全面讲解了手印、脚印、工具痕迹、枪弹痕迹以及其他常见痕迹的发现、提取和鉴定方法，有较高的理论价值和实务指导价值。本书共 7 章，主要内容包括：痕迹检验的一般原理，痕迹检验中的同一认定理论，手印检验技术，脚印检验技术，工具痕迹检验技术，枪弹痕迹检验技术，其他痕迹检验技术，如车辆痕迹检验技术、牙齿痕迹检验技术、开破锁痕迹检验技术等。

(18)《笔迹鉴定学》(李文著，中国人民公安大学出版社 2008 年版)。本书是作者在多年实践积累和探索的基础上，从哲学理论出发，围绕书写技能、书写习惯、特征产生机理、笔迹特征同源性、笔迹特征分类、特征链环、比较检验法、辩证法同一认定等，构建新的笔迹鉴定学基础理论和检验方法，意在从理论源头解决当前笔迹鉴定中令人疑虑的问题。这无疑对传统的笔迹特征总和作为笔迹鉴定同一认定的根据，以及概率法评定特征价值高低的理论提出了严峻挑战。本书共 18 章，主要内容包括：笔迹基础知识，笔迹科学认知的生理学基础知识，笔迹科学认知的心理学基础知识，笔迹与书写习惯的形成，汉字字体演变历程，书写规范与笔迹特征生成机制，笔迹特征分类，马克思主义哲学在笔迹鉴定中的应用，笔迹特征系统认知，章笔迹鉴定原理，笔迹鉴定程序，符号笔迹鉴定，签名笔迹鉴定，摹仿笔迹鉴定，伪装笔迹鉴定，复制笔迹鉴定，笔迹鉴定的法律事项和笔迹鉴定书。

(19)《污损文件检验与字迹显现新技术》(黄建同著，中国人民公安大学出版社 2008 年版)。本书是作者近年来对研究探讨合同、票据等文件被消退、掩盖、添加、变造的理论基础和新技术方法的系统总结。所介绍的新技术和新方法，具有很强的理论性和实践性，不少技术和方法实用、简便、安全、易于操作，不仅便于在公安、司法检验部门基层单位广泛使用，而且可普遍用于物证检验部门。本书共 4 章，主要内容包括：比表面与文件检验，添加变造笔迹的快速鉴别技术，纸张纤维阻截色料堆积记忆法分析添加变造，万用表测量字迹电阻法判断添加变造，印章印文与签字先后顺序鉴别技术，被烧毁手写文件的字迹检验，被烧毁打印文件的字迹检验，第五套人民币纸币防伪技术及真假识别方法，文件检验学理论与新技术发展趋势等污损文件检验中的新技术，字迹的消退与显出技术，书写时间的鉴定方法和常用书写字迹色料的薄层色谱分析等。

（20）《继往开来：振兴中国法医教育事业——纪念中国现代高等法医学专业教育创建二十五周年》（王镭主编，四川大学出版社 2008 年版）。本书是新中国第一本反映高等法医学专业教育情况的图书。全书分为发展历程、专家感言和院系介绍三部分。在发展历程部分，收录了教育部、公安部、司法部、卫生部、最高人民法院、最高人民检察院《关于印发〈全国高等法医学专业教育座谈会纪要〉的通知》、《如何加强我国的高等法医学专业教育》等对中国现代高等法医学专业教育具有重要历史价值的史料文献和图片；专家感言部分，收录郭景元、朱小曼、贾静涛、祝家镇、王克锋、吴家駇、吴梅筠、胡炳蔚、刘明俊、张其英、黄光照、刘世沧等法医学家，对新中国法医学教育事业发展历程的回顾与展望；院系介绍部分，主要介绍了中山大学中山医学院法医学系、中国医科大学法医学院、四川大学华西基础医学与法医学院、复旦大学上海医学院法医学系、华中科技大学同济医学院法医学系、西安交通大学法医学院、山西医科大学法医学院、昆明医学院法医学院、河南科技大学法医学院、河北医科大学法医学系、南方医科大学法医学系、南京医科大学法医学系、汕头大学医学院法医学教研室、苏州大学法医学系、皖南医学院法医学专业、温州医学院法医学专业、新乡医学院法医学专业、中南大学湘雅基础医学院法医学系、重庆医科大学法医学教研室、郧阳医学院法医学教研室等，共 20 个教学科研机构的创立与发展历程和目前的基本情况。

（21）《法医物证学实验指导（本科临床配套教材）》（伍新尧主编，人民卫生出版社 2008 年版）。本书是为学习法医物证检验的基本思路和检验技能而编写的。全书分绪论（强调了法医物证检验的质量控制），法医物证检材的发现和提取，确证试验，DNA 分析，（广义）血型检验，似然率计算，法庭 DNA 数据库，物证检验司法鉴定文书的编写，检验技术的拓展等共分九部分。本书强调了法医物证检材的提取原则（和相关的法律手续），对法医物证检验基本程序和技术逐一进行介绍，既阐明了原理又条理清晰地介绍了实验技术操作，特别突出了 DNA 分析技术和正确评价实验结果的思路、标准及依据。

（22）《法医物证学实验指导（本科临床配教）》（张林主编，人民卫生出版社 2008 年版）。本书的编写注重了实验教程在专业教学中的地位和作用，贯彻了经典实验技术与现代实验技术相结合的主导思想。从20世纪70年代的法医血型血清学技术，到今天应用最广泛最有效的DNA分型技术，本书都详细描述了各种实验技术的具体操作方法，也包括最新的研究成果。从血液、精液的检验，到毛发、指甲的分析。本书全面阐述了法医物证学实验的理论基础、技术原理和技术方法，全书共分14章，第1～9章包括绪论、血液、精液、唾液、尿液、指甲、毛发和软组织的检验；第10～14章包括核DNA、线粒体DNA的分析；在附录中简单介绍了法医物证实验室的标准化。

2. 法庭科学译著选介

(1)《世界指纹史》（［德］罗伯特·海因德尔著，刘持平、何海龙、王京译，中国人民公安大学出版社2008年版）。本书是国际指纹学界颇有影响的德国指纹学家罗伯特·海因德尔所著的《指纹鉴定法的体系与实践》一书的中文版。本书翻译时采用的是出版于80年前的德文版本，是一部专业性很强的学术著作。为了适应现代读者的需要，译者重点选择了原著中与指纹技术密切相关的第一、二、四、七章作了翻译，舍去了一些为人们所熟知且技术已大为改进的部分。本书共4章，主要内容包括：指纹的历史，指纹的生理学基础，指纹登记法和其他鉴定方法。

(2)《法医学：从纤维到指纹》（［美］丽莎·扬特著，顾琳、俞雯清、张颖、朱圆圆译，上海科学技术文献出版社2008年版）。本书为科普类著作，也是近年来一部介绍现代法庭科学发展史的佳作。本书以马修·奥菲拉、詹姆斯·马什、弗朗西斯·加尔顿、爱德华·亨利、卡尔·兰德斯泰纳、亚历山大·兰卡萨尼、埃德蒙·罗卡德、卡尔文·戈达德、莱奥纳多·基勒、劳伦斯·克斯塔、克莱德·斯诺、威廉姆·巴斯、阿莱克·杰弗里13位著名法庭科学家的生平事迹等为主线，通过介绍他们取得的成就、个人性格、遇到的专业困难以及最有价值的贡献等，讲述了毒理学的创立和早期的实际应用，指纹破案的开端与发展，血型的发现过程、测定方法及应用价值，痕量法医学以及第一个法医实验室的建立，法医弹道学，测谎仪的诞生，声谱仪的发明，“骨头侦探”斯诺，巴斯的“人体农场”以及先进的DNA测定等，点点滴滴汇成了现代法医学发展史。本书共10章，主要内容包括：致命的力量——马修·奥菲拉、詹姆斯·马什与毒药的发现，指纹——弗朗西斯·加尔顿、爱德华·亨利与指纹鉴别，血液的语言——卡尔·兰德斯泰纳与血型，任何接触都会留下痕迹——亚历山大·兰卡萨尼、埃德蒙·罗卡德与法医科学实验室，子弹的名字——卡尔文·戈达德与验枪学，说谎者——莱奥纳多·基勒与多种波动描记器，声波纹——劳伦斯·克斯塔与声音识别，骨头传记——克莱德·斯诺与法医人类学，尸体农场——威廉姆·巴斯与死亡时间的测定，最佳鉴定标志——阿莱克·杰弗里与DNA鉴定等。附录包括法庭科学学科发展年表。

附录 1

证据科学期刊论文目录

附录1.1 证据法学期刊论文目录（1979~2008）

文章名称	作者	刊物	期次
刑事诉讼中证据的性质	陶 髦等	政法论坛	1979年第1期
审讯工作中的几个具体策略	岳茂华 金光正	政法论坛	1979年第2期
刑事侦察中的假定	岳茂华 魏平雄	政法论坛	1980年第1期
刑事诉讼中的证人证言	曹盛林	政法论坛	1980年第2期
批判美国刑事诉讼中非法取得的证据不得采证的规则	马·R. 威尔基	法学译丛	1980年第3期
收集刑事证据应当坚持的原则	武延平	政法论坛	1980年第3期
利用警犬鉴别气味检查结果	《警察时报》判例研究会	法学译丛	1980年第6期
略论刑事证据的特性	张子培	北京政法学院学报	1981年第1期
试论刑事诉讼证据的判断	严 端	北京政法学院学报	1981年第2期
什么是刑诉证据的本质特征？	周京东	现代法学	1981年第2期
试论刑事诉讼证据的判断	严 端	政法论坛	1981年第2期
自由心证原则与判断证据的标准	徐益初	法学研究	1981年第2期
公正审判的保证——证据	菲茨杰拉德	国外法学	1981年第2期
实践不是判断证据的标准——与徐益初同志商榷	石宝山	现代法学	1981年第3期
关于刑事证据概念问题的商榷	杜纲建	政法论坛	1981年第3期
刑事证据没有合法性吗？——与杜纲建同志商榷	金 友	北京政法学院学报	1981年第4期
试谈我国的证据判断原则	周国均	北京政法学院学报	1981年第4期
论口供	赵定华	法学研究	1981年第5期

文章名称	作　者	刊　物	期　次
论证据的主观性与客观性	吴家麟	法学研究	1981年第6期
严格证明与自由证明	松岗正章	法学译丛	1981年第6期
评自由心证	陈光中	北京政法学院学报	1982年第1期
被告当庭翻供，该怎么办？	朱　明	法学	1982年第1期
正确对待被告人的口供	铭　山	法学研究	1982年第1期
法律性应当是刑诉证据的重要特征	李建明	现代法学	1982年第1期
逻辑证明和反驳在审判工作中的运用	石子坚	现代法学	1982年第1期
评资产阶级自由心证	张子培	北京政法学院学报	1982年第2期
刑事诉讼中间接证据的作用和特性	黄　道	法学研究	1982年第2期
浅析民事诉讼的举证责任	顾培东	现代法学	1982年第2期
论证据的确实充分	王洪俊	现代法学	1982年第2期
论我国刑事诉讼中的举证责任	汪纲翔	政治与法律	1982年第2期
怎样收集和处理贪污案件的书证？	江维茂	现代法学	1982年第3期
谈谈刑事诉讼证据的审查与判断	武延平	北京政法学院学报	1982年第4期
论证据的性质	宋　峻	法学研究	1982年第4期
“自由心证”不是我国判断证据的原则	霍　震	现代法学	1982年第4期
我们是如何运用证据认定犯罪的——一件杀人案的审理札记	赵夏生　徐一闻	现代法学	1982年第4期
谈谈刑事诉讼证据的审查和判断	武延平	政法论坛	1982年第4期
论民事责任的过错推定	王卫国	法学研究	1982年第5期
谈重证据不轻信口供	任　维	法学杂志	1982年第5期

文章名称	作　　者	刊　　物	期　次
被告人口供的证据价值	朱　明	法学	1982年第7期
民事诉讼中举证责任问题小议	汪纲翔	法学	1982年第8期
法人不能作刑事案件的证人	王守仁	法学	1982年第11期
论刑事诉讼中的证明对象	陈光中　周国均	北京政法学院学报	1983年第1期
关于刑事证据基本特征的争论	苏尚智	法学	1983年第1期
要重视间接证据的运用——从破获一起杀人案谈起	陶积根等	法学	1983年第1期
证人资格问题浅析	汪纲翔	法学	1983年第1期
证据的收集和运用——一个公安预审员的意见	赵成龙	法学	1983年第1期
这样询问证人不妥	冰　峰　陈玉萍	法学杂志	1983年第1期
刑诉证据是客观性与主观性的统一	邓文定	现代法学	1983年第1期
"判断证据"质疑	雷　震	现代法学	1983年第1期
法律性不能成为刑诉证据的特征——与李建明同志商榷	文正邦　王剑南	现代法学	1983年第1期
论收集证据	王　净	法学研究	1983年第2期
依靠共犯口供可以定案	曾斯孔	河北法学	1983年第2期
刑事被告应无举证责任	李建明	现代法学	1983年第2期
情报公开的有效性及其课题	片岗宽光	法学译丛	1983年第3期
论刑事诉讼中的证明对象	陈光中　周国均	政法论坛	1983年第3期
谈谈刑事诉讼中的证人证言	付宽芝	法学研究	1983年第4期
谈谈用形式逻辑论证证据性质的作用	任海生	法学杂志	1983年第4期
试论刑事诉讼中证人拒不作证的问题	王禹铣	法学杂志	1983年第4期
恢复和健全鉴证制度很有必要	何　悦	现代法学	1983年第4期

文章名称	作　　者	刊　　物	期　　次
对《"判断证据"质疑》的质疑——与雷震同志商榷	石宝山	现代法学	1983年第4期
谈共同被告人的供述	曹盛林	法学研究	1983年第5期
试论证明力强的证据和证明力弱的证据	周国均	法学研究	1983年第6期
辩证唯物主义的反映论与刑事诉讼证据	吕心廉	法律科学	1984年第1期
论刑事诉讼证据的性质	任振铎	法学评论	1984年第1期
证据	詹·菲利普	法学译丛	1984年第1期
谈间接证据的作用和使用中应注意的问题	吴启孝	河北法学	1984年第1期
略论基本事实与基本证据	李建明	现代法学	1984年第1期
谈谈证据的特性	肖胜喜	政治与法律	1984年第1期
试论刑事被告应负举证责任	朱　云	北京政法学院学报	1984年第2期
试论刑事证据必须具有合法性	崔　敏	法学研究	1984年第2期
证据的相关性	格·利利	法学译丛	1984年第2期
关于能否依靠共犯口供定案问题的探讨	王友才	河北法学	1984年第2期
只凭共同被告人的一致口供不能定案	孙洁冰	现代法学	1984年第2期
试论刑事被告应负举证责任	朱　云	政法论坛	1984年第2期
也谈同案被告人可否互为证人	张治莄	政治与法律	1984年第2期
同案被告人的供述可以互为证据	郑大群	政治与法律	1984年第2期
证明责任与被告人如实陈述	樊崇义	北京政法学院学报	1984年第3期
论刑事被告人的证明责任和提出证据责任	刘金友	北京政法学院学报	1984年第3期
刑事诉讼证明论	王希仁	法学研究	1984年第3期

文章名称	作　者	刊　物	期　次
刑事诉讼证据有法律性吗？——关于我国刑事诉讼证据的对话	李学斌	河北法学	1984 年第 3 期
试论定案证据的特性	顾功耘	现代法学	1984 年第 3 期
证明责任与被告人如实陈述	樊崇义	政法论坛	1984 年第 3 期
论我国刑事诉讼中的举证责任	汪纲翔	政治与法律	1984 年第 3 期
论物证	肖胜喜	中国法学	1984 年第 3 期
对口供的正确判断及运用	孙朝英	北京政法学院学报	1984 年第 4 期
共犯能兼作证人吗？	薛喜堂	河北法学	1984 年第 4 期
论刑事被告人的证明责任和提出证据责任	刘金友	政法论坛	1984 年第 4 期
论对证人证言的审查和判断	汪纲翔	政治与法律	1984 年第 4 期
谈证据中的细节与枝节	张　丛	法学	1984 年第 5 期
论刑事证据的概念及其客观性的含义	王　铮	法学研究	1984 年第 5 期
怎样看待刑事证据的客观性？	崔　敏	法学杂志	1984 年第 5 期
同案被告人之间不可以互为证人	曾斯孔	河北法学	1984 年第 5 期
论刑事诉讼中的证明对象	宋　蕾	河北法学	1984 年第 6 期
谈证据规则在认定强奸罪中的运用	洪秋生	法学	1984 年第 10 期
谈谈刑事诉讼证据的判断	王昌学	法学	1984 年第 10 期
“合法性”不是民诉证据的本质属性	黄耀祖	法学	1984 年第 11 期
论证据确实充分的客观标准	金其高	法学研究	1985 年第 1 期
证据排伪法则	裴苍龄	法学研究	1985 年第 1 期
刑事证据三性论	崔　敏	中国人民公安大学学报	1985 年第 1 期
试论痕迹物证的整体同一	解　云	中国人民公安大学学报	1985 年第 1 期

文章名称	作　者	刊　物	期　次
论证人证言的审查判断	张文清	中国人民公安大学学报	1985年第1期
对拒不承担作证义务的人应当追究法律责任	王振荣	河北法学	1985年第1期
论视听资料	李春霖	法学研究	1985年第2期
试论刑事庭审中对证人的传询质证	马进保	法学研究	1985年第2期
知觉、记忆、目击证言	J. W. 谢泼德等	法学译丛	1985年第2期
法律应更明确和具体地规定证人的权力和义务	戴　涛	法学杂志	1985年第2期
关于刑诉中证明责任主要观点综述	苏尚智	河北法学	1985年第2期
试析同案被告人的诉讼地位及其"口供互证"	王　铮	河北法学	1985年第2期
试谈间接证据的证明方法	杨立新	河北法学	1985年第2期
南宋民事诉讼证据制度管见——兼论中国古代不采法定证据制度	莫家齐	现代法学	1985年第2期
试论刑事被告不负举证责任——兼与朱云同志商榷	吴运才	法律科学	1985年第2期
对美国和英国处理非法取得的证据的方法的比较	J. 大卫·赫斯切尔	法学译丛	1985年第3期
运用间接证据认定罪犯的典型案例	李金荣	法学杂志	1985年第3期
不可忽视间接证据的作用	崔新民	河北法学	1985年第3期
我们是怎样运用间接证据认定抢劫杀人案	董亚平	现代法学	1985年第3期
环境案件诉讼应实行举证责任倒置原则	刘应安	现代法学	1985年第3期
审查批捕阶段的证明对象应包括哪些内容	孙德润	现代法学	1985年第3期

文章名称	作　　者	刊　　物	期　　次
刑讯逼供析	丁慕英	政法论坛	1985 年第 3 期
谈谈对间接证据的审查与判断	孙应征	政治与法律	1985 年第 3 期
刑事诉讼中的新证据——视听资料	肖胜喜	政治与法律	1985 年第 3 期
试论刑事诉讼中的传来证据	陈仁华	法学评论	1985 年第 4 期
直接证据和间接证据	曹妙慧	中国人民公安大学学报	1985 年第 4 期
浅谈证据的确实、充分	陆良民	河北法学	1985 年第 4 期
共犯可以兼作证人——与薛喜堂同志商榷	周水清	河北法学	1985 年第 4 期
诉讼证据的客观性——与肖胜喜同志商榷	黄耀祖	政治与法律	1985 年第 4 期
再谈证据的特性	肖胜喜	政治与法律	1985 年第 4 期
对强奸案中被害人陈述的初探	王淑贤	法律科学	1985 年第 4 期
我们能向英国法院对非法所得证据的探讨学些什么？	大卫·希塞尔	国外法学	1985 年第 4 期
试论美国刑事诉讼中排除规则的修改	王以真	国外法学	1985 年第 4 期
灵活运用证据　严惩流窜犯罪	张正新	法学评论	1985 年第 5 期
计算机证据的方兴未艾	蒂·哈珀	法学译丛	1985 年第 5 期
论举证责任	裴苍龄	法学杂志	1985 年第 5 期
排除一切矛盾和其他可能性——审查判断证据中一个值得重视的问题	刘金友	政法论坛	1985 年第 5 期
单位能否充当证人提供证言	熊继前　郑大群	政治与法律	1985 年第 5 期
刑事诉讼中证人制度的比较研究	霍　震	法学研究	1985 年第 6 期
共同被告人供述的证据作用	黎培谬　张　辉	政治与法律	1985 年第 6 期
论民事诉讼中的证明责任	田平安	政治与法律	1985 年第 6 期
律师怎样审查证据	许建华	政治与法律	1985 年第 6 期

文章名称	作　者	刊　物	期　次
单位不能提供证言	熊继前	法学	1985年第11期
论视听资料的独立性	郭光银	法学评论	1986年第1期
证据系统论刍议	杨立新	河北法学	1986年第1期
我国刑诉证据制度宜定名为综合证据制度	王黎明	现代法学	1986年第1期
美国法律关于夫妻证据的一些规定	艾伦·E. 格雷夫斯　大卫·皮克奥沃	国外法学	1986年第1期
关于刑事证据理论中的几个问题	孙国祥	法学家	1986年第2期
从某甲杀人案的认定谈间接证据在定案中的运用	王新清	法学家	1986年第2期
检察机关涉港取证问题初探	张洪昌　陈　武	甘肃政法学院学报	1986年第2期
讯问中证据的运用	宋汉生	中国人民公安大学学报	1986年第2期
侦察破案中的情报与证据	杨克勤	中国人民公安大学学报	1986年第2期
我国的刑事证据制度应当如何定名	王黎明	河北法学	1986年第2期
贪污案件证据的特点及收集方法	朱　峰	政法论坛	1986年第2期
论刑事案件的证明程度	黄　道	政治与法律	1986年第2期
论旁证	周　密	中国法学	1986年第2期
我国刑事证据理论研究中若干争议问题综述	陈卫东	法学家	1986年第3期
浅谈直接证据	李宝岳	法学杂志	1986年第3期
证人制度刍议	肖胜喜	甘肃政法学院学报	1986年第3期
间接证据在预审中的作用	李荣华	中国人民公安大学学报	1986年第3期

文章名称	作　者	刊　物	期　次
我国刑诉证据制度不宜定名为综合证据制度	张　弢　卫　东	现代法学	1986 年第 3 期
司法会计鉴定是同经济犯罪作斗争的有效方法	A. 库兹涅佐夫等	国外法学	1986 年第 3 期
论刑讯逼供产生的历史根源	郝宏奎	甘肃政法学院学报	1986 年第 4 期
我们是怎样运用间接证据的	南京军区军事法院	法学杂志	1986 年第 5 期
不是用间接证据定的案	周迅智	法学杂志	1986 年第 5 期
关于伤害案件证据的收集和审查判断问题的探讨	石　兴	河北法学	1986 年第 5 期
析证人证言失真原因	肖胜喜	政治与法律	1986 年第 5 期
视听资料及其应用问题探讨	马一清	中国法学	1986 年第 5 期
物证、物证技术学和犯罪实验室	弗雷德里克·坎利夫　彼得·B. 波安扎	国外法学	1986 年第 5 期
运用信息论研究证据学	许晓麓	法学杂志	1986 年第 6 期
试论口供中的几个理论问题（上）	沈德咏	中国法学	1986 年第 6 期
评维辛斯基的证据观	王希仁	法学	1986 年第 10 期
增强目击者辨认罪犯的准确性	戴尔·理查德·坎南	法学译丛	1987 年第 1 期
视听资料是一种新的诉讼证据	常　怡	现代法学	1987 年第 1 期
证据材料、证据、定案根据辨析	陈　彬　王水云	政治与法律	1987 年第 1 期
试论口供中的几个理论问题（下）	沈德咏	中国法学	1987 年第 1 期
命案现场形象证据浅析	王万成	中南政法学院学报	1987 年第 1 期
论书证	肖胜喜	法学研究	1987 年第 1 期
刑讯逼供之弊	慕　槐	比较法研究	1987 年第 2 期

文章名称	作　　者	刊　　物	期　　次
英国法院审理医疗过失案件的某些最新近的趋向	安·卡恩	法学译丛	1987 年第 2 期
谈物证及其收集、审查与判断	梅世灼	甘肃政法学院学报	1987 年第 2 期
辩护证据论	王希仁　杜茂筠	河北法学	1987 年第 2 期
论被告人供述和辩解及其审查判断	刘根菊	政法论坛	1987 年第 2 期
论共同被告人供述的类别及其证明力	徐益初	政治与法律	1987 年第 2 期
论保险诉讼证据的审查判断	覃东明	甘肃政法学院学报	1987 年第 3 期
试论单位或组织出具刑事证言的违法性	魏　兴	河北法学	1987 年第 3 期
证据资料和证据的区别	裴苍龄	政治与法律	1987 年第 3 期
论人民法院收集和调查民事证据	阎丽萍	政治与法律	1987 年第 3 期
刑事诉讼中的证明对象	唐永禅	中南政法学院学报	1987 年第 3 期
刑事诉讼活动中证人不出证的构成及其法律责任	刘晓春　李慧国	当代法学	1987 年第 4 期
试论民事推定	徐发明	法学	1987 年第 4 期
怕作证、难取证的问题亟待解决	常　怡　王剑南	法学评论	1987 年第 4 期
论律师收集证据	尹丽华	法学杂志	1987 年第 4 期
试论被害人陈述	王建民	政法论坛	1987 年第 4 期
刑事证据理论中几个有争论的问题	汪纲翔	政治与法律	1987 年第 4 期
略论刑事证据的本质特征	涂克明	中南政法学院学报	1987 年第 4 期
对刑事诉讼证据属性——“合法性”的质疑	戴福康	法学	1987 年第 5 期

文章名称	作者	刊物	期次
证据文书节录宣读应保持原话原意	肖云鹏　郭万山	河北法学	1987 年第 5 期
刑事证据关联性新探	周国均	政法论坛	1987 年第 5 期
证据保全和诉讼保全的区别和联系	李桂模	政治与法律	1987 年第 5 期
推定在刑事证据认定和运用中的地位和作用	应后俊	政治与法律	1987 年第 5 期
简析证据充分的含义	华　夏	法学家	1987 年第 6 期
证据除外规则的发展	艾·E. 瓦格纳	法学译丛	1987 年第 6 期
现场审查口供笔录	3. 波德戈林　石均正	中国人民公安大学学报	1987 年第 6 期
承认性陈述证明力的辨析	夏　蔚	政治与法律	1987 年第 6 期
析行政监察与刑事诉讼的证据共用	宫晓冰	法学	1988 年第 1 期
刑事证据理论中几个有争论问题探析	黄　道　汪纲翔	法学	1988 年第 1 期
在刑事诉讼中证人不出证法律责任探讨	刘晓春　李慧国	法学	1988 年第 1 期
证据的审查判断新探	曾斯孔	法律科学	1988 年第 1 期
也谈刑事证据审查判断标准	王　牧	当代法学	1988 年第 2 期
民事诉讼中知情人拒绝作证应负何法律责任	雷生云	河北法学	1988 年第 2 期
冤狱推理证明析误	王常龙	河北法学	1988 年第 2 期
德国民事诉讼举证责任简介	宗琴娟	法学家	1988 年第 3 期
被告人供述临界心理探讨	王顺金	中国人民公安大学学报	1988 年第 3 期
简析行政诉讼举证责任	顾夏强	政治与法律	1988 年第 3 期
律师应当享有收集刑事证据的权利	华勋烈　李文君	当代法学	1988 年第 4 期

文章名称	作　　者	刊　　物	期　　次
论视听资料的作用	姜爱林	当代法学	1988年第4期
略论基本事实清楚、基本证据确实的办案原则	冯蕴强	法学家	1988年第4期
维新斯基的证据理论及其后果	阿·瓦克斯贝格	法学译丛	1988年第4期
论刑事被告人的口供	侯忠泽	河北法学	1988年第4期
被告人检举之证据属性探讨	柯葛壮	现代法学	1988年第4期
论环境诉讼中的证明原则	丛选功　易先良	政法论坛	1988年第4期
论行政诉讼的事实审查	江必新	法律科学	1988年第4期
论刑事责任的事实根据	刘德法	法学研究	1988年第4期
对证人不出证心理及其法律责任的探讨	王建民	法学家	1988年第5期
对“重证据不轻信口供”原则的再认识	周亨元	现代法学	1988年第5期
论证明标准与证据制度	王国枢　袁红兵	政法论坛	1988年第5期
试论口供的分类及其证据力	柯葛壮	政治与法律	1988年第5期
刑事诉讼证据属性新辨	何家弘	法学家	1988年第6期
关于刑事证据若干理论问题	吴　磊	法学家	1988年第6期
非法取得的供述不能采为证据	柯葛壮	法学评论	1988年第6期
刑事证据理论研究综述（第一部分）——《刑事证据的理论与实践》课题组研究成果之一	崔　敏	中国人民公安大学学报	1988年第6期
“直接证据”与“间接证据”质疑	曾斯孔	河北法学	1988年第6期
论刑事自诉案件中的证明责任	陈卫东	政法论坛	1988年第6期
试论执行许可证明	蒋少华	法学论坛	1989年第1期
谈刑事诉讼中证人证言的获取	周庆平　袁秀岩	河北法学	1989年第1期
试论直接证据的概念及运用	金天相	法学研究	1989年第1期
评维辛斯基的诉讼证据理论	崔　敏	中国法学	1989年第1期

文章名称	作　　者	刊　　物	期　　次
试析现场勘查笔录中的括弧插入语	张洪英	中国人民公安大学学报	1989 年第 2 期
浅谈如何认定证据确实、充分	薛造国	河北法学	1989 年第 2 期
也谈我国证据制度的名称及其特征	黄　道	政法论坛	1989 年第 2 期
证据制度之我见	石宝山	当代法学	1989 年第 3 期
论诉讼中的证明责任	裴苍龄	法学研究	1989 年第 3 期
论公开证明	王能春	法学研究	1989 年第 3 期
刑诉中保障证人出庭作证的几项措施	张仲芳	法学杂志	1989 年第 3 期
刑事证据理论研究综述（第二部分）——《刑事证据的理论与实践》课题组研究成果之一	聂世基	中国人民公安大学学报	1989 年第 3 期
浅析使用证据与指名问供的界限	王兆志	中国人民公安大学学报	1989 年第 3 期
论人证的审查判断	裴苍龄	政治与法律	1989 年第 3 期
浅谈民事诉讼中的举证责任	王培韧	法学论坛	1989 年第 4 期
当事人举证制度的理论与实践	崔正军	法学评论	1989 年第 4 期
在司法实践中切不可忽视间接证据的作用——析运用间接证据认定一宗贪污案	胡冠明	甘肃政法学院学报	1989 年第 4 期
刑事证据理论研究综述（第三部分）——《刑事证据的理论与实践》课题组研究成果之一	聂世基	中国人民公安大学学报	1989 年第 4、6 期
物证的概念与特点之我见	金天相	现代法学	1989 年第 4 期
民诉证据应完全由当事人提供	邬子玉　刘福生	现代法学	1989 年第 4 期
浅析刑事诉讼中的视听资料	董承红	法律科学	1989 年第 5 期
浅论治安案件证据	兰海宁	法学杂志	1989 年第 5 期
也谈“痕迹物证的发现和提取”的归属——兼与冯剑刚同志商榷	傅国良	中国人民公安大学学报	1989 年第 5 期

文章名称	作　　者	刊　　物	期　　次
秘密取证的合理性和合法性	汪纲翔	政治与法律	1989年第5期
论行政诉讼中的举证责任	郑淑娜	中国法学	1989年第5期
从司法实践看民事诉讼中当事人举证责任的性质	方　柱	法学家	1989年第6期
关于证据分类问题	吴　磊	法学家	1989年第6期
应确立我国依法求实法官确信的证据制度	蒋志培	法学杂志	1989年第6期
传闻证据应予排除	柯葛壮	中外法学	1989年第6期
论刑事证据合法性及其意义	沈德咏	中国法学	1989年第6期
如何审查判断当事人提供的证据?	王岩坡　刘晓滨	法学	1989年第9期
对民事诉讼举证责任的探讨	段春生	法学	1989年第11期
刑诉中律师调查的材料能否作为证据?	薛连清	法学	1989年第12期
谈谈如何鉴别证言的真实性	孙志达	当代法学	1990年第1期
谈视听资料在司法实践中的应用	潘永隆　李春霖	甘肃政法学院学报	1990年第1期
论诉讼保全	王敬藩	政法论坛	1990年第1期
亦谈举证责任	韩海东	当代法学	1990年第2期
谈谈刑事证据的充分性与齐全性	汪纲翔	法学	1990年第2期
试论推定及其在经济和民事审判实践中的作用	唐福金	法学家	1990年第2期
供认笔录可信性的评价	守屋克彦	法学译丛	1990年第2期
浅析当事人举证范围的确定	毛兴元	中央政法管理干部学院学报	1990年第2期
审查、判断与确认	苗　芃	中央政法管理干部学院学报	1990年第2期
浅谈刑事证据的审判确认	张新民	中央政法管理干部学院学报	1990年第2期

文章名称	作　　者	刊　　物	期　　次
论言词证据	崔　敏	中国法学	1990 年第 2 期
如何排除非证据性证人陈述	梅文斌	中南政法学院学报	1990 年第 2 期
试论民事诉讼举证责任的倒置与转换	孙伟刚等	法学论坛	1990 年第 3 期
行政诉讼中的举证责任及其意义	王景岸	法学论坛	1990 年第 3 期
略析证人伪证的动机及消除方法	罗大华	法学杂志	1990 年第 3 期
质询制度比较研究	李　林	法学研究	1990 年第 3 期
我国刑事诉讼中的“证明责任”	曾斯孔	中国法学	1990 年第 3 期
刑事诉讼中证人拒绝作证的原因及对策研究	杨连峰　李新强	中南政法学院学报	1990 年第 3 期
谈刑事诉讼中的直接证据和间接证据	黄　道　柯葛壮	法学	1990 年第 4 期
违法取得的证据材料的证据能力初探	田书彩　吉达珠	法学研究	1990 年第 4 期
试论举证责任的转换	王锡三	现代法学	1990 年第 4 期
民事诉讼举证责任分配原则	魏江涛	现代法学	1990 年第 4 期
论记忆对证言可靠性的影响	罗大华	政法论坛	1990 年第 4 期
完善我国民事诉讼证人制度之管见	李令新	政治与法律	1990 年第 4 期
美国民事诉讼中的举证责任	詹姆士·哈泽德	法学译丛	1990 年第 5 期
民事诉讼举证责任理论研究综述	姜亚行	政治与法律	1990 年第 5 期
我国行政诉讼中的证明责任	周国弘	法学杂志	1990 年第 6 期
论证人证言	田平安	现代法学	1990 年第 6 期
民事诉讼和行政诉讼当事人举证责任的区别	黄双全	政治与法律	1990 年第 6 期
因作证而被害的人应获得物质帮助	吕振溪　孙振东	法学	1990 年第 8 期
律师举证的困惑及对策	周显根	法学	1990 年第 8 期

文章名称	作　　者	刊　　物	期　　次
当事人举证与法院查证应并举	王宝发	法学家	1991 年第 1 期
论刑事诉讼举证责任的倒置	周宝峰	法学家	1991 年第 1 期
证人消极型心理的表现形式	陈太峰	河北法学	1991 年第 1 期
刑事、民事和行政诉讼举证责任的比较研究	汪纲翔	政治与法律	1991 年第 1 期
间接证据在贿赂犯罪案件中的作用及收集和运用	孙承源	中国刑事法杂志	1991 年第 1 期
略论运用形式逻辑审查判断证据时应特别注意的问题	唐永禅　王洪祥	中南政法学院学报	1991 年第 1 期
浅论预审阶段证据的收集与审查判断	吕　荫	当代法学	1991 年第 2 期
强奸犯罪证据中的心理浅析	崔继英	法学论坛	1991 年第 2 期
试论刑事诉讼举证责任	周广金　刘洪庆	法学论坛	1991 年第 2 期
刑事诉讼中证明责任问题初探	陈光中等	法学研究	1991 年第 2 期
不能只凭当事人举证	鲍学志	法学杂志	1991 年第 2 期
论我国刑事诉讼的证明责任	樊凤林	法学杂志	1991 年第 2 期
法律上不可轻信记忆之词	兴　国	法学杂志	1991 年第 2 期
试论运用间接证据定案的证据量	洪　浩	甘肃政法学院学报	1991 年第 2 期
论"关键证据"	崔　敏	中国人民公安大学学报	1991 年第 2 期
试论人民法院的证明责任	张　航	现代法学	1991 年第 2 期
民事诉讼举证责任若干问题的思考	江　伟　尹小亭	政法论坛	1991 年第 2 期
充分发挥间接证据在查处贪污贿赂犯罪案件中的作用	马　钊	中国刑事法杂志	1991 年第 2 期
民事诉讼证据法学初论	姜亚行	法律科学	1991 年第 3 期
谈品格证据	邓亚兵	法学	1991 年第 3 期

文章名称	作　　者	刊　　物	期　　次
试述律师收集刑事证据的几个问题	杨迎泽	甘肃政法学院学报	1991 年第 3 期
论刑事诉讼中证人作证时可变性心理特征及其防治	彭彦川	河北法学	1991 年第 3 期
论刑事证据理论中的证明目的（上）	黄　道　陈浩铨	政法论坛	1991 年第 3 期
非法所得罪的举证责任研究	任振铎等	政法论坛	1991 年第 3 期
试论传闻证据及其排除法则	柯葛壮	政治与法律	1991 年第 3 期
论证明责任	许康定　康均心	法学评论	1991 年第 4 期
浅谈举证责任与证明责任	隆崇东	甘肃政法学院学报	1991 年第 4 期
刑事疑案的口供、处理及法律监督	薛建放	中国人民公安大学学报	1991 年第 4 期
略论间接证据	侯忠泽	河北法学	1991 年第 4 期
公证、鉴证、见证	武心和	河北法学	1991 年第 4 期
“拒绝作证”析	邵寨宽	现代法学	1991 年第 4 期
论刑事证据理论中的证明目的（下）	黄　道　陈浩铨	政法论坛	1991 年第 4 期
英美刑事证据法中的证明责任问题	王以真	中国法学	1991 年第 4 期
行政诉讼中被告律师的取证权	刘熙平	法学	1991 年第 5 期
论刑事诉讼中的举证责任	梅爱民	法学评论	1991 年第 5 期
举证责任的免除、举证命题的变更与举证责任的不可转移性	单之涛	法学研究	1991 年第 5 期
刑事案件证人证言的审查判断	张　吉	法学研究	1991 年第 5 期
对海关行政诉讼证据的思考	张世全	法学杂志	1991 年第 5 期
医疗诊断证明书的证据性质及审查判断	陈　宜	现代法学	1991 年第 5 期
论证人与证人证言	雷　震	现代法学	1991 年第 5 期

文章名称	作　　者	刊　　物	期　　次
试论法律推定	刘　杰	现代法学	1991 年第 5 期
新闻侵权诉讼当事人的举证责任问题	庞战秋	政法论坛	1991 年第 5 期
关于判断证据的几个理论问题	沈德咏	政法论坛	1991 年第 5 期
论诉讼证据制度	杨荣新　单云涛	政法论坛	1991 年第 5 期
论刑事证据理论的系统论基础	陈浩铨	政治与法律	1991 年第 5 期
证明责任与“坦白从宽抗拒从严”政策的关系	樊凤林	法学	1991 年第 6 期
谈律师调查收集民事证据	黄升贤	法学杂志	1991 年第 6 期
刑事证据判断标准的再思考	茅　青　李　洁	现代法学	1991 年第 6 期
完善刑事诉讼证人制度	成国平	法学	1991 年第 11 期
谈举证责任的期间	许跃生	法学	1992 年第 1 期
对民事诉讼证人拒绝作证的法律思考	乔卫国	法学杂志	1992 年第 1 期
试述现场笔录证明效力的审查判断	王振峰	法学杂志	1992 年第 1 期
关于当事人的承认与举证责任的免除	周继军	法学杂志	1992 年第 1 期
浅谈举证责任与证明责任异同问题	朱　云	法学杂志	1992 年第 1 期
论审查判断刑事证据的几个问题	周亨元	政法论坛	1992 年第 1 期
简评民事诉讼中的“举证责任倒置”原则	孔德然	政治与法律	1992 年第 1 期
论行政诉讼举证责任	田思源	当代法学	1992 年第 2 期
谈律师收集证据的权利及辩护证据的效力	初开荣	法学杂志	1992 年第 2 期
浅谈间接证据在预审疑难案件中的作用	徐锡昌	中国人民公安大学学报	1992 年第 2 期
析刑事证据“一对一”	黄云飞　李香山	现代法学	1992 年第 2 期

文章名称	作　　者	刊　　物	期　　次
民事举证责任若干问题研究（上）	单云涛	政法论坛	1992 年第 2 期
试论刑事被告人口供的若干问题	周亨元	法学家	1992 年第 3 期
论“罪疑从无”原则	陈曾侠	法学评论	1992 年第 3 期
论民事举证责任的法律性质	汤维建	法学研究	1992 年第 3 期
试论刑事公诉案件开庭审理阶段的举证责任	王策来	法学研究	1992 年第 3 期
同类事实证据和归纳推理原则	A. E. 艾科恩	法学译丛	1992 年第 3 期
诉讼证明责任新探	张绿芸	甘肃政法学院学报	1992 年第 3 期
论一种新的刑事证据——视听资料	周　农	中国人民公安大学学报	1992 年第 3 期
试论行政诉讼中的举证	姜小川　袁瑞玲	河北法学	1992 年第 3 期
浅谈贿赂案件的取证方法	李明生	中国刑事法杂志	1992 年第 3 期
英国证据法中的证明责任	李　浩	比较法研究	1992 年第 4 期
论证据的关联性	裴苍龄	政治与法律	1992 年第 4 期
无效宣告请求审理中举证责任及证据的认定	李永红	知识产权	1992 年第 4 期
简论录音资料的鉴定	李建训	中南政法学院学报	1992 年第 4 期
贿赂案件中间接证据的若干问题探析	孙孝福　韩先清	中南政法学院学报	1992 年第 4 期
对刑事证据分类理论的几点思考	汪建成	中外法学	1992 年第 4 期
法定证据与自由心证	宁汉林	法律科学	1992 年第 5 期
应当准许律师当庭提供证据材料	叶松亭　薛进展	法学	1992 年第 5 期
论刑事诉讼中的间接证据	高映浩　殷惠芝	法学评论	1992 年第 5 期
违法排除法则——从裁判的立场	高桥省吾	法学译丛	1992 年第 5 期
行政诉讼中被告的自认不能免除其举证责任	张向阳	法律科学	1992 年第 6 期

文章名称	作　　者	刊　　物	期　　次
诉讼证明要求	孙洁冰	现代法学	1992年第6期
也谈举证责任倒置	秦　拓	政治与法律	1992年第6期
共同危险行为责任承担之我见	胡一进	中外法学	1992年第6期
推定与客观真实	尤东亮	中外法学	1992年第6期
刑事被告人证明责任综探	洪　浩	当代法学	1993年第1期
论被告人供述的证据价值	杨连峰　梅爱民	法学评论	1993年第1期
行政诉讼证据问题新探	董　皞	法学研究	1993年第1期
论侦查阶段证据的作用和使用证据的制约条件	商肇源	中国人民公安大学学报	1993年第1期
法国行政诉讼中的举证责任	阿　兰等	行政法学研究	1993年第1期
论行政程序中的证明责任	刘善春	行政法学研究	1993年第1期
应当在起诉书、判决书中具体叙述证据	宁致远	政法论坛	1993年第1期
证人拒绝作证的法律思考	牛建华	中央政法干部管理学院学报	1993年第1期
物证新论	刘万奇	法学研究	1993年第2期
证人拒不作证问题法律应作出规定	尤　煦	法学杂志	1993年第2期
大陆香港刑事证据制度比较研究	戴群策	甘肃政法学院学报	1993年第2期
对行政诉讼证据涵义的探讨	夏平华　周学勤	现代法学	1993年第2期
行政程序和行政诉讼证明标准研究	刘善春	行政法学研究	1993年第2期
对“自由心证”原则的思考	周塞军　熊秋红	法律科学	1993年第3期
举证责任和证明责任	刘海东等	法学	1993年第3期
关于刑事诉讼证据理论和实用的几个问题	蔡仲玉	法学评论	1993年第3期
民事诉讼中伪证防治初探	赵明山	法学评论	1993年第3期

文章名称	作　　者	刊　　物	期　　次
证言的可靠性及其分析判断	万自新	中国人民公安大学学报	1993 年第 3 期
刑事诉讼中证明责任与举证责任新论	赵厚轩	现代法学	1993 年第 3 期
刑事证明责任分配机制的法理学分析	左卫民　周光权	现代法学	1993 年第 3 期
论刑事证据理论的唯物论基础	陈浩铨　黄　道	政法论坛	1993 年第 3 期
论刑事证明的证据要求	张大群	政法论坛	1993 年第 3 期
刑事证据理论的辩证法基础	黄　道　陈浩铨	政治与法律	1993 年第 3 期
刑事证据理论研究的新篇章——评《刑事证据的理论与实践》	樊崇义　蔡金芳	中国法学	1993 年第 3 期
论非法证据运用中的价值冲突与选择	宋英辉	中国法学	1993 年第 3 期
从一起行政不作为案件浅谈不作为诉讼的举证责任	殷锦昌	行政法学研究	1993 年第 4 期
试论英美证据法上的刑事证明标准	汤维建　陈开欣	政法论坛	1993 年第 4 期
两种含义举证责任之比较	柴发邦　李浩	中国法学	1993 年第 4 期
证据制度辨析	徐静村	法律科学	1993 年第 5 期
民事诉讼中的本证与反证探析	朱　丹	法学	1993 年第 5 期
论推定	陈桂明	法学研究	1993 年第 5 期
举证责任的分担及转换	杨秀清　安永茂	河北法学	1993 年第 5 期
关于证人拒证问题之研讨	周国均	河北法学	1993 年第 5 期
刑事证据材料判断标准新探	邓贵杰	现代法学	1993 年第 5 期
行政诉讼与民事诉讼证据制度的不同点	袁启忠	政治与法律	1993 年第 5 期
刑事鉴定的特点和基本原则	周国均	政治与法律	1993 年第 5 期
案件证据问题新探	吴永农	法学研究	1993 年第 5 期

文章名称	作 者	刊 物	期 次
民事诉讼举证责任倒置的若干问题	邓代红 王映辉	法学评论	1993 年第 6 期
勿滥用证据"确凿""充分"之词	谢圣华	法学杂志	1993 年第 6 期
关于诉讼证据能力之探讨	申君贵	政法论坛	1993 年第 6 期
诉讼证据法律性新探	王振河	法律科学	1993 年第 6 期
浅谈财务会计资料证据的特点	于同良 杨建国	政法论丛	1994 年第 1 期
刑事证据理论的认识论基础	黄 道 陈浩铨	政法论坛	1994 年第 1 期
论物证	裴苍龄	法律科学	1994 年第 2 期
刑事诉讼中证人拒绝作证问题的探讨	卢永红 张焕霞	甘肃政法学院学报	1994 年第 2 期
论我国自诉程序中的证明责任	李 浩	现代法学	1994 年第 2 期
三大诉讼证据制度比较研究	高家伟	行政法学研究	1994 年第 2 期
运用勘验笔录和现场笔录应注意的问题	张月满	政法论丛	1994 年第 2 期
刑事证明程度新论	张大群	政法论坛	1994 年第 2 期
论我国自诉案件中的证明责任	李 浩	法商研究	1994 年第 2 期
贿赂案件证据的收集策略	杨迎泽	中央政法干部管理学院学报	1994 年第 2 期
试谈行政机关负举证责任与人民法院调查取证	赵立春等	当代法学	1994 年第 3 期
论我国刑事诉讼中的证明责任	王凤芝等	现代法学	1994 年第 3 期
对言词证据的再思考	王振河	现代法学	1994 年第 3 期
谈谈侦查中获取证据的意识	高贵祥	政法论丛	1994 年第 3 期
行政诉讼证据与行政证据的区别探讨	史 容 丁丽红	法商研究	1994 年第 3 期
从拥有非法所得财产罪谈刑事推定	陈 磊	中外法学	1994 年第 3 期

文章名称	作　者	刊　物	期　次
论运用直接证据与间接证据定罪的规则	唐永禅	法商研究	1994年第4期
建议完善我国刑事证据制度	李恩民	法学杂志	1994年第4期
行政公务行为认定标准研究	朱新力	行政法学研究	1994年第4期
论经济犯罪案件的证据收集	陆良民	政法论丛	1994年第4期
行政诉讼中的证据及其运用	王光忠	政法论丛	1994年第4期
完善我国刑事证据制度的立法构想	严　端　熊秋红	政法论坛	1994年第4期
略论专利侵权诉讼的举证责任	李小伟	知识产权	1994年第4期
视听资料合法性的界定	李雁彬	中外法学	1994年第4期
刑事证据闭合性新探	周　平	现代法学	1994年第5期
在民事审判中运用间接证据定案之管见	朱子龙	政治与法律	1994年第5期
论举证责任的最佳定位及其司法保障措施	王有志　郑成良	法制与社会发展	1995年第1期
对伪证罪客体的理论反思——兼谈该罪的立法完善	王昌学　范泳鸿	甘肃政法学院学报	1995年第1期
关于证据效力的研究	裴苍龄	现代法学	1995年第1期
论排除违法取得的刑事证据的效力	傅宽芝	政法论坛	1995年第1期
行政诉讼举证责任若干问题刍议	王青方	法学论坛	1995年第2期
评《刑事证据理论与实用》	阿　康	法学评论	1995年第2期
环境侵权诉讼中原告举证责任减轻原则	张梓太	法学杂志	1995年第2期
罗森伯格的举证责任分配理论	叶自强	环球法律评论	1995年第2期
行政诉讼中的法律障碍及其对策研究（四）	邢鸿飞	南京大学法律评论	1995年第2期
论刑事诉讼中的非法证据	李学宽	政法论坛	1995年第2期
质证制度及立法之完善	叶向阳	法学研究	1995年第2期

文章名称	作　　者	刊　　物	期　　次
论质证制度及立法之完善	叶向阳	法律科学	1995年第3期
论辩护人的质证	王俊民	法学	1995年第3期
通讯监听与刑事证据排除——台湾现行法律之状况	蔡墩铭	法学家	1995年第3期
证人出庭作证的心理状态研究	王洪宇	法学杂志	1995年第3期
论刑事证据的盖然效力	马民革　徐　玉	甘肃政法学院学报	1995年第3期
反贪污贿赂的特殊证据规则	宋　军等	环球法律评论	1995年第3期
医疗伪证的特点及其预防措施	周从禹	证据科学	1995年第3期
试论证据的关联性及查案适用	程志忠	中国刑事法杂志	1995年第3期
刑事诉讼法的证明责任与举证责任	郭天武	法学论坛	1995年第4期
论事实错误与法律错误的区别	刘明祥	法学评论	1995年第4期
关于广告和展览在国外作为商标使用证据的问题	丑承志　安晓地	知识产权	1995年第4期
谈谈新的证据种类——音像资料	李建训	法商研究	1995年第4期
论行政诉讼模式与举证责任原则的运用	林莉红	法学评论	1995年第5期
论我国民事诉讼中的质证制度	谭　兵　黄胜春	法学评论	1995年第5期
诉讼效益与证明要求——论在民事诉讼中应确立高度盖然性原则	陈响荣等	法学研究	1995年第5期
差别证明要求与优势证据证明要求	李　浩	法学研究	1995年第5期
民事（经济）案件当事人申请再审的举证问题探析	冷铁勋　何珊君	法学评论	1995年第6期
论现阶段刑讯逼供的原因及对策	刘　远	河北法学	1995年第6期
民事诉讼中的举证责任	杨根山	河北法学	1995年第6期
对民事诉讼中证人出庭作证制度的几点思考	赵高岭等	现代法学	1995年第6期

文章名称	作　　者	刊　　物	期　次
略论民事诉讼质证权	戴兆奕　黎章辉	政治与法律	1995 年第 6 期
海峡两岸民事证据制度之比较	齐树洁	政治与法律	1995 年第 6 期
直接言词原则与庭审方式改革	卞建林	中国法学	1995 年第 6 期
关于证明基本理论的研究	裴苍龄	中央政法干部管理学院学报	1995 年第 6 期
刑诉中的证明责任和举证责任	吴伟平　揭海燕	法学	1995 年第 7 期
对刑案证人权利义务的思考	邓肇基	法学	1995 年第 10 期
举证责任与人民法院查证的关系	黄　平	法学	1995 年第 11 期
关于建立我国“依法求实”法官确信证据制度的思考	刘永盛	法学	1995 年第 12 期
我国法庭刑事质证制度的完善	朱中华	法学	1996 年第 1 期
劳动争议案件举证责任探讨	但昭文　苏民益	法学评论	1996 年第 1 期
刑事诉讼证据能力初论	邢怀柱	现代法学	1996 年第 1 期
论立法应排除非法获得的口供证据	任玉芳　聂福茂	政法论坛	1996 年第 1 期
计算机软件盗版侵权行为的认定和证据收集	崔　军　吴志刚	知识产权	1996 年第 1 期
直接开庭中的证人出庭	彭志强	法学	1996 年第 2 期
民事案件证明的认识论	何家弘	环球法律评论	1996 年第 2 期
论刑事证据	米海依尔·戴尔玛斯－玛蒂	比较法研究	1996 年第 3 期
私录资料合法性的界定	周羽正	法学	1996 年第 3 期
刑事诉讼中完善证人作证制度的法律思考	闵春雷	法制与社会发展	1996 年第 3 期
刑事非法证据及证明能力探析	王育平	甘肃政法学院学报	1996 年第 3 期
论刑事辩护证据	侯忠泽	河北法学	1996 年第 3 期
试论询问笔录、调查笔录的法律性质	贾启珍　郭广录	河北法学	1996 年第 3 期

文章名称	作　　者	刊　　物	期　　次
中美证据制度比较研究	马志毅	环球法律评论	1996 年第 3 期
论非法取得的刑事证据材料的排除	徐鹤喃	政法论坛	1996 年第 3 期
如何认识和把握经济犯罪案件的基本证据	张国安	政法论坛	1996 年第 3 期
浅谈刑事证据——视听资料	陈玉学	当代法学	1996 年第 4 期
浅论民事行政抗诉案件的举证责任	罗丽娟	当代法学	1996 年第 4 期
论刑事证据中的排除法则	章　海　陈少华	法学评论	1996 年第 4 期
也谈过错责任原则	郭广辉　王玉新	法制与社会发展	1996 年第 4 期
视听资料在刑事诉讼中的特点及审查	陈晓光	甘肃政法学院学报	1996 年第 4 期
司法认知论	叶自强	法学研究	1996 年第 4 期
刑事视听证据的司法地位与作用	周　平	法学	1996 年第 5 期
刑事证明与举证	蔡墩铭	法学家	1996 年第 5 期
审前发现程序与海牙取证公约	康　军	法学评论	1996 年第 5 期
民事案件中证人出庭作证的几个问题	符建敏　吴　鹏	法学杂志	1996 年第 5 期
询问证人刍议	代　敏	公安大学学报	1996 年第 5 期
如何理解“有证据证明有犯罪事实”	王兵心　龚志明	中国刑事法杂志	1996 年第 5 期
刑事证据视听资料论	柯昌信	中国法学	1996 年第 5 期
证据标准与证明法则——兼谈证据的一般理论问题	隋光伟	当代法学	1996 年第 6 期
法官对证人证言的审查判断	郑　栋	法学	1996 年第 6 期
关于创建“证据调查学”的构想	何家弘	法学家	1996 年第 6 期
证据调查学的对象和体系	何家弘	法学杂志	1996 年第 6 期
公证书的证据效力	杨荣元	法学杂志	1996 年第 6 期

文章名称	作　　者	刊　　物	期　　次
对预审证据的系统认识	丁文俊	公安大学学报	1996 年第 6 期
询问、讯问笔录难字概说	王思臣	公安大学学报	1996 年第 6 期
贪污贿赂案件证人不作证心态及对策	李明生	中国刑事法杂志	1996 年第 6 期
我国刑事诉讼的证明标准	龙宗智	法学研究	1996 年第 6 期
论音像证据的审查	王谢春	中央政法干部管理学院学报	1996 年第 6 期
刑事诉讼证据新种类：视听资料	陈新生　曾有生	法学	1996 年第 7 期
检察官证据展示制度探析	徐继强	法学	1996 年第 7 期
庭审中的王中王——确实、充分的证据	程百和	当代法学	1997 年第 1 期
刑事审判的证据要求	石　泉	法学杂志	1997 年第 1 期
刑事诉讼中证人出庭作证的障碍分析与对策思考	蒋大兴　马放海	法制与社会发展	1997 年第 1 期
违法证据的排除与防范比较研究	傅宽芝	环球法律评论	1997 年第 1 期
关于“调查核实证据”的思考	吕朝昀　徐建新	现代法学	1997 年第 1 期
对完善我国刑事证人证言制度的法律思考	马运立	政法论丛	1997 年第 1 期
关于非法搜查、扣押的证据物的排除之比较	宋英辉	政法论坛	1997 年第 1 期
应当重视当事人的举证权利	彭春文	政治与法律	1997 年第 1 期
关于当庭认证的实务探讨	王秋良　陈惠珍	政治与法律	1997 年第 1 期
亲亲相为隐：中外法律的共同传统——兼论其根源及其与法治的关系	范忠信	比较法研究	1997 年第 2 期
论私录视听资料的排除与采信	谢啸林	法学	1997 年第 2 期
论物证的双联性	徐立根	法学家	1997 年第 2 期
也论我国民事诉讼中的质证制度	陈少华　邹　红	法学评论	1997 年第 2 期
论建立海事诉前证据保全制度	张湘兰	法学评论	1997 年第 2 期

文章名称	作　者	刊　物	期　次
严谨精深锐意创新——评宋世杰教授著《举证责任论》	樊凤林	法学杂志	1997年第2期
论我国刑事诉讼的证据规则	龙宗智　李玉花	南京大学法律评论	1997年第2期
证明责任概念辨析	陈　刚	现代法学	1997年第2期
论行政诉讼中被告提供规范性文件	张兴祥	行政法学研究	1997年第2期
谈举证责任的运用	谷长飞	政法论丛	1997年第2期
对证据不足不起诉的探讨	周国均	政法论坛	1997年第2期
视听资料证据的收集与运用	曹茂林　王立新	中国刑事法杂志	1997年第2期
认真审查证据 确保证据的有效性	陈毅清	中国刑事法杂志	1997年第2期
探索举证方略 强化控辩职能	刘春海	中国刑事法杂志	1997年第2期
控辩式庭审中的公诉人举证	钱洁萍　许丽君	中国刑事法杂志	1997年第2期
论知识产权行政保护程序的举证责任	曾报春	比较法研究	1997年第3期
对我国民事诉讼举证责任分担原则的再思考	刘晓英	法学	1997年第3期
检察机关的举证职责	权立新	法学杂志	1997年第3期
公诉人对证据的分析和使用	张　建　周　敏	法学杂志	1997年第3期
证明的自由	乔纳森·科恩	环球法律评论	1997年第3期
三大诉讼举证责任比较	郑　旭	行政法学研究	1997年第3期
论视听资料证据	张永明	政法论丛	1997年第3期
简论“证据不足、指控的犯罪不能成立的无罪判决”之适用	樊崇义	政法论坛	1997年第3期
浅谈言词证据的固定方法及应注意的几个问题	李慧国　包晓勇	当代法学	1997年第4期
浅谈强制证人作证的合理性	赵信会	当代法学	1997年第4期
公诉人对技术性证据的举证	邢树立	法学杂志	1997年第4期

文章名称	作　者	刊　物	期　次
论律师收集刑事证据的要义	杨迎泽　单荣敏	法学杂志	1997 年第 4 期
论视听资料在侦查讯问中的运用	毕惜茜　姚　健	公安大学学报	1997 年第 4 期
论行政诉讼证据的审查判断	高家伟	行政法学研究	1997 年第 4 期
证据交换制度初探	程政举	政法论丛	1997 年第 4 期
视听资料的收集、审查及在自侦工作中的应用	华伟锋	中国刑事法杂志	1997 年第 4 期
试论鉴定人出庭作证	张　建	中国刑事法杂志	1997 年第 4 期
控诉证据、辩护证据和定案证据刍议	张继成	法商研究	1997 年第 4 期
从常某杀人案析“有证据证明有犯罪事实”	石彩霞	中国刑事法杂志	1997 年第 5 期
从证据运行行为的失范性看非法证据的效力——关于我国设立证据排除规则的展望	孙孝福	法商研究	1997 年第 5 期
国际私法中的证据冲突规范初论	屈广清	法商研究	1997 年第 6 期
刑事视听资料证据合法性的构成	徐继强等	法学	1997 年第 6 期
音像证据若干问题探讨	王谢春	法学家	1997 年第 6 期
贿赂罪案证据的收集与固定	林明辉	中国刑事法杂志	1997 年第 6 期
“证据不足”的法律适用	王双喜	中国刑事法杂志	1997 年第 6 期
证人出庭存在的问题与对策	王忠明	中国刑事法杂志	1997 年第 6 期
行政程序中证据制度的若干问题探讨	章剑生	法商研究	1997 年第 6 期
论证据资料	裴苍龄	中外法学	1997 年第 6 期
非法证据效力的矛盾冲突与协调	简布礼　余向阳	中央政法干部管理学院学报	1997 年第 6 期
对我国民事举证责任分担规则的再认识	黄进才	法学	1997 年第 11 期
刑事案件证人出庭作证及相关问题	张旭良　傅蔚蔚	法学	1997 年第 11 期

文章名称	作　　者	刊　　物	期　　次
证据随时提出主义评析	左卫民　陈　刚	法学	1997年第11期
刑事诉讼证人出庭作证的法律障碍和司法对策	王洪盛	当代法学	1998年第1期
论民事诉讼的举证责任	蔡忠杰	法学论坛	1998年第1期
民事诉讼证据质证的探讨	林义全	现代法学	1998年第1期
是行政证明？还是鉴定结论？	孙中华	行政法学研究	1998年第1期
刑事诉讼中的证据开示制度研究（上）	龙宗智	政法论坛	1998年第1期
国际刑事司法协助中的调查取证	王　铮	政法论坛	1998年第1期
试论刑事视听资料的收集规律	吴高志　慕照荣	中国刑事法杂志	1998年第1期
行政处罚证据及其规则探究	杨解君	法商研究	1998年第1期
论证据资料	裴苍龄	法律科学	1998年第1期
试论证据法上的推定	赵　钢　刘海峰	法律科学	1998年第1期
对自由心证哲学基础的再思考	易延友	比较法研究	1998年第2期
关于行政诉讼证据使用的几个问题	柳砚涛	法学论坛	1998年第2期
期货经纪纠纷案中的举证责任	吴建斌	法学杂志	1998年第2期
美国的证人酬金问题	谢远东	法学杂志	1998年第2期
行政诉讼举证责任分析	刘　飞	行政法学研究	1998年第2期
刑事诉讼中的证据开示制度研究（下）	龙宗智	政法论坛	1998年第2期
刑事诉讼当庭认证之浅见	赵兰娣	政治与法律	1998年第2期
收集案款去向证据的误区与矫正	何海根	中国刑事法杂志	1998年第2期
谈公诉人举证问题	刘　军	中国刑事法杂志	1998年第2期
刑事诉讼中的新证据种类——视听资料	廷　强	中央政法干部管理学院学报	1998年第2期
行政诉讼补证问题探析	杨小君	当代法学	1998年第3期

文章名称	作　　者	刊　　物	期　　次
视听资料证据合法性界定理论研讨综述	金友成　傅雪峰	法学	1998 年第 3 期
证人出庭作证四题	欧阳顺乐	法学	1998 年第 3 期
证据意识漫谈	何家弘	法学杂志	1998 年第 3 期
美国民事诉讼中的审前取证制度	杨　飞	河北法学	1998 年第 3 期
民事举证时限制度初探	陈桂明　张　锋	政法论坛	1998 年第 3 期
试述我国刑事诉讼中有关证据运用的几个问题	王振河　戚汉阳	中国刑事法杂志	1998 年第 3 期
我国新刑事审判方式面临的问题及对策——关于我国设立证据先悉程序的展望	唐永禅　刘克强	法商研究	1998 年第 3 期
论刑事诉讼中反对被迫自证有罪的权利	游　伟　孙万怀	法律科学	1998 年第 3 期
刑事诉讼法新增证据规则刍议	王圣扬	中外法学	1998 年第 3 期
对抗制下的证据开示与辩护制度辨析	肖念华	中央政法干部管理学院学报	1998 年第 3 期
民事诉讼鉴定证据质疑	邱星美	法律科学	1998 年第 4 期
论再审证据	姜才炯	甘肃政法学院学报	1998 年第 4 期
论推定	裴苍龄	政法论坛	1998 年第 4 期
公诉案件证据应具备的条件	刘玉佩　桑　丽	中国刑事法杂志	1998 年第 4 期
刑事诉讼中“再生证据”的研究	田国宝　石　英	中国刑事法杂志	1998 年第 4 期
对民事审判方式改革中当庭认证问题的思考	姜明川　陈志远	法学	1998 年第 5 期
我国设立证人特权制度刍议	刘　涛	法学论坛	1998 年第 5 期
刑事诉讼中“瑕疵证据”的法律效力探讨	申　夫　石　英	法学评论	1998 年第 5 期
不履行法定职责案件中被告的举证责任	蔡小雪	法学杂志	1998 年第 5 期

文章名称	作　　者	刊　　物	期　　次
对刑讯逼供罪中“利用职权”的理解	郭秀春	河北法学	1998 年第 5 期
论我国民商事域外取证的立法和实践	段东辉	政法论坛	1998 年第 5 期
证人视听资料证据在庭审中的运用	王志平	中国刑事法杂志	1998 年第 5 期
谈谈公证文书证据效力的实现	张福林　姜贵盛	法学论坛	1998 年第 6 期
浅议行政诉讼举证	宋雅芳	法学杂志	1998 年第 6 期
试析刑讯逼供屡禁不止的原因及对策	崔丁文	中国人民公安大学学报	1998 年第 6 期
浅议单方录制视听资料的证据效力	李富金	中国人民公安大学学报	1998 年第 6 期
民事诉讼举证责任的分配问题探析	史军锋	河北法学	1998 年第 6 期
刑事“非法证据”刍议	马运立　张月满	政法论丛	1998 年第 6 期
英美刑事证据展示制度之比较	陈瑞华	政法论坛	1998 年第 6 期
金融诈骗犯罪证据及侦查纲要	樊崇义	政法论坛	1998 年第 6 期
论主要证据	陈永革	中国刑事法杂志	1998 年第 6 期
庭审中证据变动问题探讨	苏玉华　杨善良	中国刑事法杂志	1998 年第 6 期
刑事证人不能到庭作证的原因及对策	王仁俊	中国刑事法杂志	1998 年第 6 期
也论当事人举证与人民法院查证之关系	赵　钢　占善刚	法商研究	1998 年第 6 期
简论刑事诉讼法中主要证据的概念与范围	周士敏　吴宏耀	法学	1998 年第 7 期
论民事起诉证据	胡亚球	法学	1998 年第 11 期
浅谈审查起诉中的证据审查	夏俊吉	中国刑事法杂志	1998 年第 S1 期
如何运用视听技术取得视听资料	张居仁	中国刑事法杂志	1998 年第 S1 期

文章名称	作　者	刊　物	期　次
关于刑事诉讼中设立庭前听证程序的思考	王培中　徐钰民	法学	1999年第1期
略论行政诉讼中的证明标准	蔡　虹	法学评论	1999年第1期
对民事诉讼证据概念和分类的再思考	谭秋桂　冯　林	法学评论	1999年第1期
确立正确的物证观念 加强物证检验建设	林　锐	公安大学学报	1999年第1期
律师调查取证问题初探	关洁玫	河北法学	1999年第1期
非法证据的证据能力研究	章礼明	华东政法大学学报	1999年第1期
从逻辑学的视角谈谈证据的充分性及其判定方法	金承光	政法论丛	1999年第1期
论采信口供的证据规则	张　力	政法论丛	1999年第1期
试论现行刑事证据制度的立法缺陷及完善——兼论现行庭审方式改革对证据制度的要求	李　颖	法律科学	1999年第1期
从刑事诉讼法治透视反对自证有罪原则	卜思天·儒佩基奇	比较法研究	1999年第2期
论反对自我归罪的特权	易延友	比较法研究	1999年第2期
民事诉讼中举证责任制度的完善初探	张英俊	法学论坛	1999年第2期
论鉴定结论的证据审查	刘梅湘	河北法学	1999年第2期
证明责任法的意义	陈　刚	现代法学	1999年第2期
论再生证据与贪污贿赂犯罪	张永明	政法论丛	1999年第2期
论主要证据	陈永革	法学研究	1999年第2期
论立案阶段证据审查	符六文　黄旭能	河北法学	1999年第3期
“云都案”与民事诉讼中的证据运用	夏元林　刘　涛	华东政法大学学报	1999年第3期
拒证与证人保护制度	徐　文	现代法学	1999年第3期

文章名称	作 者	刊 物	期 次
行政诉讼违法推定原则探析	刘东亮	行政法学研究	1999 年第 3 期
论听证程序举证责任的分配	彭海鹏	行政法学研究	1999 年第 3 期
民事举证期限问题研究	邱星美	政法论坛	1999 年第 3 期
对当庭认证的重新认识	杜民献 薛书敏	中国刑事法杂志	1999 年第 3 期
析证据调查中常见的错误	王若阳	中国刑事法杂志	1999 年第 3 期
二审庭审示证责任辨析	应建廷	中国刑事法杂志	1999 年第 3 期
论诉讼证明标准的二元制	王圣扬	中国法学	1999 年第 3 期
行政侵权赔偿案件中的证明及证据运用	陈 琴	法商研究	1999 年第 4 期
关于我国刑事证人出庭作证制度的思考	李艳华 周畅淼	法商研究	1999 年第 4 期
试论无罪推定原则的立法完善	金瑞锋	法学论坛	1999 年第 4 期
行政诉讼取证期限与举证期限	潘荣伟	法学杂志	1999 年第 4 期
论刑诉三阶段案件证明程度的统一与公检法三机关刑诉证明活动的协调	杨树启	法制与社会发展	1999 年第 4 期
浅析给证人创造良好的作证环境	赵生武等	河北法学	1999 年第 4 期
司法证明方式和证据规则的历史沿革——对西方证据法的再认识识	何家弘	环球法律评论	1999 年第 4 期
英美证据法上的刑事证明标准探析	吴行政	政法论丛	1999 年第 4 期
非法证据的法律效力探讨	张惠芳 管晓静	政法论丛	1999 年第 4 期
《刑事诉讼法》修改后证据制度的变化和发展	樊崇义 罗国良	中国刑事法杂志	1999 年第 4 期
神证・人证・物证——试论司法证明方法的进化	何家弘	中国刑事法杂志	1999 年第 4 期
论行政诉讼中的事实问题及其审查	朱新力	中国法学	1999 年第 4 期

文章名称	作　　者	刊　　物	期　　次
论刑事证据的证据能力对证明力的影响	李　莉	中外法学	1999 年第 4 期
论证人的证言拒绝权	刘荣军	法学	1999 年第 5 期
刑事派生证据刍议	史渭华	法学论坛	1999 年第 5 期
沉默权与如实回答义务	宋福义	公安大学学报	1999 年第 5 期
论民事诉讼中的举证责任	察镇顺	河北法学	1999 年第 5 期
举证责任的分配与转移	李益民　黄道诚	河北法学	1999 年第 5 期
非法证据的法律效力探讨	张惠芳　管晓静	河北法学	1999 年第 5 期
浅议执行程序中的举证义务	奚强华	政治与法律	1999 年第 5 期
英国刑事证据法中的品格证据	季美君	中国刑事法杂志	1999 年第 5 期
论巨额财产来源不明罪之举证责任	王松波	中国刑事法杂志	1999 年第 5 期
律师在刑事辩护过程中的举证	张耀武　王磬扬	中国刑事法杂志	1999 年第 5 期
关于建立和完善我国证据规则的思考	卞建林　姚　莉	法商研究	1999 年第 5 期
证据开示与诉讼公正	龙宗智	法商研究	1999 年第 5 期
制定证据法典刻不容缓	裴苍龄	法商研究	1999 年第 5 期
关于测谎证据有关问题的探讨	宋英辉	法商研究	1999 年第 5 期
民事证据制度改革走向探知	张卫平	法商研究	1999 年第 5 期
我国民诉证据立法应当确立、完善自认制度	赵　钢	法商研究	1999 年第 5 期
非法证据排除规则的确立与完善	左卫民　刘　涛	法商研究	1999 年第 5 期
让证据走下人造的神坛——试析证据概念的误区	何家弘	法学研究	1999 年第 5 期
英美证据法上的刑事证明标准探析	吴行政	中央政法干部管理学院学报	1999 年第 5 期
论刑事诉讼的证明标准	张　中	法学论坛	1999 年第 6 期
英国物证鉴定体制的改革与发展	罗亚平	公安大学学报	1999 年第 6 期

文章名称	作　　者	刊　　物	期　　次
论推定在证据学中的运用	陈朝阳	华东政法大学学报	1999年第6期
论民事推定证据制度的完善	陈朝阳	现代法学	1999年第6期
浅论侦查取证的法律规则	郑晓均	现代法学	1999年第6期
论视听资料在侦查起诉贪污贿赂犯罪案件中的作用	张学军	中国刑事法杂志	1999年第6期
刑事证据理论在投毒杀人案件中的应用研究	戴长林　王志华	中国法学	1999年第6期
证据制度空洞化与错案的形成——一个错案解析	潘剑锋　何　兵	中外法学	1999年第6期
完善我国刑事证据制度的几点思考	高一飞	中央政法干部管理学院学报	1999年第6期
论数据电文的证据价值	刘满达	法学	1999年第8期
民事判决中事实认定的正确性	翁晓斌	法学	1999年第10期
关于刑事庭审中诱导性询问和证据证明力问题的一点思考	张建伟	法学	1999年第11期
示证与质证研究	李岫春	当代法学	1999年第S1期
刑事诉讼证据的标准	杨忠宽	当代法学	2000年第1期
证明责任法与“当面点清”原则评析	陈　刚	法学	2000年第1期
试论与当庭供证相矛盾的庭前供证的使用	龙宗智	法学	2000年第1期
刑讯逼供成因及对策	刘祥红	河北法学	2000年第1期
消费者举证责任的比较研究	饶世权	河北法学	2000年第1期
关于刑事证据立法的若干问题	陈光中	南京大学法律评论	2000年第1期
论英国刑事证明责任	牟　军	现代法学	2000年第1期
从民事诉讼的一般原则看行政诉讼中的举证责任及其分配形式	刘文静	行政法学研究	2000年第1期

文章名称	作　者	刊　物	期　次
对法院依职权调查收集证据的反思	任铁健	政法论丛	2000年第1期
论刑事诉讼中非法证据的效力	李学宽等	政法论坛	2000年第1期
庭审举证后对证据的分析	陈志平	中国刑事法杂志	2000年第1期
音像资料证据问题辨析	王　琳	中国刑事法杂志	2000年第1期
客观真实管见——兼论刑事诉讼证明标准	樊崇义	中国法学	2000年第1期
论法律事实	陈金钊	法学家	2000年第2期
刑事证人出庭作证程序设计与论证	甄　贞	法学家	2000年第2期
刑事证人法律保护探讨	房清侠	法学杂志	2000年第2期
试述证据法学的研究对象和研究方法	何家弘	法学杂志	2000年第2期
评“第一证人”说——从一则法庭审理报导谈起	刘素芳	法学杂志	2000年第2期
论完善行政诉讼的举证责任制度	毕可志	法制与社会发展	2000年第2期
域外证据开示和诉讼制度的冲突——以德国和美国为中心	戴维·J. 格博	环球法律评论	2000年第2期
沉默权与中国刑事诉讼	孙长永	现代法学	2000年第2期
行政诉讼举证责任新论	刘善春	行政法学研究	2000年第2期
鉴定结论、勘验、检查笔录的独立性	王立华	中国刑事法杂志	2000年第2期
论建立健全刑事诉讼中证人出庭作证的保障机制	张仲芳	中国刑事法杂志	2000年第2期
关于建立我国证据展示制度的思考	李　宏	中央政法干部管理学院学报	2000年第2期
英国非法证据的处理规则与我国非法证据取舍的理性思考	牟　军	法律科学	2000年第3期
论诉前诉讼证据保全的违法性	张金兰　许继学	法学评论	2000年第3期

文章名称	作　　者	刊　　物	期　　次
严禁刑讯逼供是我国刑事诉讼的重要原则	傅宽芝	法学杂志	2000年第3期
论律师质证制度的改革与完善	闫　海	法学杂志	2000年第3期
对刑讯逼供的三重分析	陈永生	甘肃政法学院学报	2000年第3期
我国民事证据责任制度之检讨与重构	张贵玲	甘肃政法学院学报	2000年第3期
“证言难取”的成因及对策研究	何泉生	公安大学学报	2000年第3期
论“证人未到庭”与言词直接原则	龚德云	河北法学	2000年第3期
保险索赔中举证责任特殊性的思考	何丽新	河北法学	2000年第3期
刑事辩护中质证的要点和技巧初探	周庆春　应永宏	河北法学	2000年第3期
证人拒证行为的刑事立法及对策探讨	牟　军	现代法学	2000年第3期
对民事诉讼中举证突袭的辩证分析	张明松	现代法学	2000年第3期
新闻诽谤举证责任分担的“悖论”及其解决	陈历幸	政治与法律	2000年第3期
证据的采用标准	何家弘	中国刑事法杂志	2000年第3期
设立我国刑事证据展示制度	李　岩	中国刑事法杂志	2000年第3期
论电子商务中的电子证据	丁　凯	法学论坛	2000年第4期
对我国民事诉讼证据制度的思考	王　磊	法学论坛	2000年第4期
试论民事诉讼证明上的盖然性规则	毕玉谦	法学评论	2000年第4期
论证明的相对性	潘剑锋	法学评论	2000年第4期
我国民事证据的认定规则及其模式选择	王福华	法学评论	2000年第4期

文章名称	作　者	刊　物	期　次
试论增强证人证言客观性和采信力的几项措施	彭真军　郑斌峰	甘肃政法学院学报	2000年第4期
再论物证的概念	沙万中	甘肃政法学院学报	2000年第4期
声纹鉴定及其证据效力	伍浩鹏	甘肃政法学院学报	2000年第4期
关于证据不足自诉案件的处理	俞树毅	甘肃政法学院学报	2000年第4期
论刑诉机制转型与配套制度的建立——以我国举证责任分配制度与刑诉机制的衔接为例	郭云忠等	河北法学	2000年第4期
刑事诉讼中证人拒证的原因与对策	乔金茹	河北法学	2000年第4期
试析举证明效制度的完善	孙卫国	河北法学	2000年第4期
沉默权与用高科技手段取证	刘根菊	现代法学	2000年第4期
析数据电文的证据效力	沈益平	现代法学	2000年第4期
行政诉讼中的证明责任	湛中乐　李凤英	行政法学研究	2000年第4期
论律师质证制度改革与完善	阎　海	政治与法律	2000年第4期
刍议“金字塔”型刑事证据标准与公诉观念的转变	陈　辉　肖本贵	中国刑事法杂志	2000年第4期
论刑事证据审查的程序和规则	颜玉康	中国刑事法杂志	2000年第4期
单位证明的证据效力探析	赵会平	中国刑事法杂志	2000年第4期
当事人主义刑事诉讼与证据开示	孙长永	法律科学	2000年第4期
审判方式改革中的民事证据立法问题探讨	王利明	中国法学	2000年第4期
论我国民事诉讼中的质证制度	邓治军	当代法学	2000年第5期
关于刑事视听资料证据的几个问题	周　伟	当代法学	2000年第5期
评“姚某诱逼他人自杀案”中间接证据的应用	焦　琦	法学	2000年第5期

文章名称	作　　者	刊　　物	期　　次
略论我国民事诉讼证据规则之应然体系	赵　钢	法学家	2000 年第 5 期
刑事沉默权与社会主义初级阶段的中国国情	高春兴	公安大学学报	2000 年第 5 期
追查证据“保管链”质疑证据之效力	崔巍岚　王有才	河北法学	2000 年第 5 期
当庭举证、质证方法论	庞良程	河北法学	2000 年第 5 期
刑事诉讼中的拒证制度研究	伍浩鹏	河北法学	2000 年第 5 期
完善我国刑事证人作证制度的立法构想	付鸣剑	现代法学	2000 年第 5 期
民事诉讼证明标准	郝振江	现代法学	2000 年第 5 期
诉讼证明的客观标准与主观标准	熊志海	现代法学	2000 年第 5 期
略论举证责任的适用条件	赵　钢　张永泉	现代法学	2000 年第 5 期
证据开示制度比较研究——兼评我国民事审判实践中的证据开示	黄松有	政法论坛	2000 年第 5 期
论英美证据法上的民事证明标准——兼论我国民事证明标准之革新	冷根源	政治与法律	2000 年第 5 期
刑事诉讼中举证责任倒置的正确适用	张　建	政治与法律	2000 年第 5 期
试述“一对一”证据的审查运用	程灿坤	中国刑事法杂志	2000 年第 5 期
论刑事辩护律师的证言拒绝权	伍浩鹏	中国刑事法杂志	2000 年第 5 期
论刑事诉讼中的举证责任倒置	张　建　段宝平	中国刑事法杂志	2000 年第 5 期
论民事鉴定制度	张永泉	法学研究	2000 年第 5 期
检法两家对“主要证据”的认识分歧	南玉霞	法学杂志	2000 年第 6 期
现场痕迹物证的保真管理	罗亚平	公安大学学报	2000 年第 6 期
别让质询权睡着了	胡弘弘	河北法学	2000 年第 6 期

文章名称	作　　者	刊　　物	期　　次
刑事诉讼证人资格探究	王少华　冯兆蕙	河北法学	2000 年第 6 期
关于民事诉讼举证时限问题的探讨	叶自强	河北法学	2000 年第 6 期
论检察人员证据展示制度	张　霞	政法论丛	2000 年第 6 期
关于证据属性的若干思考和讨论——以证据的客观性为中心	汤维建	政法论坛	2000 年第 6 期
论污点证人作证的交易豁免——由綦江虹桥案引发的法律思考	梁玉霞	中国刑事法杂志	2000 年第 6 期
刑事质证程序研究	田国宝	中国刑事法杂志	2000 年第 6 期
论拒绝强迫自证其罪原则	谢佑平　郑　进	中国刑事法杂志	2000 年第 6 期
民事诉讼证据失权制度初探	蔡　虹　羊　震	法商研究	2000 年第 6 期
试论数字证据	张强华　蒲大明	电子知识产权	2000 年第 7 期
论强制证人出庭作证	刘　敏	法学	2000 年第 7 期
论测谎证据	王　戬	法学	2000 年第 10 期
网络取证方式必须顺应时代	白而强	电子知识产权	2000 年第 10 期
小议专利侵权的保全证据公证	区宜邦	电子知识产权	2000 年第 12 期
论视听资料的运用	陈凯生	中国刑事法杂志	2000 年第 S1 期
试论逮捕、起（不）诉条件下证据的审查与运用	胡　捷	中国刑事法杂志	2000 年第 S1 期
从认识论走向价值论——证据法理论基础的反思与重构	陈瑞华	法学	2001 年第 1 期
“零口供”与沉默权	蔡　虹	法学评论	2001 年第 1 期
庭前证据展示制度利弊谈	李　凯　杜建国	法学评论	2001 年第 1 期
我国庭审质证制度的缺陷及理论出路	邵　华	甘肃政法学院学报	2001 年第 1 期
关于“沉默权”问题的理性思考	崔　敏	公安大学学报	2001 年第 1 期
论辩护律师的调取证据权	王　艳	河北法学	2001 年第 1 期

文章名称	作　　者	刊　　物	期　　次
新司法解释答疑（四）关于证据	宋炉安	行政法学研究	2001年第1期
庭前证据交换实务问题研究	高洪宾　何海彬	政治与法律	2001年第1期
试论建立民事诉讼庭前证据交换制度	韩　珺	政治与法律	2001年第1期
关于民事证据失效制度的反思	吴　勇	政治与法律	2001年第1期
刑事证据制度与认识论——兼与误区论、法律真实论、相对真实论商榷	陈光中等	中国法学	2001年第1期
民事诉讼认证制度中若干问题之再思考	廖永安　叶久根	法律科学报	2001年第2期
全国首例以电子邮件为定案证据的劳动争议案理论研讨会综述	王　申	法学	2001年第2期
软件侵权证据的收集	须建楚	法学	2001年第2期
刑事证据实践中的认识误区	张少林	法学杂志	2001年第2期
对侦查中证人拒绝作证行为的思考	张玉镶　丁　飞	公安大学学报	2001年第2期
刑事证人适格性之理性思考	黄旭能　李忠强	河北法学	2001年第2期
对证人不出庭问题的探讨	孙　涛	河北法学	2001年第2期
律师在刑事辩护中取证问题之探讨	张复友	南京大学法律评论	2001年第2期
律师庭审言论豁免权问题探究	王俊民	政治与法律	2001年第2期
民事诉讼证据制度在专利审查中的应用	郑永锋	知识产权	2001年第2期
刑事鉴定结论研究	汪建成　孙　远	中国刑事法杂志	2001年第2期
论诉讼证明的相对性	卞建林　郭志媛	中国法学	2001年第2期
论我国刑事证人出庭作证制度的立法完善	彭真军	当代法学	2001年第3期
论民事推定证据法则	张彩云	当代法学	2001年第3期

文章名称	作　　者	刊　　物	期　　次
论非法证据排除规则的两种立法模式	史立梅　胡长龙	法学论坛	2001年第3期
证据审查是司法公正的基础	孙　林	法学杂志	2001年第3期
对沉默权的理论反思	彭海青	甘肃政法学院学报	2001年第3期
论民事诉讼中的证明要求	严　军	甘肃政法学院学报	2001年第3期
论司法证明方法的特点和种类	何家弘	公安大学学报	2001年第3期
行政诉讼的证明责任初探	张　锋　陈维松	河北法学	2001年第3期
初探刑事诉讼中证人出庭作证制度	张　华	河北法学	2001年第3期
试论电子邮件能否作为诉讼证据——从全国首例电子邮件为定案证据案谈起	张　梅	华东政法大学学报	2001年第3期
英美证明责任分层理论与我国证明责任概念	叶自强	环球法律评论	2001年第3期
视听资料的合法性审查与运用	李秀芬	现代法学	2001年第3期
民事裁判中事实认定的对象	罗　薾	现代法学	2001年第3期
沉默权的是非之争与正当根据（上）	孙长永	现代法学	2001年第3期
证人拒绝作证制度研究	胡常龙	政法论坛	2001年第3期
试论阐明权	周利民	政法论坛	2001年第3期
知识产权诉讼中的举证责任问题	马东晓	知识产权	2001年第3期
建设口供制度要走法制化道路	程荣斌	中国刑事法杂志	2001年第3期
民事证据法必要性之考量	张卫平	法商研究	2001年第3期
关于完善我国刑事证明标准体系的若干思考	陈卫东　刘计划	法律科学	2001年第3期
论直接言词原则与公诉案卷的移送及庭前审查	陈永生	法律科学	2001年第3期

文章名称	作　　者	刊　　物	期　　次
比较：刑事证据开示的基础	梁玉霞	法律科学	2001年第3期
刑事诉讼非法证据排除规则	佘　川等	法律科学	2001年第3期
刑事诉讼中法官对证据裁判的自由与不自由	吴立德	法律科学	2001年第3期
论西方古代民事诉讼证明标准	杜　闻	比较法研究	2001年第4期
民事伪证行为探析	肖　晗	当代法学	2001年第4期
证人作证豁免权探析	房保国	法律科学	2001年第4期
证据的客观性特征质疑	张晋红　易　萍	法律科学	2001年第4期
论我国刑事证人出庭作证和测谎仪介入刑事诉讼立法的再完善	樊凤林	法学家	2001年第4期
论电子证据问题	沈木珠	法学杂志	2001年第4期
民事诉讼当事人证据收集权有待完善	王学棉	法学杂志	2001年第4期
行政诉讼中收集证据的几点思考	芮守胜	甘肃政法学院学报	2001年第4期
非法刑事证据产生的法律思考	刘　青	公安大学学报	2001年第4期
证明责任法与实定法秩序的维护——合同法上证明责任问题研究	陈　刚	现代法学	2001年第4期
沉默权的是非之争与正当根据（下）	孙长永	现代法学	2001年第4期
行政诉讼认证规则初探	戴伟群等	行政法学研究	2001年第4期
对行政诉讼证据问题的若干思考	王小红	行政法学研究	2001年第4期
民事证据法：建构中的制度移植	张卫平	政法论坛	2001年第4期
制约非法证据效力的背景与理论——对非法证据排除规则的理性思考	汪海燕	政治与法律	2001年第4期
证据开示制度的法理与构建	宋英辉　魏晓娜	中国刑事法杂志	2001年第4期
刑事庭审认证规则研究	胡锡庆　张少林	法学研究	2001年第4期
刑事审判中的证据引出规则	姚　莉　李　力	法学研究	2001年第4期

文章名称	作　　者	刊　　物	期　　次
提起公诉的证据标准及其司法审查比较研究	孙长永	中国法学	2001 年第 4 期
论推定规则在刑事审判中的运用——兼论我国刑事立法确立推定规则的必要性	万选才　肖秀敏	法学家	2001 年第 5 期
诉讼中“证据占优势”标准的可行性分析	王圣扬　孟庆保	法学论坛	2001 年第 5 期
论合同法上的证据规范	肖建国	法学评论	2001 年第 5 期
也论刑事证明标准的确立	张　昊	法学评论	2001 年第 5 期
民事证据立法与证据制度的选择	李　浩	法学研究	2001 年第 5 期
证人拒不出庭作证若干问题探究	张东旺	法学杂志	2001 年第 5 期
“零口供规则”若干问题之我见	马　楠	河北法学	2001 年第 5 期
民事检察证据运用的法理与实践	江宪法	华东政法大学学报	2001 年第 5 期
论刑事诉讼中控方举证责任之例外	陈永生	政法论坛	2001 年第 5 期
论刑事证明标准层次性——从证明责任角度的思考	汪海燕　范培根	政法论坛	2001 年第 5 期
论举证责任倒置在内幕交易案件中的适用	杜文俊	政治与法律	2001 年第 5 期
论加拿大《统一电子证据法》的立法价值	韩　波	政治与法律	2001 年第 5 期
试行庭前证据展示制度的操作思考	覃　卫　王会甫	中国刑事法杂志	2001 年第 5 期
论共犯口供的证明力	吴丹红	中国刑事法杂志	2001 年第 5 期
自由心证新理念探析——走出对自由心证传统认识的误区	汪海燕　胡常龙	法学研究	2001 年第 5 期
取向与枢架：两大法系刑事证据法之比较——兼论中国刑事证据立法的基本走向	左卫民　刘　涛	中国法学	2001 年第 5 期

文章名称	作　　者	刊　　物	期　　次
论刑事诉讼非法实物证据的排除规则	王海虹	中央政法干部管理学院学报	2001年第5期
刑事诉讼非法证据排除规则之构想	张红玲	中央政法干部管理学院学报	2001年第5期
试论刑事诉讼中的“作证豁免制度”	曾　赟　周胜蛟	当代法学	2001年第6期
数据电文的证据问题及其解决方法	吕国民	法律科学	2001年第6期
专家证据的扩张与限制	徐　昕	法律科学	2001年第6期
中国刑事证据规则体系之构想	何家弘	法学家	2001年第6期
论我国刑事诉讼举证制度的完善	吕　斌	法学杂志	2001年第6期
我国证据立法应当明确的几个问题	邹鲁军	法学杂志	2001年第6期
关于沉默权与警察讯问权的考察与反思	崔　敏	公安大学学报	2001年第6期
论体液证据的收集与隐私权保护	高德道　孙　付	河北法学	2001年第6期
非法证据排除规则的举证责任	陈永生	现代法学	2001年第6期
论民事诉讼的证明标准	王信峰	政法论丛	2001年第6期
客观真实与内心确信——谈我国诉讼证明的标准	刘金友	政法论坛	2001年第6期
民事诉讼当事人伪造证据的刑法适用	林新法	中国刑事法杂志	2001年第6期
创立新证据制度的初步构想	裴苍龄	中国刑事法杂志	2001年第6期
论体液证据的收集与隐私权保护	孙　付　高德道	中国刑事法杂志	2001年第6期
从一案例看我国法律对伪造民事证据的处罚	王乐成　张增春	中国刑事法杂志	2001年第6期
证据能力比较研究	肖建国	中国刑事法杂志	2001年第6期
运用多媒体示证的理论思考	姜　伟　史卫忠	中国法学	2001年第6期
刑事诉讼被告人举证责任刍议	宁　松	当代法学	2001年第7期

文章名称	作　　者	刊　　物	期　　次
民事诉讼中"以事实为根据"原则的反思	邓辉辉	当代法学	2001年第8期
民事诉讼证据制度改革的法律分析	冷荣芝	当代法学	2001年第8期
自认规则在刑事诉讼中的运用	宁　松　王志华	当代法学	2001年第9期
也论证据开示	陈　剑　黄沐欣	当代法学	2001年第10期
论美国证据法上司法审查中的证明标准——兼论我国行政诉讼证明标准之革新	彭海青	当代法学	2001年第10期
诉讼中电子证据的确认——评四通利方公司、新浪互联公司诉百网公司网络著作权纠纷案	邵明艳	电子知识产权	2001年第10期
法律真实说与客观真实说：误解中的对立	高一飞	法学	2001年第11期
"确定无疑"——我国刑事诉讼的证明标准	龙宗智	法学	2001年第11期
从理想的绝对走向现实的相对——走出刑事证明标准的事实乌托邦	史立梅　汪海燕	法学	2001年第11期
英国刑事法院证人服务制度述评	徐依琲	法学	2001年第11期
美国判例法中不受强迫自证其罪的特权及其相关规则	姚　莉	法学	2001年第12期
当事人在二审期间改变陈述并有证据支持	刘　辉	电子知识产权	2001年第12期
论美国毒树之果原则——兼论对我国刑事证据立法的启示	汪海燕	比较法研究	2002年第1期
沉默权与如实供述义务——是谁在使用武力？	王　元	比较法研究	2002年第1期
论我国行政诉讼举证责任	张　平	当代法学	2002年第1期

文章名称	作　　者	刊　　物	期　　次
证据——一个亟待重塑的概念——用自然科学的方法对证据的本质揭示、分析、重新表述	童兆洪　俞晓辉	法学	2002年第1期
我国证据立法的体例结构与内容安排	汤维建	法学评论	2002年第1期
试论举证责任的分配	李　维	法学杂志	2002年第1期
公诉玩忽职守罪最低证据标准	鲜铁可等	法学杂志	2002年第1期
论我国提起公诉的证明标准	朱仁政等	法制与社会发展	2002年第1期
对当前我国物证鉴定中若干问题的探讨	台治强	甘肃政法学院学报	2002年第1期
论心证的合理性及其保障	李玉萍	河北法学	2002年第1期
论证据公开的司法标准	王　超	华东政法大学学报	2002年第1期
论 DNA 的法律证据效应	邱格屏	南京大学法律评论	2002年第1期
沉默权的宪法思考	殷啸虎　房保国	现代法学	2002年第1期
论我国行政诉讼举证时限制度的完善	王学栋	行政法学研究	2002年第1期
刑事案件庭前审查及准备程序研究	宋英辉　陈永生	政法论坛	2002年第1期
试论推定证据规则	席建林	政治与法律	2002年第1期
从一起爆炸案件看刑事证据的运用——兼谈刑事诉讼证明标准	张月满　马运立	中国刑事法杂志	2002年第1期
证据法若干基本问题的法哲学分析	江　伟　吴泽勇	中国法学	2002年第1期
论自白	石　英　田国宝	法商研究	2002年第2期
刑事诉讼证人出庭作证难的法律思考	陶金凤　郭兰英	当代法学	2002年第2期
论举证期间制度的创设及其司法完善	郭　毅　刘勇	法学论坛	2002年第2期

文章名称	作　　者	刊　　物	期　　次
巨额财产来源不明罪若干疑难问题研析	齐文远　郭泽强	法学论坛	2002 年第 2 期
美国证据法中的保密特权原则及其对我国证据立法的启示	陈桂明　纪格非	法学评论	2002 年第 2 期
民事诉讼举证责任初探	何劲松	法学杂志	2002 年第 2 期
举证责任分配原则在仲裁中的适用	黄雁明　谢炳光	法学杂志	2002 年第 2 期
确定合理的民事举证责任分配原则——兼谈最高人民法院《关于民事诉讼证据的若干规定》	张艳丽	法学杂志	2002 年第 2 期
关于证据立法的若干问题	崔　敏	公安大学学报	2002 年第 2 期
刍议计算机数据的刑事证据价值及其地位	郭　威	公安大学学报	2002 年第 2 期
微量物证在司法实践中的作用	杨瑞琴	公安大学学报	2002 年第 2 期
证据制度国际性准则与中国刑事证据制度改革	左卫民　刘　涛	公安大学学报	2002 年第 2 期
论电子证据的法律效力	沈木珠	河北法学	2002 年第 2 期
证据法学的理论基础	张建伟	现代法学	2002 年第 2 期
论行政诉讼的举证责任	许东劲	行政法学研究	2002 年第 2 期
浅议民事诉讼举证制度的完善	张海莹	政法论丛	2002 年第 2 期
也谈对刑事诉讼中案件事实的理解	李宝岳　张红梅	政法论坛	2002 年第 2 期
论非法证据排除规则的价值	杨宇冠	政法论坛	2002 年第 2 期
证据不足不起诉的刑事赔偿问题研究	周国均　王树全	政法论坛	2002 年第 2 期
民事诉讼证据制度研讨综述	席建林	政治与法律	2002 年第 2 期
民事举证时限立法再探讨	周刘金　虞恒龄	政治与法律	2002 年第 2 期
测谎结论与证据的“有限采用规则”	何家弘	中国法学	2002 年第 2 期

文章名称	作　者	刊　物	期　次
诉讼证明标准的反思与重构	王圣扬　孙世岗	中国刑事法杂志	2002年第2期
刑事案件证人出庭作证制度研究	周国均	中国刑事法杂志	2002年第2期
海淀法院首次使用电子证据进行庭质证	晓　霞	电子知识产权	2002年第2期
刑事推定与犯罪认定刍议	肖中华　张少林	法学家	2002年第3期
刑事被告人证明责任研究	卞建林　韩　旭	法学论坛	2002年第3期
为什么强制证人到庭作证——兼论完善我国证人作证制度的基本思路本思路	胡夏冰	法学评论	2002年第3期
电子证据基本问题分析	许康定	法学评论	2002年第3期
试论我国刑事诉讼中证据开示制度的建立	成良文	公安大学学报	2002年第3期
论我国刑事诉讼中的证据展示制度	余为青	河北法学	2002年第3期
行政诉讼证据规则梳探	杨　寅	华东政法大学学报	2002年第3期
证据收集制度	崔　婕	现代法学	2002年第3期
民事诉讼证据的合法性——从最高法院关于录音证据的司法解释谈起	黄明耀	现代法学	2002年第3期
诉讼证据客观性的理性定位——与绝对肯定说、否定说和统一体说商榷	张　弢　王小林	现代法学	2002年第3期
行政诉讼非法证据的内涵界定	金　诚	行政法学研究	2002年第3期
规范性文件依据也是行政诉讼证据——兼与甘雯先生商榷	赵清林　杨小斌	行政法学研究	2002年第3期
也谈对刑事诉讼中案件事实的理解	李宝岳　张红梅	政法论坛	2002年第3期
论非法证据排除规则的价值	杨宇冠	政法论坛	2002年第3期
刑事诉讼中举证责任分配之我见	何家弘	政治与法律	2002年第3期

文章名称	作　　者	刊　　物	期　　次
民事证据的若干问题——兼评最高人民法院《关于民事诉讼证据的司法解释》	李　浩	法学研究	2002 年第 3 期
推定对举证责任分担的影响	叶　峰　叶自强	法学研究	2002 年第 3 期
中美民事证人制度比较研究	王杏飞　赖建云	当代法学	2002 年第 4 期
试论违法刑事证据的证据能力	杨晓东	当代法学	2002 年第 4 期
环境法的民事侵权归责原则和举证责任——兼论环境法民事责任的公平适用	翁　里　王　晓	法学评论	2002 年第 4 期
证据价值论	闵春雷	法制与社会发展	2002 年第 4 期
论民事证人拒不出庭作证的法律制裁	裴　桦	法制与社会发展	2002 年第 4 期
浅议公安机关行政不作为的可诉范围和举证责任	郭建华	公安大学学报	2002 年第 4 期
鉴定结论的证据地位及其质证、认证	李学军　陈　霞	公安大学学报	2002 年第 4 期
声纹证据的应用	张　亮	公安大学学报	2002 年第 4 期
自认制度及我国证据规则之检讨	樊惠平　袁丽琰	河北法学	2002 年第 4 期
试谈“偷拍偷录”视听证据的认定	宋　石	河北法学	2002 年第 4 期
试论多媒体示证的运用	张少林	华东政法大学学报	2002 年第 4 期
传闻证据在美国纽约州法院的适用（上）	徐继军	环球法律评论	2002 年第 4 期
论证据的本质	熊志海	现代法学	2002 年第 4 期
关于证人不出庭作证的法律思考	张　旭　易继松	现代法学	2002 年第 4 期
道路交通事故责任及认定的性质	刘东根	行政法学研究	2002 年第 4 期
法官庭外取证限制论质疑——法意及实证视角的探究	孙云康	政法论丛	2002 年第 4 期

文章名称	作　　者	刊　　物	期　　次
举证责任倒置是医方举证责任的复位	蒋德海	政治与法律	2002年第4期
医疗纠纷举证责任倒置的意义	刘长秋	政治与法律	2002年第4期
正确理解医疗侵权诉讼中的举证责任	孙怀弟	政治与法律	2002年第4期
医疗纠纷举证责任的合理分配	徐申华	政治与法律	2002年第4期
正确认知举证责任共同维护医疗秩序	朱　铭	政治与法律	2002年第4期
论电子证据的定位——基于中国现行证据法律的思辨	刘品新	法商研究	2002年第4期
对“法律真实”证明标准的质疑	张继成　杨宗辉	法学研究	2002年第4期
关于证据排除规则的理性思考	房文翠　丁海湖	中国法学	2002年第4期
非法自白应否在刑事诉讼中作为证据使用——英美非法证据排除规则的简要历史除规则的简要历史	弗洛伊德·菲尼	中国法学	2002年第4期
现代型诉讼对民事证据理论的冲击与反思	刘永祥	当代法学	2002年第5期
再谈诉讼法的“以事实为根据”原则——兼与邓辉辉先生商榷	王景龙	当代法学	2002年第5期
数字证据的程序法定位——技术、经济视角的法律分析	于海防　姜沣格	法律科学	2002年第5期
英国证据法中的律师特权规则及其借鉴意义	齐树洁　黄　斌	法学论坛	2002年第5期
价值与实现：刑事证据规则本质探析	马贵翔　倪泽仁	甘肃政法学院学报	2002年第5期
论人民法院不是证明责任的主体	唐东楚	河北法学	2002年第5期
论环境民事侵权的证明责任	徐以祥	现代法学	2002年第5期

文章名称	作　者	刊　物	期　次
对完善民事诉讼当事人处分权问题的探讨	姜春兰	政法论丛	2002 年第 5 期
证据不足不起诉的刑事赔偿问题研究	周国均　王树全	政法论坛	2002 年第 5 期
我国刑事证据开示制度之重构	顾卫平等	政治与法律	2002 年第 5 期
俄罗斯联邦新刑事诉讼法典中的证据法问题	M. A. 科瓦廖夫、Л. T. 乌里扬诺娃	中国法学	2002 年第 5 期
刑事非法证据排除规则的价值基础及其本土化构建	曹　坚	中国刑事法杂志	2002 年第 5 期
揭开证据学新的一页——评《新证据学论纲》	蔺　剑	中国刑事法杂志	2002 年第 5 期
对证据法定形式体例的几点构想	姚　莉　吴丹红	中国刑事法杂志	2002 年第 5 期
证人资格问题重述	姚　莉　吴丹红	中国刑事法杂志	2002 年第 5 期
谈知识产权诉讼证据制度问题	任　进	电子知识产权	2002 年第 5 期
当事人举证不力必须承担败诉责任	孙苏理	电子知识产权	2002 年第 5 期
警察作证若干问题研究	王　超	法学	2002 年第 6 期
刑事证人作证制度的现状与完善	刘守芬　孙晓芳	法学论坛	2002 年第 6 期
民事诉讼非法证据排除规则探析	李　浩	法学评论	2002 年第 6 期
刑事证据的合法性及其制度完善	殷耀德　李卫国	法学杂志	2002 年第 6 期
侦查人员出庭“作证”问题研究	邹　樱	中国人民公安大学学报	2002 年第 6 期
对完善我国民事诉讼证据制度的若干探讨——试评法释［2001］33 号的有关规定	王茁霖	河北法学	2002 年第 6 期
日本和意大利刑事庭审中的证据调查程序评析	孙长永	现代法学	2002 年第 6 期
我国刑事诉讼证明标准之重构	王斐弘	中国刑事法杂志	2002 年第 6 期
电子商务诉讼的举证责任分析	谈　萧　张文楚	电子知识产权	2002 年第 6 期

文章名称	作　者	刊　物	期　次
试论举证责任倒置在医疗事故案件中的适用	穆书芹	当代法学	2002 年第 7 期
北京首位以偷录录音作证据的当事人胜诉	宗边文	当代法学	2002 年第 7 期
不提供源程序作对比鉴定将导致举证不能	朱　强	电子知识产权	2002 年第 7 期
拒证权论	罗思荣	当代法学	2002 年第 8 期
试比较民事诉讼和刑事诉讼的证明标准	聂　铄　胡克敏	当代法学	2002 年第 8 期
浅谈法人出具材料的证据效力及证据规格	钱　芳　钱新欣	当代法学	2002 年第 8 期
论我国刑事作证制度的几个问题	孔东菊　洪　明	当代法学	2002 年第 9 期
“证据”是胜诉的保障	任忠萍	电子知识产权	2002 年第 9 期
电子邮件的证据可采性分析	张　莹　梁永文	电子知识产权	2002 年第 9 期
刑诉证据规则若干问题研究	沈志先等	法学	2002 年第 11 期
刑事诉讼证明的理想与现实——证明标准问题上的一种相对合理主义观点	封利强	河北法学	2002 年第 S1 期
民事诉讼证人拒绝出庭作证的现状分析及其对策	张　玉	河北法学	2002 年第 S1 期
论辩护方以强制程序取证的权利	陈永生	法商研究	2003 年第 1 期
对刑事证明标准的思考——以刑事证明中的可能性和确定性为视角	熊秋红	法商研究	2003 年第 1 期
论我国诉讼证据制度改革对环境民事诉讼的影响	傅剑清	当代法学	2003 年第 1 期
《关于民事诉讼证据的若干规定》中有关举证责任的几个问题	王晓敏	当代法学	2003 年第 1 期
论法律中的事实问题	王　麟	法律科学	2003 年第 1 期

文章名称	作　　者	刊　　物	期　　次
行政诉讼证据制度的几个问题探析	柳砚涛　刘宏渭	法学论坛	2003年第1期
浅析举证期限的确定	李　涛　段　钧	法学杂志	2003年第1期
对我国民事举证时限制度的评价	王　实	法学杂志	2003年第1期
证据概念的反思与重构	闵春雷	法制与社会发展	2003年第1期
论沉默权的程序保障规则	王宏璎	甘肃政法学院学报	2003年第1期
论非法证据排除规则中的几个基本问题	周　欣	中国人民公安大学学报	2003年第1期
切实强化当事人举证能力进一步规范人民法院调查收集证据职能	万长红	河北法学	2003年第1期
非法证据：前提、认定机制及排除	魏　健	河北法学	2003年第1期
自认若干问题初探	陈祥龙　杨永华	华东政法大学学报	2003年第1期
传闻证据在美国纽约州法院的适用（下）	徐继军	环球法律评论	2003年第1期
保障人权与打击犯罪的平衡点——评《非法证据排除规则研究》	宋英辉	政法论坛	2003年第1期
论测谎结果作为刑事证据应该缓行	孔卫新　刘江春	政治与法律	2003年第1期
论司法鉴定质证制度	牟逍媛	政治与法律	2003年第1期
刑事证据立法及检警关系研讨——2002年全国诉讼法学年会主要观点综述	石　泉	政治与法律	2003年第1期
刑事证明主体新论——基于证明责任的分析	卞建林　郭志媛	中国刑事法杂志	2003年第1期
我国刑事证据立法模式之选择	宋英辉　郭云忠	中国刑事法杂志	2003年第1期

文章名称	作　者	刊　物	期　次
德国证据禁止的理论与实践初探——我国确立非法证据排除规则之借鉴	岳礼玲	中外法学	2003年第1期
证据与证据规则：司法公正的基础	陈浩然	中国法学	2003年第1期
论不强迫自证其罪原则	杨宇冠	中国法学	2003年第1期
论民事诉讼举证责任分配与民事责任归责制度的衔接	周团结　张建军	当代法学	2003年第2期
国际刑法证据规则的一个例外——关于红十字国际委员会作证豁免权问题	朱文奇	法学家	2003年第2期
论程序公正在英美证据法中的意义	于华江	中国人民公安大学学报	2003年第2期
提起公诉的证据标准探讨	刘根菊　唐海娟	现代法学	2003年第2期
鉴定结论质证制度的完善——对最新出台的《最高人民法院关于行政诉讼证据若干问题的规定》相关规定的评价	王晓艳　向国慧	证据科学	2003年第2期
从3起医疗纠纷案件谈医疗纠纷诉讼案件的举证责任	尹长义　王国文	证据科学	2003年第2期
证明责任规则的华而不实和自认规则的功能缺失——最高人民法院《关于民事诉讼证据的若干规定》的理论问题解析	丁宝同	政法论丛	2003年第2期
论证人资格及其限制条件	相启俊	政法论丛	2003年第2期
医疗纠纷的举证责任	杨　敏	政法论丛	2003年第2期
英国证据法研究的新突破——评齐树洁教授主编的《英国证据法》	陈　莹	政治与法律	2003年第2期
论刑事推定规则	贺平凡	政治与法律	2003年第2期

文章名称	作　　者	刊　　物	期　　次
“以事实为根据，以法律为准绳”原则研究	李志平	政治与法律	2003年第2期
知识产权案件中的专家证人制度	汪　彤　胡震远	知识产权	2003年第2期
论民事诉讼中的自认	宋朝武	中国法学	2003年第2期
运用证据错误问题研究	程荣斌	中国刑事法杂志	2003年第2期
举证责任分配：一个价值衡量的方法	何海波	中外法学	2003年第2期
试论行政处罚证据制度	徐继敏	中国法学	2003年第2期
从打事实到打证据到打规则	宋大琦	比较法研究	2003年第3期
非法证据排除规则的例外	杨宇冠	比较法研究	2003年第3期
论我国刑事证据开示的原则和模式选择	邵维国	当代法学	2003年第3期
网络犯罪证据的提取和固定	邓宇琼	中国人民公安大学学报	2003年第3期
指纹证据地位在美国面临的挑战——多伯特审听	罗亚平　柳　佳	中国人民公安大学学报	2003年第3期
浅论经验法则在事实认定中的作用及局限性之克服	刘春梅	现代法学	2003年第3期
行政诉讼第三人举证问题研究	叶　平	行政法学研究	2003年第3期
德、美证据排除规则的比较——我国确立刑事证据规则之经验借鉴	岳礼玲	政法论坛	2003年第3期
行政诉讼举证责任分配规则论纲	刘善春	中国法学	2003年第3期
也论事实、命题与证据	裴苍龄	中国刑事法杂志	2003年第3期
两大法系证据制度比较论	何家弘　姚永吉	比较法研究	2003年第4期
浅析刑讯逼供的存在及限制	韩锦霞	当代法学	2003年第4期
刑事诉讼中的司法证明规则	陈瑞华	法学论坛	2003年第4期
美国联邦品格证据规则及其诉讼理念	蔡　巍	法学杂志	2003年第4期

文章名称	作　者	刊　物	期　次
略论行政诉讼证据交换制度及其完善	黄学贤	法制与社会发展	2003 年第 4 期
论证明责任在程序上的顺序性	黄　永　蒋丽华	法制与社会发展	2003 年第 4 期
毒品犯罪案件的特殊性及证据运用的特点	崔　敏　王　刚	中国人民公安大学学报	2003 年第 4 期
刑事诉讼证明标准层次论质疑与修正	徐　阳	河北法学	2003 年第 4 期
略论证据不足的无罪判决	黄再再	华东政法大学学报	2003 年第 4 期
证明责任与不适用规范说——罗森贝克的学说及其意义	李　浩	现代法学	2003 年第 4 期
论我国民事诉讼证明责任分配的一般原则	翁晓斌	现代法学	2003 年第 4 期
心证的形成及其标准——从一起诱惑处罚案件展开	高　鸿	行政法学研究	2003 年第 4 期
对原告或第三人提出其在行政程序中没有提出的反驳理由或证据问题的处理据问题的处理	耿永贵	行政法学研究	2003 年第 4 期
医疗侵权举证制度缺陷分析	张立勇　王道才	证据科学	2003 年第 4 期
论证人刑事责任豁免制度	胡常龙　张　曙	政法论坛	2003 年第 4 期
证据裁判原则评介	宋英辉　李　哲	政法论坛	2003 年第 4 期
论自认的效力	陈界融	政治与法律	2003 年第 4 期
试论刑事被告人自认	张少林	政治与法律	2003 年第 4 期
《网络犯罪公约》中的证据调查制度与我国相关刑事程序法比较	皮　勇	中国法学	2003 年第 4 期
我国公诉案件证据移送制度之反思与重构	文东福	中国刑事法杂志	2003 年第 4 期
侵权法事实自证制度研究	许传玺	法学研究	2003 年第 4 期
直接、言词原则与传闻证据规则之比较	宋英辉　李　哲	比较法研究	2003 年第 5 期

文章名称	作　　者	刊　　物	期　　次
论民事诉讼中的当事人伪证行为及其对策研究	丛青茹	当代法学	2003 年第 5 期
论我国民事诉讼认证的原则	张芳芳	当代法学	2003 年第 5 期
论儿童证人	洪冬英	法学	2003 年第 5 期
论“法律真实”的合理性及其意义	刘田玉	法学家	2003 年第 5 期
论民事诉讼“瑕疵证据”及其证明力——兼及民事诉讼证据合法与非法的界线	吴英姿	法学家	2003 年第 5 期
论 WTO 争端解决机制中的证据规则（上）	余敏友　席　晶	法学评论	2003 年第 5 期
刑事证据立法方向的转变	汪建成　孙　远	法学研究	2003 年第 5 期
审判中心观与刑事证据规则的构建	冯英菊	法学杂志	2003 年第 5 期
论我国民事诉讼证明标准的立法完善	李跃利	甘肃政法学院学报	2003 年第 5 期
设立沉默权制度的能与不能——一种积极的有限制的沉默权形式	倪娟芝　沈天炜	甘肃政法学院学报	2003 年第 5 期
论犯罪嫌疑人、被告人供述的几个问题	严　军	甘肃政法学院学报	2003 年第 5 期
再论我国刑事非法证据排除规则的构建——从信息有限与非法证据排除之矛盾谈起	邱福军	中国人民公安大学学报	2003 年第 5 期
警察出庭作证的法律透析	王美丽	中国人民公安大学学报	2003 年第 5 期
浅议刑事诉讼证据展示制度在我国的确立	许　志	中国人民公安大学学报	2003 年第 5 期
证明责任：一个“功能”的分析	霍海红	华东政法大学学报	2003 年第 5 期
大陆法系民事诉讼证明标准之理论基础研究	吴　杰	现代法学	2003 年第 5 期

文章名称	作　者	刊　物	期　次
刑事证明标准层次性论略	王圣扬	政治与法律	2003年第5期
经济犯罪证据的查证难点及对策研究	叶　青	政治与法律	2003年第5期
借鉴“刑事免责”制度和“证据强制”规则之构想	周国均	中国法学	2003年第5期
关于建立我国警察作证制度的思考	谭世贵　王　琳	中国刑事法杂志	2003年第5期
刑事诉讼的证明标准应为法律真实	张泽涛	中国刑事法杂志	2003年第5期
论证据的种类	裴苍龄	法学研究	2003年第5期
论建立我国民事诉前证据保全制度	陈雪萍　饶　彬	当代法学	2003年第6期
我国行政诉讼证据制度的新发展——析《最高人民法院关于行政诉讼证据若干问题的规定》	李珍平	当代法学	2003年第6期
试论刑事诉讼中证人的拒绝作证权	徐　惠　邓晓静	当代法学	2003年第6期
刑事证人出庭作证的价值思考	张月满	当代法学	2003年第6期
刑诉中非法证据排除问题研究	陈瑞华	法学	2003年第6期
国家工作人员与亲属共同受贿犯罪的举证责任	李伟迪	法学	2003年第6期
关于口供的证据价值的理性思考	万永海	法学论坛	2003年第6期
论WTO争端解决机制中的举证责任	蔡学恩　张发坤	法学评论	2003年第6期
论WTO争端解决机制中的证据规则（下）	余敏友　席　晶	法学评论	2003年第6期
毒品案件证据的法律适用——“毒品案件证据研究”课题组四川调研综述	崔　敏等	中国人民公安大学学报	2003年第6期
论民事诉讼证据的收集	杨志彩	河北法学	2003年第6期

文章名称	作　　者	刊　　物	期　　次
刑事证明责任概念的比较法分析	黄　永	政治与法律	2003 年第 6 期
对偷录证据材料成为证据的质疑	吴　俐	政治与法律	2003 年第 6 期
口供补强法则的基础与构成	徐美君	中国法学	2003 年第 6 期
鉴定结论有罪推定现象批判	冀祥德　刘　玥	中国刑事法杂志	2003 年第 6 期
美国测谎制度的发展过程对我国的启示	张泽涛	法商研究	2003 年第 6 期
论电子证据可靠性规则构建	马柳颖	当代法学	2003 年第 7 期
网络犯罪中电子证据有关问题之探析	张彩云	当代法学	2003 年第 7 期
律师刑事责任豁免权探析	张永清	当代法学	2003 年第 7 期
证明责任分配的价值取向	王丹锋	当代法学	2003 年第 9 期
质证制度新论	张艳蕊	当代法学	2003 年第 9 期
论释明制度	杨　钧　秦　嫣	法学	2003 年第 9 期
刑事证据法的基本价值探究	孙　记	当代法学	2003 年第 10 期
合理分配软件侵权案件中的举证责任	傅　钢	电子知识产权	2003 年第 10 期
从一起合同纠纷案看民事诉讼举证责任的分配	杨　路　鞠晓红	法学	2003 年第 11 期
民事诉讼中证据交换制度的确立和完善	汤维建	法律科学	2004 年第 1 期
反思“谁主张，谁举证”	李秀芬	法学	2004 年第 1 期
民事证据规则司法解释若干问题研究	王利明	法学	2004 年第 1 期
论电子证据的独立地位	常　怡　王　健	法学论坛	2004 年第 1 期
我国民事诉讼证人制度缺失及修正	刘国海　孙瑞玺	河北法学	2004 年第 1 期
证据制度在行政程序法中的地位探析	徐继敏	河北法学	2004 年第 1 期

文章名称	作　　者	刊　　物	期　　次
英国证人制度评介——兼谈我国民事证人制度之完善	许建苏	河北法学	2004年第1期
科学技术发展对刑事证据的影响初探	薛现林	河北法学	2004年第1期
有效证明与维护程序正当性的矛盾及其解决——非法证据排除规则的理念与制度设置	袁　志	河北法学	2004年第1期
专家意见书的法律性质	金震华	华东政法大学学报	2004年第1期
污点证人豁免及其博弈分析	倪　铁	华东政法大学学报	2004年第1期
视听资料的证据能力及采信规则	郭美松	现代法学	2004年第1期
论诉讼中附属证据性行政行为问题的解决	祁贵明	行政法学研究	2004年第1期
鉴定结论的法庭质证与审查判断	乔森旺　李金锁	证据科学	2004年第1期
论建立与完善刑事证人证言规则的价值需求	张月满	政法论丛	2004年第1期
论推定的逻辑学基础——兼论推定与拟制的关系	王学棉	政法论坛	2004年第1期
建立我国刑事司法鉴定“专家辅助人制度”	黄　敏	政治与法律	2004年第1期
论行政证据中的若干法律问题	沈福俊	法商研究	2004年第1期
证据法学的理论基础——以裁判事实的可接受性为中心	易延友	法学研究	2004年第1期
当事人陈述的制度化处理	王福华	当代法学	2004年第2期
关于测谎及其结论的争议与评析	杨旺年	法律科学	2004年第2期
诉讼证明理论中的四组相对概念之辨正	宋振武	法学论坛	2004年第2期
香港毒品犯罪调查的证据运用——与香港缉毒警察的对话	崔　敏	中国人民公安大学学报	2004年第2期

文章名称	作　者	刊　物	期　次
试论被告人陈述在刑事诉讼中的运用	李菁菁　孙宝峰	中国人民公安大学学报	2004 年第 2 期
论传闻证据规则在我国的确立	屈　新　咸亚丽	中国人民公安大学学报	2004 年第 2 期
犯罪嫌疑人拒供动机研究	赵桂芬	中国人民公安大学学报	2004 年第 2 期
我国诉讼中证人证言证明力探析	张月满	河北法学	2004 年第 2 期
民事非法证据排除问题初探——兼评《关于民事诉讼证据的若干规定》第 68 条	陈桂明　相庆梅	现代法学	2004 年第 2 期
中立与合意——两大法系鉴定证据制度的融合	黄维智	现代法学	2004 年第 2 期
行政诉讼证明标准的重构	王晓杰	行政法学研究	2004 年第 2 期
论医疗纠纷处理中的举证责任倒置与医疗抗辩权	丁国伟	证据科学	2004 年第 2 期
论医疗民事责任的判定——医方承担医疗民事责任的范畴及认定标准	徐　微　张　敏	证据科学	2004 年第 2 期
试论我国审查判断证据的原则及其理论根据	刘金友	政法论坛	2004 年第 2 期
收集未成年人言词证据研究	刘立霞　郭欣阳	政治与法律	2004 年第 2 期
刑事证据法的理念	张光玲	中国刑事法杂志	2004 年第 2 期
印证与自由心证——我国刑事诉讼证明模式	龙宗智	法学研究	2004 年第 2 期
论我国刑事证据分类模式的缺陷及其完善	雷建昌	法律科学	2004 年第 3 期
论电子证据的独立性	常　怡　王　健	法学	2004 年第 3 期
被害人陈述之比较研究	孙孝福　兰耀军	法学论坛	2004 年第 3 期

文章名称	作　者	刊　物	期　次
有效证明与正当程序的内在矛盾及其解决——我国非法证据排除法则的透视及构建	陈少林	法学评论	2004 年第 3 期
口供补强证据规则研究	郭　华	甘肃政法学院学报	2004 年第 3 期
帮助毁灭、伪造证据罪若干问题研究	刘　杰	中国人民公安大学学报	2004 年第 3 期
行政诉讼中的证据评价与证明标准	吴振宇	行政法学研究	2004 年第 3 期
民事诉讼举证责任倒置刍议	薛永慧	政法论坛	2004 年第 3 期
论自认规则在民事诉讼中的适用	曹　忠　刘耀国	政治与法律	2004 年第 3 期
民事诉讼证据规则在知识产权审判中的适用	须建楚	知识产权	2004 年第 3 期
证据、证据法、非法证据排除浅说——评《中国证据法草案建议稿及论证》	杨宇冠	中国刑事法杂志	2004 年第 3 期
审判之中的审判——程序性制裁之初步研究	陈瑞华	中外法学	2004 年第 3 期
论刑事诉讼中的证明责任	孙长永	中外法学	2004 年第 3 期
论刑事证据的多重视角	汪建成	中外法学	2004 年第 3 期
英美证据法的历史与哲学考察	易延友	中外法学	2004 年第 3 期
刑事证据法学研究的回溯与反思——兼论研究方法的转型	周　菁　王　超	中外法学	2004 年第 3 期
美国刑事诉讼中交叉询问的规则与技巧	陈健民	法学	2004 年第 4 期
美国证据法上推定的学说与规则的发展	秦　策	法学家	2004 年第 4 期
搜查理由及其证明标准比较研究	刘金友　郭　华	法学论坛	2004 年第 4 期
试论刑事诉讼中保障证言真实的制度和方法	冯茂春　刘立霞	中国人民公安大学学报	2004 年第 4 期

文章名称	作　　者	刊　　物	期　　次
论证据法上的利益衡量原则	高家伟	现代法学	2004 年第 4 期
电子证据的若干问题探析	杨　青	政法论丛	2004 年第 4 期
质疑不可质疑者——对“以事实为根据”原则的否定性讨论	袁红冰	政法论坛	2004 年第 4 期
《案发经过》不应当作证据使用	陈为明	中国刑事法杂志	2004 年第 4 期
法学家论证意见书及其规范——美国“法院之友”制度的启示	张泽涛　陈　斌	法商研究	2004 年第 4 期
论刑事证据法的基本原则	陈卫东	中外法学	2004 年第 4 期
行政诉讼被告举证程序之分析	沈福俊	当代法学	2004 年第 5 期
刑事诉讼排除规则适用中的证明责任问题	陈瑞华	法学	2004 年第 5 期
民事诉讼非法证据排除规则刍议	汤维建	法学	2004 年第 5 期
也论庭外取证主体与认证主体分离	张坤世	甘肃政法学院学报	2004 年第 5 期
完善刑事证人出庭作证制度的立法构想	许　志	中国人民公安大学学报	2004 年第 5 期
品格证据初探	俞　亮	中国人民公安大学学报	2004 年第 5 期
直接言词原则在审查刑事证言中的适用	李卫静	河北法学	2004 年第 5 期
自由心证与法官依法独立判断	李祖军	现代法学	2004 年第 5 期
关于证据立法微观模式的思考——从刑事诉讼法再修改的角度来观察	陈学权	政法论丛	2004 年第 5 期
在经验与规则之间——论民事证据立法的几个基本问题	江　伟　徐继军	政法论坛	2004 年第 5 期
司法权威与证据制度	陈浩然	政治与法律	2004 年第 5 期
关于我国警察出庭作证问题的调查分析	王　超	中国刑事法杂志	2004 年第 5 期
民事证据法的目的	李　浩	法学研究	2004 年第 5 期

文章名称	作　　者	刊　　物	期　　次
民事诉讼中当事人商定举证期限与法院指定举证期限之应然关系	赵　钢　华　桦	法学论坛	2004年第6期
民事诉讼庭前证据交换制度研究	蒋为群	甘肃政法学院学报	2004年第6期
我国刑事诉讼相互印证的证明模式	谢小剑	现代法学	2004年第6期
民事诉讼中的证据调查制度	赵信会	现代法学	2004年第6期
非法证据排除规则价值论纲	黄维智	中国刑事法杂志	2004年第6期
从实质证据观到实质真实标准	裴苍龄	中国刑事法杂志	2004年第6期
司法证明标准与乌托邦——答刘金友兼与张卫平、王敏远商榷	何家弘	法学研究	2004年第6期
“证据法的基础理论”笔谈	王敏远等	法学研究	2004年第6期
经验与规则之间的民事证据立法	江　伟　徐继军	法学	2004年第8期
数字证据的性质及相关规则	王　芳	法学	2004年第8期
论公共行政中的证据规则	冉瑞燕	河北法学	2004年第9期
翻供、逼供与沉默权的法理性透视	杨夑蛟	河北法学	2004年第9期
论民事举证制度的完善	尹丽华	河北法学	2004年第11期
我国确立非法证据排除规则可行性研究	管　宇等	河北法学	2004年第12期
重构我国民事举证责任分担规则的设想	黄进才	河北法学	2004年第12期
论刑事诉讼证据的存在形式——兼论电子证据的证据属性	熊志海	河北法学	2004年第12期
论专利无效宣告中的补证期限	游闽键	电子知识产权	2005年第1期
刑讯逼供致人伤残、死亡的定罪及证明责任	初炳东	法学论坛	2005年第1期
试论取消刑事附带民事诉讼制度	魏盛礼　赖丽华	法学论坛	2005年第1期
诉前海事证据保全制度浅析	张湘兰　郭漪武	法学评论	2005年第1期

文章名称	作　者	刊　物	期　次
电子证据在新修《刑事诉讼法》中的法律定位	张朝霞等	法学杂志	2005 年第 1 期
刑法分则条文中"明知"的证明责任及其立法评析	温文治　陈洪兵	甘肃政法学院学报	2005 年第 1 期
建立我国警察出庭作证制度的思考	徐公社	中国人民公安大学学报	2005 年第 1 期
侦查人员出庭作证问题研究	杨杰辉	中国人民公安大学学报	2005 年第 1 期
浅析民事诉讼中的举证时限	单　锋	南京大学法律评论	2005 年第 1 期
试论行政程序中的非法证据排除规则	刘　璐	行政法学研究	2005 年第 1 期
确立我国刑事诉讼证据可采性规则体系的新思考	曾友祥	政法论坛	2005 年第 1 期
论非法证据排除规则在我国的适用	陈光中　张小玲	政治与法律	2005 年第 1 期
证据禁止理论初探	郭天武	政治与法律	2005 年第 1 期
论新闻侵权中媒体的举证责任	黄罕爽	政治与法律	2005 年第 1 期
对民事诉讼证明责任分配的实证分析	卢申玲	政治与法律	2005 年第 1 期
《联合国反腐败公约》与非法证据排除规则	杨宇冠　宋　蕊	中国法学	2005 年第 1 期
英国相似事实证据规则简介	蔡　杰　汪　键	中国刑事法杂志	2005 年第 1 期
新科学证据带来的挑战——评估专家证言的司法责任	刘静坤	中国刑事法杂志	2005 年第 1 期
证人作证：保护比补偿更重要	毛立华	中国刑事法杂志	2005 年第 1 期
证人出庭作证的一个分析框架——基于对若干法院民事诉讼程序的实证调查	王亚新　陈杭平	中国法学	2005 年第 1 期

文章名称	作　者	刊　物	期　次
论方法专利侵权诉讼中举证责任分配	卢　山	电子知识产权	2005年第2期
论我国刑事诉讼中专家法律意见的规范化	聂昭伟	法学	2005年第2期
我国"刑讯逼供"的立法缺陷及其完善	李玉萍	法学杂志	2005年第2期
我国证据种类的反思与重构	张嘉军　张红战	甘肃政法学院学报	2005年第2期
信心对目击证人辨认的影响机制研究	王　刚　孙金鑫	中国人民公安大学学报	2005年第2期
论心证的形成——以刑事案件为中心	秦宗文	南京大学法律评论	2005年第2期
历史流变中的民事诉讼证据种类	张嘉军	现代法学	2005年第2期
论我国证明责任理论与制度之重构——评英美证明责任理论和制度的借鉴价值	张　弢　王小林	现代法学	2005年第2期
认识论在诉讼证明问题上的适用	宋振武	政法论坛	2005年第2期
论言词证据认证的若干问题	陈　碧　蒋熙辉	政治与法律	2005年第2期
论电子证据在我国的适用	邵　军	政治与法律	2005年第2期
当事人伪造证据是否应当规定为犯罪	刘　涛	中国刑事法杂志	2005年第2期
传闻证据规则若干基本问题研究	汪　容	中国刑事法杂志	2005年第2期
大陆法系民事诉讼证据排除规则及其借鉴	刘春梅	法商研究	2005年第2期
环境侵权诉讼中的举证责任分配	马栩生　吕忠梅	法律科学	2005年第2期
民事诉讼中的证人出庭作证	王亚新	中外法学	2005年第2期
《关于民事诉讼证据的若干规定》的创新与不足	汤维建　陈　巍	法商研究	2005年第3期
论美国民事诉讼法中的"争点排除规则"	张临伟　吕　强	当代法学	2005年第3期

文章名称	作　者	刊　物	期　次
论举证时限与诉讼效率	李　浩	法学家	2005年第3期
民事举证责任分配规则的回归与超越	刘田玉	甘肃政法学院学报	2005年第3期
达马斯卡证据法思想初探——读达马斯卡《漂移的证据法》	汤维建	甘肃政法学院学报	2005年第3期
中美刑事证明标准比较研究——兼谈我国刑事证明标准体系的建构	康　黎　康大寿	中国人民公安大学学报	2005年第3期
伪报价格走私案件取证要点	宋利红	中国人民公安大学学报	2005年第3期
当庭认证：一个被误读的概念	王佩芬　方　铮	河北法学	2005年第3期
亲属拒证权制度比较研究	章礼明	河北法学	2005年第3期
当事人陈述：比较、借鉴与重构	李　浩	现代法学	2005年第3期
刑事诉讼证明中事实推定之运用	李玉华	现代法学	2005年第3期
证据学是一门法学吗——以研究对象为中心的省察	易延友	政法论坛	2005年第3期
刑事证据一分为三论	陈浩铨	政治与法律	2005年第3期
论诉讼证据概念的科学表述及特征	宋世杰	政治与法律	2005年第3期
论刑事诉讼中的单位作证	卜开明　刘维翔	中国刑事法杂志	2005年第3期
论我国刑事证人资格的扩张	聂昭伟	中国刑事法杂志	2005年第3期
葡萄牙证人保护法	杨家庆	中国刑事法杂志	2005年第3期
证据层次研究	袁宗评	中国刑事法杂志	2005年第3期
证人证言适格问题研究	张永泉	法律科学	2005年第3期
对法定证据制度的再认识与证据采信标准的规范化	何家弘	中国法学	2005年第3期
举证时限制度的困境与出路——追问证据失权的正义性	李　浩	中国法学	2005年第3期

文章名称	作　　者	刊　　物	期　　次
从司法证明模式的历史沿革看中国证据制度改革的方向	何家弘	法学家	2005年第4期
刑讯逼供的证明责任之思考——兼谈英美法系证明责任分层理论给我们的启示	胡　铭	中国人民公安大学学报	2005年第4期
论传闻证据规则运作的程序背景	田心则	中国人民公安大学学报	2005年第4期
我国法律对待口供的应有立场	高一飞	河北法学	2005年第4期
关于完善我国民事诉讼当庭认证制度的思考	郭小冬　陈朝晖	河北法学	2005年第4期
论作为司法能动性之核心的法官自由裁量权——以最高人民法院《民事证据规定》为中心	张　榕　陈朝阳	河北法学	2005年第4期
秘密录音的分类、证据资格和司法政策	叶自强	环球法律评论	2005年第4期
论录像证据可采的基本法理	张　斌	现代法学	2005年第4期
司法鉴定不适用举证责任倒置的法律规则	刘　鑫	证据科学	2005年第4期
法院受理鉴定结论争议诉讼案的法律思考	王有民	证据科学	2005年第4期
法律判断形成的事实认知	王林清　李　安	政法论丛	2005年第4期
证据的概念	彼得·阿钦斯坦	中国刑事法杂志	2005年第4期
国际刑事法院证人规则研究	洪祥星	中国刑事法杂志	2005年第4期
论我国“隐蔽作证”制度的建构	王　刚	中国刑事法杂志	2005年第4期
完善刑事诉讼制度若干问题思考	张　戎	中国法学	2005年第4期
贿赂犯罪案件污点证人权利之保护——以《联合国反腐败公约》为视角	周国均　刘　蕾	比较法研究	2005年第5期
刑事被告人证明责任进程分析	刘　铭　闵春雷	当代法学	2005年第5期

文章名称	作　者	刊　物	期　次
证伪方法、经验法则和心理因素——以影片《十二怒汉》为分析文本诠释“排除合理怀疑”在陪审团制度下的运作要素	张雪纯　葛　琳	当代法学	2005 年第 5 期
强化证据意识是避免错案的关键	陈卫东	法学	2005 年第 5 期
论避免通过证明责任作出判决的对策	谢文哲	法学家	2005 年第 5 期
环境污染侵权责任成立的举证责任分配	胡中华	法学杂志	2005 年第 5 期
习惯法的刑事司法适用：举证与审查	杜　宇	甘肃政法学院学报	2005 年第 5 期
关于警察出庭作证的若干问题	崔　敏	中国人民公安大学学报	2005 年第 5 期
刑事证据体系的结构探究	何泉生	中国人民公安大学学报	2005 年第 5 期
证据的适格性探析——以民事证据为视角	蒲一苇	河北法学	2005 年第 5 期
“真”的有效性证明标准	张继成	政法论丛	2005 年第 5 期
证据是如何排除的	孙　远	政法论坛	2005 年第 5 期
刑事证人作证行为之法律定位	章惠萍	政治与法律	2005 年第 5 期
论辩护方当庭质证的权利	陈永生	法商研究	2005 年第 5 期
证据分类制度及其改革	龙宗智	法学研究	2005 年第 5 期
变革与借鉴：传闻证据规则引论	沈德咏　江显和	中国法学	2005 年第 5 期
刑事证据能力的法定与裁量	孙　远	中国法学	2005 年第 5 期
构建我国证人反对被迫自证其罪特权制度的设想	赖　宇　侯瑞雪	当代法学	2005 年第 6 期
对科学证据的反思——以程序为视角的关照	杨　波	当代法学	2005 年第 6 期
证据法学基本问题之反思	宋英辉等	法学研究	2005 年第 6 期

文章名称	作　者	刊　物	期　次
受虐妇女综合症专家证据在澳大利亚司法实践中的运用	黄晓文　叶衍艳	法学杂志	2005年第6期
对犯罪嫌疑人、被告人口供的再认识	梁旭红	法学杂志	2005年第6期
由一起医疗纠纷案件试析举证责任倒置适用的先决条件	王　军	法学杂志	2005年第6期
贪污贿赂案件翻供翻证及侦查对策研究	常传领等	甘肃政法学院学报	2005年第6期
论“自愿陈述”与我国口供原则的正当性	陈闻高	中国人民公安大学学报	2005年第6期
专家证据的可采性——美国法上的判例和规则及其法理分析	胡卫平	环球法律评论	2005年第6期
同案被告人口供的证据价值研究	聂昭伟	现代法学	2005年第6期
证明标准研究中的模糊视阈	张建伟	政法论坛	2005年第6期
论同案犯供述的刑事证据价值	王　琍	中国刑事法杂志	2005年第6期
经验与规则之间：为法定证据辩护	张友好	中国刑事法杂志	2005年第6期
刑事证人出庭作证程序：实证研究与理论阐析	左为民	中外法学	2005年第6期
刑事证据相互印证的合理性与合理限度	李建明	法学研究	2005年第6期
论命题与经验证据和科学证据符合	张继成	法学研究	2005年第6期
两大法系非法证据排除规则比较研究	黄　利	河北法学	2005年第10期
试析纪检口供的证据效力	邱文华	河北法学	2005年第11期
口供中心主义之辩	牟　军	河北法学	2005年第12期
行政强制证据制度初探	徐继敏	当代法学	2006年第1期
盗窃罪及其证据问题研究的刑事实体法价值	柯汉民	法学论坛	2006年第1期

文章名称	作　者	刊　物	期　次
举证时限制度的冷思考	田平安　马登科	法学论坛	2006年第1期
“说谎权”抑或真实供述义务：沉默权之后的两难选择——规制被告人说谎行为的比较法研究	谢小剑　李恩强	甘肃政法学院学报	2006年第1期
刑事勘验、检查笔录的科学定义及分类	陈　刚	中国人民公安大学学报	2006年第1期
加拿大电子证据法对英美传统证据规则的突破	刘　颖　李　静	河北法学	2006年第1期
论刑事诉讼中的当事人证据	熊志海	河北法学	2006年第1期
认真对待司法经验——兼论《关于民事诉讼证据的若干规定》第64条	彭世忠　李秋成	政法论坛	2006年第1期
儿童证言的收集与采信	李　安　冯景旭	中国刑事法杂志	2006年第1期
论我国自白补强规则之完善——兼论我国刑诉法46条之修改	张明勇	中国刑事法杂志	2006年第1期
建构我国污点证人刑事责任豁免制度	汪海燕	法商研究	2006年第1期
证明标准与刑事政策	左卫民　周洪波	比较法研究	2006年第2期
自白补强规则比较研究	梁玉霞　郭明文	当代法学	2006年第2期
行政诉讼证据制度中人民法院权力解析	刘　巍	法律科学	2006年第2期
证明标准视野中的证据相关性——以刑事诉讼为中心的比较分析	周洪波	法律科学	2006年第2期
刑事被告人品格证据规则初探	谭世贵　李　莉	法学论坛	2006年第2期
论共同被告证据法上之地位	蔡　杰　刘　磊	法学评论	2006年第2期
传闻证据规则与侦查笔录的运用	朱立恒	法学杂志	2006年第2期
证据属性之判断——比较法与法学方法论的启示	肖建华	甘肃政法学院学报	2006年第2期

文章名称	作　　者	刊　　物	期　　次
被告人最后陈述制度构造原理	谢进杰	甘肃政法学院学报	2006年第2期
刑讯逼供的反思与对策	周凤婷	甘肃政法学院学报	2006年第2期
行政程序中笔录证据的可采性及其规范	金　诚	中国人民公安大学学报	2006年第2期
论具体行政行为作为民事诉讼证据	俞永民	行政法学研究	2006年第2期
面对中国的证据法学——兼评易延友《证据学是一门法学吗》	吴丹红	政法论坛	2006年第2期
药品标准类证据公开性在专利诉讼和复审无效阶段中的影响	李　越等	知识产权	2006年第2期
审查逮捕的证明标准	贺恒扬	中国刑事法杂志	2006年第2期
无罪证据移送、出示程序规则研究	李　夏　陈　斌	中国刑事法杂志	2006年第2期
论刑事证据的性质、功能及其可采性	倪培兴	中国刑事法杂志	2006年第2期
俄罗斯刑事证据可采性规则透视	尹丽华	中国刑事法杂志	2006年第2期
刑事审判前的合作模式——以污点证人作证豁免制度为讨论范例	马明亮	当代法学	2006年第3期
论非法证据排除规则的理论基础	邓思清	法律科学	2006年第3期
论实质证据观	裴苍龄	法律科学	2006年第3期
论证明的协调性	栗　峥	法学论坛	2006年第3期
打击报复证人罪若干问题新解	吴占英	法学论坛	2006年第3期
污点证人豁免制度研究	申小红	法学杂志	2006年第3期
论证据体系——兼与《口供中心主义之辩》一文商榷	陈闻高	中国人民公安大学学报	2006年第3期
警察出庭作证的合理限定	李群英	中国人民公安大学学报	2006年第3期
序位效应在证据编排中的应用	于永丽　李　涛	公安大学学报	2006年第3期

文章名称	作　者	刊　物	期　次
证据开示·沉默权·辩诉交易关系论——兼评中国司法改革若干问题干问题	冀祥德	政法论坛	2006年第3期
诉讼证明原理新论	潘利平	中国刑事法杂志	2006年第3期
从“证据学”走向“证据法学”——兼论刑事证据法的体系和功能	陈瑞华	法商研究	2006年第3期
民事诉讼非法证据的排除	李　浩	法学研究	2006年第3期
再论推定	裴苍龄	法学研究	2006年第3期
疑罪问题研究	胡云腾　段启俊	中国法学	2006年第3期
论民事诉讼非法证据排除规则	李祖军	中国法学	2006年第3期
法官为什么不相信证人？证人在转型中国司法过程中的作用	徐　昕	中外法学	2006年第3期
论犯罪构成与证明责任分配的互动关系	聂昭伟	当代法学	2006年第4期
专利复审委和法院在当事人申请调取证据问题上的冲突与解围	郑　宁	电子知识产权	2006年第4期
从诉讼证明的角度看消极事实的特征	李秀芬	法学论坛	2006年第4期
美国非法证据排除规则的新变化——以《爱国者法》为视角	任华哲　万　平	法学评论	2006年第4期
行政裁决证据规则初论	徐继敏	河北法学	2006年第4期
论民事证据契约	汤维建	政法论坛	2006年第4期
冤狱是怎样炼成的——从《窦娥冤》中的举证责任谈起	易延友	政法论坛	2006年第4期
试论民事诉讼中的证明责任	张　丽	政治与法律	2006年第4期
构建刑事诉讼证人出庭作证的模式	胡超容	中国刑事法杂志	2006年第4期

文章名称	作　者	刊　物	期　次
本案被告人郭某的年龄应当如何认定——刑事诉讼证明理论在实践中的运用	聂昭伟	中国刑事法杂志	2006年第4期
“证据锁链”的困境及其出路破解——论间接证据在我国刑事诉讼中的独立定案功能	阮堂辉	中国刑事法杂志	2006年第4期
论我国古代证人之作证责任	张友好　张春莉	中国刑事法杂志	2006年第4期
案卷笔录中心主义——对中国刑事审判方式的重新考察	陈瑞华	法学研究	2006年第4期
论行政诉讼被告举证规则的优化	沈福俊	法商研究	2006年第5期
论我国民事诉讼中“新的证据”	韦经建　李广军	当代法学	2006年第5期
商业贿赂犯罪证据特殊性分析	胡常龙	法学论坛	2006年第5期
我国“印证证明模式”对商业贿赂犯罪惩治的影响	黄士元	法学论坛	2006年第5期
秘密侦查证据采信原则研究	赵素萍　赵　飞	中国人民公安大学学报	2006年第5期
电子签名举证与责任推定	张锁通	河北法学	2006年第5期
商业贿赂犯罪的侦查管辖与证据效力	游　伟	华东政法大学学报	2006年第5期
拟制自认非默示自认	张友好	华东政法大学学报	2006年第5期
证人出庭作证难及其解决思路	胡云腾	环球法律评论	2006年第5期
中国需要什么样的非法证据排除规则	汪建成	环球法律评论	2006年第5期
非法证据排除规则的实证研究——以法院处理刑讯逼供辩护为例	吴丹红	现代法学	2006年第5期
论推定对刑事诉讼证明责任分配的影响	张云鹏	中国刑事法杂志	2006年第5期

文章名称	作　　者	刊　　物	期　次
论拟制自认之构成及其法理——兼评《关于民事诉讼证据的若干规定》第8条第2款	张友好	法律科学	2006年第5期
“大证据学”的建构及其学理	龙宗智	法学研究	2006年第5期
清代健讼社会与民事证据规则	邓建鹏	中外法学	2006年第5期
论“疑罪从无”对民事责任的影响	郭卫华　董俊武	法学评论	2006年第6期
法律论证中的证明思维和论证思维	侯学勇	法制与社会发展	2006年第6期
论消极事实的证明规则	李秀芬	甘肃政法学院学报	2006年第6期
论口供获取与人权保障	冀祥德	河北法学	2006年第6期
我国证人保护制度的反思与重构	张　曙　阿儒汗	河北法学	2006年第6期
证据法的批判与建构——边沁的证据法思想及其启示	吴丹红	环球法律评论	2006年第6期
价值抉择：反恐措施与刑事诉讼——以美国法为范例的检讨与反思	胡　铭	政法论坛	2006年第6期
论作为证据的当事人陈述	王亚新　陈杭平	政法论坛	2006年第6期
证据法学研究的迷思——在西方样本和中国现实之间	吴丹红	政法论坛	2006年第6期
我国死刑案件证明标准的反思	张远煌	政治与法律	2006年第6期
论非法证据排除规则中口供合法性的证明责任	罗国良	中国刑事法杂志	2006年第6期
论科学证据的概念	张　斌	中国刑事法杂志	2006年第6期
合理疑点与疑点排除——兼论刑事诉讼证明责任的分配理论	黄维智	法学	2006年第7期
民事诉讼中的伪证研究	马景顺	河北法学	2006年第7期
证明标准再探——最高人民法院证据规则第73条质疑	罗筱琦　段文波	河北法学	2006年第8期

文章名称	作　　者	刊　　物	期　　次
证明责任分配与要件事实理论——兼议我国传统民法规范的转换	罗筱琦	河北法学	2006年第9期
论环境污染侵权诉讼中的证明责任	刘雪荣　刘立霞	河北法学	2006年第10期
论举证责任及其科学概念的表述	宋世杰	河北法学	2006年第10期
“投标书”是否构成现有技术证据	高天柱	电子知识产权	2006年第11期
司法认知：证明责任的新视角	阎朝秀	河北法学	2006年第12期
论私录视听资料的证据能力	郭小冬	法律科学	2007年第1期
我国非法证据排除规则的模式选择	王志坚　杨亚民	法学	2007年第1期
我国非法证据排除规则之多视角推动	徐鹤喃	法学	2007年第1期
从“张钰事件”看民事证据效力的认定	许　均	法学	2007年第1期
我国确立非法证据排除规则的必要性和可行性	周福民	法学	2007年第1期
翻供的证据法意义	欧卫安	法学论坛	2007年第1期
民诉法修改与证据制度的完善	吴　杰	法学论坛	2007年第1期
论证据的基本范畴	何家弘	法学杂志	2007年第1期
完善“严禁刑讯逼供”法律制度——兼谈“不得被强迫自证有罪”	胡石友	法学杂志	2007年第1期
劣币驱逐良币——从经济现象观刑讯逼供之法律问题	宋　昕	法学杂志	2007年第1期
权利应当如何证明：权利的证明方式	钱大军等	法制与社会发展	2007年第1期
试析宋代证据制度发达的原因	李　华　王存河	甘肃政法学院学报	2007年第1期

文章名称	作　者	刊　物	期　次
一种法理学的视角：法律价值论对非法证据取舍的影响	牟　军	甘肃政法学院学报	2007年第1期
模糊语言在证据不足案件讯问中的特殊作用	高平平	中国人民公安大学学报	2007年第1期
举证责任不能倒置	裴苍龄　魏　虹	政治与法律	2007年第1期
痕迹鉴定结论的性质和证明价值	郑筱春	中国刑事法杂志	2007年第1期
台湾地区民事证据保全制度改革及其借鉴意义	许少波	当代法学	2007年第2期
论事实推定的规制路径	张云鹏　徐　静	当代法学	2007年第2期
商标淡化的证明标准——美国"维多利亚的秘密"诉莫斯里案评述	彭学龙	法学	2007年第2期
刑事证据伦理初论——以人道伦理观为视角	宋志军	法学论坛	2007年第2期
证明标准建构的虚幻与现实——从考察两大法系国家的证明标准历史出发	王嘎利	法学论坛	2007年第2期
论罪疑唯轻原则	陈珊珊	法学评论	2007年第2期
证明权与当事人收集证据制度	柯阳友	法学杂志	2007年第2期
我国刑事非法证据排除规则之构建	张　华　党卫星	法学杂志	2007年第2期
确立刑讯逼供者对受害人的损害赔偿责任	张卫英　贾　彬	甘肃政法学院学报	2007年第2期
在自由与规制之间——两大法系自由心证主义比较研究	潘志瀛　阎惠英	河北法学	2007年第2期
论刑事证据的客观真实	赵　杰	河北法学	2007年第2期
受虐妇女综合症证据的重新概念化：检控机关对有关暴力的专家证词的利用	波拉－F. 曼格姆　黄列	环球法律评论	2007年第2期

文章名称	作 者	刊 物	期 次
日本民事诉讼证据收集制度及其法理	唐 力	环球法律评论	2007年第2期
客观真实、法律真实辨析——在社会主义法治理念视野下	阮国平	行政法学研究	2007年第2期
简论刑事证据与证明标准	李忠诚	政治与法律	2007年第2期
证据的属性反思	鲁 杰	政治与法律	2007年第2期
证据移送制度研究——兼驳起诉书一本主义	李国强 李荣楠	中国刑事法杂志	2007年第2期
证据结构研究	袁宗评	中国刑事法杂志	2007年第2期
律师职业拒证特权的风险和界限——以刑诉法再修改专家意见稿为蓝本	朱德宏	中国刑事法杂志	2007年第2期
制度是如何形成的——对中国刑事证据立法的反思	房保国	中外法学	2007年第2期
提起公诉证据标准之内在机理	谢小剑	比较法研究	2007年第3期
论我国刑事证明的最高标准之重构	魏 虹	法学论坛	2007年第3期
论拒绝提供间谍犯罪证据罪的争点问题	吴占英	法学论坛	2007年第3期
翻供原因分析及恶意翻供侦讯对策研究	任秋生 云 汉	中国人民公安大学学报	2007年第3期
论民事诉讼中的证明妨碍	奚 玮 余茂玉	河北法学	2007年第3期
证明责任制度的改革完善	龙宗智	环球法律评论	2007年第3期
WTO争端解决程序中的举证责任	韩立余	现代法学	2007年第3期
论法医专家顾问和法医鉴定结论的质证	张益鹊	证据科学	2007年第3期
医疗诉讼中的医疗专家意见和法官自由裁量：谁主沉浮？	赵西巨	证据科学	2007年第3期
刑事证明法律推理客观性分析	张月满	政法论丛	2007年第3期

文章名称	作　　者	刊　　物	期　　次
现实已经发生——论我国地方性刑事证据规则	房保国	政法论坛	2007 年第 3 期
非法证据排除规则若干操作问题研究	万　毅	中国刑事法杂志	2007 年第 3 期
取证主体合法性若干问题	龙宗智	法学研究	2007 年第 3 期
论美国刑事诉讼中的证明责任分配标准	张吉喜	当代法学	2007 年第 4 期
刑事诉讼法证据制度修改的宏观思考	陈卫东	法学家	2007 年第 4 期
论民事诉讼中之自由证明	占善刚	法学评论	2007 年第 4 期
论证明责任与证明评价的相互制约	段厚省　侯百丰	华东政法大学学报	2007 年第 4 期
英美证据法上的专家证言制度及其面临的挑战	易延友	环球法律评论	2007 年第 4 期
德国表见证明理论在医疗诉讼证明责任分配中的运用	曾培芳　段文波	政治与法律	2007 年第 4 期
试论证据矛盾及矛盾分析法	龙宗智	中国法学	2007 年第 4 期
论推定的效力——一个法经济学的初步分析	朱春华	法商研究	2007 年第 5 期
揭开“传闻”的面纱——关于“传闻证据”概念和范围的思考	廖　明	当代法学	2007 年第 5 期
文本·实践·语境：公诉证据标准的现代性诊断	郭　松　林喜芬	法制与社会发展	2007 年第 5 期
证人出庭制度研究——从完善刑事诉讼的视角谈起	李世清	河北法学	2007 年第 5 期
民事诉讼中的拟制自认	奚　玮	政法论坛	2007 年第 5 期
民事陷阱取证之再探讨——兼论北大方正诉高术软件侵权案的取证方式	叶　青　韩东成	政治与法律	2007 年第 5 期

文章名称	作　　者	刊　　物	期　　次
方法专利侵权诉讼的举证责任分配	刘红兵　卢　山	知识产权	2007年第5期
论被告人承担客观证明责任	张　斌	中国刑事法杂志	2007年第5期
司法证明模糊论	栗　峥	法学研究	2007年第5期
法律事实辨析	杨　波	当代法学	2007年第6期
证据制度改革中的几个基本问题	陈桂明　纪格非	法律科学	2007年第6期
英国专家证据可采性问题研究	季美君	法律科学	2007年第6期
论“罪疑唯轻”原则下刑事被告之举证负担	陈珊珊	法学论坛	2007年第6期
中国刑事案卷制度研究——以证据案卷为重心	左卫民	法学研究	2007年第6期
重建我国刑事诉讼证明标准确有必要	黄　胜　曹　瑜	法学杂志	2007年第6期
论民事证据材料之保全制度	喻怀峰	法学杂志	2007年第6期
民事诉讼证据失权在法律适用中的困惑及改造	朱福勇	法学杂志	2007年第6期
案卷中的口供与证据——一个实证的角度	刘方权	中国人民公安大学学报	2007年第6期
民事非法证据排除规则之商榷	陈娴灵	河北法学	2007年第6期
论排除非法口供举证责任之分配	宁　松	河北法学	2007年第6期
原则与例外——清代民事证据制度的表达与实践	蒋铁初	现代法学	2007年第6期
检察机关行使逮捕权、公诉权的证据要求	李建玲	政法论丛	2007年第6期
民事诉讼中证明责任论争及启示	孙义刚　段文波	政治与法律	2007年第6期
证据的客观真实性质疑	谌东华	中国刑事法杂志	2007年第6期
我国刑事证据展示制度的构建与完善	丁正红	法学	2007年第7期

文章名称	作　　者	刊　　物	期　　次
欧盟反倾销调查不同阶段关于产业损害认定的法律标准及证据规则	盛建明	河北法学	2007 年第 7 期
我国专家证人制度的建构	胡震远	法学	2007 年第 8 期
刑事非法证据排除的宪政之维——以中国宪法文本为基点的思考	秦　策	法学	2007 年第 8 期
我国见证制度中的三个问题研究	李　明	河北法学	2007 年第 11 期
论知识产权刑事自诉案件中举证责任的分配原则	邵建东	河北法学	2007 年第 11 期
电子证据在刑事诉讼中的法律地位	徐燕平等	法学	2007 年第 12 期
从过去 30 年美国使用专家证言的法律经历中应吸取的教训	Edward J. Imwinkelried	证据科学	2007 年第 Z1 期
刑事诉讼的法理和政治基础	Ronald J. Allen	证据科学	2007 年第 Z1 期
试论表见证明的基本属性与应用功能之界定	毕玉谦	证据科学	2007 年第 Z1 期
证据法学研究的方法论问题	陈瑞华	证据科学	2007 年第 Z1 期
中国科技证据立法基本问题研究	陈学权	证据科学	2007 年第 Z1 期
关于刑事责任能力评定大纲的建议稿	何　恬	证据科学	2007 年第 Z1 期
目击证人辨认研究综述	姜丽娜　应柳华	证据科学	2007 年第 Z1 期
港澳台地区传闻证据规则及类似规定比较研究	刘　玫	证据科学	2007 年第 Z1 期
试论语言学和传播学在言词证据分析认证中的作用——以杨 × × 诉胡 × × 侵犯名誉权一案为例	娄开阳	证据科学	2007 年第 Z1 期
警察出庭作证制度论纲	彭　勃	证据科学	2007 年第 Z1 期
证明责任倒置新论	宋朝武	证据科学	2007 年第 Z1 期

文章名称	作　　者	刊　　物	期　　次
证据法学的启蒙——吉尔伯特的证据法思想	吴丹红	证据科学	2007 年第 Z1 期
国外心理学关于证人证言的研究及其启示	杨伟伟　罗大华	证据科学	2007 年第 Z1 期
研究证据科学 促进司法公正(发刊词)	张保生	证据科学	2007 年第 Z1 期
刑事司法的 20 个逻辑信条	张成敏	证据科学	2007 年第 Z1 期
网络取证中的若干问题研究	张　楚　张　樊	证据科学	2007 年第 Z1 期
论“鉴定必明”、“鉴定必准”与提供证据要求的冲突	邹明理	证据科学	2007 年第 Z1 期
英美证据法支柱的内在分离——兼论达马斯卡比较法方法对英美证据法的贡献及局限性	李昌盛	比较法研究	2008 年第 1 期
我国纪检监察机关获取之人证的证据能力问题	廖耘平	法学	2008 年第 1 期
证明责任分配契约探讨	胡忠惠	法学论坛	2008 年第 1 期
证据学抑或证据法学	何家弘	法学研究	2008 年第 1 期
推定的界限及适用	龙宗智	法学研究	2008 年第 1 期
英美刑事证据法的发展理路及现代检视——对达马斯卡《漂移的证据法》的批判性解读	唐　芳	法制与社会发展	2008 年第 1 期
中国古代“据供辞定罪”刑事证据首要规则及理据解析	祖　伟	法制与社会发展	2008 年第 1 期
行政诉讼证明责任初论	徐继敏	河北法学	2008 年第 1 期
证明层次理论下的公诉证明标准	疑罪不诉证据问题课题组	华东政法大学学报	2008 年第 1 期
商标纠纷中的消费者问卷调查证据	杜　颖	环球法律评论	2008 年第 1 期
当事人主义化的证据规则——台湾刑事诉讼引进传闻规则述评	何邦武	现代法学	2008 年第 1 期

文章名称	作　　者	刊　　物	期　　次
美国行政程序证据规则分析	徐继敏	现代法学	2008 年第 1 期
现代证据法的兴起	T. P. 加兰尼斯	证据科学	2008 年第 1 期
证明负担动态论研究	陈界融	证据科学	2008 年第 1 期
我国证据能力制度的反思与完善	陈卫东　付　磊	证据科学	2008 年第 1 期
英美两国对精神病人刑事责任能力评判的演变	何　恬	证据科学	2008 年第 1 期
证言真实性的审查与判断——陈述有效性评估技术	李　安	证据科学	2008 年第 1 期
叶公好龙：刑事证人出庭的一个寓言	陆而启	证据科学	2008 年第 1 期
符号学的三重证据法及其在证据法学中的应用	孟　华	证据科学	2008 年第 1 期
精神障碍者民事行为能力标准化评定相关问题	张钦廷等	证据科学	2008 年第 1 期
推定与相反推理以及相互强度关系	张成敏	政法论丛	2008 年第 1 期
刑事证据法中的人道伦理	宋志军	政法论坛	2008 年第 1 期
论程序性辩护中的举证责任	王俊民　沈　亮	政治与法律	2008 年第 1 期
论提起公诉的证明标准	奚　玮　孙　康	中国刑事法杂志	2008 年第 1 期
德国刑事证据禁止理论问题研究	李　倩	中外法学	2008 年第 1 期
程序和实质：鉴定结论发挥证明作用的双重保障——以物证鉴定为例	李学军	法学家	2008 年第 2 期
论我国刑事诉讼证明模式的转型	韩　旭	甘肃政法学院学报	2008 年第 2 期
论传闻法则的局限性	钟朝阳	甘肃政法学院学报	2008 年第 2 期
诉讼证据的现代解构	唐　芳	河北法学	2008 年第 2 期

文章名称	作　　者	刊　物	期　次
举证责任分配、举证责任倒置与举证责任转移——以民事诉讼为考察范围	程春华	现代法学	2008年第2期
Evidence Codification and Transubstantive and Bifurcated Evidence Codes	John J. Capowski	证据科学	2008年第2期
西方司法证明科学的新发展	卞建林　王　佳	证据科学	2008年第2期
关于口供价值的理性思考	葛　玲	证据科学	2008年第2期
司法鉴定认证认可调研报告	何　勇	证据科学	2008年第2期
澳大利亚专家证据可采性规则研究	季美君	证据科学	2008年第2期
古代书证制度的司法运行及制约因素——以司法案例为中心的制度考察	李　彤	证据科学	2008年第2期
论鉴定结论质证的路径依赖	肖承海	证据科学	2008年第2期
当事人及法官对瑕疵书证的运用——以民事诉讼为视角的分析	徐龙震	证据科学	2008年第2期
证据法典化、统一立法与分别立法	约翰·J. 凯博思奇	证据科学	2008年第2期
论科学证据的三大基本理论问题	张　斌	证据科学	2008年第2期
基于内心信念的证据认证	张南宁	证据科学	2008年第2期
自由心证之基本要素——以刑事诉讼为中心	郑未媚	证据科学	2008年第2期
论中国检察制度对证人保护的理论根源	曾　加　郭　彬	政治与法律	2008年第2期
论证据法功能的当代转型——以民事诉讼为视角的分析	纪格非	中国法学	2008年第2期
证据法功能之探讨——兼与陈瑞华教授商榷	何家弘	法商研究	2008年第2期

文章名称	作　者	刊　物	期　次
从“应当如实回答”到“不得强迫自证其罪”	樊崇义	法学研究	2008 年第 2 期
证据规则的价值基础和理论体系	张保生	法学研究	2008 年第 2 期
论证明责任机制的限度	霍海红	当代法学	2008 年第 3 期
法院查证权的重新审视和定位	徐子良	法学	2008 年第 3 期
证据的审查与认定原理论纲	何家弘	法学家	2008 年第 3 期
略论证明责任与主张责任的相互关系	龙云辉　段文波	法学评论	2008 年第 3 期
协同主义民事诉讼模式的建立与和谐司法的实现——以证据收集为中心	奚　玮	河北法学	2008 年第 3 期
传闻证据规则的基本问题及其在我国的适用	樊崇义　李　静	证据科学	2008 年第 3 期
鉴定资料收集之法律控制研究	郭金霞	证据科学	2008 年第 3 期
论英美证据法中的相关性	黄晓平　吴宏耀	证据科学	2008 年第 3 期
传闻证据规则与我国刑事诉讼	史立梅　范　琳	证据科学	2008 年第 3 期
传闻证据规则的功能性分析	吴光升	证据科学	2008 年第 3 期
人权保护视野下的证人隐名制度	向　燕	证据科学	2008 年第 3 期
美国法上两种传闻定义的比较研究	杨锦炎	证据科学	2008 年第 3 期
对英美证据法借鉴价值的理性审视	封利强	政法论坛	2008 年第 3 期
我国刑事庭审中人证调查的几个问题——以“交叉询问”问题为中心	龙宗智	政法论坛	2008 年第 3 期
证据制度中法官自由裁量权的类型化分析	陈桂明　纪格非	法学研究	2008 年第 3 期
语言证据的种类及其语义鉴定	邹玉华	中国政法大学学报	2008 年第 3 期
民事诉讼中的疏明责任初探	黄海涛	法学家	2008 年第 4 期

文章名称	作　　者	刊　　物	期　　次
民事诉讼证明标准价值新探	王春旭	法学杂志	2008 年第 4 期
非法监听所获材料之证据能力的比较法考察	邓立军	中国人民公安大学学报	2008 年第 4 期
论不得强迫自证其罪的本土化	滕　健　刘　昂	中国人民公安大学学报	2008 年第 4 期
刑事证明责任制度若干问题新探	龙宗智	现代法学	2008 年第 4 期
刑事证据法的制度转型与研究转向——以非法证据排除规则为线索的分析	万　毅等	现代法学	2008 年第 4 期
论行政证据与行政诉讼证据关系之重构	姬亚平	行政法学研究	2008 年第 4 期
关于证据真伪审查与伪证追究的调研报告	北京市第一中级人民法院民事证据调研课题组	证据科学	2008 年第 4 期
论毒品犯罪案件的证据	崔　敏	证据科学	2008 年第 4 期
论行政诉讼的证明标准	高秦伟	证据科学	2008 年第 4 期
行政诉讼证明标准研究	解志勇　崔晓婧	证据科学	2008 年第 4 期
建立我国刑事证据保全制度刍议	兰耀军	政治与法律	2008 年第 4 期
证据学的根基	裴苍龄	中国刑事法杂志	2008 年第 4 期
“幽灵抗辩”之对策研究	万　毅	法商研究	2008 年第 4 期
原始思维、经验思维和逻辑思维——对法律事实认定思维类型历史变迁的考察	杨建军	法律科学	2008 年第 4 期
论民事诉讼中的摸索证明	周成泓	法律科学	2008 年第 4 期
从自然推定到人造推定——关于推定范畴的反思	何家弘	法学研究	2008 年第 4 期
试论自行委托鉴定的证据主体地位	王鸿晓	中国政法大学学报	2008 年第 4 期
民事行为能力的证明责任——对一个法律漏洞的分析	李　浩	中外法学	2008 年第 4 期

文章名称	作　　者	刊　　物	期　　次
方法专利侵权诉讼亟需诉前证据保全制度	宋　敏	电子知识产权	2008 年第 5 期
证据协力义务之比较法分析	占善刚	法学研究	2008 年第 5 期
英美法系的证据审查与认定原理	张丽云	中国人民公安大学学报	2008 年第 5 期
初论刑事诉讼中的电子图像证据	张玉镶　李文伟	中国人民公安大学学报	2008 年第 5 期
美国合同法“口头证据规则”对我国合同解释的借鉴意义	高忠智	环球法律评论	2008 年第 5 期
美国定罪后 DNA 检测立法评析	张君周	环球法律评论	2008 年第 5 期
民事判决中的证据失权：案例与分析	李　浩	现代法学	2008 年第 5 期
论陈词证据及其定义	丛杭青　朱健心	证据科学	2008 年第 5 期
论记者拒证权	高一飞　陈小利	证据科学	2008 年第 5 期
科学与法律领域的真相	苏珊·哈克	证据科学	2008 年第 5 期
日本における裁判員制度の創設と証拠法の変動	田口守一	证据科学	2008 年第 5 期
日本裁判员制度的创设与证据法的变动	田口守一	证据科学	2008 年第 5 期
论证据保全申请权——以刑事诉讼中辩方权利为视角	余茂玉	证据科学	2008 年第 5 期
挑战与回应：口供制度的重生——兼论律师法对侦查工作的影响	张　展	证据科学	2008 年第 5 期
知情同意诉讼中的证据学：英美法的观察	赵西巨	证据科学	2008 年第 5 期
证据概念素说——兼论中国特色社会主义证据理论的国学文化基石	郑　禄	证据科学	2008 年第 5 期
论刑事证明标准	高建军　韩丽紘	政治与法律	2008 年第 5 期

文章名称	作　者	刊　物	期　次
限制被告取证还是明确证据能力——论《行政诉讼法》中限制被告取证规定的修改	林莉红	政治与法律	2008年第5期
行政诉讼举证责任转移的学理分析	刘　巍	政治与法律	2008年第5期
刑事证据开示的程序设计	马贵翔	政治与法律	2008年第5期
我国逮捕证明标准研究	郭志远	中国刑事法杂志	2008年第5期
刑事诉讼中私人不法取得证据之证据能力研究	奚　玮　杨锦炎	法律科学	2008年第5期
刑事诉讼中的程序性证明	闵春雷	法学研究	2008年第5期
书证制度的内在机理及外化规则研究	张永泉	中国法学	2008年第5期
伦理与真实之间——清代证据规则的选择	蒋铁初	中外法学	2008年第5期
完善我国刑事见证制度立法的思考	韩　旭	法商研究	2008年第6期
英美证据法上的证人作证规则	易延友	比较法研究	2008年第6期
英国传闻证据规则例外的变迁及其启示	朱立恒	比较法研究	2008年第6期
论法官对科学证据的审查——以美国法官的看守职责为视角	张君周	法律科学	2008年第6期
刑事推定若干基本理论之研讨	汪建成　何诗扬	法学	2008年第6期
我国非法证据排除程序分析与建构	陈卫东　刘中琦	法学研究	2008年第6期
诉讼模式视角下的证明责任	卞建林　郭志媛	甘肃政法学院学报	2008年第6期
论交通事故认定书的证据属性	管满泉	中国人民公安大学学报	2008年第6期
网络证据的特殊性及研究价值	熊志海	河北法学	2008年第6期

文章名称	作　　者	刊　　物	期　　次
Reform and Proposed Reform of Hearsay Law in Australla, New Zealand, Hong Kong, and Canada——with Special Regard to Prior Inconsistent Statements	Marian K. Brown	证据科学	2008 年第 6 期
关于民事证明上事实真伪不明状态的基本界定与认知	毕玉谦	证据科学	2008 年第 6 期
英美民事证据开示若干问题研析	杜　闻	证据科学	2008 年第 6 期
公诉证明的理论框架	葛　琳	证据科学	2008 年第 6 期
刑事再审事由中的“新证据”、“证据虚假”和“证据不足”	黄士元	证据科学	2008 年第 6 期
刑事证明责任分配的利益基础	黄　永	证据科学	2008 年第 6 期
澳大利亚、新西兰、香港、加拿大传闻法律改革及酝酿中的改革——以“先前不一致陈述”为重要视角	玛丽安 · K. 布朗	证据科学	2008 年第 6 期
建立我国污点证人豁免制度的实证分析——以贿赂案件为例	屈　新　梁　松	证据科学	2008 年第 6 期
无罪推定原则的确立与口供制度的完善	卫跃宁	证据科学	2008 年第 6 期
思考在证据“拿来”之后——威格摩尔证明表格的逻辑化倾向及启示	李树真	政法论丛	2008 年第 6 期
证据规则的法典化——美国《联邦证据规则》的制定及对我国证据立法的启示	易延友	政法论坛	2008 年第 6 期
美国证据法中的刑事推定——兼谈我国刑事推定中存在的问题	钟朝阳	中国刑事法杂志	2008 年第 6 期
论推定规则适用中的证明责任和证明标准	何家弘	中外法学	2008 年第 6 期

文章名称	作　　者	刊　　物	期　　次
民事诉讼中的测谎——基于证据法角度的分析	吴丹红	中外法学	2008年第6期
网络著作权纠纷中公证网络电子证据的司法认定	陈文煊	电子知识产权	2008年第7期
中国企业如何应对337调查中的证据开示程序	王加斌　刘永全	电子知识产权	2008年第7期
如何利用网络证据证明现有技术——韩国的相关规定与案例介绍	张　鹏	电子知识产权	2008年第7期
推定与刑事证明关系之分析	樊崇义　史立梅	法学	2008年第7期
死刑案件的证明"标准"及《刑事诉讼法》的修改	王敏远	法学	2008年第7期
论传闻证据规则在我国移植的环境与制度障碍——兼评直接言词原则的立法贯彻	孙维萍等	政治与法律	2008年第7期
亲属免证权制度及其法律效益价值探微	张建飞	政治与法律	2008年第7期
论传闻证据规则在我国的确立与适用	朱立恒	政治与法律	2008年第7期
新《律师法》实施后的律师刑事取证问题	韩　旭	法学	2008年第8期
刑事诉讼证人保护机制之完善	上海市人民检察院第一分院课题组	法学	2008年第8期
"非佞折狱"与"自由心证"——评《吕刑》、《商君法》	焦　冶	河北法学	2008年第8期
民事证人视听作证的程序研究	周成泓	政治与法律	2008年第8期
网络证据公开性及其公开时间的认定	张　鹏	电子知识产权	2008年第10期
论推定概念的界定标准	何家弘	法学	2008年第10期
美国刑事证据法中"盖然理由"标准研究	魏　武	河北法学	2008年第10期

文章名称	作　者	刊　物	期　次
刑事诉讼中的亲属拒证权制度研究	张本顺	河北法学	2008 年第 10 期
论民事证明标准与证明评价的互动	张　峰等	政治与法律	2008 年第 11 期
一个证据学上的矛盾——基于逻辑相关性之非品格理论为依据的品格证据禁止规则与概率原理的品格证据禁止规则与概率原理	Edward J. Imwinkelrie	南京大学法律评论	2008 年第 Z1 期

说明：1. 本统计表所列期刊论文目录，只限于以下 31 种期刊：法学研究、中国法学、法商研究、政法论坛、中外法学、法律科学：西北政法大学学报、现代法学、法学、法学评论、法制与社会发展、环球法律评论、比较法研究、行政法学研究、知识产权、法学杂志、法学论坛、法学家、当代法学、华东政法大学学报、政治与法律、中国刑事法杂志、中国版权、河北法学、甘肃政法学院学报、电子知识产权、政法论丛、中国政法大学学报（中央政法管理干部学院学报）、南京大学法律评论、公安大学学报、证据科学（法律与医学）。

2. 本统计表中论文的排列顺序为：第一顺序为期次，第二顺序为刊物。

附录 1.2　法庭科学期刊论文目录（2008）

文章名称	作　者	刊　物	期　次
血液、尿液中氯胺酮及其代谢物去甲氯胺酮的 HPLC 分析	陈礼莉等	法医学杂志	2008 年第 1 期
鼻骨形态不规则误为鼻骨骨折 1 例	陈振达　郭　柏	法医学杂志	2008 年第 1 期
双面胶带法快速检出精子	储慧玲　周　炜	法医学杂志	2008 年第 1 期
女性性活动后猝死 1 例	杜　飞等	法医学杂志	2008 年第 1 期
阴茎上检出他人精子 1 例	耿有龙等	法医学杂志	2008 年第 1 期
交通事故多等级伤残的综合计算方法解读	郭　兵	法医学杂志	2008 年第 1 期

文章名称	作　者	刊　物	期　次
色觉电生理学研究进展及其法医学应用价值	黎宇飞等	法医学杂志	2008年第1期
14岁青少年手腕骨发育的研究Ⅱ．女生骨龄标准的制定	李　开等	法医学杂志	2008年第1期
静脉滴注头孢曲松钠过敏性休克死亡1例	李兴发　董桂姑	法医学杂志	2008年第1期
D14S608、D10S2325、D15S659和GABARB15基因座在温州汉族群体中遗传多态性调查	林刻智等	法医学杂志	2008年第1期
常规组织切片染色制作中常见问题及其解决方法	吕俊耀等	法医学杂志	2008年第1期
司法鉴定实践中智能障碍的几种检查方法	马长锁　邢学毅	法医学杂志	2008年第1期
静脉注射敌敌畏自杀1例	时守进　孙立家	法医学杂志	2008年第1期
爆炸杀人2例	田新锋等	法医学杂志	2008年第1期
中国南方汉族人群D13S631等四个STR基因座遗传多态性	童大跃等	法医学杂志	2008年第1期
大鼠骨骼肌挫伤愈合过程中caspase－3的表达及时间规律	王　起等	法医学杂志	2008年第1期
年龄推断的研究现状	王晓雁等	法医学杂志	2008年第1期
生物样品分析方法的有效性验证	向　平等	法医学杂志	2008年第1期
大鼠急性心肌缺血后脑钠肽、c-fos基因的表达及法医学意义	徐永城等	法医学杂志	2008年第1期
水中尸块33天后检见精子1例	徐志成等	法医学杂志	2008年第1期

文章名称	作　　者	刊　物	期　次
他杀伪装交通事故死亡1例	颜　卉等	法医学杂志	2008年第1期
签字笔上附着的脱落上皮细胞STR分型	杨　帆等	法医学杂志	2008年第1期
免疫组织化学检测MMP-11鉴定月经血	姚亚楠等	法医学杂志	2008年第1期
实验大鼠轻中型闭合性脑损伤昏迷指标与分级标准	于建云等	法医学杂志	2008年第1期
船舶螺旋桨损伤特点及成伤机制	余　松等	法医学杂志	2008年第1期
少女诱杀青年男子1例	张劲夫等	法医学杂志	2008年第1期
两种DNA提取法对腐败胎盘组织STR分型结果的比较	张晓楠等	法医学杂志	2008年第1期
计算机X线摄片测量四川地区活体男性颈椎推算身高	张召晖等	法医学杂志	2008年第1期
家兔死后玻璃体液电导率变化与死亡时间的关系	周睿卿等	法医学杂志	2008年第1期
铭记过去开创未来	朱广友	法医学杂志	2008年第1期
青少年骨发育X线分级方法	朱广友等	法医学杂志	2008年第1期
激光检测潜在汗液指印	蔡能斌　张　铭	刑事技术	2008年第1期
咖啡糖上的DNA检验鉴定1例	曾于宝等	刑事技术	2008年第1期
电脑CPU散热器上指纹显现1例	陈景泉	刑事技术	2008年第1期
干瘪指纹的提取	陈胜军　杜世召	刑事技术	2008年第1期
残缺指印的综合检验	迟丽秋　曲会英	刑事技术	2008年第1期
肺组织从枕骨大孔疝出1例	崔根有	刑事技术	2008年第1期
确定前额发际鉴定伤情1例	董宏涛等	刑事技术	2008年第1期

文章名称	作　　者	刊　物	期　次
新疆少数民族使用汉语（字）特点初探	古丽娜　许　俊	刑事技术	2008年第1期
提高指纹自动识别系统破案效率的几点做法	郭　鹏等	刑事技术	2008年第1期
用虚拟特征法检验现场残缺指印的探讨	郭卫平	刑事技术	2008年第1期
一氧化碳（CO）中毒检测方法	郝红霞等	刑事技术	2008年第1期
金融犯罪案件的电子物证取证	何晓春　刘汉永	刑事技术	2008年第1期
1例自制火药手枪检验鉴定后的思考	黄志鹏	刑事技术	2008年第1期
利用木锯锯痕的种类特征鉴定1例	蒋宏梅	刑事技术	2008年第1期
1例水中触电死亡的法医学鉴定	金　稀　朱朝祥	刑事技术	2008年第1期
火车撞击损伤特点分析	旷得旺	刑事技术	2008年第1期
利用CT扫描图像重建诊断桡骨小头骨折1例	李　辉　张利江	刑事技术	2008年第1期
醉酒状态下服用三唑仑死亡1例	李　璐等	刑事技术	2008年第1期
生物检材中吡氟氯禾灵（甲酯）的GC/MS检验	李先强等	刑事技术	2008年第1期
浅谈法庭科学实验室量值溯源的对策与途径	李晓斌等	刑事技术	2008年第1期
热显现法在机动车字号显现中的应用	刘　晋等	刑事技术	2008年第1期
2例特殊道路交通事故受伤人员伤残评定分析	刘延明	刑事技术	2008年第1期
加强对胶带手印易被反转转印的认识	吕　强等	刑事技术	2008年第1期

文章名称	作　　者	刊　物	期　次
炭疽信件的物证检验	马荣梁等	刑事技术	2008 年第 1 期
大鼠尸体组织电阻抗的死后变化及与死亡时间的关系	孟宪生等	刑事技术	2008 年第 1 期
彩超在外伤性视网膜脱离法医学鉴定中的价值	钱高枫等	刑事技术	2008 年第 1 期
风湿性心脏病猝死 2 例	钱　莉等	刑事技术	2008 年第 1 期
对一起自制作案工具的检验	邵永凡	刑事技术	2008 年第 1 期
用磁性粉显现灰尘手印	盛　罡	刑事技术	2008 年第 1 期
瑞安指纹活体采集自动识别系统运行情况及对策	石胜峰	刑事技术	2008 年第 1 期
Y-STR 家系排查中出现 Y-STR 突变 1 例	史绍杏等	刑事技术	2008 年第 1 期
拳击致颞骨茎突骨折 1 例	唐纪定　陈伟杰	刑事技术	2008 年第 1 期
磁卡锁开锁装置的作案特点及痕迹分析	万德舟	刑事技术	2008 年第 1 期
高效液相色谱－质谱联用法测定百草枯	王朝虹等	刑事技术	2008 年第 1 期
法庭毒物检验方法评价体系的建立	王芳琳等	刑事技术	2008 年第 1 期
录音剪辑检验的实验研究	王　虹等	刑事技术	2008 年第 1 期
应用 DNA 技术破获纵火案 1 例	王　剑等	刑事技术	2008 年第 1 期
水浸泡 5 天钢丝线上脱落细胞 DNA 检验 1 例	王　军　王季中	刑事技术	2008 年第 1 期
恢复硬盘数据破案 3 例	吴茂军	刑事技术	2008 年第 1 期
JX－2 荧光显现法在血足迹显现中的应用	熊　玲　石世民	刑事技术	2008 年第 1 期
DMAC 显现化学类纸张上汗潜手印的方法	许　晗等	刑事技术	2008 年第 1 期

文章名称	作　　者	刊　物	期　次
烘烤气化法显现硅钢片上的油质手印	杨逢春　刘利平	刑事技术	2008 年第 1 期
灌服甲胺磷杀人 1 例	杨期中　廖书华	刑事技术	2008 年第 1 期
卫生纸阻塞呼吸道致机械性窒息自杀死亡 1 例	杨玉学　丁培林	刑事技术	2008 年第 1 期
英国法庭科学服务部（FSS）实验室考察概况	殷治田等	刑事技术	2008 年第 1 期
外伤性硬膜下积液演变成慢性硬膜下血肿 1 例	于　荣等	刑事技术	2008 年第 1 期
腐败尸体死亡时间推断 1 例	于云辉等	刑事技术	2008 年第 1 期
输血后造成样本基因型改变 1 例	翟　滇等	刑事技术	2008 年第 1 期
氟苯丙胺的检验 1 例	张　迪　应剑波	刑事技术	2008 年第 1 期
被撬集装箱破损口锈斑形成与发案区段之间的联系	张京民	刑事技术	2008 年第 1 期
赤足跖后缘自动提取与自适应变模型特征识别	张　强等	刑事技术	2008 年第 1 期
全波段 CCD 在紫外反射照相中的应用	张圣云等	刑事技术	2008 年第 1 期
电子汽车衡遥控作弊与现场勘查	张石城	刑事技术	2008 年第 1 期
利用笔录纸上的印泥手印侦破凶杀案 2 例	张哲明等	刑事技术	2008 年第 1 期
电动石材切割机分尸 1 例	张尊爱　史小罡	刑事技术	2008 年第 1 期
福建地区汉族群体 15 个 STR 基因座遗传多态性	曾　健等	中国法医学杂志	2008 年第 1 期
背部摔跌伤致心脏破裂死亡 1 例	曾于宝等	中国法医学杂志	2008 年第 1 期
三联体亲子鉴定 1 例	陈　玲等	中国法医学杂志	2008 年第 1 期

文章名称	作　者	刊　物	期　次
尿斑检材 DNA 提取方法比较	陈荣华等	中国法医学杂志	2008 年第 1 期
我国临床法医学学科现状及发展方向	陈　腾　张秦初	中国法医学杂志	2008 年第 1 期
切腕自杀未遂后自缢两次死亡法医学鉴定分析 1 例	高世勇　邓建云	中国法医学杂志	2008 年第 1 期
公共安全中化学战剂确证的色谱分析技术	黄　星等	中国法医学杂志	2008 年第 1 期
原发性系统性淀粉样变尸检 1 例	姜德志等	中国法医学杂志	2008 年第 1 期
兰尼碱受体及其法医学意义	蒋艳伟等	中国法医学杂志	2008 年第 1 期
利用同胞关系鉴定强奸杀人案 1 例	金　阳等	中国法医学杂志	2008 年第 1 期
GC/MS 分析氟乙酰胺中的杂质推断鼠药来源初探	李航麒　许经凯	中国法医学杂志	2008 年第 1 期
罕见方式自杀法医学鉴定 1 例	李　军等	中国法医学杂志	2008 年第 1 期
电击兔肢体所致骨损伤后的实验性研究	刘　军等	中国法医学杂志	2008 年第 1 期
口服硬化剂中毒死亡法医学检验 1 例	刘　磊　陈明兴	中国法医学杂志	2008 年第 1 期
内蒙古地区蒙古族群体 10 个 Y-STR 基因座遗传多态性	刘新社　冯　雪	中国法医学杂志	2008 年第 1 期
大鼠脊髓损伤后 HIF-1α 基因的表达	刘　杨等	中国法医学杂志	2008 年第 1 期
土埋 17 年尸体牙齿 DNA 检验 1 例	刘志芳等	中国法医学杂志	2008 年第 1 期
有机法及两步扩增技术检验微量 DNA1 例	路镜玉等	中国法医学杂志	2008 年第 1 期

文章名称	作　　者	刊　物	期　次
HPLC-MS/MS 快速检测人血及尿中二甘醇 1 例	罗奇志等	中国法医学杂志	2008 年第 1 期
3 种 DNA 提取法在污染严重混合斑分型中的应用比较	莫耀南等	中国法医学杂志	2008 年第 1 期
电击伤后大鼠心肌 TIMP－1 表达的实验研究	潘守亭等	中国法医学杂志	2008 年第 1 期
147 例精神病患者暴力行为特征对照分析	宋建成等	中国法医学杂志	2008 年第 1 期
罕见意外勒死 1 例	王静波等	中国法医学杂志	2008 年第 1 期
毛发 DNA 检验辅助认定尸源 1 例	王玉健等	中国法医学杂志	2008 年第 1 期
脑室系统周围脑组织损伤致死 1 例	魏海鹏	中国法医学杂志	2008 年第 1 期
MiniFilerTM 试剂盒在 LCN-STR 分型中的应用	吴微微等	中国法医学杂志	2008 年第 1 期
星形胶质细胞在脑外伤后的反应	向建华　邓世雄	中国法医学杂志	2008 年第 1 期
VEGF 在家兔缺血心肌中的表达及其死后稳定性研究	熊小明　邓世雄	中国法医学杂志	2008 年第 1 期
腹、背部受力致十二指肠两处破裂 1 例	徐传宝	中国法医学杂志	2008 年第 1 期
膝顶腹部致空肠全周断裂 1 例	徐跃灵君等	中国法医学杂志	2008 年第 1 期
Chelex－100 提取生物检材 DNA 实时 PCR 定量研究	杨　电等	中国法医学杂志	2008 年第 1 期
印迹转移修补法计算畸形耳廓损伤面积的法医学鉴定	杨　军等	中国法医学杂志	2008 年第 1 期
132 例滑动性脑挫伤类型与受力机制、受力部位的探讨	姚青松等	中国法医学杂志	2008 年第 1 期

文章名称	作　　者	刊　物	期　次
彗星试验检测死后 DNA 降解推断 PMI 的参数选择研究	易少华等	中国法医学杂志	2008 年第 1 期
13 例尸蜡形成法医学分析	张道远	中国法医学杂志	2008 年第 1 期
巧用计算机画线进行印文比对检验	黄娟娟　欧阳梓华	中国人民公安大学学报（自然科学版）	2008 年第 1 期
利用股骨进行个体识别研究进展	刘　洋等	中国人民公安大学学报（自然科学版）	2008 年第 1 期
利用 SPME 技术建立苯丙胺类毒品的自动化分析方法	刘　兆	中国人民公安大学学报（自然科学版）	2008 年第 1 期
霰弹猎枪射击距离的一元线性回归分析与计算	吕晓森等	中国人民公安大学学报（自然科学版）	2008 年第 1 期
声纹识别特征 MFCC 的提取方法研究	王华朋　杨洪臣	中国人民公安大学学报（自然科学版）	2008 年第 1 期
透析法测定圆珠笔油墨字迹的书写时间	谢　朋等	中国人民公安大学学报（自然科学版）	2008 年第 1 期
粗糙面客体潜手印的显现技术研究比较	徐　敏	中国人民公安大学学报（自然科学版）	2008 年第 1 期
用薄层扫描－染料比值法鉴定黑色签字笔字迹的相对书写时间	张　力等	中国人民公安大学学报（自然科学版）	2008 年第 1 期
基于 USB Host 的渣土车“行迹记录仪”数据采集	张　亮	中国人民公安大学学报（自然科学版）	2008 年第 1 期

文章名称	作　者	刊　物	期　次
浅色调小颗粒悬浮液显现汗潜手印的比较研究	张晓梅	中国人民公安大学学报（自然科学版）	2008 年第 1 期
孢粉在刑事侦查中的运用	赵永峰　杨瑞琴	中国人民公安大学学报（自然科学版）	2008 年第 1 期
行政诉讼中鉴定结论的审查	陈伏发	中国司法鉴定	2008 年第 1 期
当前保外就医病残鉴定工作中存在的问题	陈建佑　陈　勋	中国司法鉴定	2008 年第 1 期
甲状腺术后甲状旁腺功能减低致医疗纠纷 1 例	程亦斌	中国司法鉴定	2008 年第 1 期
文证审查在检察业务中的作用	冯振月等	中国司法鉴定	2008 年第 1 期
试析物证技术鉴定结论的评断	侯　莉	中国司法鉴定	2008 年第 1 期
司法精神病鉴定中的法律意识	亢　明等	中国司法鉴定	2008 年第 1 期
透析法显现涂抹掩盖字迹的实验	李　彪等	中国司法鉴定	2008 年第 1 期
论法医学鉴定人出庭作证	李洪明	中国司法鉴定	2008 年第 1 期
Identifiler 和 Sinofiler 试剂盒在亲权鉴定中的应用与评估	林　源等	中国司法鉴定	2008 年第 1 期
论鉴定人助理制度	刘沛奎等	中国司法鉴定	2008 年第 1 期
浅论我国司法鉴定的发展趋势	罗永新	中国司法鉴定	2008 年第 1 期
试论检察机关对技术性鉴定结论的文证审查	潘文荣　林永鹏	中国司法鉴定	2008 年第 1 期
论高校司法鉴定机构对学科建设的促进作用	潘　溪　赵　杰	中国司法鉴定	2008 年第 1 期
卷首语	沈　敏	中国司法鉴定	2008 年第 1 期

文章名称	作　者	刊　物	期　次
论鉴定留置的若干法律问题	万　毅　陈大鹏	中国司法鉴定	2008年第1期
论计算机取证相关问题——现场动态分析，获取“易挥发”数字证据	王　俊	中国司法鉴定	2008年第1期
关于加强司法鉴定执业监管工作的几点思考	王　磊	中国司法鉴定	2008年第1期
基于X线的活体骨骼年龄评定方法及其他技术	王　鹏等	中国司法鉴定	2008年第1期
重塑我国知识产权司法鉴定制度的建议	王平荣	中国司法鉴定	2008年第1期
司法鉴定行业建立诚信档案论	王延蕊　程卫华	中国司法鉴定	2008年第1期
对作案制式刀具的种类推断	夏小玲　姜友云	中国司法鉴定	2008年第1期
证据理论革命与司法鉴定——以刑事证据为视角	徐静村	中国司法鉴定	2008年第1期
笔压特征在文件检验中的应用	徐　玲	中国司法鉴定	2008年第1期
论鉴定结论的质证	许为安	中国司法鉴定	2008年第1期
论精神障碍者民事行为能力评定分级	张钦廷等	中国司法鉴定	2008年第1期
鉴定结论在运用中的几个问题	张少林	中国司法鉴定	2008年第1期
浙江省统一鉴定适用标准	张叶蓬	中国司法鉴定	2008年第1期
脾破裂漏诊医疗纠纷1例	周华林　李佑祥	中国司法鉴定	2008年第1期
液相色谱－串联质谱同时分析尿液中的大麻酚类和Δ9－四氢大麻酸	卓先义等	中国司法鉴定	2008年第1期
生物特征识别技术	杜　宇	中国刑警学院学报	2008年第1期

文章名称	作　者	刊　物	期　次
盗车案件勘查的重点部位	关光坚　王良平	中国刑警学院学报	2008年第1期
洛杉矶郡的警察和法医	马伟龙	中国刑警学院学报	2008年第1期
命案现场痕迹物证的利用	倪以政	中国刑警学院学报	2008年第1期
酒精误输静脉致医疗纠纷1例	程亦斌	法医学杂志	2008年第2期
X线摄影测量活体胫腓骨长度推算身高	范　涛等	法医学杂志	2008年第2期
数字全口牙位曲面体层片的法医学同一认定指标	高　东等	法医学杂志	2008年第2期
夹层动脉瘤尸检5例	龚志强等	法医学杂志	2008年第2期
先天性左右冠状动脉口狭窄猝死1例	郭耀雄等	法医学杂志	2008年第2期
人格障碍刑事责任能力评定1例	黄乐萍　谢　斌	法医学杂志	2008年第2期
荧光定量PCR技术验证Sinofiler试剂盒的适宜模板量	李成涛等	法医学杂志	2008年第2期
根据呕吐物推断作案时间1例	李新锁	法医学杂志	2008年第2期
基于固定参数的汽车与行人碰撞计算机模拟实验	毛明远等	法医学杂志	2008年第2期
司法鉴定中303例骨龄小于"年龄"分析	钱　立等	法医学杂志	2008年第2期
刑事责任能力评定中"待分类的精神病性障碍"的诊断分析	邱昌建等	法医学杂志	2008年第2期
大鼠双侧阴茎背神经和/或海绵体神经离断后海绵体组织细胞凋亡	阮义生　朱广友	法医学杂志	2008年第2期

文章名称	作　者	刊　物	期　次
捂死误鉴为生前溺死 1 例	尚万兵　常海敏	法医学杂志	2008 年第 2 期
改良 QIAamp 法检测孕妇外周血中胎儿游离 DNA-STR 多态性	苏恩本等	法医学杂志	2008 年第 2 期
先天性冠状动脉瘤破裂死亡 1 例	谭显岗　彭信健	法医学杂志	2008 年第 2 期
关节活动丧失度测算方法的统一和完善	汪家文等	法医学杂志	2008 年第 2 期
巨细胞性心肌炎猝死 1 例	王　霞等	法医学杂志	2008 年第 2 期
中国汉族女性青少年法医学活体骨龄推断数学模型的建立	王亚辉等	法医学杂志	2008 年第 2 期
心肌肌钙蛋白 T 在家兔缺血心肌中的表达及其死后稳定性	熊小明　邓世雄	法医学杂志	2008 年第 2 期
犬咬伤致慢性淋巴管炎 1 例	徐彩裙	法医学杂志	2008 年第 2 期
外伤后单侧肾萎缩法医鉴定 2 例	徐晓明等	法医学杂志	2008 年第 2 期
家兔低压电击伤后血清 LDH 和 HBDH 活性变化	徐运强等	法医学杂志	2008 年第 2 期
新生儿双腔心并永存动脉干畸形死亡 1 例	颜峰平等	法医学杂志	2008 年第 2 期
小鼠皮肤切创黏着斑激酶和磷酸化黏着斑激酶的表达及其变化规律	杨大利等	法医学杂志	2008 年第 2 期
微量口腔脱落细胞检材的 DNA 检验	杨　电等	法医学杂志	2008 年第 2 期
磁共振波谱技术推测不同温度下的死亡时间	杨天潼等	法医学杂志	2008 年第 2 期
睡眠中突发心脏破裂猝死 1 例	叶光华等	法医学杂志	2008 年第 2 期

文章名称	作　者	刊　物	期　次
急性坏死性胰腺炎与死后胰腺自溶病理形态学变化	叶光华等	法医学杂志	2008 年第 2 期
死因相似死亡方式不同 1 例	余　松等	法医学杂志	2008 年第 2 期
八角枫中毒死亡 1 例	张昌华等	法医学杂志	2008 年第 2 期
自己捆绑手脚溺水自杀 1 例	张道勇等	法医学杂志	2008 年第 2 期
颅内感染所致精神障碍民事行为能力评定 1 例	张钦廷等	法医学杂志	2008 年第 2 期
活体跟骨数字 X 线片性别判定	张召晖等	法医学杂志	2008 年第 2 期
粗纱手套的检验	艾跃金	刑事技术	2008 年第 2 期
生物脱落细胞提取仪在案件检验中的应用	陈殿宇等	刑事技术	2008 年第 2 期
扫描仪处理痕迹 1 例	陈有忠等	刑事技术	2008 年第 2 期
“针刺”治疗致破伤风死亡 1 例	陈志刚等	刑事技术	2008 年第 2 期
青少年犯罪现场特点	崔国兴　付志敏	刑事技术	2008 年第 2 期
未成年人杀人案 1 例	冯朝庆等	刑事技术	2008 年第 2 期
DCS－3 数字化手印提取处理系统的应用	甘德安	刑事技术	2008 年第 2 期
啤酒瓶盖上 DNA 的鉴定 1 例	高金林等	刑事技术	2008 年第 2 期
兔体内三唑仑及其代谢物的检测	高　元等	刑事技术	2008 年第 2 期
利用电子地图与绘图软件配合绘制现场方位图	高珠科等	刑事技术	2008 年第 2 期
通过现场重建破获利用交通工具故意杀人案 1 例	郭殿福等	刑事技术	2008 年第 2 期
吸毒过量引起意外自焚 1 例	郭华军等	刑事技术	2008 年第 2 期
血迹形态在命案现场中的应用 1 例	何　峰　文新平	刑事技术	2008 年第 2 期

文章名称	作　　者	刊　物	期　次
1例持枪抢劫案中改制子弹的痕迹检验	何　雄　罗　乐	刑事技术	2008年第2期
综合运用物证检验技术侦破命案2例	胡孙林等	刑事技术	2008年第2期
自喷漆喷写字迹的检验	黄彩侠等	刑事技术	2008年第2期
利用真空包装机保管痕迹物证	金忠极　金永日	刑事技术	2008年第2期
利用扫描仪记录实物表面图像	冷雪峰等	刑事技术	2008年第2期
福建汉族人群17个Y－STR基因座遗传多态性调查	李　斌等	刑事技术	2008年第2期
用火柴作引信自制炸弹1例	李　季	刑事技术	2008年第2期
腹腔回旋枪弹创1例	李久林	刑事技术	2008年第2期
高坠案件现场勘验重点	李　硕　汪　岩	刑事技术	2008年第2期
斑蝥素中毒检验1例	李蕴辉等	刑事技术	2008年第2期
Photozoom清晰放大刑事数码图像	林　刚	刑事技术	2008年第2期
钢丝钳夹压防盗窗管痕迹的实验研究	林晓勇	刑事技术	2008年第2期
地芬尼多中毒死亡1例分析	刘国斌	刑事技术	2008年第2期
不锈钢圆柱体上指纹拍照1例	刘红玉	刑事技术	2008年第2期
意外缢死1例	刘士新等	刑事技术	2008年第2期
尿中吗啡常见检测方法	吕海茹	刑事技术	2008年第2期
氯酸钾炸药自爆1例	马　莉	刑事技术	2008年第2期
纸张上手印的DFO－茚三酮－物理显影液系列显现方法研究	闵祥广等	刑事技术	2008年第2期
建档管理打印机的可行性探讨	明小刚	刑事技术	2008年第2期

文章名称	作　　者	刊　物	期　次
镰刀上微量棉苗残留物检验1例	史　宏等	刑事技术	2008年第2期
毒品“麻古”的提取与GC/MS检验	孙祥太等	刑事技术	2008年第2期
多波段光源在拍摄墙壁涂料上潜血指纹的应用	孙玉宝　李　勇	刑事技术	2008年第2期
如何保障指纹自动识别系统捺印库数据的质量	唐俊锋等	刑事技术	2008年第2期
XPS检验微量物证应用初探	唐　永等	刑事技术	2008年第2期
饮酒后呕吐物的DNA检验1例	田崇华　李元福	刑事技术	2008年第2期
乌头属植物生物碱高效液相色谱研究II	王朝虹　李　虹	刑事技术	2008年第2期
汽车风挡玻璃的鉴别方法研究	王　琥等	刑事技术	2008年第2期
指纹鉴定认定重大交通事故肇事者1例	王秋凤等	刑事技术	2008年第2期
确定现场血迹角度的几何作图法	王世嘉等	刑事技术	2008年第2期
诱放五氟利多实施敲诈勒索2例	王佑军　欧阳平西	刑事技术	2008年第2期
高效液相色谱法鉴别蓝色签字笔墨水的种类	王元凤等	刑事技术	2008年第2期
芯片移植法提取手机机身信息	魏　玮　张国臣	刑事技术	2008年第2期
撬盗卷闸门的新手段1例分析	翁文友　陈　燕	刑事技术	2008年第2期
MRI脂肪抑制技术在脊柱压缩性骨折伤情鉴定中的应用	吴一怀等	刑事技术	2008年第2期
玻璃材质上含酒精饮料手印的显现	吴章雄等	刑事技术	2008年第2期

文章名称	作　　者	刊　物	期　次
对制作询（讯）问过程录像资料的探讨	徐福生　李宝光	刑事技术	2008 年第 2 期
特殊钳剪工具的痕迹检验 1 例	徐　杰　侯双益	刑事技术	2008 年第 2 期
海洛因定量问题的讨论	徐　鹏	刑事技术	2008 年第 2 期
江苏泰州地区汉族人群 9 个 STR 基因座的遗传多态性	徐　庆等	刑事技术	2008 年第 2 期
计算机辅助技术的三维颅面复原研究现状与进展	徐长苗　梁荣华	刑事技术	2008 年第 2 期
案后文字样本的区分、使用	阎　萍	刑事技术	2008 年第 2 期
杀人案件现场血指纹查询比对应注意的问题	余　勤等	刑事技术	2008 年第 2 期
运用光谱成像技术区分同色棉纤维	张　鹏等	刑事技术	2008 年第 2 期
浅谈基层公安机关刑事毒物分析的现状	左伯书	刑事技术	2008 年第 2 期
婴儿抗癫痫药高敏综合征死亡 1 例	薄召利　苗　瑜	中国法医学杂志	2008 年第 2 期
风湿性心脏病附壁血栓脱落嵌塞二尖瓣猝死 1 例	曾晓锋等	中国法医学杂志	2008 年第 2 期
108 例外伤后椎间盘病变法医学鉴定分析	崔　勇等	中国法医学杂志	2008 年第 2 期
正交设计在实时定量 PCR 检测条件优化中的应用	杜秋香等	中国法医学杂志	2008 年第 2 期
类胰蛋白酶和 IgE 测定在过敏性猝死诊断中的应用研究	高彩荣等	中国法医学杂志	2008 年第 2 期
华东地区汉族人群 D11S4465 和 D3S4551 基因座遗传多态性	高玉振　何　艳	中国法医学杂志	2008 年第 2 期
土壤细菌群体多样性的 T - RFLP 分析应用探讨	葛芸英等	中国法医学杂志	2008 年第 2 期

文章名称	作　　者	刊　物	期　次
高安动脉炎合并主动脉瘤破裂死亡 1 例	耿义群等	中国法医学杂志	2008 年第 2 期
3 例人工假体损伤程度的法医学鉴定探讨	郭秀改　杜　雁	中国法医学杂志	2008 年第 2 期
DNATyperTM15 试剂盒的确证试验	姜成涛等	中国法医学杂志	2008 年第 2 期
海南汉族人群 14 个 STR 基因座遗传多态性	金　鑫等	中国法医学杂志	2008 年第 2 期
H_ 5N_ 1 型禽流感病毒感染致死的病理组织学改变——附 1 例尸检报告	竞花兰等	中国法医学杂志	2008 年第 2 期
大鼠死后心肌和肺脏微管蛋白降解规律的初探研究	蒯锦霞等	中国法医学杂志	2008 年第 2 期
FTA - DNA 直接提取法的研究与应用	匡金枝等	中国法医学杂志	2008 年第 2 期
牵拉致臂丛神经损伤 2 例	李　民等	中国法医学杂志	2008 年第 2 期
砷化氢急性中毒死亡 1 例	李　平　李　桢	中国法医学杂志	2008 年第 2 期
法医学鉴定确定案件性质 1 例	林小健　罗文灿	中国法医学杂志	2008 年第 2 期
CHN 骨龄在司法鉴定中的应用价值	钱　立等	中国法医学杂志	2008 年第 2 期
LC/MS/MS 法测定生物组织中百草枯	王朝虹等	中国法医学杂志	2008 年第 2 期
意外死亡尸检率下降原因分析	王丽霞等	中国法医学杂志	2008 年第 2 期
水通道蛋白 - 4 研究进展及法医学意义	王小伟　王英元	中国法医学杂志	2008 年第 2 期
火柴棍上汗斑 DNA 检验 3 例	王新杰等	中国法医学杂志	2008 年第 2 期

文章名称	作　者	刊　物	期　次
尿中异丙嗪及其代谢物含量硅藻土萃取紫外导数光谱测定法	吴玉红等	中国法医学杂志	2008 年第 2 期
心、胰源性猝死 1 例	徐传宝	中国法医学杂志	2008 年第 2 期
1 例特大杀人焚尸案法医学现场分析	徐东升等	中国法医学杂志	2008 年第 2 期
冠状动脉炎并发血栓形成猝死 1 例	徐　克	中国法医学杂志	2008 年第 2 期
颈部损伤致纵隔积气法医学鉴定 1 例	徐晓明等	中国法医学杂志	2008 年第 2 期
中国鄂西土家族人群 15 个 STR 基因座遗传多态性	杨　军等	中国法医学杂志	2008 年第 2 期
心肌缺血早期表达蛋白的质谱研究	张更谦等	中国法医学杂志	2008 年第 2 期
放射影像学方法测量活体女性颈椎推算身高	张召晖等	中国法医学杂志	2008 年第 2 期
乌头碱对培养新生大鼠心室肌细胞 Connexin43 蛋白磷酸化的影响	章诗伟等	中国法医学杂志	2008 年第 2 期
家兔死后不同时间角膜基质胶原纤维的超微结构观察	朱少华等	中国法医学杂志	2008 年第 2 期
犯罪制图的理论与实践进展研究	陈　亮	中国人民公安大学学报（自然科学版）	2008 年第 2 期
“502”显现潜手印染色方法的比较研究	陈蕊丽	中国人民公安大学学报（自然科学版）	2008 年第 2 期
Visual Foxpro SQL 查询语句探讨	陈长海	中国人民公安大学学报（自然科学版）	2008 年第 2 期

文章名称	作　　者	刊　物	期　次
加强杂色背景上指纹反差的图像处理方法	高树辉等	中国人民公安大学学报（自然科学版）	2008年第2期
薄层扫描法判定印泥印文形成时间实验条件的确定	李　彪等	中国人民公安大学学报（自然科学版）	2008年第2期
利用塑料包装物检验进行毒源推断	李文君　聂　鹏	中国人民公安大学学报（自然科学版）	2008年第2期
滴落状血迹形态与滴落高度的相关性研究	罗亚平等	中国人民公安大学学报（自然科学版）	2008年第2期
基于指纹面积和特征质量的指纹鉴定量化标准研究	吕导中	中国人民公安大学学报（自然科学版）	2008年第2期
指纹识别技术及其应用	梅中玲	中国人民公安大学学报（自然科学版）	2008年第2期
γ－羟基丁酸分析研究综述	孟品佳	中国人民公安大学学报（自然科学版）	2008年第2期
灰尘鞋印显现方法比较研究	史海青等	中国人民公安大学学报（自然科学版）	2008年第2期
一种新型立体痕迹制模材料的研究	王贵容等	中国人民公安大学学报（自然科学版）	2008年第2期
基于局部小波能量工具痕迹识别的研究	杨　敏等	中国人民公安大学学报（自然科学版）	2008年第2期

文章名称	作　　者	刊　物	期　次
LC－MS 技术及其在炸药检测方面的应用	杨瑞琴	中国人民公安大学学报（自然科学版）	2008 年第 2 期
红外技术测量耳温推断死亡时间的研究	张惠芹等	中国人民公安大学学报（自然科学版）	2008 年第 2 期
摇头丸中毒检材中 MDMA 及代谢物检验方法和致死量的研究	张建华等	中国人民公安大学学报（自然科学版）	2008 年第 2 期
TrueVision3D 技术在犯罪现场还原中的应用	赵　雷等	中国人民公安大学学报（自然科学版）	2008 年第 2 期
新一代识别技术——RFID	朱　陶　刘　舒	中国人民公安大学学报（自然科学版）	2008 年第 2 期
保障鉴定结论科学性的若干思考	陈　煜	中国司法鉴定	2008 年第 2 期
尸体检验照片的模板化编辑与标准化打印	陈源锋	中国司法鉴定	2008 年第 2 期
简论言语识别在文检中的应用	程　建	中国司法鉴定	2008 年第 2 期
一例疑似外开放性颅脑损伤的案例	储慧玲等	中国司法鉴定	2008 年第 2 期
实践经验之涉保司法鉴定	邓新斌	中国司法鉴定	2008 年第 2 期
全国司法鉴定能力验证会议在合肥召开	方建新	中国司法鉴定	2008 年第 2 期
文件物证中痕迹信息的应用	高学林	中国司法鉴定	2008 年第 2 期
氯胺酮滥用对中枢神经系统的毒性作用	胡绚丽　卞士中	中国司法鉴定	2008 年第 2 期
司鉴所开展司法鉴定咨询活动	黄建勇　曹淑东	中国司法鉴定	2008 年第 2 期

文章名称	作　者	刊　物	期　次
一种简便的DNA提取方法在动物毛发检验中的应用	黄娅琳	中国司法鉴定	2008年第2期
违反ABO血型遗传规律认定亲权关系的案例	李成涛　林　源	中国司法鉴定	2008年第2期
茚三酮－乙醇法显现唾液指印	李　莉	中国司法鉴定	2008年第2期
浅析统一管理体制中的司法鉴定执业管理制度	李　禹	中国司法鉴定	2008年第2期
林区公路案件司法鉴定方法探讨	楼志文　骆任欢	中国司法鉴定	2008年第2期
关于对消减负债做假的司法会计鉴定	罗典淑　张云平	中国司法鉴定	2008年第2期
借鉴多伯特规则认定形象鉴定证据	吕导中	中国司法鉴定	2008年第2期
美国毒物学专家访问司鉴所	马　栋	中国司法鉴定	2008年第2期
从摹仿签名笔迹特征探究检验及鉴定	马兹河等	中国司法鉴定	2008年第2期
浅议涉税案件中应纳增值税额与司法认定税额的差异——开展税务司法鉴定的作法与经验交流	倪超群　倪　珥	中国司法鉴定	2008年第2期
司法鉴定的“中立性”特质	裴小梅	中国司法鉴定	2008年第2期
构建司法鉴定人助理制度的设想	沙万中等	中国司法鉴定	2008年第2期
DNA证据的价值解析与法律判读	宋远升　陆　薇	中国司法鉴定	2008年第2期
规范司法鉴定工作秩序若干问题探讨	王　羚	中国司法鉴定	2008年第2期
高效液相色谱法测定海洛因含量的不确定度评定	王　威等	中国司法鉴定	2008年第2期

文章名称	作　　者	刊　物	期　次
添加打印文书检验方法新探	王　跃等	中国司法鉴定	2008年第2期
质疑对犯罪嫌疑人精神病鉴定期间的规定	吴常青	中国司法鉴定	2008年第2期
微束X射线荧光分析法鉴别激光打印机墨粉的研究	徐　彻等	中国司法鉴定	2008年第2期
茚三酮固体介质法显现不同纸张表面潜指纹	杨瑞琴　刘超文	中国司法鉴定	2008年第2期
会计法律特性及其对办案指导意义	杨为忠	中国司法鉴定	2008年第2期
论法科学学科建设	易　旻　鲁　琴	中国司法鉴定	2008年第2期
我国司法鉴定制度的改革与完善	张　军	中国司法鉴定	2008年第2期
刑事司法鉴定启动程序完善的构想	张　青	中国司法鉴定	2008年第2期
丝网印刷文件的鉴别	崔　岚等	中国刑警学院学报	2008年第2期
非线性灰度变换在图像增强中的运用	冯清枝等	中国刑警学院学报	2008年第2期
利用鞋内足迹特征进行检验鉴定的可靠性研究	高　毅	中国刑警学院学报	2008年第2期
双排螺旋CT在肋骨不典型骨折鉴定中的应用	李　华　桂东川	中国刑警学院学报	2008年第2期
应用QIAamp DNA Micro Kit（50）系统对微量体表脱落细胞DNA的提取纯化方法	李　树	中国刑警学院学报	2008年第2期
中国汉族多巴胺D4受体－48bpVNTR基因遗传多态性及法医学意义的研究	梁克伟等	中国刑警学院学报	2008年第2期
Oracle数据库的调查取证方法研究	刘奇志	中国刑警学院学报	2008年第2期

文章名称	作　　者	刊　物	期　次
三甲基硅烷衍生化－GC/MS法检验尿中去甲西泮	宋　辉等	中国刑警学院学报	2008年第2期
对木材上凹陷类工具痕迹中特征稳定性的实验研究	谭铁君等	中国刑警学院学报	2008年第2期
关键字搜索方法在电子数据取证中的应用	汤艳君	中国刑警学院学报	2008年第2期
警犬在搜爆过程中不良条件反射形成的研究	肖井宇　张　娜	中国刑警学院学报	2008年第2期
犯罪地理画像技术的犯罪学基础及软件评价	杨学锋	中国刑警学院学报	2008年第2期
电声伪装语音的声学研究	张翠玲　赵晓波	中国刑警学院学报	2008年第2期
翠绿悬浮液显现手印的研究	张晓梅	中国刑警学院学报	2008年第2期
浅谈爆炸案件的特点及侦防对策	张　瑶	中国刑警学院学报	2008年第2期
罗丹明复配荧光手印显现剂的研究与应用	周亚红　叶　森	中国刑警学院学报	2008年第2期
颈部锐器创致霍纳氏综合征1例	艾拉地力·乌拉斯汉等	法医学杂志	2008年第3期
房室结区囊性肿瘤猝死1例	陈继檪等	法医学杂志	2008年第3期
大鼠弥漫性轴索损伤后NGF表达	陈宗云等	法医学杂志	2008年第3期
脑膜瘤术后死亡医疗纠纷1例	程亦斌	法医学杂志	2008年第3期
先天性肠旋转不良死亡1例	范　氾等	法医学杂志	2008年第3期
早期心肌缺血猝死心肌Ⅰ型胶原的表达	高淑红等	法医学杂志	2008年第3期
DYS389II基因座在家系样本中分型异常的分析	何　玮等	法医学杂志	2008年第3期

文章名称	作　　者	刊　物	期　次
误食毒蕈中毒死亡1例	何小艳等	法医学杂志	2008年第3期
拳击下颌致脑干出血死亡1例	黄伯政	法医学杂志	2008年第3期
北京汉族群体中6个Y－STR遗传标记多态性调查	贾振军等	法医学杂志	2008年第3期
睡眠异常伴凶杀1例	江明君等	法医学杂志	2008年第3期
意外缢死1例	姜瑞东等	法医学杂志	2008年第3期
大鼠死后脑组织的傅里叶变换红外光谱变化	柯　咏等	法医学杂志	2008年第3期
口服甲醛自杀1例	孔德章等	法医学杂志	2008年第3期
亲权鉴定中常用STR基因座的基因组学和遗传学分析	李成涛等	法医学杂志	2008年第3期
惊吓致14岁男孩死亡1例	李建梁	法医学杂志	2008年第3期
Crohn病并发出血坏死性肠炎死亡1例	李艳红等	法医学杂志	2008年第3期
大鼠死后肌动蛋白降解与死亡时间的相关性	刘　杨等	法医学杂志	2008年第3期
扩增12S rRNA基因鉴定生物检材种属	骆　宏等	法医学杂志	2008年第3期
"烟雾病"法医学鉴定1例	吕　红　胡斌暐	法医学杂志	2008年第3期
轮奸案中生物检材的提取1例	缪　明	法医学杂志	2008年第3期
脚踢腹部抑制死1例	苏保军　蒋立庄	法医学杂志	2008年第3期
尸源性昆虫的法医学研究进展	王浜琴等	法医学杂志	2008年第3期
创道的超声检测及法医学意义	王飞翔等	法医学杂志	2008年第3期
相关DNA证据认定强奸案1例	王　辉等	法医学杂志	2008年第3期

文章名称	作　　者	刊　物	期　次
基于等位基因特异性 PCR 原理建立的 SNP 分型新方法	王瑞恒等	法医学杂志	2008 年第 3 期
胸背部外伤致持续性植物状态案例分析	王世凡	法医学杂志	2008 年第 3 期
左心室前壁全层 4cm 长刺创存活 1 例	卫东风　李兴锋	法医学杂志	2008 年第 3 期
模拟现场实验侦破杀人后纵火焚尸 1 例	肖　平等	法医学杂志	2008 年第 3 期
杀人藏尸案现场勘查分析 1 例	谢锋琪　杜忠贤	法医学杂志	2008 年第 3 期
肺表面活性蛋白 A 检测辅助鉴定窒息死 2 例	熊昌艳等	法医学杂志	2008 年第 3 期
消化道症状嗜铬细胞瘤猝死 1 例	许小明等	法医学杂志	2008 年第 3 期
雷击致死 1 例	杨红川等	法医学杂志	2008 年第 3 期
5 种方式自杀 1 例	杨嵩民等	法医学杂志	2008 年第 3 期
低剂量美沙酮口服液致死 1 例	杨　宇等	法医学杂志	2008 年第 3 期
妊娠期大肠癌尸检 1 例	叶光华等	法医学杂志	2008 年第 3 期
14 岁青少年骨发育的变化趋势	叶龙玉等	法医学杂志	2008 年第 3 期
大鼠骨骼肌钝挫伤分级模型的建立	于天水等	法医学杂志	2008 年第 3 期
IdentifilerTM 系统在单亲血缘关系鉴定中的突变观察与分析	张茂修等	法医学杂志	2008 年第 3 期
大鼠尺神经的损伤修复对其支配的爪内骨骼肌形态学改变的影响	郑　茹等	法医学杂志	2008 年第 3 期

文章名称	作　者	刊　物	期　次
常州地区汉族人群 Identifiler 体系 15 个 STR 基因座遗传多态性	巴华杰等	刑事技术	2008 年第 3 期
重型机械碾压致心脏从会阴部脱出 1 例	柏天福等	刑事技术	2008 年第 3 期
97 例心性猝死的法医病理学分析	鲍现宝等	刑事技术	2008 年第 3 期
离子色谱法检测土制硝铵氯化炸药爆炸残留物中的氯酸根	陈承现等	刑事技术	2008 年第 3 期
阴茎注射气体死亡 1 例	程文斌等	刑事技术	2008 年第 3 期
清洗过的杀人现场中血迹的寻找与发现	董培社	刑事技术	2008 年第 3 期
扑热息痛中毒死亡 1 例	杜顺军等	刑事技术	2008 年第 3 期
现场足迹检验鉴定中的起、落脚特征	高尔滨	刑事技术	2008 年第 3 期
胶带纸粘面指印显现提取方法的比较	高文渊　林顺卫	刑事技术	2008 年第 3 期
关于在指纹自动识别系统中把性别信息作为指纹特征的几点思考	郭卫平等	刑事技术	2008 年第 3 期
智能手机在刑侦工作中的应用	韩中海	刑事技术	2008 年第 3 期
低温条件下光滑客体上汗液手印新旧程度鉴别 1 例	昊登峰等	刑事技术	2008 年第 3 期
常用粉末显现法的探讨	胡国辉　张建华	刑事技术	2008 年第 3 期
反射照相技术提取玻璃杯上指纹	胡　健	刑事技术	2008 年第 3 期
运用高倍显微镜判断朱墨时序的方法	胡向阳　姚慧芳	刑事技术	2008 年第 3 期

文章名称	作　　者	刊　物	期　次
体内金属节育环引发雷击死1例	胡云星　陈贻荣	刑事技术	2008年第3期
顶空固相微萃取与气质联用快速检测尿液中氯胺酮及去甲基氯胺酮	黄克建等	刑事技术	2008年第3期
砸车窗玻璃拎包盗窃案件指纹的发现和提取	黄绪荣　孙先斌	刑事技术	2008年第3期
杀人后在现场用汽油焚尸发生燃爆被烧死1例	姜瑞东等	刑事技术	2008年第3期
传感技术在足迹研究中的应用简介	蒋铁奇等	刑事技术	2008年第3期
"相纸转印YH染料擦显法"的正确利用和改进	金忠极　金承虎	刑事技术	2008年第3期
油浸法鉴别汽车后视镜玻璃的研究	李　磊等	刑事技术	2008年第3期
川草乌中药制剂急性中毒死亡1例	李连富	刑事技术	2008年第3期
计算耳廓缺损面积的比率方法探讨	李先武等	刑事技术	2008年第3期
眼外伤继发青光眼的法医学鉴定1例	李晓宏　王洪波	刑事技术	2008年第3期
马蹄镜在基层刑事技术部门的应用	李正超	刑事技术	2008年第3期
磁性粉二次刷显方法提取指印的探讨	林文南　王　志	刑事技术	2008年第3期
根据现场分析和物证认定进行犯罪过程重建1例	林秀东	刑事技术	2008年第3期
电脑接线表面汗潜指印的显现提取	林振宇	刑事技术	2008年第3期
HPLC－MS/MS法测定人全血中唑吡坦成分	刘苍松等	刑事技术	2008年第3期

文章名称	作　　者	刊　物	期　次
少年意外缢死1例	刘建锋　吴雅珉	刑事技术	2008年第3期
放射影像学在法医学同一认定中的应用	刘旭丹等	刑事技术	2008年第3期
利用定向反射照相技术拍摄卫生纸上指纹1例	聂海波　张虎涛	刑事技术	2008年第3期
猛炸药爆炸瞬间引燃汽油等易燃品及爆炸灭火实验研究	乔献华等	刑事技术	2008年第3期
检验犯罪嫌疑人指甲缝内提取物做DNA鉴定1例	饶典荣　胡俊峰	刑事技术	2008年第3期
心理测试技术的第5种作用	宋洪博　曲　平	刑事技术	2008年第3期
建立指纹实验室是提高指纹工作质量的有效手段	唐　莉　杨　华	刑事技术	2008年第3期
凝胶色谱净化浓缩联用仪在毒物分析中的应用	田国刚等	刑事技术	2008年第3期
青壮年猝死综合征的研究现状	薛新华　张惠芹	刑事技术	2008年第3期
关于在轻微违法犯罪人员中建立指纹档案的探讨	杨　帆	刑事技术	2008年第3期
单镜头电子取景技术在刑事照相中的优点	杨祥琨等	刑事技术	2008年第3期
对电子数据现场获取存在问题的分析与探讨	尹春社	刑事技术	2008年第3期
SNPlex系统检测方法及在法医遗传学中的应用前景	于子辉等	刑事技术	2008年第3期
残缺指纹合并检验法在手书血字字迹中的运用1例	张　波	刑事技术	2008年第3期
纸张上汗潜手印显现新方法	张晓梅	刑事技术	2008年第3期
浅谈综合利用手机信息侦破案件	张学亮	刑事技术	2008年第3期

文章名称	作　　者	刊　物	期　次
利用激光激发光源破获抢劫案1例	张玉志　姜　峰	刑事技术	2008年第3期
英文书写笔迹特点	赵燕婷	刑事技术	2008年第3期
NaCl溶液浓度对抗人P30胶体金检测试纸条试验的影响	陈玲丽　洪　渊	中国法医学杂志	2008年第3期
37例电击死的法医学分析	邓兴忠等	中国法医学杂志	2008年第3期
早期心肌缺血猝死心肌NF-κB p65的表达研究	高淑红等	中国法医学杂志	2008年第3期
基质金属蛋白酶3研究进展及其法医学意义	郭晓冲等	中国法医学杂志	2008年第3期
心内膜心肌纤维化猝死1例	侯碧海　滕映璠	中国法医学杂志	2008年第3期
酗酒引发脑血管瘤出血和急性胰腺炎法医学鉴定1例	胡　泊等	中国法医学杂志	2008年第3期
基因分型错误或异常的量化评估	黄代新　杨庆恩	中国法医学杂志	2008年第3期
GC/MS和GC法定性定量分析可卡因	蹇　斌等	中国法医学杂志	2008年第3期
病毒性心肌炎猝死心肌MMP-9和TGF-β1表达与心肌纤维化的关系	江东华等	中国法医学杂志	2008年第3期
根据创口射击残留物推断"5.4"式手枪射击距离的研究	李红卫等	中国法医学杂志	2008年第3期
检测浮游生物叶绿素相关基因诊断溺死的实验研究	李小廷等	中国法医学杂志	2008年第3期
摔跌致脑干损伤死亡1例	梁春亭等	中国法医学杂志	2008年第3期
抗精神病药物导致心源性猝死的法医学鉴定分析2例	梁新华等	中国法医学杂志	2008年第3期
腐败尸体齿突骨折法医学检验1例	刘　泉等	中国法医学杂志	2008年第3期

文章名称	作　　者	刊　物	期　次
髋臼骨折术中并发肺动脉栓塞死亡1例	刘兴甲等	中国法医学杂志	2008年第3期
大鼠DAI脑细胞凋亡与Phospho－Ser727 Stat1表达的相关性	刘　颖等	中国法医学杂志	2008年第3期
迟发性外伤性出血性脑梗死1例	陆　一　于晓军	中国法医学杂志	2008年第3期
AFLP技术鉴别罂粟、虞美人和大麻种属差异的初步研究	路　帆等	中国法医学杂志	2008年第3期
Y染色体STR基因座及其等位基因命名原则	路志勇等	中国法医学杂志	2008年第3期
DNA数据库建设中批量样品不同DNA提取方法的比较	吕晓革等	中国法医学杂志	2008年第3期
外伤性脑中心疝致死1例	王广川等	中国法医学杂志	2008年第3期
人服三唑仑后72小时内尿中排泄规律	王洪宗等	中国法医学杂志	2008年第3期
腕舟骨骨折影像学检查误诊法医学鉴定1例	王元兴等	中国法医学杂志	2008年第3期
多层螺旋CT、普通CT和X线在骨折法医学鉴定中的应用	王子轩等	中国法医学杂志	2008年第3期
钢丝割颈死亡法医学鉴定1例	卫东风等	中国法医学杂志	2008年第3期
博落回对大鼠心肌Ca2 +.Mg2 + －ATPase与SDH活性的影响及超微结构观察	吴茂旺等	中国法医学杂志	2008年第3期
兔静脉空气栓塞死后不同间隔时间气体变化的初步研究	夏　晶等	中国法医学杂志	2008年第3期
交通事故驾驶员认定1例	徐东升等	中国法医学杂志	2008年第3期

文章名称	作　　者	刊　物	期　次
外伤性迟发性腹膜后血肿的法医学分析1例	许开清等	中国法医学杂志	2008年第3期
腰椎间盘突出的自身免疫反应及其法医学意义	杨　帆等	中国法医学杂志	2008年第3期
辽宁地区汉族人群4个常染色体STR基因座遗传多态性	叶　萍等	中国法医学杂志	2008年第3期
有争议的面部咬伤致皮肤缺损鉴定1例	张延春　陈　平	中国法医学杂志	2008年第3期
南通汉族群体16个Y－STR基因座遗传多态性	张玉红等	中国法医学杂志	2008年第3期
铁耙致颅脑损伤法医学鉴定1例	张毓锵等	中国法医学杂志	2008年第3期
脑震荡后综合征及其客观评定技术的发展	赵　虎　亢　明	中国法医学杂志	2008年第3期
DNATyperTM15试剂盒的法医学应用研究	赵兴春等	中国法医学杂志	2008年第3期
用复印法变造复印文件的鉴别	崔　岚	中国人民公安大学学报（自然科学版）	2008年第3期
离子迁移谱技术在警务实战中的应用与前景展望	代　勇等	中国人民公安大学学报（自然科学版）	2008年第3期
从“测谎”称谓的变化看我国心理测试技术的发展	范海鹰　王学博	中国人民公安大学学报（自然科学版）	2008年第3期
基于交通安全的道路线形分析	管满泉	中国人民公安大学学报（自然科学版）	2008年第3期
基于真实三维信息的人脸自动识别	胡向阳等	中国人民公安大学学报（自然科学版）	2008年第3期

文章名称	作　者	刊　物	期　次
北京汉族群体中6个Y－STR遗传标记的多态性研究	贾振军等	中国人民公安大学学报（自然科学版）	2008年第3期
论足迹的特殊性	李　烽等	中国人民公安大学学报（自然科学版）	2008年第3期
DFO甲醇与乙醇溶剂对潜在手印显现效果的比较研究	李　健　罗亚平	中国人民公安大学学报（自然科学版）	2008年第3期
垃圾短信过滤中的特征降维算法比较	李永健　王斌君	中国人民公安大学学报（自然科学版）	2008年第3期
单幅画面中嫌疑人身高测判方法比较	李　苑	中国人民公安大学学报（自然科学版）	2008年第3期
欺骗引起脑加工冲突的反应时研究	刘洪广　张　昱	中国人民公安大学学报（自然科学版）	2008年第3期
微量物证和比对技术鉴定在办理群殴案件中的作用	刘　丽	中国人民公安大学学报（自然科学版）	2008年第3期
刑事科学技术专业分析化学教学的实践与思考	苗翠英	中国人民公安大学学报（自然科学版）	2008年第3期
创新手印学教学提高指纹自动识别系统效率	王文江	中国人民公安大学学报（自然科学版）	2008年第3期
爆炸中缺口效应及其防护研究	王新建	中国人民公安大学学报（自然科学版）	2008年第3期

文章名称	作　　者	刊　物	期　次
智能车载导航系统在道路交通管理中的应用	王媛媛等	中国人民公安大学学报（自然科学版）	2008 年第 3 期
基于标记的计算机犯罪侦查取证模型设计	杨莉莉　杨永川	中国人民公安大学学报（自然科学版）	2008 年第 3 期
红外控制起爆爆炸装置的研究	张彦春等	中国人民公安大学学报（自然科学版）	2008 年第 3 期
纳米 TiO_ 2 小颗粒悬浮液显现胶带粘面油潜手印初探	赵　科　杨瑞琴	中国人民公安大学学报（自然科学版）	2008 年第 3 期
司鉴前辈“回娘家”，两代情深叙往事	卞新伟　陈邦达	中国司法鉴定	2008 年第 3 期
全国医疗纠纷防范与司法鉴定研讨会	蔡莉萍　朱淳良	中国司法鉴定	2008 年第 3 期
把握司法会计鉴定质量的探讨	陈文君	中国司法鉴定	2008 年第 3 期
耳纹相关问题研究	董　凯	中国司法鉴定	2008 年第 3 期
论现代法学教育视野下的司法鉴定教育	杜志淳	中国司法鉴定	2008 年第 3 期
能力验证和能力测评项目方案论证会在沪举行	方建新	中国司法鉴定	2008 年第 3 期
笔迹细节特征浅议	封江涛	中国司法鉴定	2008 年第 3 期
一起摹仿签名案的检验和思考	傅建军　毛吉祥	中国司法鉴定	2008 年第 3 期
论我国遴选国家级鉴定机构的基本思路	郭　华	中国司法鉴定	2008 年第 3 期
浅析同一认定结论的真假问题	李　吉	中国司法鉴定	2008 年第 3 期

文章名称	作　　者	刊　物	期　次
蓝黑墨水字迹人为光老化的实验研究	李江春等	中国司法鉴定	2008 年第 3 期
道路交通事故鉴定技术概述	李丽莉等	中国司法鉴定	2008 年第 3 期
X 染色体上高信息量 SNP 位点及其法医学价值	李　莉等	中国司法鉴定	2008 年第 3 期
羊水栓塞猝死法医学鉴定 1 例	李兴发等	中国司法鉴定	2008 年第 3 期
高校司法鉴定机构在学校的地位和作用	廖志钢　潘新民	中国司法鉴定	2008 年第 3 期
论我国高校司法鉴定机构的完善与发展	闵银龙	中国司法鉴定	2008 年第 3 期
鉴定意见质证程序的初探	钱　松	中国司法鉴定	2008 年第 3 期
印文鉴定相关问题探讨——高仿真印文鉴定	施少培等	中国司法鉴定	2008 年第 3 期
略论司法鉴定程序	宋志学	中国司法鉴定	2008 年第 3 期
论环境污染司法鉴定机构的设置	孙　飞	中国司法鉴定	2008 年第 3 期
单次摄药毛发分析的研究进展	孙其然等	中国司法鉴定	2008 年第 3 期
如何正确看待法医骨龄和刑事责任年龄	王　鹏等	中国司法鉴定	2008 年第 3 期
浅议混合式司法鉴定制度	魏有鑫	中国司法鉴定	2008 年第 3 期
会计资料的或然性及其排除探析——兼谈法务会计与审计、司法会计鉴定之比较的一个拐点	杨为忠	中国司法鉴定	2008 年第 3 期
论 DNA 鉴定结论的证据效力研究	袁　丽	中国司法鉴定	2008 年第 3 期
司法鉴定投诉工作的思考	张海松	中国司法鉴定	2008 年第 3 期

文章名称	作　者	刊　物	期　次
浅议司法鉴定地方立法的创新	郑　键	中国司法鉴定	2008年第3期
浅议建设工程保修造价的鉴定	周柯生　周子义	中国司法鉴定	2008年第3期
二硫化钼在显现指纹中的应用	蔡立红	中国刑警学院学报	2008年第3期
MSCT三维重建技术在判定颅骨骨折中的应用	车德志　李　鹏	中国刑警学院学报	2008年第3期
IGF-1在烧伤增生性瘢痕中的表达及法医学应用	杜　宇等	中国刑警学院学报	2008年第3期
汽车衡作弊犯罪现场中痕迹物证的发现、提取和利用	黄绪荣等	中国刑警学院学报	2008年第3期
汽车制动过程路面轮胎留痕研究	贾常明　欧阳唯佳	中国刑警学院学报	2008年第3期
根据转移率判定印泥印文的形成时间	李　彪等	中国刑警学院学报	2008年第3期
印章盖印时间计算机辅助识别方法的研究	林　红等	中国刑警学院学报	2008年第3期
碘锌显现法对手印汗液成分的显现效果	刘　丽等	中国刑警学院学报	2008年第3期
爆炸案中氯酸盐-硫磺混合的综合分析	田国刚等	中国刑警学院学报	2008年第3期
54式、64式手枪击针锈死故障的发现与排除	夏恒起　耿小鹏	中国刑警学院学报	2008年第3期
蓝色复写纸字迹色痕的种类及人工老化规律的研究	许英健等	中国刑警学院学报	2008年第3期
国产9mm警用转轮手枪枪弹痕迹检验	于遨洋　白铁刚	中国刑警学院学报	2008年第3期
微量物证中火炸药及其残留物的分析	张海鹏等	中国刑警学院学报	2008年第3期

文章名称	作　　者	刊　物	期　次
基频变化对语音图谱的影响及其处理方法	张艳云等	中国刑警学院学报	2008年第3期
家畜袭人致死2例	艾拉地力·乌拉斯汉等	法医学杂志	2008年第4期
症状不典型病毒性心肌炎死亡3例	常先扬　汪　枫	法医学杂志	2008年第4期
82例肾上腺出血的法医病理学分析	程文婷等	法医学杂志	2008年第4期
脑动脉瘤行夹闭术后死亡医疗纠纷1例	程亦斌	法医学杂志	2008年第4期
幼儿磷化氢意外中毒死亡1例	丁荣春等	法医学杂志	2008年第4期
简易精神症状自陈量表对主观夸大精神症状的测试分析	高北陵等	法医学杂志	2008年第4期
罕见勒颈自杀1例	黄柽林	法医学杂志	2008年第4期
伪装创伤后应激障碍的识别	黄乐萍　谢　斌	法医学杂志	2008年第4期
特殊处理尸块DNA检验1例	李　丽等	法医学杂志	2008年第4期
先天性膈疝合并左肺发育不良死亡1例	李默言　张建华	法医学杂志	2008年第4期
双手挤压伤后肺脂肪栓塞死亡1例	李学博等	法医学杂志	2008年第4期
利用荧光AFLP技术检测罂粟DNA多态性	路　帆等	法医学杂志	2008年第4期
颈部单侧受压致抑制死1例	彭明琪等	法医学杂志	2008年第4期
LC－MS/MS测定尿液中可卡因及其代谢物苯甲酰爱康宁	孙其然等	法医学杂志	2008年第4期
溺死法医学鉴定的研究新进展	汪家文等	法医学杂志	2008年第4期

文章名称	作　　者	刊　物	期　次
上海地区冻死尸体3例	王宏光等	法医学杂志	2008年第4期
曲马多中毒及其毒理作用	王华新等	法医学杂志	2008年第4期
中国男性青少年骨龄鉴定方法	王　鹏等	法医学杂志	2008年第4期
潍坊地区11个mtSNP位点单倍型频率调查	王新杰等	法医学杂志	2008年第4期
电击死兔骨骼肌及心肌HSP70 mRNA和c－fos mRNA表达	王　晔等	法医学杂志	2008年第4期
小鼠皮肤切创愈合过程中p－JNK变化及其与时间的相关性	熊昌艳等	法医学杂志	2008年第4期
性窒息死亡现场分析1例	徐江宏	法医学杂志	2008年第4期
自发性冠状动脉夹层破裂死亡1例	颜峰平等	法医学杂志	2008年第4期
外伤后诊疗失误医疗纠纷分析	颜志伟	法医学杂志	2008年第4期
体位性窒息死亡1例	杨红川等	法医学杂志	2008年第4期
胆囊收缩素基因单核苷酸多态性与精神状态的关系及法医学意义	杨　俊等	法医学杂志	2008年第4期
根据碎尸手段推断凶手职业特点1例	杨胜杰等	法医学杂志	2008年第4期
听力正常人听性稳态反应阈值与纯音测听阈值的比较	杨小萍等	法医学杂志	2008年第4期
先天性小肠系膜裂孔疝死亡1例	叶光华等	法医学杂志	2008年第4期
线粒体16SrRNA和Cytb基因复合扩增进行种属鉴定	叶　懿等	法医学杂志	2008年第4期
麻醉后恶性高热死亡1例	张海东等	法医学杂志	2008年第4期

文章名称	作　者	刊　物	期　次
醉酒后被静脉注射吗啡死亡1例	张劲夫等	法医学杂志	2008 年第 4 期
运动过程中猝死 2 例	张　磊等	法医学杂志	2008 年第 4 期
卡氏肺囊虫肺炎致死 1 例	张立岩	法医学杂志	2008 年第 4 期
周围神经损伤的电生理检测及其法医学意义	张馨元等	法医学杂志	2008 年第 4 期
外伤合并股骨粗隆动脉瘤样骨囊肿鉴定 1 例	郑建旭　刘龙清	法医学杂志	2008 年第 4 期
针灸致心脏破裂死亡 1 例	朱望太等	法医学杂志	2008 年第 4 期
血中乙醇质量浓度与神经行为能力的关系	卓先义等	法医学杂志	2008 年第 4 期
茚三酮、硝酸银显现热敏纸上汗液手印	曹彦博等	刑事技术	2008 年第 4 期
信息研判在指纹比对系统中的运用	陈　方　谢　薇	刑事技术	2008 年第 4 期
利用残缺指节纹破获杀人案 1 例	陈　林	刑事技术	2008 年第 4 期
稳定同位素防伪印泥的研制	陈蕊丽等	刑事技术	2008 年第 4 期
对乳房上咬痕的检验鉴定 1 例	冯朝庆等	刑事技术	2008 年第 4 期
利用胶带提取变压器矽钢片上油手印	付　强	刑事技术	2008 年第 4 期
应用一滴溶剂萃取（SDE）技术提取尿样中苯丙胺类毒品	傅得锋等	刑事技术	2008 年第 4 期
GC/MS 定性 K 粉及其中间体的应用	高利娜等	刑事技术	2008 年第 4 期
用漫反射光拍摄车门把手上的烟熏汗液指纹	高　涛等	刑事技术	2008 年第 4 期

文章名称	作　　者	刊　物	期　次
土埋 56 年尸骨 DNA 检验 1 例	韩海军等	刑事技术	2008 年第 4 期
在杀人放火案现场成功提取血足迹 2 例	郝　克　刘粤霞	刑事技术	2008 年第 4 期
石骨症患者骨折法医学鉴定 1 例	侯典伟等	刑事技术	2008 年第 4 期
17025 准则：法庭科学实验室的选择与对策	胡海洋　李晓斌	刑事技术	2008 年第 4 期
均匀设计法选择口红的最佳展开剂	姜　红　祝冠群	刑事技术	2008 年第 4 期
成功提取变压器矽钢片上油手印 1 例	孔红亮等	刑事技术	2008 年第 4 期
供香燃烧实验确定作案时间 1 例	李　季	刑事技术	2008 年第 4 期
命案现场重建的探讨	李　平　王　青	刑事技术	2008 年第 4 期
扫描电子显微镜－能谱仪检验微量附着物确定作案工具 1 例	李胜林等	刑事技术	2008 年第 4 期
电子物证检验中常用数据恢复工具对比研究	李　盛等	刑事技术	2008 年第 4 期
强酸消化法和胰蛋白酶消化法检验腐败脏器硅藻的比较研究	梁新华等	刑事技术	2008 年第 4 期
可卡因的定性定量分析	梁宇华	刑事技术	2008 年第 4 期
地芬诺酯的 GC/MS 分析检验	廖洪梅等	刑事技术	2008 年第 4 期
利用血手套上的微量物证破案 1 例	刘金升等	刑事技术	2008 年第 4 期
GC/MS 检测尿中 4 种苯氧羧酸类除草剂	刘　娟等	刑事技术	2008 年第 4 期

文章名称	作　者	刊　物	期　次
一种改进的碘熏法—碘锌手印显现法	刘　丽等	刑事技术	2008 年第 4 期
502 - Ardrox 荧光染色法显现胶带上的手印	刘　璇等	刑事技术	2008 年第 4 期
特殊痕迹检验破获交通肇事逃逸案	刘耀华	刑事技术	2008 年第 4 期
罕见的伪装现场血迹方式 1 例	刘增亮　张　科	刑事技术	2008 年第 4 期
重型自卸货车发动机号、车架号检验 1 例	庞广众　赵　虎	刑事技术	2008 年第 4 期
外伤性肾损伤伤残评定 1 例	钱高枫等	刑事技术	2008 年第 4 期
汽油中毒死亡 2 例分析	史晓骞	刑事技术	2008 年第 4 期
体表创伤与愈合后瘢痕长度的临床法医学意义	宋光涛等	刑事技术	2008 年第 4 期
Footscan 步态分析系统在足迹检验中的应用初探	汤澄清等	刑事技术	2008 年第 4 期
高效液相色谱 - 质谱联用测定异烟肼	王朝虹　王志萍	刑事技术	2008 年第 4 期
体表损伤面积的数字技术测算方法	王海斌　夏省刚	刑事技术	2008 年第 4 期
利用感光鼓损伤印迹确定激光打印件的相对形成时间	王锦辉　白建军	刑事技术	2008 年第 4 期
不同工具打击玻璃的痕迹特点	王兆栋	刑事技术	2008 年第 4 期
血尿肝中毒鼠强硅藻土提取 GC/NPD 检测法	吴玉红等	刑事技术	2008 年第 4 期
基层现场勘查主体面临的安全隐患及对策	徐福生	刑事技术	2008 年第 4 期
Clean - Up System 在混合斑 DNA 提取中的应用	徐晓宁等	刑事技术	2008 年第 4 期

文章名称	作　　者	刊　物	期　次
视频监控人像处理与手工模拟画像的结合	徐志标　华　坚	刑事技术	2008年第4期
注射大剂量胰岛素谋杀的法医学分析1例	许开清等	刑事技术	2008年第4期
家庭暴力致死开棺检验2例	杨国胜等	刑事技术	2008年第4期
光面胶带上指纹的提取	杨　桦	刑事技术	2008年第4期
TiO_ 2纳米粉末显现潜在指纹研究	杨瑞琴等	刑事技术	2008年第4期
利用锈蚀痕迹进行整体分离鉴定1例	杨宇波	刑事技术	2008年第4期
交通事故车速测算方法探析	张新海	刑事技术	2008年第4期
浅议智力低下对心理测试的影响	张　旭	刑事技术	2008年第4期
目击者诸因素对模拟画像相似度的影响	张　勇	刑事技术	2008年第4期
勒颈窒息迟发性死亡1例	张振清等	刑事技术	2008年第4期
作案过程推断1例	张志明	刑事技术	2008年第4期
荧光STR复合扩增试剂盒的评估过程探索	赵兴春等	刑事技术	2008年第4期
DNA数据库9个STR基因座比中认定亲权的可靠性分析	巴华杰等	中国法医学杂志	2008年第4期
冠心病猝死心肌纤维连接蛋白免疫组化染色观察	鲍现宝等	中国法医学杂志	2008年第4期
氯胺酮、甲基苯丙胺和吗啡金标单抗试剂盒的研制	曾立波等	中国法医学杂志	2008年第4期
STR分型异常图谱5例分析	陈　玲等	中国法医学杂志	2008年第4期
外伤性膈肌破裂伴膈疝法医学鉴定1例	陈　銮等	中国法医学杂志	2008年第4期

文章名称	作　者	刊　物	期　次
对医院开展法医学鉴定业务存在问题的探讨	陈玉林　冯宗美	中国法医学杂志	2008 年第 4 期
28 例心脏挫伤的法医病理学观察	单亚明等	中国法医学杂志	2008 年第 4 期
MMP－2 和 MMP－9 与脑损伤及其法医学意义	杜秋香　王英元	中国法医学杂志	2008 年第 4 期
经焚化炉焚烧后的尸骨 DNA 检验 1 例	韩海军等	中国法医学杂志	2008 年第 4 期
PCR－DGGE 法检测浮游生物 16S rDNA 在溺死鉴定中的应用	何方刚等	中国法医学杂志	2008 年第 4 期
硅铁致磷化氢急性中毒 1 例	胡小邦　唐鹏程	中国法医学杂志	2008 年第 4 期
SPE－GC/MS 法检测大鼠尿中尼美西泮及其代谢物	黄克建等	中国法医学杂志	2008 年第 4 期
综合运用 DNA 技术侦破抢劫杀人案 1 例	黄　磊等	中国法医学杂志	2008 年第 4 期
大鼠心肌缺血后 SERCA 和 PLB 基因表达变化的观察	蒋艳伟等	中国法医学杂志	2008 年第 4 期
金属异物插入颅内 1 例	金凤杰等	中国法医学杂志	2008 年第 4 期
先天双发性主动脉窦动脉瘤破裂猝死 1 例	金茂强　王　霞	中国法医学杂志	2008 年第 4 期
精神病杀人的行为特征与刑事责任能力评定的影响因素	亢　明等	中国法医学杂志	2008 年第 4 期
牙齿发育异常与年龄鉴定 1 例分析	赖小平等	中国法医学杂志	2008 年第 4 期
146 例上颌骨额突骨折法医学鉴定分析	刘　军等	中国法医学杂志	2008 年第 4 期
司法精神疾病鉴定中的辨认能力再探	龙青春　潘守亭	中国法医学杂志	2008 年第 4 期
中国北方汉族群体 TPH 基因座 A218C 遗传多态性	吕洪涛等	中国法医学杂志	2008 年第 4 期

文章名称	作　　者	刊　物	期　次
珠蛋白研究进展及其在法医学中的应用	秦豪杰等	中国法医学杂志	2008 年第 4 期
外伤性睫状体脱离法医学鉴定 1 例	汤　鹏等	中国法医学杂志	2008 年第 4 期
LC/MS/MS 法测定全血中马钱子碱和士的宁的含量	王朝虹等	中国法医学杂志	2008 年第 4 期
大鼠弥漫性脑损伤后 c－jun 和 GFAP 表达的研究	吴茂旺等	中国法医学杂志	2008 年第 4 期
温州汉族群体 3 个 X－STR 基因座遗传多态性	吴淑珍等	中国法医学杂志	2008 年第 4 期
限制性心肌病致猝死法医学鉴定 1 例	肖圣兵	中国法医学杂志	2008 年第 4 期
JNK 信号转导通路及其在组织损伤中的作用	熊昌艳等	中国法医学杂志	2008 年第 4 期
法医检验分析确定肇事驾驶员 1 例	徐凤鸣　许广振	中国法医学杂志	2008 年第 4 期
“502” 熏显后掌纹的 STR 检验 2 例	徐志成等	中国法医学杂志	2008 年第 4 期
单体素 1H－MRS 推断死亡时间的初步研究	杨天潼等	中国法医学杂志	2008 年第 4 期
DNATyperTM15 与 IdentifilerTM 试剂盒遗传学调查应用比较	叶　健等	中国法医学杂志	2008 年第 4 期
胸背部损伤致脑组织缺氧性病损 1 例	翟永结等	中国法医学杂志	2008 年第 4 期
内蒙古汉族群体 15 个 STR 基因座遗传多态性	张贵芹等	中国法医学杂志	2008 年第 4 期
摩托车乘坐人员出现跨骑伤法医学分析 1 例	张星平	中国法医学杂志	2008 年第 4 期
吉林延边地区朝鲜族 D1S1171 基因座遗传多态性	张永吉等	中国法医学杂志	2008 年第 4 期

文章名称	作　　者	刊　物	期　次
青霉素脑病法医鉴定1例	郑传斐等	中国法医学杂志	2008 年第 4 期
太赫兹科学技术及其应用研究	卜凡亮等	中国人民公安大学学报（自然科学版）	2008 年第 4 期
网银盗窃案件侦破对策研究	陈　巍	中国人民公安大学学报（自然科学版）	2008 年第 4 期
数据融合技术在消防探测中的应用研究	高　洁	中国人民公安大学学报（自然科学版）	2008 年第 4 期
立体痕迹三维数据化检验初探	郭　威	中国人民公安大学学报（自然科学版）	2008 年第 4 期
火场中可燃液体的 SPME－GC/MS 分析	何洪源等	中国人民公安大学学报（自然科学版）	2008 年第 4 期
香水气味的离子迁移谱分析方法	衡　磊等	中国人民公安大学学报（自然科学版）	2008 年第 4 期
塑料薄膜检验鉴定的规范程序探析	李　媛	中国人民公安大学学报（自然科学版）	2008 年第 4 期
我国高速公路交通事故特点分析	刘　东等	中国人民公安大学学报（自然科学版）	2008 年第 4 期
声波定向发射技术及其在公安工作中的应用研究	刘　军	中国人民公安大学学报（自然科学版）	2008 年第 4 期
X 射线安全检查技术	刘　舒　金　华	中国人民公安大学学报（自然科学版）	2008 年第 4 期

文章名称	作　者	刊　物	期　次
浅析提高痕迹检验实验教学质量的方法	刘玉文等	中国人民公安大学学报（自然科学版）	2008 年第 4 期
血中乙醇的顶空气相色谱分析	刘　兆等	中国人民公安大学学报（自然科学版）	2008 年第 4 期
齿形刀与普通刀具的形痕区别	王　震　张书杰	中国人民公安大学学报（自然科学版）	2008 年第 4 期
基于视觉的人体运动识别研究	吴洪森等	中国人民公安大学学报（自然科学版）	2008 年第 4 期
道路交通事故数据分析挖掘技术研究	许卉莹等	中国人民公安大学学报（自然科学版）	2008 年第 4 期
纳米 CdS/PAMAM G5.0 显现金属表面油潜指纹初探	杨瑞琴等	中国人民公安大学学报（自然科学版）	2008 年第 4 期
血手印检验研究	张明辉　陈继文	中国人民公安大学学报（自然科学版）	2008 年第 4 期
论痕迹鉴定结论在司法中应用的困境及展望	郑筱春	中国人民公安大学学报（自然科学版）	2008 年第 4 期
常用塑料制品表面亲/疏水性与汗潜指纹润湿度的研究	周亚红	中国人民公安大学学报（自然科学版）	2008 年第 4 期
DSP 技术在实时语音通信系统的应用研究	朱运利	中国人民公安大学学报（自然科学版）	2008 年第 4 期
药物影响驾驶能力的研究进展	仓　勇　卓先义	中国司法鉴定	2008 年第 4 期

文章名称	作　者	刊　物	期　次
司法鉴定合同性质之辩	邓　虹等	中国司法鉴定	2008 年第 4 期
胸部外伤致心脏瓣膜损伤的法医学分析	傅克勤　苗　倩	中国司法鉴定	2008 年第 4 期
电子证据司法鉴定工作初探	高　峰　厉债雯	中国司法鉴定	2008 年第 4 期
船舶评估方法的运用及新技术的应用	郭永尚	中国司法鉴定	2008 年第 4 期
化学成像检验技术新发展	黄　威等	中国司法鉴定	2008 年第 4 期
刑事司法鉴定启动权配置的改革和完善	黄　维	中国司法鉴定	2008 年第 4 期
关于测算方法在司法会计鉴定中的运用	纪红梅　赵新安	中国司法鉴定	2008 年第 4 期
我国诉前鉴定中的问题与对策	贾治辉等	中国司法鉴定	2008 年第 4 期
牙损伤的法医临床学鉴定	李坤明	中国司法鉴定	2008 年第 4 期
试论检察机关对文证的审查工作	李　炜等	中国司法鉴定	2008 年第 4 期
2007 年度全国法医类、物证类、声像资料类司法鉴定情况统计分析	李　禹　罗　萍	中国司法鉴定	2008 年第 4 期
多次测定法确定蓝色圆珠笔字迹形成时间	梁鲁宁等	中国司法鉴定	2008 年第 4 期
司法鉴定机构仪器设备基本配置标准的探讨	罗纪锋　方建新	中国司法鉴定	2008 年第 4 期
刑事诉讼视野下我国商标鉴定结论	秦天宁　叶　莹	中国司法鉴定	2008 年第 4 期
论鉴定结论的证据能力	汪贻飞	中国司法鉴定	2008 年第 4 期
司法会计鉴定与文书鉴定配合运用的效果	王嘉兰　周德才	中国司法鉴定	2008 年第 4 期
鉴定文书材料是否两次打印的思考	王文新	中国司法鉴定	2008 年第 4 期

文章名称	作　者	刊　物	期　次
胺端基型 CdS/PAMAM 潜在显现指印的应用	王元凤等	中国司法鉴定	2008 年第 4 期
致心律失常型右室心肌病猝死 1 例	吴志民　吴岳翔	中国司法鉴定	2008 年第 4 期
纵火现场中汽油、煤油和柴油残留物的 ATD/GC/MS 法检测	邢若葵等	中国司法鉴定	2008 年第 4 期
论新时期的司法鉴定	阎笑古	中国司法鉴定	2008 年第 4 期
论医疗纠纷案件的患方专家证人	颜志伟	中国司法鉴定	2008 年第 4 期
司法部司法鉴定机构管理规范立法研讨会在温州召开	张叶蓬	中国司法鉴定	2008 年第 4 期
当前司法鉴定工作存在的问题及对策	张叶蓬	中国司法鉴定	2008 年第 4 期
刑事诉讼中的专家辅助人制度	周长春	中国司法鉴定	2008 年第 4 期
论司法鉴定意见的基本属性	朱广友	中国司法鉴定	2008 年第 4 期
浅谈犯罪现场观察	关　鹏	中国刑警学院学报	2008 年第 4 期
唇纹的初步研究	李洪武	中国刑警学院学报	2008 年第 4 期
利用 Windows 注册表进行电子数据取证	罗文华等	中国刑警学院学报	2008 年第 4 期
骨骼、牙齿与法医学死亡时间的推断	明绍利等	中国刑警学院学报	2008 年第 4 期
谈审讯录像的规范化	任　媛　叶诗伟	中国刑警学院学报	2008 年第 4 期
常见针叶木木屑浸提物的紫外光谱分析	史晓凡等	中国刑警学院学报	2008 年第 4 期
定时类爆炸装置的爆炸实验研究	孙光　祁靖	中国刑警学院学报	2008 年第 4 期

文章名称	作　者	刊　物	期　次
戴口罩语声声纹鉴定的实验研究	王　虹等	中国刑警学院学报	2008年第4期
残缺人像的电子画像法模拟复原技术	王志群等	中国刑警学院学报	2008年第4期
分散金黄显现血手印方法研究	夏　羽等	中国刑警学院学报	2008年第4期
混响语音的实验研究	张红兵	中国刑警学院学报	2008年第4期
辽宁地区汉族X染色体三个STR基因座遗传多态性研究	张　璐等	中国刑警学院学报	2008年第4期
火场汽油残留物的高效液相色谱法检验	张振宇等	中国刑警学院学报	2008年第4期
潜血痕迹显现新技术的研究	张忠良等	中国刑警学院学报	2008年第4期
网上银行帐户失窃案件侦查及取证要点	赵　明	中国刑警学院学报	2008年第4期
血液中除草剂2，4－滴和2，4－滴丙酸的固相萃取－乙酯化衍生－气相色谱分析法	赵彦军等	中国刑警学院学报	2008年第4期
126例爆炸案件现场勘查研究	左惠民	中国刑警学院学报	2008年第4期
密闭室内燃烧木炭自杀1例	曾　东等	法医学杂志	2008年第5期
山西汉族X－STR基因座DXS9902、DXS7132的遗传多态性	陈鹏宇等	法医学杂志	2008年第5期
胃癌根治术后植物状态致医疗纠纷1例	程亦斌	法医学杂志	2008年第5期
上海市道路交通事故受伤人员伤残分析	范利华等	法医学杂志	2008年第5期

文章名称	作　　者	刊　物	期　次
颈部按摩致颈髓损伤死亡1例	冯　琼等	法医学杂志	2008年第5期
应用AFLP检测大麻遗传多样性	郭　佳等	法医学杂志	2008年第5期
卵巢妊娠破裂死亡1例	何　潇	法医学杂志	2008年第5期
5个miniSTR基因座遗传多态性及其在降解检材中的应用	黄　健等	法医学杂志	2008年第5期
大鼠急性心肌缺血后肌浆网RyR_ 2 mRNA表达变化	揭　娅等	法医学杂志	2008年第5期
死后3年开棺验尸检出砷化合物中毒1例	靳昌山等	法医学杂志	2008年第5期
酚氨咖敏急性中毒致死1例	雷普平等	法医学杂志	2008年第5期
AFLP分子标记技术的新进展及其在法医植物学中的应用	李成涛　李　莉	法医学杂志	2008年第5期
婴儿猝死综合征的法医学鉴定	李　玲等	法医学杂志	2008年第5期
肌注维生素B_ 1致过敏性休克死亡1例	李　平	法医学杂志	2008年第5期
腹壁刺创致小肠浆肌层裂伤1例	李新锁　张永涛	法医学杂志	2008年第5期
谷氨酸受体基因单核苷酸多态性与精神分裂症的关联	李忠杰等	法医学杂志	2008年第5期
STR基因座中检出三等位基因1例	刘亚举等	法医学杂志	2008年第5期
高度近视者眼球结构及其功能变化的法医学意义	刘夷嫦等	法医学杂志	2008年第5期
闭合性单处肋骨骨折推拿后死亡1例	刘友春等	法医学杂志	2008年第5期

文章名称	作　者	刊　物	期　次
72例情感性精神障碍司法精神病鉴定分析	马斌方等	法医学杂志	2008年第5期
美国洛杉矶郡法医局介绍	马伟龙　王玉来	法医学杂志	2008年第5期
脑静脉血管瘤误诊致错误鉴定1例	彭明琪等	法医学杂志	2008年第5期
杀人焚尸现场重建1例	时守进　潘光军	法医学杂志	2008年第5期
肌注安痛定致过敏性休克死亡1例	宋健文等	法医学杂志	2008年第5期
中国新疆维吾尔族群体15个STR基因座的遗传多态性	宋兴勃等	法医学杂志	2008年第5期
脑外伤所致精神障碍的影响因素	谈成文等	法医学杂志	2008年第5期
测谎的发展历程及法医学应用前景	王　璐等	法医学杂志	2008年第5期
创伤性膈疝漏诊1例	王晓磊等	法医学杂志	2008年第5期
Y－STR基因座的特殊分型现象	吴微微等	法医学杂志	2008年第5期
皮肤烧伤愈合过程中磷酸化JNK的变化	熊昌艳等	法医学杂志	2008年第5期
深圳市道路交通事故死亡案例特点分析	徐代化等	法医学杂志	2008年第5期
罕见瓜蒂中毒死亡1例	徐茂军　林子清	法医学杂志	2008年第5期
新生儿无脾综合征尸检1例	颜峰平等	法医学杂志	2008年第5期
饮料瓶口腔脱落细胞DNA检测侦破爆炸案1例	杨边强等	法医学杂志	2008年第5期
不同听力水平听性稳态反应阈值与纯音测听阈值比较	杨小萍等	法医学杂志	2008年第5期
特殊染色在法医病理学中的应用	叶光华等	法医学杂志	2008年第5期

文章名称	作　　者	刊　物	期　次
肌注头孢哌酮钠致过敏性休克死亡1例	叶光华等	法医学杂志	2008年第5期
人类酪氨酸羟化酶基因SNP多态性与精神疾病的相关性	于　舰等	法医学杂志	2008年第5期
脑动静脉畸形致基底节区出血死亡1例	张建华等	法医学杂志	2008年第5期
新生儿先天性膈疝3例	赵　锐等	法医学杂志	2008年第5期
利用汽车尾气自杀1例	艾拉地力·乌拉斯汉 吕　伟	刑事技术	2008年第5期
巧用电脑刻字纸提取汽车轮胎印样本1例	陈　峰　余　燕	刑事技术	2008年第5期
电子证据检验鉴定系统的建设及应用	陈　露等	刑事技术	2008年第5期
人流组织检出混合型DNA并确认生父1例	陈荣华等	刑事技术	2008年第5期
自动热脱附气相色谱-质谱法分析火场助燃剂汽油成分	刁中文等	刑事技术	2008年第5期
根据足迹遗留物推断作案时间1例	杜立雄	刑事技术	2008年第5期
法庭图像分析	甘德安	刑事技术	2008年第5期
2例收缴“麻果”中主要成分的检验报道	高　元等	刑事技术	2008年第5期
X射线荧光光谱法检验打印纸张的结果分析	郭洪玲等	刑事技术	2008年第5期
讯问录音录像规范制作浅析	郭　民	刑事技术	2008年第5期
系列杀人案的法医人类学鉴定	韩　冰　田雪梅	刑事技术	2008年第5期
扫描电镜能谱法（SEM/EDX）在弹道重建中的应用1例	胡孙林等	刑事技术	2008年第5期

文章名称	作　者	刊　物	期　次
纸张经茚三酮显现指印后的变色现象	黄　威等	刑事技术	2008 年第 5 期
遗嘱笔迹鉴定研究	贾治辉	刑事技术	2008 年第 5 期
1 起冻死案例报道及分析	孔清权等	刑事技术	2008 年第 5 期
气质联用仪自动筛选常见毒物的应用研究	黎　乾等	刑事技术	2008 年第 5 期
加热 502 胶熏显手印的改进方法	李　季	刑事技术	2008 年第 5 期
手套印痕的现场勘查方法	李玉芬等	刑事技术	2008 年第 5 期
文件检验技术与书画作品真伪鉴定	刘　进　熊道泉	刑事技术	2008 年第 5 期
摩托车油箱致未成年人意外捂死 1 例	陆玉军等	刑事技术	2008 年第 5 期
利用 GC－CI－MS/MS 检验安定	罗　芳等	刑事技术	2008 年第 5 期
涂折光液消除黑色粗糙表面反射光斑	罗瑞彪	刑事技术	2008 年第 5 期
青少年杀人案特点及法医学检验	罗小兵等	刑事技术	2008 年第 5 期
自残法医学鉴定 3 例	马军凤　杨庆雨	刑事技术	2008 年第 5 期
微生物物证检验的核酸分析技术	马荣梁	刑事技术	2008 年第 5 期
巧用窗纱速破 1 起杀人案	马永伟　刘　刚	刑事技术	2008 年第 5 期
小白鼠实验在中毒现场勘查中的应用	牛振林　刘　洁	刑事技术	2008 年第 5 期
云南大麻 DNA 的提取及检测初步研究	裴　黎等	刑事技术	2008 年第 5 期
根据死亡姿势破获杀人、奸尸案 1 例	任福洲等	刑事技术	2008 年第 5 期

文章名称	作 者	刊 物	期 次
巨额诈骗案印章印文检验1例	沙万中 王 婕	刑事技术	2008 年第 5 期
有机法分离混合斑中精子	邵 武等	刑事技术	2008 年第 5 期
加强指纹管理工作的几点建议	宋震宇	刑事技术	2008 年第 5 期
EOS－BBI 蛋白染色剂联用显现血指印 1 例	王欣桓 王淑芳	刑事技术	2008 年第 5 期
1 例杀婴并高处抛尸案的现场分析	卫东风 余荣军	刑事技术	2008 年第 5 期
人像检验中的模糊聚类分析	相淑珍	刑事技术	2008 年第 5 期
特殊的甲胺磷投毒方式杀人1 例	肖 泉等	刑事技术	2008 年第 5 期
3 例特殊自杀案件的现场分析	徐建国	刑事技术	2008 年第 5 期
玻璃上的双面 502 手印染色拍摄法提取 1 例	徐 敏	刑事技术	2008 年第 5 期
水中尸体 20 天内尸蜡形成1 例	徐尚贵等	刑事技术	2008 年第 5 期
参加国外现场勘查得到的启示	杨志勇	刑事技术	2008 年第 5 期
法庭鉴定中的新型催眠药	张蕾萍等	刑事技术	2008 年第 5 期
32 例少年儿童桡骨远端骨骺损伤诊断及鉴定	张永宏 刘丙伟	刑事技术	2008 年第 5 期
HPLC－ESI－MS/MS 法测定全血中溴敌隆	赵海雨 宋 鸣	刑事技术	2008 年第 5 期
1 例自伤案件的法医现场分析	赵顺勇等	刑事技术	2008 年第 5 期
用紫外观察照相系统拍摄室内微弱灰尘鞋印的实验	赵秀萍 宋 军	刑事技术	2008 年第 5 期

文章名称	作　　者	刊　物	期　次
加拿大药物实验室管理规范及启示	赵志新	刑事技术	2008 年第 5 期
挖鼻致鼻衄死亡 1 例	周复生等	刑事技术	2008 年第 5 期
重视尸表隐蔽部位与细小伤痕和附着物的检验	周文镛	刑事技术	2008 年第 5 期
现场综合分析判断案件性质 1 例	艾拉地力・乌拉斯汉等	中国法医学杂志	2008 年第 5 期
数字 X 线摄影测量活体脊柱胸段推算身高	常云峰等	中国法医学杂志	2008 年第 5 期
MRI 在膝关节细微骨折法医学鉴定中的应用价值	陈大威等	中国法医学杂志	2008 年第 5 期
青岛地区汉族群体 15 个 STR 基因座遗传多态性	迟晓云等	中国法医学杂志	2008 年第 5 期
牙齿异常者颌面数字全景片同一认定指标及其编码	高　东等	中国法医学杂志	2008 年第 5 期
车祸损伤鉴定分析 1 例	何新爱等	中国法医学杂志	2008 年第 5 期
腰椎新旧两次骨折的法医学鉴定 1 例	侯绪东　曾昭书	中国法医学杂志	2008 年第 5 期
急性外伤性脑积水法医学鉴定 1 例	胡　俊等	中国法医学杂志	2008 年第 5 期
大鼠脑、骨髓细胞核 DNA 降解推断死后间隔时间的研究	胡　俊等	中国法医学杂志	2008 年第 5 期
颞浅动脉外伤性动静脉瘘 1 例	李从政　庄仿林	中国法医学杂志	2008 年第 5 期
土制猎枪枪膛爆炸导致意外死亡 1 例	李　卫　王林华	中国法医学杂志	2008 年第 5 期
印记基因 H19 上游高甲基化区 SNPs 多态性研究	林晓燕等	中国法医学杂志	2008 年第 5 期
交通事故受力方向的判定 1 例	刘伯良等	中国法医学杂志	2008 年第 5 期

文章名称	作　者	刊　物	期　次
中国汉族成人颅骨 CT 片同一认定方法的研究	刘旭丹等	中国法医学杂志	2008 年第 5 期
失血性休克大鼠肝肾脾细胞微管蛋白死后降解的检测	刘　杨等	中国法医学杂志	2008 年第 5 期
先天性主动脉瓣瓣膜根部缺损畸形 1 例	刘　云等	中国法医学杂志	2008 年第 5 期
中国北方汉族 12 个 Y-STR 基因座遗传多态性	路志勇等	中国法医学杂志	2008 年第 5 期
手机爆炸致人死亡 1 例	吕文渊　刘利平	中国法医学杂志	2008 年第 5 期
第 4 腰椎椎体永存骨骺误诊骨折 1 例	孟燕春等	中国法医学杂志	2008 年第 5 期
108 例精神发育迟滞被鉴定人性别差异分析	潘志武	中国法医学杂志	2008 年第 5 期
太原市未成年人道路交通事故死亡案例分析	任广睦等	中国法医学杂志	2008 年第 5 期
MiniFiler 试剂盒进行微量细胞 STR 分型可行性探讨	苏　芹等	中国法医学杂志	2008 年第 5 期
中国南方汉族人群 4 个 STR 基因座遗传多态性	童大跃等	中国法医学杂志	2008 年第 5 期
尸体残骸 mtDNA 序列测定异常 1 例	汪显著等	中国法医学杂志	2008 年第 5 期
不同温度下铜绿蝇蛹期发育形态观察	王　贺等	中国法医学杂志	2008 年第 5 期
荧光标记复合扩增毛细管电泳法在 SNP 分型中的应用	王瑞恒等	中国法医学杂志	2008 年第 5 期
现场模拟实验鉴定室内杀人焚尸案 1 例	肖　平等	中国法医学杂志	2008 年第 5 期
不同填料固相萃取柱提取鱼塘水中拟除虫菊酯类农药的比较	谢伟宏等	中国法医学杂志	2008 年第 5 期

文章名称	作　　者	刊　物	期　次
二氯丙基酯化－气相色谱法分析葡萄叶中3种除草剂	辛国斌等	中国法医学杂志	2008年第5期
股骨干异体骨植入术后法医学鉴定分析1例	徐传宝	中国法医学杂志	2008年第5期
颅脑损伤部位与智力评估分析	许亚军等	中国法医学杂志	2008年第5期
FAK－ERK的研究进展及其法医学应用价值	于天水等	中国法医学杂志	2008年第5期
SD大鼠肢体挫伤后血清生化指标变化及其法医学意义	余荣军等	中国法医学杂志	2008年第5期
波形蛋白与脑损伤的研究进展	张　磊等	中国法医学杂志	2008年第5期
口服了歌王中毒致死1例	张庆文等	中国法医学杂志	2008年第5期
山西汉族人群DYS715和DYS717基因座遗传多态性	赵亚娣等	中国法医学杂志	2008年第5期
光谱成像检验法在朱墨时序鉴定中的应用	暴　仁　张淙溪	中国司法鉴定	2008年第5期
司法鉴定论坛暨首届全国高校司法鉴定理论与实务研讨会	蔡莉萍　朱淳良	中国司法鉴定	2008年第5期
非法获取的刑事鉴定结论应当排除	陈柏新　陈柏安	中国司法鉴定	2008年第5期
涉毒案件毒品定量鉴定是量刑的重要节点	褚建新　包朝胜	中国司法鉴定	2008年第5期
司法鉴定实施过程诉讼化研究	樊崇义　郭金霞	中国司法鉴定	2008年第5期
司法鉴定研究三十年检视与评价	郭　华	中国司法鉴定	2008年第5期
构建司法鉴定认证认可制度	何　勇	中国司法鉴定	2008年第5期
认证认可是司法鉴定科学性、可靠性的重要保障	霍宪丹	中国司法鉴定	2008年第5期

文章名称	作　　者	刊　物	期　次
浅谈刑事诉讼中的司法鉴定三则	蒋建荣等	中国司法鉴定	2008 年第 5 期
法医鉴定文书制作应注意的问题	李利华　张冬先	中国司法鉴定	2008 年第 5 期
首届东北三省司法鉴定论坛在长春开坛	李　奇	中国司法鉴定	2008 年第 5 期
对法医学可持续发展的几点思考	刘　茜等	中国司法鉴定	2008 年第 5 期
对司法会计鉴定规则的法律思考	刘秋岭	中国司法鉴定	2008 年第 5 期
论资本会计调账的司法会计受理和鉴定——析新华电站公司和 GE 公司股东纠纷案	祁　群	中国司法鉴定	2008 年第 5 期
司法鉴定机构的规范化建设和持续发展	沈　敏	中国司法鉴定	2008 年第 5 期
手机通话语音的实验研究	施少培等	中国司法鉴定	2008 年第 5 期
我国司法鉴定领域认证认可相关程序要求	宋桂兰等	中国司法鉴定	2008 年第 5 期
公诉视野下鉴定结论质证机制的检视	孙剑明等	中国司法鉴定	2008 年第 5 期
医疗行为过失的判定	吴志民	中国司法鉴定	2008 年第 5 期
对交通事故中人体衣着痕迹的研究与应用	夏小玲　刘伟平	中国司法鉴定	2008 年第 5 期
法医毒物分析新进展	向　平等	中国司法鉴定	2008 年第 5 期
中国实验室和检查机构认证认可概述	肖　良等	中国司法鉴定	2008 年第 5 期
道路交通事故伤残状况及其影响因素	徐代化等	中国司法鉴定	2008 年第 5 期
CT 空气 - 碘水双对比造影在法医学鉴定中应用	张　武等	中国司法鉴定	2008 年第 5 期

文章名称	作　者	刊　物	期　次
关于人民法院司法技术部门的职能转变——如何发挥司法技术人员的司法辅助工作问题的初探	张长银　王春平	中国司法鉴定	2008 年第 5 期
光致发光技术在指纹显现中的应用	赵　科等	中国司法鉴定	2008 年第 5 期
首届全国高校司法鉴定论坛在黄山举办	朱淳良	中国司法鉴定	2008 年第 5 期
损伤鉴定所需时间与办案期限的冲突亟待立法解决	朱继东	中国司法鉴定	2008 年第 5 期
交通事故致双侧睾丸破裂 1 例	陈基生等	法医学杂志	2008 年第 6 期
骨髓移植后亲子鉴定 1 例	陈瑶清等	法医学杂志	2008 年第 6 期
髋关节假体置换术后感染医疗纠纷 1 例	程亦斌	法医学杂志	2008 年第 6 期
右前臂神经损伤法医学鉴定 1 例	丁轩坤等	法医学杂志	2008 年第 6 期
犬 11 个 STR 基因座的遗传多态性	杜蔚安等	法医学杂志	2008 年第 6 期
胫骨髁间嵴骨折致伤方式推断 1 例	杜　宇等	法医学杂志	2008 年第 6 期
牙刷刷毛黏附口腔黏膜脱落细胞 DNA 的检验方法	封　宇等	法医学杂志	2008 年第 6 期
硼氢化钠/氯化镍还原 - GC/TSD 法检测血液和尿液中百草枯	黄璐瑶等	法医学杂志	2008 年第 6 期
可卡因对性成熟期雄性大鼠生殖功能的损害	贾晓俤等	法医学杂志	2008 年第 6 期
DNA 性别位点为女性而性征表现为男性 1 例	李坤明　张鹏坤	法医学杂志	2008 年第 6 期

文章名称	作　　者	刊　物	期　次
检测避孕套上黏附物 DNA 侦破强奸案 1 例	林玉才等	法医学杂志	2008 年第 6 期
化粪池中人体组织 DNA 鉴定 1 例	罗银洲等	法医学杂志	2008 年第 6 期
大麻三个 STR 基因座的遗传多态性调查	马　原等	法医学杂志	2008 年第 6 期
载体法检验微量检材 DNA	毛坤云等	法医学杂志	2008 年第 6 期
中国青海藏族、汉族 mtDNA 控制区遗传多态性	穆豪放等	法医学杂志	2008 年第 6 期
自制电网致人死亡 4 例	倪天辉等	法医学杂志	2008 年第 6 期
应用放射影像技术进行牙龄推断	史格非等	法医学杂志	2008 年第 6 期
大鼠皮肤和肌肉挫伤后细胞间黏附分子 -1 mRNA 表达变化	孙俊红等	法医学杂志	2008 年第 6 期
骨发育不同步分析 1 例	唐剑频等	法医学杂志	2008 年第 6 期
中国北方汉族群体 TPH 基因座 T3792A 位点遗传多态性	王　兵等	法医学杂志	2008 年第 6 期
腰椎峡部崩裂法医学鉴定 1 例	王立新　丁轩坤	法医学杂志	2008 年第 6 期
小体系法提取微量 DNA2 例	王彦涛　贺　敏	法医学杂志	2008 年第 6 期
墙壁上被石膏掩盖的血迹检验 1 例	王　智等	法医学杂志	2008 年第 6 期
胫骨粉碎性骨折致伤方式推断 1 例	王紫剑等	法医学杂志	2008 年第 6 期
病毒性心肌炎和扩张型心肌病心肌 Fas 蛋白表达	吴小侨等	法医学杂志	2008 年第 6 期
DXS8378 和 DXS6808 基因座在山西汉族的遗传多态性	吴旭炎等	法医学杂志	2008 年第 6 期

文章名称	作　　者	刊　物	期　次
外伤后并发应激性溃疡出血死亡2例	熊昌艳等	法医学杂志	2008年第6期
性窒息诱发冠心病猝死1例	徐　静等	法医学杂志	2008年第6期
外伤性迟发性脾破裂损伤时间鉴定4例	杨　帆等	法医学杂志	2008年第6期
牙刷上脱落细胞DNA检验1例	杨静开　刘振平	法医学杂志	2008年第6期
外伤性慢性后纵隔巨大血肿1例	叶光华等	法医学杂志	2008年第6期
放置时间对烟蒂上DNA含量及STR分型的影响	张爱平等	法医学杂志	2008年第6期
恙虫病并发心肌炎猝死1例	张　浩等	法医学杂志	2008年第6期
大骨节病鉴定1例	张劲夫等	法医学杂志	2008年第6期
STR基因座在二联体亲子鉴定中的应用分析	张文红等	法医学杂志	2008年第6期
DNA分子标记技术在法医植物学中的应用	张　娴等	法医学杂志	2008年第6期
NF－κB与神经系统损害的研究进展	张运阁　陶陆阳	法医学杂志	2008年第6期
穿琥宁注射液致恶性综合征死亡1例	赵　锐等	法医学杂志	2008年第6期
BAEP检测在脑震荡法医学鉴定中的应用	郑杏斌等	法医学杂志	2008年第6期
计算机模拟再现道路交通事故特点分析	邹冬华等	法医学杂志	2008年第6期
F形自制撬棒撬窗杆痕迹检验	包从家等	刑事技术	2008年第6期
联合应用chelex100和磁珠法检测霉变皮上衣微量DNA1例	董林芳等	刑事技术	2008年第6期

文章名称	作　　者	刊　物	期　次
数码检验照相中噪点的产生原因及解决方法	顾　生	刑事技术	2008 年第 6 期
生物检材中巴比妥类药物固相萃取及分析方法	郭海荣　裴茂清	刑事技术	2008 年第 6 期
土中尸体腐败、白骨化程度不同 2 例	韩　冰　田雪梅	刑事技术	2008 年第 6 期
皮肤上黏液手印的照相提取 1 例	胡国辉	刑事技术	2008 年第 6 期
利用亚铁氰化钾与三价铁盐溶液反应进行足迹捺印	胡长安等	刑事技术	2008 年第 6 期
扼死案件 40 例分析	黄伯政	刑事技术	2008 年第 6 期
光谱成像中光谱基准点选取的研究	黄　威等	刑事技术	2008 年第 6 期
一起零口供案件的法医学鉴定	黄　岩等	刑事技术	2008 年第 6 期
单车交通事故案件中车辆痕迹特征及其应用	季　峻	刑事技术	2008 年第 6 期
利用单片机设计 IDE－USB 只读硬盘接口	贾子一等	刑事技术	2008 年第 6 期
列车撞击伤及碾轧伤的损伤形态与成伤机制	旷得旺	刑事技术	2008 年第 6 期
4，5－二甲基－1，2 茚二酮显现纸张上手印的比较实验	李炜飞等	刑事技术	2008 年第 6 期
D8S1179 基因座等位基因“丢失”1 例	刘翠兰等	刑事技术	2008 年第 6 期
利用心理测试技术破获 3 起纵火案	刘　锋　柯榕枝	刑事技术	2008 年第 6 期
利用 1，2－氢化茚二酮显现热敏纸上汗潜手印	刘　璇等	刑事技术	2008 年第 6 期
快速提取尸体指纹的新方法	刘余霖　刘　斐	刑事技术	2008 年第 6 期

文章名称	作　　者	刊　物	期　次
四氧化钌显现潜手印研究	罗亚平等	刑事技术	2008 年第 6 期
冠脉肌桥先天畸形猝死 1 例	潘钦芳等	刑事技术	2008 年第 6 期
提高嫌疑人指纹倒查破案率的方法和技巧	潘希宁　王　波	刑事技术	2008 年第 6 期
1 起爆炸现场爆炸顺序分析	任建设　王广兵	刑事技术	2008 年第 6 期
消音器痕迹在涉枪案件中同一认定 1 例	宋律钊　耿卫华	刑事技术	2008 年第 6 期
6 起敌敌畏投毒杀人案分析	宋忆光等	刑事技术	2008 年第 6 期
青年人正常行走左右足底压力分布关系的研究	汤澄清	刑事技术	2008 年第 6 期
运用牙齿影像学方法推断年龄的研究进展	庹　琳等	刑事技术	2008 年第 6 期
利用平板式扫描仪进行脱影的实验	王锦辉　白建军	刑事技术	2008 年第 6 期
3 例未成年人杀人案的尸体检验分析	王启团	刑事技术	2008 年第 6 期
1 起冤案的心理测试分析	王新猛	刑事技术	2008 年第 6 期
女性杀人案件法医学分析	王永平	刑事技术	2008 年第 6 期
联合应用 Y－STR 和 STR 鉴定同胞 1 例	王　勇等	刑事技术	2008 年第 6 期
骆驼致人死亡一例	王治民　王龙龙	刑事技术	2008 年第 6 期
特殊雷击致人死亡 1 例	王自发等	刑事技术	2008 年第 6 期
利用文检技术手段串并案成功破获“7·27”大案	韦仕荣	刑事技术	2008 年第 6 期
多项检验甄别检材真伪 1 例	魏　鸣	刑事技术	2008 年第 6 期
液固界面衍生化－GC－MS 法同时检验 3 种常见阴离子毒物	魏万里	刑事技术	2008 年第 6 期

文章名称	作　者	刊　物	期　次
"弯折"—乳突纹线的第十种细节特征在指纹检验中的作用	魏晓峰等	刑事技术	2008年第6期
模拟现场实验推断作案工具4例	肖　平等	刑事技术	2008年第6期
36例脑血管畸形猝死案例及法医病理学分析	徐同利等	刑事技术	2008年第6期
近9年土埋尸体的形态变化1例	薛社让等	刑事技术	2008年第6期
利用气泵伪造鼓膜穿孔致死2例	张灵敏等	刑事技术	2008年第6期
超高效液相色谱法（UPLC）同时筛选检测吗啡等7种常见毒品	张小婷等	刑事技术	2008年第6期
"十字型"开锁器在锁具上痕迹形成特点及形态分析	赵立明	刑事技术	2008年第6期
垂直定向反射照相法提取硅钢片上的油指纹	周　华	刑事技术	2008年第6期
绳索打击致人死亡1例	周卫国	刑事技术	2008年第6期
1例交通肇事逃逸案的现场分析与重建	邹小剑　江　珉	刑事技术	2008年第6期
抗丁丙诺啡单克隆抗体的制备	曾立波等	中国法医学杂志	2008年第6期
3例神经损伤致踝关节功能障碍的伤残评定	陈基生等	中国法医学杂志	2008年第6期
同一案件尸体腐败程度不同的法医学分析1例	陈英峻等	中国法医学杂志	2008年第6期
毒药物中毒血液灌流对法医毒物检验的影响	褚建新　蒋文慧	中国法医学杂志	2008年第6期
外伤致左肱动脉双侧囊瘤型假性动脉瘤1例	樊则兵等	中国法医学杂志	2008年第6期

文章名称	作　　者	刊　物	期　次
Ebstein 畸形伴房缺室缺1 例	郭亚东等	中国法医学杂志	2008 年第 6 期
13 例胎儿及婴幼儿白骨化骨骼的 STR 检验	韩海军等	中国法医学杂志	2008 年第 6 期
创伤性脑损伤大鼠水通道蛋白 4 表达变化及法医学意义	焦　炎等	中国法医学杂志	2008 年第 6 期
人血、尿中富马酸喹硫平的气相色谱分析	金　鸣等	中国法医学杂志	2008 年第 6 期
26 例栓塞死亡的法医学鉴定分析	柯　咏等	中国法医学杂志	2008 年第 6 期
印记基因 KCNQ1 的遗传多态性及在亲权鉴定中的应用	雷　伟等	中国法医学杂志	2008 年第 6 期
亲子鉴定中 STR 基因座的基因突变分析	李　茜等	中国法医学杂志	2008 年第 6 期
35 例性心理障碍的法医学鉴定分析	刘子龙等	中国法医学杂志	2008 年第 6 期
石家庄地区汉族群体 9 个 STR 基因座遗传多态性	牛一平　范　敏	中国法医学杂志	2008 年第 6 期
山西汉族人群 DYS713 和 DYS723 基因座遗传多态性	任云星　梁景青	中国法医学杂志	2008 年第 6 期
1 例交通事故致阴蒂缺失的法医学鉴定分析	宋健文等	中国法医学杂志	2008 年第 6 期
大鼠皮肤挫伤后 NF－κB mRNA 表达与损伤时间关系	孙俊红等	中国法医学杂志	2008 年第 6 期
一步法 RT－PCR 检测人狂犬病毒初探	孙来晶等	中国法医学杂志	2008 年第 6 期
外伤性肾假性囊肿鉴定 1 例	王博维等	中国法医学杂志	2008 年第 6 期
GC/ECD 法测定生物检材中溴敌隆和大隆	王洪宗等	中国法医学杂志	2008 年第 6 期
开水烫伤致鼓膜多发性穿孔 1 例	王　琪等	中国法医学杂志	2008 年第 6 期

文章名称	作　　者	刊　物	期　次
无电流斑电击死兔骨骼肌 il－6mRNA表达研究	王　晔等	中国法医学杂志	2008年第6期
道路交通损伤致双下肢截肢的法医学鉴定1例	吴　华　唐　群	中国法医学杂志	2008年第6期
灭多威检验模拟试验1例	谢伟宏等	中国法医学杂志	2008年第6期
p38MAPK 信号转导通路与组织损伤	熊昌艳等	中国法医学杂志	2008年第6期
腌制2年的生物检材 STR 检验1例	徐志成等	中国法医学杂志	2008年第6期
多体素 1H－MRS 推断不同温度下死亡时间的研究	杨天潼等	中国法医学杂志	2008年第6期
19例基因突变分析	杨　雪等	中国法医学杂志	2008年第6期
Y－filer 试剂盒检测的额外等位基因2例	杨彦梅等	中国法医学杂志	2008年第6期
微波萃取和 PTV－GC/MS/MS 结合分析血中常见有机磷农药	应剑波等	中国法医学杂志	2008年第6期
法医毒物动力学	负克明	中国法医学杂志	2008年第6期
大鼠死后肌肉组织电阻抗幅值和相位角变化推断死后间隔时间的研究	赵小红等	中国法医学杂志	2008年第6期
误服稀料中毒死亡1例	赵小林等	中国法医学杂志	2008年第6期
降噪处理及其对语音的影响	卞新伟等	中国司法鉴定	2008年第6期
精神障碍者刑事责任能力评定标准研究	蔡伟雄	中国司法鉴定	2008年第6期
寰枕关节损伤法医学鉴定1例	杜　宇	中国司法鉴定	2008年第6期
《精神障碍者刑事责任能力评定标准（草案）》浅议	韩臣柏	中国司法鉴定	2008年第6期

文章名称	作　　者	刊　物	期　次
司法会计鉴定结论质证方法探讨	黄　乔　赵　峰	中国司法鉴定	2008 年第 6 期
统一司法鉴定管理体制的构建——以浙江司法鉴定管理体制改革的探索为视角	黄世军等	中国司法鉴定	2008 年第 6 期
经耳郭软骨 DNA 检验认定亲缘关系 1 例	李坤明	中国司法鉴定	2008 年第 6 期
字符编码在电子数据司法鉴定中的应用	林九川等	中国司法鉴定	2008 年第 6 期
论精神病人刑事责任能力评定标准的制定	刘协和	中国司法鉴定	2008 年第 6 期
能力验证在司法鉴定实践中的应用	罗纪锋	中国司法鉴定	2008 年第 6 期
数码翻拍的图像质量分析及应用标准化探讨	罗威丽	中国司法鉴定	2008 年第 6 期
纤维的检验及其新方法	罗仪文等	中国司法鉴定	2008 年第 6 期
试论国家文字改革前文件中简化字的检验	毛吉祥	中国司法鉴定	2008 年第 6 期
常见阔叶木木屑浸提物的紫外光谱分析	史晓凡等	中国司法鉴定	2008 年第 6 期
精神障碍者刑事责任能力评定标准（草案）	司法部 2006 年度国家法治与法学理论研究项目课题组	中国司法鉴定	2008 年第 6 期
关于精神疾病司法鉴定执业规范的探讨	司法部 2007 年度国家法治与法学理论研究项目课题组	中国司法鉴定	2008 年第 6 期
试论当事人自行委托鉴定	隋淑静	中国司法鉴定	2008 年第 6 期
论完善我国亲权鉴定制度	孙大明	中国司法鉴定	2008 年第 6 期
浅议工程造价司法鉴定应注意的问题	王黛虎　朱亚欣	中国司法鉴定	2008 年第 6 期

文章名称	作　　者	刊　物	期　次
知识产权案件的鉴定机构和鉴定人资质的确认	王平荣	中国司法鉴定	2008 年第 6 期
司法鉴定援助制度的价值分析	王瑞恒　马　敬	中国司法鉴定	2008 年第 6 期
浅谈司法鉴定改革三题	王士奎	中国司法鉴定	2008 年第 6 期
论我国精神障碍患者责任能力评定中评定工具制定	王小平　杨德森	中国司法鉴定	2008 年第 6 期
对我国司法鉴定收费管理的思索	吴何坚　何晓丹	中国司法鉴定	2008 年第 6 期
受审能力的法律辨析	吴　真　吴家声	中国司法鉴定	2008 年第 6 期
司法鉴定改革：社会价值与发展方向	徐景和	中国司法鉴定	2008 年第 6 期
光照人工老化原子印油色痕的分析	张　伟　张振宇	中国司法鉴定	2008 年第 6 期
吉林省四平市采取四项措施提高司法鉴定执业能力	张玉梅	中国司法鉴定	2008 年第 6 期
司法部第九次司法鉴定高级专业技术职务任职资格评审会圆满结束	赵　倩	中国司法鉴定	2008 年第 6 期
制订《精神疾病司法鉴定执业规定（草案）》的重要意义	郑瞻培	中国司法鉴定	2008 年第 6 期
CNAS 认可广东先结硕果	朱淳良	中国司法鉴定	2008 年第 6 期
法医临床鉴定意见之评价	朱广友	中国司法鉴定	2008 年第 6 期
关于司法鉴定案件构成要素的思考	邹才发	中国司法鉴定	2008 年第 6 期
车外人员与汽车碰撞事故现场痕迹特点分析	邹冬华等	中国司法鉴定	2008 年第 6 期
医疗纠纷中鉴定结论的效力研究——以因果关系二分法为视角	陈树森	中国司法鉴定	2008 年第 S1 期

文章名称	作　　者	刊　物	期　次
有机磷农药中毒误诊医疗纠纷1例	程亦斌	中国司法鉴定	2008年第S1期
骶管灌注治疗遇脊髓栓系综合征医疗纠纷1例	程亦斌	中国司法鉴定	2008年第S1期
脑瘫司法鉴定的思考	葛　力　卢　涌	中国司法鉴定	2008年第S1期
论司法实践中的临床误诊与医疗过错	郝树勇	中国司法鉴定	2008年第S1期
刑事附带民事诉讼医疗纠纷案件的司法鉴定处理	雷显谋　彭邦万	中国司法鉴定	2008年第S1期
医疗过错司法鉴定4例报道	李保根	中国司法鉴定	2008年第S1期
浅议医疗纠纷的现状成因及解决对策	李兴发等	中国司法鉴定	2008年第S1期
医疗纠纷司法鉴定中的病历问题	彭邦万　雷显谋	中国司法鉴定	2008年第S1期
对医疗事故技术鉴定内容的理解与把握	秦志强	中国司法鉴定	2008年第S1期
关于法院委托医疗纠纷案件鉴定的思考	孙军虎	中国司法鉴定	2008年第S1期
误诊偏执性精神病引起法律纠纷1例	汤　涛	中国司法鉴定	2008年第S1期
小肠扭转肠梗阻误诊1例	田云霞等	中国司法鉴定	2008年第S1期
医疗纠纷的成因表现及技术鉴定	王春平　张长银	中国司法鉴定	2008年第S1期
昆明地区医疗争议死亡事件的流行病学和法医学鉴定研究	王贵义等	中国司法鉴定	2008年第S1期
医疗纠纷司法鉴定的程序设计	夏文涛等	中国司法鉴定	2008年第S1期
医疗纠纷司法鉴定中注意义务的界定及应用	徐力辛等	中国司法鉴定	2008年第S1期

文章名称	作　者	刊　物	期　次
论医疗纠纷案件的患方专家证人	颜志伟	中国司法鉴定	2008年第S1期
脑干脑炎急死疑为捂死1例	叶光华等	中国司法鉴定	2008年第S1期
浅谈电子病历应用下医疗纠纷的法医学鉴定	喻向阳	中国司法鉴定	2008年第S1期
试论医疗过失司法鉴定文书	袁　丽　常　林	中国司法鉴定	2008年第S1期
医疗纠纷法医学鉴定与医学鉴定程序之比较研究	岳煦蓓	中国司法鉴定	2008年第S1期
医疗纠纷中涉及的法医学鉴定	张岑岑等	中国司法鉴定	2008年第S1期
规范医疗纠纷尸检工作的几个重要环节	张凤芹	中国司法鉴定	2008年第S1期
论医疗侵权责任构成中因果关系的判定	张　倩	中国司法鉴定	2008年第S1期
睾丸扭转延误治疗致睾丸切除医疗纠纷1例	赵如华	中国司法鉴定	2008年第S1期
医疗纠纷案件鉴定二元化现象的思考与对策	周大林	中国司法鉴定	2008年第S1期
医疗过失行为的判定——附3例医疗纠纷司法鉴定评析	朱广友	中国司法鉴定	2008年第S1期
完善我国司法会计鉴定体制之我见	陈敬华	中国司法鉴定	2008年第S2期
精神损伤评定损伤程度和伤残等级的相关问题探讨	陈丽萍等	中国司法鉴定	2008年第S2期
论我国司法鉴定的启动与管理	程方顺	中国司法鉴定	2008年第S2期
胸部外伤后呼吸困难的鉴定要点	杜维才　王凤云	中国司法鉴定	2008年第S2期
司法鉴定意见在医疗纠纷处理中的作用	郭　桦　石　磊	中国司法鉴定	2008年第S2期

文章名称	作　　者	刊　物	期　次
经济类司法鉴定工作应注意的几个问题	韩　峰	中国司法鉴定	2008 年第 S2 期
司法鉴定登记管理范围亟待明确和完善	黄亚明	中国司法鉴定	2008 年第 S2 期
司法鉴定“两结合”管理的特点	蒋喜庆　李国伟	中国司法鉴定	2008 年第 S2 期
应当有效遏制重新鉴定的无序状态	李洪林	中国司法鉴定	2008 年第 S2 期
司法鉴定人出庭作证规范初探	李金元　姚平	中国司法鉴定	2008 年第 S2 期
影响司法鉴定质量的因素分析及对策	李　奇	中国司法鉴定	2008 年第 S2 期
对司法鉴定“两结合”管理模式的几点思考	李廷鹤	中国司法鉴定	2008 年第 S2 期
抑郁症涉案特征及其刑事责任能力评定	刘久才	中国司法鉴定	2008 年第 S2 期
腹腔积血损伤程度的法医学鉴定	刘莉等	中国司法鉴定	2008 年第 S2 期
人身伤害案件中的医药费审查	刘庆杰　卢国喜	中国司法鉴定	2008 年第 S2 期
司法鉴定在医疗纠纷处理中的地位与作用	刘骁武等	中国司法鉴定	2008 年第 S2 期
谈司法鉴定机构的内部质量控制	刘　颖　王兆宁	中国司法鉴定	2008 年第 S2 期
论司法鉴定结论的质证	罗慧敏	中国司法鉴定	2008 年第 S2 期
刍议建筑安装工程的司法鉴定	马朝军	中国司法鉴定	2008 年第 S2 期
试论管理工作中亟待解决的几个问题	马　力	中国司法鉴定	2008 年第 S2 期
浅谈司法鉴定中的告知	马　楠	中国司法鉴定	2008 年第 S2 期

文章名称	作　　者	刊　物	期　次
司法医学鉴定标准统一化的现状与探讨	盛延良等	中国司法鉴定	2008 年第 S2 期
延边地区 144 例猝死病理及法医病理尸检分析	宋京郁等	中国司法鉴定	2008 年第 S2 期
鉴定检材应注意的几个法律问题	苏　萍	中国司法鉴定	2008 年第 S2 期
精神疾病临床诊断与司法鉴定时疾病诊断思维的异同	孙树范	中国司法鉴定	2008 年第 S2 期
500 例精神发育迟滞患者司法鉴定资料分析	孙　颖	中国司法鉴定	2008 年第 S2 期
《司法鉴定程序通则》中应关注的几个问题——浅谈《司法鉴定程序通则》在司法会计鉴定中的作用	滕晓春	中国司法鉴定	2008 年第 S2 期
个人委托的司法鉴定案件受理条件	田大川	中国司法鉴定	2008 年第 S2 期
把司法鉴定统一管理工作推向新的发展阶段	王洪山	中国司法鉴定	2008 年第 S2 期
交通事故中受伤人员在评残过程中如何适用标准——浅谈肢体丧失功能	王金富等	中国司法鉴定	2008 年第 S2 期
房地产估价司法鉴定资料充分性审查与瑕疵处理	王胜斌	中国司法鉴定	2008 年第 S2 期
我国司法会计鉴定存在的主要问题及解决对策	王孝先	中国司法鉴定	2008 年第 S2 期
提高司法鉴定质量 减少重新鉴定率	魏才发	中国司法鉴定	2008 年第 S2 期
司法鉴定人出庭质证若干问题探讨	魏　盾　张申龙	中国司法鉴定	2008 年第 S2 期
对房地产估价鉴定的一点体会	夏占文	中国司法鉴定	2008 年第 S2 期

文章名称	作　　者	刊　物	期　次
浅谈对司法鉴定投诉的应对与处理	肖永海	中国司法鉴定	2008年第S2期
试谈将听证制度引入司法鉴定	徐宇波	中国司法鉴定	2008年第S2期
多发性、感应性精神病司法鉴定个案报告	薛凤岐	中国司法鉴定	2008年第S2期
猝死的法医病理学回顾性研究——附904例猝死资料分析	杨清玉等	中国司法鉴定	2008年第S2期
司法会计鉴定与通用目的财务报表审计主要规则比较	姚　军	中国司法鉴定	2008年第S2期
司法鉴定中的房地产价格鉴定浅析	于海龙	中国司法鉴定	2008年第S2期
浅谈司法鉴定启动权的归属	于立娜	中国司法鉴定	2008年第S2期
论司法鉴定人的法律素养	禹治洪	中国司法鉴定	2008年第S2期
3例盐酸曲马多药物滥用死亡法医学鉴定分析	张国华等	中国司法鉴定	2008年第S2期
护理依赖及其护理依赖程度的法医学鉴定	张士军　董汝臣	中国司法鉴定	2008年第S2期
精神病人不同作案动机及其责任能力分析——附5案例介绍	赵　鹏等	中国司法鉴定	2008年第S2期
论司法鉴定援助制度的构建及服务对象	赵玉洪	中国司法鉴定	2008年第S2期
如何构建司法鉴定援助制度	赵振民	中国司法鉴定	2008年第S2期
浅谈司法鉴定人和司法鉴定机构名册的有效管理	赵志龙等	中国司法鉴定	2008年第S2期

说明：1. 本统计表所列期刊论文目录，只限于以下期刊：法医学杂志、中国法医学杂志、刑事技术、中国司法鉴定、中国人民公安大学学报（自然科学版）、中国刑警学院学报。

2. 本统计表中论文的排列顺序为：第一顺序为期次，第二顺序为刊物。

附录 2

证据科学研究生学位论文目录

附录 2.1　证据法学研究生学位论文目录

论文题目	作者	指导教师	学位	学位授予单位	学位授予时间
刑事证据关联性及其限制——以美国联邦证据法为中心	卓俊源	韩毓傑	硕士	国防管理学院	1988
国际民事诉讼中的证据	屈广清	李双元	博士	武汉大学	1997
论民事诉讼模式的选择与证据制度的完善	惠从兵	冀宗儒	硕士	对外经济贸易大学	2000
试论我国的刑事证据制度	王跃辉	傅宽芝	硕士	中国社会科学院研究生院	2000
刑事证据规则	郑　旭	陈光中	博士	中国政法大学	2000
刑事诉讼证据规则论纲	雷经升	王圣扬	硕士	安徽大学	2001
论民事举证责任	徐大伟	冀宗儒	硕士	对外经济贸易大学	2001
论民事诉讼证据的合法性	段立红	冀宗儒	硕士	对外经济贸易大学	2001
民事证据适用研究及其价值取向	陈　健	冀宗儒	硕士	对外经济贸易大学	2001
论民事举证责任分配	郝振江	章武生	硕士	河南大学	2001
论民事证据证明力	翟东堂	章武生	硕士	河南大学	2001
行政诉讼举证责任问题研究	潘牧天	杨忠文	硕士	黑龙江大学	2001
民事诉讼证人证言的审查判断	谭松平	王俊民	硕士	华东政法学院	2001
民事诉讼举证责任的分配	王艳晖	夏锦文	硕士	南京师范大学	2001
我国刑事证人制度之完善	郑祥发	李　琦	硕士	厦门大学	2001
民事质证制度研究	邓治军	刘　健	硕士	湘潭大学	2001
论证据与定罪	罗国良	樊崇义	博士	中国政法大学	2001
刑事证人证言论	王进喜	樊崇义	博士	中国政法大学	2001
非法证据的效力问题研究	张淑玲	宋英辉	硕士	中国政法大学	2001
非法证据排除之研究	蒋廷瑶	宋英辉	硕士	中国政法大学	2001

论文题目	作者	指导教师	学位	学位授予单位	学位授予时间
论民事诉讼中的证人证言制度	张　健	乔　欣	硕士	中国政法大学	2001
论诉讼证明标准	李玉华	刘金友	硕士	中国政法大学	2001
论刑事证据展示	张　中	李宝岳	硕士	中国政法大学	2001
试论当事人举证与人民法院查证的关系	王　颖	常　英	硕士	中国政法大学	2001
试论完善民事证据立法中的几个问题	刘炳良	陈桂明	硕士	中国政法大学	2001
刑事诉讼庭前审查程序之研究	贾丽英	卞建林	硕士	中国政法大学	2001
论证人拒绝作证权	孙世岗	王圣扬	硕士	安徽大学	2002
民事证据自认制度研究	胡明华	冀宗儒	硕士	对外经济贸易大学	2002
我国刑事诉讼证据规则改革与人权保障	兰妍梅	朱俊强	硕士	广西师范大学	2002
当事人收集证据权利的程序保障研究	王　春	章武生	硕士	河南大学	2002
非法证据排除规则研究	肖　涵	黄　捷	硕士	湖南师范大学	2002
论电子证据	车丽华	黄　捷	硕士	湖南师范大学	2002
电子证据的若干法律问题研究	钱小平	黄和新	硕士	南京师范大学	2002
证明标准与诉讼价值	朱凤达	夏锦文	硕士	南京师范大学	2002
法律真实理念及其证明标准	邱艾松	龙宗智	硕士	四川大学	2002
刑事证据展示制度之研究	章鸣林	薛喜堂	硕士	苏州大学	2002
诉讼证明标准理论研究	谢元春	唐晓嘉	硕士	西南师范大学	2002
民事证据采信制度研究	张永泉	常　怡	博士	西南政法大学	2002
民事证据收集制度研究	杨　军	常　怡	硕士	西南政法大学	2002
论电子证据的确立与运用	李　微	何文燕	硕士	湘潭大学	2002
论非法证据排除规则	陈　敏	宋世杰	硕士	湘潭大学	2002
论证据展示制度在我国刑事诉讼中的确立	熊建军	宋世杰	硕士	湘潭大学	2002

论文题目	作者	指导教师	学位	学位授予单位	学位授予时间
浅谈证据交换制度	朱　杰	杨　翔	硕士	湘潭大学	2002
刑事诉讼证明真理观与价值观研究	黄友明	孙长永	硕士	湘潭大学	2002
民事诉讼中证人出庭作证若干问题研究	孙同占	姜建初	硕士	郑州大学	2002
论司法裁判中的事实问题	赵承寿	刘　瀚	博士	中国社会科学院研究生院	2002
对西方证据法的历史解析	陈小东	曾尔恕	硕士	中国政法大学	2002
略论民诉中的举证与查证	李雪莲	王敬藩	硕士	中国政法大学	2002
证人豁免制度初论	彭　宴	岳礼玲	硕士	中国政法大学	2002
论电子证据	陈　方	李坤刚	硕士	安徽大学	2003
论非法证据排除规则	黄义勇	余经林	硕士	安徽大学	2003
论我国刑事证据制度	江汝南	汪汉卿	硕士	安徽大学	2003
论证据法上的专家意见制度	周方伦	陈宏光	硕士	安徽大学	2003
数据电文的证据问题研究	刘　诚	吕　斌	硕士	安徽大学	2003
刑事诉讼中的证据展示制度研究	莫士龙	余经林	硕士	安徽大学	2003
计算机犯罪侦查取证技术——计算机证据研究	罗朝晖	张书杰	硕士	北京工业大学	2003
民事证据开示制度研究	张　芳	冀宗儒	硕士	对外经济贸易大学	2003
英美证据法上的专家证人制度研究：兼论对中国鉴定制度的启发与完善	付文元	冀宗儒	硕士	对外经济贸易大学	2003
民事诉讼中的质证制度研究	杨晨光	章武生	硕士	复旦大学	2003
英美法系的专家证据制度研析	王王为	李昌道	硕士	复旦大学	2003
民事诉讼证据种类重构	张嘉军	章武生	硕士	河南大学	2003
论我国刑事证据展示制度的完善	李才坤	黄　捷	硕士	湖南师范大学	2003
DNA 证据运用规则研究	袁海勇	胡锡庆	硕士	华东政法学院	2003

论文题目	作者	指导教师	学位	学位授予单位	学位授予时间
论法官庭外调查证据制度	孙云康	王俊民	硕士	华东政法学院	2003
论刑事诉讼证据的关联规则	姜琳炜	胡锡庆	硕士	华东政法学院	2003
电子证据基本问题研究	赵冬燕	石　英	硕士	辽宁大学	2003
民事诉讼举证制度若干问题的研究	栾晶晶	郭　洁	硕士	辽宁大学	2003
行政诉讼证据制度若干问题研究	郑英爱	张　弘	硕士	辽宁大学	2003
完善我国证据制度的构想：论中国传统证据心理之重构与西方证据规则的移植	郑　军	刘万奇	硕士	辽宁师范大学	2003
民事证据开示制度研究	韩　波	章　程	博士	清华大学	2003
论我国民事诉讼中的证据收集制度	周　敏	秦　伟	硕士	山东大学	2003
论刑事诉讼的证据规则	张志国	冯殿美	硕士	山东大学	2003
刑事证据能力问题研究	郑冬梅	刘　远	硕士	山东大学	2003
非法证据排除规则比较研究	罗承华	陈晓枫	硕士	武汉大学	2003
世界贸易组织争端解决机制证据规则研究	席　晶	余敏友	硕士	武汉大学	2003
刑事证据开示制度研究	官文生	陈　岚	硕士	武汉大学	2003
行政诉讼证据若干问题研究	汪建林	周佑勇	硕士	武汉大学	2003
行政诉讼证明标准研究	刘　军	林莉红	硕士	武汉大学	2003
证据理论几个关键问题的研究	侯　俊	潘　泉	硕士	西北工业大学	2003
电子证据论	孙国祥	宋世杰	硕士	湘潭大学	2003
论建立我国刑事证据开示制度	陈玉敏	宋世杰	硕士	湘潭大学	2003
论我国民事诉讼的调查取证制度	黄　虹	何文燕	硕士	湘潭大学	2003
论行政诉讼非法证据排除规则	李美群	胡肖华	硕士	湘潭大学	2003
民事诉讼中的科学证据	杨雄文	陈　刚	硕士	湘潭大学	2003
对刑事证据引入警察作证的思考	吴　斌	陈志波	硕士	云南大学	2003

论文题目	作者	指导教师	学位	学位授予单位	学位授予时间
论刑事证据展示制度	杨利民	杨毓显	硕士	云南大学	2003
建立我国刑事证据规则体系的构想	赵光南	王长水	硕士	郑州大学	2003
刑事诉讼中非法证据排除规则研究	张述周	王长水	硕士	郑州大学	2003
刑讯逼供成因及对策研究	常江辉	马松建	硕士	郑州大学	2003
刑讯逼供的原因及防范对策	栗　英	马松建	硕士	郑州大学	2003
证人出庭作证的困惑与对策	高宪臣	王长水	硕士	郑州大学	2003
计算机取证及其电子数据鉴定技术的分析与研究	黄　轩	赵战生 吕述望	硕士	中国科学技术大学	2003
程序正义与刑事证据法	史立梅	樊崇义	博士	中国政法大学	2003
刑事证据可采性研究	郭志媛	陈光中	博士	中国政法大学	2003
中国近代证据制度研究	蒋铁初	怀效锋	博士	中国政法大学	2003
非法证据排除规则研究	方志坚	王圣扬	硕士	安徽大学	2004
民事诉讼对抗之证据制度研究	李仁军	张宇润	硕士	安徽大学	2004
刑事非法证据排除规则研究	孙晓梅	韩　铁	硕士	安徽大学	2004
刑事诉讼中的证据开示制度研究	方中华	王圣扬	硕士	安徽大学	2004
证据保全公证问题研究	张宝华	徐淑萍	硕士	安徽大学	2004
船舶碰撞诉讼证据采证规则研究	马得懿	司玉琢 郭　萍	硕士	大连海事大学	2004
海上交通事故调查证据问题研究	王　宁	赵鹿军 刘寿杰	硕士	大连海事大学	2004
Bayes 框架下 DNA 证据的量化研究	朱德刚	胡跃清	硕士	东南大学	2004
论遏制刑讯逼供的对策	周　涛	孙　利	硕士	对外经济贸易大学	2004
论民事诉讼审前程序中的证据准备	王运涛	冀宗儒	硕士	对外经济贸易大学	2004

论文题目	作者	指导教师	学位	学位授予单位	学位授予时间
论民事诉讼证据的证据能力与可采纳性	武雪梅	冀宗儒	硕士	对外经济贸易大学	2004
论民事诉讼证据中的证据可采性规则——以美国法为中心	陈　赞	冀宗儒	硕士	对外经济贸易大学	2004
论医疗损害赔偿中的举证责任倒置	梁慧琴	黄　勇	硕士	对外经济贸易大学	2004
论英国证据法上的法律职业特权制度	李　华	冀宗儒	硕士	对外经济贸易大学	2004
民事诉讼证明标准比较研究	周丽霞	王　军	硕士	对外经济贸易大学	2004
传闻证据排除规则及其本土化建构	厉倩雯	王志强	硕士	复旦大学	2004
论我国民事证据开示制度的改革与完善	陈　巍	章武生	硕士	复旦大学	2004
民事诉讼中证据开示制度探讨：兼论其与证据交换制度之比较	王林吉	章武生	硕士	复旦大学	2004
我国民事诉讼法官心证制度的确立和完善	朱泳武	章武生	硕士	复旦大学	2004
刑事诉讼证据的采信与排除	赵　唯	谢佑平	硕士	复旦大学	2004
刑事诉讼中证据开示制度研究	范娟红	谢佑平	硕士	复旦大学	2004
计算机取证技术研究	钟秀玉	凌　捷	硕士	广东工业大学	2004
电子证据的证明力研究	张　虹	谭　兵	硕士	海南大学	2004
论我国非法口供排除规则的重构	吴献萍	黄　捷	硕士	湖南师范大学	2004
传闻证据规则在我国确立与适用之研究	何军兵	王俊民	硕士	华东政法学院	2004
秘密监听证据适用问题研究	吕继东	叶　青	硕士	华东政法学院	2004
民事再审证据制度实务研究	李　新	蒋集跃	硕士	华东政法学院	2004
行政诉讼举证责任分配的分类研究	马永刚	邹　荣 俞子清	硕士	华东政法学院	2004

论文题目	作者	指导教师	学位	学位授予单位	学位授予时间
意见证据及其排除规则的理性透视	杨庆莉	王俊民	硕士	华东政法学院	2004
口供的审查判断与认定：关于被告人翻供案件证据认定的调查与思考	马登柱	汪振江	硕士	兰州大学	2004
论民事诉讼中的认证	张耀泽	俞树毅	硕士	兰州大学	2004
论我国民事诉讼举证时限制度	董武斌	刘艺工	硕士	兰州大学	2004
试论民事诉讼审前程序	张　超	胡晓红	硕士	兰州大学	2004
我国司法鉴定结论若干问题研究	齐世萍	汪振江	硕士	兰州大学	2004
刑事诉讼证据展示制度探析	谢立宾	蔡永民	硕士	兰州大学	2004
论民事诉讼证据调查收集与秘密保护制度及立法完善	牛玉璞	李丽峰	硕士	辽宁大学	2004
我国行政诉讼证据规则研究	王雪艳	张　弘	硕士	辽宁大学	2004
逮捕证明标准基本问题研究	章　群	孙国祥	硕士	南京大学	2004
口供补强规则探析：兼论共犯口供运用问题	宋长健	许　江	硕士	南京大学	2004
民事检察中证据运用的法理与实践	林见春	李　浩	硕士	南京师范大学	2004
网络证据基本问题研究	王　峰	黄和新	硕士	南京师范大学	2004
现代自由心证制度的价值研究：刑事诉讼视角	莫良元	夏锦文	硕士	南京师范大学	2004
英美法系专家证人制度评析：兼谈建立我国专家证据制度的构想	王　静	夏锦文	硕士	南京师范大学	2004
关于设立我国刑事证据开示制度的思考	李　萍	魏健馨	硕士	南开大学	2004
刑事诉讼中的非法证据排除规则研究	金小慧	张丽霞	硕士	南开大学	2004
行政诉讼证据适用问题研析	李　瑾	傅士成	硕士	南开大学	2004

论文题目	作者	指导教师	学位	学位授予单位	学位授予时间
民事诉讼中的电子证据若干问题研究	陈秀英	徐　伟	硕士	山东大学	2004
试论我国行政诉讼证据的认证规则	炅晶雯	肖金明 刘明利	硕士	山东大学	2004
提起公诉的证据标准探析	赵　霞	田荔枝	硕士	山东大学	2004
海事证据的调查与收集——论我国海事证据的调查与收集的若干问题	余锦兵	蔡存强	硕士	上海海事大学	2004
我国海事诉讼中的证据规则问题研究	徐　婕	蒋正雄	硕士	上海海事大学	2004
论诉讼证据的种类	俞　峰	李晓明	硕士	苏州大学	2004
论我国医疗事故鉴定制度的司法运作与完善	赵文清	胡亚球	硕士	苏州大学	2004
论刑事诉讼证明标准	李向荣	张成敏	硕士	苏州大学	2004
论证据交换制度及其所带来的挑战	吴现文	胡亚球	硕士	苏州大学	2004
论自由心证原则	龚甬钰	胡亚球	硕士	苏州大学	2004
试论刑事非法证据排除规则	方伟军	刘　文	硕士	苏州大学	2004
刑事法中推定原则的探究	徐子良	张成敏	硕士	苏州大学	2004
刑事诉讼质证问题研究	高凌云	张成敏	硕士	苏州大学	2004
刑事诉讼中的证据开示制度研究	徐建峰	刘　文	硕士	苏州大学	2004
论倾向性证据规则	汪　键	蔡　杰	硕士	武汉大学	2004
民事诉讼证据保全制度研究	胡　辉	赵　钢	硕士	武汉大学	2004
民事诉讼中的当事人陈述	阮志勇	赵　钢	硕士	武汉大学	2004
刑事非法证据排除规则若干问题研究	汪　容	蔡　杰	硕士	武汉大学	2004
行政诉讼证据交换研究	刘　昆	林莉红	硕士	武汉大学	2004

论文题目	作者	指导教师	学位	学位授予单位	学位授予时间
行政诉讼证据若干问题的研究	周丽萍	周佑勇	硕士	武汉大学	2004
行政诉讼证明标准研究初步	周　琼	林莉红	硕士	武汉大学	2004
自认制度若干问题研究	张　扬	赵　钢	硕士	武汉大学	2004
口供问题研究	鲁　森	汪　力	硕士	西南师范大学	2004
刑事证据研究：事实信息理论及其对刑事证据的解读	熊志海	徐静村	博士	西南政法大学	2004
自由心证制度研究：以民事诉讼为中心	刘春梅	田平安	博士	西南政法大学	2004
电子证据及其法庭应用研究	王　跃	王成荣	硕士	西南政法大学	2004
非法证据排除规则目的论	庞　林	莫丹谊	硕士	西南政法大学	2004
简论英美诉答及对中国之启示	丁宝同	田平安	硕士	西南政法大学	2004
论行政诉讼举证责任及其存在原理	贺奇兵	王学辉	硕士	西南政法大学	2004
论行政证据	张生涌	王学辉	硕士	西南政法大学	2004
民事电子证据研究	王　健	田平安	硕士	西南政法大学	2004
民事证据保全制度研究	苏喜平	廖中洪	硕士	西南政法大学	2004
民事证据能力研究：以证人证言为中心的分析	刘　远	廖中洪	硕士	西南政法大学	2004
诉讼中的技术顾问制度研究	土绍芳	胡世澄	硕士	西南政法大学	2004
非法证据排除规则研究	吉　平	宋世杰	硕士	湘潭大学	2004
论高科技时代的专家证据“可采性”制度	奉晓政	陈　刚	硕士	湘潭大学	2004
未成年人言词证据研究	郭欣阳	刘立霞	硕士	燕山大学	2004
电子签名法律问题研究	冉国平	陈志波	硕士	云南大学	2004
遏制刑讯逼供之我见	殷志祥	曾粤兴	硕士	云南大学	2004
非法证据排除规则研究	钱　春	李申俊	硕士	云南大学	2004
论民事诉讼质证及其相关规则	尧宗梁	陈志波	硕士	云南大学	2004

论文题目	作者	指导教师	学位	学位授予单位	学位授予时间
论刑事诉讼中的推定及其在毒品犯罪中的适用	周岸崇	刘艺乒	硕士	云南大学	2004
论正确把握和运用刑事诉讼中的口供	赖韦名	莫关耀	硕士	云南大学	2004
试论刑事电子证据	莫崇斌	莫光耀	硕士	云南大学	2004
行政诉讼证据规则研究	胡　萍	杨临宏	硕士	云南大学	2004
行政证据制度若干问题研究	朱素明	杨临宏	硕士	云南大学	2004
电子数据证据的若干法律问题研究	侯　林	李朝晖	硕士	郑州大学	2004
论构建我国刑事诉讼中的非法证据排除规则	姬英敏	王长水	硕士	郑州大学	2004
论刑事证据展示制度	狄丽雯	宋雅芳	硕士	郑州大学	2004
我国刑事证据信息展示制度研究	张云龙	王长水	硕士	郑州大学	2004
刑事证据开示制度研究	周会蕾	王长水	硕士	郑州大学	2004
刑事证据开示制度研究	苏宏锦	靳建丽	硕士	郑州大学	2004
中国涉外民商证据域外取证制度的研究	马政民	成先平	硕士	郑州大学	2004
重构我国的刑事诉讼证明标准	李　玲	王长水	硕士	郑州大学	2004
计算机与网络取证系统的研究与实现	杨泽明	许榕生	硕士	中国科学院高能物理研究所	2004
计算机取证方法关键问题研究	孙　波	孙玉芳	硕士	中国科学院软件研究所	2004
行政处罚证据原理研究	李红枫	朱维究	博士	中国政法大学	2004
论火灾物证鉴定制度	叶文霞	张　方	硕士	中国政法大学	2004
试论电子证据的认定	杜晓伟	卫跃宁	硕士	中国政法大学	2004
试论证据的证明力	孙　宇	乔　欣	硕士	中国政法大学	2004
证明责任之适用	李　标	王　娣	硕士	中国政法大学	2004

论文题目	作者	指导教师	学位	学位授予单位	学位授予时间
直接言词基本原则在我国的确立与相关制度的构建	李　维	卫跃宁	硕士	中国政法大学	2004
论刑事非法证据排除规则在我国的构建	梁郁娟	黄　瑶	硕士	中山大学	2004
民事诉讼保全制度研究	赵恒爱	蔡彦敏	硕士	中山大学	2004
我国刑事证据展示制度研究	李　侠	杨建广	硕士	中山大学	2004
刑事非法证据排除规则研究	林煜轩	杨建广	硕士	中山大学	2004
电子证据研究	杨新生	王圣扬	硕士	安徽大学	2005
对我国刑事证据开示制度的完善与运作的思考	李　磊	杨文彬	硕士	安徽大学	2005
计算机犯罪中的电子证据及其证据规则研究	何玉明	张品泽	硕士	安徽大学	2005
刑事非法证据排除规则研究	方泽华	张品泽	硕士	安徽大学	2005
刑事诉讼证据开示制度研究	何贵平	余经林	硕士	安徽大学	2005
刑事证据开示制度研究	黄　波	张品泽	硕士	安徽大学	2005
论电子证据	张　斌	李　莘	硕士	对外经济贸易大学	2005
论非法证据排除规则	刘顺林	孙　利	硕士	对外经济贸易大学	2005
论民事诉讼证据形式	章彦奇	冀宗儒	硕士	对外经济贸易大学	2005
论民事诉讼中的证据交换制度	王鹏举	冀宗儒	硕士	对外经济贸易大学	2005
WTO 争端解决机制程序规则的法律分析	鞠村臻	孙春伟	硕士	哈尔滨工程大学	2005
当代中国证据法学研究范式论	宋志军	白淑卿	硕士	河北大学	2005
行政赔偿诉讼证明问题研究	李成革	石东坡	硕士	河北大学	2005
非法证据排除规则研究	孙雅南	康凤英	硕士	黑龙江大学	2005
论非法证据排除规则	关文来	康凤英	硕士	黑龙江大学	2005
我国证据开示制度之建构	罗　刚	康凤英	硕士	黑龙江大学	2005
证据开示制度研究	李国辉	董玉庭	硕士	黑龙江大学	2005

论文题目	作者	指导教师	学位	学位授予单位	学位授予时间
电子证据的法律分析	李　鹏	王俊民 杨可中	硕士	华东政法学院	2005
行政行为在民事诉讼中的证据效力研究	刘志欣	沈福俊	硕士	华东政法学院	2005
刑事非法证据认定与排除制度研究	李彦军	杨振洪 曹旅宁	硕士	华南师范大学	2005
电子证据研究	胡廷松	邓　杰	硕士	华侨大学	2005
法律证据的方法论研究	郭梅芳	张大松	硕士	华中师范大学	2005
电子证据研究	贺卫锋	闵春雷	硕士	吉林大学	2005
非法证据排除规则问题研究	谷敏刚	闵春雷	硕士	吉林大学	2005
非法证据排除规则研究	孙桂华	闵春雷	硕士	吉林大学	2005
非法证据排除规则在我国的确立与完善	乔英杰	闵春雷	硕士	吉林大学	2005
论非法证据排除规则	田　英	闵春雷	硕士	吉林大学	2005
论民事诉讼证据开示	刘　晶	冯彦君	硕士	吉林大学	2005
论我国民事诉讼制度中新的证据规则	李广军	韦经建	硕士	吉林大学	2005
民事诉讼非法证据排除规则若干问题研究	敬晓清	李建华	硕士	吉林大学	2005
民事证据审核认定制度的完善	曲　晶	王彦明	硕士	吉林大学	2005
确立我国的刑事非法证据排除规则的思考	张宏杰	马新福	硕士	吉林大学	2005
我国民事诉讼证据交换制度研究	孟雪丛	赵　军	硕士	吉林大学	2005
刑事诉讼中的证据开示制度研究	赵卫龙	赖　宇	硕士	吉林大学	2005
刑事证据规则研究	陆煜颖	闵春雷	硕士	吉林大学	2005
刑事证据开示制度若干问题研究	张　强	霍存福	硕士	吉林大学	2005
证据法视野下的无罪推定原则	邝军坤	闵春雷	硕士	吉林大学	2005

论文题目	作者	指导教师	学位	学位授予单位	学位授予时间
论民事诉讼证据交换制度	仇　超	刘　敏	硕士	南京师范大学	2005
民事诉讼非法证据排除规则研究	陈志超	李　浩	硕士	南京师范大学	2005
电子证据的基本问题与取证初探	宁　勇	王亚新	硕士	清华大学	2005
试论民事非法证据排除规则	张晓静	王晨光	硕士	清华大学	2005
电子证据的若干法律问题研究从民事诉讼法的角度	万慧泽	秦　伟	硕士	山东大学	2005
论非法证据排除规则在中国的适用	王欣欣	丁　杰	硕士	山东大学	2005
论民事诉讼中的新证据	孟　敏	秦　伟	硕士	山东大学	2005
心理测试结论作为民事诉讼证据可行性初探	刘年群	崔立红 王笑冰	硕士	山东大学	2005
行政诉讼非法证据排除规则研究	刘文科	柳砚涛	硕士	山东大学	2005
春秋战国时期诉讼证据研究	郭明月	赵世超	硕士	陕西师范大学	2005
论世贸组织争端解决机制中的举证责任	曾焱飞	叶兴平	硕士	深圳大学	2005
民事证据保全制度研究	廖小琴	陈永革	硕士	四川大学	2005
涉毒死刑案件证据认证规则研究	舒子贵	左卫民	硕士	四川大学	2005
侦查过程中对电子证据的保全	张瀚霖	戴宗坤 李维奇	硕士	四川大学	2005
传闻证据研究	翟传强	张永泉	硕士	苏州大学	2005
电子证据可采论	汪春鸣	张永泉	硕士	苏州大学	2005
论自由心证制度在民事证据评判中的运用	王文萍	张永泉	硕士	苏州大学	2005
刑事非法证据排除规则中的价值冲突	吴海研	张成敏	硕士	苏州大学	2005
行政诉讼证据排除规则初探	刁成路	杨海坤	硕士	苏州大学	2005
论刑事非法证据排除规则	李　梅	蔡　杰	硕士	武汉大学	2005

论文题目	作者	指导教师	学位	学位授予单位	学位授予时间
论行政诉讼证据的合法性	钟　娴	林莉红	硕士	武汉大学	2005
民诉证据资格研究	彭文庠	赵　钢	硕士	武汉大学	2005
行政契约的行政诉讼证据问题研究	才凤敏	杨解君	硕士	武汉大学	2005
非法证据排除规则的理论和实践	陈在上	徐静村	硕士	西南交通大学	2005
科技证据可采性研究	李昌博	徐静村	硕士	西南政法大学	2005
民事证据搜寻与证明行为的成本分析与博弈理解	和建敏	田平安	硕士	西南政法大学	2005
民事执行中的证据问题研究	王书瀚	田平安	硕士	西南政法大学	2005
证据补强研究	卢金有	雷　震	硕士	西南政法大学	2005
论民事诉讼中的证据交换制度	梁　媛	张　榕	硕士	厦门大学	2005
论我国民事证据排除规则	瞿　兵	廖永安	硕士	湘潭大学	2005
论刑事证据开示制度	罗　薇	宋世杰	硕士	湘潭大学	2005
浅论非法证据排除规则	曹　阳	宋世杰	硕士	湘潭大学	2005
完善我国民事诉讼证据交换制度之构想	张译平	陈　刚	硕士	湘潭大学	2005
论毒品犯罪证据审查中的自由心证	景碧昆	莫关耀	硕士	云南大学	2005
论无罪推定原则	厉耘虹	刘艺乒	硕士	云南大学	2005
论证据的证明标准	适艳红	杨晋玲	硕士	云南大学	2005
完善我国公诉证据标准之思考	蒋向国	曾粤兴	硕士	云南大学	2005
刑事证明模式研究	肖燕飞	莫关耀	硕士	云南大学	2005
陈词、证据与认知	丛杭青	夏基松	博士	浙江大学	2005
渎职侵权案件证据的收集	刘永刚	王长水	硕士	郑州大学	2005
论非法证据排除规则在我国的构建	靳春青	王长水	硕士	郑州大学	2005

论文题目	作者	指导教师	学位	学位授予单位	学位授予时间
论我国刑事非法证据排除规则的构建	刘耿亚	王长水	硕士	郑州大学	2005
证据开示制度研究	张保庆	宋雅芳	硕士	郑州大学	2005
论自由心证与法定证据法制之发展趋势——以两岸民事诉讼法制为中心	姜礼增	杨荣馨	博士	中国政法大学	2005
证据相关性研究	俞　亮	卞建林	博士	中国政法大学	2005
国际商事仲裁证据制度若干问题研究	李红海	赵一民	硕士	中国政法大学	2005
论非法证据排除规则	张安勇	郑　旭	硕士	中国政法大学	2005
论我国如何确立非法证据排除规则	朱晋华	吴宏耀	硕士	中国政法大学	2005
论行政诉讼非法证据排除规则	陈　敏	刘　莘	硕士	中国政法大学	2005
民事诉讼电子证据之研究	刘　健	郭纪元	硕士	中国政法大学	2005
民事诉讼中私录视听资料证据效力研究	崔师振	俞兆平	硕士	中国政法大学	2005
民事证据失权制度研究	王　东	宋朝武	硕士	中国政法大学	2005
试论建立中国特色非法证据排除规则	苏日娜	洪道德	硕士	中国政法大学	2005
试论我国刑事证据开示制度及其完善	赵　欣	宋英辉	硕士	中国政法大学	2005
试论证据合法原则的制度保障之非法证据排除规则	倪晓梅	刘金友	硕士	中国政法大学	2005
我国的刑事诉讼证据规则	李春凤	吴宏耀	硕士	中国政法大学	2005
我国法官庭外调查证据程序之重构——寻求实体真实与程序公正之平衡	吴小军	刘金友	硕士	中国政法大学	2005

论文题目	作者	指导教师	学位	学位授予单位	学位授予时间
我国民事诉讼证据交换制度的完善	刘　宇	乔　欣	硕士	中国政法大学	2005
刑事诉讼中的电子证据研究	冷　玉	宋英辉	硕士	中国政法大学	2005
刑事庭审证据调查制度研究	郑铭勋	洪道德	硕士	中国政法大学	2005
口供的效力研究	付凌霄	杨　鸿	硕士	中山大学	2005
论我国非法证据排除规则的完善	王　民	徐　彪	硕士	安徽大学	2006
论我国刑事非法证据的防范	王笑一	余经林	硕士	安徽大学	2006
非法证据排除规则及其在我国的完善	韩柏顺	李卫刚	硕士	对外经济贸易大学	2006
我国刑事非法证据排除规则的缺陷及其完善	余炯炯	梅夏英	硕士	对外经济贸易大学	2006
民事诉讼庭前证据交换制度研究	梁　枫	柯阳友	硕士	河北大学	2006
我国刑事诉讼中的证据开示制度问题研究	王会池	陈玉忠	硕士	河北大学	2006
刑事非法证据排除规则及在我国的确立	任桂芬	陈玉忠	硕士	河北大学	2006
刑事证据展示制度研究	田　冲	冯惠敏	硕士	河北大学	2006
论民事诉讼中的证据开示制度	董四化	吴泽勇	硕士	河南大学	2006
非法证据排除规则的经济分析	佘连菊	杨可中	硕士	华东政法学院	2006
论民事非法证据及其排除	潘　兵	武胜建	硕士	华东政法学院	2006
民事诉讼证据失权制度研析	林　虹	牟逍媛	硕士	华东政法学院	2006
试论纪检监察证据向刑事证据的转化	朱铭元	叶　青	硕士	华东政法学院	2006
试论刑事诉讼非法证据排除规则	刘　昕	孙剑明	硕士	华东政法学院	2006
非法证据排除规则的确立与实现	王亚丽	闵春雷	硕士	吉林大学	2006
非法证据排除规则研究	代咏梅	李韧夫	硕士	吉林大学	2006
论刑事证据的审查判断	姜　静	闵春雷	硕士	吉林大学	2006

论文题目	作者	指导教师	学位	学位授予单位	学位授予时间
论自白证据规则	李国政	闵春雷	硕士	吉林大学	2006
证据概念及属性再思考	张宇鹏	闵春雷	硕士	吉林大学	2006
电子证据可采性规则探析	成伟智	刘　颖	硕士	暨南大学	2006
论数据电文的证据问题	区　琳	刘　颖	硕士	暨南大学	2006
刑事证据展示制度研究	刘凤羽	赖　宇	硕士	暨南大学	2006
非法证据排除规则研究	冯新文	蔡永民	硕士	兰州大学	2006
论我国民事证据交换制度的完善	汪国锋	汪振江	硕士	兰州大学	2006
民事诉讼证据排除——规则解读与路径分析	王瑞莲	宋志萍	硕士	兰州大学	2006
电子文件证据研究	江　楠	丁海斌	硕士	辽宁大学	2006
我国民事诉讼电子证据法律效力研究	李晓丽	郭　洁	硕士	辽宁大学	2006
刑事审判中法官庭外调查证据制度研究	王婷婷	邢志人	硕士	辽宁大学	2006
论我国刑事证据展示制度的完善	王　莹	张树军	硕士	内蒙古大学	2006
民事诉讼中的当事人证据收集制度研究	贲小青	刘　敏	硕士	南京师范大学	2006
证据补强规则研究	雷　霆	夏锦文	硕士	南京师范大学	2006
电子签名证据问题法律研究	胡　冰	丁　杰	硕士	山东大学	2006
非法证据排除规则	张开銮	田荔枝	硕士	山东大学	2006
非法证据排除规则问题研究	李　杰	丁杰	硕士	山东大学	2006
非法证据排除规则相关问题比较研究	马学科	胡常龙	硕士	山东大学	2006
非法证据排除规则研究	霍太稳	胡常龙	硕士	山东大学	2006
国际商事仲裁中的证据规则与事实	王　佳	姜作利	硕士	山东大学	2006
论我国刑事诉讼证据规则的完善	赵　慧	周长军	硕士	山东大学	2006

论文题目	作者	指导教师	学位	学位授予单位	学位授予时间
论我国刑事证据开示制度的建构	王立瑶	田荔枝	硕士	山东大学	2006
刑事诉讼证据开示制度研究	卢东晓	张世全	硕士	山东大学	2006
民事非法证据认定标准研究	李润光	马爱萍	硕士	山西大学	2006
贿赂犯罪认定中的非法证据问题及对策思考	陈 兵	唐 磊	硕士	四川大学	2006
试述刑事诉讼中的非法证据排除规则	吴 边	左卫民	硕士	四川大学	2006
我国刑事诉讼法确立品格证据规则初探	冯志勇	陈永革	硕士	四川大学	2006
盗窃案件证据问题研究	唐雪民	刘 文	硕士	苏州大学	2006
非法证据排除规则研究	熊 毅	胡亚球	硕士	苏州大学	2006
论电子证据的独立性和证据能力	叶 刚	张永泉	硕士	苏州大学	2006
论民事举证时限制度——以证据失权为研究中心	朱保东	胡亚球	硕士	苏州大学	2006
我国建立专家证据制度的思考	刘 俊	王克稳	硕士	苏州大学	2006
刑事非法证据排除规则适用程序本土化研究	陆久斌	薛喜堂	硕士	苏州大学	2006
行政证据若干法律问题探析	范顺姬	黄学贤	硕士	苏州大学	2006
电子证据规则的检视与完善	刘良钢	林莉红	硕士	武汉大学	2006
国际商事仲裁证据规则研究	帅 颖	宋连斌	硕士	武汉大学	2006
我国国际民事诉讼中域外证据证明制度研究	李庆明	黄 进	硕士	武汉大学	2006
我国海事诉讼中的专家证据制度的构建	陈 亮	张湘兰	硕士	武汉大学	2006
间接证据理论及其在事实认定中的运用	阮堂辉	龙宗智	博士	西南政法大学	2006
公诉证据标准研究	范树魁	徐静村	硕士	西南政法大学	2006

论文题目	作者	指导教师	学位	学位授予单位	学位授予时间
民事证据交换制度研究	唐小梅	廖中洪	硕士	西南政法大学	2006
行政证据制度研究	周士逵	谭宗泽	硕士	西南政法大学	2006
论证据能力与证明力	王亚萍	齐树洁	硕士	厦门大学	2006
我国电子证据立法若干问题研究	杨姝毅	张　榕	硕士	厦门大学	2006
刑事证据开示制度研究	李　洪	张　榕	硕士	厦门大学	2006
民事诉讼非法证据排除规则的探讨	贺望川	何文燕	硕士	湘潭大学	2006
我国民事诉讼非法证据排除问题研究	聂建刚	李　蓉	硕士	湘潭大学	2006
我国民事证据法的目的初探	邱亿成	廖永安	硕士	湘潭大学	2006
论民事诉讼中的证据制度的完善	王兴红	陈铁水	硕士	云南大学	2006
证据保全公证问题的探讨	廖竹昆	米　良	硕士	云南大学	2006
论非法证据排除规则在我国的确立	赵均锋	周　庆	硕士	郑州大学	2006
论民事诉讼中的优势证据规则	苏　娜	张秀全	硕士	郑州大学	2006
论我国非法证据排除规则的构建	侯少霞	王长水	硕士	郑州大学	2006
论我国民事证据失权制度的构建	朱惠晓	周　庆	硕士	郑州大学	2006
论我国刑事非法证据排除规则	张　耀	王长水	硕士	郑州大学	2006
刑事诉讼中的证据开示制度研究	何　亮	王长水	硕士	郑州大学	2006
论入世后中国民事诉讼证据制度的改革	李　李	曹文振	硕士	中国海洋大学	2006
论电子证据的提取和鉴定	宋振苏	刘品新	硕士	中国人民大学	2006
论刑诉中的非法证据排除制度	刘晓光	王新清	硕士	中国人民大学	2006
新闻侵权诉讼中的证据学问题研究	盛　敏	刘　刚	硕士	中国人民大学	2006
传闻证据规则研究	朱立恒	卞建林	博士	中国政法大学	2006

论文题目	作者	指导教师	学位	学位授予单位	学位授予时间
传闻证据规则研究——以刑事诉讼为视角	刘 玫	陈光中	博士	中国政法大学	2006
电子证据研究	张 凯	刘金友	博士	中国政法大学	2006
电子证据的取证及其限制——从电子证据的特点出发	张云泉	张 方	硕士	中国政法大学	2006
电子证据基础问题研究	徐 亮	俞兆平	硕士	中国政法大学	2006
电子证据实证研究	王卫东	卫跃宁	硕士	中国政法大学	2006
对我国确立刑事非法证据排除规则的思考	罗 洁	汪海燕	硕士	中国政法大学	2006
构建我国非法证据排除规则探讨	赵国龙	鲁 杨	硕士	中国政法大学	2006
计算机犯罪案件证据问题研究	杨深义	汪海燕	硕士	中国政法大学	2006
论口供的证据价值	程克盛	吴宏耀	硕士	中国政法大学	2006
论民事诉讼中的非法证据排除规则	王 静	谭秋桂	硕士	中国政法大学	2006
论民事诉讼中的证据交换制度	刘 岩	俞兆平	硕士	中国政法大学	2006
论我国刑事诉讼证据开示制度的构建	朱大全	鲁 杨	硕士	中国政法大学	2006
论中国刑事诉讼证据规则	叶永革	刘 玫	硕士	中国政法大学	2006
民事审前程序证据交换制度研究	范米多	宋朝武	硕士	中国政法大学	2006
民事诉讼电子证据研究	吕 新	郭纪元	硕士	中国政法大学	2006
民事诉讼庭前证据交换实务问题研究	温 满	常 英	硕士	中国政法大学	2006
完善证据认证制度	韩爱芹	俞兆平	硕士	中国政法大学	2006
我国鉴定证据制度的问题与改革	何 淼	卫跃宁	硕士	中国政法大学	2006
我国刑事证据展示制度初探	何文全	鲁 杨	硕士	中国政法大学	2006
刑事诉讼证据规则研究——以职务犯罪为视角	王艳敏	卫跃宁	硕士	中国政法大学	2006

论文题目	作者	指导教师	学位	学位授予单位	学位授予时间
行政许可证据制度研究	谭炜杰	郎佩娟	硕士	中国政法大学	2006
隐私权保护与非法证据排除规则的确立	东小明	宋英辉	硕士	中国政法大学	2006
证据失权及其救济机制研究	任　玲	肖建华	硕士	中国政法大学	2006
构建我国刑事非法证据排除规则的思考	金　芃	陈　东	硕士	中山大学	2006
论电子证据	王崇华	于海涌	硕士	中山大学	2006
论刑事电子证据的基本属性及其提取	刘金枣	杨建广	硕士	中山大学	2006
论刑事非法证据的程序控制	陈一天	刘　星	硕士	中山大学	2006
我国刑事非法证据排除规则可行性研究	韦晓一	杨建广	硕士	中山大学	2006
我国刑事证据开示制度的初探	翟锦华	矫　波	硕士	中山大学	2006
刑事非法证据排除规则的构建	任升浩	杨建广	硕士	中山大学	2006
刑事诉讼中“非法证据”的重新界定	刘小吟	杨　鸿	硕士	中山大学	2006
电子文件的法律证据地位研究	张先锋	丁华东	硕士	安徽大学	2007
论网络犯罪中电子证据的收集	王慧娟	王圣扬	硕士	安徽大学	2007
民事诉讼中“新的证据”问题研究	张杏喜	余经林	硕士	安徽大学	2007
刑事非法证据排除规则	陈　仙	尹春丽	硕士	安徽大学	2007
刑事诉讼非法证据排除规则研究	李　想	余经林	硕士	安徽大学	2007
证据裁判原则研究	贺　韬	王圣扬	硕士	安徽大学	2007
非法证据排除规则与中国刑事庭前审查程序的改革	王　源	汪建成	硕士	北京大学	2007
对外贸易中电子证据法律问题研究	许　良	侯淑波	硕士	大连海事大学	2007

论文题目	作者	指导教师	学位	学位授予单位	学位授予时间
环境刑事证据规则研究	徐永慧	刘文燕	硕士	东北林业大学	2007
论刑事诉讼中非法证据的证据能力	葛海军	孙　利	硕士	对外经济贸易大学	2007
刑事传闻证据规则研究	薛泽驹	孙　利	硕士	对外经济贸易大学	2007
论构建我国刑事证据开示制度	王　燕	李卫国 刘　鹏	硕士	贵州大学	2007
论民事诉讼中证据的审核认定制度	宋景伟	刘爱军	硕士	贵州大学	2007
论非法证据排除规则	李　鹏	冯　军	硕士	河北大学	2007
论民事诉讼中的法院调查证据制度	李红叶	柯阳友	硕士	河北大学	2007
民事诉讼当事人证据收集制度研究	单东亮	柯阳友	硕士	河北大学	2007
我国刑事非法证据排除规则研究	卜　睿	冯惠敏	硕士	河北大学	2007
我国刑事证据开示制度研究	梁　婧	王志祥	硕士	河北大学	2007
行政证据制度法律问题研究	钟晓坤	许双全 石东坡	硕士	河北大学	2007
论鉴定结论在刑事诉讼中的证据功能	赵明辉	韩　红	硕士	黑龙江大学	2007
英美行政程序证据制度论要	杨杰岚	刘春萍	硕士	黑龙江大学	2007
我国民事诉讼证据收集制度改革的再思考	熊维炜	蒋集跃	硕士	华东政法大学	2007
刑事诉讼视野内的补强证据规则研究	张　亮	叶　青	硕士	华东政法大学	2007
非法证据排除规则的价值分析和规则构建	钱　飞	杨可中	硕士	华东政法大学	2007
非法证据排除规则的价值研究	徐海斌	赖　宇	硕士	吉林大学	2007

论文题目	作者	指导教师	学位	学位授予单位	学位授予时间
非法证据排除规则及其在我国的适用	凤淑杰	吕　丽	硕士	吉林大学	2007
构建中国非法证据排除规则体系研究	尹彩军	赖　宇	硕士	吉林大学	2007
建立我国证据展示制度的可行性研究	钟超学	李韧夫	硕士	吉林大学	2007
论非法实物证据的排除	张　尧	闵春雷 孙万胜	硕士	吉林大学	2007
论现代刑事诉讼中的证据裁判原则	周明明	闵春雷	硕士	吉林大学	2007
论刑事诉讼中的非法证据排除规则	戴静平	李韧夫	硕士	吉林大学	2007
民事诉讼庭前证据交换制度研究	郭卫丽	赵惊涛	硕士	吉林大学	2007
浅析我国民事诉讼证据的审核认定标准	王长义	吕　丽	硕士	吉林大学	2007
刑事证据保全制度研究	康永健	闵春雷	硕士	吉林大学	2007
刑事证据概念之重新思考	郭儒远	闵春雷	硕士	吉林大学	2007
电子证据证明力研究	李　晔	刘　颖	硕士	暨南大学	2007
论非法证据排除规则	李梅琴	刘艺工	硕士	兰州大学	2007
民事电子证据效力认定研究	吴利民	刘艺工	硕士	兰州大学	2007
我国刑事诉讼证据种类的困境及再构建	晋　涛	俞树毅	硕士	兰州大学	2007
刑事非法证据排除规则研究	仝泽龙	刘绍彬	硕士	兰州大学	2007
论我国刑事诉讼中非法证据排除规则的完善	赵　妍	吕凤英	硕士	辽宁师范大学	2007
民事诉讼品格证据研究	朱立坤	高芙蓉	硕士	内蒙古大学	2007
民事诉讼证据失权制度研究	常曙光	王红岩	硕士	内蒙古大学	2007

论文题目	作者	指导教师	学位	学位授予单位	学位授予时间
证据理论中冲突证据的处理及其应用	张　军	涂国平	硕士	南昌大学	2007
论民事非法证据排除	张跃进	张学军	硕士	南京师范大学	2007
论刑事非法证据排除规则的制度构建	薛　莲	李　力	硕士	南京师范大学	2007
民事诉讼证据收集制度研究	邵　艳	李　浩	硕士	南京师范大学	2007
民事证据法中经验法则之研究	常拥军	李　浩	硕士	南京师范大学	2007
论刑事非法证据排除规则在我国的构建	严文霞	秦瑞基	硕士	青岛大学	2007
论我国刑事公诉案件证据展示制度的完善	刘　军	周长军	硕士	山东大学	2007
民事执行程序中的证据制度	李建波	徐伟敏	硕士	山东大学	2007
我国民事诉讼审前准备程序中的证据问题研究	孙广胜	秦　伟 张海燕	硕士	山东大学	2007
如何完善海事证据制度	张　蕾	杨召南	硕士	上海海事大学	2007
电子聊天记录作为电子证据的认定	陈礼永	寿　步	硕士	上海交通大学	2007
非法证据排除规则的程序性控制机制	张　宁	孙维萍	硕士	上海交通大学	2007
浅议电子证据	王文杰	周　伟	硕士	上海交通大学	2007
意见证据的法理学分析	李　秩	郑成良	硕士	上海交通大学	2007
民事诉讼庭前证据交换制度研究	梁志勇	刘晴辉	硕士	四川大学	2007
民事诉讼证据交换制度问题研究	刘丁菡	左卫民	硕士	四川大学	2007
确立我国刑事诉讼法非法证据排除规则的构想	张营兵	李　浩	硕士	四川大学	2007
我国民事诉前证据保全制度研究	尚继刚	左卫民	硕士	四川大学	2007
心理测试结论的证据法思考	曾　杰	陈永革	硕士	四川大学	2007

论文题目	作者	指导教师	学位	学位授予单位	学位授予时间
刑事非法证据排除规则研究	仇　静	李　浩	硕士	四川大学	2007
刑事诉讼电子证据问题研究	彭　晶	左卫民	硕士	四川大学	2007
刑事诉讼非法证据排除规则研究	鲜　婷	左卫民	硕士	四川大学	2007
刑事诉讼中的电子证据研究	王一乔	李　浩	硕士	四川大学	2007
电子证据保全问题研究	钟　明	张成敏	硕士	苏州大学	2007
论我国民事司法鉴定结论的证据审查	刘　场	胡亚球	硕士	苏州大学	2007
论刑事鉴定结论证据之可采性及其审定规则	朱莉青	薛喜堂	硕士	苏州大学	2007
民事证据采信中的自由裁量权研究	王　乾	张永泉	硕士	苏州大学	2007
侵犯商业秘密案件证据问题研究	江　军	刘　文	硕士	苏州大学	2007
贪污犯罪证据问题研究	郭建新	刘　文	硕士	苏州大学	2007
刑事电子证据的法律地位及收集保全问题研究	何　凌	薛喜堂	硕士	苏州大学	2007
美国民事诉讼中的证据开示制度	王　萧	郭玉军	硕士	武汉大学	2007
证据披露规则在国际商事仲裁中的应用	黄　轶	宋连斌	硕士	武汉大学	2007
品格证据规则研究	刘宇平	龙宗智	博士	西南政法大学	2007
非法证据排除规则之例外研究	刘　辰	孙宁华	硕士	西南政法大学	2007
论侦查中电子证据及收集的若干理论问题	王　琳	郑晓钧	硕士	西南政法大学	2007
民事诉讼补强证据规则初论	秦红平	廖中洪	硕士	西南政法大学	2007
试论刑事诉讼程序外证据的效力	陈志慧	牟　军	硕士	西南政法大学	2007
网络证据及其收集研究——以刑事诉讼为视角	吴映颖	熊志海	硕士	西南政法大学	2007

论文题目	作者	指导教师	学位	学位授予单位	学位授予时间
违反证据开示义务的法律后果探究	苏苗苗	冯　涛	硕士	西南政法大学	2007
“证据确凿”是诉讼证明的唯一标准	欧明生	汪祖兴	硕士	西南政法大学	2007
证据属性研究	刘翔宇	熊志海	硕士	西南政法大学	2007
电子证据取证研究	杨　羽	蔡庆辉	硕士	厦门大学	2007
浅论我国刑事证据开示制度之构建	林学侃	周东平	硕士	厦门大学	2007
论民事证据制度的目的	王　晖	何文燕	硕士	湘潭大学	2007
论确立我国的刑事证据开示制度	蒋晓琳	刘梅湘	硕士	湘潭大学	2007
美国民事证据开示制度初探	贺臻弘	李　蓉	硕士	湘潭大学	2007
我国民事诉讼证据交换制度的完善	彭军林	何文燕	硕士	湘潭大学	2007
我国民事证据制度的价值分析	熊英灼	廖永安	硕士	湘潭大学	2007
从证据视角看医疗事故技术鉴定改革	张　琨	杨云鹏	硕士	云南大学	2007
论民事诉讼证据的可采性规则	普　凯	陈志波	硕士	云南大学	2007
电子证据在民事诉讼中运用问题研究	吴　明	靳建丽	硕士	郑州大学	2007
论我国刑事证据开示制度的立法完善	田华泉	王长水	硕士	郑州大学	2007
试论传闻证据	王　冷	靳建丽	硕士	郑州大学	2007
我国行政证据制度研究	苑　栋	宋四辈	硕士	郑州大学	2007
刑事二审案件的证据审查	效荣先	王长水	硕士	郑州大学	2007
国际商事仲裁证据问题研究	赵宗钰	肖　鹏	硕士	中国海洋大学	2007
排除非法证据的程序研究	孙　燕	郝银钟	硕士	中国青年政治学院	2007

论文题目	作者	指导教师	学位	学位授予单位	学位授予时间
储蓄纠纷案件中若干证据法问题初探	孔明敏	徐立根	硕士	中国人民大学	2007
中美刑事诉讼证据若干问题比较研究	王海波	陈卫东	硕士	中国人民大学	2007
网络内容服务商版权侵权所涉及的证据问题研究	雷雅萍	周　林	硕士	中国社会科学院研究生院	2007
论我国刑事证据的制度构建	张庆龙	穆丽霞	硕士	中国石油大学	2007
非法证据排除规则比较研究	谢佳宏	刘金友	博士	中国政法大学	2007
辩诉交易与我国证据不足不起诉之比较	李　治	刘　玫	硕士	中国政法大学	2007
电子证据基本问题研究	郑学步	邱星美	硕士	中国政法大学	2007
电子证据与视听资料比较研究	张　涵	樊崇义	硕士	中国政法大学	2007
公安执法中的非法证据排除规则研究	金　怡	洪道德	硕士	中国政法大学	2007
公证证据基本问题研究	韩海霞	韩　波	硕士	中国政法大学	2007
计算机证据基本问题研究	刘哲茹	岳礼玲	硕士	中国政法大学	2007
纪检监察证据与刑事诉讼证据比较研究	陈江华	樊崇义	硕士	中国政法大学	2007
论 WTO 框架下反倾销调查程序中的证据问题	张　兰	莫世健	硕士	中国政法大学	2007
论非法证据排除规则——从美国法的视角	郭　烁	岳礼玲	硕士	中国政法大学	2007
论公证证据规则	李恒广	马宏俊	硕士	中国政法大学	2007
论民事电子证据的证明力	孟森淼	宋朝武	硕士	中国政法大学	2007
论我国刑事证据展示制度的建立	杨　霞	洪道德	硕士	中国政法大学	2007
论我国证据开示制度的确立	马贤丽	岳礼玲	硕士	中国政法大学	2007
论行政程序证据的合法性	王　星	王万华	硕士	中国政法大学	2007

论文题目	作者	指导教师	学位	学位授予单位	学位授予时间
论行政执法中“瑕疵证据”的采信规则	范林波	郎佩娟	硕士	中国政法大学	2007
论侦查中刑事再生证据的运用	杨嘉蕊	张　方	硕士	中国政法大学	2007
民事电子证据探析	廖　妍	郭纪元	硕士	中国政法大学	2007
民事诉讼庭前证据交换制度探析	平文林	刘金华	硕士	中国政法大学	2007
刑事诉讼电子证据若干问题研究	荆立朴	鲁　杨	硕士	中国政法大学	2007
侦查阶段证据调查若干问题研究——以经济犯罪为视角	任　怡	鲁　杨	硕士	中国政法大学	2007
证据与诉讼证据之辩	宋　杨	郭志媛	硕士	中国政法大学	2007
网络犯罪电子证据的收集与审查	马　佳	任　强	硕士	中山大学	2007
电子证据取证系统的分析与设计	刘宏涛	罗守山	硕士	北京邮电大学	2008
论我国刑事证据规则之建构	闫喜刚	陈玉忠	硕士	河北大学	2008
论刑事证据裁判原则	魏艳淼	冯　军	硕士	河北大学	2008
民事举证时限制度研究	张丽娜	冯惠敏	硕士	河北大学	2008
民事诉讼电子证据研究	李　宁	柯阳友	硕士	河北大学	2008
民事诉讼非法证据排除规则研究	葛彩云	柯阳友	硕士	河北大学	2008
未成年人言词证据研究	朱永红	陈玉忠	硕士	河北大学	2008
刑事非法证据的证据能力问题研究	王建慧	冯惠敏	硕士	河北大学	2008
论我国民事证据交换制度的缺陷与完善	曹新华	吴泽勇	硕士	河南大学	2008
从佘祥林案透视中国古代刑讯制度的影响	战宏宇	孙光妍	硕士	黑龙江大学	2008
论测谎证据	杨　军	于逸生	硕士	黑龙江大学	2008
论电子证据的法律定位和适用	林安琪	王俊民	硕士	华东政法大学	2008
论完善我国的民事诉讼证人出庭作证制度	吴　坚	蒋集跃	硕士	华东政法大学	2008

论文题目	作者	指导教师	学位	学位授予单位	学位授予时间
民事审判中电子证据问题研究	李　斌	武胜建	硕士	华东政法大学	2008
讯问同步录音录像资料的证据学研究	苏瑛玉	叶　青	硕士	华东政法大学	2008
民事诉讼举证时限制度研究	王　颖	李丽峰	硕士	辽宁大学	2008
我国刑事程序公开问题研究	谭喜龙	侯德福	硕士	辽宁大学	2008
测谎技术运用之相关法律问题研究	王新猛	李建明	硕士	南京师范大学	2008
当事人陈述研究——以民事诉讼为视角	李　尧	李　浩	硕士	南京师范大学	2008
论刑事诉讼中的品格证据	李英英	程德文	硕士	南京师范大学	2008
论刑事诉讼中的证据裁判原则	邹　亮	程德文	硕士	南京师范大学	2008
论行政处罚证据的充分性——以工商行政处罚为例	孙玉峰	贺日开	硕士	南京师范大学	2008
民事诉讼质证制度研究	倪荣鑫	张学军	硕士	南京师范大学	2008
民事诉讼中当事人证据收集制度研究	翟正海	刘　敏	硕士	南京师范大学	2008
民事证据保全制度研究	张倩楠	刘　敏	硕士	南京师范大学	2008
民事证据保全制度研究	徐娟娟	李　浩	硕士	南京师范大学	2008
人权保障视野下的口供收集	马春艳	李建明	硕士	南京师范大学	2008
我国民事诉讼证据交换制度研究	赵　敏	李　浩	硕士	南京师范大学	2008
证据规则与警察出庭作证	杨肖宁	李　力	硕士	南京师范大学	2008
程序正义与真实发现——论我国刑事证据开示制度的构建	崔　亮	刘　文	硕士	苏州大学	2008
电子证据的立法问题研究	施　峰	孙　莉	硕士	苏州大学	2008
关于被告人品格证据规则的研究	陈　娟	张成敏	硕士	苏州大学	2008
交通肇事罪证据收集与适用问题研究	周　进	薛喜堂	硕士	苏州大学	2008

论文题目	作者	指导教师	学位	学位授予单位	学位授予时间
论司法中的刑讯逼供现象	刘方华	张成敏	硕士	苏州大学	2008
民事诉讼中心理测试结论的证据属性及其运用研究	郭　兵	张永泉	硕士	苏州大学	2008
证据特权规则研究——英美法借鉴	孔天闻	许建中	硕士	外交学院	2008
刑事电子证据的认定	刘芳婷	陈晓明	硕士	厦门大学	2008
对建立我国刑事证据开示制度的构想——兼论刑事证据开示制度对公诉权滥用的制约	刘曼玲	邵卫锋	硕士	云南大学	2008
计算机电子取证技术研究与开发	徐　猛	李　浩	硕士	云南大学	2008
论刑事诉讼证据中的视听资料	苏　誉	陈令华	硕士	云南大学	2008
试论民事诉讼中的举证责任——以《关于民事诉讼证据的若干规定》为视角	杨　宏	李庭鹏	硕士	云南大学	2008
刑事预审制度研究	阮　媛	吴　平	硕士	浙江工商大学	2008
电子提单相关法律问题研究	王　栋	马炎秋	硕士	中国海洋大学	2008
电子文件取证研究	张钰婷	唐跃进	硕士	中国人民大学	2008
论非法证据排除规则	曹　东	周惠博	硕士	中国人民大学	2008
论刑事司法中的计算机搜查	孔卫国	刘品新	硕士	中国人民大学	2008
民事非法证据排除规则研究	常秀丽	刘品新	硕士	中国人民大学	2008
我国电子证据收集的制度探讨	马国淘	胡锦光	硕士	中国人民大学	2008
行政诉讼中的非法证据排除规则	张　凯	杨晓青	硕士	中国人民大学	2008
行政证据与行政诉讼证据制度研究	林　山	杨建顺	硕士	中国人民大学	2008
后现代证据理论研究	栗　峥	卞建林	博士	中国政法大学	2008
鉴定结论适用中的问题与对策研究	郭金霞	樊崇义	博士	中国政法大学	2008

论文题目	作者	指导教师	学位	学位授予单位	学位授予时间
刑事证据契约论	宋志军	刘根菊	博士	中国政法大学	2008
证据与事实推理要论	王　舸	宋英辉	博士	中国政法大学	2008
被告人质证权	蔡国华	岳礼玲	硕士	中国政法大学	2008
电子证据若干问题探析	芦丽群	汪海燕	硕士	中国政法大学	2008
非法证据排除规则浅析	唐　育	郑　旭	硕士	中国政法大学	2008
非法证据排除规则中的实施性规则	巴红霞	郑　旭	硕士	中国政法大学	2008
关于测谎结论证据价值的思考——以刑事诉讼法为视角	杜曦明	刘根菊	硕士	中国政法大学	2008
警察出庭作证问题研究	管延青	宋英辉	硕士	中国政法大学	2008
律师的调查取证权研究	张　博	马宏俊	硕士	中国政法大学	2008
论民事诉讼的证据收集制度	朱文婷	郭纪元	硕士	中国政法大学	2008
论民事诉讼非法证据排除规则	黄志平	谭秋桂	硕士	中国政法大学	2008
论民事诉讼中的事实推定制度	杨　阳	杨秀清	硕士	中国政法大学	2008
论民事诉讼中的证人出庭作证制度	刘　美	俞兆平	硕士	中国政法大学	2008
论我国被害人陈述的证据能力和证明力	王　田	汪海燕	硕士	中国政法大学	2008
美国记者免予作证权制度研究	杨　夏	刘　斌	硕士	中国政法大学	2008
美国目击证人辨认错误及防范	刘　静	吴宏耀	硕士	中国政法大学	2008
民事司法鉴定问题的探讨	耿　陶	王秋兰	硕士	中国政法大学	2008
民事诉讼证据质证制度探析	孙亚威	刘芝祥	硕士	中国政法大学	2008
民事证据契约制度研究	姚晨曦	宋朝武	硕士	中国政法大学	2008
浅论我国民事诉讼证据失权制度	李　凯	刘芝祥 孙邦清	硕士	中国政法大学	2008
浅析民事举证时限制度	程俊强	刘芝祥	硕士	中国政法大学	2008
日本刑事证据开示制度研究	李鹏程	卫跃宁	硕士	中国政法大学	2008

论文题目	作者	指导教师	学位	学位授予单位	学位授予时间
手机取证若干问题研究	许　昱	张　方	硕士	中国政法大学	2008
司法鉴定程序研究	任　阳	郭纪元	硕士	中国政法大学	2008
司法鉴定语境下的语义分析——从一桩短信案谈起	郑林涛	张保生	硕士	中国政法大学	2008
线人拒绝证言权研究	黄晓平	吴宏耀	硕士	中国政法大学	2008
刑事强制采样制度研究	王凯凯	吴宏耀	硕士	中国政法大学	2008
刑事诉讼中证人拒证权制度研究	冯淑彬	郑　旭	硕士	中国政法大学	2008
证据失权制度研究	吴　坤	张　弘	硕士	中国政法大学	2008
证人证言程序规范研究——以刑事审判为视角	耿　华	洪道德	硕士	中国政法大学	2008
专家何以为信——对专家证言的知识论考察	向青松	张保生	硕士	中国政法大学	2008

说明：本统计表中学位论文的排列顺序为：第一顺序为学位授予时间，第二顺序为学位授予学校。

附录2.2　法庭科学研究生学位论文目录（1991～2008）*

论文题目	作者	指导教师	学位	学位授予单位	学位授予时间
过敏性休克急死的法医学鉴定的实验研究	左芷津	祝家镇	博士	中山医科大学	1991
用Amp－FLP技术研究中国汉族群体的D1S80、D4S95及DXS52位点DNA多态性及其法科学应用	孙光云	吴梅筠	博士	华西医科大学	1994

* 本部分学位论文指导教师“暂缺”的问题，是因在国图网站上查到相关信息，但缺乏“指导教师”信息，通过其他途径也无法查到。——编者注

论文题目	作者	指导教师	学位	学位授予单位	学位授予时间
钝力性心脏外伤的实验性研究	官大威	贾静涛	博士	中国医科大学	1994
人类 vWF 基因 40 内含子 VNTR 检测及其法医学应用	倪星群	郭景元等	博士	中山医科大学	1994
免疫组织化学技术在脑干损伤中的应用研究	彭兴平	祝家镇	博士	中山医科大学	1995
线粒体 DNA 测序分析及其法医学应用	赵　勇	郭景元	博士	中山医科大学	1995
闭合性弥漫性脑损伤和外伤性蛛网膜下腔出血的实验研究	于晓军	吴梅筠	博士	华西医科大学	1996
精神病人刑事责任能力评定与相关因素研究	胡泽卿	刘协和	博士	华西医科大学	1996
杭州地区尸食性昆虫研究及其在法医学上应用的探讨	马玉堃	胡　萃	博士	浙江农业大学	1996
抗人红细胞膜种属特异性单克隆抗体的研制及其应用	刘玉华	贾静涛	博士	中国医科大学	1996
气相色谱－傅里叶变换红外光谱联用及气相色谱－质谱联用分析生物样品中药毒物的研究	张喜轩	贾静涛 范垂昌	博士	中国医科大学	1996
法医损伤时间推断的某些免疫组化及分子生物学技术研究	贺立文	祝家镇	博士	中山医科大学	1996
机械性损伤组织细胞若干受体及基因的表达	李朝晖	祝家镇	博士	中山医科大学	1996
雷公藤醋酸乙酯提取物对大鼠下丘脑－垂体－肾上腺轴影响的实验研究	陈　龙	黄光照 张益鹄	博士	同济医科大学	1997
ITIH1 遗传多态性、DNA 分子基础及法医学应用的研究	丁　梅	贾静涛	博士	中国医科大学	1997
脑外伤后短时内死亡脑干病理改变的实验及应用研究	周　伟	祝家镇	博士	中山医科大学	1997

论文题目	作者	指导教师	学位	学位授予单位	学位授予时间
微卫星 DNA 分析及其法医学应用	伍祥林	郭景元 梁赏猷	博士	中山医科大学	1997
广泛软组织机械性损伤所致家兔多脏器功能障碍综合征的研究	张国忠	丛 斌 王凤荣	硕士	河北医科大学	1998
生物指示高技术在甘肃省司法、刑侦实践中的应用研究	谢小冬	（暂缺）	硕士	兰州大学	1998
STR 分型和性别鉴定及其法医学应用	江 斌	郭景元 梁赏猷	博士	中山医科大学	1998
若干尸食性蝇类形态学及生长发育规律用于死后间隔时间判断的基础研究	王江峰	胡 萃	博士	浙江大学	1999
α（1，3/1，4）岩藻糖基转移酶基因的分子遗传学分析及其法医学和人类遗传学意义的研究	庞 灏	贾静涛 ［日］木村博司	博士	中国医科大学	1999
复印件防伪标码检测与识别系统的研究	刘 晶	董伯诚 张二虎	硕士	西安理工大学	2000
Y – DNASTRs 多态性分析及其在法医学上应用的研究	唐双柏	郭景元	博士	中山医科大学	2000
肿瘤抑制基因 p16 和 p53 对食管癌抑制作用的实验研究	吴晓华	徐小虎 沈忠英 祝家镇	博士	中山医科大学	2000
人类红细胞 ABO 血型、HAB 分泌型和 MN 血型基因分型及基因多态性研究	孟庆宝	兰炯采	硕士	第一军医大学	2001
广西侗族群体三个 STR 基因座的遗传多态性	阮妹芳	莫世泰 魏博源 杨坚德 徐 林	硕士	广西医科大学	2001
婴幼儿猝死综合征（SIDS）的调查研究	陈越青	（暂缺）	硕士	华中科技大学	2001
脑挫伤周围早期星形胶质细胞反应定性定量的初步研究	何 军	（暂缺）	硕士	华中科技大学	2001

论文题目	作者	指导教师	学位	学位授予单位	学位授予时间
大鼠心肌缺血内皮素的免疫组化实验研究	王志勇	（暂缺）	硕士	华中科技大学	2001
心肌细胞 VEGF 的表达在急性心肌梗死病理诊断中的应用研究	康秋君	吴家祥	博士	吉林大学	2001
家兔死后眼玻璃体液变化与死亡时间关系的研究	龚志强	朱清仙	硕士	江西医学院	2001
掌指骨的 X 线测量及应用解剖学研究	张　庆	刘丰春	硕士	青岛大学	2001
原发性脑干损伤的致死机理及神经递质改变的实验研究	贺家瑞	徐小虎	硕士	汕头大学	2001
血、尿中三唑仑、阿普唑仑及其主要代谢物的 GC 法研究	姜兆林	毕开顺 谭家镒	硕士	沈阳药科大学	2001
尿中苯二氮？类代谢物的 GC/MS 分析研究	朱　昱	孙毓庆 谭家镒	硕士	沈阳药科大学	2001
试验性法医 DNA 数据库的研究	孙大宏	侯一平	博士	四川大学	2001
基于 CT 数据的三维曲面造型及应用	杨　扬	耿国华	硕士	西北大学	2001
医学图像可视化技术的研究与实现	刘保权	周明全	硕士	西北大学	2001
短串联重复异常分型及其法医学意义	吕德坚	陈玉川	博士	中山医科大学	2001
急性心肌缺血再灌注对心肌组织和脑组织的损伤	王曙光	徐小虎	博士	中山医科大学	2001
轻度/不典型病毒性心肌炎猝死诊断的法医病理学研究	成建定	陈玉川	博士	中山医科大学	2001
关于 DNA 证据的一种统计计算方法	王璐璐	史宁中	硕士	东北师范大学	2002
中国司法鉴定制度的改革与完善	王霁虹	鲍　禄	硕士	对外经济贸易大学	2002
网络入侵取证系统	胡季敏	许榕生	硕士	福州大学	2002
我国刑事诉讼证据规则改革与人权保障	兰妍梅	朱俊强	硕士	广西师范大学	2002

论文题目	作者	指导教师	学位	学位授予单位	学位授予时间
温度对巨尾阿丽蝇和肥须亚麻蝇幼虫头咽骨发育的影响及其法医学意义	杨惠霞	（暂缺）	硕士	河北医科大学	2002
家兔创伤性多器官功能障碍综合征肺脏抗氧化能力及血管内皮细胞形态学变化的研究	岑新海	谷振勇 丛 斌	硕士	河北医科大学	2002
道路交通事故处理模式及其立法趋势研究	吴晓晖	张 驰	硕士	华东政法学院	2002
人脑挫伤的法医病理学及基因表达谱研究	周亦武	张益鹄	博士	华中科技大学	2002
人体液中抗结核药物异烟肼分析方法的研究	金 鸣	（暂缺）	硕士	华中科技大学	2002
脑挫伤后 GFAP 和 iNOS 表达与损伤时间关系的实验性研究	王炜煜	（暂缺）	硕士	华中科技大学	2002
公安高等院校刑事技术教学现状与分析	赵秀萍	魏 薇	硕士	山东师范大学	2002
实验性心肌缺血早期心肌的法医病理学研究	蒋剑英	王英元 高彩荣	硕士	山西医科大学	2002
线粒体 DNA 序列多态性及其在法医学应用的研究	王 艳	王英元 刘雅诚	硕士	山西医科大学	2002
常染色体隐性遗传性多囊肾相关新基因的克隆及其特征	熊华淇	徐小虎 吴冠青	博士	汕头大学	2002
内源性生长因子在原发性脑干损伤中表达的实验研究	夏 雨	徐小虎	硕士	汕头大学	2002
固相萃取—紫外导数光谱法测定生物检材中安眠药的方法研究	吴玉红	毕开顺 谭家镒	硕士	沈阳药科大学	2002
论我国司法鉴定制度的改革	王晓木	唐 磊	硕士	四川大学	2002
对法官审理民商事案件中审查运用鉴定结论现状的调查与思考	马 琍	陈永革	硕士	四川大学	2002

论文题目	作者	指导教师	学位	学位授予单位	学位授予时间
中国西藏昌都地区藏族九个STR基因座的遗传多态性及法医学应用研究	杜　宏	陈国弟 沈月华	硕士	四川大学	2002
多层面螺旋CT三维重建对鼻外伤鼻骨骨折的诊断价值	林　琳	张玉庚	硕士	天津医科大学	2002
试论我国鉴定制度之重构	王　英	（暂缺）	硕士	武汉大学	2002
论司法鉴定程序立法完善	史雪梅	（暂缺）	硕士	武汉大学	2002
计算机辅助颅骨面貌复原技术的研究与实现	樊宏斌	耿国华	硕士	西北大学	2002
司法鉴定人制度比较研究	孙　付	王成荣	硕士	西南政法大学	2002
论我国司法鉴定程序的调整与完善	王清科	胡世澄	硕士	西南政法大学	2002
我国司法鉴定制度研究	曹伟文	宋世杰	硕士	湘潭大学	2002
基于结构的指纹表达及其匹配算法研究	回　红	汪乐宇	博士	浙江大学	2002
大鼠早期心肌缺血cTnT、Desmin与CX43免疫组化研究在法医病理学上意义	金利方	许敬尧	硕士	浙江大学	2002
应用40Hz听觉事件相关电位（40HzAERP）和听觉脑干诱发电位（ABR）客观评定听阈的法医学研究	刘　威	刘技辉	硕士	中国医科大学	2002
中国汉族、藏族、日本群体Y染色体STR单倍型遗传多态性研究	赵　东	王保捷	硕士	中国医科大学	2002
人胃内因子的分离、纯化及放免试剂盒研制	初照成	于成国	硕士	中国医科大学	2002
鉴定人错误鉴定责任追究	向国慧	张　方	硕士	中国政法大学	2002
Y染色体特异的小卫星MSY1位点多态性研究及法医学应用探讨	庾　蕾	伍新尧	博士	中山大学	2002
肥大细胞脱颗粒的基础研究及其在法医学的应用	郭　薇	陈玉川	博士	中山大学	2002

论文题目	作者	指导教师	学位	学位授予单位	学位授予时间
自动指纹识别方法研究	王崇文	袁祥辉 李见为	博士	重庆大学	2002
电损伤与烧伤皮肤上皮细胞极性化机理与形态学定量的研究	唐任宽	李釗波	硕士	重庆医科大学	2002
刑事诉讼中律师调查取证权研究	杜光新	余经林	硕士	安徽大学	2003
司法鉴定责任论	潘法律	韩　轶	硕士	安徽大学	2003
我国海事调查处理制度的完善	荆浩博	韩立新	硕士	大连海事大学	2003
我国海事鉴定法律问题的探讨	林　明	胡正良	硕士	大连海事大学	2003
骨龄测定系统	付秀丽	罗炳伟	硕士	电子科技大学	2003
我国会计法律责任问题的经济学分析	覃　东	李若山	博士	复旦大学	2003
宋代证据制度研究	李　华	郭东旭	硕士	河北大学	2003
温度对大头金蝇幼虫发育的影响及其法医学意义	丁军颖	（暂缺）	硕士	河北医科大学	2003
河北汉族人群 DYS438、DYS439、GATAA7. 1、GATAA7. 2Y－STR 位点遗传多态性研究及其法医学应用	赵　丽	（暂缺）	硕士	河北医科大学	2003
河北汉族人群线粒体 DNA 遗传多态性研究及其法医学应用	付丽红	丛　斌	硕士	河北医科大学	2003
大鼠脑震荡后继发性损伤和 CCK 抗损伤的研究	高　峰	丛　斌 谷振勇	硕士	河北医科大学	2003
NO 在挤压大鼠双后肢致急性局部肌组织和远隔器官（肝脏、肺脏）损伤中的作用	张晓彤	谷振勇 丛　斌	硕士	河北医科大学	2003
黄瓜 DNA 伏安传感器制备及应用研究	邹敏芬	张正奇	硕士	湖南大学	2003
新型 DNA 电化学生物传感器的研制及纳米材料在其中的应用研究	蔡　宏	方禹之 何品刚	博士	华东师范大学	2003
DNA 证据运用规则研究	袁海勇	胡锡庆	硕士	华东政法学院	2003

论文题目	作者	指导教师	学位	学位授予单位	学位授予时间
冠心病猝死 c－fos 基因和 Mcl－1 基因的蛋白表达研究	李　政	（暂缺）	硕士	华中科技大学	2003
创伤性脑损伤神经细胞凋亡及其相关基因 Bcl－2 及 Fas 表达的实验性研究	宋旭东	（暂缺）	硕士	华中科技大学	2003
HSP70 与挫伤损伤时间关系的实验研究	顾天能	（暂缺）	硕士	华中科技大学	2003
268 例损伤与疾病的法医病理学研究	李庆伟	（暂缺）	硕士	华中科技大学	2003
HIV－1DNA 电化学传感器的研究	程力惠	李毅群	硕士	暨南大学	2003
中国法医鉴定体制与制度研究	张军荣	（暂缺）	硕士	兰州大学	2003
山东淄博地区现代青少年骨龄的应用解剖学研究	孟宪亮	刘丰春	硕士	青岛大学	2003
根据牙齿的多项增龄指标推断年龄的研究	梁亚平	王英元	硕士	山西医科大学	2003
皮肤、肌肉端粒 DNA 推断年龄的研究	王祖峰	王英元 高彩荣	硕士	山西医科大学	2003
太原汉族群体 DYS390、DYS391 和 DYS393 基因座多态性及法医学应用研究	张艳霞	王英元 贠克明	硕士	山西医科大学	2003
山西汉族和内蒙古蒙古族人 DYS413 多态性及其法医学应用	王永在	王英元 贠克明	硕士	山西医科大学	2003
利多卡因在蛛网膜下腔麻醉致死狗体内的分布研究	燕　炯	王英元 贠克明	硕士	山西医科大学	2003
安定单克隆抗体的研制（一）	孙俊红	王英元 贠克明	硕士	山西医科大学	2003
脑震荡对大鼠学习记忆的影响及其神经机制的实验研究	郭昌茂	徐小虎	硕士	汕头大学	2003
国际法务会计研究	谢玉爽	刘仲文	硕士	首都经济贸易大学	2003

论文题目	作者	指导教师	学位	学位授予单位	学位授予时间
STR 基因座嵌合引物复合扩增及其法医学应用研究	董建国	侯一平	博士	四川大学	2003
Y 染色体 STR 复合扩增及法医学可行性研究	冀 强	侯一平	博士	四川大学	2003
Y 染色体 STR 和 SNP 的研究	唐剑频	侯一平	博士	四川大学	2003
法医线粒体 DNA 分型及中国不同民族多态性研究	唐 晖	侯一平	博士	四川大学	2003
中国司法鉴定制度改革若干问题研究	梁 剑	左卫民	硕士	四川大学	2003
自动指纹识别技术的研究	盖 武	康戈文	硕士	四川大学	2003
微卫星标志物在异基因造血干细胞移植中的应用	唐晓文	阮长耿	博士	苏州大学	2003
火灾现场中易燃液体物证鉴定方法的研究	鲁志宝	孙振东	硕士	天津大学	2003
中文笔迹鉴别软件研究与开发	何震宇	李和平 陈定方	硕士	武汉理工大学	2003
陕西地区法医 DNA 检索系统的研究	王振原	宋天保 赖淑苹	博士	西安交通大学	2003
线粒体 DNA HVS Ⅰ 序列多态性及其法医学应用的研究	刘新社	李生斌	博士	西安交通大学	2003
计算机辅助颅像重合技术的研究与实现	刘晓宁	耿国华	硕士	西北大学	2003
毛细管区带电泳手性拆分和介孔材料的合成与应用初步研究	何天稀	侯经国	硕士	西北师范大学	2003
法务会计相关问题研究	裴 丽	蔡 春	硕士	西南财经大学	2003
司法鉴定权研究	唐永梅	王成荣	硕士	西南政法大学	2003
司法鉴定结论研究	宋 敏	胡世澄	硕士	西南政法大学	2003
民事诉讼中的科学证据	杨雄文	陈 刚	硕士	湘潭大学	2003
论我国鉴定人制度的改革与完善	侯元贞	杨 翔	硕士	湘潭大学	2003

论文题目	作者	指导教师	学位	学位授予单位	学位授予时间
科学证据的程序功能及其实现	周宇君	陈　刚	硕士	湘潭大学	2003
尸食性蝇类的生物化学特征用于死后间隔时间推断的基础研究	朱光辉	胡　萃	博士	浙江大学	2003
河南汉族群体短串联重复序列的遗传多态性研究	陈　辉	李晓雯 张钦宪	硕士	郑州大学	2003
指纹识别中若干关键算法的研究	付景广	王裕国	博士	中国科学院软件研究所	2003
人类多态性 DNA 遗传标记及其法医学应用	郑秀芬	李　宁	博士	中国农业大学	2003
试论我国法医学鉴定现状及制度完善	李　波	（暂缺）	硕士	中国人民大学	2003
不同程度脑外伤后 Bcl－2、Bax、Caspase－1、Caspase－3，NF－κB 表达变化与细胞凋亡及其相互关系的实验研究	陶陆阳	丁　梅	博士	中国医科大学	2003
实验性脑损伤的分子病理学研究：MAP－2、COX－2、GDNF、Caspase－3 反应性表达的时间规律性	吴　旭	王保捷	博士	中国医科大学	2003
腰椎间盘突出症及其突出时间的法医学研究	杨秀丽	刘兴本	硕士	中国医科大学	2003
屈光不正对 P－VEP 影响及法医学意义	郑传斐	刘兴本	硕士	中国医科大学	2003
大鼠皮肤切创愈合过程中细胞间粘附分子及 P 选择素表达的研究	陈志明	汪德文	硕士	中国医科大学	2003
司法鉴定人制度研究	彭　荣	宋朝武	硕士	中国政法大学	2003
民事司法鉴定人制度研究	赵艳群	王　娣	硕士	中国政法大学	2003
论我国鉴定人资格管理制度	张　黎	张　方	硕士	中国政法大学	2003
文件物质成分的检验及其结论的证据价值探讨	徐　惠	张　方	硕士	中国政法大学	2003
电子签章法律问题研究	王景美	赵　威	硕士	中国政法大学	2003

论文题目	作者	指导教师	学位	学位授予单位	学位授予时间
线粒体DNA非编码区SNPs的质谱分析体系的建立及其法医学应用	许传超	伍新尧	博士	中山大学	2003
羊水栓塞的法医学研究	安 峰	陈玉川	博士	中山大学	2003
外周血白细胞端粒DNA长度与年龄相关性的研究	陶黎阳	(暂缺)	硕士	中山大学	2003
构建重组腺病毒载体靶向治疗CEA阳性肺癌的实验研究	吴志慧	(暂缺)	硕士	中山大学	2003
造价工程师责任风险研究	李 军	张仕廉	硕士	重庆大学	2003
指纹识别中的图像处理研究	林国清	谢利利 李见为	硕士	重庆大学	2003
线粒体DNA体突变在原发性乳腺癌中的研究 重庆地区汉族人群线粒体DNA控制区遗传多态性研究	曹 洋	米 粲 万立华	博士	重庆医科大学	2003
TNF-α及ICAM-1在小鼠应激性心肌损伤中的表达和意义	田 甜	邓世雄	硕士	重庆医科大学	2003
刑事诉讼中立理念若干问题研究	江雁飞	李学宽	硕士	安徽大学	2004
基于嵌入式隐Markov模型的指纹分类和匹配研究	郭 浩	欧宗瑛	博士	大连理工大学	2004
冠心病猝死和急性心肌梗死中心肌Bcl-2、Bax及Mb的免疫组化研究	于丽萍	孙 雷	硕士	大连医科大学	2004
微流控芯片在基因诊断中的应用研究	刘兆奕	王鸾升	硕士	大连医科大学	2004
人头部力锤试验的生物力学研究及有限元模型的建立	陈兴武	王慧君	硕士	第一军医大学	2004
皮肤创伤愈合过程中VEGF, TGF-β_ 1, bFGF的表达与损伤时间的关系	李学锋	王慧君	硕士	第一军医大学	2004
建立中国法务会计准则相关问题研究	刘学民	岳泽军	硕士	东北林业大学	2004
部分哺乳动物上毛形态结构与功能相关关系研究	陈雪龙	张 伟 徐艳春	硕士	东北林业大学	2004

论文题目	作者	指导教师	学位	学位授予单位	学位授予时间
我国司法鉴定管理制度研究	郝晓珺	冀宗儒	硕士	对外经济贸易大学	2004
司法精神医学鉴定书的认证	张永忠	孙　利	硕士	对外经济贸易大学	2004
刑事诉讼视听资料证据规则	宋卫琴	朱俊强	硕士	广西师范大学	2004
基于SVM的中文电子邮件作者身份挖掘技术研究	马建斌	滕桂法	硕士	河北农业大学	2004
吗啡对大头金蝇生长发育的影响及其在死后间隔时间推断方面的应用	田　洁	张孟余 李泽民	硕士	河北医科大学	2004
刑事司法鉴定制度研究	姜　英	董玉庭	硕士	黑龙江大学	2004
我国司法鉴定制度的问题及对策	陈学民	孙光妍	硕士	黑龙江大学	2004
论精神损害赔偿	石江锋	王歌雅	硕士	黑龙江大学	2004
论伤害罪	刘　刚	于逸生	硕士	黑龙江大学	2004
论我国司法鉴定制度	马柏华	黄　捷	硕士	湖南师范大学	2004
司法会计鉴定制度研究	邱宁波	杨正鸣 闵银龙	硕士	华东政法学院	2004
试论我国刑事鉴定启动制度的完善	胡洪春	叶　青	硕士	华东政法学院	2004
试论司法鉴定地方性法规的制定	张　晟	闵银龙	硕士	华东政法学院	2004
构建中国刑事专家证人制度的设想	王洪青	郑　伟	硕士	华东政法学院	2004
犯罪控制与人权保障视野下的诱惑侦查——兼论我国诱惑侦查制度的构建	张义安	杨可中	硕士	华东政法学院	2004
三维面貌复原的虚拟模型技术研究与实现	曾　筝	周建中	硕士	华中科技大学	2004
弹头痕迹摄像与识别系统	杨少波	谢铁邦	硕士	华中科技大学	2004
基于指纹与虹膜生物识别技术研究	刘元宁	苑森淼	博士	吉林大学	2004
税务稽查证据基本问题研究	胡洪云	吕岩峰	硕士	吉林大学	2004
论我国司法鉴定制度的完善	孙艳玲	徐卫东	硕士	吉林大学	2004

论文题目	作者	指导教师	学位	学位授予单位	学位授予时间
高聚物微流控芯片及固定化酶芯片的研究	田玉平	陈淑桂 杨芃原	硕士	吉林大学	2004
甲醛固定后器官组织中药（毒）物检测	崔佰君	卢英强	硕士	吉林大学	2004
道路交通事故快速处理研究	肖　杰	李　江	硕士	吉林大学	2004
不完整指纹图像宏观特征的提取与确定	郑　丹	冯果忱 张树功	硕士	吉林大学	2004
南昌汉族人群 DYS19、DYS390 基因座遗传多态性研究	孙小妹	龚志强	硕士	江西医学院	2004
昆明地区汉族人群 9 个 Y－STR_ s 基因座的遗传多态性及法医学应用研究	刘德华	景　强	硕士	昆明医学院	2004
脑震荡鼠认知障碍的脑神经元和胆碱能神经元变化研究	林海英	于建云	硕士	昆明医学院	2004
我国司法鉴定结论若干问题研究	齐世萍	汪振江	硕士	兰州大学	2004
多层螺旋 CT（MSCT）在骨折临床诊断及司法鉴定中的应用	赵　宏	陈祥民	硕士	青岛大学	2004
高密地区现代青少年骨龄的应用研究	朱成方	刘丰春	硕士	青岛大学	2004
模式识别技术在法庭科学微量油漆物证鉴定中应用的研究	郝愫媛	郑永果 孔　宁	硕士	山东科技大学	2004
类胰蛋白酶和 IgE 诊断过敏性休克的实验研究和法医学意义	王　蓉	高彩荣	硕士	山西医科大学	2004
过敏性猝死豚鼠体内肥大细胞超微结构及 P 物质变化的法医病理学研究	白吉伟	高彩荣	硕士	山西医科大学	2004
实验性大鼠重度心肌挫伤心肌细胞中 COX－2、bcl－2 与 HIF－1α 的表达	刘金辉	王英元	硕士	山西医科大学	2004
大鼠心脏钝力性损伤的法医学实验研究	张　宏	王英元	硕士	山西医科大学	2004
尸体甲状腺球蛋白降解与死亡时间关系的研究	成俊英	王英元 刘　力	硕士	山西医科大学	2004

论文题目	作者	指导教师	学位	学位授予单位	学位授予时间
利多卡因在静脉注射和蛛网膜下腔麻醉致死犬体内分布比较的研究	张　楠	贠克明	硕士	山西医科大学	2004
四川彝族、新疆维族 HLA – B 基因多态性分析及其应用研究	许铭炎	徐小虎 邵一鸣	博士	汕头大学	2004
基于互信息理论的说话人识别研究	俞一彪	王朔中	博士	上海大学	2004
指纹识别技术的研究与应用	何　军	王　利	硕士	首都经济贸易大学	2004
Connexin43 与心肌缺血的相关研究	陈　阳	廖志钢 吴梅筠 汪秉康 刘　敏	博士	四川大学	2004
肺组织中水通道蛋白 1 和溺死的研究	胡华子	廖志钢 吴家文 汪秉康 邓振华	博士	四川大学	2004
人类 21 号染色体新 STR 遗传标记的法医及医学遗传学研究	颜　静	侯一平	博士	四川大学	2004
十个新的 Y 染色体 STR 的特性及复合扩增研究	戴浩霖	侯一平	博士	四川大学	2004
线粒体 DNA 多态的变性高效液相色谱分析及其法医学应用研究	王旭东	侯一平	博士	四川大学	2004
论视听资料的法律地位与可采性	张　斌	龙宗智	博士	四川大学	2004
我国司法鉴定现状及对策研究	尧　刚	左卫民	硕士	四川大学	2004
广西都安瑶族线粒体 DNA 控制区及 Y – STR 多态性研究	刘　莹	陈国弟 刘雅诚	硕士	四川大学	2004
ABO 基因分型及其法庭科学应用研究	程　丽	陈国弟 刘雅诚	硕士	四川大学	2004
建立 PRVEP P100 波辐、潜伏期与视敏度间的数学模型	张志威	邓振华	硕士	四川大学	2004

论文题目	作者	指导教师	学位	学位授予单位	学位授予时间
体表损伤图像处理方法和法医学鉴定软件	许　燕	樊瑜波	硕士	四川大学	2004
颅脑损伤患者的社会功能及其相关因素研究	陶　华	胡泽卿	硕士	四川大学	2004
动物体内马兜铃酸A的分析方法及其代谢动力学和分布研究	林　岚	廖林川 李章万	硕士	四川大学	2004
脑缺氧损伤后细胞色素C、Bcl－2表达的实验研究	张夔鸣	廖志钢	硕士	四川大学	2004
大鼠肌肉钝挫伤vWF及VEGF表达的实验研究	幸　宇	廖志钢	硕士	四川大学	2004
大鼠电流损伤多器官c－Fos与Caspase－8蛋白的表达研究	王　晔	刘　敏	硕士	四川大学	2004
微卫星在基因组上的分布与功能及其计算方法初步研究	郭文久	李　平	博士	四川农业大学	2004
利用SRY基因和微卫星标记鉴定反刍动物性别的研究	张秀华	吴登俊	硕士	四川农业大学	2004
我国职务犯罪侦查制度的反思与完善	李维兵	张成敏	硕士	苏州大学	2004
论我国医疗事故鉴定制度的司法运作与完善	赵文清	胡亚球	硕士	苏州大学	2004
应用高效液相法检测血清中缺糖转铁蛋白对诊断酒精性肝病的意义	冯志刚	李忠信	硕士	天津医科大学	2004
心脏型脂肪酸结合蛋白诊断早期心肌梗死的研究	孟祥志	程邦昌 陈锡昌	博士	武汉大学	2004
我国司法鉴定制度改革研究	李　峥	蔡　杰	硕士	武汉大学	2004
实验性大鼠颅脑损伤后GFAP、SOD和NO的变化研究	李玉红	（暂缺）	硕士	武汉大学	2004
心脏型脂肪酸结合蛋白诊断早期心肌缺血的实验研究	明　媚	孟祥志	硕士	武汉大学	2004
司法审计相关问题研究	董莉军	张楚堂	硕士	武汉理工大学	2004

论文题目	作者	指导教师	学位	学位授予单位	学位授予时间
计算机辅助颅像重合系统中关键技术的研究	王晓强	周明全	硕士	西北大学	2004
基于数字图像处理的 DNA 指纹图谱分析系统的设计与算法研究	陈云坪	余建桥	硕士	西南农业大学	2004
刑事证据研究	熊志海	徐静村	博士	西南政法大学	2004
我国司法鉴定机构管理体制改革研究	周　晶	王成荣	硕士	西南政法大学	2004
诉讼中的技术顾问制度研究	土绍芳	胡世澄	硕士	西南政法大学	2004
鉴定结论认证制度研究——以刑事诉讼为中心	陈宗桢	胡世澄	硕士	西南政法大学	2004
民事电子证据研究	王　健	田平安	硕士	西南政法大学	2004
论监听措施的构建	郑　雷	雷　震	硕士	西南政法大学	2004
电子证据及其法庭应用研究	王　跃	王成荣	硕士	西南政法大学	2004
论高科技时代的专家证据“可采性”制度	奉晓政	陈　刚	硕士	湘潭大学	2004
闭合性脑损伤后 Ast 结构及 NGF 基因表达时间性变化的实验研究	张雁儒	张凤兰 甘子明	硕士	新疆医科大学	2004
激光共焦生物芯片扫描仪中的图像重建与分析	李映笙	陆祖康 倪旭翔	硕士	浙江大学	2004
数据挖掘在计算机取证分析中的应用研究及系统设计	金可仲	陈庆章	硕士	浙江工业大学	2004
电子数据证据的若干法律问题研究	侯　林	李朝晖	硕士	郑州大学	2004
法医个体识别的骨组织学研究	张继宗	吴新智	博士	中国科学院古脊椎动物与古人类研究所	2004
物证保全之研究——从建立完整证据链的视角	戴同德	（暂缺）	硕士	中国人民大学	2004
理化方法在文书鉴定中的应用	杜春鹏	（暂缺）	硕士	中国人民大学	2004

论文题目	作者	指导教师	学位	学位授予单位	学位授予时间
道路交通事故物证技术中几个问题的研究	黄　夏	（暂缺）	硕士	中国人民大学	2004
基质辅助激光解析电离飞行时间质谱分析细菌方法的规范化研究	刘海洪	杨瑞馥 杜宗敏	硕士	中国人民解放军军事医学科学院	2004
中国北方汉族群体 HLA－DRA 基因座 3 个 SNPs 位点遗传多态性及法医学应用研究	刘清利	丁　梅	硕士	中国医科大学	2004
应用原位 PCR 技术检测石蜡切片 MN 血型基因型的研究	张　焱	丁　梅	硕士	中国医科大学	2004
道路交通事故所致精神损害的法医学评价研究	陈广华	刘技辉	硕士	中国医科大学	2004
腰椎间盘突出症的体感诱发电位诊断及法医学意义	徐晓明	刘兴本	硕士	中国医科大学	2004
大鼠皮肤挫伤修复过程中 NFκB P65 及 IκBα 表达的免疫组织化学研究	高建波	汪德文	硕士	中国医科大学	2004
中国残疾人保护法律问题历史研究	相自成	张晋藩	博士	中国政法大学	2004
行政处罚证据原理研究	李红枫	朱维究	博士	中国政法大学	2004
在理想与现实之间——理性面对我国侦查模式的现状与未来	汪　涛	（暂缺）	硕士	中国政法大学	2004
对司法鉴定制度的思考与完善	郭淑仙	卫跃宁	硕士	中国政法大学	2004
论我国法医学鉴定体制改革	殷永军	刘革新	硕士	中国政法大学	2004
论火灾物证鉴定制度	叶文霞	张　方	硕士	中国政法大学	2004
论电子证据的认定问题	张铁伟	邱星美	硕士	中国政法大学	2004
计算机犯罪案件侦查模式的构建	雷启军	（暂缺）	硕士	中国政法大学	2004
司法会计职能研究	李伟玲	张立民	硕士	中山大学	2004
胸骨骨髓细胞核 DNA 含量变化与死亡时间关系的研究	罗光华	（暂缺）	硕士	中山大学	2004

论文题目	作者	指导教师	学位	学位授予单位	学位授予时间
家兔特殊体位窒息死亡致死机理的研究	姜富学	（暂缺）	硕士	中山大学	2004
多种组织细胞端粒 DNA 长度与年龄相关性的研究	李振营	（暂缺）	硕士	中山大学	2004
常染色体 STR 遗传变异及其法医学意义研究	台运春	（暂缺）	硕士	中山大学	2004
MALDI - TOFMS 快速检测六种常见 G6PD 突变型	赵　方	（暂缺）	硕士	中山大学	2004
脑损伤基因差异表达与损伤时间推断的实验研究	李廷富	万立华	博士	重庆医科大学	2004
交流电致骨损伤的试验性研究	刘　军	李剑波	硕士	重庆医科大学	2004
司法鉴定人出庭作证制度研究	葛先园	余经林	硕士	安徽大学	2005
论我国司法鉴定人制度的改革与完善	吴　军	於恒强	硕士	安徽大学	2005
食管上括约肌的显微解剖与临床应用解剖研究	涂丽莉	徐胜春 张　铭	硕士	安徽医科大学	2005
鞋底花纹比对与分析系统的设计与实现	吴志军	梁德群 姜吉喆	硕士	大连海事大学	2005
数字水印算法研究及其在公安图像处理系统中的应用	田佳卉	陈玉华	硕士	大连海事大学	2005
基于模式识别的鞋底花纹自动识别与分类	杨晓胜	梁德群	硕士	大连海事大学	2005
Actin、cTnT 及 Fn 在心肌缺血中的研究	王　蕾	孙　雷	硕士	大连医科大学	2005
重庆地区汉族人群的 HLA 基因多态性研究及 HLA - B27 亚型与强直性脊柱炎的相关性研究	黄　霞	熊鸿燕	硕士	第三军医大学	2005
自动指纹识别算法研究与实现	陶维华	解　梅	硕士	电子科技大学	2005
指纹识别技术在罪犯指纹点名管理系统中的应用	朱剑明	廖建明 张登高	硕士	电子科技大学	2005

论文题目	作者	指导教师	学位	学位授予单位	学位授予时间
基于图像绘制的案件现场三维技术研究与实现	瞿泽辉	陈雷霆	硕士	电子科技大学	2005
我国工程合同造价公共规制问题研究	周显峰	何佰洲	博士	东北财经大学	2005
法务会计相关问题研究	王文杰	傅　荣	硕士	东北财经大学	2005
法务会计问题研究	李红雷	于显国	硕士	东北财经大学	2005
法务会计的相关问题研究	郎晓瑜	牛彦秀	硕士	东北财经大学	2005
几种基于纳米金标记的 DNA 传感器的研究	聂立波	何农跃 陈　洪	博士	东南大学	2005
论民事诉讼中的鉴定人制度及完善	杨　路	冀宗儒	硕士	对外经济贸易大学	2005
论电子证据	张　斌	李　莘	硕士	对外经济贸易大学	2005
3 个新的 Y 染色体 STR 基因座遗传多态性的研究	林经东	黄爱民 黄健文	硕士	福建医科大学	2005
广西毛南族人群 CSF1PO，TPOX，TH01 基因座遗传多态性研究	滕少康	劳　明	硕士	广西医科大学	2005
低质量指纹图像的特征提取与识别技术的研究	祝　恩	殷建平	博士	国防科学技术大学	2005
基因组中重复序列识别与分析	王晓敏	王正志	硕士	国防科学技术大学	2005
碎纸自动拼接关键技术研究	贾海燕	周宗潭	硕士	国防科学技术大学	2005
基于写作风格的中文邮件作者身份识别技术研究	常淑惠	滕桂法	硕士	河北农业大学	2005
中国汉族人群 D16S309、D2S44 基因座多态性及其法医学应用研究	赵艳梅	丛　斌	硕士	河北医科大学	2005
大鼠皮肤切创愈合过程中 iNOS 和 eNOS 表达的时序性变化	刘　霞	谷振勇 丛　斌	硕士	河北医科大学	2005

论文题目	作者	指导教师	学位	学位授予单位	学位授予时间
安定对丝光绿蝇幼虫生长发育的影响及其法医学意义	戴　军	张孟余 李泽民	硕士	河北医科大学	2005
论医疗事故罪	经秀钰	董玉庭	硕士	黑龙江大学	2005
基于远程控制技术的电子证据动态获取系统研究	史伟奇	谢冬青 白树仁	硕士	湖南大学	2005
基于交流阻抗技术构建的新型电化学DNA 生物传感器的应用研究	蒋　莹	方禹之 何品刚	硕士	华东师范大学	2005
论我国司法鉴定制度的重塑	谢燕刚	杨可中	硕士	华东政法学院	2005
论《医疗事故处理条例》立法缺陷	陈德武	丁凌华	硕士	华东政法学院	2005
医疗事故鉴定结论的司法认证	于水深	闵银龙	硕士	华东政法学院	2005
毒鼠强中毒的法医分子毒理学研究	朱传红	刘　良	博士	华中科技大学	2005
人细胞 DNA 降解与死亡时间关系的图像分析	舒细记	刘　良	博士	华中科技大学	2005
角膜 AQP1 变化与死亡时间关系的实验性研究	陈　虎	朱少华 张益鹄	硕士	华中科技大学	2005
司法鉴定人的民事责任研究	张　婷	彭真明	硕士	华中师范大学	2005
Fe_ 3O_ 4/SiO_ 2 复合粒子的制备及其在 DNA 提取中的应用	王　刚	李铁津 杨文胜	博士	吉林大学	2005
司法鉴定人制度研究	江　敏	范海龙	硕士	吉林大学	2005
税务稽查证据研究	时　刚	张　旭	硕士	吉林大学	2005
TIMP－4 和 MMP－2 在原发性肝癌的表达及临床意义	汪　锋	陈云波	硕士	吉林大学	2005
我国医疗事故技术鉴定法律制度探讨	刘　巍	范海龙	硕士	吉林大学	2005
类胰蛋白酶等介质在过敏性休克死者一些组织中表达的免疫组化研究	纪中华	卢英强	硕士	吉林大学	2005
职务犯罪侦查权若干问题研究	刘云涛	张　旭	硕士	吉林大学	2005
电子证据研究	贺卫锋	闵春雷	硕士	吉林大学	2005

论文题目	作者	指导教师	学位	学位授予单位	学位授予时间
南昌地区汉族人群 TPOX 等 6 个基因座遗传多态性研究	陈金平	龚志强	硕士	江西医学院	2005
分子克隆技术制备 4 个 STR 基因座等位基因阶梯及法医学应用研究	张金国	景　强	硕士	昆明医学院	2005
道路交通事故流行病学及人体损伤机制研究	潘新民	李利华	硕士	昆明医学院	2005
试论我国司法鉴定制度的完善	臧连胜	（暂缺）	硕士	兰州大学	2005
大鼠组织 ATP、DNA、肌动蛋白含量与 PMI 相关性研究	龙　仁	熊　平	硕士	南华大学	2005
针对安全性突发事件中 Windows 系统证据调查的研究	文礼红	章　勇	硕士	南京航空航天大学	2005
宁夏地区回族和汉族群体遗传结构分析	郭辰虹	王玉炯	硕士	宁夏大学	2005
掌骨 X 线测量及其与身高和性别相关性的研究	潘　青	刘丰春	硕士	青岛大学	2005
我国司法鉴定制度建构	宋志学	张建伟	硕士	清华大学	2005
电子证据的基本问题与取证初探	宁　勇	王亚新	硕士	清华大学	2005
固液界面吸附及火灾物证鉴定中新分析方法的研究	杨段玲	申大忠	博士	山东大学	2005
自动指纹识别系统中的关键算法研究及应用	陈桂友	孙同景	博士	山东大学	2005
法医学鉴定制度研究	王　建	丁　杰	硕士	山东大学	2005
电子证据的若干法律问题研究	万慧泽	秦　伟	硕士	山东大学	2005
中国古代保辜制度研究	朱运涛	林　明	硕士	山东大学	2005
过敏性猝死人体内 P 物质表达的免疫组化研究	孙宏伟	高彩荣 王英元	硕士	山西医科大学	2005
线粒体 DNA 编码区单核苷酸多态性研究	郝金萍	郭大玮 刘雅诚	硕士	山西医科大学	2005

论文题目	作者	指导教师	学位	学位授予单位	学位授予时间
大鼠坐骨神经雪旺氏细胞核 DNA 含量和脑组织 S－100β 表达与死亡时间的研究	吕晓革	王英元 高彩荣	硕士	山西医科大学	2005
大鼠脑组织缺血 GFAP、HSP70 的表达与缺血时间推断的研究	梁新华	王英元 高彩荣	硕士	山西医科大学	2005
甲基苯丙胺在家兔体内的毒代动力学以及乙醇对其毒代动力学的影响	张　昀	王玉瑾	硕士	山西医科大学	2005
利多卡因在硬膜外麻醉致死犬体内分布的研究	贺文艳	贠克明	硕士	山西医科大学	2005
利多卡因在硬膜外麻醉意外致死犬体内的死后再分布研究	尉志文	贠克明	硕士	山西医科大学	2005
电化学发光 DNA 分析方法的研究	李　延	张成孝	硕士	陕西师范大学	2005
春秋战国时期诉讼证据研究	郭明月	赵世超	硕士	陕西师范大学	2005
重度创伤机体 Se、GPx、MDA 变化与 MODS 及死亡的相关研究	王　典	于晓军	硕士	汕头大学	2005
基于非线性理论和信息融合的说话人识别	侯丽敏	王朔中	博士	上海大学	2005
色谱法对笔中油墨种类鉴别的研究	阿里木江·艾拜都拉	邹　洪	硕士	首都师范大学	2005
Y 染色体 STR 和 SNP 复合检测方法的研究	石美森	侯一平	博士	四川大学	2005
苍蝇群落演替及 MtDNA 分子标记的法医学研究	蔡继峰	廖志钢	博士	四川大学	2005
法医昆虫种属鉴定的分子生物学方法研究	应斌武	侯一平	博士	四川大学	2005
人死后玻璃体液化学成分含量改变与死亡时间关系的研究	潘洪富	廖志钢	博士	四川大学	2005
勘验、检查笔录研究	袁　志	龙宗智	博士	四川大学	2005

论文题目	作者	指导教师	学位	学位授予单位	学位授予时间
司法鉴定人研究	张 立	唐 磊	硕士	四川大学	2005
司法会计鉴定结论及其质证研究	黄 乔	唐 磊	硕士	四川大学	2005
涉毒死刑案件证据认证规则研究	舒子贵	左卫民	硕士	四川大学	2005
论鉴定制度	王瀞仪	陈永革	硕士	四川大学	2005
四川省汉族人群额窦CR片同一认定的研究	张红霞	邓振华	硕士	四川大学	2005
新的STR遗传标记及荧光标记复合扩增的法医学应用研究	贾振军	侯一平	硕士	四川大学	2005
法医DNA分析若干问题的研究	张伟娟	侯一平	硕士	四川大学	2005
毒鼠强中毒大鼠脑GABA及GABA_AR－α1表达的实验研究	陈伟杰	廖志钢	硕士	四川大学	2005
大鼠支气管哮喘模型建立及心肌细胞p53、caspase－8表达研究	杨 静	刘 敏	硕士	四川大学	2005
论诱惑侦查	秦 红	向朝阳	硕士	四川大学	2005
我国财务舞弊行为分析及控制模式研究	王海侠	黄 鹏	硕士	苏州大学	2005
论我国刑事司法鉴定制度的现状与完善	吴 准	刘 文	硕士	苏州大学	2005
法务会计在中国的应用和发展	邬 岚	秦永和	硕士	武汉大学	2005
新型分离介质的制备及其性能的研究	蔡 敏	冯钰锜	硕士	武汉大学	2005
心脏型脂肪酸结合蛋白死后诊断急性心肌梗死的实验研究	郎博娟	孟祥志	硕士	武汉大学	2005
四种硅藻检验方法的比较研究	王恩银	孟祥志	硕士	武汉大学	2005
单细胞凝胶电泳检测大鼠死后肝、脾细胞核DNA降解与死亡时间关系的研究	何 远	闫 平	硕士	武汉大学	2005
网络电子取证技术研究	刘 尊	李伟华	硕士	西北工业大学	2005
论鉴定结论之科学性与审查评断	刘静坤	胡世澄	硕士	西南政法大学	2005

论文题目	作者	指导教师	学位	学位授予单位	学位授予时间
侦查认识论的困难及其克服	杨立云	任惠华	硕士	西南政法大学	2005
侦查程序中的司法审查制度研究	申世涛	管光承	硕士	西南政法大学	2005
论民事诉讼中的鉴定结论	蒋晓红	何文燕	硕士	湘潭大学	2005
126例猝死尸检资料分析	徐京男	宋京郁	硕士	延边大学	2005
我国刑事诉讼司法鉴定问题的研究	郭希芳	周　庆	硕士	郑州大学	2005
试论我国司法鉴定制度改革的若干问题	张宏志	吕泰峰	硕士	郑州大学	2005
广泛软组织挫伤后器官病理形态学研究	王银阁	李惠翔 张云汉	硕士	郑州大学	2005
基于嵌入式应用的指纹识别技术研究	赵应丁	刘金刚	博士	中国科学院计算技术研究所	2005
物证论	李学军	陈卫东	博士	中国人民大学	2005
中国司法鉴定体制改革略论：从对黄静案和辛普森案分析的角度	殷广智	（暂缺）	硕士	中国人民大学	2005
司法鉴定程序的改革研究	张艳红	（暂缺）	硕士	中国人民大学	2005
鉴定程序若干问题研究	岳军要	（暂缺）	硕士	中国人民大学	2005
对我国刑诉鉴定工作中几个问题的研究	付　敏	（暂缺）	硕士	中国人民大学	2005
论我国法医管理存在的问题及对策	李长征	（暂缺）	硕士	中国人民大学	2005
物证及其保全制度初探	沈　良	（暂缺）	硕士	中国人民大学	2005
红外光谱技术在物证检验中的应用	吕蕴嵘	（暂缺）	硕士	中国人民大学	2005
多巴胺D2、D3和D4受体基因多态性与精神分裂症关联性及法医学和人类遗传学意义	梁克伟	王保捷	博士	中国医科大学	2005
中国北方汉族群体HpO表型的分子遗传学及其法医学应用研究	黄洪武	丁　梅	硕士	中国医科大学	2005
RHCE基因分型的实验性研究	孙志刚	丁　梅	硕士	中国医科大学	2005

论文题目	作者	指导教师	学位	学位授予单位	学位授予时间
ABO 基因 CASPA 分型方法的研究	邵　武	姜先华	硕士	中国医科大学	2005
正常人短音听觉诱发电位反应阈与主观听阈之间关系的研究	徐静涛	刘技辉	硕士	中国医科大学	2005
CYP4502E1 基因多态性及法医学和群体遗传学意义的研究	刘志芳	王保捷	硕士	中国医科大学	2005
论鉴定结论	沈红霞	（暂缺）	硕士	中国政法大学	2005
从程序规范到结果公正	孙宝良	张　方	硕士	中国政法大学	2005
民事诉讼中私录视听资料证据效力研究	崔师振	俞兆平	硕士	中国政法大学	2005
从程序规范到结果公正——论物证鉴定质量控制体系的构建	孙宝良	张　方	硕士	中国政法大学	2005
我国法务会计体系框架的构建研究	刘　炼	李立平	硕士	中南大学	2005
毛细管电泳新检测技术及其在法医毒物分析中的应用研究	潘爱华	伍新尧	博士	中山大学	2005
中国 11 个民族群体 Y 染色体多基因座多态性及其应用的研究	黄艳梅	伍新尧	博士	中山大学	2005
司法鉴定程序问题研究	杜国明	杨建广	硕士	中山大学	2005
胸骨骨髓细胞变化与死亡时间关系的研究	靳俊峰	陈玉川	硕士	中山大学	2005
弥漫性脑损伤时间推断的实验研究	陈梅花	胡丙杰	硕士	中山大学	2005
家兔双前肢悬挂体位致死机制的研究	张宜骏	竞花兰	硕士	中山大学	2005
以烧失量鉴定混凝土受火温度的分析研究	周全会	付祥钊 李风	硕士	重庆大学	2005
一种基于奇异点的指纹分类与匹配算法研究	李冬梁	李见为	硕士	重庆大学	2005
低压线路常见电气火灾原因分析认定及预防措施研究	张学楷	卿晓霞 周修华	硕士	重庆大学	2005

论文题目	作者	指导教师	学位	学位授予单位	学位授予时间
Linux 下基于日志分析的入侵取证系统研究	罗蜀燕	向　宏	硕士	重庆大学	2005
法医损伤工具和损伤时间推断的研究	百茹峰	万立华	博士	重庆医科大学	2005
心脏电击伤的实验研究	马智华	万立华	博士	重庆医科大学	2005
重庆汉族、土家族 STR 基因座遗传多态性研究	陈　伟	邓世雄	硕士	重庆医科大学	2005
SCD 心脏 ANP 与 BNP 的免疫组织化学研究	孙续禄	邓世雄	硕士	重庆医科大学	2005
Mb、Fn、CRP 在早期心肌梗死死后诊断中的免疫组织化学比较研究	蒋　朴	邓世雄	硕士	重庆医科大学	2005
IL－18 与纤维组织在病变血管及心肌的表达及法医学意义	刘　云	邓世雄	硕士	重庆医科大学	2005
重庆地区司法精神病鉴定现状及随访研究	杜向东	蒙华庆	硕士	重庆医科大学	2005
司法鉴定公信力研究	王国春	张宇润	硕士	安徽大学	2006
论我国司法鉴定制度的重构	魏晓飞	李明发	硕士	安徽大学	2006
咽食管段构筑的解剖学研究	王　琴	徐胜春	硕士	安徽医科大学	2006
建立海事诉讼专家证人制度问题研究	李晓刚	郭　萍	硕士	大连海事大学	2006
鞋印分块分类的研究	柯少卿	谢公福 梁德群	硕士	大连海事大学	2006
声纹识别系统与模式匹配算法研究	朱少雄	李剑忠	硕士	大连理工大学	2006
9 个 STR“基因座位”遗传多态性与精神分裂症的关联研究	杨　光	刘　辉	硕士	大连医科大学	2006
鞍山市成人手形态的人类学研究	孙　进	徐　飞	硕士	大连医科大学	2006
道路交通伤（RTI）损伤特点的法医学分析	吴庆华	黄文华	硕士	第一军医大学	2006
力竭性运动对病毒性心肌炎小鼠的影响及蛋白质组学研究	刘　明	王慧君	硕士	第一军医大学	2006

论文题目	作者	指导教师	学位	学位授予单位	学位授予时间
病毒性心肌炎心肌结构蛋白的损伤及其法医学意义	金　贺	王慧君	硕士	第一军医大学	2006
病毒性心肌炎猝死模型的建立及心电相关蛋白（RyR_ 2，CRT）的研究	康　伟	王慧君	硕士	第一军医大学	2006
计算机取证技术研究及系统设计与实现	夏　琦	周明天	硕士	电子科技大学	2006
支持向量机若干基础研究及其在图像识别中的应用	业　宁	董逸生	博士	东南大学	2006
司法鉴定结论的质证制度研究	黄爱琴	王晓川	硕士	对外经济贸易大学	2006
论故意伤害案中人体损伤程度的法医学鉴定	陈小忠	李卫刚	硕士	对外经济贸易大学	2006
论医疗纠纷案件的审理	童文建	苏号朋	硕士	对外经济贸易大学	2006
法务会计在诉讼支持领域的相关问题研究	李　岚	林　兢	硕士	福州大学	2006
自动指纹识别系统的研究与实现	刘兴龙	杜世培	硕士	贵州大学	2006
手背静脉识别技术研究	丁宇航	王科俊	博士	哈尔滨工程大学	2006
司法鉴定标准化问题研究	徐为霞	陈玉忠	硕士	河北大学	2006
建筑工程司法鉴定质量控制体系研究	李晓静	田稳苓	硕士	河北工业大学	2006
基于纹理的文本依存的离线笔迹鉴别	苗晓峰	于　明	硕士	河北工业大学	2006
河北汉族人群 DXS6801、DXS6809、DXS7423、DXS7424、DXS9902 基因座多态性及其法医学应用	白　雪	丛　斌	硕士	河北医科大学	2006
大鼠脑震荡后耳蜗功能及相关听力学变化的研究	王文利	路　虹	硕士	河北医科大学	2006
不同温度下安定对大头金蝇生长发育的影响及其在死后间隔时间推断方面的应用	王丽娟	张孟余 李泽民	硕士	河北医科大学	2006

论文题目	作者	指导教师	学位	学位授予单位	学位授予时间
法务会计对会计舞弊的揭示机制研究	曹爱兰	万宇洵	硕士	湖南大学	2006
刑事诉讼中司法鉴定启动问题研究	潘　洁	叶　青	硕士	华东政法学院	2006
我国古代司法鉴定制度考论	孙大明	丁凌华	硕士	华东政法学院	2006
我国司法鉴定管理体制研究	方道茂	罗玉中	博士	华中科技大学	2006
玻璃体液取样方法及死亡时间推断的研究	汪　岚	刘　良	博士	华中科技大学	2006
大鼠死后视网膜细胞核酸降解与死亡时间的关系研究	陈晓瑞	刘　良	博士	华中科技大学	2006
基于虚拟尸检技术推断死亡时间的实验研究	肖　坚	刘　良	博士	华中科技大学	2006
死后间隔时间推断的新研究	赵小红	张益鹄	博士	华中科技大学	2006
诉讼会计业务及其发展研究	方　霜	周仁俊	硕士	华中科技大学	2006
视神经挫伤后 RGCs 形态学及其 GFAP 表达变化规律的研究	柯　技	陈晓瑞	硕士	华中科技大学	2006
冠状动脉内膜和内弹力膜病变与冠心病猝死关系的研究	吴　华	陈新山	硕士	华中科技大学	2006
冠心病猝死者冠状动脉粥样硬化斑块 C－反应蛋白表达的研究	岳　霞	陈新山	硕士	华中科技大学	2006
大鼠 GAPDH、β－actin mRNA 降解与死亡时间推断的相关性研究	朱方成	刘　良	硕士	华中科技大学	2006
螺杆菌感染与食管癌的生物信息学分析	周　密	叶嗣颖	硕士	华中科技大学	2006
应用 CT 值及形态学变化推断外伤性椎间盘突出时间的研究	郑杏斌	张玲莉	硕士	华中科技大学	2006
经皮电刺激对大鼠海绵体神经损伤后 nNOS 表达的研究	王飞翔	张玲莉	硕士	华中科技大学	2006
大鼠实验性脑梗死早期 CT 值及 GFAP 表达的动态研究	王爱枫	张玲莉	硕士	华中科技大学	2006

论文题目	作者	指导教师	学位	学位授予单位	学位授予时间
大鼠脑损伤后 apo E 和 β－APP 时序性表达的研究	何光龙	周亦武 刘 良	硕士	华中科技大学	2006
大鼠脑挫伤后 nestin/HSP70 表达与脑挫伤经过时间的实验性研究	贾冬梅	周亦武 刘 良	硕士	华中科技大学	2006
大头金蝇 Chrysomya megacephala (Fabricius) 人工饲养技术及授粉行为学的研究	王俊刚	雷朝亮	博士	华中农业大学	2006
毒性乌头生物碱代谢产物研究	张洪贵	张寒琦	博士	吉林大学	2006
注册会计师的法务会计业务研究	马春静	李 清	硕士	吉林大学	2006
刑事司法鉴定程序完善构想	汤铁群	闵春雷	硕士	吉林大学	2006
人体组织的过敏性休克实验研究	林 屹	卢英强	硕士	吉林大学	2006
IL－1，IL－8，VEGF 在小鼠皮肤切创中的表达及其与损伤时间关系的研究	刘东辉	卢英强	硕士	吉林大学	2006
从“杨乃武案”透视晚清司法制度之弊病	徐 哲	李书源	硕士	吉林大学	2006
汽车碰撞散落物动力学仿真及试验研究	林庆峰	许洪国	博士	吉林大学	2006
计算机网络取证分析系统	魏士靖	张基温	硕士	江南大学	2006
基于多代理的网络入侵动态取证的研究	蒋中云	张基温	硕士	江南大学	2006
平面赤足迹形态特征提取与分析	李 磊	平西建	硕士	解放军信息工程大学	2006
立体足迹形态特征提取与生物特征分析	苗 良	平西建	硕士	解放军信息工程大学	2006
计算机操作痕迹清除系统的研究与实现	郭传鹏	汤光明	硕士	解放军信息工程大学	2006
动态电子证据采集系统研究与实现	张云虎	王 锋 欧道生	硕士	昆明理工大学	2006

论文题目	作者	指导教师	学位	学位授予单位	学位授予时间
人指纹的 STR 分型检测及法医学应用研究	秦　洁	景　强	硕士	昆明医学院	2006
道路交通事故颅脑损伤机制与临床法医学应用研究	杨文仲	李利华	硕士	昆明医学院	2006
Heidenhain 法和 HBFP 法诊断急性早期心肌缺血的对比研究	胡早秀	李　桢	硕士	昆明医学院	2006
计算机犯罪取证技术及其应用	刘晓华	管会生	硕士	兰州大学	2006
昆明犬 15 个微卫星基因座的多态性及其复合扩增研究	徐　波	熊勇华	硕士	南昌大学	2006
CT 扫描与免疫组化法对水中实验动物尸体死因判别的对照研究	伍卫国	江　斌	硕士	南华大学	2006
高保真 DNA 聚合酶介导的复合分子“开/关”技术平台在 Y 染色体识别中的应用	周翠兰	李　凯 廖端芳	硕士	南华大学	2006
机械通气致兔急性肺损伤后肺内 VCAM－1 和 VEGF 时序性表达的研究	巫智勇	熊　平	硕士	南华大学	2006
机械通气致兔肺损伤后 TNF－α、IL－8 时序性表达规律的研究	周　君	熊　平	硕士	南华大学	2006
大潮气量通气致兔 VILI 模型建构及 IL－1β、NF－κBp65 表达研究	唐　群	熊　平	硕士	南华大学	2006
民事司法鉴定制度研究	赵朝霞	张学军	硕士	南京师范大学	2006
基于数据挖掘的数字取证模型设计	杨莉莉	蒋　平	硕士	南京师范大学	2006
新型荧光试剂的合成及其在高效液相色谱中的应用研究	张海峰	尤进茂	硕士	曲阜师范大学	2006
毛细管电泳中氨基酸、二肽类 BCEOC 衍生物的手性拆分	白　敏	尤进茂	硕士	曲阜师范大学	2006
司法鉴定研究	付东亮	罗文波	硕士	山东大学	2006
司法会计在民事诉讼中的应用	李旭光	任群先 董翠香	硕士	山东大学	2006

论文题目	作者	指导教师	学位	学位授予单位	学位授予时间
鉴定结论问题探讨	黄 英	王丽萍 张海燕	硕士	山东大学	2006
论我国医疗事故赔偿制度之完善	丁 文	梁慧星	硕士	山东大学	2006
医学 CT 图像的三维重建	李 涛	杨兴强	硕士	山东大学	2006
电子合同法律问题研究	尹 楠	董翠香	硕士	山东大学	2006
过敏性猝死豚鼠 IgE 含量的死后变化规律及肥大细胞脱颗粒的观察	郭相杰	高彩荣	硕士	山西医科大学	2006
山西汉族人群 DYS460 多态性及其法医学应用研究	畅守鹏	梁景青	硕士	山西医科大学	2006
同一个体不同组织线粒体 DNA 异质性的研究	高林林	刘雅诚 王英元	硕士	山西医科大学	2006
中国汉族男性四肢长骨推断身高的研究	牛艳麟	王英元	硕士	山西医科大学	2006
人体胸骨骨髓 DNA 降解与死亡时间的关系	潘一民	王英元	硕士	山西医科大学	2006
大鼠死后脑组织 RNA 降解与死亡时间推断的研究	刘 季	王英元	硕士	山西医科大学	2006
盐酸地芬尼多在中毒大鼠体内死后再分布的研究	任同喜	贠克明	硕士	山西医科大学	2006
利多卡因在硬膜外麻醉犬体内动态分布的研究	张 伟	贠克明	硕士	山西医科大学	2006
毒鼠强在中毒死亡犬体内死后再分布的研究	苏健柏	贠克明	硕士	山西医科大学	2006
水相中硝基芳烃类爆炸物检测用荧光薄膜的制备和传感性能研究	亢建平	房 喻	硕士	陕西师范大学	2006
人像辨认类型及辨认人像五官的眼动差异研究	赵晓风	王有智	硕士	陕西师范大学	2006
应用单管 PCR 扩增测序分型法分析成都汉族 HLA - DRB1 基因多态性	郭钊轩	沈文律	硕士	汕头大学	2006

论文题目	作者	指导教师	学位	学位授予单位	学位授予时间
闽南地区汉族人群常染色体 15 个 STR 基因座遗传多态性的研究	吴德清	徐小虎	硕士	汕头大学	2006
重度创伤后 TE 变化与继发急性肺损伤的关系	赖小平	于晓军	硕士	汕头大学	2006
重度创伤后 NF－kB、IL－6/IL－10 变化与 MODS 的关系及微量元素干预作用的研究	刘福其	于晓军	硕士	汕头大学	2006
磁共振成像和频谱技术在体观察精神应激对大鼠海马体积和代谢物水平的影响	陈夫银	赵　虎	硕士	汕头大学	2006
我国法务会计几个基本问题研究	魏丽霞	石彦文	硕士	首都经济贸易大学	2006
基于图像特征的数字水印技术研究	顾洪峰	邵　丽	硕士	首都经济贸易大学	2006
色谱法鉴定蓝色圆珠笔的种类	王秀东	邹　洪	硕士	首都师范大学	2006
墨水老化方法的研究	陈明星	邹　洪	硕士	首都师范大学	2006
黑色圆珠笔的色谱法鉴定	马秋凤	邹　洪	硕士	首都师范大学	2006
法医鱼类学种属鉴别初步研究	袁万安	侯一平 廖林川 李英碧 吴　瑾	博士	四川大学	2006
乙醇对血管内皮细胞及家兔血液流变学等作用影响的实验研究	闫红涛	廖志钢	博士	四川大学	2006
人脸检测和识别技术的研究	赵明华	游志胜	博士	四川大学	2006
我国刑事司法鉴定制度的研究	赵　泓	陶　涛	硕士	四川大学	2006
司法鉴定人出庭作证制度探析	陈　莉	唐　磊	硕士	四川大学	2006
多头鉴定、重复鉴定、鉴定分歧问题研究	刘长远	陶　涛	硕士	四川大学	2006

论文题目	作者	指导教师	学位	学位授予单位	学位授予时间
三个STR基因座荧光标记复合扩增的研究及其法医学应用	刘志勇	陈国弟	硕士	四川大学	2006
应用数字X线摄影测量上肢长骨推算身高	周晓蓉	邓振华	硕士	四川大学	2006
应用放射学方法测量活体胸腰椎推算身高	常云峰	邓振华	硕士	四川大学	2006
大鼠脑外伤后神经细胞凋亡及脑红蛋白表达的实验研究	陈雪梅	官　鹏	硕士	四川大学	2006
线粒体基因复合扩增进行种属鉴定的研究	方月琴	侯一平	硕士	四川大学	2006
精神分裂症患者的犯罪学特征和精神病理学因素与刑事责任能力的关系	于晓东	胡泽卿	硕士	四川大学	2006
精神发育迟滞患者的犯罪学特征及其刑事责任能力评定的相关因素分析	尚庆娟	胡泽卿	硕士	四川大学	2006
线粒体DNA 16srRNA和ND4基因荧光标记复合扩增在法医学种属鉴定中的应用研究	田　力	李英碧	硕士	四川大学	2006
死后大鼠皮肤生物力学特性及胶原、弹力纤维含量变化规律	金　波	廖志钢	硕士	四川大学	2006
应用昆虫分子系统学对法医嗜尸性蝇类种属鉴定的研究	白　鹏	吴　谨	硕士	四川大学	2006
STR基因座群体遗传学的研究及数据分析软件的开发与应用	何　艳	项　涛	硕士	四川大学	2006
光纤LED诱导荧光毛细管电泳检测技术的研究与应用	王春玲	肖　丹	硕士	四川大学	2006
冠状动脉粥样硬化性心脏病猝死的法医病理学研究	林　霞	易旭夫	硕士	四川大学	2006
窦房结动脉狭窄与窦房结脂肪、纤维增多、凋亡及猝死的关系	谢　英	易旭夫	硕士	四川大学	2006

论文题目	作者	指导教师	学位	学位授予单位	学位授予时间
DNA分析在法医学种属鉴定中的应用研究	王　闯	张　林	硕士	四川大学	2006
我国医疗事故鉴定法律制度研究	廖　霞	左卫民	硕士	四川大学	2006
基于DSP语音处理系统的研究应用	刘　玺	雷　勇	硕士	四川大学	2006
视频序列人脸图像分割与识别技术研究	陈　蕾	黄贤武	博士	苏州大学	2006
专家意见制度研究	张媛媛	张永泉	硕士	苏州大学	2006
故意伤害罪罪与非罪界限和罪刑均衡问题研究	张　锐	李洪欣	硕士	苏州大学	2006
现行医疗事故鉴定体制的反思及重构	张东祥	王克稳	硕士	苏州大学	2006
唐代保辜制度研究	宋玉成	艾永明	硕士	苏州大学	2006
基于CT图像的活体人颅骨几何特征测量与研究	李海岩	彭　翔 阮世捷	博士	天津大学	2006
毛细管电泳电化学发光检测技术的应用研究	高　英	田宜灵	博士	天津大学	2006
三维人体颅脑有限元模型构建和颅脑正面碰撞分析	何　培	阮世捷 张建国、 王忠祥	硕士	天津科技大学	2006
网络入侵与攻击线索发现和关联技术	王　胜	汪海航	硕士	同济大学	2006
计算机日志稽查与事件关联分析	狄玮杰	谭成翔	硕士	同济大学	2006
电子档案保全与固定技术的研究和实现	伍江耀	汪海航	硕士	同济大学	2006
E-mail事件痕迹搜索与线索综合	蒋　毅	谭成翔	硕士	同济大学	2006
中国八个民族Y-STR基因座单倍型遗传多态性及法医学应用研究	朱波峰	刘　耀	博士	西安交通大学	2006
基于颅骨的人脸建模技术研究及在法医面貌复原中的应用	李　康	周明全	硕士	西北大学	2006

论文题目	作者	指导教师	学位	学位授予单位	学位授予时间
生物识别技术在汽车安全领域应用的研究	王侃伟	方宗德	博士	西北工业大学	2006
颅面测量与正畸的三维可视化研究	潘俊君	张艳宁	硕士	西北工业大学	2006
中国司法鉴定管理制度若干问题研究	杨　翼	高晋康	硕士	西南财经大学	2006
我国法务会计的诉讼支持研究	丁启丹	吕先锫	硕士	西南财经大学	2006
司法鉴定的规范化研究	李　彦	刘　蓉	硕士	西南财经大学	2006
化学发光微流控传感器芯片和微流动注射芯片的研究	何德勇	章竹君	博士	西南大学	2006
刑事扣押研究	袁坦中	龙宗智	博士	西南政法大学	2006
司法鉴定启动权研究	张　健	田平安	硕士	西南政法大学	2006
《全国人大常委会关于司法鉴定管理问题的决定》研究	刘　强	王成荣	硕士	西南政法大学	2006
侦查阶段程序性违法问题研究	彭劲荣	徐静村	硕士	西南政法大学	2006
刑事诉讼中视听资料的收集和审查问题研究	吴　芸	任惠华	硕士	西南政法大学	2006
物证信息技术研究与应用	欧　舸	贾治辉	硕士	西南政法大学	2006
犯罪现场再现理论与方法研究	林成明	管光承	硕士	西南政法大学	2006
论知识产权审判中的ADR制度设计	王　畅	朱泉鹰	硕士	厦门大学	2006
论我国司法鉴定人制度的完善	周丹军	齐树洁	硕士	厦门大学	2006
我国电子证据立法若干问题研究	杨姝毅	张　榕	硕士	厦门大学	2006
中国吉林延边地区朝鲜族人群4种STR基因座遗传多态性研究	崔　弘	宋京郁	硕士	延边大学	2006
人红细胞血型糖蛋白A单克隆抗体的制备	刘　进	李厚达	硕士	扬州大学	2006
司法鉴定法律制度研究	李　原	陈令华	硕士	云南大学	2006
论我国司法鉴定机构的法律规制	陈雪梅	蔡　磊	硕士	云南大学	2006
关于完善我国司法鉴定制度的思考	严　芳	陈令华	硕士	云南大学	2006

论文题目	作者	指导教师	学位	学位授予单位	学位授予时间
尸食性蝇类的分子鉴别及其发育生物化学特征用于死后间隔时间推断的基础研究	李 凯	胡 萃 叶恭银	博士	浙江大学	2006
指纹识别技术在银行业务系统中的应用	赵艳超	朱晓芸	硕士	浙江大学	2006
指纹识别二值化方法的研究	黄 滨	应 晶	硕士	浙江大学	2006
悬浮式生物芯片检测中的图像处理研究	张登科	倪旭翔 陆祖康	硕士	浙江大学	2006
完善我国司法鉴定制度的思考	高华栋	王长水	硕士	郑州大学	2006
河南汉族 STR 遗传多态性及其在同胞鉴定中的应用	孙 莉	李晓文	硕士	郑州大学	2006
短串联重复序列多态性及在造血干细胞移植中的应用	孟晓峰	李晓文	硕士	郑州大学	2006
VUV 电离离子迁移谱技术在 VOCs 测量中的应用	时迎国	李海洋	硕士	中国科学院大连化学物理研究所	2006
知识产权案件中的司法鉴定问题初探	付丽娜	周惠博 李学军	硕士	中国人民大学	2006
对《关于司法鉴定管理问题的决定》的研究	王向阳	周惠博	硕士	中国人民大学	2006
重构医疗诉讼鉴定体系	王 敏	汤维建	硕士	中国人民大学	2006
初探毒品原植物：大麻 STR 位点遗传多态性研究	马 原	裴 黎	硕士	中国人民公安大学	2006
医患博弈中的行为模式研究	顾冬辉	朱士俊	硕士	中国人民解放军军医进修学院	2006
未知病变类型脑血管中 β - amyloid，α - actin，collagen Ⅳ的免疫组织化学研究	张 珉	官大威	硕士	中国医科大学	2006
正常人不同刺激野 PRVEP 及其法医学价值的研究	黎宇飞	刘技辉	硕士	中国医科大学	2006

论文题目	作者	指导教师	学位	学位授予单位	学位授予时间
辽宁地区汉族人群 TAP1 基因多态性的法医学意义研究	孙学科	刘利民	硕士	中国医科大学	2006
人冠状静脉窦中心肌细胞连接蛋白的组织学研究	杨泽辉	孙英贤	硕士	中国医科大学	2006
TPH－G1066A 位点遗传多态性及其与精神分裂症相关性研究	王春红	王保捷	硕士	中国医科大学	2006
CCK 基因－45C/T 位点遗传多态性及与抑郁症的相关性研究	张　璐	王保捷	硕士	中国医科大学	2006
鉴定结论之研究	郭　华	刘金友	博士	中国政法大学	2006
构建中国的司法鉴定体制	刘革新	卞建林	博士	中国政法大学	2006
我国司法鉴定制度改革之比较研究	宋　豪	洪道德	硕士	中国政法大学	2006
我国司法鉴定制度改革研究	邱　江	卞建林	硕士	中国政法大学	2006
司法鉴定人制度研究	张淑宁	郭纪元	硕士	中国政法大学	2006
民事司法鉴定程序之完善与鉴定结论的适用	强梅梅	王秋兰	硕士	中国政法大学	2006
论我国的司法鉴定制度	魏文瑞	郭纪元	硕士	中国政法大学	2006
论我国的司法鉴定体制	甄秦峰	王进喜	硕士	中国政法大学	2006
法务会计基础理论与应用探析	褚　楠	张苏彤	硕士	中国政法大学	2006
刍议《全国人大常委会关于司法鉴定管理问题的决定》对司法鉴定制度的影响及前瞻	陈志华	刘　玫	硕士	中国政法大学	2006
医疗事故鉴定制度研究	杨　莉	郭纪元	硕士	中国政法大学	2006
电子证据的取证及其限制——从电子证据的特点出发	张云泉	张　方	硕士	中国政法大学	2006
我国司法鉴定结论质证规则的建构——从两大法系鉴定结论质证规则比较的视角	朱向贤	徐忠明	硕士	中山大学	2006
我国民事诉讼司法鉴定制度研究	邓　峰	慕亚平	硕士	中山大学	2006

论文题目	作者	指导教师	学位	学位授予单位	学位授予时间
我国建设工程质量司法鉴定制度研究	孙志军	刘国臻	硕士	中山大学	2006
限制性体位窒息死亡大鼠的膈肌研究	林　泓	竞花兰	硕士	中山大学	2006
双前肢悬挂致死家兔膈肌能量代谢变化及其法医学意义	陈光辉	李朝晖	硕士	中山大学	2006
我国医疗纠纷司法鉴定专家证人问题研究	王　欣	刘兴莉	硕士	中山大学	2006
中山、广州及西安地区几种尸食性蝇类快速分子学鉴定	尹晓宏	王江峰	硕士	中山大学	2006
指纹图像处理及匹配方法的研究	陈为民	袁祥辉 李见为	博士	重庆大学	2006
大鼠皮肤切创愈合过程中 Ubiquitin 的表达及其法医学意义	曾　毅	邓世雄	硕士	重庆医科大学	2006
VEGF 和 cTnT 在家兔缺血心肌中的表达及其死后稳定性研究	熊小明	邓世雄	硕士	重庆医科大学	2006
Caspase－7 在大鼠颅脑损伤后表达的免疫组织化学研究	何　锐	邓世雄	硕士	重庆医科大学	2006
1. 重庆高速公路致死性交通事故流行病学特征和驾驶员相关情况分析 2. 不同撞击方向致家兔损伤特点的实验研究	蒋　俊	邓世雄 赵新才	硕士	重庆医科大学	2006
头发 mtDNA4977bp 缺失与年龄的关系研究	郭燕丽	万立华	硕士	重庆医科大学	2006
电击伤后心脏组织 TIMP－1 及 a－Actin 表达的实验研究	潘守亭	万立华	硕士	重庆医科大学	2006
Hyal2 在电击后心脏组织表达的免疫组化研究	贺　英	万立华	硕士	重庆医科大学	2006
司法鉴定制度研究	胡家根	王圣扬	硕士	安徽大学	2007
司法鉴定人选任制度研究	桂　勇	徐　彪	硕士	安徽大学	2007
宋代物证之研究	黄　蓉	肖建新	硕士	安徽师范大学	2007

论文题目	作者	指导教师	学位	学位授予单位	学位授予时间
邱兴华故意杀人、抢劫案的法理研究	原　军	赵秉志	硕士	北京师范大学	2007
分布环境下身份认证和授权管理的研究	任传伦	杨义先	博士	北京邮电大学	2007
海事诉讼专家证人制度研究	张叶波	韩立新	硕士	大连海事大学	2007
大连市与温州市7到18岁男女生骨发育的比较	赵德宝	孙新生 田爱华	硕士	大连理工大学	2007
气敏血液酒精浓度测定仪的研制及其应用效果评价	麦剑平	罗炳德	硕士	第一军医大学	2007
妊娠相关血浆蛋白A（PAPP－A）和游离雌三醇（uE_ 3）时间分辨荧光免疫诊断试剂的研制	蒋艺勤	吴英松	硕士	第一军医大学	2007
属性约简算法和文本相似度计算在智能分析系统的研究	杨　霞	张建中	硕士	电子科技大学	2007
我国法务会计现存问题与对策研究	刘　彬	迟旭升	硕士	东北财经大学	2007
法务会计理论体系研究	李丽莉	岳上植	硕士	东北林业大学	2007
一种基于锚定PCR的微卫星筛选新方法的研究	贾学渊	徐艳春	硕士	东北林业大学	2007
论重新鉴定制度的构建	陈　钧	董　灵	硕士	对外经济贸易大学	2007
论我国的刑事司法鉴定制度	忻佩燕	孙　利	硕士	对外经济贸易大学	2007
论提高司法鉴定证明力的途径和方式	夏　辉	冀宗儒	硕士	对外经济贸易大学	2007
论我国监护制度的缺陷及完善	郭德黎	徐海燕	硕士	对外经济贸易大学	2007
宋慈与《洗冤集录》之研究	熊思量	林金水	硕士	福建师范大学	2007
中国古代法医学发展史及相关文献研究	黄玉环	吴志刚	硕士	贵阳中医学院	2007

论文题目	作者	指导教师	学位	学位授予单位	学位授予时间
司法案件中轻质矿物油的鉴定	宋光林	谭　红 何锦林	硕士	贵州大学	2007
数字图像和三维模型水印算法的研究	谭秀湖	刘国枝	博士	哈尔滨工程大学	2007
数字水印取证技术在移动警务通中的应用	应　影	李　钢	硕士	合肥工业大学	2007
知识产权诉讼专家证人研究	王　静	刘春霖	硕士	河北大学	2007
基于SVM的中文电子邮件作者性别识别技术研究	杨　静	滕桂法 吴凤祥	硕士	河北农业大学	2007
中国汉族人群D1S1677/D2S441/D4S2364/D10S1248/D22S1045 miniSTR基因座的遗传多态性及法医学应用	娄春光	丛　斌	硕士	河北医科大学	2007
类风湿性关节炎患者外周血hMLH1启动子CpG岛甲基化的初步研究及DNA甲基化的法医学应用探讨	甄艳凤	丛　斌	硕士	河北医科大学	2007
河北汉族人群四个X－STR基因座遗传多态性研究	王　毅	丛　斌	硕士	河北医科大学	2007
河北汉族人群DYS19、DYS385、DYS389、DYS390、DYS635、DYS713、DYS720基因座多态性的研究及其法医学应用	王晓丹	丛　斌	硕士	河北医科大学	2007
铜绿蝇蛹发育形态学用于死后间隔时间推断的研究	王　贺	李泽民 张孟余	硕士	河北医科大学	2007
不同温度下肥须亚麻蝇幼虫头咽骨形态学和体内非特异性酯酶的变化及在法医学上的意义	王　玲	李泽民 张孟余	硕士	河北医科大学	2007
脑震荡对豚鼠耳蜗功能及螺旋神经节细胞的病理研究	李志玉	路　虹	硕士	河北医科大学	2007
温度对丝光绿蝇幼虫生长发育的影响及其法医学意义	李艳宇	张孟余 李泽民	硕士	河北医科大学	2007

论文题目	作者	指导教师	学位	学位授予单位	学位授予时间
民事司法鉴定问题研究	邹耀东	吴泽勇	硕士	河南大学	2007
论鉴定结论在刑事诉讼中的证据功能	赵明辉	韩　红	硕士	黑龙江大学	2007
刑事司法鉴定问题研究	姜志刚	余松龄	硕士	湖南大学	2007
检察系统司法会计业务研究	李笑冰	段启俊	硕士	湖南大学	2007
法务会计诉讼支持问题研究	谢达理	朱湘萍	硕士	湖南大学	2007
基于纳米金胶和磁性纳米颗粒的DNA和凝血酶蛋白质电化学检测的研究	郑　静	何品刚 方禹之	博士	华东师范大学	2007
侦查机关司法鉴定若干问题研究	郑映宇	闵银龙	硕士	华东政法大学	2007
司法鉴定机构的准入制度	施　敏	闵银龙	硕士	华东政法大学	2007
试论刑事司法鉴定体制的规范与完善	王　琰	王俊民	硕士	华东政法大学	2007
论我国司法鉴定人出庭作证制度	王　欣	杜志淳	硕士	华东政法大学	2007
论我国司法鉴定程序的现状及重构	王　屏	杜志淳	硕士	华东政法大学	2007
论建筑造价咨询合同中的违约形态	刘鲁明	沈幼伦	硕士	华东政法大学	2007
侦查再现论	刘春林	蔡　能	硕士	华东政法大学	2007
非法行医罪研究	鲍胜军	何　萍	硕士	华东政法大学	2007
会计法律责任制度研究	陈素花	汤玉枢	硕士	华侨大学	2007
浮游生物16SrDNA检验在溺死鉴定中的应用研究	何方刚	刘　良	博士	华中科技大学	2007
氯氮平的死后再分布规律研究	王琦玮	刘　良	博士	华中科技大学	2007
乌头碱对培养新生大鼠心室肌细胞Connexin43蛋白磷酸化状态及其胞内［Ca2＋］振荡模式的影响	章诗伟	刘　良	博士	华中科技大学	2007
开放网络环境下动态计算机取证技术研究	刘　德	甘早斌	硕士	华中科技大学	2007
我国刑事鉴定体制若干问题研究	韩　梅	李韧夫	硕士	吉林大学	2007
我国司法鉴定人制度若干问题研究	孙一宁	闵春雷	硕士	吉林大学	2007

论文题目	作者	指导教师	学位	学位授予单位	学位授予时间
关于司法鉴定问题的若干思考	鲍克锋	刘亚军	硕士	吉林大学	2007
长春汉族群体 D1S549 等七个短串联重复序列基因座的遗传多态性研究	祁柏宇	卢英强	硕士	吉林大学	2007
羊水栓塞的发病机制及炎前因子的研究	刘　莉	卢英强	硕士	吉林大学	2007
甲醛固定后豚鼠器官组织内头孢噻肟钠含量测定	洪　涛	卢英强	硕士	吉林大学	2007
医疗损害赔偿主要争议问题研究	高忠华	孙学致	硕士	吉林大学	2007
医疗事故的民事侵权责任研究	卢德建	于　莹	硕士	吉林大学	2007
基于多普勒血流速法医用自动恒力小夹板的研制	柳　旺	赵继印	硕士	吉林大学	2007
计算机笔迹鉴定算法研究与实验	王　慧	赵宏伟	硕士	吉林大学	2007
犯罪心理画像及其本土化研究	邢雷雷	高申春	硕士	吉林大学	2007
浅析春秋时期的讲史活动	王大双	孙　瑞	硕士	吉林大学	2007
法务会计理论框架相关问题研究	赵红英	罗其安	硕士	暨南大学	2007
基于数据恢复的信息获取技术的研究	魏　豪	祝跃飞	硕士	解放军信息工程大学	2007
微卫星不稳定性与肿瘤的研究	王　佳	景　强	硕士	昆明医学院	2007
摩托车交通事故损伤特征和法医学应用研究	张冬先	李利华	硕士	昆明医学院	2007
道路交通事故胸腹部损伤机制与临床法医学应用研究	唐　铭	李利华	硕士	昆明医学院	2007
道路交通事故所致骨折特点、致伤机制及其与交通方式关系的研究	曾晓锋	李　桢	硕士	昆明医学院	2007
法务会计的内涵及其诉讼支持作用的研究	刘海龙	刘艺工	硕士	兰州大学	2007
两种探针 DNA 指纹图对小鼠遗传检测的比较研究	王　芳	孙以方	硕士	兰州大学	2007

论文题目	作者	指导教师	学位	学位授予单位	学位授予时间
当前打击毒品犯罪案件存在的主要问题及对策	顾海峰	周桂党	硕士	兰州大学	2007
计算机取证技术的应用研究	郭建朝	管会生	硕士	兰州大学	2007
当前打击毒品犯罪案件存在的主要问题及对策	顾海峰	周桂党	硕士	兰州大学	2007
论我国司法鉴定制度的构建与完善	胡　婕	张树军	硕士	内蒙古大学	2007
皮肤切创愈合过程中 TLR2、TLR4 表达及其法医学意义	楼旭鹏	冯　琼	硕士	南昌大学	2007
含铁血黄素巨噬细胞与损伤时间的相关性研究	郑爱萍	冯　琼	硕士	南昌大学	2007
犬 11 个 STR 基因座荧光复合扩增体系的构建	杜蔚安	熊勇华	硕士	南昌大学	2007
15 个 STR 基因座多态性及其在降解检材分型检验中的应用研究	刘　超	王慧君	博士	南方医科大学	2007
改良扩增前引物延伸方法的法医学应用研究	陈　玲	王慧君	硕士	南方医科大学	2007
比较人和兔细胞 DNA 降解来推断人死亡时间的可行性研究	罗国厂	熊　平	硕士	南华大学	2007
基于偏微分方程的图像去噪和增强研究	朱立新	夏德深	博士	南京理工大学	2007
基于多手指指纹识别的身份验证方法研究	李　宁	杨静宇	硕士	南京理工大学	2007
我国司法鉴定制度研究——以刑事诉讼为视角分析	王素芳	李建明	硕士	南京师范大学	2007
司法鉴定人出庭作证问题研究	李路明	李　浩	硕士	南京师范大学	2007
论我国鉴定人制度	马莹莹	刘　敏	硕士	南京师范大学	2007
拉曼光谱在 DNA、蛋白质检测及墨迹鉴定中的应用	衡　航	柯惟中	硕士	南京师范大学	2007

论文题目	作者	指导教师	学位	学位授予单位	学位授予时间
烟台地区现代青少年膝、踝部长骨干骺融合的研究	潘英华	刘丰春	硕士	青岛大学	2007
氨基酸和二肽的非水毛细管电泳分离研究	陈　彦	尤进茂	硕士	曲阜师范大学	2007
基于模糊理论与平面图像移动相对性的脱机签名鉴定研究	田　伟	乔谊正	博士	山东大学	2007
刑事诉讼中鉴定结论的几个热点问题研究	董彦鹏	田荔枝	硕士	山东大学	2007
论我国司法鉴定制度的改革与完善	张　涛	胡常龙	硕士	山东大学	2007
医疗事故鉴定制度研究	赵　林	丁　杰	硕士	山东大学	2007
医疗损害赔偿纠纷的特点、难点及审判对策	李耀勇	刘保玉 刘宏渭	硕士	山东大学	2007
火灾事故认定制度相关问题研究	孙月文	柳砚涛	硕士	山东大学	2007
对掌纹识别中特征提取算法的研究	陶俊伟	姜　威	硕士	山东大学	2007
二维颅骨图像特征部位选取及识别技术研究	孔珊珊	曹茂永	硕士	山东科技大学	2007
自动鞋印分析与比对系统中的关键技术的研究与实现	闫旭琴	郑永果	硕士	山东科技大学	2007
我国法务会计问题研究	刘　甜	董雪艳	硕士	山东农业大学	2007
大鼠死后看家基因 mRNA 降解规律与晚期死亡时间推断的相关性研究	任广睦	王英元	博士	山西医科大学	2007
滥用药物在动物体内的分布特征及毒物动力学研究	王玉瑾	王英元	博士	山西医科大学	2007
小鼠过敏性休克后 MCT、ECP 的时空变化规律及肥大细胞脱颗粒观察	薛少华	高彩荣	硕士	山西医科大学	2007
人外周血白细胞端粒 DNA 长度与年龄相关性的法医学应用研究	薄云峰	高彩荣	硕士	山西医科大学	2007

论文题目	作者	指导教师	学位	学位授予单位	学位授予时间
P物质在过敏性休克家兔体内的表达及法医学意义	程红霞	高彩荣	硕士	山西医科大学	2007
新Y－STR基因座DYS714遗传多态性研究	陈亚明	郭大玮	硕士	山西医科大学	2007
D15S128位点的STR多态性与差异甲基化联合进行亲子鉴定的研究	焦义祖	郭大玮	硕士	山西医科大学	2007
新Y染色体STR基因座遗传多态性研究	任云星	梁景青 郭大玮	硕士	山西医科大学	2007
新Y－STR基因座DYS715和DYS717在山西汉族人群中的多态性分布	赵亚娣	梁景青 郭大玮	硕士	山西医科大学	2007
线粒体DNA单核苷酸多态性（SNPs）微测序检测方法的研究	荆玉婷	刘雅诚	硕士	山西医科大学	2007
南方汉族群体Y－STR和Y－SNP系统的研究和法医学应用	任　贺	王英元	硕士	山西医科大学	2007
放松训练对Polygraph测试结果影响的实验研究	崔清华	王英元	硕士	山西医科大学	2007
低压电损伤大鼠脑组织c－jun表达及皮肤组织特殊染色的研究	刘雁军	王英元	硕士	山西医科大学	2007
大鼠脑组织缺血后Ngb mRNA表达与缺血时间推断的研究	宋方明	王英元	硕士	山西医科大学	2007
HIF－1α、IGF－1与脑损伤时间关系的实验研究	亢登峰	王英元	硕士	山西医科大学	2007
3D技术在人牙咬痕个体识别的法医学研究	秦王民	王英元 刘　力	硕士	山西医科大学	2007
氯胺酮在豚鼠毛发中的分布与代谢研究	刘俊芳	王玉瑾 刘　耀	硕士	山西医科大学	2007
家兔唾液和尿液中氯胺酮浓度与血药浓度相关性研究	李鹏旺	王玉瑾 刘　耀	硕士	山西医科大学	2007

论文题目	作者	指导教师	学位	学位授予单位	学位授予时间
利多卡因在硬膜外麻醉犬体内的死后弥散研究	张　潮	貟克明	硕士	山西医科大学	2007
利多卡因、普鲁卡因和布比卡因在生物样品中的分解动力学研究	李　云	貟克明	硕士	山西医科大学	2007
乙醇在犬体内的死后再分布及保存人血液中稳定性的研究	刘晓霞	貟克明 张大明	硕士	山西医科大学	2007
布比卡因在硬膜外麻醉意外致死犬体内的死后再分布研究	张高勤	貟克明 张大明	硕士	山西医科大学	2007
我国医疗事故技术鉴定法律制度研究	石彬彬	杜钢建 邵俊武	硕士	汕头大学	2007
灌酒大鼠脑组织 Ngb、Hif－1α 表达和 Na～＋，K～＋－ATPase 活性变化及其与 TSAH 的关系研究	高贵山	徐小虎 于晓军	硕士	汕头大学	2007
灌酒大鼠外伤性蛛网膜下腔出血的血管壁形态变化及其生物力学研究	徐国辉	于晓军	硕士	汕头大学	2007
灌酒大鼠脑组织 tPA、MMP－9 表达变化与外伤性蛛网膜下腔出血的关系研究	徐广涛	于晓军	硕士	汕头大学	2007
视频人脸跟踪识别算法研究	江艳霞	周宏仁	博士	上海交通大学	2007
论审计行政程序中的证据运用	刘峰成 （刘峰）	叶必丰	硕士	上海交通大学	2007
浅议电子证据	王文杰	周　伟	硕士	上海交通大学	2007
局域网隐蔽取证系统的若干关键技术研究	王丽丽	薛　质	硕士	上海交通大学	2007
笔迹鉴定中基于动态信息的笔划特征提取技术的研究	姜宏亮	刘嘉敏	硕士	沈阳工业大学	2007
毛细管电泳法鉴定圆珠笔油墨	张淑媛	邹　洪	硕士	首都师范大学	2007
红色圆珠笔油墨的鉴别与分类研究	刘　艳	邹　洪	硕士	首都师范大学	2007

论文题目	作者	指导教师	学位	学位授予单位	学位授予时间
薄层色谱法和高效液相色谱法综合考察签字笔油墨	张　婧	邹　洪	硕士	首都师范大学	2007
法医学尸体解剖鉴定结论的规范化研究	陶　涛	廖志钢	博士	四川大学	2007
法医学降解检材 DNA 分析的新指标探索	张海军	侯一平	博士	四川大学	2007
无电流斑电击死的实验研究	王　晔	廖志钢	博士	四川大学	2007
中国刑事鉴定制度改革研究	李春梅	左卫民	硕士	四川大学	2007
鉴定人出庭作证制度探析	张　冰	唐　磊	硕士	四川大学	2007
CODIS 系统三个 miniSTR 荧光标记复合扩增的构建及法医学应用	龙　兵	陈国弟	硕士	四川大学	2007
颌面数字 X 线片同一认定指标体系的构建研究	高　东	邓振华	硕士	四川大学	2007
额窦数字 X 线影像法医学同一认定的研究	徐　喆	邓振华	硕士	四川大学	2007
三个 miniSTR 遗传标记及其荧光标记复合扩增的法医学应用研究	武　尉	侯一平	硕士	四川大学	2007
三个 miniSTR 基因座荧光标记复合扩增体系的建立及其法医学应用研究	蒋　师	侯一平	硕士	四川大学	2007
酒精相关违法行为者的犯罪学特征及饮酒特点与刑事责任能力的相关分析	张东军	胡泽卿	硕士	四川大学	2007
精神分裂症患者的智力、社会功能和刑事责任能力的关系	毛远毅	胡泽卿	硕士	四川大学	2007
癫痫所致精神障碍违法者的犯罪学特征及其刑事责任能力评定的影响因素研究	林　勇	胡泽卿	硕士	四川大学	2007
早期心肌缺血所致猝死心肌 NF－κB 以及Ⅰ型胶原蛋白的表达研究	高淑红	黄飞骏	硕士	四川大学	2007
头颅 CT 片个人识别研究	谭秋丰	黄飞骏	硕士	四川大学	2007

论文题目	作者	指导教师	学位	学位授予单位	学位授予时间
四个 STR 基因座荧光标记复合扩增的研究及其法医学应用	刘　莉	李英碧	硕士	四川大学	2007
生物体内乙醇脱氢酶（ADH）的活力测定、分布及其与乙醇代谢动力学的关系	宋　宇	廖林川	硕士	四川大学	2007
甲基苯丙胺的体内分析方法及其在成瘾生物体内的分布研究	侯俊红	廖林川	硕士	四川大学	2007
毒鼠强中毒所致动物脏器病理改变与其含量和中毒时间的关系研究	傅　强	廖林川	硕士	四川大学	2007
乙醇对家兔脑基底动脉影响的研究	张　奎	廖志钢	硕士	四川大学	2007
大鼠死后肝脏组织糖原能量物质变化规律与死亡时间关系的研究	金　菊	廖志钢	硕士	四川大学	2007
支气管哮喘 SD 大鼠心肌细胞凋亡研究	陈继梁	刘　敏	硕士	四川大学	2007
应用复合 MS－PCR 法快速检测线粒体 DNA 编码区单核苷酸多态性的研究	冉　鹏	吴　谨	硕士	四川大学	2007
非法行医的法律问题研究	陈婷宇	杨遂全	硕士	四川大学	2007
新生儿呼吸系统病变的临床、病理及法医学特点研究	郭少峰	易旭夫	硕士	四川大学	2007
EB 病毒重组 Rta 蛋白多克隆抗体的初步应用	董　晖	张　林	硕士	四川大学	2007
论医患关系平衡下的医疗侵权诉讼	汪海莹	左卫民	硕士	四川大学	2007
刑事诉讼中的视听资料问题研究	王　瑶	李　浩	硕士	四川大学	2007
论刑事鉴定结论证据之可采性及其审定规则	朱莉青	薛喜堂	硕士	苏州大学	2007
论我国民事司法鉴定结论的证据审查	刘　场	胡亚球	硕士	苏州大学	2007
氯胺酮慢性中毒诱导小鼠心肌/脑组织细胞凋亡的表达	杨　菊	卞士中	硕士	苏州大学	2007

论文题目	作者	指导教师	学位	学位授予单位	学位授予时间
华东地区汉族人群 D2S1399 和 D5S2500 基因座的遗传多态性研究及其等位基因分型标准物的构建	夏水秀	冯一中	硕士	苏州大学	2007
大鼠脑外伤后自噬/溶酶体途径相关蛋白表达的研究	张延波	陶陆阳	硕士	苏州大学	2007
基于 MELP 模型的汉语耳语音转换为正常音的实现	徐 敏	赵鹤鸣	硕士	苏州大学	2007
汉语耳语音转换为正常语音的共振峰结构研究	刘建新	赵鹤鸣	硕士	苏州大学	2007
肝脏特异性 F 蛋白的克隆表达及其多抗制备	段 樱	刘树业	硕士	天津医科大学	2007
法务会计在控制舞弊方面的研究分析	班 青	袁 远	硕士	同济大学	2007
缺氧诱导因子 -1α 诊断早期心肌缺血的实验研究	黄建伟	孟祥志	硕士	武汉大学	2007
计算机辅助颅像重合关键技术研究	张志刚	周明全	博士	西北大学	2007
陕西省汉族人群的亚群分析及藏族 Y－STR多态性研究	丁 虹	蒙世杰	硕士	西北大学	2007
道路交通事故车辆碰撞速度研究及辅助软件开发	叶新娜	黄海波 周廷萱	硕士	西华大学	2007
独立审计中注册会计师对第三人的民事责任	黄文珂	毛洪涛	硕士	西南财经大学	2007
秘密侦查中的取证问题研究	陈龙环	徐静村	博士	西南政法大学	2007
刑事庭审中的人证调查程序研究	贺振华	龙宗智	博士	西南政法大学	2007
英美法系专家证人制度研究	李开銮	廖中洪	硕士	西南政法大学	2007
司法鉴定人法律责任制度研究	李 童	贾治辉	硕士	西南政法大学	2007
鉴定结论研究	管俊杰	刘宗粤	硕士	西南政法大学	2007
鉴定结论可靠性研究	刘 涛	胡世澄	硕士	西南政法大学	2007
公诉案件鉴定启动程序研究	李凤玉	李昌林	硕士	西南政法大学	2007

论文题目	作者	指导教师	学位	学位授予单位	学位授予时间
《全国人大常委会关于司法鉴定管理问题的决定》操作性研究	王　沁	王成荣	硕士	西南政法大学	2007
正常汉字笔迹鉴定标准研究	周俊峰	贾治辉	硕士	西南政法大学	2007
摹仿签名笔迹检验	柯昌林	贾治辉	硕士	西南政法大学	2007
论侦查中电子证据及收集的若干理论问题	王　琳	郑晓钧	硕士	西南政法大学	2007
传真文件检验新探	王　娟	王成荣	硕士	西南政法大学	2007
声纹识别技术及其在司法鉴定中的应用	杨　阳	陈永明	硕士	厦门大学	2007
电子证据取证研究	杨　羽	蔡庆辉	硕士	厦门大学	2007
我国刑事质证制度研究	盛　艳	宋世杰	硕士	湘潭大学	2007
我国司法鉴定管理体制的改革与完善	张陈武	胡之芳	硕士	湘潭大学	2007
论我国法务会计法律制度的构建	杨震球	陈乃新	硕士	湘潭大学	2007
《折狱龟鉴》初探	商丽杰	张全民	硕士	湘潭大学	2007
《水浒传》所见宋代司法制度研究	陆仁茂	张全民	硕士	湘潭大学	2007
5－HTTLPR 在新疆维、哈、蒙古族人群中的基因频率分布及与焦虑症的关联分析	乔艳辉	多力坤·买买提 玉素甫	硕士	新疆大学	2007
大鼠重度闭合性颅脑损伤模型构建及伤后 S100β 蛋白表达与脑损伤时间关系的研究	初松涛	金香子	硕士	延边大学	2007
人红细胞血型糖蛋白 B 单克隆抗体的制备	高晓飞	卜仕金 李厚达	硕士	扬州大学	2007
刑事司法鉴定的程序性问题研究	陈立方	米　良	硕士	云南大学	2007
论鉴定人出庭制度的构建	董星廷	周　麒	硕士	云南大学	2007
我国法医临床鉴定法律问题研究	李　勋	陈志波	硕士	云南大学	2007
DNA 分析仪荧光信号采集与处理系统的研究	郑　华	陆祖康	博士	浙江大学	2007

论文题目	作者	指导教师	学位	学位授予单位	学位授予时间
PCR－SBT 法研究浙江汉族人群 HLA 基因多态性	戴卫健	严力行	硕士	浙江大学	2007
不同条件下核酸样本制备的质量控制和参数建立	刘　超	周　韧	硕士	浙江大学	2007
指纹识别算法研究及其在嵌入式自动指纹识别系统中的应用	徐坚江	卢建刚	硕士	浙江大学	2007
视听资料研究	祝新星	罗文燕	硕士	浙江工商大学	2007
STR 在同胞鉴定中的应用及河南汉族 7 个 Y－STR 遗传多态性	李　杨	李晓文	硕士	郑州大学	2007
恶意软件侵权研究	展　新	田土城	硕士	郑州大学	2007
我国司法会计活动证据规则研究	韩　斌	徐国君	硕士	中国海洋大学	2007
基于动态手写签名的身份认证研究	全中华	黄德双	博士	中国科学技术大学	2007
物证与刑事错案的实证研究	杜　林	何家弘	硕士	中国人民大学	2007
混合斑中精子细胞分离及其 DNA 制备方法研究	李　鑫	胡　兰	硕士	中国人民公安大学	2007
动态液相微萃取－微波衍生化法测定毛发中苯丙胺类毒品	朱　丹	孟品佳	硕士	中国人民公安大学	2007
法医学常用 STR 遗传标记的研究	严　红	叶　健	硕士	中国人民公安大学	2007
Chelex100 提取方法的研究进展	戴文申	叶　健	硕士	中国人民公安大学	2007
百草枯中毒的检验分析	刘　军	于忠山	硕士	中国人民公安大学	2007
中国汉族成人头颅正位 CR 片同一认定研究	陈　敏	张惠芹	硕士	中国人民公安大学	2007
中国汉族成人颅骨侧位 CR 片同一认定研究	苗国华	张惠芹	硕士	中国人民公安大学	2007

论文题目	作者	指导教师	学位	学位授予单位	学位授予时间
根据中国汉族成人残碎下颌骨判定性别和推断身高的研究	闫　磊	张惠芹	硕士	中国人民公安大学	2007
中国汉族成人正位面像形态学鉴定及可行性研究	王　宁	张继宗	硕士	中国人民公安大学	2007
中国汉族成人侧面像形态学鉴定及可靠性研究	徐　凯	张继宗	硕士	中国人民公安大学	2007
女性青少年骨龄评价方法比较研究	曹志华	张继宗	硕士	中国人民公安大学	2007
不同方法对男性青少年骨龄判定结果可靠性的比较研究	朱锦田	张继宗	硕士	中国人民公安大学	2007
影像真实性检验的研究	何晓春	王桂强	硕士	中国人民公安大学	2007
液质联用法检测人全血中的芬太尼	邵永军	于忠山	硕士	中国人民公安大学	2007
液质联用法检测人全血中的阿维菌素	杨　挺	于忠山	硕士	中国人民公安大学	2007
血潜手印化学显现方法的研究	李　佳	常柏年	硕士	中国人民公安大学	2007
橡胶鞋底加工工艺特征研究	张　博	罗亚平	硕士	中国人民公安大学	2007
现场勘验数字照片应用标准研究	邢文博	许小京	硕士	中国人民公安大学	2007
西藏藏族人群赤足长与身高相关关系的研究	吴炜斌	班茂森	硕士	中国人民公安大学	2007
文件物证分离碎片的计算机自动拼接复原研究	聂晓超	王斌君	硕士	中国人民公安大学	2007
提高纸张类表面潜在手印显现率的研究	尹小丹	常柏年	硕士	中国人民公安大学	2007

论文题目	作者	指导教师	学位	学位授予单位	学位授予时间
塑料薄膜加工痕迹的偏振光透射照明检验法研究	李　媛	罗亚平	硕士	中国人民公安大学	2007
三种茚二酮配方及其二次处理效果比较	崔琰希	常柏年	硕士	中国人民公安大学	2007
染料比值法和双溶剂提取法鉴定字迹书写时间的比较研究：两种方法鉴定黑色签字笔字迹相对书写时间的比较研究	张　力	黄建同	硕士	中国人民公安大学	2007
利用光谱成像技术增强疑难客体上血指印	张建崇	王桂强	硕士	中国人民公安大学	2007
利用 Image Xpert 图像专家系统检验激光打印文件可行性的初步研究	李　磊	郝红光	硕士	中国人民公安大学	2007
块状梯恩梯与散状梯恩梯破坏效应对比研究	王　楠	田保中	硕士	中国人民公安大学	2007
交通事故车体刮擦痕迹检验的研究	贺椿秦	王明直	硕士	中国人民公安大学	2007
红外发光照相显现热敏纸褪色字迹	刘自强	许小京	硕士	中国人民公安大学	2007
光学方法显现指印汗孔细节特征的实验研究	刘　微	王桂强	硕士	中国人民公安大学	2007
关于血源位置计算机分析方法的初步研究	李　浩	罗亚平	硕士	中国人民公安大学	2007
对练习摹仿签名的实验研究	种道国	郝红光	硕士	中国人民公安大学	2007
电子物证中数据库检验系统的研究	罗　洁	张国臣	硕士	中国人民公安大学	2007
滴落状血迹形态的初步研究	王小勋	王明直	硕士	中国人民公安大学	2007

论文题目	作者	指导教师	学位	学位授予单位	学位授予时间
弹壳痕迹定量化检验研究	李　楠	王放明	硕士	中国人民公安大学	2007
常见纺织品上灰尘轮胎印痕显现	靳海涛	班茂森	硕士	中国人民公安大学	2007
彩色激光打印机打印文件识别新方法的研究	王　洁	郝红光	硕士	中国人民公安大学	2007
北海自制折柄式猎枪及其射击弹壳与弹怀痕迹研究	杨　涛	权养科	硕士	中国人民公安大学	2007
氨基酸对紫外发光显现潜在汗液指印影响的基础性研究	刘汉永	许小京	硕士	中国人民公安大学	2007
脑干损伤致快速死亡大鼠 C－FOS、C－JUN 基因的表达改变及神经细胞细胞色素 C 含量的变化	王繁泷	崔全才	硕士	中国协和医科大学	2007
应用短扩增子 ASPCR 技术对 FFPET 进行 SNP 基因分型的研究	谭卓毅	丁　梅	硕士	中国医科大学	2007
自然对流型微流控 PCR 系统应用效能的研究	吴叶枫	方　瑾	硕士	中国医科大学	2007
小鼠皮肤切创愈合与磷酸化 p38MAPK 表达的时间相关性研究	张建军	官大威	硕士	中国医科大学	2007
大鼠皮肤挫伤修复过程中 caspase－6 的表达及其时间规律性研究	彭　雪	官大威	硕士	中国医科大学	2007
Caspase－3 在大鼠骨骼肌挫伤愈合过程中的表达及其时间规律性研究	王　起	官大威	硕士	中国医科大学	2007
中、短潜伏期听觉诱发电位及其法医学应用价值的研究	张新安	刘技辉	硕士	中国医科大学	2007
水和生物体液中曲马多镇痛药的中空纤维膜液——液微萃取	王晓飞	刘俊亭	硕士	中国医科大学	2007

论文题目	作者	指导教师	学位	学位授予单位	学位授予时间
辽宁汉族人群 IL－1A 基因－889、＋4716 和＋4845 SNP 位点多态性及法医学意义研究	周　刚	刘利民	硕士	中国医科大学	2007
辽宁地区汉族人群 MICB 基因 437817、445861/446216 SNP 位点遗传多态性及法医学应用	孙琳琳	刘利民	硕士	中国医科大学	2007
椎间盘髓核组织的自身免疫反应及其法医学意义	李冯锐	刘兴本	硕士	中国医科大学	2007
腰椎间盘同种免疫的实验研究及其临床法医学意义	杨　帆	刘兴本	硕士	中国医科大学	2007
GRIN2A 基因 2 个 SNP 位点遗传多态性及意义	高岩松	王保捷	硕士	中国医科大学	2007
植物新品种权权属纠纷相关司法问题研究	牛世红	刘银良	硕士	中国政法大学	2007
刑事司法鉴定启动制度研究	王丽莎	杨宇冠	硕士	中国政法大学	2007
损失计量基础理论与方法研究	赵瑞祥	张苏彤	硕士	中国政法大学	2007
司法会计鉴定在刑事诉讼中的应用	赵　锐	洪道德	硕士	中国政法大学	2007
论我国司法鉴定制度的改革与完善——以刑事诉讼为视角	李巧霞	樊崇义	硕士	中国政法大学	2007
论我国民事诉讼中的鉴定制度	李来安	杨秀清	硕士	中国政法大学	2007
论法务会计专家证人制度	方　芳	张苏彤	硕士	中国政法大学	2007
法务调查会计的对象：会计证据研究	朱　丹	张苏彤	硕士	中国政法大学	2007
法务会计的诉讼支持研究	杨　鸣	张苏彤	硕士	中国政法大学	2007
刍议司法鉴定及其启动程序	吕泽华	张小宁	硕士	中国政法大学	2007
论刑事人身检查制度	唐　亮	刘根菊	硕士	中国政法大学	2007
医疗纠纷解决机制	肖柳珍	杨秀清	硕士	中国政法大学	2007
论医疗纠纷的司法鉴定	赵　明	杨秀清	硕士	中国政法大学	2007

论文题目	作者	指导教师	学位	学位授予单位	学位授予时间
论我国医疗事故技术鉴定法律制度的完善	王文革	郑俊果	硕士	中国政法大学	2007
论民事电子证据的证明力	孟森森	宋朝武	硕士	中国政法大学	2007
计算机证据基本问题研究	刘哲茹	岳礼玲	硕士	中国政法大学	2007
火灾调查制度研究	邓　亮	高家伟	硕士	中国政法大学	2007
犯罪现场重建理论研究	王陆陆	杨立新	硕士	中国政法大学	2007
司法鉴定人权责制度：梳理、评析与完善	张建华	杨开湘	硕士	中南大学	2007
计算机动态取证关键技术研究	谭　敏	胡小龙	硕士	中南大学	2007
我国司法鉴定人制度的改革与完善	胡怀亮	刘　恒	硕士	中山大学	2007
我国公安机关司法鉴定体制之思考	何胜阳	王仲兴	硕士	中山大学	2007
挤压综合征损伤机制及其法医学鉴定相关的研究	鲁天瑜	竞花兰	硕士	中山大学	2007
过氧化氢诱导 PC12 细胞凋亡后 miRNA 变化的研究	王　芬	李朝晖	硕士	中山大学	2007
大鼠心肌、骨骼肌细胞 DNA 含量变化与死亡时间的相关性研究	田　丽	李朝晖	硕士	中山大学	2007
荧光标记 miniSTR 复合扩增体系的建立及法医学应用研究	王会品	刘　超	硕士	中山大学	2007
扩增 12S rRNA 基因鉴定生物检材种属	骆　宏	陆惠玲	硕士	中山大学	2007
论我国的法医学司法鉴定程序	叶　刚	杨　鸿	硕士	中山大学	2007
基于 P2P 技术的网络蠕虫防御机制研究	周　瑛	吴中福	博士	重庆大学	2007
自动指纹识别系统关键技术研究	王　玮	李见为	博士	重庆大学	2007
枪弹伤射击距离及损伤时间推断的实验研究	李红卫	万立华	博士	重庆医科大学	2007

论文题目	作者	指导教师	学位	学位授予单位	学位授予时间
cTnI 和 Caspase－3 在家兔缺血性心肌中的表达及其死后稳定性研究	姚锡虎	邓世雄	硕士	重庆医科大学	2007
改良彗星试验检测兔死后肝细胞核 DNA 含量变化及其法医学意义	郝禄贵	邓世雄 赵新才	硕士	重庆医科大学	2007
大鼠脑外伤后脑组织 S100 B 蛋白的表达及其法医学意义	向建华	邓世雄 赵新才	硕士	重庆医科大学	2007
重庆女性安氏Ⅰ、Ⅱ、Ⅲ类错合软组织侧貌对比研究	宁义志	明志强	硕士	重庆医科大学	2007
电击伤（死）后心肌 PEG－3 表达的法医学研究	李万军	万立华	硕士	重庆医科大学	2007
知识产权技术鉴定若干问题的探讨	黎　邈	董永森	硕士	北京大学	2008
刑事司法精神病学鉴定启动制度比较研究	杨文菁	孙东东	硕士	北京大学	2008
基于蚁群算法的说话人识别系统的研究	钟明英	刘湘黔	硕士	北京交通大学	2008
基于 PKI 和 PMI 技术的生物认证系统研究	李　超	杨义先	博士	北京邮电大学	2008
基于 IR 谱图智能解析的红外光谱 VL 的研究	张桂云	刘志广	硕士	大连理工大学	2008
中国东北汉族群体 3 个 miniSTR 基因座 D10S1248、D14S1434 和 D22S1045 的遗传多态性研究	马　威	徐　飞	硕士	大连医科大学	2008
医用化学组织粘合剂用于角巩膜全层裂伤治疗的实验研究	王　蕊	王　一	硕士	第三军医大学	2008
脉冲耦合神经网络及其在指纹系统中的应用	纪禄平	章　毅	博士	电子科技大学	2008
恶意代码行为自动化分析的研究与实现	梁　晓	李毅超	硕士	电子科技大学	2008
Windows 下数据恢复的研究	龚　勇	刘乃琦	硕士	电子科技大学	2008

论文题目	作者	指导教师	学位	学位授予单位	学位授予时间
法务会计诉讼支持问题研究	高　雪	迟旭升	硕士	东北财经大学	2008
道路交通事故现场图计算机绘制系统研究	徐锦强	丁　艺	硕士	福建农林大学	2008
信息领域中保全证据公证法律问题之探讨	张丽丽	张光杰	硕士	复旦大学	2008
会计师事务所从事司法会计鉴定业务的风险管理	戴　勇	洪剑峭	硕士	复旦大学	2008
道路交通事故再现及交通伤致伤方式重建研究	邹冬华	陈忆九 刘宁国 赵子琴	硕士	复旦大学	2008
液相色谱—串联质谱法在体内有毒动植物成分检测中的应用	刘　伟	沈　敏	硕士	复旦大学	2008
毛发中外源性蛋白同化雄性类固醇的检测及评价研究	严　慧	沈　敏 向　平 沈保华	硕士	复旦大学	2008
大鼠尺神经损伤平面与修复时间对爪内骨骼肌影响的检测及评价研究	郑　茹	赵子琴 沈忆文	硕士	复旦大学	2008
语音信息隐藏技术的研究	周益武	王大勇 曹邦伟	硕士	复旦大学	2008
面向全光样本的距离测量算法研究	姜　楠	赵一鸣	硕士	复旦大学	2008
北方地区种公牛遗传多样性评估及个体识别研究	王　静	张利平 刘丑生	硕士	甘肃农业大学	2008
指纹自动识别系统算法的研究与实现	马行运	胡桂明	硕士	广西大学	2008
清代法医学文献整理研究	严　辉	吴志刚	硕士	贵阳中医学院	2008
医患纠纷的若干法律问题研究	陆　璐	冷传莉	硕士	贵州大学	2008
点模式匹配及应用研究	谭志国	孙即祥	博士	国防科学技术大学	2008
辐射源指纹机理及识别方法研究	许　丹	周一宇	博士	国防科学技术大学	2008

论文题目	作者	指导教师	学位	学位授予单位	学位授予时间
犯罪现场重建与现场物证管理研究	刘 晶	查亚兵	硕士	国防科学技术大学	2008
犯罪案件现场虚拟重建技术研究	肖 力	查亚兵	硕士	国防科学技术大学	2008
低质量指纹图像处理与特征匹配技术研究	佟喜峰	唐降龙	博士	哈尔滨工业大学	2008
我国刑事司法鉴定程序研究	崔江辉	冯惠敏	硕士	河北大学	2008
司法鉴定责任制度研究	郭世璋	陈玉忠	硕士	河北大学	2008
法务会计基本理论问题研究	林治华	赵立三	硕士	河北大学	2008
温度 PCR 仪的研究	张 素	张曙光	硕士	河北农业大学	2008
Web 信息内容及其特征提取方法研究	胡 燕	滕桂法 周桂红	硕士	河北农业大学	2008
我国故意伤害犯罪的历史考察及思考	李 维	王宏斌	硕士	河北师范大学	2008
大鼠弥漫性轴索损伤神经元、轴索继发性改变的实验观察	董丽儒	丛 斌	硕士	河北医科大学	2008
D9S1122/D10S1435/D12ATA63/D17S1301/D18S853/D20S1082 miniSTR 基因座四色荧光标记分型体系的构建及法医学应用	侯志平	丛 斌	硕士	河北医科大学	2008
丹参对吗啡戒断大鼠脑内 pCREB 水平和 CREB /DNA 结合活性的影响	孙 光	丛 斌 马春玲	硕士	河北医科大学	2008
D3S3053/D6S474/D20S482/D1GATA113/D2S1776/D4S2408 miniSTR 基因座四色荧光分型体系的构建及法医学应用	刘 宁	李淑瑾	硕士	河北医科大学	2008
D1S1627/D5S2500/D3S4529/D6S1017/D9S2157 五个 miniSTR 基因座在河北汉族人群的遗传多态性及法医学应用研究	谷建立	李淑瑾	硕士	河北医科大学	2008

论文题目	作者	指导教师	学位	学位授予单位	学位授予时间
两种尸食性蝇类幼虫血淋巴可溶性蛋白组成的时间特征	高亚坤	张孟余 李泽民	硕士	河北医科大学	2008
笔迹鉴定若干法律问题研究	王小荣	郑远民	硕士	湖南师范大学	2008
新型高灵敏、高特异性电化学纳米生物传感器的构建及应用研究	冯婉娟	程圭芳 何品刚 方禹之	硕士	华东师范大学	2008
4 ~6 岁儿童记忆易受暗示性的发展及其与心理理论关系研究	林洵怡	桑　标	硕士	华东师范大学	2008
在程序正义和实体真实之间——论我国刑事诉讼中司法鉴定启动权的配置	黄　维	杜志淳	硕士	华东政法大学	2008
司法鉴定意见质证的若干问题研究	应　秋	许爱东 樊静平	硕士	华东政法大学	2008
试论构建我国刑事诉讼专家辅助人制度	周长春	杜志淳	硕士	华东政法大学	2008
民事诉讼中司法会计鉴定意见及其质证研究	蒋洮婷	闵银龙	硕士	华东政法大学	2008
论独立审计中注册会计师对第三人的民事责任	张玉广	张　璎	硕士	华东政法大学	2008
医患纠纷法医学鉴定与医学鉴定程序之比较研究	岳煦蓓	闵银龙	硕士	华东政法大学	2008
民事审判中电子证据问题研究	李　斌	武胜建	硕士	华东政法大学	2008
论电子证据的法律定位和适用	林安琪	王俊民	硕士	华东政法大学	2008
中国汉族人体头面测量及分析	杜利利	陈卫红	硕士	华中科技大学	2008
VEP 技术在常见眼外伤最佳矫正视力检测中的应用研究	张泽润	张玲莉	硕士	华中科技大学	2008
一类工具痕迹检验系统的研究与开发	张琼月	樊慧津	硕士	华中科技大学	2008
高速网络实时取证数据流重组技术研究	张　辉	吴永英	硕士	华中科技大学	2008

论文题目	作者	指导教师	学位	学位授予单位	学位授予时间
应用分子系统学方法对我国部分地区嗜尸性蝇类种属鉴定的研究	胡佳林	李彦舫	博士	吉林大学	2008
融合指纹和指静脉的多模态生物识别技术的研究	李雪妍	郭树旭	博士	吉林大学	2008
原因自由行为若干问题研究	高化涛	李　洁	硕士	吉林大学	2008
我国司法鉴定制度若干问题研究	张亚萍	李建华	硕士	吉林大学	2008
死刑案件证据的审查与采信	何　川	冯彦君	硕士	吉林大学	2008
司法鉴定机构制度改革研究	孙　野	闵春雷	硕士	吉林大学	2008
类胰蛋白酶等介质在豚鼠药物过敏性休克组织表达及意义	陈　红	李一雷 陈丽萍	硕士	吉林大学	2008
D－二聚体对骨损伤致静脉血栓栓塞症早期诊断的意义	赵　阳	卢英强 王　实	硕士	吉林大学	2008
道路交通事故损害赔偿与救济法律制度述评	孙继惠	孙学致	硕士	吉林大学	2008
指纹识别系统的研究与实现	孙　伟	杨凤杰	硕士	吉林大学	2008
网络蠕虫传播的实验环境的构建	耿中华	胡　亮 李　强	硕士	吉林大学	2008
论古代刑事诉讼证据	孙向欣	吕　丽	硕士	吉林大学	2008
我国司法鉴定人的民事责任初探	覃丽珍	梁玉霞	硕士	暨南大学	2008
道路交通事故颌面部损伤的法医临床学应用研究	彭艳霞	李利华 赵丽萍 瞿勇强 李　桢	硕士	昆明医学院	2008
农业司法鉴定管理体制与程序制度探析	范少罡	刘艺工	硕士	兰州大学	2008
全基因组扩增方法的建立及其在法医学中的应用	赵　勇	刘　斌	硕士	兰州大学	2008

论文题目	作者	指导教师	学位	学位授予单位	学位授予时间
基于色像差的数字图像盲取证系统设计	王大青	管会生	硕士	兰州大学	2008
中国司法鉴定制度改革研究	王明旺	周宝峰	硕士	内蒙古大学	2008
论我国司法鉴定制度的完善	通木尔	高芙蓉	硕士	内蒙古大学	2008
电子证据法律问题研究	李　金	周宝峰	硕士	内蒙古大学	2008
我国诉讼中鉴定结论质证问题研究	徐晓文	涂新中	硕士	南昌大学	2008
心源性猝死细胞凋亡与 c – Jun 基因蛋白表达的研究	于　惠	冯　琼	硕士	南昌大学	2008
原发性脑干损伤后大鼠延髓网状结构 NOS 和 CR 的表达变化	王飞跃	王慧君	硕士	南方医科大学	2008
五个 miniSTR 基因座遗传多态性及其在法医学上的应用	黄　健	江　斌	硕士	南华大学	2008
基于证据的安全电子邮件用户代理系统的设计与实现	顾　翔	庄　毅	硕士	南京航空航天大学	2008
刑事诉讼视野下的鉴定结论适用研究	梁　飞	赵　杰	硕士	南京师范大学	2008
刑事鉴定启动程序的比较研究	田亚靖	赵　杰	硕士	南京师范大学	2008
我国司法鉴定制度若干问题研究	王芬	刘旺洪	硕士	南京师范大学	2008
司法鉴定援助制度研究	王保民	赵　杰	硕士	南京师范大学	2008
司法鉴定价值论	潘　溪	蔡道通	硕士	南京师范大学	2008
论民事诉讼中司法鉴定结论的质证与采信	李　娜	夏锦文	硕士	南京师范大学	2008
鉴定结论认证问题研究	张　鹏	赵　杰	硕士	南京师范大学	2008
南宋司法检验制度研究	徐晓慧	李玉生	硕士	南京师范大学	2008
孕妇血浆中游离胎儿 DNA 的检测研究	高慧双	苏恩本	硕士	南京医科大学	2008
我国司法会计活动证据规则研究	韩　斌	丁　杰	硕士	山东大学	2008
司法鉴定公信力研究	马瑞亮	周长军	硕士	山东大学	2008

论文题目	作者	指导教师	学位	学位授予单位	学位授予时间
试论我国司法鉴定制度的完善	张春笋	王德志	硕士	山东大学	2008
法医鉴定结论在司法实践中的价值体现	王 宾	丁 杰	硕士	山东大学	2008
医疗事故技术鉴定制度的缺陷及改进	陈 晨	桑本谦	硕士	山东大学	2008
物证管理系统的设计与实现	李焕青	尹义龙	硕士	山东大学	2008
过敏性休克和猝死的法医病理学诊断研究	高彩荣	王英元	博士	山西医科大学	2008
过敏性休克小鼠体内NO含量、NOS的活性与Eotaxin的表达及其法医学意义	赵 杰	高彩荣	硕士	山西医科大学	2008
Y染色体STR复合扩增及法医学可行性研究	吴晓兵	郭大玮	硕士	山西医科大学	2008
Y－STR基因座DYS718在山西汉族人群中的遗传多态性及法医学应用	郝旭宇	郭大玮	硕士	山西医科大学	2008
Y－STR基因座DYS716和DYS721在山西汉族人群中的遗传多态性及法医学应用	杨思思	郭大玮	硕士	山西医科大学	2008
山西汉族X－STR基因座DXS9902、DXS7132遗传多态性及法医学应用	陈鹏宇	梁景青 郭大玮	硕士	山西医科大学	2008
X－STR基因座DXS6804和DXS6800在山西汉族人群中的多态性分布	籍晓元	梁景青 郭大玮	硕士	山西医科大学	2008
彝族群体Y－STR和Y－SNP多态性的研究和法医学应用	郭 华	刘雅诚	硕士	山西医科大学	2008
大鼠心肌和骨骼肌肌钙蛋白I降解与死亡时间关系的研究	张彦伟	王英元	硕士	山西医科大学	2008
大鼠皮肤挫伤后ICAM－1和NF－κB mRNA表达与损伤时间的研究	杜秋香	王英元	硕士	山西医科大学	2008
mRNA差异显示技术在皮肤挫伤中的应用	王小伟	王英元	硕士	山西医科大学	2008

论文题目	作者	指导教师	学位	学位授予单位	学位授予时间
甲基苯丙胺和氯胺酮在家兔体内毒代动力学及相互影响	王皓玉	王玉瑾	硕士	山西医科大学	2008
拟除虫菊酯类农药法医毒物动力学研究（一）	关培英	贠克明	硕士	山西医科大学	2008
利多卡因硬膜外麻醉意外法医毒物动力学研究（八）	王振华	贠克明	硕士	山西医科大学	2008
安定法医毒物动力学研究（一）	李　鹏	贠克明	硕士	山西医科大学	2008
软组织生物力学性状及其形态结构与年龄和性别相关性的研究	王晓雁	徐小虎 于晓军	硕士	汕头大学	2008
水中大鼠尸体软组织生物力学性状及脏器量化病理形态时序性变化的实验研究	汪家文	于晓军	硕士	汕头大学	2008
大鼠尸体软组织生物力学及脏器量化病理学时序性变化的实验研究	于述伟	于晓军	硕士	汕头大学	2008
慢性应激对大鼠海马神经元增殖和凋亡的影响及氟西汀的干预作用	孙晓海	赵　虎 舒细记	硕士	汕头大学	2008
创伤后应激障碍患者海马体积及代谢物水平的在体研究	朱　丞	赵　虎 舒细记	硕士	汕头大学	2008
图像特征点定位算法研究及其应用	杨利敏	杨　杰	博士	上海交通大学	2008
刑事诉讼视野下的司法会计制度研究	李　宁	万毅	硕士	上海交通大学	2008
司法鉴定启动权的归属和行使	徐　菁	叶永禄	硕士	上海交通大学	2008
移动超分子界面理论、实验及动态pH联接法的实验研究	骆新俊	曹成喜	硕士	上海交通大学	2008
基于纳米磁性微球的免疫层析定量检测技术研究	刘辉荣	古宏晨 徐　宏 吴　际	硕士	上海交通大学	2008
车人碰撞事故再现与数值仿真分析	冯　晟	金先龙	硕士	上海交通大学	2008
司法体系下数字签名鉴定技术的研究	夏勇征	陈恭亮 郭宗才	硕士	上海交通大学	2008

论文题目	作者	指导教师	学位	学位授予单位	学位授予时间
面向计算机生成图像的智能取证技术研究	王玉平	李生红	硕士	上海交通大学	2008
我国法务会计人员的准入资格研究	王　霖	付　磊	硕士	首都经济贸易大学	2008
蓝色圆珠笔油墨研究	许荣富	邹　洪	硕士	首都师范大学	2008
基于颜色和纹理特征的计算机自动拼图研究	韩　煜	葛庆平	硕士	首都师范大学	2008
红色圆珠笔油墨分类的研究	卢　青	邹　洪	硕士	首都师范大学	2008
黑色圆珠笔油墨种类的研究	王炳娟	邹　洪	硕士	首都师范大学	2008
非水介质毛细管电泳法鉴别圆珠笔油墨	王志勇	邹　洪	硕士	首都师范大学	2008
Wister 大鼠慢性应激抑郁模型的行为及药物对其行为和海马的影响	江明君	胡泽卿	博士	四川大学	2008
英美国家专家证人制度与我国鉴定人制度之比较	周　建	刘　文	硕士	苏州大学	2008
我国刑事司法会计鉴定制度研究	吴建伟	薛喜堂	硕士	苏州大学	2008
论刑事鉴定人制度	田庆生	胡玉鸿	硕士	苏州大学	2008
论刑事鉴定结论的科学性怀疑	蒋国军	张成敏	硕士	苏州大学	2008
氯胺酮对大鼠海马 Caspase-3、NF-κB 表达的影响及体内分布研究	胡绚丽	卞士中	硕士	苏州大学	2008
摄影测量及基于固定参数的计算机模拟实验在交通事故方面的应用	毛明远	陈忆九	硕士	苏州大学	2008
常用 STR 基因座在人消化系统肿瘤组织中的变异分析	郭　宏	李　莉	硕士	苏州大学	2008
论非法行医罪	张　立	李晓明	硕士	苏州大学	2008
脑外伤后细胞核因子 κB（NF-κB）信号通路对自噬过程的调节及机制探讨	李生兴	陶陆阳	硕士	苏州大学	2008

论文题目	作者	指导教师	学位	学位授予单位	学位授予时间
中国男性青少年活体年龄推断	王　鹏	朱广友	硕士	苏州大学	2008
中国汉族女性青少年骨关节X线法医学活体年龄推断	王亚辉	朱广友	硕士	苏州大学	2008
诉讼行为能力量化评定研究	孙会艳	朱广友 黄富银 蔡伟雄	硕士	苏州大学	2008
司法会计鉴定相关问题研究	胡向晖	赵　息	硕士	天津大学	2008
化学和仪器分析方法在火灾原因调查中的应用	孙学奇	张毅民 陈　军	硕士	天津大学	2008
肝脏F蛋白的表达及单克隆抗体的制备	宋佐莉	刘树业	硕士	天津医科大学	2008
三个巴基斯坦人群STR位点的遗传多态性和群体亚结构模式的研究	Allah Rakha	李生斌	博士	西安交通大学	2008
三维颅面模型的几何计算与变形研究	黎文彦	耿国华	硕士	西北大学	2008
会计司法鉴定体制发展模式研究	李家斌	黎仁华	硕士	西南财经大学	2008
法务会计主体制度研究	胡河洋	姜玉梅	硕士	西南财经大学	2008
法务会计理论结构研究	付国民	黎仁华	硕士	西南财经大学	2008
司法鉴定制度研究	谢恩华	徐静村	硕士	西南交通大学	2008
证券犯罪案件侦查取证问题研究	刘志华	郑晓均	硕士	西南政法大学	2008
司法鉴定结论冲突的原因及解决途径	金　鑫	贾治辉	硕士	西南政法大学	2008
论我国民事诉讼司法鉴定人制度	黄娅娟	唐　力	硕士	西南政法大学	2008
鉴定人出庭作证制度研究	李开磊	冯　涛	硕士	西南政法大学	2008
物证技术视野下的苯丙胺类新型毒品研究	杨永钊	胡世澄	硕士	西南政法大学	2008
毒品犯罪物证研究	向　慧	胡世澄	硕士	西南政法大学	2008
建立统一的医疗损害赔偿法律体系	陈其林	李开国	硕士	西南政法大学	2008
中英文笔迹鉴定方法之比较研究	李晓男	贾治辉	硕士	西南政法大学	2008

论文题目	作者	指导教师	学位	学位授予单位	学位授予时间
侦查本体论纲	陶代琴	管光承	硕士	西南政法大学	2008
言语信息在侦查破案中的运用	马　俊	胡世澄	硕士	西南政法大学	2008
刑事物证鉴定结论科学性问题研究	朱　胜	贾治辉	硕士	西南政法大学	2008
身体证据研究	吴爱军	曾　康	硕士	西南政法大学	2008
论侦查视角下的犯罪心理痕迹分析	胡子龙	郑晓均	硕士	西南政法大学	2008
论计算机取证及其规范	王　俊	贾治辉	硕士	西南政法大学	2008
老年人笔迹鉴定研究	张　娟	贾治辉	硕士	西南政法大学	2008
计算机相关犯罪的侦查问题研究	杨　蕾	但彦铮	硕士	西南政法大学	2008
激光雕刻印章印文鉴定研究	陈彦百	贾治辉	硕士	西南政法大学	2008
犯罪现场物证信息研究	张献聪	贾治辉	硕士	西南政法大学	2008
论我国司法鉴定制度的改革	陈艳霞	李兰英	硕士	厦门大学	2008
鉴定结论研究	刘　忠	张　榕	硕士	厦门大学	2008
论我国医疗损害赔偿纠纷的司法冲突与调和	孙志高	朱泉鹰	硕士	厦门大学	2008
声纹识别技术在司法鉴定中的应用研究	谢春荣	张建寰	硕士	厦门大学	2008
具有自动扫描及识别功能的文件检验仪研究与设计	邱　虹	陈永明	硕士	厦门大学	2008
中国新疆塔吉克族和柯尔克孜族人群线粒体 DNA 多态性研究	于恩艳	马合木提·哈力克	硕士	新疆大学	2008
现代罗布人群遗传多态性研究	塔吉古丽·阿不里克木	马合木提·哈力克	硕士	新疆大学	2008
自动指纹识别算法的研究与实现	安　健	袁保社	硕士	新疆大学	2008
大鼠蛛网膜下腔出血后脑组织中神经元凋亡和水肿的研究	刘玉武	金茂强	硕士	新疆医科大学	2008

论文题目	作者	指导教师	学位	学位授予单位	学位授予时间
基于形状特征的平面鞋印图像检索的研究	管　燕	李存华	硕士	扬州大学	2008
完善我国司法鉴定制度的思考	刘兆森	周　麒	硕士	云南大学	2008
论民事司法鉴定制度	李　芳	杨晋玲	硕士	云南大学	2008
应用荧光标记多重 PCR 对散发性结直肠癌进行微卫星不稳定性检测	潘　菲	来茂德	硕士	浙江大学	2008
基于指纹识别的规则纹理图像识别技术研究	刘新妹	韩　焱	博士	中北大学	2008
我国海事司法鉴定制度探讨——从海洋环境污染的角度	刘　岩	马英杰	硕士	中国海洋大学	2008
物证技术鉴定标准化问题研究	邓亦文	李学军	硕士	中国人民大学	2008
我国司法鉴定制度的诉讼化改造	杨永强	周　欣	硕士	中国人民公安大学	2008
微量上皮细胞 DNA 分型研究	苏　芹	胡　兰	硕士	中国人民公安大学	2008
SNPlex 基因分型系统在法医学中的可行性研究	于子辉	胡　兰	硕士	中国人民公安大学	2008
吸毒人员尿样中大麻检测方法研究	蹇　斌	刘　耀	硕士	中国人民公安大学	2008
人体唾液中苯丙胺类毒品的分析方法研究	王燕燕	孟品佳	硕士	中国人民公安大学	2008
汽车驾驶员和前排乘员交通事故损伤的比较研究	张　灏	闵建雄	硕士	中国人民公安大学	2008
Actin、Dm、Fn 和 Mb 诊断急性心肌梗死的研究	程文斌	闵建雄	硕士	中国人民公安大学	2008
应用 AFLP 检测大麻遗传多样性研究的方法初探	郭　佳	裴　黎	硕士	中国人民公安大学	2008
毒品原植物大麻性别特异片段的筛选及其在法庭科学中的应用	张贵芹	裴　黎	硕士	中国人民公安大学	2008

论文题目	作者	指导教师	学位	学位授予单位	学位授予时间
手套脱落细胞的 STR 分型研究及法医学应用	杨 巍	叶 健	硕士	中国人民公安大学	2008
犬 STR 基因座荧光复合扩增体系及其等位基因标准物研制	金 鑫	叶 健	硕士	中国人民公安大学	2008
Y 染色体 STR 基因座复合扩增系统及遗传多态性研究	路志勇	叶 健	硕士	中国人民公安大学	2008
新型安眠药唑吡坦的检验方法研究	刘苍松	于忠山	硕士	中国人民公安大学	2008
中国汉族成人左腕关节正位 CR 片同一认定研究	周宇驰	张惠芹	硕士	中国人民公安大学	2008
中国汉族成人肘关节正位 CR 片的同一认定研究	薛新华	张惠芹	硕士	中国人民公安大学	2008
中国汉族成人颅骨 CR 片性别判定的研究	赵旭东	张惠芹	硕士	中国人民公安大学	2008
CR 片掌指骨长推算中国汉族成年男性身高的研究	刘 洋	张惠芹	硕士	中国人民公安大学	2008
中国汉族成人股骨上端 CR 片判定年龄	李玉峰	张继宗	硕士	中国人民公安大学	2008
中国汉族成人 CR 胸片影像学变化与年龄关系的研究	宋利军	张继宗	硕士	中国人民公安大学	2008
中国汉族成年人肩关节 CR 片的骨龄研究	李彦明	张继宗	硕士	中国人民公安大学	2008
茚二酮对热敏纸上指纹显现的研究	刘明东	常柏年	硕士	中国人民公安大学	2008
芯片移植提取手机主板存储信息的研究	魏 玮	张国臣	硕士	中国人民公安大学	2008
物理显影液显现指纹的应用研究	闵祥广	常柏年	硕士	中国人民公安大学	2008

论文题目	作者	指导教师	学位	学位授予单位	学位授予时间
汽车后视镜的物证检验	李　磊	权养科	硕士	中国人民公安大学	2008
苗族成年男性静止右脚赤足足迹形态特征稳定性研究	蒋铁奇	王明直	硕士	中国人民公安大学	2008
金属氧化物显现潜手印研究	谢　维	罗亚平	硕士	中国人民公安大学	2008
光谱成像技术鉴别墨水种类的实验研究	聂　鹏	王桂强	硕士	中国人民公安大学	2008
光谱成像技术检验纤维的实验研究	张　鹏	王桂强	硕士	中国人民公安大学	2008
弹头痕迹三维测量技术及分析方法研究	许京京	王放明	硕士	中国人民公安大学	2008
常用数据恢复软件性能的比较研究	李荣辉	张国臣	硕士	中国人民公安大学	2008
薄层色谱及扫描法对印文盖印时间的研究	胡　爽	黄建同	硕士	中国人民公安大学	2008
XRF and GRIM 在风挡玻璃检验中的应用研究	王　琥	权养科	硕士	中国人民公安大学	2008
DFO 手印显现法再研究	李　健	罗亚平	硕士	中国人民公安大学	2008
基于 LDR 对高度降解和微量 DNA 检材的 SNPs 分型研究	张　振	王保捷	博士	中国医科大学	2008
酪氨酸羟化酶基因多态性与精神疾病关联性及法医学和人类遗传学意义	于　舰	王保捷	博士	中国医科大学	2008
土壤细菌 16S rRNA 基因 V3 区种属特异性检测的法医学应用研究	刘新宇	丁　梅	硕士	中国医科大学	2008
辽宁地区汉族人群 D17S518 基因座多态性及其毛发检材的应用研究	白　梅	丁　梅	硕士	中国医科大学	2008

论文题目	作者	指导教师	学位	学位授予单位	学位授予时间
曲马多依赖大鼠额叶皮质 pCREB 和 GFAP 表达的研究	王 玲	官大威	硕士	中国医科大学	2008
大鼠脑挫伤后基质金属蛋白酶3表达变化的研究	郭晓冲	李如波	硕士	中国医科大学	2008
听觉 P300 电位及其法医学应用价值的研究	崔 勇	刘技辉	硕士	中国医科大学	2008
不同刺激野的视觉诱发电位（P－VEP）的研究	汤 鹏	刘技辉	硕士	中国医科大学	2008
止咳糖浆中磷酸可待因含量的测定	高利娜	刘俊亭	硕士	中国医科大学	2008
辽宁地区汉族人群 TAP2 基因 4 个 SNPs 位点遗传分布及法医学意义研究	赵金玲	刘利民	硕士	中国医科大学	2008
周围神经损伤后 EMG/MCV 的改变及其法医学意义	赵 永	刘兴本	硕士	中国医科大学	2008
脑损伤体感诱发电位应用价值的法医学研究	曲 奕	刘兴本	硕士	中国医科大学	2008
色氨酸羟化酶基因－T457 C 位点遗传多态性与抑郁症的相关性及法医学意义	关红玉	王保捷	硕士	中国医科大学	2008
色氨酸羟化酶基因 T3792A 位点遗传多态性与抑郁症相关性及法医学意义	王 兵	王保捷	硕士	中国医科大学	2008
TPH 基因 A218 C 位点遗传多态性与抑郁症的相关性及法医学意义研究	吕洪涛	王保捷	硕士	中国医科大学	2008
豚鼠过敏性休克组织中相关介质的表达及法医学意义	王昌亮	张国华	硕士	中国医科大学	2008
鉴定结论适用中的问题与对策研究	郭金霞	樊崇义	博士	中国政法大学	2008
刑事冤案问题研究	赵琳琳	陈光中	博士	中国政法大学	2008
司法鉴定语境下的语义分析——从一桩短信案谈起	郑林涛	张保生	硕士	中国政法大学	2008

论文题目	作者	指导教师	学位	学位授予单位	学位授予时间
司法鉴定程序研究——以民事诉讼为视角	任　阳	郭纪元	硕士	中国政法大学	2008
民事司法鉴定问题的探讨	耿　陶	王秋兰	硕士	中国政法大学	2008
论破产管理人的破产舞弊调查职责	李志勇	张苏彤	硕士	中国政法大学	2008
医疗损害赔偿纠纷的制度完善	张勇明	霍玉芬	硕士	中国政法大学	2008
手机取证若干问题研究	许　昱	张　方	硕士	中国政法大学	2008
论和谐侦查——和谐社会视角下刑事侦查中的人权保障与侦查和解	马　骋	张小宁	硕士	中国政法大学	2008
试论唐代的证据制度	王亚琼	郑显文	硕士	中国政法大学	2008
注册会计师虚假陈述对第三人民事责任研究	向　丹	颜运秋	硕士	中南大学	2008
男性攻击性精神分裂症患者静息状态下功能磁共振研究	易嘉龙	王小平	硕士	中南大学	2008
死后人玻璃体液化学成分规律性改变对推断死亡时间的法医学研究	陈瑶清	文继舫 蔡继峰	硕士	中南大学	2008
我国司法鉴定人出庭制度的完善研究	刘旭东	丁艳雅	硕士	中山大学	2008
论我国刑事司法鉴定制度的改革	刘凌波	杨方泉	硕士	中山大学	2008
四种基因用于常见嗜尸性蝇类种属鉴定的研究	杨静波	王江峰	硕士	中山大学	2008
盲目图像复原方法研究	王婀娜	郭永彩	硕士	重庆大学	2008
基于代理方签名电子取证模型的技术及应用研究	罗丽琳	向　宏 冯志强	硕士	重庆大学	2008
小鼠皮肤切创愈合过程中巨噬细胞炎性蛋白－1α 的表达及其与损伤时间的关系	廖　鹰	邓世雄	硕士	重庆医科大学	2008
失血性休克大鼠海马中 HSP70 的表达及死后稳定性研究	曹峻华	邓世雄	硕士	重庆医科大学	2008

论文题目	作者	指导教师	学位	学位授予单位	学位授予时间
大鼠脑外伤后 BDNF 的表达及死后稳定性的实验研究	王 敏	邓世雄	硕士	重庆医科大学	2008
窒息死大鼠脑组织 iNOS 的表达及法医学意义	杨通印	邓世雄 赵新才	硕士	重庆医科大学	2008
医疗纠纷的非诉讼程序（ADR）解决方式研究	嵬 怡	蒲 川	硕士	重庆医科大学	2008
中国南方五个少数民族人群面部五官形态特征研究	李小林	万立华	硕士	重庆医科大学	2008
中国北方五个少数民族人群面部五官特征统计分析	郝建文	万立华	硕士	重庆医科大学	2008
大鼠脑外伤后脑组织 NF-KB 的表达与法医学应用的研究	王海鹏	万立华	硕士	重庆医科大学	2008
H-FABP 死后诊断早期心肌梗死的免疫组化实验性研究	郭 淼	万立华	硕士	重庆医科大学	2008
Fas 蛋白表达与大鼠脑挫伤时间推断的研究	吴 伟	万立华	硕士	重庆医科大学	2008

说明：本统计表中学位论文的排列顺序为：第一顺序为学位授予时间，第二顺序为学位授予学校。

附录3

证据科学学术著作目录

附录3.1　证据法学学术著作目录（1979～2008）

书　　名	作　者	出版社	出版时间
论刑事证据的审查判断	王国庆	群众出版社	1979
谈谈刑事诉讼证据	王亮	群众出版社	1982
刑诉证据基本原理	齐剑侯、童振华	吉林人民出版社	1982
刑事诉讼证据制度	朱云	法律出版社	1983
刑事诉讼证据浅说	刘兴权、苗凤兰	福建人民出版社	1983
刑事证据理论与应用	汪纲翔	上海社会科学院出版社	1984
论犯罪与证据	周密	法律出版社	1984
美国联邦证据法	[美] 萨尔茨伯著，段重民译	司法周刊杂志社	1985
证据法学新论	裴苍龄	法律出版社	1985
各类案件证据的实用	方光成	长春出版社	1986
纪检证据学	熊志海、黄远固	法律出版社	1986
证据学	陈一云	中国人民大学出版社	1987
证据法比较研究	李学灯	（台）五南图书出版公司	1988
刑事判断证据标准论	洪源	现代出版社	1988
刑事案件证据的审查与运用	王平铭	中国政法大学出版社	1989
刑事证据大全	[美] 华尔兹著，何家弘译	中国人民公安大学出版社	1990
刑事证据法的哲学原理	黄道、陈浩铨	上海社会科学院出版社	1991
民事证据的理论与实务	武汉市中级人民法院民一庭	湖北人民出版社	1991
刑事证据理论与实用	蔡仲玉、杨连峰	湖北人民出版社	1992
刑事证据实践研究	薛喜堂	法律出版社	1992
诉讼证据学通论	胡锡庆	华东理工大学出版社	1993

书　　名	作　者	出版社	出版时间
美国联邦刑事诉讼规则和证据规则	卞建林译	中国政法大学出版社	1993
刑事诉讼证据适用规格	连有君、宋纯新主编，于甜撰稿	人民法院出版社	1994
英美证据法	沈达明	中信出版社	1994
民事证据法及其程序功能	毕玉谦	法律出版社	1994
判断诉讼证据标准论：摘取证据学王冠上的明珠	洪源	贵州民族出版社	1995
刑事证据法论	蔡墩铭	（台）五南图书出版公司	1995
经济犯罪案件诉讼证据适用规格	王国安	人民法院出版社	1996
国际民事诉讼中的证据	屈广清	中国地质大学出版社	1996
市场经济中的经济犯罪证据研究	屈广清	中国地质大学出版社	1996
行政诉讼证据的理论与实践	高家伟	工商出版社	1997
行政诉讼证据问题研究	蔡虹	武汉水利电力大学出版社	1997
诉讼证据法学	宋世杰	中南工业大学出版社	1997
民事证据在诉讼中的运用	柯昌信、崔正军	人民法院出版社	1997
治安民警办理刑事案件实用手册（证据调查卷）	盘冠员	当代中国出版社	1997
经济纠纷案件证据操作实务	张士顺	中国矿业大学出版社	1997
刑事证据行为理论	陆建红	浙江大学出版社	1998
黑蝙蝠·白蝙蝠：证据的困惑	何家弘	贵州人民出版社	1998
民事证据法判例实务研究	毕玉谦	法律出版社	1998
证据法学	江伟	法律出版社	1998
证据全书	纪敏	中国民主法制出版社	1999
民事证据研究	叶自强	法律出版社	1999

书　名	作　者	出版社	出版时间
美国联邦民事诉讼规则证据规则	白绿铉、卞建林译	中国政法大学出版社	1999
中国民事证据规范适用手册	金俊银	人民法院出版社	1999
中国民事证据的立法研究与应用	王利明	人民法院出版社	1999
外国证据法选译	何家弘、张卫平主编，刘品新等译	人民法院出版社	1999
刑事诉讼制度与刑事证据	张丽卿	元照出版公司	1999
证据学	陈一云	人民大学出版社	1999
新编证据法学	何家弘	法律出版社	2000
律师证据实务	秦甫	法律出版社	2000
刑法罪名认定、侦查措施及证据适用规格研究	康凤英	黑龙江人民出版社	2000
刑事证据学	汪建成、刘广三	群众出版社	2000
证据学论坛（第一卷）	何家弘	中国检察出版社	2000
证据学论坛（第三卷）	何家弘	中国检察出版社	2000
证据学原理	陈浩然	华东理工大学出版社	2000
证据法学	赵喜臣	山东大学出版社	2000
民事证据采信制度研究	张永泉	中国人民大学出版社	2000
程序正义与刑事证据法	史立梅	中国人民公安大学出版社	2000
重返理性：对启蒙运动证据主义的批判以及为理性与信仰上帝的辩护	［美］凯利·詹姆斯·克拉克著，唐安译	北京大学出版社	2000
刑事证据研究：事实信息理论及其对刑事证据的解读	熊志海	法律出版社	2000
诉讼证据法学	宋世杰	湖南人民出版社	2000
怎样运用刑事证据	张世琦、王越宏	人民法院出版社	2000
让证据说话	李昌钰	时报文化出版企业公司	2000

书　名	作　者	出版社	出版时间
诉讼证据规则研究	刘善春等	中国法制出版社	2000
民事诉讼程序价值论	肖建国	中国人民大学出版社	2000
证据调查实用教程	何家弘	中国人民大学出版社	2000
经济犯罪案件诉讼证据适用规格（新编本）	宋纯新等	人民法院出版社	2001
刑事证据法研究	黄朝义	元照出版社	2001
英国民事诉讼规则	徐昕译	中国法制出版社	2001
证据法的经济分析	［美］理查德·A. 波斯纳著，徐昕、徐昀译	中国法制出版社	2001
证据学论坛（第二卷）	何家弘	中国检察出版社	2001
检察机关刑事证据适用	杨迎泽	中国检察出版社	2001
律师运用证据方略	秦甫编	中国检察出版社	2001
刑事诉讼的前沿问题	陈瑞华	中国人民大学出版社	2001
证据法学	樊崇义	法律出版社	2001
纪检监察案件证据调查与运用实用教程	于志刚	国家行政学院出版社 中国方正出版社	2001
新刑法定罪量刑证据适用手册（新编本·第一卷）	刘家琛	人民法院出版社	2001
新刑法定罪量刑证据适用手册（新编本·第二卷）	刘家琛	人民法院出版社	2001
新刑法定罪量刑证据适用手册（新编本·第三卷）	刘家琛	人民法院出版社	2001
新刑法定罪量刑证据适用手册（新编本·第四卷）	刘家琛	人民法院出版社	2001
身体证据：国际法医探案100例	［美］布瑞恩·英尼斯著，舒云亮译	辽宁教育出版社	2001
纪检监察工作证据调查与证据运用实务全书	《纪检监察工作证据调查与证据运用实务全书》编委会	国际文化出版公司	2001

书　名	作　者	出版社	出版时间
新刑法定罪量刑证据适用手册（新编本·第五卷）	刘家琛	人民法院出版社	2001
英国警察与刑事证据法（1984）：警察工作规程（经修改）	中国法学会著，沈根明等译	金城出版社	2001
对科学证据的认定：科学知识与联邦法院	［美］肯尼斯·R. 福斯特、彼得·W. 休伯著，王增森译	法律出版社	2001
发达国家诉讼制度	傅宽芝、叶自强	时事出版社	2001
以当事人进行为原则之调查证据程序法官诉讼指挥权行使之研究	陈中和	（台）"司法院"秘书处	2001
民事证据法判例实务研究	毕玉谦	法律出版社	2001
公安机关办理经济罪案证据规范	许昆、宋纯新	中国方正出版社	2001
办理各类案件有关证据问题的规定	北京市高级人民法院	中国人民公安大学出版社	2001
热点犯罪法律疑难问题解析（第一集：有组织犯罪证据调查与运用）	于志刚	中国人民公安大学出版社	2001
热点犯罪法律疑难问题解析（第二集：妨害风化犯罪证据调查与运用）	于志刚	中国人民公安大学出版社	2001
热点犯罪法律疑难问题解析（第三集：毒品犯罪证据调查与运用）	于志刚	中国人民公安大学出版社	2001
社会主义民事诉讼法简读：沿革、诉讼主体及证据制度	陈刚	法律出版社	2001
民事诉讼法学	叶自强、王国征	经济管理出版社	2001
证据学	樊崇义	中国人民公安大学出版社	2001

书　　名	作　者	出版社	出版时间
民事诉讼制度的变革	叶自强	法律出版社	2001
刑事证据规则实务	刘国清、刘晶	上海社会科学出版社	2001
热点犯罪法律疑难问题解析（第四集：暴力犯罪与严重经济犯罪证据调查与运用）	于志刚	中国人民公安大学出版社	2001
诉讼证据制度研究：全国法院第十三届学术讨论会获奖论文集	曹建明	人民法院出版社	2001
证据法学	刘金友	中国政法大学出版社	2001
刑事证据基本问题研究	汪海燕、胡长龙	法律出版社	2002
《最高人民法院关于民事诉讼证据的若干规定》释义：民事诉讼证据规则实用问答	王宝发	法律出版社	2002
刑事犯罪证据调查与运用实用教程（上下册）	于志刚	吉林人民出版社	2002
刑事证据规则研究	王伯庭等	吉林人民出版社	2002
收集刑事证据实务	姜伟、刘绍武	群众出版社	2002
民事诉讼证据司法解释及相关法律规范	最高人民法院民事审判第一庭编	人民法院出版社	2002
国际商务游戏规则：英美证据法	杨良宜、杨大明	中国法律出版社	2002
最高人民法院《关于民事诉讼证据的若干规定》的理解与适用	李国光	中国法制出版社	2002
中外命案证据运用谋略	周伟	中国检察出版社	2002
贪污贿赂渎职侵权罪案定罪证据解析	郑广宇	中国检察出版社	2002
刑事证据法原理与适用	樊崇义等	中国人民公安大学出版社	2002
证据法学（修订版）	卞建林	中国政法大学出版社	2002

书　　名	作　者	出版社	出版时间
诉讼证明原理	吴宏耀、魏晓娜	法律出版社	2002
行政诉讼证据判例与理论分析	张树义	法律出版社	2002
司法审判动态与研究·第一卷第三辑·证据法专辑	毕玉谦	法律出版社	2002
证据学论坛（第五卷）	何家弘	中国检察出版社	2002
硕士论丛·刑诉法学·第一辑	宋世杰、孙长永	中国检察出版社	2002
最高人民法院《关于行政诉讼证据若干问题的规定》的理解与适用	孔祥俊	中国人民公安大学出版社	2002
非法证据排除规则研究	杨宇冠	中国人民公安大学出版社	2002
刑事证据制度与理论	沈德咏	法律出版社	2002
外国证据法选译（增补卷）	何家弘、张卫平	人民法院出版社	2002
证据法入门：美国证据法评释及实例解说	［美］Arthur Best 著，蔡秋明等译	元照出版有限公司	2002
证据法学	江伟	中共中央党校出版社	2002
民事证据法专论	程春华	厦门大学出版社	2002
民事诉讼证据适用手册		中国法制出版社	2002
《最高人民法院关于民事诉讼证据的若干规定》释解与适用	毕玉谦	中国民主法制出版社	2002
检察证据教程	何家弘、杨迎泽	法律出版社	2002
诉讼证据原理	胡锡庆	上海教育出版社	2002
刑事诉讼证据适用手册		中国法制出版社	2002
证据学论坛（第四卷）	何家弘	中国检察出版社	2002
证据学新论	宋世杰	中国检察出版社	2002
刑事证据运用研究	杜世相	中国检察出版社	2002

书　名	作　者	出版社	出版时间
危害公共卫生犯罪证据调查与运用	李文燕	中国人民公安大学出版社	2002
盗窃犯罪证据调查与运用	李文燕	中国人民公安大学出版社	2002
过失犯罪证据调查与运用	李文燕	中国人民公安大学出版社	2002
贪污贿赂犯罪证据调查与运用	李文燕	中国人民公安大学出版社	2002
死刑案件证据调查与运用	李文燕	中国人民公安大学出版社	2002
经济诈骗犯罪证据调查与运用	李文燕	中国人民公安大学出版社	2002
税收犯罪证据调查与运用	李文燕	中国人民公安大学出版社	2002
最高人民法院关于民事诉讼证据的若干规定		法律出版社	2002
民事诉讼证据操作指南	肖建国、肖建华	中国民主法制出版社	2002
英国民事诉讼与民事司法改革	徐昕	中国政法大学出版社	2002
行政法与行政诉讼法学	高家伟	中国政法大学出版社	2002
中国证据制度与司法运用	乔宪志主编，上海市高级人民法院编	法律出版社	2002
证据法律手册	《证据法律手册》编辑组	法律出版社	2002
电子证据法研究	何家弘	法律出版社	2002
法官论证据	吴家友	法律出版社	2002
司法审判动态与研究·第一卷第二辑·证据法专辑	毕玉谦	法律出版社	2002
英国证据法	齐树洁	厦门大学出版社	2002
最高人民法院关于民事诉讼证据若干问题的规定		中国法制出版社	2002
民事诉讼证据初论	田平安	中国检察出版社	2002
证据法学	刘晓丹	南海出版公司	2002

书　　名	作　者	出版社	出版时间
行政诉讼证据司法解释及相关法律规范	《最高人民法院司法解释小文库》编选组编	人民法院出版社	2002
最高人民法院《关于行政诉讼证据若干问题的规定》释评	张树义	中国法制出版社	2002
民事诉讼证据司法解释的理解与适用	黄松有主编，最高人民法院民事审判第一庭著	中国法制出版社	2002
民事证据研究（第二版）	叶自强	法律出版社	2002
侵权损害赔偿典型案件诉讼证据运用	廖中洪	广东人民出版社	2002
公安机关办案证据调查与运用全书	刘林祥	吉林摄影出版社	2002
民事行政诉讼证据新规则	最高人民检察院《法律手册》编委会编	中国检察出版社	2002
刑事证据法则理论体系与实务之研究	吴祚丞、许辰舟	（台）"司法院"	2003
刑事证据制度改革研究	何家弘、南英主编，丁杰等撰稿	法律出版社	2003
毒品犯罪案件证据实务	周欣、王若阳	广东人民出版社	2003
工商行政管理行政处罚及证据操作	孙百昌	河南人民出版社	2003
经济犯罪证据理论与实务	胡晓明	群众出版社	2003
民事证据原理与实务研究	毕玉谦	人民法院出版社	2003
刑事证据规则理论与适用	谭永多	人民法院出版社	2003
民事行政证据法律分解适用集成	马原	人民法院出版社	2003
最高人民法院关于民事诉讼证据的若干规定	中国法制出版社编	中国法制出版社	2003
刑事证据的运用	张少林	中国方正出版社	2003

书　名	作　者	出版社	出版时间
刑事证据法原理与适用	樊崇义等	中国人民公安大学出版社	2003
证据学	樊崇义	中国人民公安大学出版社	2003
司法审判动态与研究·第二卷第一辑·证据法专辑	毕玉谦	法律出版社	2003
民事诉讼证据文书样式及相关法律、司法解释	《最高人民法院司法解释小文库》编选组编	人民法院出版社	2003
最高人民法院《关于民事诉讼证据的若干规定》文书样式与适用说明	最高人民法院民事审判第一庭	中国法制出版社	2003
行政诉讼证据司法解释之评论——理由、观点与问题	甘文	中国法制出版社	2003
美国证据规则	刘晓丹	中国检察出版社	2003
取胜的秘诀：常用证据技巧百问	王俊	法律出版社	2003
外国民事证据制度研究	张卫平	清华大学出版社	2003
外国证据法	何家弘	法律出版社	2003
刑事诉讼证据与程序	孙长永	中国检察出版社	2003
证据学论坛（第六卷）	何家弘	中国检察出版社	2003
证据法学（新编）	刘金友	中国政法大学出版社	2003
中国证据法草案建议稿及论证	毕玉谦等	法律出版社	2003
简明诉讼与证据办案手册	最高人民法院《简明诉讼与证据办案手册》编选组编	人民法院出版社	2003
刑事证据法则之新发展：黄东熊教授七秩祝寿论文集	黄东熊等	学林文化事业有限公司	2003
民事证据法学	宋朝武	高等教育出版社	2003
妨害社会管理秩序犯罪案件证据实务	刘品新	广东人民出版社	2003

书 名	作 者	出版社	出版时间
证据法要义	毕玉谦	法律出版社	2003
侵犯财产犯罪案件证据实务	李娜、刘立霞	广东人民出版社	2003
贪污贿赂案件证据实务	杨迎泽、李麒	广东人民出版社	2003
金融犯罪案件证据实务	顾永忠	广东人民出版社	2003
检察机关办案证据调查、运用与立案标准实务全书	张凤忠	黑龙江人民出版社	2003
民事证据法：法典化研究	陈界融	中国人民大学出版社	2003
证据法学（第三版）	樊崇义	法律出版社	2003
民事证明责任研究	李浩	法律出版社	2003
让证据出来说话：李小华律师办案专辑	李小华	上海三联书店	2003
证据法学案例教程	卞建林、刘玫	知识产权出版社	2003
证据法学	何家弘、刘品新	法律出版社	2003
证据法案件精解	齐树洁、王振志	厦门大学出版社	2003
论证据排除：美国法之理论与实务	林辉煌	元照出版有限公司	2003
中华人民共和国刑事证据法专家拟制稿：条文、释义与论证（中英对照）	陈光中	中国法制出版社	2003
漂移的证据法	［美］米尔建·R. 达马斯卡著，李学军等译	中国政法大学出版社	2003
民事证明制度与理论	罗玉珍、高委	法律出版社	2003
最高人民法院《关于民事诉讼证据的若干规定》文书样式（试行）	中国法制出版社编	中国法制出版社	2003
民事诉讼证据文书样式及相关法律规定		中国法制出版社	2003

书　　名	作　者	出版社	出版时间
纪检监察案件证据调查与运用及案例评析实务全书	张凤忠	安徽音像出版社	2004
中国近代证据制度研究	蒋铁初	中国财政经济出版社	2004
医疗事故认定证据		中国法制出版社	2004
工伤事故认定证据		中国法制出版社	2004
人身伤害（残）认定证据		中国法制出版社	2004
精神病认定证据		中国法制出版社	2004
职业病认定证据		中国法制出版社	2004
道路交通事故认定证据		中国法制出版社	2004
夫妻共同财产认定证据		中国法制出版社	2004
学生伤害事故认定证据		中国法制出版社	2004
涉案物品价值认定证据		中国法制出版社	2004
保险事故认定证据		中国法制出版社	2004
证据法理论与实证分析：司法裁判个案评论	罗筱琦、陈界融	中国法制出版社	2004
证据学论坛（第七卷）	何家弘	中国检察出版社	2004
典型婚姻家庭案件诉讼证据运用	张华贵	中国检察出版社	2004
证据学论坛（第八卷）	何家弘	中国检察出版社	2004
专家证人研究	徐继军	中国人民大学出版社	2004
中国证据法草案（建议稿）及立法理由书	江伟	中国人民大学出版社	2004
证据法：证明负担原理与法则研究	陈界融	中国人民大学出版社	2004
证据法原理	高家伟等	中国人民大学出版社	2004
证据与探究：走向认识论的重构	［英］苏珊·哈克（Susan Haack）著，等译	中国人民大学出版社	2004

书　　名	作　者	出版社	出版时间
麦考密克论证据	[美]约翰·W. 斯特龙主编，[美]肯尼斯·S. 布荣等编著，汤维建等译	中国政法大学出版社	2004
美国证据法新解：相关性证据及其排除规则	高忠智	法律出版社	2004
民事证据制度研究	张卫平	清华大学出版社	2004
法医鉴定证据与诉讼运用	庄洪胜、钟继荣	人民法院出版社	2004
中国检察·第四卷·刑事政策与证据规则	张智辉、谢鹏程	中国检察出版社	2004
刑事证明理论	卞建林	中国人民公安大学出版社	2004
刑事证据可采性研究	郭志媛	中国人民公安大学出版社	2004
行政证据通论	徐继敏	法律出版社	2004
非法证据排除规则研究	肖晗	湖南师范大学出版社	2004
证据冲突法研究	屈广清	辽宁人民出版社	2004
律师刑事证据适用	俞静尧	群众出版社	2004
美国电子证据规则	刘品新	中国检察出版社	2004
刑事诉讼法修改专题研究报告	樊崇义	中国人民公安大学出版社	2004
民事证据论	[日]松冈义正著，张知本译	中国政法大学出版社	2004
民事诉讼证据一本全	何君主编，徐晓波等编写	中国法制出版社	2004
典型合同纠纷案件诉讼证据运用	吴春燕主编，范雪飞等撰稿	中国检察出版社	2004
数字证据与计算机犯罪	[美] Eoghan Casey著，陈圣琳等译	电子工业出版社	2004
证据法学	陈卫东、谢佑平	复旦大学出版社	2004
新民事证据法论	姜世明	学林文化事业有限公司	2004

书　名	作　者	出版社	出版时间
刑事证据大全	［美］乔恩·R. 华尔兹著，何家弘等译	中国人民公安大学出版社	2004
妨害证据犯罪研究	闵春雷	吉林大学出版社	2004
证据法精要与依据指引	廖中洪	人民出版社	2004
加州证据法与异议实务	［美］艾伦·辛德等著，蔡秋明、魏玉英译	（台）商周出版	2004
民事诉讼证据原理研究	张永泉	厦门大学出版社	2004
房产、物业纠纷证据指南	李丹、陈巍	中国法制出版社	2004
证据法学	江伟	法律出版社	2004
民事诉讼证据规则应用能力培训读本	金长荣主编，上海市高级人民法院“民事诉讼证据规则应用能力”轮训指导小组编	法律出版社	2004
民事诉讼证据制度若干问题研究	丁巧仁	人民法院出版社	2004
依新修正刑事诉讼法论证据法则——以对审判实务的影响为中心	宋明中	（台）“司法院”	2005
论非供述证据之禁止法则	顾正德	（台）“司法院”	2005
证据法学	洪浩	北京大学出版社	2005
医疗事故纠纷证据指南	王海琰、陈闯	中国法制出版社	2005
债务与合同纠纷证据指南	莫莉君、邓妍	中国法制出版社	2005
婚姻、家庭、继承纠纷证据指南	陈巍、杨国伟	中国法制出版社	2005
交通事故纠纷证据指南	陈巍、邓妍	中国法制出版社	2005
消费者权益纠纷证据指南	陈闯、杨国伟	中国法制出版社	2005
证据法论文选萃	中国法制出版社	中国法制出版社	2005
证据学论坛（第十卷）	何家弘主编	中国检察出版社	2005

书 名	作 者	出版社	出版时间
证据保全理论与实务	陈晓铭	中国检察出版社	2005
模范刑事诉讼法典	陈卫东	中国人民大学出版社	2005
刑事诉讼与证据运用（第一卷）	崔敏	中国人民公安大学出版社	2005
证据能力论	纪格非	中国人民公安大学出版社	2005
证据法学	卞建林	中国政法大学出版社	2005
行政证据原理及实用	王良钧等	河南人民出版社	2005
劳动、工伤纠纷证据指南	陈闯、王海琰	中国法制出版社	2005
《美国联邦证据规则(2004)》译析	陈界融译	中国人民大学出版社	2005
刑事诉讼中的电子证据规则研究	皮勇	中国人民公安大学出版社	2005
诉讼证据案例与学理研究	俞静尧等	法律出版社	2005
行政诉讼证据规则与法律适用	孔祥俊	人民法院出版社	2005
证据学论坛（第九卷）	何家弘主编	中国检察出版社	2005
中国电子证据立法研究	刘品新	中国人民大学出版社	2005
证据法学	聂福茂	中国人民公安大学出版社	2005
民事证据法理念与实践	肖建华	法律出版社	2005
用证据说话：行政证据的收集、保存、提交	刘玉民、鲍雷主编	人民法院出版社	2005
用证据说话：刑事证据的收集、保存、提交	刘玉民、鲍雷主编	人民法院出版社	2005
行政诉讼证据案例与评析	宋随军、梁凤云	人民法院出版社	2005
民事证据规则与法律适用	肖建华	人民法院出版社	2005
证据法学	吴泽勇	郑州大学出版社	2005
审计证据调查与亲历案例	吴春利	白山出版社	2005
诉讼证据法学	叶青	北京大学出版社	2005

书　　名	作　者	出版社	出版时间
论证据排除美国法之理论与实务	林辉煌	北京大学出版社	2005
用证据说话：民事证据的收集、保存、提交	刘玉民、鲍雷主编	人民法院出版社	2005
民事程序理念与证据规则	郭小冬、韩红俊	陕西人民出版社	2005
民事证据开示制度研究	韩波	中国人民大学出版社	2005
证据法学教程	裴国智等	中国人民公安大学出版社	2005
药品监督与证据运用	刘铁城	中国社会出版社	2005
民事诉讼证据实证分析	王建华	法律出版社	2005
证据法学	宋世杰	湖南人民出版社	2005
《关于民事诉讼证据的若干规定》新释解	梁书文	人民法院出版社	2005
刑事证据制度与理论（上）：刑事证据原理	沈德咏、宋随军	人民法院出版社	2005
人身损害赔偿纠纷证据指南	陈闯、朱崇龙	中国法制出版社	2005
依新修正刑事诉讼法论证据排除法则	谢静雯	（台）“司法院”	2005
证据犯罪研究	谭志君	法律出版社	2005
证据搜集与纷争解决	许士宦	新学林出版股份有限公司	2005
证据调查	何家弘主编	中国人民大学出版社	2005
证据法学	李文杰	四川人民出版社	2005
证据法案例教程	刘金友	知识产权出版社	2005
证据法学	申君贵、陈岚	湖南大学出版社	2006
法官告诉您怎样运用证据	张丽佳	吉林人民出版社	2006
刑事证据制度与理论（下）：刑事诉讼证明	沈德咏、宋随军	人民法院出版社	2006
刑事证据制度与理论（中）：刑事诉讼证据	沈德咏、宋随军	人民法院出版社	2006

书　名	作　者	出版社	出版时间
行政诉讼证据规则及运用	蔡小雪	人民法院出版社	2006
证据法配套规定		中国法制出版社	2006
公诉案件证据审查判断与出庭实务	张伟军	中国检察出版社	2006
盗窃罪证据运用及实证分析	柯汉民	中国检察出版社	2006
职务犯罪证据的收集与运用	黄维智等	中国检察出版社	2006
检察证据实用教程	何家弘、杨迎泽	中国检察出版社	2006
犯罪侦查中对计算机的搜查扣押与电子证据的获取	刘方权	中国检察出版社	2006
犯罪侦查程序与证据的前沿问题	樊学勇	中国人民公安大学出版社	2006
比较法视野中的证据制度	［美］米尔吉安·R.达马斯卡著，吴宏耀、魏晓娜等译	中国人民公安大学出版社	2006
刑事证据法中的权利保护	王敏远	中国人民大学出版社	2006
刑事非法证据排除规则研究	张智辉	北京大学出版社	2006
刑事诉讼证据实证分析	宋随军	法律出版社	2006
刑事证据疑难问题探索	刘品新	中国检察出版社	2006
公诉案件证据参考标准	最高人民检察院公诉厅	法律出版社	2006
证据法：文本、问题和案例	［美］罗纳德·J.艾伦等著，张保生等译，满运龙校	高等教育出版社	2006
民事证据理论新探	韩象乾	中国人民公安大学出版社	2006
证据方法及证据能力研究	罗筱琦	人民法院出版社	2006
行政证据制度研究	徐继敏	中国法制出版社	2006
刑事诉讼与证据运用（第二卷）	崔敏	中国人民公安出版社	2006
证据学论坛（第十一卷）	何家弘	中国政法大学出版社	2006

书　　名	作　者	出版社	出版时间
证据法学	何家弘　刘品新	法律出版社	2006
新编证据法小全书		法律出版社	2006
电子证据	蒋平　杨莉莉	清华大学出版社 中国人民公安大学出版社	2006
我国证据制度的理论与实践	宋英辉　汤维建	中国人民公安大学出版社	2006
证据法学研究述评	宋英辉　汤维建	中国人民公安大学出版社	2006
民事证据判例与理论分析	常怡　王建华	人民法院出版社	2006
公证证据收集与合法性审查	刘占中	山西经济出版社	2006
民事证据法与武器平等原则	沈冠伶	（台）沈冠伶	2006
证据与证明	黄维智	中国检察出版社	2006
鉴定证据制度研究	黄维智	中国检察出版社	2006
佛罗里达证据法逐条释义	陈祐治	（台）陈祐治	2006
现代证据法与对抗式程序	［英］麦克埃文著，蔡巍译	法律出版社	2006
证据法学	严军	兰州大学出版社	2006
刑事证据法专论	陈立	厦门大学出版社	2006
行政诉讼证据司法解释适用指南	司法解释适用指南编写组	中国法制出版社	2006
民事诉讼证据司法解释适用指南	司法解释适用指南编写组	中国法制出版社	2006
诉讼证据法学：指引、案例与文献	叶青、谢文哲	北京大学出版社	2007
医学证据学实用教程	张云德等	兰州大学出版社	2007
审查逮捕证据参考标准	杨振江	群众出版社	2007
英国成文证据法	熊志海	中国法制出版社	2007
执法人员刑事证据教程	［美］诺曼·M. 嘉兰、吉尔伯特·B. 斯达克著，但彦铮等译	中国检察出版社	2007

书　名	作　者	出版社	出版时间
故意杀人犯罪证据审查	贺恒扬	中国检察出版社	2007
证据法学研究	何家弘	中国人民大学出版社	2007
刑事审判证据规则研究	沈志先	上海人民出版社	2007
人身损害赔偿证据完全指南	陈巍	中国法制出版社	2007
道路交通事故证据完全指南	陈巍	中国法制出版社	2007
婚姻继承证据完全指南	陈巍	中国法制出版社	2007
债务与合同证据完全指南	陈巍	中国法制出版社	2007
医疗事故证据完全指南	陈巍	中国法制出版社	2007
行政诉讼证据实证分析	宋随军、梁凤云	法律出版社	2007
行政执法证据的收集与运用	华晨泓、刘玉江	江苏科学技术出版社	2007
劳动、工伤证据完全指南	陈巍	中国法制出版社	2007
房屋买卖、拆迁证据完全指南	陈巍	中国法制出版社	2007
简明证据法学	何家弘、张卫平	中国人民大学出版社	2007
刑事证据法学	刘广三	中国人民大学出版社	2007
证据学	陈一云	中国人民大学出版社	2007
证据规则	戴泽军	中国人民公安大学出版社	2007
刑事证据调查行为研究——以行为科学为视角	刘为军	中国政法大学出版社	2007
刑事诉讼言词证据	刘广三	中国人民公安大学出版社	2007
传闻证据规则及其在中国刑事诉讼中的运用	刘玫	中国人民公安大学出版社	2007
民事证据研究	叶自强	中国社会科学出版社	2007
证据法学	洪浩	北京大学出版社	2007
实用刑事证据	宫毅、姚健	高等教育出版社	2007
证据法实用教程	黄荣昌	宁夏人民出版社	2007
民事证据法学	俞兆平等	厦门大学出版社	2007

书　名	作　者	出版社	出版时间
证据法学	卞建林	中国政法大学出版社	2007
证据法	张榕	厦门大学出版社	2007
干预处分与刑事证据	林钰雄	（台）台湾大学人文社会高研究院	2007
民事诉讼证据简论：侧重效率维度	王洪礼	中国检察出版社	2007
妨害证据犯罪新论	黄京平	中国人民大学出版社	2007
刑事证明标准研究	李玉华	中国人民公安大学出版社	2007
证据学文库	何家弘	中国政法大学出版社	2007
民事证据立法的理论立场	汤维建	北京大学出版社	2007
刑事诉讼与证据法全集	吴巡龙	（台）新学林出版股份有限公司	2007
改良式当事人进行主义之证据法则：以审判实务为中心	石木钦	（台）元照出版有限公司	2007
论证据与事实	毛立华	中国人民公安大学出版社	2007
证据学论坛（第十三卷）	何家弘	法律出版社	2007
刑事证据	［英］理查德·梅著，王丽译	法律出版社	2007
专利侵权之证据保全与保全程序	郭雨岚、范晓玲	（台）经济部智慧财产局	2007
证据学论坛（十二）：前沿·实务·文摘	何家弘	法律出版社	2007
民事证据立法前沿问题研究	李浩	法律出版社	2007
打民事官司如何准备证据	赵祥、刘福霞	法律出版社	2007
证据法学	廖永安	清华大学出版社	2007
刑事证据能力导论	孙远	人民法院出版社	2007
证据法学概论	陈界融	中国人民大学出版社	2007

书　　名	作　者	出版社	出版时间
我国刑事证据规则体系构建研究	宋强	法律出版社	2007
图解立案证据定罪量刑标准与法律适用（第三分册）	本书编写组	中国法制出版社	2007
图解立案证据定罪量刑标准与法律适用（第四分册）	本书编写组	中国法制出版社	2007
刑事诉讼与证据运用（第三卷）	崔敏	中国人民公安大学出版社	2007
科技证据论	陈学权	中国政法大学出版社	2007
中国疑难刑事名案程序与证据问题研究（第一卷）	顾永忠、吴丹红	北京大学出版社	2008
证据学论坛（第十四卷）	何家弘	法律出版社	2008
司法鉴定案例研究	常林	中国人民公安大学出版社	2008
纪检监察案件证据收集与处理实用手册	邱睿、庄洪胜	新华出版社	2008
证据法学	孙彩虹主编	中国政法大学出版社	2008
证据调查实验教程	王均平	北京大学出版社	2008
最高人民法院关于民事诉讼证据的若干规定注释本	本书编写组编写	法律出版社	2008
民事证据规则操作实务与典型案例评析	周继军等	人民法院出版社	2008
改良式的证据法则与刑事诉讼	张明伟	（台）五南图书出版股份有限公司	2008
知识产权民事审判证据实务	蒋志培	中国法制出版社	2008
图解立案证据定罪量刑标准与法律适用·第二分册·破坏社会主义市场经济秩序案	本书编写组编写	中国法制出版社	2008
用证据说话：道路交通事故官司证据指导	政玉英、邓江源	法律出版社	2008

书　　名	作　者	出版社	出版时间
用证据说话：医疗纠纷官司证据指导	王振中	法律出版社	2008
民事证据法实例研习一	姜世明	（台）新学林出版股份有限公司	2008
图解立案证据定罪量刑标准与法律适用·第四分册·妨害社会管理秩序案	本书编写组编写	中国法制出版社	2008
图解立案证据定罪量刑标准与法律适用·第三分册·侵犯公民人身权利、民主权利案·侵犯财产案·危害国防利益案	本书编写组编写	中国法制出版社	2008
图解立案证据定罪量刑标准与法律适用（第一分册）	本书编写组编写	中国法制出版社	2008
证据组合论：科学证据观对证据现象的新观察	薛献斌	中国检察出版社	2008
品格证据在刑事案件中的运用	刘立霞等	中国检察出版社	2008
用数字证明：法律和诉讼中的实证方法	[美] 汉斯·采泽尔、戴维·凯著，黄向阳译	中国人民大学出版社	2008
刑事诉讼与证据运用（第四卷）	崔敏	中国人民公安大学出版社	2008
证据裁判原则初论：以刑事诉讼为视角	李静	中国人民公安大学出版社	2008
明清民事证据制度研究	蒋铁初	中国人民公安大学出版社	2008
《人民法院统一证据规定》司法解释建议稿及论证	张保生	中国政法大学出版社	2008
用证据说话：婚姻家庭官司证据指导	石海朝、付鑫婧	法律出版社	2008

书　　名	作　者	出版社	出版时间
用证据说话：债权债务官司证据指导	赵祥	法律出版社	2008
用证据说话：劳动争议官司证据指导	邓旭明	法律出版社	2008
用证据说话：工伤事故官司证据指导	邓益洲	法律出版社	2008
证据相关性研究	俞亮	北京大学出版社	2008
专家证据制度比较研究	季美君	北京大学出版社	2008
用证据说话：房屋拆迁征地补偿官司证据指导	杨晓玲、王建宾	法律出版社	2008
严格证明与刑事证据	林钰雄	法律出版社	2008
证据法学	樊崇义	法律出版社	2008
证据法的理念、制度与方法	龙宗智	法律出版社	2008
证据法学	刘立霞	河北人民出版社	2008
用证据说话：民事证据的收集、保存、提交	万鄂湘等	人民法院出版社	2008
转型与回应：宏观视野下的证据与政策运用研究	蒋剑鸣、黄维智	中国人民公安大学出版社	2008
用证据说话：物权纠纷官司证据指导	柴铮、郑炳汝	法律出版社	2008
民事、行政诉讼证据司法解释小文库	人民法院出版社法规编辑中心编写	人民法院出版社	2008
刑事诉讼证据学基础知识	徐益初、肖贤富	法律出版社	2008
比较刑事证据法各论	刁荣华	汉林出版社	2008
刑事诉讼证据概论	王汝嘉	黑龙江人民出版社	2008
刑事证据理论	张子培等	群众出版社	2008
证据学	巫宇甦	群众出版社	2008
刑事证据法	陈朴生	三民书局	2008

书　名	作　者	出版社	出版时间
案件检查证据运用	李萍	中国方正出版社	2008
非法证据排除规则：话语解魅与制度构筑	林喜芬	中国人民公安大学出版社	2008
冲突与对接：刑事和解刑法制度研究	武小凤	中国人民公安大学出版社	2008
证据法学教程	魏虹	中国政法大学出版社	2008
证据法学	何家弘　刘品新	法律出版社	2008
简明诉讼与证据办案手册	本书编选组编写	人民法院出版社	2008
刑事证据运用	徐燕平	中国检察出版社	2008
国际民事诉讼中证据能力问题研究	尹伟民	法律出版社	2008
证据法学	宋世杰、廖永安	湖南人民出版社	2008
刑事辩护与非法证据排除	郎胜	北京大学出版社	2008
合同证据案例	梁东	贵州教育出版社	2008
从实然到应然：证据法学探究	何家弘	中国法制出版社	2008
实用版法规专辑：证据规定	本书编写组编写	中国法制出版社	2008

说明：本统计表中图书的排列顺序为：第一顺序为出版时间，第二顺序为出版社。

附录 3.2　法庭科学学术著作目录（1978 ~2008）

书　名	作　者	出版社	出版时间
睡虎地秦墓竹简	睡虎地秦墓竹简整理小组编	文物出版社	1978
死亡时间的法医鉴定	［苏］梅列尼科夫、札洛夫著，冯真华译	群众出版社	1979
物证分析	公安部人民警察干部学校编	群众出版社	1979

书　　名	作　者	出版社	出版时间
法医骨学	陈世贤著	群众出版社	1980
机体分泌物的法医鉴定	［苏］巴尔西冈茨、列弗钦科夫著，冯真华译	群众出版社	1980
洗冤集录校译	（南宋）宋慈著，杨奉琨校译	群众出版社	1980
棠阴比事选	（宋）桂万荣编撰，（明）吴讷删补，陈顺烈注译	群众出版社	1980
实用法医学	郭景元主编	上海科学技术出版社	1980
折狱龟鉴选	（宋）郑克编著，杨奉琨选译	群众出版社	1981
外国警探史话	［德］裘根·索沃尔德著，吴敬仁译	群众出版社	1981
法医入门	郭景元、祝家镇主编	人民卫生出版社	1981
法医学基础知识问答	孙占茂编著	法律出版社	1982
法医与破案	祝家镇等	广东科学技术出版社	1982
钝器伤的法医鉴定	［苏］阿科波夫著，李鹏译	群众出版社	1982
中国医学百科全书：法医学	郭景元主编	上海科学技术出版社	1982
刑事侦查与司法鉴定	蔡晋主编	上海知识出版社	1982
法医学	法学教材编辑部《法医学》编写组编	法律出版社	1982
机械性损伤	仲许编著	江苏人民出版社	1983
法医学	公安部人民警察干部学校编	群众出版社	1983
第一届全国法医学术讨论会论文选编	《第一届全国法医学术讨论会论文选编》编委会编	群众出版社	1983

书　名	作　者	出版社	出版时间
研究物证用的照相方法和物理方法	［苏］久斯庚、基里琴斯基著，潘复安编译	群众出版社	1983
钢丝钳痕迹检验	赵新民、戴锡谦编著	群众出版社	1983
法医生涯四十年	［英］辛普逊著，伍新尧、郭朱明译	上海科学技术出版社	1983
摩天大楼下的阴影：一个法医在纽约的见闻	［法］让皮埃尔拉阿里著，张云祥等译	时事出版社	1983
简明法医学	李宝珍	北京大学出版社	1984
法医学讲义	郑仲璇等编著	法律出版社	1984
实用法医病理学	徐英含主编	群众出版社	1984
激光检测指纹	［美］门泽尔著，王世铎、王补译	群众出版社	1984
中国古代法医学史	贾静涛	群众出版社	1984
法医学基础知识	李宝珍等	光明日报出版社	1985
法医学	孙占茂编	吉林大学出版社	1985
法医学入门	郭景元、祝家镇主编	人民卫生出版社	1985
法医显微病理学诊断	［美］珀泊、韦其特著，吴家敦主译	人民卫生出版社	1985
法医学彩色图谱	陈军等编	陕西科学技术出版社	1985
法医与侦破	青宝等编著	四川科学技术出版社	1985
中国古代法医案例选	张宝昌、胡益仁选注	甘肃人民出版社	1986
化学侦破——从福尔摩斯到今日法庭	［美］格博著，王本根、李红专译	湖南科学技术出版社	1986
生物学破案 50 例	张宝昌、胡益仁编著	科学普及出版社	1986
法医学（修订本）	翟建安、陈世贤等编	群众出版社	1986
法医学图谱	杨玉璞编著	群众出版社	1986

书　　名	作　者	出版社	出版时间
法医病理学手册	［美］费希尔、佩蒂编著，赵经隆等译	群众出版社	1986
外国著名毒杀案——检毒工作百年史	［瑞士］于尔根·托瓦尔德著，方未之译	群众出版社	1986
探索DNA的奥秘	［美］M. 霍格兰著，彭秀玲译	上海翻译出版公司	1986
简明法医学	李宝珍编	北京大学出版社	1986
法医学	［英］基思·辛普逊著，王永年译	法律出版社	1987
犯罪实验室·法医学	［美］约翰·沃特斯著，杨永磴译	法律出版社	1987
微量物证在刑事侦查中的应用	［日］田久保·丰著，申健、郑世贤译	吉林人民出版社	1987
实用法医学手册	贾静涛主编	辽宁教育出版社	1987
法医学	李德祥主编	辽宁科学技术出版社	1987
法医学	郭景元主编	人民卫生出版社	1987
无冤录校注	（元）王与撰，杨奉琨校注	上海科学技术出版社	1987
法医学·学习指导书	贾静涛	中央广播电视大学出版社	1987
法医学	贾静涛主编	中央广播电视大学出版社	1987
验尸官	［美］托马斯·野口、杰弗·戴蒙著，高鹏、井焕译	作家出版社	1987
疑狱集·折狱龟鉴校释	疑狱集：（五代）和凝撰，折狱龟鉴：（宋）郑光撰；杨奉琨校释	复旦大学出版社	1988
物证检验学	张公正主编	兰州大学出版社	1988
刑事案件现场物证分析	黄金铎主编	辽宁教育出版社	1988

书　　名	作　者	出版社	出版时间
法医血型血清学	贾静涛编著	辽宁科学技术出版社	1988
法医学教程	《法医学教程》编写组	群众出版社	1988
人类血液和血斑的法医个人识别手册	［美］B. W. 格鲁尼鲍姆著，李伯令译	群众出版社	1988
微量物证鉴定技术论文报告选编	公安部科技局论文编审组、公安部科学技术情报研究所编	群众出版社	1988
法医鉴定案例选	最高人民法院司法行政厅法医案例编选组编	人民法院出版社	1988
法医学概论	贾静涛主编	人民卫生出版社	1988
法医毒物分析	江涛主编	人民卫生出版社	1988
法医毒理学	黄光照主编	人民卫生出版社	1988
笔迹学	邹明理、李纯实编著	四川科学技术出版社	1988
法医尸检手册	［日］日本京都府警察本部刑事部、日本尸检业务研究会编，孙言文译	中国人民大学出版社	1988
法医学奥秘题解	孔令义主编	华艺出版社	1988
法医学	谢仁福主编	四川科学技术出版社	1988
司法鉴定学	金光正主编	中国政法大学出版社	1988
法医学	刘宝城	哈尔滨船舶工程学院出版社	1989
法医鉴别	李建樑、李英编著	河北科学技术出版社	1989
实用法医学知识问答	彭文	群众出版社	1989
刑事侦察百年奇观	［美］尤金·B. 布劳克著，张鸣等译	群众出版社	1989
法医病理学	祝家镇主编	人民卫生出版社	1989

书　名	作　者	出版社	出版时间
验尸官	[美] 托马斯·野口、约瑟夫·迪摩纳著，罗晓虎译	中国广播电视出版社	1989
法医学	刘革新主编	蓝天出版社	1990
法医学	邓瑞予主编	辽宁人民出版社	1990
文件检验学教程	贾玉文主编	辽宁人民出版社	1990
法医学	李谦宜主编	群众出版社	1990
洗冤集录与洗冤录详义（日文版）	洗冤集录：（南宋）宋慈著；洗冤录详义：（清）许梿著；中日合译：[日] 石山昱夫，和中年监修；[日] 石山昱夫、张维东、庞文善译	群众出版社	1990
睡虎地秦墓竹简	睡虎地秦墓竹简整理小组编	文物出版社	1990
笔迹与性格：洞开一扇探测人生的窗口	肖晓等编著	学林出版社	1990
血型血清学及物证检验	吴梅筠主编	云南民族出版社	1990
物证技术学教学大纲	徐立根主编	中国人民大学出版社	1990
物证技术学	徐立根主编	中国人民大学出版社	1990
法医学简明教程	张兴满主编	中国人民公安大学出版社	1990
精神疾病司法鉴定及案例分析	郑瞻培等编著	上海科学技术出版社	1990
法医学	张宝昌主编	北京大学出版社	1991
物证照相	黄群、刘淑霞编著	大连理工大学出版社	1991
警用法医学	翟建安	警官教育出版社	1991
中国古代法医学史（日译本）	贾静涛著，[日] 瀧川严译	警官教育出版社	1991

书　　名	作　者	出版社	出版时间
文件检验实验指导	张靖和主编	群众出版社	1991
痕迹检验实验指导	张毓能主编	群众出版社	1991
血痕弹道指纹探奇	［美］刘易斯著，何家弘译	群众出版社	1991
爆炸痕迹勘验	李国安编著	沈阳出版社	1991
法医学	赵经隆主编	中国人民大学出版社	1991
应用法医临床学	吴军编著	中国医药科技出版社	1991
人体重伤鉴定标准	司法部法规司编	法律出版社	1991
司法鉴定学	金光正主编	中国政法大学出版社	1991
洗冤集录译释	（宋）宋慈著，罗时润等译释	福建科学技术出版社	1992
笔迹心理探秘	铧芜、冰泳	黄山书社	1992
从笔迹看人生	范列、孙庆军编著	教育科学出版社	1992
无声世界：笔迹与性格续集61	林景怡	漓江出版社	1992
司法鉴定学教学大纲	邹明理主编	中国政法大学出版社	1992
实用法医临床学	刘世沧主编	北京医科大学、中国协和医科大学联合出版社	1993
怎样从笔迹看性格	韩进	华南理工大学出版社	1993
笔迹与犯罪	范列	华夏出版社	1993
中国法医实践	翟建安主编	警官教育出版社	1993
法医人类学	贾静涛主编	辽宁科学技术出版社	1993
法医学（第二版）	郭景元主编	人民卫生出版社	1993
法医与实践	郑德滋编著	山东科学技术出版社	1993
实用法医手册	郭景元主编	上海科技教育出版社	1993
法医学	徐英含主编	世界图书出版社公司北京分公司	1993
检察技术教程	徐立根主编	中国检察出版社	1993

书　　名	作　　者	出版社	出版时间
法医学	谢仁福主编	中国政法大学出版社	1993
司法鉴定概论	最高人民法院技术局法医处编	人民法院出版社	1993
司法鉴定知识大全	金光正主编	中国科学技术出版社	1993
法医学	张宝昌主编	杭州大学出版社	1994
基础法医学	陈霆宇、李延阁编著	济南出版社	1994
指纹检验与档案管理	田舒勇	警官教育出版社	1994
白话折狱龟鉴	（宋）郑克著，孙一冰、刘承珍译	警官教育出版社	1994
法医尸体剖验与案例分析	霍起森主编	陕西科学技术出版社	1994
笔迹破解	余期天编著	陕西旅游出版社	1994
百起重大命案：一个老法医的手记	马建民编著	世界图书出版公司	1994
法医学（维吾尔文）	特来提·赛依提	新疆人民出版社	1994
新编法医学	杨明志主编	中国政法大学出版社	1994
法医学	吴家駇主编	北京医科大学　中国协和医科大学联合出版社	1995
现代痕迹技术通论	孔春晓主编	黄河出版社	1995
法医临床学	朱小曼主编	暨南大学出版社	1995
'95全国痕迹检验学术研讨会论文集	张书杰主编	警官教育出版社	1995
应用法医学总论	陈康颐	群众出版社	1995
实用法医手册（第二版）	郭景元主编	上海科技教育出版社	1995
法医青天：林几法医生涯录	黄瑞亭	世界图书出版公司北京公司	1995
实用法医人类学简明读本	高生发编著	中国检察出版社	1995
生物物证技术	孙言文编著	中国人民大学出版社	1995
交通事故物证勘察和检验	李琼瑶、王启明	中国人民公安大学出版社	1995

书　　名	作　者	出版社	出版时间
法医学（日文本）	丁梅编	中国医科大学中日医学教育出版社	1995
法医学	杨绿君主编	中国政法大学出版社	1995
司法鉴定教程	邹明理主编	法律出版社	1995
道路交通法医学	翟建安主编	警官教育出版社	1995
司法鉴定学	金光正主编	中国政法大学出版社	1995
机械失效的痕迹分析	张栋编著	国防工业出版社	1996
法医学	孙启富等主编	吉林人民出版社	1996
法医物证学	张兴满主编	警官教育出版社	1996
中国文件检验专业建设40年学术讨论会论文集：1995～1996	论文集编审组编	警官教育出版社	1996
现代实用笔迹学	陈锡田	警官教育出版社	1996
法医学（第二版）	徐英含主编	世界图书出版公司北京分公司	1996
最新法医病理学	徐英含主编	世界图书出版公司北京分公司	1996
性法医学	骆世勋、宋书功主编	世界图书出版公司北京分公司	1996
律师业务与法医学	刘革新	中国政法大学出版社	1996
视听资料与器材的司法鉴定技术	孟建国等主编	警官教育出版社	1996
法医学进展与实践（第一卷）	侯一平、刘世沧主编	成都科技大学出版社	1997
法医学	陈世贤主编	法律出版社	1997
中国近现代法医学发展史	黄瑞亭主编	福建教育出版社	1997
笔迹神秘现象破译	汪昌禹	花城出版社	1997
怎样从笔迹看性格（第二版）	韩进	华南理工大学出版社	1997

书　　名	作　者	出版社	出版时间
齐鲁法医实践	王成祥主编	警官教育出版社	1997
污损文件检验	毛焕庭、暴仁主编	警官教育出版社	1997
文件检验学导论	贾玉文编著	警官教育出版社	1997
痕迹检验与侦察破案	张书杰、王立军主编	警官教育出版社	1997
痕迹检验学	公安部政治部编	警官教育出版社	1997
《痕迹检验学》自学考试大纲：含考核目标	公安部政治部编	警官教育出版社	1997
法医物证检验技术及应用	公安部第二研究所编写组编写	人民法院出版社	1997
法医学（第二版）	郭景元主编	人民卫生出版社	1997
法医精神病学	刘协和主编	人民卫生出版社	1997
法医学	李玉珊、丛斌主编	山东大学出版社	1997
笔迹探秘	刘兆钟编著	上海科技教育出版社	1997
脑干诱发电位在法医学的应用	曾泽民编著	厦门大学出版社	1997
实用法医学	彭晓辉编著	中国地质大学出版社	1997
法医物证学	郭景元主编	中国人民公安大学出版社	1997
实用法医男性科学	朱广友、吴军主编	法律出版社	1998
犯罪鉴识大师李昌钰	何家弘	法律出版社	1998
病理与法医：徐英含教授论文集	徐英含著，来茂德编	杭州大学出版社	1998
法医学	王保捷等主编	吉林科学技术出版社	1998
中国法医文献集萃（第一卷）	张晓东主编	警官教育出版社	1998
刑事物证技术学	公安部政治部编	警官教育出版社	1998
物证鉴定科学	刘耀主编	群众出版社	1998
简明文件检验学	朱红艳、涂丽云主编	群众出版社	1998
法医学概论（第二版）	贾静涛编	人民卫生出版社	1998

书　　名	作　者	出版社	出版时间
法医物证学	吴梅筠主编	人民卫生出版社	1998
法医毒物分析（第二版）	江焘主编	人民卫生出版社	1998
法医毒理学（第二版）	黄光照主编	人民卫生出版社	1998
法医人类学	陈世贤主编	人民卫生出版社	1998
一个生物技术的故事：PCR传奇	［美］保罗·拉比诺著，朱玉贤译	上海科技教育出版社	1998
法医学手册	陈世贤等编著	上海科学技术出版社	1998
笔迹学：从笔迹看性格	韩进	中国城市出版社	1998
应用法医学	刘瑛等主编	中国人民公安大学出版社	1998
司法鉴定常规与技术操作规程	吴军等主编	上海科技教育出版社	1998
精神疾病的司法鉴定	马世民主编	上海医科大学出版社	1998
司法鉴定学	颜志伟等主编	中国检察出版社	1998
法医学进展与实践（第二卷）	侯一平、刘世沧主编	成都科技大学出版社	1999
物证检验摄影教程	公安部政治部编	警官教育出版社	1999
文件检验中的书写色料与显字技术	黄建同	警官教育出版社	1999
微量物证勘查与检验	张建华编著	警官教育出版社	1999
微量物证分析	王俭主编	警官教育出版社	1999
火灾物证分析	胡建国主编	警官教育出版社	1999
笔迹检验	公安部政治部编	警官教育出版社	1999
法医临床指南	朱小曼主编	科学出版社	1999
法医人类学实用指南	刘丕海主编	南海出版公司	1999
中国刑事科学技术协会指纹专业委员会第一届学术研讨会论文汇编 1999	论文编审委员会编	群众出版社	1999
法医病理学（第二版）	祝家镇主编	人民卫生出版社	1999

书　　名	作　者	出版社	出版时间
如何摆脱心理困惑	郑瞻培、徐声汉编著	上海教育出版社	1999
应用法医学各论	陈康颐主编	上海医科大学出版社	1999
人体伤亡伤残鉴定标准选编	宁锦主编	中国标准出版社	1999
物证技术学（第二版）	徐立根主编	中国人民大学出版社	1999
笔迹学：从笔迹看人生	韩进	中国戏剧出版社	1999
司法鉴定导论	何家弘主编	法律出版社	2000
损伤与疾病的法医鉴定	范利华等主编	法律出版社	2000
科学探案	［美］科林·伊万斯著，吴燕等译	海南出版社	2000
神探李昌钰	［美］李昌钰口述，［美］邓洪撰写	海天出版社	2000
现代法医学	郭景元主编	科学出版社	2000
世界法医学与法科学史	贾静涛	科学出版社	2000
笔迹心理学：书写心理透视与不良个性矫正	郑日昌主编	辽海出版社	2000
笔迹与性格解析	张伟朝	南海出版公司	2000
毒物及微量物证分析	刘景宁编著	南京大学出版社	2000
法医学概论教程	公安部人事训练局编 周云龙主编	群众出版社	2000
文件检验实验指导	朱红艳主编	群众出版社	2000
文件检验教程	公安部人事训练局编	群众出版社	2000
痕迹检验实验指导	涂水成主编	群众出版社	2000
痕迹检验教程	吕导中主编	群众出版社	2000
痕迹检验教程	公安部人事训练局编	群众出版社	2000
人类 DNA 遗传标记	李生斌	人民卫生出版社	2000
《睡虎地秦墓竹简》语法研究	魏德胜	首都师范大学出版社	2000
法医精神病学	李运午	天津人民出版社	2000

书　　名	作　者	出版社	出版时间
实用法医 DNA 检验学	刘开会、李宗亮编著	西安出版社	2000
保险与精神医学	孙春霞、蔡勇	中国检察出版社	2000
物证技术学	孙言文主编	中国人民大学出版社	2000
痕迹检验技术	李冬云、王炳成主编	中国人民公安大学出版社	2000
痕迹检验操作指导	申金、王胜利主编	中国人民公安大学出版社	2000
法科学：物证鉴识技术	李生斌、李昌钰编著	中国人民公安大学出版社	2000
第五届全国文件检验学术交流会论文集	本书编审组编	中国人民公安大学出版社	2000
法医昆虫学	胡萃主编	重庆出版社	2000
司法鉴定	邹明理主编	法律出版社	2000
精神科疑难病例鉴析（第二版）	郑瞻培主编	上海医科大学出版社	2000
《人身保险意外伤害残疾给付标准》的理解与适用	庄洪胜编著	中国检察出版社	2000
保险法医学	周伟等	中国检察出版社	2000
保险事故现场勘查	王家昱等编著	中国检察出版社	2000
《人身保险残疾程度与保险金给付比例表》的理解与适用	戴晓明、张颖编著	中国检察出版社	2000
北京大学法学百科全书：民事诉讼法学　刑事诉讼法学　行政诉讼法学　司法鉴定学　刑事侦查学	刘家兴等主编	北京大学出版社	2001
我国现行司法鉴定制度研究	邹明理主编	法律出版社	2001
现代物证分析仪器	徐庆编著	贵州教育出版社	2001
伤残鉴定实用手册	王连智等主编	吉林科学技术出版社	2001
身体证据：国际法医探案 100 例	［美］布瑞恩·英尼斯著，舒云亮译	辽宁教育出版社	2001

书名	作者	出版社	出版时间
笔迹分析与测试：实际应用中的笔迹破译	赵庆梅	辽宁人民出版社	2001
文件检验习题与解答	公安部人事训练局编	群众出版社	2001
指纹的奥秘	刘持平编著	群众出版社	2001
法医鉴定与侦察诉讼实务	周伟主编	人民法院出版社	2001
法医学（第三版）	王保捷主编	人民卫生出版社	2001
法医学进展与实践（第三卷）	侯一平、刘世沧主编	四川大学出版社	2001
法医颅脑损伤学	石秋念主编	浙江大学出版社	2001
法医临床学鉴定理论与实践：典型案例分析	朱广友主编	中国检察出版社	2001
法医实用计算机教程	张惠芹等编著	中国人民公安大学出版社	2001
印刷文件检验	王世全主编	中国人民公安大学出版社	2001
物证技术学简明教程	李苑、王萍主编	中国人民公安大学出版社	2001
交通事故物证鉴定技术	刘建军主编	中国人民公安大学出版社	2001
笔迹分析与鉴定	涂丽云	中国人民公安大学出版社	2001
司法鉴定研究文集（第一辑）	司法部法规教育司编	法律出版社	2001
司法鉴定法律知识导读	樊崇义主编	法律出版社	2001
毒（药）物中毒鉴定理论与实践：典型案例分析	卓先义主编	中国检察出版社	2001
人体损伤程度司法鉴定指南	吴军主编	中国检察出版社	2001
精神疾病司法鉴定理论与实践：典型案例分析	高保林主编	中国检察出版社	2001
个体识别和亲子鉴定理论与实践：典型案例分析	程大霖、李莉主编	中国检察出版社	2001
司法鉴定立法研究	司法部法规教育司编	法律出版社	2002
物证技术学总论	付晓海、俞文编著	甘肃教育出版社	2002

书　　名	作　者	出版社	出版时间
睡虎地秦墓竹简	彭浩主编	湖北美术出版社	2002
法医鉴定实用全书	郭景元主编	科学技术文献出版社	2002
中华人民共和国国家标准（GB18667－2002）《道路交通事故受伤人员伤残评定》宣贯材料	赵新才主编	四川辞书出版社	2002
人身伤害疑难案例评析与控辩指南	庄洪胜、刘志新主编	新华出版社	2002
犯罪案件侦破	［美］乔耶·尼克尔、约翰·费希尔著，贾宗谊、贾志天译	新华出版社	2002
昆虫证据——案发现场的苍蝇	［美］李·戈夫著，洪漫等译	新华出版社	2002
法医实践	崔国兴	新疆人民出版社	2002
高级法医学	伍新尧主编	郑州大学出版社	2002
社会公共安全标准汇编：刑事技术类·法医检验篇	公安部科技局编	中国标准出版社	2002
中国司法鉴定制度研究	杜志淳、霍宪丹主编	中国法制出版社	2002
法医 DNA 分析	郑秀芬编著	中国人民公安大学出版社	2002
法医法学	王克峰主编	中国人民公安大学出版社	2002
法医临床学	刘世沧、吴军主编	中国人民公安大学出版社	2002
法医病理学	黄光照、麻永昌主编	中国人民公安大学出版社	2002
法医物证学	郭景元、李伯龄主编	中国人民公安大学出版社	2002
物证技术	陈景丰、申金主编	中国人民公安大学出版社	2002
司法鉴定概论	何家弘主编	北京大学出版社	2002
司法鉴定制度改革研究	孙业群	法律出版社	2002
应急响应：计算机犯罪调查	［美］Kevin Mandia、Chris Prosise 著，常晓波译	清华大学出版社	2002

书　　名	作　者	出版社	出版时间
司法鉴定理论与实务——第三届全国法院司法鉴定学术交流会文集	刘家琛主编	人民法院出版社	2002
人民法院司法鉴定简论	陈建明	山西人民出版社	2002
笔迹鉴定理论与实践新探	王冠卿	北京大学出版社	2003
死亡诊断：大法医车德仁探案	李蔚	大众文艺出版社	2003
神证·人证·物证	何家弘	大众文艺出版社	2003
吉林司法鉴定研究	祝国治主编	法律出版社	2003
微量物证仪器分析	胡世澄主编	法律出版社	2003
生物物证技术	叶元熙主编	法律出版社	2003
刑侦实验室：犯罪现场真相揭秘	［美］约翰·霍德著，礼宾等译	海南出版社	2003
《睡虎地秦墓竹简》词汇研究	魏德胜	华夏出版社	2003
指纹无谎言	刘持平	江苏人民出版社	2003
指纹足迹探案	高树辉等	科学出版社	2003
文件检验与侦查断案	周颂东等	科学出版社	2003
法医学	张益鹄主编	科学出版社	2003
胡佛的指纹	［美］罗伯特·比特利著，张学君译	群众出版社	2003
中国首席大法医：陈世贤	石丽珊	群众出版社	2003
指纹断案：现代刑侦科学的兴起	［美］科林·比万著，素朴译	上海译文出版社	2003
法医学伤残评定	赵新才主编	四川大学出版社	2003
法医学进展与实践（第四卷）	侯一平、廖志钢主编	四川大学出版社	2003
物证技术学	傅政华主编	中国人民公安大学出版社	2003

书　名	作　者	出版社	出版时间
文件检验学	黄建同主编	中国人民公安大学出版社	2003
微量物证分析学	杨瑞琴主编	中国人民公安大学出版社	2003
交通事故物证勘查和检验（第二版）	李琼瑶、王启明	中国人民公安大学出版社	2003
体内滥用药物分析	沈敏主编	法律出版社	2003
司法鉴定实用全书	郭景元、金光正主编	科学技术文献出版社	2003
司法鉴定法律分解适用集成	马原主编	人民法院出版社	2003
司法会计鉴定理论与实务研究	杨为忠	上海社会科学院出版社	2003
法医学司法鉴定	莫耀南主编	郑州大学出版社	2003
刑事技术物证检验鉴定新规范与推广应用分析实务全书	李颖主编	安徽文化音像出版社	2004
法医学	侯一平主编	高等教育出版社	2004
从书写认识自己：大学生笔迹分析50例	李少成	广州出版社	2004
南天之光：纪念著名公共卫生、法医专家陈安良	钟南山主编	广州出版社	2004
法医鉴定新技术与高科技应用全书	李向杰主编	黑龙江文化音像出版社	2004
法医学科研与临案：纪念中山大学基础医学院法医学系建系20周年论文	李冠宏主编	暨南大学出版社	2004
法医活体损伤鉴定CT诊断学	依伟力等主编	辽宁大学出版社	2004
应急响应 & 计算机司法鉴定	［美］Kevin Mandia、Chris Prosise、Matt Pepe著，汪青青、付宇光等译	清华大学出版社	2004
实用法医弹道学	任嘉诚、徐华主编	群众出版社	2004

书　名	作　者	出版社	出版时间
犯罪心理痕迹检验	丁文俊、朱玉林编著	群众出版社	2004
第五届全国微量物证检验学术交流会论文汇编	公安部物证鉴定中心编	群众出版社	2004
骷髅不再沉默：中国颅面鉴定大师兰玉文传奇	邵广佑	群众出版社	2004
第一证据：记指纹鉴定专家马建华	吕鸣凤	群众出版社	2004
人身伤残司法鉴定实务	庄洪胜等主编	人民法院出版社	2004
法医鉴定证据与诉讼运用	庄洪胜、钟继荣主编	人民法院出版社	2004
法医学	俞树毅主编	人民法院出版社 中国社会科学出版社	2004
法医学概论（第三版）	丁梅主编	人民卫生出版社	2004
法医病理学（第三版）	赵子琴主编	人民卫生出版社	2004
法医精神病学（第二版）	刘协和主编	人民卫生出版社	2004
法医毒理学（第三版）	黄光照主编	人民卫生出版社	2004
法医物证学（第二版）	侯一平主编	人民卫生出版社	2004
法医毒物分析（第三版）	贺浪冲主编	人民卫生出版社	2004
民用指纹识别技术	柴晓光、岑宝炽编著	人民邮电出版社	2004
现代法医学	陈康颐主编	复旦大学出版社	2004
法医临床学理论与实践	邓振华、陈国弟主编	四川大学出版社	2004
侦查与鉴定热点问题研究	邹明理	中国检察出版社	2004
道路交通事故受伤人员伤残评定	朱广友等编著	中国检察出版社	2004
中国法医学最新科研与实践（二）：全国第七次法医学术交流会论文精选	刘耀主编	中国人民公安大学出版社	2004
文件检验教程	宫毅、邓绍秋主编	中国人民公安大学出版社	2004
痕迹检验教程实验指导	李洪武、周敬东主编	中国人民公安大学出版社	2004

书　名	作　者	出版社	出版时间
中国刑事法学	赵秉志主编	中国人民公安大学出版社	2004
司法鉴定机构质量体系文件：非受控文本	杜志淳、沈敏主编；方建新等编著	法律出版社	2004
司法鉴定指南	李正坚等编纂	云南民族出版社	2004
法医现场勘验指南	邢占军编著	北京科学技术出版社	2005
察疑·释惑·求真：司法鉴定案例精选	上海市司法局、上海市司法鉴定工作委员会办公室编著	法律出版社	2005
法医探索	黄瑞亭	福建教育出版社	2005
洗冤集录今译	（宋）宋慈著，罗时润、田一民译释	福建科学技术出版社	2005
高山景行：纪念法医病理学家黄光照教授从教50年	刘良主编	湖北科学技术出版社	2005
法医精神损伤学	袁尚贤、高北陵编著	华中科技大学出版社	2005
毒物及微量物证分析学	刘景宁、周亚红	南京大学出版社	2005
激光指纹术	程京等编译	清华大学出版社	2005
法医鉴定法规手册	邓玉国主编	群众出版社	2005
全国痕迹检验学术交流会论文选	何挺、周云彪主编	群众出版社	2005
第二届全国毒品检验技术交流会论文集	公安部物证鉴定中心编	群众出版社	2005
法医学进展与实践（第五卷）	侯一平、廖志钢主编	四川大学出版社	2005
出土文献与古代司法检验史研究	闫晓君	文物出版社	2005
法医痕迹学	郑德滋编著	中国海洋大学出版社	2005
破译生死密码：传奇女法医冯雪破案实录	张继英	中国检察出版社	2005
司法物证鉴定技术	李琼瑶	中国民主法制出版社	2005

书名	作者	出版社	出版时间
中国侦察学·物证技术学发展报告（第二卷）	何家弘主编	中国人民公安大学出版社	2005
建立有中国特色的统一司法鉴定管理体制（司法鉴定管理工作手册第一辑）	司法部司法鉴定体制改革工作办公室组织编写	中国政法大学出版社	2005
建构统一司法鉴定管理体制的探索与实践（司法鉴定研究文集第二辑）	范方平主编	中国政法大学出版社	2005
全国人民代表大会常务委员会关于司法鉴定管理问题的决定释义	全国人大常委会法制工作委员会刑法室编著	法律出版社	2005
建筑工程质量检测与司法鉴定实务	严晓新编著	黄河水利出版社	2005
司法鉴定机构建设与管理及规范化、法制化工作流程实用手册	严利主编	吉林音像出版社	2005
司法鉴定法律精要与依据指引	邹明理主编	人民出版社	2005
最新计算机犯罪调查取证、侦察推理与司法鉴定、查处法律依据及处罚标准	王瑜主编	知识出版社	2005
道路交通事故受伤人员伤残评定实用手册（第二版）	朱广友、侯心一、吴军编著	中国检察出版社	2005
法医毒物分析	廖林川主编	高等教育出版社	2006
自动指纹识别技术	祝恩等	国防科技大学出版社	2006
第二届全国安检防爆及爆炸案件现场勘验技术研讨会论文集	公安部物证鉴定中心编审组编	华夏出版社	2006
法医探索性实验教程	竞花兰主编	吉林科学技术出版社	2006
法医妇幼学导论	林元益主编	军事医学科学出版社	2006

书　　名	作　者	出版社	出版时间
汉字笔迹心理学：笔迹心理分析技术与应用	马鹏程主编	辽宁大学出版社	2006
法医解读典型命案	马建民、王斌、马莉主编	群众出版社	2006
怎样破解一桩谋杀案：物证勘验手册	［美］迈克尔·克兰著，李兆隆译	群众出版社	2006
洗冤集录	（南宋）宋慈著，杨奉琨校译	群众出版社	2006
DNA 作证	赵兴春编著	群众出版社	2006
司法鉴定法律分解适用集成（第二版）	马原主编	人民法院出版社	2006
精神病的医学与司法鉴定（第二版）	庄洪胜、孙春霞、张琳主编	人民法院出版社	2006
人身伤害案件医学与司法鉴定：典型疑难鉴定案例专家点评（第二版）	庄洪胜、刘志新主编	人民法院出版社	2006
法医学（第四版）	王保捷主编	人民卫生出版社	2006
第三届全国枪弹痕迹检验学术交流会论文集	公安部物证鉴定中心编	人民武警出版社	2006
法医学	吴家駇主编	四川大学出版社	2006
犯罪心理痕迹论	徐俊文、任立宏	武汉出版社	2006
鉴定证据制度研究	黄维智	中国检察出版社	2006
科学鉴定与刑事侦查	朱富美	中国民主法制出版社	2006
法医理论与实务研究：全国第二届公安系统法医论坛	依伟力主编	中国人民公安大学出版社	2006
犯罪现场之犯罪心理痕迹解读技术	徐俊文	中国人民公安大学出版社	2006
犯罪工具及痕迹检验图谱	沈斌主编	中国人民公安大学出版社	2006
法医病理学	竞花兰、欧桂生主编	吉林科学技术出版社	2006

书　　名	作　者	出版社	出版时间
司法鉴定学	陈力铭、余沁洋编著	新华出版社	2006
最新服刑人员保外就医司法鉴定实用手册	庄洪胜、刘志新编著	新华出版社	2006
最新司法鉴定法律条文理解与适用	李晓钟编著	中国检察出版社	2006
司法鉴定制度改革探索	徐景和编著	中国检察出版社	2006
人身伤害司法鉴定操作指南	吴军主编	中国检察出版社	2006
犯罪侦查中对计算机的搜查扣押与电子证据的获取	刘方权编译	中国检察出版社	2006
司法鉴定学	贾治辉、徐为霞主编	中国民主法制出版社	2006
法医疑案	徐英含	北京大学医学出版社	2007
刑事科学技术论文集：2006	《中国刑警学院学报》编辑部、浙江省公安厅物证鉴定中心编	东北大学出版社	2007
植物物证鉴定	秦慧贞、赵武生主编	东南大学出版社	2007
法医病理案例分析	徐英含、来茂德、周韧主编	高等教育出版社	2007
法医检验技术	陈昆峰、曾昭书主编	海洋出版社	2007
痕迹检验技术在侦破命案工作中的作用专题研讨会论文集	中国刑事科学技术协会痕迹检验专业委员会编	华龄出版社	2007
法医人类学基础	张继宗	科学出版社	2007
骨龄鉴定：中国青少年骨骼X线片图库	张继宗、田雪梅	科学出版社	2007
人体骨骼测量方法	张继宗、舒永康	科学出版社	2007
法医DNA分型：STR遗传标记的生物学、方法学及遗传学	［美］John M. Butler著，侯一平、刘雅诚主译	科学出版社	2007
法医个人识别与亲子鉴定	闫立强、李金光编著	群众出版社	2007

书　　名	作　者	出版社	出版时间
文件检验学	涂丽云主编	群众出版社	2007
证据：历史上最具争议的法医学案例	［美］科林·埃文斯著，毕小青译	三联书店	2007
法医实务教程	王有民主编	陕西人民出版社	2007
身体罪证——走进法医学	［美］布赖恩·英尼斯著，黄婷译	上海科学技术文献出版社	2007
法医学进展与实践（第六卷）	侯一平、廖志钢主编	四川大学出版社	2007
人体伤亡伤残鉴定及赔偿标准选编	宁锦主编	中国标准出版社	2007
法医学	闵银龙主编	中国法制出版社	2007
痕迹检验	韩均良主编	中国民主法制出版社	2007
鉴定结论论	郭华	中国人民公安大学出版社	2007
法医分子生物学基础理论问答	叶健、丛斌编著	中国人民公安大学出版社	2007
法医物证实验手册	裴黎、赵兴春编著	中国人民公安大学出版社	2007
法医物证案例疑难解析	裴黎、王海生编著	中国人民公安大学出版社	2007
法医血型血清学问答	丛斌、申成斌编著	中国人民公安大学出版社	2007
皮革品痕迹检验	严关炳	中国人民公安大学出版社	2007
痕迹检验学	张书杰主编	中国人民公安大学出版社	2007
保障司法公正服务和谐社会：进一步推动司法鉴定体制改革与发展	郝赤勇主编	中国政法大学出版社	2007
《司法鉴定程序通则》导读	司法部司法鉴定管理局编	法律出版社	2007
精神医学与司法鉴定	古津贤、高磊主编	科学普及出版社	2007
司法鉴定学	李利华主编	云南科技出版社	2007
经济案件司法鉴定	闵银龙主编	中国方正出版社	2007

书 名	作 者	出版社	出版时间
司法鉴定实用知识解答	周伟编著	中国检察出版社	2007
洗冤集录今释	（宋）宋慈著，黄瑞亭、陈新山主编	军事医学科学出版社	2008
实用法医学司法鉴定	莫耀南主编	科学出版社	2008
法医物证学检验技术	李树编著	辽宁大学出版社	2008
医疗损害纠纷法医鉴定与处理实用手册	庄洪胜、郑忠艳	群众出版社	2008
法医遗传学进展与应用：第三届全国法医 DNA 检验技术研讨会论文选	胡兰主编	群众出版社	2008
指纹自动识别系统工作原理与系统建设	刘潞生主编	群众出版社	2008
法医物证学实验指导	张林主编	人民卫生出版社	2008
法医物证学实验指导	伍新尧主编	人民卫生出版社	2008
法医临床学实验指导	刘兴本主编	人民卫生出版社	2008
法医毒物分析实验指导	廖林川主编	人民卫生出版社	2008
法医病理学实验指导	竞花兰主编	人民卫生出版社	2008
洗冤集录译注	（宋）宋慈著，高随捷、祝林森译注	上海古籍出版社	2008
法医学：从纤维到指纹	［美］丽莎·扬特著，顾琳、俞雯清、张颖、朱圆圆译	上海科学技术文献出版社	2008
继往开来：振兴中国法医教育事业：纪念中国现代高等法医学专业教育创建二十五周年	王镭主编	四川大学出版社	2008
交通事故物证鉴定案例解析	黄全利主编	天津科学技术出版社	2008
鉴定意见证明论	郭华	中国检察出版社	2008
痕迹检验技术研究	程军伟编著	中国检察出版社	2008

书　　名	作　者	出版社	出版时间
法医学	常林主编	中国人民大学出版社	2008
物证技术学（第三版）	徐立根主编	中国人民大学出版社	2008
污损文件检验与字迹显现新技术	黄建同	中国人民公安大学出版社	2008
生物物证学	公安部政治部编	中国人民公安大学出版社	2008
笔迹鉴定学	李文	中国人民公安大学出版社	2008
世界指纹史	［德］罗伯特·海因德尔著，刘持平等译	中国人民公安大学出版社	2008
司法鉴定工作手册	司法部司法鉴定管理局组编	中国政法大学出版社	2008
耳损伤司法鉴定手册	路虹等编著	河北科学技术出版社	2008
医疗纠纷司法鉴定争议案例评析	朱炎苗、吴军主编	中国检察出版社	2008
精神疾病司法鉴定及精神伤残鉴定争议案例评析	郑瞻培、高北陵主编	中国检察出版社	2008
眼外伤的法医学鉴定	夏文涛、邓振华主编	中国检察出版社	2008
人身伤害司法鉴定争议案例评析	陈连康等主编	中国检察出版社	2008
司法鉴定案例研究：首届“鼎永杯”优秀司法鉴定文书精选	常林主编	中国人民公安大学出版社	2008
中国司法鉴定制度改革与完善研究	张军主编	中国政法大学出版社	2008
两大法系司法鉴定制度的观察与借鉴	司法部司法鉴定管理局编	中国政法大学出版社	2008

说明：本统计表中图书的排列顺序为：第一顺序为出版时间，第二顺序为出版社。

附录 4

证据科学学术会议一览表

附录4 证据科学学术会议一览表

会议名称	时间、地点	主办单位	主　　题
武汉法医学会第二届年会	1986年5月28日至30日，武汉	武汉法医学会	大会总结了武汉法医学会成立近五年来的工作，并就今后学会的工作提出了新的要求。
宋慈学术讨论会	1986年12月中旬，建阳县	中国法医学会、建阳县政府	纪念宋慈，弘扬中华民族优秀的历史文化传统，振兴我国法医事业。
广州法医学会第三届年会	1986年11月6日至9日，三亚	广州法医学会	学会两年来的工作总结。
临床法医学学术委员会工作研讨会	1987年3月26日至29日，西安	中国法医学会临床法医学专业委员会	①交流我国部分省市法医活体检验工作的开展情况；②组织编写《实用法医活体学》；③临床法医学今后的发展方向。
第三届全国法医学术交流会	1987年11月14日至16日，重庆	中国法医学会	近年来法医学领域在法医病理、法医损伤，法医物证血清，法医毒物化验、临床法医学以及司法精神病学等方面的新进展和新技术。
四川省法医学会第一届第三次理事会暨第二次法医学术会议	1988年4月27日至29日，眉山县	四川省法医学会	讨论了进一步发挥学会职能，开展法医学咨询鉴定活动，邀请美国法医学家前来学术访问和筹办专业杂志等问题。
国际法医学术讨论会	1988年9月4日至7日，北京	中国法医学会	DNA纹印技术最新研究成果从分子生物学水平研究损伤或死亡时间，颅像重合技术，推出了电子计算机三维彩色图像处理系统，当今国际上毒物、毒品分析的尖端技术和突出的问题。

会议名称	时间、地点	主办单位	主　题
广州法医学会第四届年会	1988 年 11 月 8 日至10日，广州	广州法医学会	涉及法医病理、法医物证、法医临床、法医精神病和法医毒物分析等内容。
黑龙江省法医学会第二届学术讨论会	1988 年 10 月 5 日，哈尔滨	黑龙江省法医学会	法医学基础理论、法医毒物分析、法医物证检验、法医精神病及法医学实践工作经验总结、典型案例、新理论、新技术的应用。
武汉法医学会第三届法医学术交流会	1989 年 6 月 6 日至 7 日，武汉市同济医科大学	武汉法医学会	涉及法医病理、法医临床、法医物证、法医精神病和法医毒物分析等内容。
全国首届中青年法医学者论文研讨会	1989 年 8 月 8 日至 11 日，成都	国家教委托华西医科大学法医系	促进法医学科研教学的发展，加速人才培养，提高中青年法医学者的研究水平，加速学术交流。
上海市法医学会年会	1989 年 12 月 22 日，上海	上海市公安局	学会秘书长对 1989 年的学术活动，培养法医专业人才，技术咨询服务等工作进行了总结，并且提出了 1990 年的工作计划。
上海市法医学会年会	1990 年 11 月 29 日，上海	上海市公安局	总结 1990 年法医学会工作。
中国法医学会第二次全国代表大会暨第四次全国法医学术交流大会	1991 年 5 月 25 日，无锡	中国法医学会	法医病理学、法医损伤学、法医人类学、司法精神病学、法医临床学、毒物学、物证学和基础理论研究方面最新研究成果。
第四次全国法医学术交流会	1991 年 5 月 25 日至 28 日，无锡	中国法医学会	涉及法医学概论、法医病理学、法医机械性损伤学、法医临床学、司法精神病学、法医物证学。

会议名称	时间、地点	主办单位	主　题
第一届全国手印专业学术交流会	1993 年 5 月 20 日至23 日，南京	公安部第二研究所	我国指纹学的发展。
第九届中国色谱学术报告会	1993 年 6 月 26 日至 7 月 5 日，青岛		色谱技术的最新发展。
首届中国法医物证学术交流会	1993 年 10 月，无锡	中国法医学会物证学专业委员会	
第三届全国法医病理学学术交流会	1994 年 10 月 18 日至23 日，黄山	公安部科技司、公安部第二研究所和中国法医学会法医病理学专业委员会联合举办	损伤与疾病。
第三届全国法院系统法医临床学学术交流会	1994 年 11 月 12 日至16 日，杭州	最高人民法院	人体轻伤鉴定标准、损伤赔偿法医学鉴定、对损伤程度和伤病关系的评定、法医临床检验鉴定中新仪器、新技术、新方法的开发应用。
第五届全国司法精神病学学术会议	1996 年 4 月 29 日至 5 月 3 日，临潼	中华医学会精神病学分会司法精神病学组	精神损伤程度评定统一标准的探讨。
中国法医学会第五次全国法医学术交流会	1996 年 10 月 29 日至31 日，北京	中国法医学会	我国近几年法医事业的发展。
第四届全国法院系统法医临床学暨首届司法鉴定学术交流会	1996 年 10 月 12 日至16 日，武汉	最高人民法院技术局	损伤程度鉴定、肢体器官功能客观检测、伤与病关系、损伤赔偿、死因分析、亲子鉴定、司法精神病鉴定、法医物证学。

会议名称	时间、地点	主办单位	主 题
第五次全国法医学学术会议	1996 年 9 月 29 日至31日，北京	中国法医学会	法医病理损伤学、法医临床学、劳动能力鉴定伤害赔偿、文件鉴定、建筑工程鉴定、司法会计鉴定、软件侵权鉴定、法医物证学。
全国法医学术研讨会及第二届法医男性学讲习班	1997 年 5 月 4 日至 15 日，黄山	司法部司法鉴定科学技术研究所和皖南医学院	
法医临床学专题讲座和全国第三届法医男性学讲习班	1997 年 10 月，庐山	司法部司法鉴定科学技术研究所	
第三届全国法医损伤学术交流会	1998 年 7 月，吉林	中国法医学会损伤委员会、吉林省公安厅技术处	
第二次全国法医物证学学术交流会	1998 年 10 月，重庆	中国法医学会物证学专业委员会	
第六届全国司法精神病学术会议	1999 年 4 月 6 日至 9 日，昆明	中华医学会精神病学分会司法精神病学组	精神损伤程度评定标准、对精神疾病司法鉴定中评定为无责任能力标准掌握日趋严格、司法精神病学鉴定体制与保障鉴定人权益问题。
中国法学会诉讼法学研究会 1999 年年会	1999 年 11 月，上海	中国法学会诉讼法学研究会	司法公正与司法体制问题。
中国法医学会法医临床学术研讨会	2000 年 8 月，哈尔滨	中国法医学会	
中国法学会诉讼法学研究会 2000 年年会	2000 年 11 月，宜昌	中国法学会诉讼法学研究会	司法公正与司法改革、证据制度、检察机关参与诉讼。
全国第六次法医学术交流会	2000 年 11 月，西安	中国法医学会	

会议名称	时间、地点	主办单位	主　题
《道路交通事故受伤人员伤残评定》标准专家讨论会	2000年11月15日至16日，重庆	重庆市公安局交通管理局、国家标准《道路交通事故受伤人员伤残评定》起草小组	《道路交通事故受伤人员伤残评定》实施以来的成绩、"部标"存在的问题、对"部标"的修改意见。
中美法庭科学技术交流暨研讨班	2001年4月18日至22日，泰安	中国法医学会	急死和意外死亡的鉴定；枪弹鉴定新的技术；死亡时间的确定；电子显微镜、能谱仪检验技术；法医技术的管理，如实验室的资格认定；法医鉴定技术人员的资格认定；法医检验过程中如何预防艾滋病等的传染；美国的司法程序和特点；美国法庭科学专家出庭作证的做法和典型案例。
首届全国凶杀案件法医现场分析交流会	2001年9月19日至22日，北海	公安部物证鉴定中心和广西壮族自治区公安厅	全国凶杀案件法医现场的分析、交流和探讨。
中国法学会诉讼法学研究会2001年年会	2001年11月，西安	中国法学会诉讼法学研究会	证据制度、司法公正与诉讼效率。
司法鉴定制度研讨会	2002年5月17日，湖南	湖南大学	探讨司法工作的现状；司法鉴定立法和如何发挥与科研机构在司法鉴定工作中的作用。
中国法医学会司法精神病学专业委员会第一次全国司法精神病学学术会议	2002年6月，成都	中国法医学会司法精神病学专业委员会	

会议名称	时间、地点	主办单位	主　　题
中国法医学会法医临床学学术研讨会	2002 年 8 月，北海	中国法医学会法医临床专业委员会	
中国法学会诉讼法学研究会 2002 年年会	2002 年 11 月，南京	中国法学会诉讼法学研究会	刑事诉讼证据制度、刑事诉讼程序以及入世后民事诉讼法和行政诉讼法的修改与完善。
中国法医学会法医临床学学术研讨会	2003 年 8 月，西宁	中国法医学会法医临床专业委员会	
中国法学会诉讼法学研究会 2003 年年会	2003 年 12 月，南宁	诉讼法学研究会主办，广西壮族自治区法学会、司法厅协办	完善诉讼程序、推进司法体制改革。
中美“证据开示理论与实务专题”研讨会	2004 年 5 月 16 日，北京通州	中国人民大学诉讼制度与司法改革研究中心、美国律师协会、全国律师协会刑事辩护业务委员会	证据开示理论与实务。
2004 年全国医疗纠纷司法鉴定学术研讨会	2004 年 5 月 26 日，洛阳	司法部司法鉴定科学技术研究所与河南科技大学	医疗纠纷司法鉴定的法律依据；医疗纠纷司法鉴定的方法和内容；医疗纠纷司法鉴定与临床科学的发展；医疗纠纷司法鉴定与医疗诉讼。
全国第一届医疗纠纷司法鉴定工作研讨会	2004 年 4 月中旬，洛阳	司法部司法鉴定中心与《中国司法鉴定》杂志社	①医疗纠纷司法鉴定的法律依据；②医疗纠纷司法鉴定的方法和内容；③医疗纠纷司法鉴定与临床医学科学的发展；④医疗纠纷司法鉴定与医疗诉讼等。

会议名称	时间、地点	主办单位	主　题
2004 年全国法院司法鉴定工作会议	2004 年 5 月 12 日至 15 日，太原	最高人民法院	强调最高人民法院发布的两个司法鉴定的规定在规范法院司法鉴定工作中的重要性；要求各级法院全面推行鉴定人名册制度，健全“审鉴分离”机制；同时要求人民法院的司法鉴定机构要积极主动深化人民法院司法鉴定体制改革工作，加强司法鉴定队伍自身建设，树立公正、高效、廉洁、文明的形象。
“法医 DNA 芯片研究”课题验收会	2004 年 7 月 20 日，北京	公安部、司法部	“法医 DNA 芯片研究”课题验收。
中韩法医临床学学术交流会	2004 年 7 月，延吉	中国法医学会、中国法医学会法医临床专业委员会	
中国法学会诉讼法学研究会 2004 年年会	2004 年 10 月，广州	诉讼法学研究会主办，中山大学法学院承办	三大诉讼法典的修改。
第七届国际手法医学与传统疗法暨保健手法大赛学术会	2004 年 10 月，桂林	广西壮族自治区科学技术协会	
第七次全国法医学术交流会	2004 年 11 月上旬，长沙	中国法医学会	我国法医学会近年来在办案、科研、教学及相关工作中的成果与经验。
全国司法会计鉴定研讨会	2004 年 12 月 17 日，华东政法学院	《中国司法鉴定》杂志社、华东政法学院商学院、上海市司法鉴定委员会办公室	研讨司法会计在教学、科研和鉴定实务中的热点、难点、焦点。

会议名称	时间、地点	主办单位	主　　题
修改司法鉴定规章制度座谈会	2005年4月26日，成都	司法部	谈论修改《司法鉴定管理办法》、《司法鉴定人管理办法》。
2005年视觉生理学国际研讨会	2005年4月，西安	中华医学会眼科学分会视觉生理学组主办，第四军医大学航空航天医学系及高视远望公司、德国罗兰公司承办	眼电生理的标准化及新技术研究、眼外伤医学鉴定及鉴定中的心理学问题。
贯彻实施《关于司法鉴定管理问题的决定》专家座谈会	2005年6月5日，北京	中国政法大学	对全国人大常委会颁布的《关于司法鉴定管理问题的决定》进行讨论。
鉴定结论庭审举证质证法律适用研讨会	2005年6月30日，华东政法学院	华东政法学院、《中国司法鉴定》杂志社	围绕辩护人、诉讼代理人对司法鉴定结论的质证权利和义务、质证的基本内容进行探讨。
第17次国际法庭科学大会	2005年8月21日至26日，香港	香港政府化验所、香港大学病理学系和香港警务处	循科学伸正义。
中国法医学会法医临床学学术研讨会	2005年8月，成都	中国法医学会	
全国司法鉴定管理工作会议	2005年8月31日，北京	司法部	认真贯彻学习《中央司法体制改革领导小组关于司法体制和工作体制改革的初步意见》和《关于司法鉴定管理问题的决定》。
中国法学会诉讼法学研究会2005年年会	2005年9月，天津	诉讼法学研究会、天津市法学会	构建和谐社会下的诉讼法理论、现实与进路。

会议名称	时间、地点	主办单位	主　题
中国－加拿大诉讼证据问题研讨会暨中加最高法院第一次高层圆桌会议	2006 年 5 月，北京	最高人民法院	诉讼证据问题研讨。
全国“完善司法鉴定人制度”研讨会	2006 年 7 月 15 日，成都	《中国司法鉴定》杂志社、四川大学法学院	完善司法鉴定人制度。
首届高技术在文物珠宝鉴定中的应用研讨会	2006 年 8 月，昆明	中国物理学光散射委员会、国家博物馆、公安部物证鉴定中心、司法部司法鉴定科学技术研究所等	高新技术及其文物艺术品的分析、鉴定，宝石玉器的研究与鉴定。
中国法医学会第三届全国司法精神病学学术会议	2006 年 8 月，杭州	中国法医学会司法精神病专业委员会	①司法精神病学新进展；②司法精神病学研究成果；③司法精神病学教学、科研、检案鉴定的经验剖析；④司法精神病学的疑难问题与典型案例剖析；⑤刑事责任能力、民事责任能力及精神损伤评定的理论研究及经验。
中国法医学会全国第九次法医临床学学术研讨会	2006 年 8 月，乌鲁木齐	中国法医学会法医临床专业委员会	
中国法学会诉讼法学研究会 2006 年年会	2006 年 9 月，杭州	中国法学会诉讼法学研究会、浙江省高级人民法院	诉讼公正与司法理念。

会议名称	时间、地点	主办单位	主　　题
第二届亚太地区男科学论坛	2006年10月27日至30日，上海	中科院上海药物所主办，中科院上海生命科学信息中心、《亚洲男科学杂志》承办	构建和谐社会、和谐家庭。
司法鉴定标准专题研讨会	2006年11月13日，上海	司法部司法鉴定管理局	谈论审议司法鉴定相关专业的15个标准文本。
工程造价司法鉴定研讨会	2007年1月30日，大连	上海大华工程造价咨询有限公司	更好地做好建筑工程的司法鉴定工作。
国际司法鉴定合作计划筹备会议	2007年3月28日，上海	司法部	建立合作计划的机构。
第二届医疗纠纷司法鉴定研讨会	2007年4月7日，海南	《中国司法鉴定》杂志社、海口市人民医院	提高医疗纠纷司法鉴定的水平。
中华全国律师协会第二届建筑房地产法律服务专题会议暨建设工程质量与造价司法鉴定研讨会	2007年5月19日，绍兴	中华全国律师协会、中国建筑业协会、中国房地产协会	对建筑房地产中的司法鉴定问题，《律师办理建设工程法律业务操作指引》和《律师办理法律业管理务操作指引》进行研讨。
证据科学研究院建院一周年庆典暨证据规则研讨会	2007年5月20日，北京	中国政法大学证据科学研究院	证据规则研讨。
部分省市司法鉴定管理干部会议	2007年5月24日，上海	司法部司法鉴定科学技术研究所	通报2006年司法鉴定能力验收实施情况，分析影响鉴定质量的问题集对策，布置2007年工作。

会议名称	时间、地点	主办单位	主　　题
中国法医学会全国第十次法医临床学学术研讨会	2007 年 8 月，贵阳	中国法医学会法医临床专业委员会	
首届证据理论与科学国际研讨会	2007 年 9 月，北京	中国政法大学证据科学研究院、中国政法大学出版社	“证据法的理论基础与现实意义”和“证据规则”。
刑事诉讼法学研究会2008年年会	2007年9月，井冈山	中国法学会刑事诉讼法学研究会、江西省人民检察院	刑事诉讼制度的科学构建。
中国法学会刑事诉讼法学研究会2007年年会	2007 年 9 月，兰州	中国法学会刑事诉讼法学研究会主办，甘肃政法学院承力	构建和谐社会与刑事诉讼法修改。
司法鉴定国际研讨会	2007 年 12 月 7 日，上海	司法部司法鉴定科学技术研究所	围绕司法鉴定技术发展、质量保障、国际合作、高级人才培养等主题。
司法鉴定职业监管工作座谈会	2007 年 12 月 11 日，海南	海南省司法鉴定协会	交流《关于司法鉴定管理问题的决定》实践中的经验，讨论《司法鉴定职业活动投诉处理办法》。
“以证据为基础的实践与政策制定”研讨会	2008 年 3 月，北京	北京大学人口研究所、美国南加利福尼亚大学	以证据为基础的实践与政策制定及系统研讨评价。
《人民法院统一证据规定》实证研究试点工作会议	2008 年 3 月 23 日，北京	最高人民法院	人民法院统一证据规定探讨。

会议名称	时间、地点	主办单位	主　　题
全国医疗纠纷防范与司法鉴定研讨会	2008 年 4 月 24 日，南昌	《中国司法鉴定》杂志社、《法医学杂志》编辑部	对医疗纠纷的防范司法鉴定中的技术问题与管理问题进行探索。
司法部司法鉴定管理规范研讨会	2008 年 7 月 23 日，温州	司法部	传达中央的批示精神，介绍当前的工作状况，并提出新要求。
中国法医学会全国第十一次法医临床学学术研讨会	2008 年 8 月，厦门	中国法医学会法医临床专业委员会	
首届东北三省司法鉴定论坛	2008 年 9 月 23 日，长春	吉林、辽宁、黑龙江三省司法鉴定协会	服务民生、服务诉讼、服务经济社会发展。
第三届全国法医 DNA 检验技术研讨会	2008 年 9 月 25 日至28 日，西宁	公安部物证鉴定中心主办、青海省公安厅协办	法医 DNA 检验技术现状及未来；法医 DNA 检验技术的最新科研成果；自动化及 DNA 数据库建设；法医 DNA 实验室标准化、规范化建设；法医 DNA 检验在案件鉴定中的应用等 5 个技术专题。
司法鉴定论坛暨全国首届高校司法鉴定理论与实务研讨会	2008 年 9 月 27 日，黄山	华东政法大学、司法部司法鉴定科学技术研究所联合主办	增进高校司法鉴定学科交流。
第七届全国文件检验学术交流会	2008 年 11 月 24 日至 11 月 29 日，海口	公安部物证鉴定中心、公安部国内安全保卫局	文件检验技术的发展现状及未来趋势、法庭科学实验室建设等。
第四届全国毒物分析学术交流会	2008 年 12 月 20 日至 25 日，贵阳		涉及国家攻关成果及综述、农药鼠药研究和检验技术、毒品研究和检验技术、药物研究和检验技术以及案例介绍。

会议名称	时间、地点	主办单位	主　　题
第十届全国物证鉴定技术破案研讨会	2008 年 12 月 16 日至 19 日，大理白族自治州	公安部物证鉴定中心	当前刑事技术在国内外相关专业的应用。

说明：本统计表中会议的排列顺序为召开时间。

附录 5

证据科学研究项目一览表

附录 5.1　国家自然科学基金项目证据科学研究课题立项一览表

附录 5.2　国家社会科学基金证据科学研究课题立项情况一览表

附录 5.3　教育部人文社会科学研究项目证据科学研究课题立项一览表

附录 5.4　最高人民检察院实证项目证据科学研究课题立项一览表

附录 5.5　最高人民法院实证研究项目证据科学研究课题立项一览表

附录5.1　国家自然科学基金项目证据科学研究课题立项一览表

项　目 批准号	项 目 名 称	负责人	依托单位	批准 金额	项目起止 年　月
69977023	足迹动力学图像个体识别研究	刘树权	雄县足迹动力学研究所	19	2000－01 至 2001－12
60272004	足迹生物特征与身份鉴别技术研究	平西建	中国人民解放军信息工程大学	15	2003－01 至 2005－12
30471935	生物光子衰减与死亡时间的相关性研究	王振原	西安交通大学	21	2005－01 至 2007－12
30471933	人基质金属蛋白酶－11的表达与抗体制备检测月经血的研究	陆惠玲	中山大学	21	2005－01 至 2008－12
30572088	MALDI－TOF对线粒体全基因组单核苷酸多态性的研究	侯一平	四川大学	25	2006－01 至 2008－12
30772458	酗酒促发外伤性蛛网膜下腔出血的生物力学机制及其量化法医病理学鉴定的研究	于晓军	汕头大学	28	2008－01 至 2010－12
30772460	基于padlock probes对高度降解DNA检材进行法医学个体识别的研究	王保捷	中国医科大学	25	2008－01 至 2010－12
30772459	底层图像挖掘技术及其在法医学中的应用	邓世雄	重庆医科大学	24	2008－01 至 2010－12
60736008	颅面形态学和颅面重构的研究	周明全	北京师范大学	220	2008－01 至 2011－12
30801318	探索适于微生物法医学近缘菌株鉴定的遗传标记及其突变规律	云利兵	四川大学	18	2009－01 至 2011－12
30870332	高度腐败及白骨化尸体死亡时间推断的昆虫学途径研究	王江峰	广东警官学院	27	2009－01 至 2011－12

项目批准号	项目名称	负责人	依托单位	批准金额	项目起止年月
30801317	通过 mRNA 及 DNA 相对降解程度推断窒息死与断颈死死亡时间的研究	梁伟波	四川大学	20	2009-01 至 2011-12
30872917	全基因组 Y 染色体特异 SNP 的法医学探索研究	侯一平	四川大学	31	2009-01 至 2011-12
30801319	基于创内残留成分分析判定金属与陶瓷类凶器	百茹峰	中国政法大学	20	2009-01 至 2011-12

说明：该表源自国家自然科学基金委员会网站（http://www.nsfc.gov.cn/），经用“法医”、“物证”、“检验”、“鉴定”、“文件”、“笔迹”、“足迹”等进行检索并鉴别，获得以上查询结果。批准金额为：万元。

附录5.2 国家社会科学基金证据科学研究课题立项情况一览表

项目名称	成果名称	负责人	工作单位	结项时间
中国刑事诉讼制度改革的跟踪调查研究	中国刑事诉讼制度改革的跟踪调查研究	汤火箭	西南财经大学	2003
刑讯逼供问题研究	刑讯逼供研究	靳学仁	福建华侨大学法律系	2004
中国诉讼制度研究	中华人民共和国刑事诉讼法修改建议稿与论证、中国民事诉讼法专论	陈光中	中国政法大学	2004
证据法原理及立法纲要之论证	中国证据法草案（建议稿及论证）	毕玉谦	最高人民法院国家法官学院	2004
证人制度研究	证人制度研究、证人作证立法建议稿	何家弘	中国人民大学法学院	2004
非法证据排除规则研究	非法证据排除规则研究	张智辉	中国检察理论研究所	2006

项目名称	成果名称	负责人	工作单位	结项时间
民事证据法原理与社会主义初级阶段民事证据立法研究	民事证据立法前沿问题研究	李　浩	中共安徽省委党校法学教研部	2006
与生物技术相关的基础法律问题研究	与生物技术相关的基础法律问题研究	刘银良	中国政法大学	2006
毒品犯罪证据研究	毒品犯罪证据研究	崔　敏	中国人民公安大学	2007
行政诉讼原理研究	行政诉讼举证责任分配规则论纲	刘善春	中国政法大学	2007
刑事诉讼法修改研究	刑事诉讼法再修改理性思考	樊崇义	中国政法大学诉讼法学研究中心	2007
证人制度研究	证人制度研究——以证人作证规则为中心	姚　莉	中南财经政法大学	2008
刑事诉讼证明基本范畴研究	刑事诉讼证明基本范畴研究	闵春雷	吉林大学法学院	2008
民事诉讼法典修改的理论研究与制度设计	民事诉讼法典修改的理论研究与制度设计	陈桂明	中国政法大学诉讼法学研究中心	2008
秘密侦查法治化与刑事诉讼法的再修改	秘密侦查法治化与刑事诉讼法的再修改	邓立军	广东商学院法学院	未结项
科学证据采信基本原理研究	科学证据采信基本原理研究	张　斌	四川大学法学院	未结项

附录 5.3　教育部人文社会科学研究项目证据科学研究课题立项一览表

项目类型	负责人	工作单位	项目名称	结项时间
一般项目	王圣扬	安徽大学	诉讼中的证明标准研究	
一般项目	刘广三	北京师范大学	刑事证据的定量分析	2010-11
一般项目	陈学权	对外经济贸易大学	DNA 证据研究	2010-12
一般项目	肖　铃	华南师范大学	国际刑事法院证据规则研究	

项目类型	负责人	工作单位	项目名称	结项时间
一般项目	霍海红	吉林大学	证明责任判决的实证研究——以基层法院为考察中心	
一般项目	张凌燕	西南政法大学	论原子印章盖印形成时间鉴定研究	
一般项目	陆而启	厦门大学	法官事实认定的心理学分析	
一般项目	孙言文	中国人民大学	物证技术及鉴定制度研究	
一般项目	陈卫东	中国人民大学	刑事审前程序中的人权保障问题研究	
一般项目	何家弘	中国人民大学	电子证据研究	
一般项目	刘品新	中国人民大学	计算机取证的法律规制	
一般项目	王　铼	中国人民公安大学	经济犯罪案件证据调查与运用	
一般项目	刘金友	中国政法大学	证明责任与证明标准研究	
一般项目	张保生	中国政法大学	证据法基本范畴研究	
一般项目	常　林	中国政法大学	中国专家辅助人制度模式研究	
一般项目	郭金霞	中国政法大学	司法鉴定质量控制法律制度研究	
一般项目	刘　玫	中国政法大学	传闻证据规则及其在中国刑事诉讼中的运用	
一般项目	鲁　涤	中国政法大学	DNA证据规则研究	
一般项目	刘建伟	中国政法大学	司法鉴定人民事责任研究	
一般项目	房保国	中国政法大学	刑事证据规则实证研究	
一般项目	宋朝武	中国政法大学	仲裁证据制度研究	
一般项目	李训虎	中国政法大学	死刑案件证明标准实证研究	
一般项目	吴丹红	中国政法大学	证据立法问题研究	
一般项目	郭成伟	中国政法大学	中国传统证据制度的嬗变与借鉴	
一般项目	张　中	中国政法大学	法官运用证据经验规则实证研究	
一般项目	邢学毅	中国政法大学	专家证据制度改革中司法精神病学鉴定问题研究	

项目类型	负责人	基地名称	项目名称
基地项目	江　伟	中国人民大学民商事法律科学研究中心	中国证据法草案及立法理由书
基地项目	汪建成	中国人民大学刑事法律科学研究中心	刑事诉讼第一审程序的改革和完善问题研究
基地项目	何家弘	中国人民大学刑事法律科学研究中心	刑事审判中的证据制度研究
基地项目	樊崇义	中国政法大学诉讼法学研究院	《联合国反腐败公约》与我国职务犯罪侦查研究
基地项目	卞建林 陈桂明	中国政法大学诉讼法学研究中心	证据立法研究
基地项目	肖建华	中国政法大学诉讼法学研究院	诉讼真实与民事诉讼立法建构

附录5.4　最高人民检察院实证项目证据科学研究课题立项一览表

负责人	工作单位	项目名称	立项时间	结项时间
郭　平	上海市人民检察院第二分院	渎职犯罪构成的证明标准研究	2001	2002
陈国庆	最高人民检察院研究室	刑事证据制度研究	2002	2003
柯汉民	安徽省人民检察院	盗窃案件证据标准研究	2002	2003
张翔飞	宁波大学法学院	盗窃罪证据认定研究	2002	2003
戴玉忠	广东省人民检察院	刑事证明标准研究	2002	2003
黄维智	四川省成都市金牛区人民检察院	职务犯罪证据问题研究	2003	2004
王　晋	最高人民检察院刑事申诉厅	检察环节刑事错案实证分析	2005	2006
黄维智	四川省成都市金牛区人民检察院	检察官证明责任问题研究	2005	2006
李培龙	上海市人民检察院	疑罪不诉的证据问题研究	2007	2008
冯耀辉	陕西省人民检察院	疑罪不诉的证据问题研究	2007	2009
刘艳红	武汉大学法学院	职务犯罪初查问题研究	2007	2009
刘品新	中国人民大学法学院	电子证据收集和运用问题研究	2008	2009

附录5.5　最高人民法院实证研究项目证据科学研究课题立项一览表

负责人	工作单位	项目名称	立项时间	结项时间
沈志先 杨佩正	上海市第二中级人民法院；沈阳铁路运输中院	关于刑事证据规则的调研	2006	2007
王继清	山东省威海市中级人民法院	关于司法鉴定结论作为民事诉讼证据使用的调研	2008	2009

说明：本统计表项目的排列顺序为：第一顺序为立项或者结项时间，第二顺序为工作单位或者基地所在学校。

《中国证据法治发展报告1978 ~2008》是一部集体合作研究的成果，它凝聚了证据科学教育部重点实验室师生的共同努力和心血。我们在此衷心感谢课题组全体成员为本书出版所作出的贡献。

本书第一篇的三十年证据法治发展综述，是在张保生、朱盛文、冯俊伟2009年发表的《证据法学篇》［载中国法治三十年课题组编:《中国法治三十年：回顾与展望（1978 ~2008）》，厦门大学出版社2009年版］和张保生、王进喜、吴洪淇2009年发表的《中国证据法学三十年（1978 ~2008）》［载教育部人文社会科学重点研究基地——法学基地（9 +1）合作编写:《中国法学三十年（1978 ~2008）》，中国人民大学出版社2008年版］两篇文章基础上修改完成的。

张中副教授撰写了第一篇和第二篇的证据立法进展综述中的法律和司法解释，第三篇的证据法学研究进展中的法院取证与证据保全。

李训虎副教授撰写了第一篇和第二篇的证据司法实践综述中的人民检察院证据制度建设。他还与中国人民大学法学院博士研究生简乐伟合作撰写了第一篇和第二篇的证据立法进展综述中的行政法规、部门规章。

房保国副教授撰写了第一篇的证据立法进展综述中的地方性证据规定，第二篇的证据司法实践发展综述中的公安机关证据制度建设。

冯俊伟撰写了第一篇和第二篇的证据立法进展综述中的国际条约，以及第三篇证据法学研究进展中的证据法理论基础和体系。

李进与樊传明合作撰写了第一篇的证据司法实践综述中的人民法院证据制度建设。樊传明还撰写了第二篇的证据司法实践发展综述中的人民法院证据制度建设。

常林教授与甘肃省高级人民法院高级法官、中国政法大学兼职教授王世凡合作撰写了第一篇的司法鉴定制度建设综述。常林教授与罗芳芳合作撰写了第三篇的证据法学研究进展中的司法鉴定与科学证据。王世凡教授还撰写了第三篇的证据科学教育进展中的法庭科学研究成果选介，以及附录1.2、附录2.2、附录3.2、附录4、附录5.1。

张南宁博士撰写了第三篇的证据科学研究进展以及证据科学教育进展中的证据科学。

黄石撰写了第三篇的证据法学研究进展中的证据属性与事实认定。

张洪铭撰写了第三篇的证据法学研究进展中的证据开示，证据科学教育进展中的证据科学研究项目以及附录5.2~5.5。

吴丹红副教授撰写了第三篇的证据法学研究进展中的言词证据。

吴洪淇博士撰写了第三篇的证据法学研究进展中的证据排除规则，证据科学教育进展中的证据科学研究项目之基础研究项目。

戴锐博士撰写了第三篇的证据法学研究进展中的证明责任与证明标准。

尚华撰写了第三篇证据法学研究进展中的质证与认证，证据科学教育进展中的证据科学学科建设和人才培养。

褚福民博士撰写了第三篇的证据法学研究进展中的推定与司法认知，以及附录1.1、附录2.1、附录3.1。

王旭教授与北京明正司法鉴定中心主检法医师王鹏博士合作撰写了第三篇的法庭科学研究进展中的法医学。

马长锁副教授撰写了第三篇的法庭科学研究进展中的司法精神病学。

袁丽讲师撰写了第三篇的法庭科学研究进展中的法医生物学。

李冰讲师和刘建伟副教授合作撰写了第三篇的法庭科学研究进展中的物证技术学部分的文件检验学。

曹洪林撰写了第三篇的法庭科学研究进展中物证技术学部分的声像鉴定与数字影像技术。

公安部第一研究所工程师余彦峰撰写了第三篇的法庭科学研究进展中的物证技术学部分的电子证据鉴定。

郝红霞博士撰写了第三篇的法庭科学研究进展中的物证技术学部分的毒

物分析。

刘斌讲师撰写了第三篇的法庭科学研究进展中物证技术部分的微量物证分析与痕迹检验学。

张保生　常林

2010年12月10日

图书在版编目（CIP）数据

中国证据法治发展报告：1978～2008 / 张保生，常林主编．—北京：中国政法大学出版社，2011.5

ISBN 978-7-5620-3868-9

Ⅰ.中… Ⅱ.①张…②常… Ⅲ.证据-法律-研究报告-中国-1978～2008 Ⅳ.D925.013.4

中国版本图书馆CIP数据核字(2011)第035660号

书　　名　中国证据法治发展报告：1978～2008

ZHONGGUO ZHENGJU FAZHI FAZHAN BAOGAO 1978～2008

出版发行　中国政法大学出版社(北京市海淀区西土城路 25 号)

北京 100088 信箱 8034 分箱　　邮政编码 100088

zf5620@263.net

http://www.cuplpress.com　（网络实名：中国政法大学出版社）

(010) 58908325（发行部） 58908285(总编室） 58908334(邮购部)

承　　印　固安华明印刷厂

规　　格　787×960mm　16 开本　44.5 印张　720 千字

版　　本　2011 年 3 月第 1 版　2011 年 3 月第 1 次印刷

书　　号　ISBN 978-7-5620-3868-9/D · 3828

定　　价　79.00 元